lonely planet

Slovénie

Mark Baker, Anthony Ham, Jessica Lee

PRÉPARER SON VOYAGE

JUSTIN FOULKES/LONELY PLANET ©

PIRAN P. 163

ZOCCHI ROBERTO/SHUTTERSTOCK ©

OURS BRUNS P. 147

SUR LA ROUTE

KASTO80/SHUTTERSTOCK ©

Sommaire

Bienvenue en Slovénie

Croisant les influences de ses voisins italiens, autrichiens et balkaniques, la Slovénie concentre une profusion de sites enchanteurs sur son petit territoire.

Des monts et des merveilles

Des hauts sommets des Alpes Juliennes à la magie souterraine des grottes de Postojna et de Škocjan, des lacs de Bled et de Bohinj, aux reflets d'émeraude, à la courte mais si agréable côte sur l'Adriatique, la Slovénie frappe par la diversité de ses paysages. Ce petit pays s'affiche résolument comme une destination "verte" : plus de la moitié de son territoire est en effet couvert de forêts, où vous pourrez partir à la rencontre d'ours bruns, de loups et de lynx.

L'empreinte du passé

Carrefour culturel entre la Méditerrannée et l'Europe centrale, la Slovénie a bénéficié de l'apport de nombreuses puissances étrangères au cours des siècles. Venise a imprimé sa marque sur les ports de la côte adriatique, l'architecture de Ljubljana a été influencée par le baroque italien puis par la Sécession viennoise, tandis que les fermes du Prekmurje soulignent la proximité de la Hongrie. En dehors de la capitale, plusieurs villes méconnues comme Ptuj, Škofja Loka ou Celje séduiront les amateurs de vieilles pierres avec leur centre historique préservé parsemé d'églises et de palais.

Une destination tonique

Plus qu'un sport, la marche en montagne est ici un art de vivre. Beaucoup de Slovènes partent en randonnée le week-end et mettent un point d'honneur à gravir au moins une fois dans leur vie le mont Triglav, point culminant du pays et icône nationale. En dehors de la randonnée, les Alpes slovènes se prêtent à la pratique du VTT et constituent, l'hiver, une destination de premier ordre pour le ski. Des cours d'eau comme la Soča se prêtent au rafting, et l'on peut aussi faire de l'équitation, des vols en montgolfière, de la spéléologie et du canyoning.

Un pays épicurien

La cuisine slovène emprunte un peu à chacun de ses voisins – Italie, Autriche, Hongrie et pays des Balkans – en réinventant des plats à la fois familiers et uniques. Sa marque de fabrique pourrait bien être sa passion pour les ingrédients frais et, si possible, locaux. Lors de votre séjour, vous aurez l'occasion de tester des tables gastronomiques pour un prix notoirement plus doux qu'ailleurs sur le vieux continent. Le vin slovène, rouge ou blanc, est un atout méconnu et les variétés régionales se marient bien avec les spécialités locales.

Pourquoi j'aime la Slovénie

Mark Baker, auteur

La Slovénie est la première destination sur laquelle j'ai rédigé un guide, il y a plus de dix ans, et, déjà à l'époque, j'étais tombé sous le charme de ce petit pays au cœur de l'Europe et pourtant hors des sentiers battus. Ljubljana maintient un équilibre parfait entre dynamisme urbain et qualité de vie, et les eaux de la Soča sont d'un bleu-vert inoubliable. Les Slovènes savent tirer parti de la beauté de leur pays, de son rythme tranquille et de son patrimoine culinaire et viticole, et nous, les visiteurs, savons combien sont rares les lieux aussi préservés.

Pour en savoir plus sur nos auteurs, voir p. 304

Au-dessus : la Soča (p. 117)

Slovénie

La Soča
Une rivière à descendre en raft depuis Bovec, capitale des sports d'aventure (p. 118)
Col du Vršič
Une route avec des vues à couper le souffle (p. 116)
Mont Triglav
Le plus haut sommet du pays, incontournable pour les randonneurs (p. 109)
Lac de Bled
Un lac, une île et un château de conte de fées (p. 92)
Vallée de la Vipava
C'est là que sont produits les meilleurs vins de Slovénie (p. 151)
Grottes de Škocjan
Des canyons souterrains féeriques (p. 148)
Grottes de Postojna
Un vaste labyrinthe de merveilles souterraines (p. 136)
Piran
Un port à l'architecture vénitienne (p. 163)
Château de Predjama
Une forteresse enchâssée dans une falaise (p. 139)
AUTRICHE
ITALIE
Wolfsberg
Feldkirchen
Villach
Klagenfurt
Tarvisio
Rateče
Kranjska Gora
Gozd Martuljek
Mangart (2 679 m)
Planica
Col du Vršič (1 611 m)
Mojstrana
Save
Stol (2 236 m)
Kanin (2 587 m)
Rombon (2 208 m)
Jalovec (2 645 m)
Razor (2 601 m)
Jesenice
Triglav (2 864 m)
Parc national du Triglav
Bovec
Bled
Lac de Bled
Lesce
Tržič
Storžič (2 132 m)
Zgornje Jezersko
Logarska Dolina
Solčava
Preval
Mežica
Črna na Koroškem
Grintovec (2 558 m)
Raduha (2 062 m)
Luče
Kobarid
Krn (2 244 m)
Stara Fužina
Radovljica
Vogel (1 922 m)
Lac de Bohinj
Bohinjska Bistrica
Collines de Jelovica
Alpes kamniques
Krvavec
Kokrica
Aéroport Jože Pučnik
Cerklje na Gorenjskem
Radmirje
Mozirje
Gornji Grad
Nazarje
Tolmin
Porezen (1 630 m)
Železniki
Kranj
Brnik
Kamnik
Cividale
Soča
Most na Soči
Collines de Škofja Loka
Kanal
Cerkno
Blegoš (1 562 m)
Lubnik (1 025 m)
Škofja Loka
Mengeš
Radomlje
Kozjak
Collines de Cerkno
Collines d'Idrija
Medvode
Šmarna Gora (676 m)
Domžale
Spodnja Idrija
Žiri
Slivna (880 m)
Zagorje
Idrija
LJUBLJANA
Gorizia
Nova Gorica
Trnovski Gozd
Dragomer
Rovte
Litija
Šmartno pri Litiji
Vrhnika
Ljubljanica
Škofljica
Ronchi
Ajdovščina
Monfalcone
Branik
Vallée de la Vipava
Logatec
Ig
Borovnica
Grosuplje
Višnja Gora
Ivančna Gorica
Komen
Vipava
Duino
Château de Predjama
Grottes de Postojna
Rakek
Muljava
Trebnje
Krka
Santa Croce
Karst
Cerknica
Fužina
Golfe de Trieste
Villa Opicina
Sežana
Postojna
Dolenje Jezero
Stene Sv Ana (963 m)
Dvor
Prestranek
Sodražica
Lipica
Trieste
Divača
Grottes de Škocjan
Pivka
Vallée de Lož
Markovec
Nova Štifta
Ribnica
Muggia
Ankaran
Reka
Velika Gora
Piran
Izola
Koper
Slavnik (1 028 m)
Ilirska Bistrica
Veliki Rog (1 099 m)
Portorož
Bertoki
Kočevje
Sečovlje
Hrastovlje
Mirna Gora (1 047 m)
Opatija
Rijeka
Baie de Rijeka
Vrbovsk

N 0 50 km
Ptuj
Ville médiévale aux rues bordées de maisons aux toits de tuiles rouges (p. 219)
Ljubljana
Sans doute la capitale européenne la plus verte (p. 46)
Dolenjske Toplice
Plongez dans l'univers de cette ville thermale ancienne (p. 179)
Carniole-Blanche
Une nature préservée et des rivières prisées pour la pratique des sports d'eaux-vives (p. 187)
Črnomelj
Dans cette ville se tient la fête folklorique la plus ancienne du pays (p. 190)
ALTITUDE
2 000 m
1 500 m
1 000 m
750 m
500 m
300 m
200 m
100 m
0
AUTRICHE
HONGRIE
CROATIE
Fürstenfeld
Feldbach
Heiligenkreuz
Leibnitz
Oriszentpeter
Arnfels
Collines de Goričko
Šalovci
Mačkovci
Collines de Kobansko
Dravograd
Muta
Radlje ob Dravi
Vuzenica
Ravne na Koroškem
Vuhred
Drave
Lovrenc na Pohorju
Selnica ob Dravi
Selnica ob Muri
Mur
Bad Radkersburg
Moravske Toplice
Gornja Radgona
Bogojina
Slovenske Gorice
Murska Sobota
Dobrovnik
Slovenj Gradec
Velika Kopa (1 543 m)
Massif du Pohorje
Ruše
Maribor
Lenart
Boltinci
Redics
Žigartov (1 347 m)
Spodnje Hoče
Bučkovci
Banovci
Mislinja
Rogla (1 517 m)
Lendava
Šoštanj
Ljutomer
Slovenska Bistrica
Mursko Središće
Velenje
Zreče
Pragersko
Ptuj
Dornava
Kidričevo
Ormož
Slovenske Konjice
Ptujska Gora
Drave
Središče ob Dravi
Šempeter
Poljčane
Goričak
Žalec
Donačka Gora (884 m)
Cirkulane
Celje
Sotla
Collines de Haloze
Šentjur
Rogaška Slatina
Varaždin
Rogatec
Silavec
Maceljsko
Laško
Đurmanec
Save
Podčetrtek
Krapina
Zidani Most
Radeče
Parc régional du Kozjansko
Kozjansko
Bistrica ob Sotli
Sevnica
Senovo
Boštanj
Château de Podsreda
Orlica
Mokronog
Brestanica
Posavje
Krško
Šmarjeta
Križevci
Brežice
Krka
Kostanjevica na Krki
Château de Mokrice
Terme Catez
Šentjernej
Novo Mesto
Monastère de Pleterje
Obrežje
Collines de Gorjanci
Trdinov Vrh (1 178 m)
ZAGREB
Dugo Selo
Metlika
Božakovo
Podzemelj
Črnomelj
Adlešiči
Kupa
Žuniči
Karlovac
Petrinja

14 façons
de voir la Slovénie

1

L'ascension du mont Triglav

1 On dit que nul n'est vraiment slovène avant d'avoir gravi le mont Triglav (photo à gauche ; p. 110) et reçu une fessée au sommet. Ceux qui ont atteint ce sommet (même sans fessée) en ressentent une grande fierté. Si le point culminant du pays (2 864 m) représente un défi, toute personne en bonne santé peut entreprendre son ascension avec un guide expérimenté. Plusieurs itinéraires sont possibles, mais la récompense reste la même à l'arrivée : une pure euphorie.

Ljubljana

2 La capitale slovène (photo ci-dessous ; p. 46) représente l'équilibre parfait entre taille et qualité de vie. Assez vaste pour offrir clubs animés, théâtres, expositions intéressantes et excellents concerts, elle peut néanmoins se parcourir tranquillement à pied ou, mieux encore, à vélo. Plus que toute autre ville dans ce pays, elle séduit par sa diversité architecturale, du vieux château perché aux superbes édifices Art nouveau en passant par les colonnes, obélisques et autres éléments décoratifs imaginés par Jože Plečnik, l'enfant du pays.

ENRIQUE UGARTE/GETTY IMAGES ©

JUSTIN FOULKES/LONELY PLANET ©

3

JUSTIN FOULKES/LONELY PLANET ©

4

Piran

3 Venise en Slovénie ? La Sérénissime a marqué de son emprise la côte adriatique et Piran (photo en haut à gauche ; p. 163) compte parmi les ports vénitiens les mieux conservés. Sa beauté fait vite oublier la forte affluence touristique de la haute saison. On y déguste sur le port des poissons tout frais pêchés avant de flâner dans les ruelles, puis de s'attabler en terrasse sur l'une des places.

Au fil de l'eau

4 La Soča (photo en haut au centre ; p. 117) exerce un pouvoir d'attraction irrésistible, peut-être grâce à son eau turquoise, ou à l'écume bouillonnante qu'elle produit dans sa course. Par une chaude journée d'été, vous céderez avec délice à l'appel de l'eau vive, le temps d'une simple balade en kayak ou d'une descente en rafting, plus sportive, avec un guide de Bovec, de Bled ou de Kobarid. Pour des promenades fluviales plus tranquilles, préférez la Krka (p. 173).

Lac de Bled

5 Avec son lac d'un bleu d'azur, sa chapelle posée sur un îlot et son château médiéval accroché à une falaise rocheuse sur fond de hautes montagnes, Bled (photo en haut à droite ; p. 92) est le joyau de la Slovénie. Pôle touristique majeur du pays, le lac de Bled est animé par de nombreuses manifestations culturelles et les activités de plein air – plongée, vélo, rafting, canyoning... – n'y manquent pas. D'excellents campings, hôtels et auberges de jeunesse permettent à tout un chacun de se loger, quel que soit son budget.

Grottes de Postojna

6 Le monde souterrain des grottes de Postojna (photo à droite ; p. 136) ne se révèle qu'une fois passé l'entrée. Emporté dans un train à toute allure, à 4 km sous terre, vous commencez à explorer les lieux et c'est l'éblouissement : l'endroit semble décoré de fantaisies cristallines – lustres tarabiscotés, longues stalactites aux allures de spaghettis, plaques fines comme du papier à cigarette et incroyables stalagmites – façonnées au fil des siècles par de simples gouttes d'eau riche en minéraux.

7

8

Ptuj

7 Ptuj (photo du haut ; p. 219) est l'une des villes les plus riches, historiquement parlant, de Slovénie. De nombreux envahisseurs, depuis les Romains, y ont laissé des traces de leur passage à travers les siècles. Elle conserve un centre médiéval parsemé d'églises, de tours, de musées et de terrasses de cafés. Ptuj possède aussi d'excellents hôtels et restaurants, et se trouve à proximité de régions viticoles renommées.

Traversée du col du Vršič

8 En gravissant – en voiture ou à vélo – ce col alpin pittoresque (photo ci-dessus ; p. 116) qui zigzague à travers sommets et promontoires, on ne peut s'empêcher d'avoir une pensée pour les malheureux prisonniers de guerre russes de la Première Guerre mondiale qui construisirent en plein hiver la route, baptisée en leur honneur Ruska cesta (route russe). Ouverte uniquement l'été, celle-ci relie Kranjska Gora à Bovec, à 50 km au sud-ouest. Plusieurs belvédères et refuges de montagne la jalonnent.

9

10

Château de Predjama

9 La Slovénie ne manque ni de forteresses ni de grottes, mais ce site a la particularité rare d'associer les deux. Érigé contre une falaise, à l'entrée d'une grotte, le château de Predjama (photo du haut ; p. 139) impressionne par son cadre grandiose. Son histoire sort également de l'ordinaire : le Robin des Bois slovène, Érasme Lueger, aurait repoussé ses assaillants en les bombardant de cerises cueillies dans la vallée occupée à laquelle il avait accédé grâce à un passage secret. Humiliés, ces derniers se seraient vengés en le trucidant dans une situation plutôt gênante… au petit coin !

Grottes de Škocjan

10 Moins fréquentées que les grottes de Postojna, celles de Škocjan (photo ci-dessus ; p. 148) n'en sont pas moins éblouissantes. Leur décor réveille l'imaginaire, convoquant Jules Verne, Tolkien et Wagner. Oubliez toutefois l'idée de ramper dans des boyaux étroits car les parois de la grotte Bruyante mesurent une centaine de mètres de hauteur. Le pont de Cerkevnik enjambe un gouffre lugubre au fond duquel, à 45 m en contrebas, la Reka se fraye un chemin dans la roche. Bref, une expérience riche en sensations fortes.

Fêtes traditionnelles

11 Costumes bigarrés, airs d'accordéon et boissons sont au programme des fêtes traditionnelles slovènes. La plus connue est le Kurentovanje (photo en bas à gauche ; p. 224), rite du printemps célébré à Ptuj dans les jours précédant Mardi gras et le début du carême. Le Jurjevanje (p. 191) de Črnomelj, en juin, est la plus vieille fête du pays, en hommage à "Georges le Vert", divinité slave ancienne, et, en septembre, un loufoque "bal des vaches" est donné dans les localités autour du lac de Bohinj.

Vallée de la Vipava

12 La nature a doté la Slovénie des moyens de produire des vins remarquables, et des trois régions viticoles du pays, la vallée de la Vipava (p. 151) est particulièrement bien lotie. Le secteur jouit d'un climat méditerranéen rafraîchi par les vents hivernaux, ce qui en fait une destination idéale pour les amateurs de plaisirs gustatifs. On y trouve des merlots exceptionnels et un excellent jambon. Ajoutez quelques fruits et légumes – notamment les olives – et vous aurez de quoi faire un pique-nique inoubliable.

11

XSEON/SHUTTERSTOCK ©

12

Stations thermales

13 Les villes d'eaux d'Europe centrale évoquent la grande époque des villégiatures, avec leur lot de bâtiments rétro aux installations désuètes. Les sources naturelles et thermales de Slovénie, si elles jouissent de cette architecture, proposent une profusion de soins relaxants et esthétiques haut de gamme et tout ce qu'il y a de plus moderne : massages, bains de boue, saunas, bains d'eau de mer chauds... La plupart se trouve dans la moitié est du pays. Dolenjske Toplice (p. 179) est un endroit plaisant pour prendre les eaux.

Hébergements rustiques chics

14 La Slovénie a redéfini l'art du "glamping" (contraction de "glamour" et de "camping"), avec des hébergements insolites au milieu de paysages pittoresques : on peut passer la nuit dans des "capsules" en Carniole-Blanche, dans des tentes de safari chics avec Jacuzzi privatif à Bled, dans d'immenses barriques de vin à Ptuj, dans des greniers à foin à Logarska Dolina et même en dessous d'un jardin d'herbes aromatiques dans la vallée de la Vipava. Une manière originale et amusante de changer du quotidien.

L'essentiel

Pour plus d'informations, voir le *Carnet pratique* (p. 268)

Monnaie

Euro (€)

Langue

Slovène (slovenščina)

Visas

Les citoyens de l'UE, de Suisse et du Canada n'ont pas besoin de visa pour les séjours inférieurs à 90 jours.

Argent

On trouve des DAB un peu partout. La plupart des commerces acceptent les cartes bancaires.

Téléphones mobiles

Les cartes SIM locales sont compatibles avec les téléphones européens et certains appareils nord-américains. Les autres téléphones fonctionnent en mode itinérance, mais attention aux frais élevés.

Heure locale

Fuseau horaire d'Europe centrale, qui est le même qu'en France, en Belgique et en Suisse (GMT +1 heure en hiver, +2 heures en été).

Quand partir

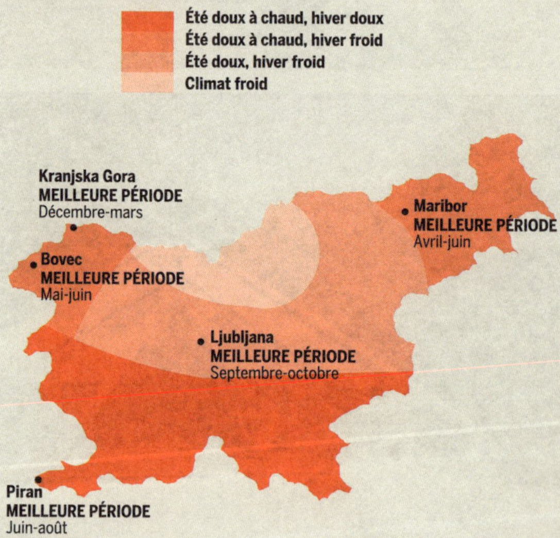

Haute saison

(juin-août)

- Ensoleillé la plupart du temps, pluie occasionnelle.
- Ljubljana et la côte sont bondées. Réservation indispensable.
- Musées et autres sites ouverts.
- Ambiance festive partout.

Saison intermédiaire

(avr-mai et sept-oct)

- Bon ensoleillement. Septembre est idéal pour l'ascension du Triglav.
- Réductions dans de nombreux hôtels.
- Faites du rafting fin mai ; oubliez la baignade après septembre.
- Meilleure période pour randonner.

Basse saison

(nov-mars)

- Saison des sports d'hiver : de mi-décembre à mars-avril.
- Forte affluence pendant les fêtes de fin d'année.
- Les musées et sites des petites villes peuvent être fermés ou avoir des horaires réduits.

Sites Internet

Centre d'information touristique de Slovénie (www.slovenia.info, en français). Une vraie mine d'informations.

Slovénie secrète (www. slovenie-secrete.fr). Blog très riche tenu par un expatrié français.

Slovenia Times (www.sloveniatimes.com). Site du magazine indépendant. En anglais.

Lonely Planet (www. lonelyplanet.fr). Forums, fiches pays, informations pour les voyageurs.

E-uprava (e-uprava.gov.si). Portail officiel du gouvernement riche en informations (multilingue dont l'anglais et l'italien).

Numéros utiles

Indicatif du pays	☎386
Renseignements nationaux	☎1188
Ambulance (Reševalci) et pompiers (Gasilci)	☎112
Police (Policija)	☎113 (urgences)
Dépannage (AMZS)	☎1987

Taux de change

Les prix sont donnés en euros (€) sauf mention contraire. 1 € = 100 cents.

Canada	1 C$	0,66 €
Suisse	1 FS	0,88 €

Pour des taux de change actualisés, voir www.xe.com.

Budget quotidien

Moins de 60 €

- Lit en auberge de jeunesse ou chambre d'hôtes à bas prix : 15-25 €
- Nourriture achetée dans la rue et repas fait maison : 10 €
- Train/bus : 10 €
- Location de vélo : 12 €
- Pinte de bière : 3 €

Entre 80 et 120 €

- Chambre dans un hôtel ou une pension milieu de gamme : 40-60 €
- Déjeuner ou dîner dans un bon restaurant : 30 €
- Train/bus : 10 €
- Entrée du haras de Lipica : 16 €

Plus de 120 €

- Chambre dans les meilleurs établissements : 80-100 €
- Déjeuner ou dîner dans un très bon restaurant : 40 €
- Train/bus/taxi : 20 €
- Entrée des grottes de Postojna : 26 €

Heures d'ouverture

Les horaires peuvent varier au cours de l'année. Nous indiquons ceux de la haute saison.

Banques 8h30-12h30 et 14h-17h lun-ven

Bars 11h-minuit dim-jeu, 11h-1h ou 2h ven-sam

Restaurants 11h-22h tlj

Magasins 8h-19h lun-ven, 8h-13h sam

Arriver en Slovénie

Aéroport Jože Pučnik (Ljubljana). Des bus (4,10 €) desservent la gare routière principale de Ljubljana toutes les heures en semaine, toutes les 2 heures le week-end. Des navettes (9 €) et des taxis (environ 35-40 €) rallient le centre-ville en une trentaine de minutes.

Voisines, les **gares ferroviaire et routière de Ljubljana**, sises à 500 m au nord de la vieille ville, se rejoignent aisément à pied ou bien par les bus n°2, 5, 9, 12, 18, 25 ou 27. La course en taxi ne devrait pas excéder 8 €.

Comment circuler

Les transports en Slovénie sont rapides, efficaces et à prix raisonnables. Avtobusna Postaja Ljubljana (www.ap-ljubljana.si) fournit les horaires des bus nationaux, Slovenske Železnice (www.slo-zeleznice.si) ceux des trains.

Bus Les réseaux de bus à travers le pays sont généralement efficaces et bon marché. Véhicules bondés le vendredi après-midi et service très restreint le dimanche et les jours fériés.

Voiture La meilleure façon d'explorer l'arrière-pays. Agences de location un peu partout.

Train Plus économique mais d'ordinaire plus lent que le bus (sauf lignes à grande vitesse). Il faut parfois retourner dans la capitale pour aller d'un point à un autre.

Pour plus de détails sur les **transports**, voir p. 277

Quoi de neuf ?

Manger "local"

En matière de cuisine, la Slovénie reflète une remarquable diversité régionale. Toutes les tables du pays mettent en avant les produits locaux, une tendance nationale dont le Hiša Franko, à Kobarid, est le porte-drapeau (p. 124).

Routes des vins

Les principales régions viticoles de Slovénie ont aujourd'hui chacune leur "route des vins". Ainsi le voyageur marie visites de vignobles et randonnées pédestres ou à vélo. Les petits vignobles familiaux émaillent la campagne de Goriška Brda (p. 154).

Développement durable

Un mantra en Slovénie. L'engagement s'étend à la nourriture dans le remarquable Monstera Bistro, qui minimise les déchets en utilisant toutes les parties des animaux (p. 72).

Tyroliennes

Oubliez le canyoning ! La tyrolienne est le nouveau sport d'aventure à la mode. La Planica Zipline survole une piste de saut à ski près de Kranjska Gora (p. 111), tandis que la Zipline Dolinka traverse une vallée vertigineuse (p. 96).

Apercevoir des ours

Un nombre croissant de tour-opérateurs se dédient à l'observation des ours bruns. Le Karst vert est aujourd'hui l'une des meilleures destinations d'Europe pour l'observation des plantigrades. On peut aussi y apercevoir des lynx et des loups (p. 147).

Vélo électrique

Les vélos électriques rendent aisément accessibles à tout un chacun les collines autour de Bled. 3glav Adventures organise des circuits (p. 95).

Bière artisanale

Les Slovènes ont adopté les ales très houblonnées et fruitées avec ferveur. Les bières artisanales se sont imposées un peu partout, avec pour vedettes HumanFish, Pelicon et Bevog.

Fontaine à bière

Les amateurs de bière ne manqueront pas de se rendre à Žalec pour boire à la fontaine à bière "or vert", la première du genre au monde (p. 211).

Fresques romaines

La villa romaine et ses fresques préservées mises au jour dans la cave du musée régional de Celje sont l'une des découvertes archéologiques les plus passionnantes de ces dernières années (p. 210).

Plus de recommandations et d'adresses sur www.lonelyplanet.fr/destinations/europe/slovenie

Envie de...

Paysages

Pour un si petit pays, la Slovénie présente une variété de paysages étonnantes. Au programme : sommets enneigés, longues vallées verdoyantes, lacs et rivières d'un bleu éblouissant.

Col du Vršič Cette route datant de la Première Guerre mondiale traverse les Alpes à une altitude de 1 611 m entre Kranjska Gora et Bovec (p. 116).

Velika Planina Difficile de faire plus photogénique que ces alpages parsemés de cabanes traditionnelles (p. 205).

Vallée de la Soča Gorges étroites et magnifique vallée encaissée aux versants verdoyants, traversées par des cours d'eau d'un bleu intense (p. 117).

Lac de Bohinj Moins connu mais plus grand, plus calme et plus rural que le lac de Bled, c'est un paradis aux reflets émeraude avec le mont Triglav à l'horizon (p. 102).

Logarska Dolina La "perle de la région alpine", avec ses grottes, ses sources, ses formations rocheuses, ses cascades et, parmi sa faune rare, ses aigles (p. 206).

Grottes de Škocjan Décors spectaculaires cachés sous la terre (p. 148).

Sites historiques

Nul besoin de machine à remonter le temps en Slovénie : les plus belles villes du pays offrent un voyage dans le passé.

Ljubljana La capitale superpose différentes strates historiques : vestiges romains de la cité d'Emona, château médiéval, édifices Art nouveau ou béton préfabriqué des anciennes banlieues communistes (p. 46).

Ptuj Au nombre des plus anciennes de Slovénie, cette ville du Moyen Âge séduit par son château, son monastère et ses maisons aux toits de tuile rouge (p. 219).

Škofja Loka La "Prairie des évêques" est une cité médiévale parfaitement conservée, avec une grand-place intacte et un château perché sur la colline (p. 85).

Kropa Cette ancienne ville sidérurgique offre une plongée dans l'histoire industrielle du pays (p. 91).

Piran Difficile d'imaginer endroit plus romantique que ce petit port vénitien sur l'Adriatique (p. 163).

Radovljica La grand-place est entourée de maisons du XVIe siècle aux façades colorées tandis que le musée de l'Apiculture révèle une tradition séculaire (p. 88).

Châteaux et églises

Au Moyen Âge, la Slovénie comptait tant de forteresses qu'elle était surnommée le "pays des châteaux". Mais il ne faudrait pas oublier ses églises, parmi les plus belles d'Europe centrale.

Château de Predjama Difficile de trouver cadre plus théâtral pour bâtir un château que cet abri sous roche à flanc de falaise (p. 139).

Château de Ljubljana Construit à partir du XIIe siècle, ce château compte parmi les visites incontournables de la capitale (p. 48).

Château de Borgenšperk Ce château Renaissance est l'ancienne demeure du baron Valvasor, personnage clé de la Renaissance en Slovénie (p. 178).

Église Saint-Jean-Baptiste À la pointe du lac de Bohinj, cette petite église romane est ornée de merveilleuses fresques des XVe et XVIe siècles (p. 102).

Église de la Sainte-Trinité Comment oublier la *Danse macabre*, fresque du XVe siècle que cache cette église proche de l'Adriatique (p. 156).

Basilique de la Vierge protectrice Un autel aux sculptures fascinantes se cache dans cette église (p. 226).

Promenades et randonnées

Des milliers de kilomètres de sentiers de randonnée sillonnent les terres slovènes. L'occasion de traverser des sites d'une époustouflante beauté ou qui rappellent la riche histoire du pays.

Ascension du mont Triglav C'est le must de la randonnée slovène : le mont "Trois Têtes" (2 864 m) fait la fierté de tous les Slovènes (p. 98).

Chemin du Souvenir Ce sentier serpente sur 34 km autour de la capitale, là où des barbelés allemands l'encerclaient durant la Seconde Guerre mondiale (p. 66).

Alpe Adria Trail Cinq étapes de ce splendide sentier transnational traversent différentes régions slovènes entre montagnes, lacs, cours d'eau et vignobles (p. 120).

Chemin historique de Kobarid Cet itinéraire de 5 km au départ de Kobarid (Caporetto) est sans doute le plus intéressant des musées en plein air sur les atrocités de la guerre (p. 123).

Route des vins de Jeruzalem-Ljutomer À pied ou à vélo, ce ravissant itinéraire de 18 km reliant Ormož à Ljutomer passe par nombre de caves à vins et restaurants (p. 226).

Lac de Bled En quête d'une promenade facile et reposante ? Ce circuit de 2 heures autour du lac est pour vous ! (p. 92)

Gastronomie

La Slovénie est en pleine révolution Slow Food, mettant à l'honneur des produits bio et locaux, des recettes originales

En haut : Fromage slovène

En bas : Escalade sur cascade de glace, Alpes Juliennes (p. 83).

et des ingrédients frais de qualité. Quant à l'excellent vin slovène, il est injustement méconnu.

Odprta Kuhna Invitez vos papilles à un tour de Slovénie lors de cette foire culinaire hebdomadaire, sur la place du marché de Ljubljana (p. 69).

Côte slovène La pêche du jour est proposée dans les restaurants de la ville côtière de Piran (p. 163).

Gruau Les bouillies d'orge ou de sarrasin constituent l'accompagnement typique de la cuisine slovène (p. 225).

Pršut Cousin du *prosciutto* italien, ce jambon cru tranché fin est souvent plus savoureux encore (p. 34).

Gâteau à la crème Fierté des cafés et pâtisseries du lac de Bled, le *kremšnita* (ou *kremna rezina*) est une sorte de millefeuille fourré de crème pâtissière à la vanille couronnée de crème fouettée (p. 36).

Saucisse de Carniole Emblématique de la Slovénie, la *Kranjska klobasa* des Alpes Juliennes a obtenu un label de protection de l'Union européenne (p. 34).

Vins, eaux-de vie et bières

Région viticole du Kras Les vignes de cette région encore confidentielle produisent du teran (rouge) et du malvasia (blanc) (p. 151).

Vallée de la Vipava Lieu de production de nombre des meilleurs rouges de Slovénie, essentiellement des merlots (p. 151).

Goriška Brda De petits domaines familiaux au milieu de collines verdoyantes et de villages fortifiés (p. 154).

Région viticole de Metlika Découvrez les domaines viticoles de Carniole-Blanche sur les collines au nord de Metlika (p. 187).

Žganje Eau-de-vie issue de la distillation de fruits – prune, poire, cerise, myrtille, etc. (p. 40).

Domaine viticole Jeruzalem Ormož Le long de la pittoresque route des vins Jeruzalem-Ljutomer, un pinot gris aux accents poivrés ou du traminec doux et épicé à la fois (p. 226).

Fontaine à bière Green Gold Servez-vous un verre à la première fontaine à bière du monde, au cœur de la région du houblon (p. 211).

Activités de plein air

Un voyage en Slovénie répond parfaitement aux adeptes de tourisme actif. Si randonnée et cyclisme restent les activités les plus prisées, ce ne sont pas les occasions qui manquent de nager, faire du bateau, du rafting ou du parachutisme.

Rafting sur la Soča Une descente à couper le souffle sur l'une des plus belles rivières du pays (p. 117).

Adrénaline De plus en plus de tour-opérateurs (à Bovec, Bled et Bohinj) programment sorties en montgolfière, canyoning ou parapente (p. 94).

Spéléologie Entre les grottes de Škocjan ou leurs concurrentes, les grottes de Postojna (p. 138), la Slovénie ne manque pas de cavités spectaculaires offrant l'occasions de se glisser sous terre.

Ski Kranjska Gora, principale station de ski slovène, compte parmi les meilleurs endroits de Slovénie où s'adonner aux joies des sports de neige (p. 111).

Randonnée au mont Triglav Au nord-ouest du pays, l'unique parc national slovène recouvre un territoire verdoyant fait de rivières, de cascades et de sentiers de randonnée (p. 110).

À l'affût des ours bruns Dans les profondes forêts de la vallée de Lož, à l'est de Postojna (p. 147), il n'est pas rare de pouvoir observer des plantigrades.

Thermes et spas

On recense en Slovénie plus de 15 stations thermales, la plupart dans l'est du pays, en Basse-Carniole et dans le Prekmurje. Outre les cures, ces lieux sont parfaits pour se détendre et partager la vie locale.

Dolenjske Toplice Station thermale paisible et boisée datant du XVIIe siècle mais aux équipements modernes (p. 179).

Thermes Olimia Immense ensemble thermal à la frontière croate, toisé par une imposante forteresse (p. 214).

Thalasso Spa Lepa Vida Spa de luxe face aux salines de Sečovlje, sur la côte aux confins de la Croatie (p. 172).

Terme Catez La "Riviera thermale estivale", un parc aquatique ludique à destination des familles et fort couru le week-end (p. 197).

Rogaška Riviera Une authentique "usine à cures" dans une ville d'eaux très Belle Époque, la plus ancienne station thermale de Slovénie (p. 217).

Mois par mois

LE TOP 5

Kurentovanje Février

Festival Lent, juin

Festival de Ljubljana, Juillet et août

Festival Radovljica, août

Bal des vaches, septembre

Janvier

Le froid règne partout dans le pays mais la période est idéale pour skier.

☆ Slalom et slalom géant dames de la Coupe du monde

Fin janvier, les meilleures skieuses du monde s'affrontent durant quatre jours sur les pentes du Pohorje de Maribor pour décrocher le trophée de la Zlata Lisica (Renard d'or), pendant les deux épreuves de la Coupe du monde courues ici (p. 233).

Février

Haute saison sur les pistes des stations alpines.
À la fin du mois, Mardi gras apporte son lot de carnavals et de fêtes joyeuses.

Kurentovanje

Ce rite printanier anime pendant onze jours la ville de Ptuj autour de la figure masquée du Kurent censée chasser les démons de l'hiver et redonner la fertilité. Le week-end précédant Mardi gras, masques et costumes de carnaval à la parade marquent le point d'orgue (p. 224).

Laufarija

Ce carnaval ancestral qui a lieu à Cerkno les dimanche et mardi précédant le mercredi des Cendres se conclut par l'exécution du Pust cornu et au lourd costume moussu, allégorie de l'hiver et de l'année passée que chassent les Laufarji aux masques en tilleul (p. 132).

Mars

On skie encore beaucoup sur les plus hauts sommets, mais le reste de la Slovénie est assez calme.

☆ Slalom et slalom géant messieurs de la Coupe du monde

Compétition vedette de l'année, la coupe Vitranc fait partie de la Coupe du monde de ski alpin masculine. Elle se déroule début mars à Kranjska Gora (p. 111).

Avril

Le printemps est là, mais il est parfois encore possible de skier à haute altitude. Le col du Vršič rouvre à la circulation vers fin avril.

Floralies de printemps

L'arboretum de Volčji Potok, près de Kamnik, accueille fin avril la plus grande foire aux fleurs de Slovénie (p. 204).

Mai

La température est douce, le soleil au rendez-vous, mais l'eau de l'Adriatique reste trop fraîche pour se baigner. En revanche, le climat est idéal pour se balader le long du littoral comme au milieu des fleurs sauvages dans les vallées alpines.

Festival international des fleurs sauvages

Durant deux semaines, cette fête des fleurs célèbre

la richesse botanique de Bohinj, randonnées guidées et parcours ornithologiques à l'appui (p. 106).

Juin

Le mois de juin peut aussi bien être ensoleillé qu'arrosé par à-coups. C'est la période reine pour le rafting : le dégel a gonflé les cours d'eau et il fait assez chaud.

Festival de la dentelle d'Idrija

La cité dentellière célèbre son art durant trois jours, avec expositions et concerts (p. 127).

Festival de Lent

Deux semaines d'événements culturels et festifs dans la vieille ville de Maribor (p. 227).

Juillet

Le mois de juillet est chaud et ensoleillé. Il n'est pas une ville ou un village où il ne se passe pas quelque chose. Les randonneurs doivent se méfier des violents orages en altitude.

Festival de Bled

Deux semaines de concerts (principalement de musique classique, mais aussi de jazz et d'autres genres musicaux) dans de superbes sites autour du lac de Bled (p. 97).

Festival de Ljubljana

Concerts, spectacles de danse et de théâtre animent la capitale pendant tout l'été (p. 67).

Août

Les stations balnéaires comme Piran ou Portorož sont bondées. Les eaux des lacs de Bohinj et de Bled sont assez chaudes pour la baignade.

Festival de Radovljica

Un festival de musique ancienne au rayonnement international. Il se déroule sur deux semaines en août (p. 90).

Pisana Loka

Ce festival à destination des enfants dix jours de concerts, théâtre, films… portant le joli nom festivalier de "Loka colorée" (p. 87).

Septembre

La fraîcheur de l'automne gagne les montagnes. La côte adriatique ralentit le rythme, tout comme Bled et Bohinj au bord du lac. C'est aussi le début de la cueillette des champignons.

Bal des vaches

À la mi-septembre, Bohinj consacre tout un week-end à fêter le retour des vaches de l'alpage. Au programme : danses traditionnelles, musique et ripailles (p. 106).

Festival du film slovène

Événement majeur du cinéma slovène, ce festival de trois jours avec projections et remises de prix a lieu fin septembre à Portorož (p. 170).

Octobre

Sur le littoral, l'effervescence estivale retombe et l'animation se déplace vers les grandes villes. À Ljubljana, la saison des spectacles bat son plein.

Mesto žensk – City of women

Ces dix jours de festival international à Ljubljana rendent hommage aux créatrices, dans tous les domaines (arts plastiques, spectacles…) (p. 67).

Novembre

Les célébrations de la Toussaint (1er novembre) donnent le ton pour le mois qui commence, froid et gris. Les Slovènes honorent leurs morts en plaçant bougies et lampions rouges sur leurs tombes.

Saint-Martin

Le 11 novembre, tout le pays célèbre la transformation du *mošt* (moût) en vin.

Décembre

Noël (25 décembre) est l'événement majeur. La saison de ski commence.

Concerts de Noël

Il y en a dans tout le pays. Le plus célèbre a lieu dans les grottes de Postojna, où vous pouvez également voir une crèche vivante (p. 136).

Itinéraires

1 SEMAINE L'essentiel de la Slovénie

Si vous vous rendez en Slovénie pour la première fois, cet itinéraire est idéal pour découvrir ce que ses montagnes et son littoral ont de meilleur à offrir.

Commencez par passer au moins deux nuits dans la capitale **Ljubljana** pour profiter au maximum de la ville, de ses restaurants et des magnifiques rives de la Ljubljanica et de la Save. Ensuite, direction le **lac de Bled**, au nord, pour au moins une nuit, ce qui vous laissera le temps de flâner au bord de l'eau et d'embarquer sur une *pletna* (gondole) pour l'île de Bled. Le **lac de Bohinj**, à 26 km au sud-ouest du lac de Bled, offre un cadre plus rustique ainsi qu'une vue sur le mont Triglav.

Prenez vers le nord jusqu'à **Kranjska Gora**, capitale slovène du ski et domaine des randonneurs en été. C'est le terminus septentrional du spectaculaire **col du Vršič**, une route de montagne (ouverte de mai à octobre) qui serpente sur 50 km pour redescendre vers **Bovec**, haut lieu du rafting. Le lendemain, filez au sud-est pour plonger sous terre au cœur des **grottes de Postojna**, non sans avoir fait un crochet par le **château de Predjama** enchâssé dans la falaise.

La côte et ses plaisirs balnéaires ne sont plus bien loin. Si vous voyagez en amoureux, optez pour **Piran** ; pour bronzer et faire la fête, direction **Portorož**.

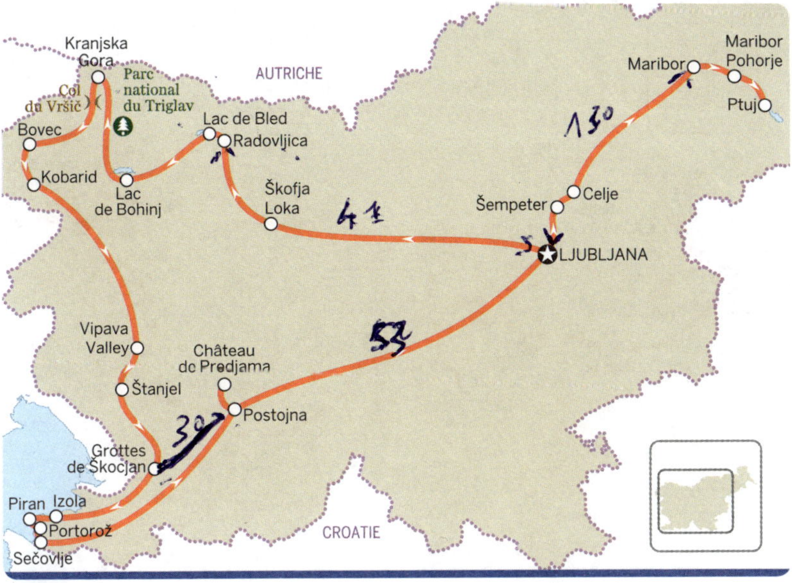

2 SEMAINES La Slovénie en long, en large et en travers

Un séjour de deux semaines en Slovénie vous permettra d'explorer ses montagnes et son littoral, et d'avoir un bon aperçu de l'est du pays, moins touristique.

Prévoyez deux nuits à **Ljubljana** avant de gagner le **lac de Bled**, au nord. En chemin, faites halte dans les villes historiques de **Škofja Loka** ou **Radovljica**. Passez la nuit sur les bords du lac et explorez l'île de Bled. Les sportifs pourront s'attarder un peu pour faire du rafting ou du canyoning. Au sud-ouest, le **lac de Bohinj** est le point de départ de nombreux sentiers de randonnée s'enfonçant dans le **parc national du Triglav**.

Prochaine étape au nord, la capitale slovène du ski, **Kranjska Gora**, vous donnera accès au **col du Vršič** d'où vous redescendrez dans la vallée de la Soča. Quelque 50 km de virages vous mèneront à **Bovec**, capitale slovène du rafting. Passez-y la nuit, surtout si vous comptez vous lancer dans les rapides, ou optez pour **Kobarid**, son atmosphère méditerranéenne, ses excellents restaurants et son musée de la Première Guerre mondiale.

Continuez au sud jusqu'à Nova Gorica pour rejoindre la **vallée de la Vipava** et la région du Karst. On y trouve des villages comme **Štanjel**, où vous vous régalerez d'olives, de *pršut* (jambon cru) et de teran couleur rubis.

Plus au sud, l'autoroute E70 menant au littoral passe par Divača, tout près des **grottes de Škocjan**. Ensuite, cap sur la côte. **Piran** est la destination la plus romantique de l'Adriatique, mais les meilleurs restaurants sont à **Izola** ; pour faire la fête, optez pour **Portorož**. Et ne manquez pas les salines de **Sečovlje**.

En revenant vers Ljubljana, faites une halte aux somptueuses **grottes de Postojna** et un détour par le **château de Predjama**. Contournez la capitale et continuez sur la E57 en direction de Celje, non sans admirer au passage la nécropole romaine de **Šempeter**. Le château et les beaux musées de **Celje** méritent quelques heures, mais **Maribor**, deuxième ville du pays, vous attend. Ce chef-lieu régional est la porte d'entrée au **massif du Pohorje**.

Concluez votre périple par un séjour à **Ptuj**, charmante cité médiévale, dotée d'un très beau château et d'hébergements confortables.

1 SEMAINE Majestueuses montagnes

Pour des vacances sportives, commencez par l'ascension des collines autour de Kamnik, enchaînez par les hauts sommets des Alpes Juliennes et terminez votre aventure dans la vallée de la Soča.

Partir de **Ljubljana** permet de se procurer matériel et cartes des différentes régions avant de gagner **Kamnik** et les alpages de **Velika Planina**. En revenant vers Kranj, poursuivez vers le nord et l'adorable ville de **Radovljica**. Passez-y la nuit ou poussez jusqu'au **lac de Bled**.

Accédez au **parc national du Triglav** par Bled ou par le **lac de Bohinj** voisin, points de départ prisés pour l'ascension du **mont Triglav**. Continuez au nord jusqu'à la station de **Kranjska Gora** et franchissez le saisissant **col du Vršič** (fermé l'hiver) pour redescendre vers la **vallée de la Soča**. Longez-la pour rejoindre la dynamique **Bovec** et les champs de bataille de la Première Guerre mondiale autour de **Kobarid**. Traversez Tolmin jusqu'à la tranquille **Cerkno**, célèbre pour son carnaval de Mardi gras. La route 210 serpente ensuite entre collines, vallées encaissées et ravins jusqu'à la belle ville de **Škofja Loka**, avant de revenir à Ljubljana.

1 SEMAINE Vins et stations thermales

L'est et le sud de la Slovénie sont connus pour leurs vins et leurs spas. Cet itinéraire fait la part belle à ces deux plaisirs.

De **Ljubljana**, ralliez au sud-est la belle station thermale de **Dolenjske Toplice** et, près de là, **Otočec** et son magnifique château. Plus à l'est, les thermes Čatež de **Brežice** attirent de nombreux visiteurs, tout comme la **région viticole de Bizeljsko-Sremič**, réputée pour ses blancs secs, ses rouges et ses *repnice* (caves à vin).

Ensuite, direction **Podčetrtek** et les accueillants thermes Olimia, au nord, par la route 219. Vous n'êtes alors plus très loin de **Rogaška Slatina**, la plus ancienne station thermale de Slovénie.

Prenez ensuite vers le nord et les thermes de la charmante ville de **Ptuj** avant de bifurquer vers l'est et Ormož, pour accéder aux vignobles de **Jeruzalem-Ljutomer**, où sont produits d'excellents vins blancs, et à sa route des vins propice à la randonnée.

Maribor, principale ville et pôle culturel de la région, approche. C'est une étape indispensable : on y trouve la plus ancienne vigne du monde, plus que tricentenaire !

Rafting sur la Soča (p. 117)

Préparer son voyage

Sports et activités

La Slovénie est dotée d'un cadre naturel superbe (montagnes, lacs, rivières...) qui se prête particulièrement bien aux sports de plein air. Parmi les activités classiques : randonnée, VTT et ski. Pour les plus téméraires : rafting, canyoning, équitation et spéléologie.

Le top...

Randonnée et escalade

Parc national du Triglav (p. 109). Ce parc national, le seul du pays, est le centre incontesté de la randonnée et de l'escalade, avec des itinéraires pour tous les niveaux.

Ski

Kranjska Gora (p. 111). La station de ski la plus populaire de Slovénie, facilement accessible depuis l'Europe de l'Ouest et du Nord, convient principalement aux skieurs débutants et intermédiaires.

Vélo

Lac de Bohinj (p. 102). Les villages au nord du lac se prêtent à merveille aux balades à vélo tranquilles. Les cyclistes en quête d'adrénaline gagneront plutôt les reliefs voisins.

Kayak et rafting

Bovec (p. 118). La Soča, fleuve vert écumeux au cours rapide, semble faite pour le rafting, offrant une expérience grisante pour le corps et les sens.

Spéléologie

Grottes de Škocjan (p. 148). Pour nombre de visiteurs, la vue de ces immenses grottes est le point d'orgue de leur séjour.

Alpinisme et escalade

L'alpinisme est une passion nationale, et les Slovènes se doivent de gagner au moins une fois dans leur vie le plus haut sommet du pays, le mont Triglav (2 864 m), dans le parc national (p. 109). Cette ascension relativement exigeante peut se faire en indépendant (p. 110), mais mieux vaut prendre un guide. Nombre de montagnes moins hautes et plus accessibles, comme le Viševnik (2 050 m), près de Bled, offrent d'aussi beaux panoramas. Renseignez-vous dans les agences de Bled et du lac de Bohinj.

Varappe

Parmi les principales zones d'alpinisme en Slovénie, citons la magnifique face nord du mont Triglav – où les itinéraires vont du classique "itinéraire slovène" (Slovenski Pot ; grade II/III ; 750 m) au plus récent "visage de sphinx" (Obraz Sfinge ; grade IX+/X- ; 140 m) – ou l'éperon nord de Prisank, qui domine le col du Vršič.

La côte est une autre région intéressante pour les varappeurs, avec quatre principaux rochers d'escalade près du village d'Osp, au nord-est de Koper, de niveaux intermédiaire à difficile.

L'escalade (*športno plezanje*) est aussi très appréciée en Slovénie. La nouvelle édition de *Slovenia Climbing guide* (Sidarta, non traduit) couvre 92 rochers, avec de bons topos et des descriptions.

Canoë-kayak, rafting et canyoning

La Soča est un fleuve particulièrement propice à la pratique du rafting. Bovec (p. 118) est le principal centre pour en profiter, que ce soit pour le canoë-kayak ou pour le rafting.

Le Soča est aussi la destination où s'essayer au canyoning. Sport récent qui ne cesse de gagner en importance, il consiste à descendre des gorges en franchissant tous les obstacles naturels qu'elles comportent. Les agences du lac de Bled organisent des excursion à la journée.

Parmi les autres rivières propices au rafting, citons la Krka, la Kolpa au sud de la Slovénie, la Save à Bohinj, la Savinja à Logarska Dolina et la Drave, près de Dravograd, au nord-est du pays.

Équitation

La Slovénie est une terre de cavaliers. L'une des races équines les plus célèbres au monde, le lipizzan de l'École espagnole de Vienne, en Autriche, fut d'abord développée dans le haras de Lipica (p. 150), qui reste aujourd'hui un paradis pour les cavaliers expérimentés désireux d'améliorer leur technique. Pour une simple journée d'excursion à cheval, adressez-vous au Mrcina Ranč (p. 104), à

Studor, près du lac de Bohinj, qui organise diverses promenades guidées, dont plusieurs adaptées aux enfants.

Observation de la faune

La Slovénie est l'une des meilleures destinations d'Europe centrale pour l'observation des oiseaux. On y a recensé quelque 376 espèces, dont 219 nichent ici. Les marais de Ljubljana, au sud de la capitale, le lac de Cerknica, au sud du pays, et les marais salants de Sečovlje sur la côte près de Portorož sont réputés pour les oiseaux aquatiques et les échassiers, tout comme la Drave et ses retenues au nord-est.

La région du Karst vert, dans le sud-ouest de la Slovénie, en particulier la vallée de Lož (p. 147), se prête à l'observation des ours bruns. Plusieurs tour-opérateurs vous emmènent les voir dans leur habitat naturel d'avril à septembre. Pour la plupart des circuits, on gagne la forêt en voiture, puis on marche quelques minutes jusqu'à un poste d'observation. Avec de la chance, vous apercevrez aussi des lynx et des loups.

Pêche

Les torrents des montagnes slovènes regorgent d'ombres et de truites fario ou arc-en-ciel. Les lacs et les rivières plus calmes abritent quant à eux brochets, perches, carpes, chevesnes… Les meilleurs cours d'eau pour la pêche à la ligne sont la Soča, la Krka, la Kolpa, la Sava Bohinjka, près de Bohinj, et l'Unica, au sud de la Slovénie.

La pêche n'est pas un loisir bon marché en Slovénie : un permis pour les rivières les plus populaires coûte de 60 à 150 € pour 2 ou 3 jours. Les permis de pêche avec remise à l'eau sont moins chers.

Il est possible d'acheter des permis de courte durée auprès des offices du tourisme locaux. La saison court de mars ou avril jusqu'en novembre.

INFORMATIONS POUR LES RANDONNEURS

- L'Association alpine de Slovénie (p. 272) est basée à Ljubljana. Une excellente première étape pour les renseignements nécessaires sur les randonnées dans le pays ou pour trouver un guide de montagne. Elle publie des cartes de randonnée et tient à jour sur son site Internet une liste des refuges de montagne et bivouacs du pays.
- L'office du tourisme de Slovénie (www.slovenia.info, en français) présente des destinations, itinéraires, hébergements et forfaits liés à la randonnée et au cyclisme.
- *The Julian Alps of Slovenia* (Cicerone), de Justi Carey et Roy Clark, recense 58 randonnées de durées variées. Des mêmes auteurs, *Trekking in Slovenia: The Slovene High Level Route* (Cicerone) décrit 500 km de sentiers en montagne. *Long Distance Trails*, publié par l'office du tourisme slovène et l'Association alpine de Slovénie, contient des informations sur plusieurs randonnées.

Randonnée

La randonnée est l'un des principaux passe-temps nationaux. Le pays est doté d'un réseau de plus de 9 000 km de pistes balisées. La plupart des sentiers sont signalés par un cercle rouge avec un centre blanc et des panneaux donnent en chemin des indications de distance et de durée. La plupart des offices du tourisme régionaux et des librairies proposent un bon choix de cartes de randonnée.

Parmi les régions les plus appréciées pour cette activité, on trouve les Alpes Juliennes et les Alpes Kamniques au nord-ouest, ainsi que le massif du Pohorje au nord-est. Cependant, on peut arpenter de magnifiques sentiers de randonnée dans toutes les régions de Slovénie. Certains d'entre eux, et pas les moins beaux, vous inviteront à vous adonner à une activité moins sportive : la dégustation de vins.

LOCATION ET RÉPARATION DE VÉLOS

Offices du tourisme, tour-opérateurs et nombre d'hôtels louent des vélos. Les tarifs dépendent de la marque et de la qualité, mais comptez entre 2 et 4 € de l'heure, et de 12 à 18 € par jour pour un VTT de bonne qualité. On peut parfois négocier le tarif pour des locations de longue durée. Des vélos électriques sont aussi proposés par endroits. L'expérience est amusante et les cyclistes inexpérimentés auront moins de peine à grimper les hautes collines ; entre 30 et 60 € par jour, selon la marque et la qualité.

Les grandes villes ont généralement quelques ateliers de réparation de vélos, mais ils restent rares ailleurs. Emportez des chambres à air de rechange et une trousse à outils. Les offices du tourisme peuvent vous indiquer l'atelier de réparation le plus proche. À défaut, les agences de location de vélos ou les tour-opérateurs pourront peut-être vous aider.

Beaucoup de pistes sont également accessibles à vélo, à l'exception notable de celles du parc national du Triglav.

Grandes randonnées

➡ **Sentier alpin slovène** Ce sentier s'étire sur 500 km entre Maribor et Ankaran, sur la côte, via le massif du Pohorje, les Alpes kamniques, les Alpes Juliennes et les collines autour de Cerkno et Idrija. Ouvert en 1953, il fut le premier de ce type en Europe.

Sentier de la Paix (Pot Miru ; www.potmiru.si). Cet itinéraire de 320 km relie les musées en plein air et les principaux vestiges et mémoriaux du front de l'Isonzo de la région de la haute Soča.

➡ **Sentier préalpin** Ce sentier long de 470 km couvre la région des collines (de Cerkno et Idrija à Posavje via le Karst) et s'adresse à des randonneurs moins ambitieux, mais non moins enthousiastes.

➡ **Route des vins Jeruzalem-Ljutomer** Une superbe *vinska cesta* (route des vins) dans l'est du pays, qui s'étend vers le nord sur 18 km entre Ormož et Ljutomer, via le beau village perché de Jeruzalem. Il y a de nombreuses caves à vins sur le trajet, qui se fait aussi bien à pied qu'à vélo.

➡ **Sentier de montagne d'Haloze** Il part à proximité de Štatenberg et sillonne sur 12 km les agréables paysages de la région viticole des collines d'Haloze.

Sentiers européens de grande randonnée

Sentier européen E6 Long de 350 km, il va de la mer Baltique à l'Adriatique. Le sentier entre en Slovénie à Radlje ob Dravi, au nord-est du pays. Il continue jusqu'au sud de Snežnik, au sud de la Slovénie. Comptez 20 jours de bout en bout.

➡ **Sentier européen E7** Long de 600 km, il relie l'Atlantique à la mer Noire. Le sentier passe à l'ouest de la Slovénie, au niveau de Robič, et longe la vallée de la Soča. Il continue ensuite à travers la partie sud du pays, en allant vers l'est, en direction de Bistrica ob Sotli, avant d'entrer en Croatie. Comptez trente jours de marche d'un bout à l'autre.

➡ **Via Alpina** (www.via-alpina.org) La Slovénie s'est associée à l'Autriche, à l'Allemagne, au Liechtenstein, à la Suisse, l'Italie, la France et à Monaco pour développer ce réseau de cinq itinéraires de randonnée pédestre couvrant les Alpes, de Trieste à Monaco. Deux de ces itinéraires passent en Slovénie : le rouge (14 étapes en Slovénie, 220 km) et le violet (10 étapes en Slovénie, 120 km).

➡ **Alpe-Adria Trail** (www.alpe-adria-trail.com) Ce sentier de 700 km traverse l'Autriche, l'Italie et la Slovénie. Les 145 km de la partie slovène s'étirent entre le col de Jepca à la frontière autrichienne et Milje, au-dessus de Trieste.

Ski

En Slovénie, on skie autant qu'on marche, au point que certains Slovènes sont convaincus que c'est chez eux que le ski a été inventé. Aujourd'hui, on estime que 300 000 Slovènes (soit 15% de la population) skient régulièrement. Et tout le pays semble se donner rendez-vous sur les pistes à la haute saison. Il ne tient qu'à vous de les rejoindre dans la trentaine de stations recensées par l'office du tourisme de Slovénie.

La plupart des stations slovènes sont petites et d'un niveau facile, comparées à celles que l'on trouve en France, en Suisse et en Italie, mais les prix y sont généralement moins élevés et elles sont plus accessibles. Pour plus d'informations, notamment sur la météo et les prévisions d'enneigement, consultez le site Web Ski Resort Info (www.skiresort.info) ou le **téléphone des neiges** (Snežni Telefon ; ☎01-620 36 14 ; www.snezni-telefon.si).

Alpes Juliennes

➡ **Kranjska Gora** (p. 111) (altitude 800 à 1 215 m) dispose de 20 km de pistes, qui s'adressent avant tout aux débutants et aux niveaux intermédiaires. Mais pour les visiteurs étrangers, c'est sans doute la station la plus célèbre et la plus prisée de Slovénie, en raison de son accessibilité depuis l'Autriche et l'Italie.

➡ **Vogel** (p. 102) (altitude 570 à 1 800 m) compte 22 km de pistes qui surplombent le lac de Bohinj. La neige est toujours bonne, et la vue sur le mont Triglav est exceptionnelle.

Est de la Slovénie

➡ **Krvavec** (p. 205) (de 1 450 à 1 970 m), dans les collines au nord-est de Kranj, est l'une des stations les mieux équipées du pays, avec 30 km de pistes et 40 km de sentier. Vous y trouverez plusieurs écoles de ski (alpin et télémark) et de snowboard, des boutiques de location de matériel, un magasin de ski et plusieurs bons bars et restaurants. La station n'étant qu'à 1 heure de route de Ljubljana, mieux vaut l'éviter le week-end.

➡ **Pohorje de Maribor** (p. 232) (altitude 330 à 1 350 m). La plus grande piste de ski alpin de Slovénie, dans le massif du Pohorje, avec 42 km de pistes de descente et 27 km de pistes de ski de fond accessibles aux skieurs de tous niveaux. Vous y trouverez une école de ski et de snowboard, un magasin de location de matériel et des pistes éclairées pour skier de nuit. C'est aussi un bon point de départ pour visiter à ski les collines boisées du Pohorje.

Spéléologie

On ne s'étonnera pas que le pays qui a donné au monde le mot "karst" soit percé de grottes (on en a recensé et décrit près de 7 500). Les meilleurs sites de spéléologie se trouvent dans le Karst, autour de Postojna, et dans les Alpes Juliennes. Une vingtaine de grottes sont accessibles aux visiteurs.

Les grottes de Škocjan (p. 148), Postojna (p. 136) et quelques autres peuvent être admirées lors de simples visites guidées, mais certaines requièrent plus d'investissement et de préparatifs. Dans la grotte de Križna (p. 148), on vous propose une balade en bateau. C'est la seule grotte touristique du pays sans éclairage électrique ; des lampes (et des bottes) sont fournies. Les enfants adorent.

DORMIR EN ALTITUDE

L'Association alpine de Slovénie (p. 272) recense environ 180 refuges de montagne à travers le pays, classés par catégorie.

➡ Le bivouac est le refuge le plus rudimentaire : c'est un simple abri.

➡ La *koča* (refuge) ou *dom* (maison) va de la simple maison à l'établissement plus ou moins prestigieux. Les refuges ne disposent généralement pas de l'eau courante et utilisent l'eau de pluie. Ils sont souvent équipés d'un groupe électrogène.

➡ Pour une nuit dans une *koča* de catégorie 1, les plus reculées, comptez de 21 à 27 €, le prix dépendant du nombre de lits dans chaque chambre, et de 16 à 22 € dans un refuge de catégorie 2 (à une 1 heure de marche d'un moyen de transport). Les refuges de catégorie 3 sont libres de fixer leurs tarifs mais sont généralement moins chers que la catégorie 1.

➡ On dénombre une cinquantaine de ces refuges dans les Alpes Juliennes. La plupart sont ouverts au moins de juin à septembre. D'autres, situés à des altitudes plus basses, sont ouverts toute l'année.

EN QUÊTE D'AVENTURE

Ces dernières années, la Slovénie est devenue un haut lieu des "sports d'aventure" d'altitude, comme le parapente, la montgolfière et, plus récemment, la tyrolienne. Les Alpes Juliennes sont la première destination pour le parapente, et les prestataires spécialisés de Bled, du lac de Bohinj et de Bovec proposent des sauts. L'office du tourisme de Ljubljana (p. 80) organise des vols en montgolfière.

La tyrolienne au-dessus des vallées gagne en popularité et deux prestataires proposent des parcours à travers de magnifiques panoramas alpins :

Planica Zipline (p. 113). Cette tyrolienne qui survole le centre de saut à ski de Planica est présentée comme la plus raide du monde.

Zipline Dolinka (p. 96). Un spectaculaire parcours de cinq tyroliennes à travers la magnifique vallée de la Sava Dolinka.

Contactez l'**Association aéronautique de Slovénie** (Letalska Zveza Slovenije ; ✆01-422 33 33 ; www.lzs-zveza.si ; Tržaška cesta 2), basée à Ljubljana, pour la liste des *aeroklub*, dont les membres accepteront peut-être de vous embarquer.

Vélo et VTT

La Slovénie est une excellente destination de cyclotourisme, tant sur route que hors route. Ljubljana est une grande ville appréciée des cyclistes avec de nombreuses pistes cyclables, des habitants qui pratiquent activement le vélo, plusieurs agences de location et un système de vélos en libre-service similaire à ceux que l'on trouve dans les grandes villes européennes, Bicike(lj) (p. 82). Cyclistes occasionnels comme chevronnés trouvent leur bonheur à travers le pays. Certaines stations de ski rouvrent en été et deviennent des parcs de descente à VTT.

Grandes régions de cyclotourisme

On trouve de bons itinéraires dans tout le pays. Les fans de VTT et de cross apprécient les Alpes Juliennes et la vallée de la Soča, en particulier les régions de Bovec, du lac de Bohinj et de Kranjska Gora. Courant sur 13 km, le sentier de la Radovna (p. 96), qui part au nord-ouest de Bled, est le seul itinéraire dédié aux vélos menant au centre du parc national. 3glav Adventures (p. 95) organise des circuits et loue des vélos électriques, qui font des montées escarpées un jeu d'enfant.

Les experts des offices du tourisme du lac de Bohinj et de Kranjska Gora proposent des circuits et des cartes qui indiquent les itinéraires de la région, des plus faciles aux plus fous.

Au Bike Park Kranjska Gora (p. 112), les vététistes intrépides gagnent en télésiège le sommet de collines escarpées, d'où ils s'élancent à une vitesse vertigineuse. Les amateurs d'adrénaline pourront aussi essayer Logarska Dolina et la vallée de la Haute Savinja à l'est de la Slovénie. Achetez pour cela l'*Upper Savinja Valley Cycling Map* (3 €).

Pour des promenades plus tranquilles et pittoresques, direction la vallée de la Krka, en Basse-Carniole. Les nombreuses routes des vins de Slovénie se prêtent aussi au cyclotourisme.

Jesprenj (barley soup)

Préparer son voyage

La cuisine slovène

La Slovénie s'est affirmée depuis quelques années comme une destination gastronomique à part entière. Signe révélateur, la restauratrice Anna Roš, à la tête du restaurant Hiša Franko à Kobarid, a été sacrée en 2017 meilleure cheffe du monde. Pour un si petit pays, la cuisine est d'une variété étonnante. Pas moins d'une vingtaine de styles régionaux sont recensés par l'office de tourisme slovène (www.slovenia.info). Partout, l'accent est mis sur des produits fermiers et des ingrédients respectueux de l'environnement.

Le top des restaurants

Hiša Franko (p. 124). Kobarid compte de nombreux restaurants de qualité, mais Hiša Franko met la barre très haut avec ses menus innovants et résolument locavores.

Restaurant du château (p. 100). Sertie dans un cadre splendide, la table du château de Bled réussit un sans-faute.

Monstera Bistro (p. 72). Au bistrot du chef star Bine Volčič, vous avez la garantie de faire l'un des meilleurs repas de votre séjour.

Pri Mari (p. 168). À la fois chic et rustique, ce restaurant sert des plats méditerranéens originaux.

Restavracija Mak (p. 231). Le menu dégustation du chef David Vračko invite à une véritable expérience culinaire.

Gostilna Grabar (p. 225). Cuisine raffinée et présentation toute en délicatesse.

La cuisine slovène

Au carrefour de quatres zones géographiques aux traditions gastronomiques distinctes (l'Autriche au nord, la Hongrie à l'est, les Balkans au sud et l'Italie, à l'ouest), la Slovénie s'est appropriée bon nombre des spécialités de ses voisins tout en y associant les légumes et les herbes aromatiques qui poussent sur ses terres. Résultat : une cuisine diverse et d'une grande créativité. Les cartes des restaurants proposent des plats et des produits qui vous seront peut-être étrangers, comme le gruau, la soupe d'orge et la viande de cheval. Laissez-vous tenter !

HUILE DE CITROUILLE

La *bučno olje* (huile de citrouille) que l'on trouve dans l'est de la Slovénie n'est pas excellente seulement en vinaigrette ; vous pouvez aussi en napper votre glace à la vanille avant de saupoudrer le tout d'éclats de noix et de graines de citrouille.

Tout commence par une soupe

Les repas slovènes commencent souvent par une *juha* (soupe), notamment en hiver. Il y a une multitude de variétés différentes. En entrée, il s'agit souvent d'un bouillon de bœuf ou de poulet accompagné de vermicelles (*kokošja/goveja juha z rezanci*) ou de soupe de champignons (*gobova juha*), souvent à base de champignons. On trouve d'autres variétés plus épaisses, pouvant faire office d'un repas simple et pas cher, comme la *jesprenj* (soupe d'orge), la *jota*, potage très épais à base de haricots, de choucroute ou de navets, voire de pommes de terre et de porc fumé ou de saucisse, ou encore l'*obara*, sorte de pot-au-feu, souvent à base de poulet ou de veau.

Casser la croûte

Le pain (*kruh*) slovène est généralement excellent, notamment le pain complet (*kmečki temni kruh*). Il serait dommage de ne pas goûter aux pains tressés fabriqués pour les mariages ou vers Noël, qui ne sont pas sans rappeler la *hallah* (pain traditionnel juif) ou le "pain marbré" (*pisan kruh*), confectionné avec trois types de pâtes différentes (généralement à base de farines de sarrasin, de blé et de maïs).

À la "pršut" de l'excellence

Voici un mets qui justifie à lui-seul un voyage en Slovénie : le *pršut,* jambon sec du Karst finement tranché, cousin du *prosciutto* italien. Vous le trouverez dans les régions occidentales du pays où l'on se régale de cette charcuterie en entrée, accompagné d'un plateau de fromage et d'un verre de teran rouge.

Outre le *pršut,* le pays produit d'excellentes charcuteries à marier avec du vin ou de la bière locale. Parmi les saucisses et saucissons slovènes, on trouve la très répandue saucisse de Carniole (*Kranjska klobasa*). Garnie d'ail et de poivre, cette spécialité provenant des Alpes Juliennes est servie un peu partout accompagnée de pommes de terre en salade ou de navet au vinaigre. Klobasarna (p. 71), établissement de Ljubljana portant bien son nom, lui est entièrement dédié. Quand la saison s'y prête, le saucisson de gibier (*divjačinska salama*) concurrence le *pršut*.

UNE CUISINE SOUS INFLUENCE

On peut remarquer l'influence subtile, quoique indiscutable, des pays voisins sur la cuisine slovène.

L'Autriche et la Hongrie

L'Autriche est présente avec les saucisses (*klobasa*), les strudels (*zavitek* ou *štrudelj*) aux fruits, aux noix et/ou à la crème pâtissière (*skuta*) et, bien sûr, les escalopes viennoises (*dunajski zrezek*).

La Hongrie contribue à ce mélange des cultures avec le *golaž* (goulash), le *paprikaš* (ragoût épicé de poulet ou de bœuf) et la *palačinka* (crêpe au jambon et aux noix nappée de chocolat).

L'Italie et les Balkans

Les *žlikrofi* (tortellinis farcis à la pomme de terre, aux oignons et au porc épicé), les *njoki* (gnocchis) et le *rižota* (risotto) sont évidemment des emprunts à la cuisine italienne.

De la Croatie et du reste des Balkans proviennent des grillades très appréciées, telles que les *čevapčiči* (boulettes de viande de bœuf ou de porc épicées), *pljeskavica* (petit pâté de viande) ou encore la spécialité à emporter de Ljubljana, le *burek*, un feuilleté garni de viande ou de fromage.

Gruau sans grumeaux

Les cuisiniers slovènes proposent fréquemment des entrées et des plats à base de sarrasin (*ajda*), plante curieusement délaissée ailleurs. Les amateurs apprécieront le gruau (*žganci*), simple et nourrissant, parfait comme accompagnement ou comme plat principal léger. On trouve aussi du gruau à base d'orge (*ječmen*) ou de maïs (*koruza*).

Certains chefs ont développé tout un répertoire culinaire à partir du sarrasin. Parmi les plats qui tiennent au corps, citons la bouillie de sarrasin (*ajdovi žganci z ocvirki*), généralement accompagné de couenne ou de grattons de porc (*ocvirki*), et les beignets de sarrasin (*ajdovi krapi*) garnis de fromage frais. Le restaurant Gostilna Psnak (p. 110), niché dans le parc national du Triglav, a perfectionné l'art de l'*ajda*.

Cheval, dinde et truite

La viande (*meso*) tient une place importante dans la cuisine slovène. Les plats composés de porc (*svinjina*), de bœuf (*govedina*) ou de poulet (*piščanec*) ne manquent pas. Pendant la saison de la chasse, de septembre à décembre, les chefs incorporent le gibier (*divjačina*) à leur cuisine : chevreuil (*srna*), sanglier (*merjasec*) et faisan (*fazan*) se retrouvent alors dans les assiettes. La dinde (*puran*), autant consommée que le poulet dans certaines régions, se révèle succulente grillée. Même le *konj* (cheval) trouve sa place sur la table slovène. Pour certains, un passage à Ljubljana ne s'envisage pas sans une halte au Hot Horse (p. 73) qui propose des burgers de viande chevaline.

Le pays disposant d'une petite côte sur la mer Adriatique et de rivières alpines propices à la pêche, les Slovènes sont aussi de gros mangeurs de *riba* (poisson) et de crustacés, même dans les régions éloignées de la côte. Du côté des Alpes, la *postrv* (truite) est souvent délicieuse, en particulier lorsqu'elle vient de la Soča. Au marché au poisson de Ljubljana (p. 69), au centre de la ville sous la colonnade signée Plečnik, vous pouvez acheter du poisson frais et du calamar à un prix exceptionnellement bas (7 € l'assiette de calamars). Sur la côte, le port de Piran compte d'excellents restaurants spécialisés dans les produits de la mer.

Pour les becs sucrés

La cuisine slovène ne manque pas de desserts à haute teneur calorique. Parmi les pâtisseries incontournables :

Potica Véritable institution nationale, la *potica* est une sorte de roulé aux noix (on en trouve aussi souvent des versions salées) que l'on mange au dessert ou à l'heure du thé.

Prekmurska gibanica (pâtisserie fourrée aux graines de pavot, aux noix, aux pommes et au fromage blanc)

Prekmurska gibanica Spécialité de la province la plus orientale du pays, il s'agit d'une pâtisserie fourrée aux graines de pavot, aux noix, aux pommes et au fromage blanc et recouverte de crème.

Blejska kremna rezina Le "gâteau à la crème de Bled", ou simplement *kremšnita*, est composé d'une couche de crème à la vanille couronnée de crème fouettée, coincée entre deux couches de pâte feuilletée

Strudel *(zavitek* ou *štrudelj)* Gâteau garni de fruits, de noix et/ou de *skuta*, un fromage frais.

Sur le pouce

L'en-cas le plus prisé en Slovénie est une importation des Balkans baptisée *burek* (pâtisserie à base de pâte filo, parfois fourrée de viande, mais le plus souvent farcie de fromage ou même de pomme), cousine du *börek* turc. Nourrissante et bon marché, on la trouve en vente sur des étals extérieurs ou dans des kiosques spécialisés. Parmi les autres en-cas, citons les *čevapčiči* (boulettes de viande de porc ou de bœuf épicées), les *pljeskavice* (galettes de viande hachée), les *ražnjiči* (brochettes) et la pizza (ou *pica*, son orthographe slovène).

Se restaurer

Les repas en Slovénie

Dans l'ensemble, les Slovènes ne sont pas très adeptes du petit-déjeuner (*zajtrk*), préférant souvent prendre un café rapide à la maison ou sur le chemin du travail. En revanche, beaucoup prennent une collation appelée *malica* (sorte de plat du jour) vers 10h30. Le déjeuner *(kosilo)* est traditionnellement le principal repas de la journée à la campagne. Il est pris à midi si la *malica* a été sautée, mais il peut être pris beaucoup plus tard. Le dîner *(večerja)* est moins copieux lorsqu'il est pris à la maison et se compose souvent seulement de quelques tranches de viande, de fromage et de salade.

Établissements

L'offre slovène en matière de restauration déploie une large gamme d'options, allant des adresses chics aux kiosques de vente à emporter. La plupart des établissements proposent des cartes en anglais.

Restavracija Un restaurant classique, dans lequel on s'assoit avant d'être servi par un serveur.

Gostilna (Gostišče) Une auberge rustique pouvant être chic ou modeste.

Samopostrežna restavracija Un self-service.

Krčma Une taverne, avant tout pour consommer des boissons. Des en-cas sont toutefois proposés.

Slaščičarna Un salon à pâtisseries et glaces où l'on sert aussi des café et des milkshakes.

Végétariens, végétaliens et autres régimes alimentaires

Les Slovènes apprécient beaucoup leurs légumes. Cependant, pour un pays où l'on est aussi attaché aux produits fermiers, frais et locaux, les restaurants végétariens ou végétaliens manquent cruellement à l'appel, même dans une grande ville comme Ljubljana. Heureusement, les cartes des établissements recèlent un grand choix de plats végétariens.

Kit de survie pour végétariens

En pratique, dans les restaurants et les auberges, les végétariens devront se rabattre sur les entrées sans viande. Bonne nouvelle, nombreux sont les restaurants qui indiquent à l'aide d'un symbole les entrées végétariennes sur leur carte.

Les *štruklji* sont des pâtes roulées au fromage, souvent parfumés à la ciboulette ou à l'estragon. Ils sont très répandus, de même que le risotto aux champignons (*gobova rižota*) ou le fromage frit (*ocvrti sir*). Les Slovènes apprécient les *solata* (salades). On en trouve partout, même dans les *gostilna* au milieu de la campagne. En saison (fin de l'été et automne) le pays tout entier se délecte de *jurčki* (cèpes sauvages) en soupe, en salade ou servis grillés.

Si vous préparez vos repas, vous aurez l'embarras du choix, car on trouve partout des produits frais, du fromage et du pain. Le marché central de Ljubljana (p. 69) comblera toutes vos envies de pique-nique végétarien.

Allergies et intolérances

Si l'Union européenne exige que les restaurants affichent les allergènes sur les cartes, cette règle n'est pas respectée de façon homogène dans les restaurants de Slovénie.

En théorie, les serveurs connaissent les allergies et les risques associés. Mieux vaut s'informer avant de commander.

CALENDRIER GASTRONOMIQUE

Printemps (avr-mai)

Les feuilles de pissenlit et la mâche annoncent l'arrivée du printemps slovène. Viennent ensuite les asperges d'Istrie, juste avant les premières fraises et les cerises de Goriška Brda.

Été (juin-août)

Le festin se poursuit avec les framboises et les myrtilles, puis les fruits à noyau comme les abricots. Viennent ensuite les poires et les pommes de Kozjanko et le début de la récolte des noix et des amandes. À l'est, de grosses quantités de goulasch sont préparées dans des chaudrons placés en extérieur.

Automne (sept-nov)

Les Slovènes partent à la cueillette aux champignons – véritable sport national – et les étals de Ljubljana se remplissent de châtaignes. La Saint-Martin (11 novembre) marque pour les vignerons la transformation officielle du moût en vin.

Hiver (déc-mars)

Kakis, olives et tubercules font leur apparition sur les marchés. C'est l'époque du vin chaud (vin rouge ou vin blanc) et des soupes épaisses comme la *jota* ou le *ričet*. Noël ne serait pas vraiment Noël sans la *potica* (sorte de gâteau roulé aux noix).

TARIFS DES RESTAURANTS

Les prix suivants correspondent à un menu de 2 plats, pris sur place, avec boisson, pour une personne. La plupart des établissements proposent au déjeuner un menu particulièrement bon marché.

€ < 15 €

€€ 15-30 €

€€€ > 30 €

Le vin slovène

La Slovénie est une destination viticole sous-estimée. Pourtant, on y fabrique du vin (*vino*) depuis l'arrivée des Celtes au Ve siècle av. J.-C., et sa production a enregistré de nets progrès.

Les Slovènes boivent habituellement du vin à l'occasion des repas ou lorsqu'ils sont entre amis, accompagné d'un verre ou d'une bouteille d'eau minérale. Mais l'été, ils préfèrent souvent un *brizganec*, ou *špricer* (spritzer), mélange de vin rouge ou blanc et d'eau minérale. Le vin est servi en bouteille de 75 cl ou se commande au décilitre (10 cl) ; un verre de vin standard fait *dva deci* (20 cl).

Régions viticoles et cépages

On dénombre trois régions viticoles bénéficiant de caractères et de cépages distincts. Deux régions se situent à l'est, Podravje et Posavje, et une troisième à l'ouest, Primorska.

Podravje

Signifiant littéralement "sur la Drave", cette région qui comprend les provinces de Prekmurje et Štajerska Slovenija (la Basse-Styrie) est célèbre pour ses vins blancs : welschriesling (laški rizling), riesling (renski rizling), un véritable riesling allemand, pinot blanc (beli pinot), gewurztraminer (traminec) et furmint (šipon).

Posavje

La région de Posavje ("sur la Save") s'étend au sud-est du pays, de la Save à la Basse-Carniole et la Carniole-Blanche, englobant aussi la province de Bizeljsko-Sremič. Elle produit aussi bien des blancs que des rouges, mais son vin le plus célèbre, le *cviček*, est un rouge léger et sec (presque rosé) typiquement slovène, avec un faible degré d'alcool (8,5 à 10°).

On y trouve aussi du rouge traditionnel metlika noir (metliška črnina), du muscat blanc (rumeni muškat) et un rouge autrichien, le blaufränkisch.

Primorska

La région viticole côtière de la Primorska, qui comprend les terroirs de la Slovenska Istra (Istrie slovène), du Kras (Karst), de la Vipavska Dolina (vallée de Vipava) et de la célèbre Goriška Brda, est la plus importante région productrice du pays. Elle excelle dans les rouges, le plus célèbre étant le teran, produit dans la région du Karst à partir de raisin *refošk* (refosco).

La région produit également la malvoisie (*malvazija*), un blanc doré, léger et sec, typique de l'Istrie slovène, ainsi que des merlots rouges, notamment ceux de la vallée de la Vipava et de Goriška Brda. Un breuvage appelé vin orange a récemment fait son apparition dans la vallée de la Vipava ; c'est un vin blanc dont la teinte orange est obtenue par contact avec des peaux de raisins noirs.

Le mariage parfait

Trouver le vin parfait pour accompagner chaque plat est une véritable obsession en Slovénie. La plupart des gens savent que le *pršut* associé à des olives noires et du fromage à pâte dure, s'accompagnent merveilleusement d'un verre de teran, mais on connaît moins la merveilleuse synergie qui s'opère entre ces mets et d'autres vins du Karst (le *rebula* rouge et même la *malvazija* blanc).

Avec des plats de viande plus lourds et/ou épicés, tels que le goulasch ou le salami, essayez le *cviček*. La *malvazija*, un blanc doré de la côte, accompagne bien le poisson, tout comme le *laški rizling*. Et avec les plats sucrés tels que le strudel ou la *potica*, rien de tel qu'un verre de *rumeni muškat* vendanges tardives.

DÉCHIFFRER LES ÉTIQUETTES DE VIN

Les vins slovènes respectent une réglementation précise pour informer les consommateurs de ce que contient une bouteille, mais ce n'est pas toujours transparent quand on ne parle pas la langue.

Origine géographique et cépage

Sur une étiquette de vin slovène, le premier mot indique l'origine géographique du vin tandis que le deuxième informe sur le cépage : *vipavski merlot*, *mariborski traminec*, etc. Cependant, certains vins ne doivent leur nom qu'à leur origine (Jeruzalemčan, Bizeljčan ou Haložan).

Appellation d'origine contrôlée

L'appellation d'origine contrôlée (AOC) slovène est la *zaščiteno geografsko poreklo* (ZGP). Elle garantit la provenance du vin et impose trois critères de qualité.

Environ 9% de la production est qualifiée de *vrhunsko vino* (vin de qualité supérieure), environ 54% est *kakovostno vino* (vin de qualité) et 27% *deželno vino* (vin régional). Les 10% restant bénéficient d'une *priznano tradicionalno poimenovanje* (appellation traditionnelle reconnue), comme le *cviček*, le *teran*, le *metliška črnina*, le *belokranjec* et le *bizeljčan*.

Toute bouteille vendue plus de 8 € en magasin est une bonne bouteille de vin slovène. Comptez 12 € pour une très bonne bouteille.

Vins pétillants et spécialités

Le *zlata radgonska penina*, de Gornja Radgona, en Styrie, est un excellent vin pétillant mêlant chardonnay et pinot blanc, produit selon une "méthode classique". Le *kraška penina*, un teran pétillant, est unique en son genre.

Le *rumeni muškat*, de Carniole-Blanche et d'Istrie slovène, est un vin doux issu de vendanges tardives, idéal pour le dessert.

Houblon et bières

Sur les terres de Basse-Styrie, dans la vallée de la Savinja, le houblon est cultivé en grande quantité. La bière (*pivo*) est très prisée, notamment des jeunes. Le houblon slovène *(Štajerska hmelj)* qui pousse dans la vallée de Savinja est employé par les brasseurs locaux, et aussi très recherché par les brasseurs du monde entier. Il aurait un goût de citronnelle.

Traditionnellement, les bières sont servies dans les brasseries *(pivnica)* mais on en consomme aussi dans les restaurants, les auberges ou les cafés. La bière pression se commande en *veliko pivo* ("grande bière", 50 cl) ou *malo pivo* ("petite bière", 30 cl). Nombreux sont les établissements qui proposent des bières artisanales en bouteille et parfois à la pression.

Sur le devant de la scène

Le marché de la bière en Slovénie se partage entre deux marques, qui appartiennent à la brasserie Laško, située dans la ville du même nom, au sud de Celje. Elle produit ainsi la Zlatorog et l'Union (brassée à Ljubljana). Il s'agit dans les deux cas de pilsners classiques, blondes légères. Des deux, la Zlatorog est la plus en vogue. L'Union est généralement associée au monde ouvrier.

Laško produit aussi une bière brune (*temno pivo*), la Laško Dark, disponible à la pression. Union produit un panaché populaire, faible en alcool (2,5%), le Radler, aromatisé à l'orange, au citron ou au pamplemousse et disponible en canette et en bouteille.

La révolution des bières artisanales

Comme dans le reste du monde, les Slovènes ont pris part au "mouvement"

Eaux-de-vie slovènes : *borovnica* (à base de myrtilles) et *medica* (à base de miel)

des bières artisanales. En plus des bières Laško (Zlatorog et Union), les brasseries proposent un nombre déroutant d'India Pale Ales (IPA) et d'American Pale Ales (APA) et autres bières blondes, brunes, stouts et porters (pour n'en citer que quelques-unes), toutes fabriquées par de petites brasseries indépendantes. Pour vous aider à choisir, la carte des bars présente souvent une description de la bière et son degré d'alcool. Notez que les bières artisanales sont généralement plus fortes que les pilsners.

Ces nouvelles bières slovènes sont souvent très bonnes. Voici quelques noms à retenir : la HumanFish, brassée à Vrhnika, la Pelicon, à Ajdovščina, la Reservoir Dogs à Nova Gorica, et la Bevog qui provient d'Autriche. Le centre d'information touristique de Ljubljana (p. 80) organise une visite des meilleures adresses où déguster des bières artisanales. Vous pouvez aussi faire votre propre circuit dans la capitale en allant tester les bières servies à Pritličje (p. 75), au Klub Daktari (p. 75) ou encore au Patrick's Irish Pub (p. 76).

Spiritueux

La journée convient à la dégustation de vin et de bière, mais, pour les occasions spéciales, faites de la place à des breuvages plus fort : les *žganje* sont des eaux-de-vie distillées à partir de différents fruits. Parmi les meilleures, la Pleterska Hruška (aussi appelée *viljamovka*), concoction à base de poires élaborée par les moines du monastère de Pleterje (p. 194), près de Kostanjevica na Krki en Basse-Carniole. Voici les principales eaux-de-vie que vous pourriez rencontrer :

Borovnica Aux myrtilles sauvages.

Slivovka Aux prunes.

Češnjevec Aux cerises.

Sadjevec Aux fruits divers.

Brinjevec Un genièvre.

Medeno žganje Un alcool de fruits aromatisé au miel.

Préparer son voyage

Voyager avec des enfants

La Slovénie est idéale pour des vacances en famille, surtout en juillet-août. Parcs aquatiques, grottes, baignades dans des lacs et randonnées accessibles aux plus petits figurent au programme. Sans compter que de nombreux établissements font tout pour s'adapter aux besoins des familles.

La Slovénie des petits

La Slovénie est une excellente destination avec des enfants. Les Slovènes sont accueillants, la nature est accessible et les distances entre les sites touristiques sont courtes. Parlez à vos enfants de chevaux blancs qui dansent, de trains plongeant dans des grottes ou de pont des Dragons, et ils auront hâte de partir !

À voir et à faire

Les enfants sont rois en de nombreux endroits. Les offices du tourisme locaux vous indiqueront ce qu'il y a à voir et à faire, notamment si le soleil n'est pas au rendez-vous.

Aux musées récents interactifs (certains ont un espace dédié aux enfants) s'ajoutent les parcs, les aires de jeux, les piscines et les parcs aquatiques ouverts toute l'année. La gratuité est accordée sur de nombreux sites aux moins de 8 ans et le demi-tarif (ou une réduction substantielle) aux moins de 16 ans. Les forfaits "famille" sont aussi fréquents.

La Slovénie offre une large palette d'activités de plein air praticables en famille : paddle sur les lacs de Bled et de Bohinj, bains de mer dans l'Adriatique, ascension en téléphérique du Vogel ou du plateau de Velika Planina, balade en petit train dans les grottes de Postojna.

Régions recommandées

Ljubljana

Au rang des sites préférés des enfants dans la capitale : un pont gardé par des dragons, un château en haut d'un funiculaire, un zoo, la Maison des expériences et un gigantesque parc aquatique.

Alpes Juliennes

Une destination de choix pour l'exercice en plein air. Les plus jeunes apprécieront les téléphériques, les balades en bateau et la baignade dans les lacs ; les adolescents le rafting, le vélo et le camping (et même le "glamping").

Sud-ouest de la Slovénie

Descente dans deux immenses grottes, châteaux, chevaux qui dansent et activités balnéaires classiques.

Sud-est de la Slovénie

Châteaux, balades en forêt à pied ou à vélo, parcs aquatiques et descente en eaux vives pour toute la famille.

Basse-Styrie, Carinthie et Prekmurje

Châteaux, sentiers forestiers, parcs aquatiques géants et stations de ski loin des foules.

Où se loger et se restaurer

En haute saison (juillet-août), les campings organisent des activités pour les plus petits et certains jouxtent des parcs aquatiques. Ils louent souvent des bungalows et la gamme plus huppée des "glampings" propose, outre des chalets, un hébergement plus insolite tel que cabanes dans les arbres et tentes de safari, pour le plus grand bonheur des jeunes voyageurs.

En majorité destinées aux jeunes bourlingueurs, certaines auberges de jeunesse répondent désormais aux besoins des familles, avec de plus en plus de chambres familiales (jusqu'à 6 lits, superposés) et toutes disposent d'une cuisine et d'une salle communes.

Aller au restaurant avec des enfants ne pose aucun problème. Chaises hautes et menus spéciaux (pizzas ou pâtes le plus souvent) sont fréquemment proposés. Si votre logement dispose d'une cuisine, vous n'aurez aucun mal à vous approvisionner : on trouve de tout dans les grands supermarchés (y compris des produits pour bébé). Veillez néanmoins à prévoir, les horaires étant fréquemment plutôt restreints.

Les sites préférés des enfants

Châteaux

Ljubljana (p. 48). Après la montée en funiculaire, explorez les ruines. Le circuit "Machine à remonter le temps" ravit les enfants plus âgés.

Bled (p. 92). Perchée sur la falaise au-dessus du lac, une forteresse à la vue imprenable. Les célébrations d'Halloween y sont magiques.

Predjama (p. 139). Un château enchâssé dans la roche avec des histoires de toilettes...

Celje (p. 208). Comme sortie d'un conte de fées, la plus grande forteresse de Slovénie plantée bien haut sur la colline.

Parcs aquatiques

Atlantis (p. 31). Une multiplicité de piscines en plein cœur de Ljubljana.

Terme Čatež (p. 197). Activités nautiques et camping familial, près de Brežice.

Terme Ptuj (p. 222). Bassins couverts ou extérieurs avec toboggans, à l'est du pays.

Terme Krka (p. 181). Ce vaste centre thermal de Dolenjske Toplice a une piscine extérieure avec bateau de pirates !

Terme Olimia (p. 214). Piscines, toboggans, et bien plus, à Podčetrtek. Plus une garderie.

Merveilles de la nature

Gorges de Vintgar (p. 101). Près de Bled, une balade facile (3,2 km A/R) sur une passerelle en bois.

Grottes de Postojna (p. 136). Stalagmites, stalactites, train et étrange "poisson humain" sans yeux. Un incontournable pour tout scientifique en herbe.

Cascade de la Savica (p. 102). Magnifique cascade qui plonge dans une gorge. La longue randonnée jusqu'aux chutes convient aux enfants plus âgés.

Grotte de Križna (p. 148). Bottes aux pieds et torche à la main, une excitante virée en bateau sur le lac de la grotte.

Activités en plein air

Bled (p. 94). Bains dans le lac, canotage, excursions à vélo et *kremšnita* (millefeuille crémeux).

Bohinj (p. 102). Baignade et canotage sur le lac, équitation et ascension du Vogel en téléphérique.

Bovec (p. 118). Rafting adapté aux familles et, pour les plus âgés, kayak et canyoning.

Kranjska Gora (p. 111). Station de ski bien équipée en hiver, destination de randonnée et de vélo en été.

Portorož (p. 169). Ville la plus animée de la côte, aux nombreuses activités balnéaires.

Préparer son voyage

Le beau temps est au rendez-vous de mai à septembre. Revers de la médaille : en juillet et août, ce sont les vacances scolaires et tout est pris d'assaut. Consolation : vos petits se feront des amis.

Les agences de location de voitures slovènes louent des sièges auto pour enfants. Les hôtels disposent généralement de lits d'enfant, mais mieux vaut en faire la demande à l'avance.

Les régions en un clin d'œil

Ljubljana

Spectacles
Architecture
Restaurants

Une ville de culture

Tournée vers toutes les sensibilités, la scène culturelle de Ljubljana est active toute l'année. L'été venu, pas un week-end ne s'écoule sans une fête ou un festival, et les cafés des berges lui confèrent une atmosphère festive perpétuelle.

Une architecture élégante

Non contente d'être l'une des cités les plus verdoyantes d'Europe, Ljubljana possède un riche patrimoine architectural. Les ponts, les ornements, les colonnes et les pyramides du talentueux architecte et urbaniste Jože Plečnik sont aussi fantaisistes qu'élégants.

Plaisirs gastronomiques

Depuis quelques années, la capitale se toque de bonne chère et de produits locaux. Les vendredis de printemps et d'été, faites un tour gastronomique de la Slovénie sans quitter la ville à l'occasion de l'Odprta Kuhna au marché central.

p. 46

Lac de Bled et Alpes Juliennes

Paysages
Rendonnée
Activités

Panoramas alpins

Col du Vršič, lacs de Bled et de Bohinj ou sommets alpins raviront les amateurs de paysages naturels à couper le souffle.

Paradis des randonneurs

Sentiers faciles au bord des lacs ou itinéraires plus sportifs dans les gorges ou les alpages s'offrent à vous. Les plus ambitieux s'attaqueront à la reine des randonnées slovènes : l'ascension du mont Triglav.

De cascade en rocher

La vallée de la Soča est un terrain d'aventures de toute beauté. Les eaux aigue marine se prêtent au rafting, au kayak et au canyoning. Les berges font le bonheur des marcheurs et des cyclistes. Le tout se survolant en parapente.

p. 83

Sud-Ouest de la Slovénie

Grottes
Côte
Vin et cuisine

Merveilles souterraines

Les visites guidées des monumentales grottes de Postojna et de Škocjan vous feront découvrir la Slovénie qui se cache sous terre : immense, ancestrale et fascinante.

Les charmes du littoral

La côte slovène se limite à une bande de 47 km le long de l'Adriatique, largement tournée vers les plaisirs balnéaires. Bien que très fréquentée l'été, la pittoresque Piran continue de séduire avec son architecture vénitienne et ses restaurants de poisson et fruits de mer.

Drôles de bêtes

Partez à la rencontre d'animaux rares et parfois même bizarres : les chevaux blancs lipizzans, d'étranges salamandres vivant dans des grottes et des ours bruns dans les forêts profondes de la vallée de Lož.

p. 134

Sud-est de la Slovénie et vallée de la Krka

Châteaux
Paysages
Activités

Des trésors de châteaux

Hôtel 5 étoiles à Otočec ob Krki, vue plongeante sur la rivière à Žužemberk, fresques splendides à Brežice et la légende d'un héros local à Bogenšperk.

Hors des sentiers battus

Collines verdoyantes, rivières sinueuses, flèches d'églises, pentes boisées, vignobles et vergers : cette région est un paradis à découvrir en mode paisible. Les conditions sont parfaites pour un séjour en mode *slow travel* entre plaisirs champêtres et dégustations de vin.

Plaisirs de l'eau

Dolenjske Toplice et Čatež ob Savi, près de Brežice, comptent plusieurs thermes et parcs aquatiques. Les méandres de la Krka et de la Kolpa invitent au rafting et au kayak, leurs berges à la randonnée à pied ou à vélo.

p. 173

Est de la Slovénie

Architecture
Vin et bière
Activités

Cités historiques

Édifices gothiques, Renaissance et baroques s'enchevêtrent en toute harmonie dans le centre ancien de Ptuj. Dans la vieille ville de Maribor se mêlent cafés modernes et façades sculptées. À Celje, les fouilles archéologiques en cours révèlent un riche patrimoine romain.

Houblonnières et vignes

Du houblon cultivé autour de Žalek aux verdoyants vignobles de la route du vin Jeruzalem-Ljutomer, le paysage porte l'empreinte d'une production ancestrale. De merveilleux breuvages à déguster dans l'un des domaines viticoles ou à la première fontaine à bière au monde.

Randonnée et ski

À pied comme à VTT, arpentez la verdoyante vallée de Logarska Dolina, le haut plateau de Velika Planina ou le massif du Pohorje de Maribor. L'hiver, vous en descendrez les pentes à ski ou à snowboard.

p. 201

Sur la route

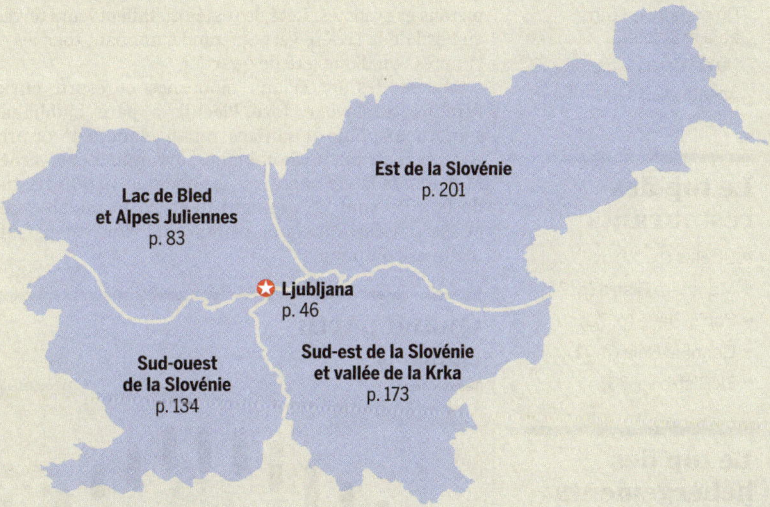

Lac de Bled
et Alpes Juliennes
p. 83
Est de la Slovénie
p. 201
Ljubljana
p. 46
Sud-ouest
de la Slovénie
p. 134
Sud-est de la Slovénie
et vallée de la Krka
p. 173

Ljubljana

01 / 279 750 HABITANTS / ALTITUDE 297 M

Dans ce chapitre ➡

Le top des restaurants

- Strelec (p. 70)
- Monstera Bistro (p. 72)
- Pop's Place (p. 70)
- Gostilna Dela (p. 71)
- Ek Bistro (p. 73)

Le top des hébergements

- Vander Urbani Resort (p. 68)
- Adora Hotel (p. 68)
- Hostel Vrba (p. 70)
- Cubo (p. 69)
- Hostel Celica (p. 69)

Pourquoi y aller

La capitale de la Slovénie, qui est aussi la plus grande ville du pays, se trouve être l'une des plus vertes et des plus agréables d'Europe. La Commission européenne lui a d'ailleurs décerné le titre convoité de Capitale verte de l'Europe 2016. La circulation automobile étant limitée dans le centre, les verdoyantes berges de la Ljubljanica, qui traverse le cœur de la ville, s'offrent tout entières aux piétons et cyclistes. L'été, les cafés installent leurs terrasses au bord de la rivière vert émeraude, donnant tous les soirs l'impression d'une fête de quartier.

Maître des matériaux modernes et esprit curieux, l'architecte slovène Jože Plečnik a paré Ljubljana de somptueux ponts et édifices, renouvelant le décor urbain par une multiplicité de colonnes, pyramides et réverbères. Moteurs de la vie nocturne, les quelque 50 000 étudiants de la ville vont et viennent dans ce formidable décor, et ses musées, hôtels et restaurants figurent parmi les meilleurs du pays.

Quand partir

Ljubljana

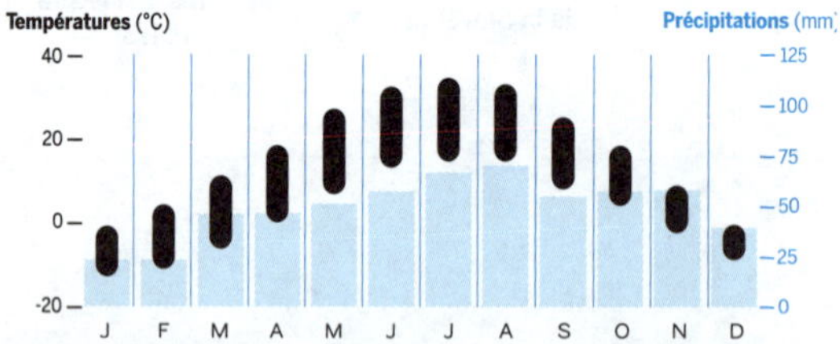

Avril-mai Soleil, fleurs et terrasses de café au bord de la Ljubljanica.

Juillet-août Théâtre de rue, événements toutes les semaines et Festival de Ljubljana.

Septembre-octobre Journées encore douces et programme culturel automnal.

À ne pas manquer

1 La montée en funiculaire jusqu'au **château de Ljubljana** (p. 48), à la fois leçon d'histoire et plongée panoramique sur la ville moderne.

2 Une soirée au bord de l'eau, à la terrasse de **Slovenska Hiša** (p. 75) ou d'un autre café sur les rives.

3 Un festin olfactif et gustatif au **marché central** (p. 69), royaume du produit frais : légumes, fruits, viandes, fromages et poissons.

4 Le génie de l'architecture slovène, Jože Plečnik, à la **Bibliothèque nationale et universitaire** (p. 59).

5 Le charme médiéval de **Stari trg** (p. 56) en plein cœur d'une capitale moderne.

6 **Metelkova Mesto** (p. 74), repaire aternatif où boire et danser jusqu'au bout de la nuit.

7 La berge redessinée entre l'ancien port, le **Breg** (p. 59), et la pointe sud de **Špica**.

Histoire

L'emplacement sur lequel s'étend Ljubljana aujourd'hui était déjà occupé bien avant que les Romains n'y installent un premier campement au Ier siècle av. J.-C. Celui-ci se transforma en une ville nommée Emona qui compta bientôt quelque 5 000 habitants. Emona constituait un carrefour stratégique sur les routes reliant la Pannonie supérieure, au sud, aux colonies romaines du Norique et d'Aquilée, au nord et à l'ouest. Vestiges des vieux remparts, demeures et églises primitives de cette époque sont encore visibles, et de nouvelles découvertes sont faites constamment.

Emona fut pillée et détruite par les Huns, les Ostrogoths et les Lombards à partir du milieu du Ve siècle. À la fin du siècle suivant, des tribus slaves commencèrent à s'y installer.

Mentionnée pour la première fois dans un document de 1144 sous le nom de Luvigana, Ljubljana changea fréquemment de mains et de nom au Moyen Âge. Le plus important eut lieu en 1278, lorsque les Habsbourg prirent la tête de Laibach (son nom depuis le début de ce siècle), promue capitale de la Carniole en 1335. Elle resta leur possession presque sans interruption jusqu'à la fin de la Première Guerre mondiale, en 1918.

Ljubljana et son château perché en haut d'une colline parvinrent à repousser les Turcs en 1415 mais, en 1511, un séisme dévastateur réduisit en ruines une grande partie de la cité médiévale. S'ensuivit une période de construction effrénée aux XVIIe et XVIIIe siècles qui donna à la ville nombre de ses églises et demeures baroques aux tons pastel - et son surnom de "Bela (blanche) Ljubljana".

Quand Napoléon Ier institua par décret de 1809 les Provinces illyriennes suite à la défaite de l'empire d'Autriche à la bataille de Wagram, il fit de Laibach leur capitale. Redevenue autrichienne quatre ans plus tard, elle entra sur la scène mondiale en 1821, lorsque les membres de la Sainte-Alliance (Russie, Autriche et Prusse), vainqueurs de la France napoléonienne, tinrent congrès à Laibach pour discuter des mesures à prendre afin de réprimer les mouvements révolutionnaires en Italie.

Le développement économique de la ville fut accéléré par l'ouverture de lignes ferroviaires la reliant à Vienne (1849) et à Trieste (1857). Mais, en 1895, un séisme encore plus puissant que le précédent frappa Ljubljana, la forçant à se reconstruire une nouvelle fois. Les styles Sécession viennoise et Art nouveau faisaient alors fureur en Europe centrale, et beaucoup des magnifiques édifices bâtis à cette époque existent toujours. À partir des années 1920, la capitale slovène prit peu à peu son visage actuel grâce à un enfant de Ljubljana, l'architecte Jože Plečnik (encadré p. 58).

En 1918, le royaume des Serbes, des Croates et des Slovènes fut créé et la Carniole, avec Ljubljana pour capitale, le rejoignit.

Pendant la Seconde Guerre mondiale, Ljubljana fut occupée par les Italiens puis par les Allemands, qui entourèrent la ville de barbelés. Elle devint la capitale de la république socialiste de Slovénie au sein de la Yougoslavie en 1945, puis celle du pays après la déclaration d'indépendance de la Slovénie en 1991.

À voir

La marche est le moyen le plus facile de découvrir Ljubljana. La vieille ville, qui abrite les plus importants bâtiments et sites historiques (notamment le château de Ljubljana) se trouve sur la rive droite (est) de la Ljubljanica. Le centre-ville, où sont réunis la plupart des musées et galeries, occupe la rive gauche (ouest).

Colline du château

Entamez votre visite de la ville par l'ascension de la colline du château (Grajska Planota). Le majestueux château de Ljubljana abrite quelques intéressantes expositions permanentes et sa tour de guet offre une vue splendide sur la ville par temps dégagé.

Château de Ljubljana CHÂTEAU

(Ljubljanski Grad ; carte p. 54 ; ☎01-306 42 93 ; www.ljubljanskigrad.si ; Grajska Planota 1 ; adulte/enfant/famille 10/7/26 € funiculaire, château, exposition et audioguide compris, 7,50/5,20/19 € sans funiculaire ; ⏲château 9h-23h juin-sept, 9h-21h avr-mai et oct, 10h-20h jan-mars et nov, 10h-22h déc). Coiffant une colline (375 m) à l'est de la vieille ville, ce château est un méli-mélo architectural, dont les éléments datent en majorité de sa reconstruction au début du XVIe siècle, après le terrible séisme de 1511. L'accès au parc est gratuit, mais il faut payer pour visiter la tour de guet, la chapelle Saint-Georges, l'exposition permanente sur l'histoire de la Slovénie (vivement conseillée), le théâtre

LJUBLJANA EN...

Un jour

Prenez le funiculaire jusqu'au château de Ljubljana pour embrasser la cité et l'horizon alentour. En redescendant à pied, gagnez le marché central (p. 69). Savourez un rapide déjeuner au marché au poisson (p. 69) ou au Gostilna Dela (p. 71) et un café au Magda (p. 75) avant de vous engager dans la **vieille ville** en explorant une à une ses trois longues places en enfilade : Mestni trg (p. 53), Stari trg (p. 56) et Gornji trg (p. 57) jusqu'au pont Saint-Jacques. Une fois traversée la rivière, remontez vers le nord le long de Vegova ulica pour gagner Kongresni trg (p. 57), puis Prešernov trg. Voici venu le moment de recharger les batteries le temps d'un verre sur les rives de la Ljubljanica où se succèdent les terrasses de cafés tel Slovenska Hiša (p. 75). Après un authentique dîner slovène chez Druga Violina (p. 70), mettez le cap pour la nuit sur Metelkova Mesto (p. 74) et tout son éventail de soirées alternatives.

Deux jours

Le second jour, faites votre choix parmi les excellents musées de la ville : histoire et icônes au musée national de Slovénie (p. 60) , le top de l'art contemporain au musée d'Art moderne (p. 61). Filez ensuite à pied au **parc Tivoli**, à moins de préférer louer un vélo chez Ljubljana Bike (p. 82) ou Bicike(lj) (p. 82) pour sillonner le parc après une halte gourmande chez Hot Horse, histoire de goûter le hamburger de cheval 100% slovène. Consacrez la soirée à un spectacle au Križanke (p. 77) ou au Cankarjev Dom (p. 78), ou bien programmez un dîner chic au Monstera (p. 72) ou décontracté au Pop's Place (p. 70) avant de boire un verre au Wine Bar Šuklje (p. 75) ou écouter de la musique à Kino Šiška (p. 77).

de marionnettes et prendre part à la visite guidée appelée "Time Machine".

On peut rejoindre le château de plusieurs façons : par la voie (70 m de dénivelé) du **funiculaire** (☎01-306 42 00 ; Krekov trg ; adulte/enfant/famille 4/3/10 € aller-retour, 2,20/1,50/6 € aller ; ⊙10h-18h) qui part près du marché de Vodnikov trg ; par le train touristique partant toutes les heures au sud de l'office du tourisme (p. 80) ; et à pied en longeant Študentovska ulica (qui part vers le sud depuis Ciril Metodov trg), ou bien en grimpant la plus raide Reber ulica (depuis Stari trg, p. 56), ou encore par ulica na Grad (au départ de Gornji trg, p. 57).

Vous pourrez accéder aux différentes curiosités du château à votre rythme, ou bien suivre la passionnante visite **Time Machine** (Časovni Stroj ; ☎01-232 99 94 ; www.ljubljanskigrad.si/en/castle-experiences/guided-tours/time-machine ; adulte/enfant/famille 12/8,40/30 € accès au château et funiculaire compris ; ⊙visites 11h, 13h et 17h tlj juil-sept, 12h tlj mai-juin, 12h sam-dim oct-avr), qui dure environ 1 heure, avec des guides en costume.

Au sud-ouest de la cour, la **tour de guet** du XIXe siècle est accessible par un escalier à double révolution en fer (95 marches depuis le niveau du musée) pour une agréable balade le long des remparts avec vue sur la vieille ville et sur le centre-ville. C'est aussi là qu'est projetée en plusieurs langues une **vidéo** présentant Ljubljana et son histoire (12 minutes). Sous la tour de guet, une courte volée de marches mène à l'un des plus anciens vestiges du château encore debout (1489), la **chapelle Saint-Georges** (Kapela Sv Jurija), couverte de fresques et d'armoiries des ducs de Carniole.

L'**exposition permanente sur l'histoire de la Slovénie** (Razstava Slovenska Zgodovina) couvre de manière interactive les périodes clés du pays : époque romaine, Moyen Âge, XIXe siècle, deux guerres mondiales, la Yougoslavie socialiste et enfin l'Indépendance.

Plein d'humour, le **musée de la Marionnette** (Lutkovni Muzej) fait aussi appel au visiteur qu'il invite à explorer sur le mode interactif l'univers des marionnettes à fils et à gaine, de leur fabrication à leur représentation sur scène.

Le **centre d'information du château de Ljubljana** (☎01-306 42 93 ; Grajska Planota 1 ; ⊙10h-18h jan-mars et nov, 9h-20h avr-mai et oct, 9h-21h juin-sept, 10h-19h déc) vous indiquera visites et animations prévues pendant votre présence à Ljubljana.

Ljubljana

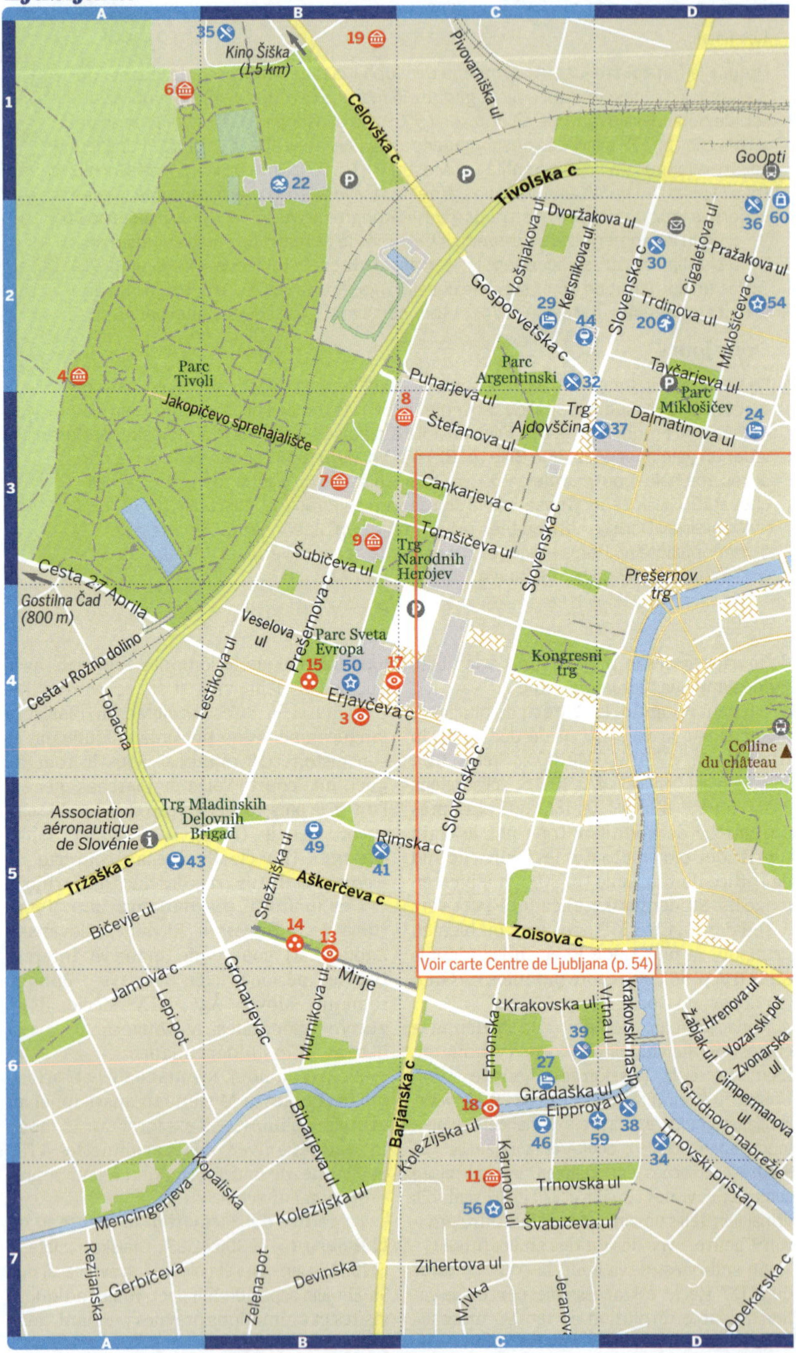

A
B
C
D
1
2
3
4
5
6
7
35
Kino Šiška (1,5 km)
19
6
Celovška c
Pivovarniška ul
22
Tivolska c
GoOpti
36
60
Dvoržakova ul
Vošnjakova ul
Kersnikova ul
Slovenska c
30
Cigaletova ul
Pražakova ul
Gosposvetska c
29
44
Trdinova ul
20
Miklošičeva c
54
4
Parc Tivoli
Jakopičevo sprehajališče
Puharjeva ul
8
Parc Argentinski
32
Tavčarjeva ul
Parc Miklošičev
24
Štefanova ul
Trg Ajdovščina
37
Dalmatinova ul
7
Cankarjeva c
Tomšičeva ul
9
Trg Narodnih Herojev
Šubičeva ul
Slovenska c
Prešernov trg
Cesta 27 Aprila
Gostilna Čad (800 m)
Veselova ul
Prešernova c
Parc Sveta Evropa
Cesta v Rožno dolino
Lestikova ul
15
50
17
Kongresni trg
Tobačna
Erjavčeva c
3
Colline du château
Slovenska c
Association aéronautique de Slovénie
Trg Mladinskih Delovnih Brigad
49
Rimska c
41
43
Tržaška c
Snežniška ul
Aškerčeva c
Bičevje ul
14
13
Zoisova c
Voir carte Centre de Ljubljana (p. 54)
Jamova c
Lepi pot
Groharjevac
Murnikova ul
Mirje
Emonska c
Krakovska ul
Vrtna ul
Krakovski nasip
Hrenova ul
Vozarski pot
Žabjak ul
Zvonarska ul
39
Cimpermanova ul
27
Gradaška ul
Eipprova ul
18
38
Grudnovo nabrežje
Bibarjeva ul
Barjanska c
Kolezijska ul
46
59
34
Trnovski pristan
Kopališka
Karunova ul
11
Trnovska ul
Mencingerjeva
Kolezijska ul
56
Švabičeva ul
Rezijanska
Gerbičeva
Zelena pot
Devinska
Zihertova ul
Mivka
Jeranova
Opekarska c

0
400 m
E
F
G
H
1
2
3
4
5
6
7
Cvetličarna (1,6 km)
Vilharjeva c
Šmartinska c
Cimetière de Žale (1 km)
Ljubljana
Trg OF
Masarykova c
Graboličeva ul
Bolgarska ul
Jenkova ul
Japljeva ul
Bohoričeva ul
Kolodvorska ul
Resljeva c
Kotnikova ul
Metelkova ul
Friškovec ul
Prisojna ul
Maistrova ul
Njegoševa ul
Slomškova ul
Čufarjeva ul
Tabor
Tabor
Vrhovčeva ul
Komenskega ul
Vidovdanska c
Ilirska ul
Rozmanova ul
Hrvatski trg
Zaloška c
Trubarjeva c
Legebitra
Petkovškovo nabrežje
Poljanski nasip
Bavarska steza
Kopitarjeva ul
Vrazov trg
Ljubljanica
Poljanski nasip
Povšetova
Poljanska c
Pont Saint-Pierre
Strossmayerjeva
Ul Janeza Pavla II
Ul Talcev
Poljanska c
Poljanska c
Ul Stare Pravde
Streliška ul
Zarnikova ul
Zemljemerska ul
Roška c
C Slovenskih Kmečkih Uporov
Gruber Canal
Hradeckega c
Karlovška c
Janežičeva c
Prijateljeva ul
Privoz
Prule
Gruberjevo nabrežje
Ižanska c
Dolenjska c
Velika Čolnarska ul
Club d'aviron de Ljubljana (200 m)
Passerelle
1
2
5
10
12
16
21
23
25
26
28
31
33
40
42
45
47
48
51
52
53
55
57
58

Ljubljana

À voir

1 Jardin botanique F7
2 Église Saint Joseph F4
3 Parc archéologique du centre du Christianisme ancien B4
Galerija Alkatraz (voir 52)
4 Centre international d'Art graphique A2
5 Musée d'Art contemporain de Metelkova F2
6 Musée de l'Histoire contemporaine de la Slovénie A1
7 Musée d'Art moderne B3
8 Galerie nationale de Slovénie C3
9 Musée national de Slovénie B3
10 Musée national de Slovénie de Metelkova F2
11 Maison de Plečnik C7
12 Écluse de Poljane G4
13 Pyramide de Plečnik B5
14 Mur romain B5
15 Vestige de mur romain B4
16 Musée ethnographique slovène F2
Muséum d'histoire naturelle de Slovénie (voir 9)
17 Trg Republike B4
18 Pont de Trnovo C6
19 Union Experience B1

Activités

20 Escape Room Enigmarium D2
21 Mint International House Ljubljana E1
22 Parc Tivoli B1

Où se loger

23 Celica Hostel F2
24 City Hotel Ljubljana D3
25 H2O Hostel E3
26 Hostel 24 Center F4
27 Hostel Vrba C6
28 Hotel Park Urban & Green F3
29 Slamič B&B C2

Où se restaurer

30 Burek Olimpija D2
31 Ek Bistro F3
32 Figovec C2
33 Gostilna Dela E4
34 Gostilna Jakob Franc D6
35 Hot Horse B1
36 JB Restavracija D2
37 Mala Terasa D3
38 Manna D6
39 Pri Škofu C6
40 Skuhna E3
41 Zbornica B5

Où prendre un verre et faire la fête

42 Kavarna Rog F4
Kavarna SEM (voir 16)
43 Klub Cirkus A5
44 Klub K4 C2
Klub Monokel (voir 45)
Klub Tiffany (voir 45)
Metelkova Mesto (voir 45)
45 Q Cultural Centre F2
Roza Klub (voir 44)
46 Šank Pub Anika C6
47 Špica E7
STA Café (voir 37)
48 Tovarna Rog F3
49 Žmauc B5

Où sortir

50 Cankarjev Dom B4
Channel Zero (voir 52)
51 Eventim E1
52 Gala Hala F2
53 Kinodvor E2
54 Kinoteka D2
55 Klub Gromka F2
56 KUD France Prešeren C7
57 Menza pri Koritu F2
58 Orto Bar G1
59 Sax Pub C6

Achats

60 Mladinska Knjiga D2

Prešernov trg et ses environs

Triple Pont PONT

(Tromostovje ; carte p. 54). Emblème architectural de la ville, ce pont relie Prešernov trg à la vieille ville au sud. À travée unique lors de sa construction en 1842, le "pont de l'Hôpital" (Špital) n'avait à l'origine rien d'exceptionnel, mais, entre 1929 et 1932, le fameux architecte Jože Plečnik le doubla de deux ponts piétons latéraux, assurant une unité parfaite entre les trois travées par d'identiques balustres en pierre et lampadaires. Et il imposa un changement de nom. Les escaliers sur chacun des ponts latéraux plongent vers les rives mêmes de la Ljubljanica bordées de peupliers.

Prešernov trg PLACE

(place Prešeren ; carte p. 54). Lieu de rendez-vous préféré des habitants, la fabuleuse place Prešeren offre une harmonie architecturale sans pareille. Elle marque l'entrée dans la ville moderne lorsqu'on arrive de la vieille ville par le Triple Pont (p. 52). À peine enjambée la rivière, se dresse au nord le **monument à Prešeren**

(1905), hommage au plus grand poète du pays, France Prešeren (1800-1849).

À l'est du monument, au n°5, la façade italianisante de la **pharmacie centrale** (Centralna Lekarna ; ☎01-230 61 00 ; ⌚7h30-19h30 lun-ven, 8h-15h sam) fut celle d'un café fréquenté par les intellectuels au XIXe siècle. Au nord trône l'église franciscaine Notre-Dame-de-l'Annonciation et, à l'angle de Trubarjeva cesta et Miklošičeva cesta, le **palais Urbanc** (Palača Urbanc, 1903), merveilleux bâtiment Sécession, héberge un grand magasin de luxe. De l'autre côté de la place, au n°1, la **maison Hauptman** (⌚fermée au public) témoigne aussi magnifiquement de cette époque Art nouveau. Deux portes plus loin dans Wolfova ulica, au-dessus du porche du n°4, un bas-relief montre une séduisante jeune femme à sa fenêtre. C'est Julija Primič, la muse vers laquelle se porte le regard (statufié) de France Prešeren dont elle a largement inspiré la *Couronne de sonnets* (*Sonetni Venec*).

Église franciscaine Notre-Dame-de-l'Annonciation ÉGLISE

(Frančiškanska cerkev Marijinega oznanjenja ; carte p. 54 ; ☎01-242 93 00 ; www.marijino-oznanjenje.si ; Prešernov trg 4 ; ⌚6h40-12h et 15h-20h). GRATUIT Ce sanctuaire baroque du XVIIe siècle à l'éclatante façade corail illumine le nord de la place. Le maître-autel est l'œuvre du sculpteur italien Francesco Robba (1698-1757). Située dans la perspective du Triple Pont, cette église emblématique de Ljubljana est accolée au monastère des Franciscains dont la bibliothèque conserve la plus riche collection slovène de manuscrits et incunables.

Miklošičeva cesta ARCHITECTURE

(carte p. 54). Cette rue de 650 m de long relie Prešernov trg à la gare ferroviaire et à la gare routière. Elle se termine au sud par un splendide ensemble de bâtiments Sécession et un joli parc.

Parmi les édifices qui la bordent figurent : au n°4, le **Crédit populaire** (⌚fermé au public) qui date de 1908, au n°8, l'ancienne **Banque coopérative** (⌚fermée au public) et, juste en face, le Grand Hotel Union (p. 68), fleuron de l'hôtellerie édifié en 1905. À environ 150 m au nord s'étend le **parc Miklošičev** dessiné en 1902 par l'urbaniste slovène Maks Fabiani. Lui font face nombre d'autres brillants témoignages architecturaux de l'Art nouveau.

Vieille ville

S'étirant sur une étroite bande de terre entre la rive droite (est) de la Ljubljanica et la colline du château, la vieille ville de Ljubljana (Staro Mesto) s'égraine au fil de trois longues places contiguës, à savoir en quittant le Triple Pont en direction du sud-est : Mestni trg (place de la Ville ; carte p. 54), puis Stari trg (place Vieille) et enfin Gornji trg (place Haute). La multiplicité et la richesse des édifices baroques de Stare Mesto en fait une mine d'or architecturale, d'autant plus que quelques maisons à pignons bordant Stari trg et Gornji trg ont, pour leur part, conservé leur agencement médiéval.

Mestni trg PLACE

(place de la Ville ; carte p. 54). La première des trois "places" de la vieille ville est dominée par l'hôtel de ville. Devant celui-ci se dresse la **fontaine de Robba** (carte p. 54 ; Mestni trg), d'un blanc éclatant, qui date de 1751 ; les trois titans portant des amphores représentent les trois rivières de Carniole – la Save, la Krka et la Ljubljanica – mais sont des copies modernes. Les originaux, usés par le temps et rongés par la pollution, sont aujourd'hui exposés à la Galerie nationale (p. 61).

LES DRAGONS DE LJUBLJANA

L'hôtel de ville de Ljubljana est surmonté d'un dragon doré, symbole de la ville, que l'on retrouve sur l'un de ses ponts les plus célèbres. Un peu avant l'aube du XXe siècle, le persuasif maire Ivan Hribar aurait soumis aux autorités de Vienne les plans d'un nouveau pont jugé indispensable par les habitants pour traverser la Ljubljanica, un "pont du Jubilé" célébrant le demi-siècle de règne de l'empereur François-Joseph. En résulta, au nord de la vieille ville, juste après Vodnikov trg, le bien-aimé pont des Dragons (p. 58), premier pont en béton armé de Slovénie. Les habitants, aussi bien les hommes que les femmes, plaisantent en disant que les dragons de bronze agiteraient la queue quand une vierge traverse le pont, avant de sourire et de préciser qu'ils n'ont jamais assisté à ce phénomène.

Centre de Ljubljana

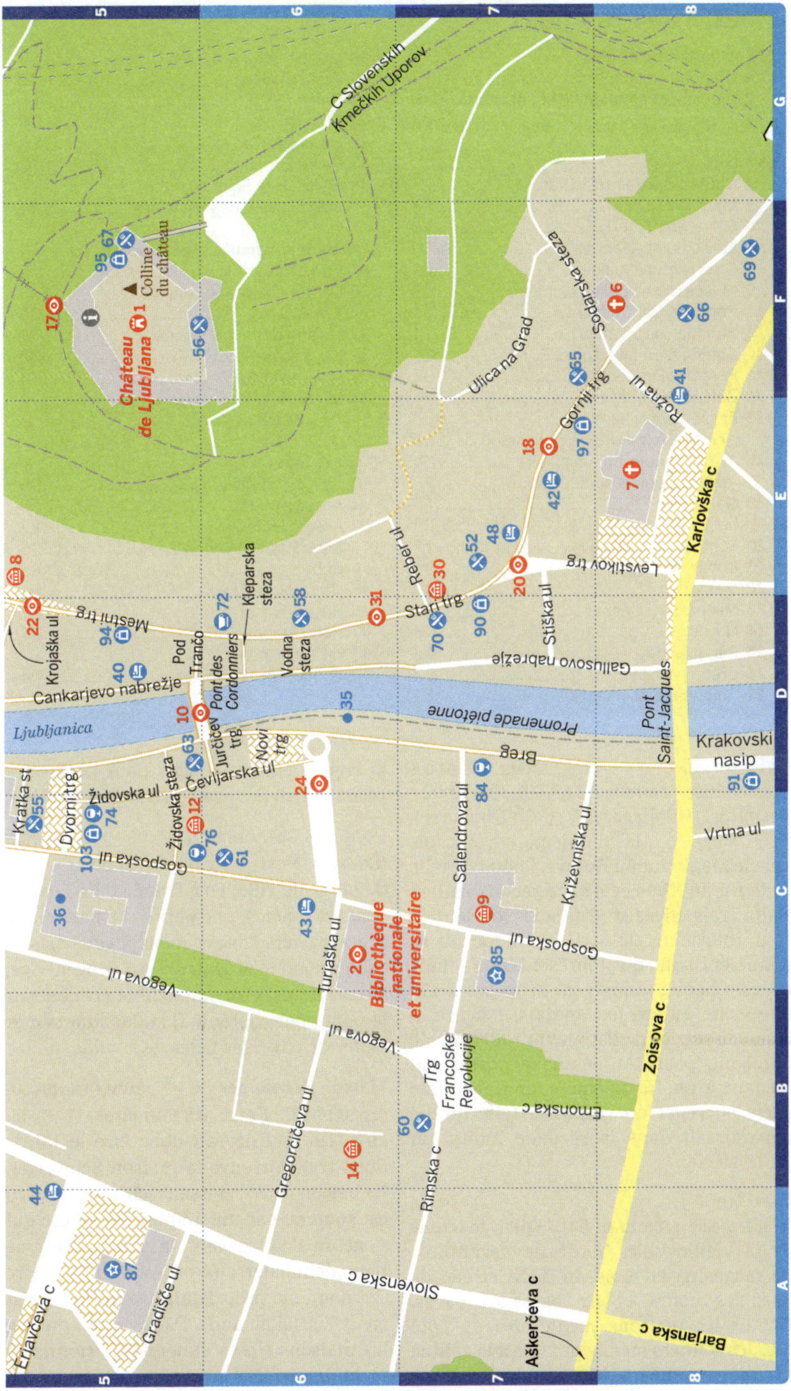
Château de Ljubljana
Colline du château
Bibliothèque nationale et universitaire
C Slovenskih Kmečkih Uporov
Ulica na Grad
Sodarska steza
Gornji trg
Rožna ul
Karlovška c
Levstikov trg
Reber ul
Stari trg
Stiška ul
Gallusovo nabrežje
Promenade piétonne
Pont Saint-Jacques
Krakovski nasip
Breg
Vrtna ul
Križevniška ul
Salendrova ul
Gosposka ul
Zoisova c
Emonska c
Trg Francoske Revolucije
Vegova ul
Rimska c
Gregorčičeva ul
Turjaška ul
Slovenska c
Barjanska c
Aškerčeva c
Gradišče ul
Erjavčeva c
Kleparska steza
Vodna steza
Mestni trg
Krojaška ul
Cankarjevo nabrežje
Pod Trančo
Pont des Cordonniers
Ljubljanica
Jurčičev trg
Novi trg
Čevljarska ul
Židovska steza
Židovska ul
Dvorni trg
Kratka st
Gosposka ul

Centre de Ljubljana

Les incontournables

1 Château de Ljubljana F5
2 Bibliothèque nationale et universitaire C6
3 Triple pont D3

À voir

4 Cathédrale Saint-Nicolas F3
5 Marché central F3
6 Église Saint Florian F8
7 Église Saint-Jacques E8
8 Galerie municipale E5
9 Musée municipal de Ljubljana C7
10 Pont des Cordonniers D5
11 Banque coopérative E1
12 Galerie d'architecture DESSA C5
13 Pont des Dragons G2
14 Galerie Equrna B6
15 Église franciscaine Notre-Dame-de-l'Annonciation D2
16 Arrêt inférieur du funiculaire G4
17 Arrêt supérieur du funiculaire F5
18 Gornji trg E7
19 Maison Hauptman D3
20 Fontaine d'Hercule E7
21 Kongresni trg C4
22 Mestni trg D5
23 Miklošičeva Cesta E1
24 Novi trg D6
25 Parlement A3
26 Crédit populaire E2
27 Colonnade de Plečnik E3
28 Monument à Prešeren D3
29 Prešernov trg D3
30 Galerie Škuc E7
31 Stari trg D6
32 Hôtel de ville E4
33 Palais Urbanc E2
34 Église de la Sainte-Trinité du couvent des Ursulines B4

Activités, circuits organisés et cours

35 Barka Ljubljanica D6
36 Centre d'apprentissage du slovène C5
37 Maison des expériences G1
38 Key Escape Room E2
Ljubljana Free Tour .... (voir 29)
39 Mala Ulica F1
Time Machine .... (voir 1)

Où se loger

40 Ad Hoc Hostel D5
41 Adora Hotel F8
42 Allegro Hotel E7
43 Antiq Palace Hotel & Spa C6
44 Cubo A5
45 Grand Hotel Union D1
46 Hostel Tresor C2
47 Hotel Emonec D3
48 Hotel Galleria E7
49 Vander Urbani Resort D4

Hôtel de ville
BÂTIMENT HISTORIQUE

(Mestna Hiša ; carte p. 53 ; ☎01-306 30 00 ; Mestni trg 1 ; visite guidée 5 € ; ⏲8h-17h lun-ven). GRATUIT Siège de la municipalité, parfois appelé Magistrat ou Rotovž, l'hôtel de ville de la fin du XVe siècle a été reconstruit en 1718. Trois niveaux d'arcades ourlent la cour intérieure de style gothique où se donnaient jadis des représentations théâtrales. Chaque samedi est proposée à 13h une visite guidée (en anglais, 1 heure) à réserver auprès de l'office du tourisme de Ljubljana (p. 80). Au-dessus du portail sud menant à une deuxième cour figure une carte en relief de Ljubljana telle qu'elle apparaissait dans la seconde moitié du XVIIe siècle.

Stari trg
PLACE

(place Vieille ; carte p. 54). Voici le cœur de la vieille ville, bordé de devantures de magasins en bois du XIXe siècle, de paisibles cours et de passages pavés. Depuis les maisons médiévales du côté est, des sentiers menaient jadis à la colline du château. Les bâtiments donnant sur la rivière étaient conçus pour permettre l'écoulement des eaux en cas d'inondation.

Pont des Cordonniers
PONT

(Čevljarski Most ; carte p. 54). Au beau milieu de la vieille ville, Pod Trančo ("En contrebas de Tranča"), une petite rue partant de Stari trg vers l'ouest, mène à cette passerelle au nom évocateur. Au Moyen Âge, 16 cordonniers travaillaient et vivaient sur le pont pour capter le flux des passants et éviter de payer les taxes de la ville.

Maison Schweiger
BÂTIMENT HISTORIQUE

(carte p. 54). Entre les numéros 11 et 15, au n°11a (qui devrait donc être le 13) de Stari trg, se trouve la maison Schweiger. Le balcon de ce ravissant bâtiment rococo est soutenu par une imposante statue qui tient un doigt devant sa bouche, comme pour demander aux passants de se taire (le nom du propriétaire signifie "silencieux" en allemand). Dans cette contrée, les maisons closes étaient traditionnellement domiciliées au n°13.

Où se restaurer
50 Ajdovo Zrno ... E2
51 Marché couvert ... F3
52 Druga Violina ... E7
53 Falafel ... G2
54 Marché aux poissons ... E3
55 Gelateria Romantika ... C5
56 Gostilna na Gradu ... F5
57 Hood Burger Center ... D1
58 Julija ... D6
59 Klobasarna ... E4
60 Le Petit Café ... B7
61 Monstera Bistro ... C6
62 Odprta Kuhna ... E3
63 Paninoteka ... D5
64 Pop's Place ... D4
65 Repete ... F7
66 Špajza ... F8
67 Strelec ... F5
68 TaBar ... D4
69 Taverna Tatjana ... F8
70 Vino & Ribe ... D7

Où prendre un verre et faire la fête
71 Cafe Čokl ... G3
72 Čajna Hiša ... D6
73 Cutty Sark Pub ... C3
74 Dvorni Bar ... C5
75 Klub Daktari ... G4
76 Kolibri ... C5
77 Magda ... F3
78 Makalonca ... D4
79 Nebotičnik ... C1
80 Patrick's Irish Pub ... F1
81 Postaja Centralna ... F2
82 Pritličje ... E4
83 Slovenska Hiša ... D4
84 Wine Bar Šuklje ... D7

Où sortir
85 Križanke ... C7
86 Théâtre de marionnettes ... G4
87 Théâtre national slovène ... A5
88 Opéra de Ljubljana ... A1
89 Salle de la Philarmonie slovène ... C4

Achats
90 3 Muhe ... D7
91 Annapurna ... D8
92 Antikvariat Alef ... D4
93 Carniola Antiqua ... E2
94 Galerija Idrijske Čipke ... D5
95 Galerija Rustika ... F5
96 Kraševka ... G3
97 Lina ... E7
98 Mladinska Knjiga ... B3
99 Oliviers & Co ... E4
100 Trgovina IKA ... F4
101 Trubarjev Antikvariat ... E4
102 Vinoteka Movia ... E4
103 Wine Point Dvor ... C5

Gornji trg PLACE

(place Supérieure ; carte p. 54). Les cinq maisons médiévales entre les n°7 et 15 de la place sont dotées de passages étroits (certains fermés par une porte), où les ordures étaient déposées afin d'être emportées par la rivière. L'**église Saint-Florian** (Cerkev Sv Florijana ; carte p. 54), l'un des édifices notables de cette place, fut bâtie en 1672. Elle fut consacrée au saint patron des pompiers après qu'un grave incendie eut détruit une grande partie de la vieille ville. Elle a été rénovée par Plečnik en 1934. ulica na Grad, qui conduit à l'église, permet de rejoindre facilement le château.

Église Saint-Jacques ÉGLISE

(Cerkev Sv Jakoba ; carte p. 54 ; 01-252 17 27 ; Gornji trg 18 ; 7h-20h). Édifié en 1615, ce sanctuaire jésuite abrite un maître-autel du sculpteur italien Francesco Robba (1732), mais avec ses statues d'une "reine blanche" et d'un "roi noir", celui de la chapelle Saint-François-Xavier, sur la gauche, est bien plus captivant.

Jardin botanique JARDINS

(Botanični Vrt ; carte p. 50 ; 01-427 12 80 ; www.botanicni-vrt.si ; Ižanska cesta 15 ; jardin gratuit, serre tropicale adulte/enfant 2,80/1,30 € ; 7h-20h juil-août, 7h-19h avr-juin et sept-oct, 7h-17h nov-mars). GRATUIT Ce jardin botanique de 2,5 ha est à environ 800 m au sud-est de la vieille ville, en suivant Karlovška cesta, de l'autre côté de la Ljubljanica. Fondé en 1810, il conserve 4 500 espèces de plantes et d'arbres, dont environ un tiers sont indigènes.

Marché central et est de la ville

Le secteur du marché borde la rive droite de la Ljubljanica à l'est du Triple Pont (p. 52), le long d'Adamič-Lundrovo nabrežje. Il n'y a guère de monuments à visiter, mais l'endroit est idéal pour flâner, surtout au marché central (p. 69), où faire le plein de produits frais locaux, de poissons et de produits gastronomiques.

JOŽE PLEČNIK, UN ARCHITECTE HORS DU COMMUN

Peu d'architectes dans le monde ont eu un impact aussi grand sur leur ville natale que Jože Plečnik. Son œuvre est éclectique, inspirée, unique – et omniprésente dans la capitale slovène.

Né à Ljubljana en 1872, Plečnik étudia au lycée technique de Graz, puis sous la direction de l'architecte Otto Wagner à Vienne. De 1911 à 1921, il enseigna à l'école des arts appliqués de Prague où il fut également l'architecte en chef de la rénovation du Château.

Le travail de Plečnik dans sa ville natale débuta en 1921. Il la transforma presque à lui tout seul, en ajoutant des éléments d'architecture antique gréco-romaine, des motifs byzantins, islamiques, égyptiens et folkloriques sur les façades baroques ou sécessionnistes. La liste de ses créations et rénovations est sans fin, de la Bibliothèque nationale et universitaire (p. 59) au marché central (p. 69) en passant par le magnifique cimetière de Žale (p. 65) où vous pourrez admirer sa pierre tombale moderniste.

Plečnik était également urbaniste et designer. Il a non seulement réaménagé les berges de la Ljubljanica – avec notamment le Triple Pont (p. 52) et la monumentale **écluse de Poljane** (carte p. 50), en aval –, des rues entières (Zoisova cesta) et le parc Tivoli, mais il a également laissé sa patte sur des escaliers monumentaux (Kranj) et des bâtiments publics (Kamnik). Fervent catholique, Plečnik a dessiné de nombreux meubles et objets liturgiques – calices, chandeliers, lustres – pour des églises dans toute la Slovénie, comme l'**église paroissiale Saint-Jacques** à Škofja Loka (p. 85). L'un de ses projets inachevés était un Parlement somptueux, orné d'une énorme structure conique, qui devait être construit sur la colline du château après la Seconde Guerre mondiale.

L'éclectisme et l'individualité de Plečnik l'ont tenu à l'écart du courant dominant de l'architecture moderne de son vivant, et il était relativement peu connu (encore moins apprécié) en dehors de l'Europe centrale et orientale à sa mort en 1957. Il est aujourd'hui considéré comme l'un des précurseurs du post modernisme.

Cathédrale Saint-Nicolas ÉGLISE
(Stolna Cerkev Sv Nikolaja ; carte p. 54 ; ☎01-234 26 90 ; www.lj-stolnica.rkc.si ; Dolničarjeva ulica 1 ; ⏲10h-12h et 15h-18h). GRATUIT Une église occupe les lieux depuis le XIIIe siècle, mais l'édifice aux deux tours date du début de XVIIIe siècle. L'intérieur est décoré de marbre rose, de stuc blanc et de dorures, outre de magnifiques fresques baroques en trompe-l'œil. Jetez un coup d'œil aux superbes stalles gravées, à l'orgue et aux anges sur l'autel principal.

Deux magnifiques portails en bronze, aujourd'hui noircis, ont été ajoutés en 1996 pour commémorer la visite du pape Jean-Paul II. Le portail ouest (principal) faisant face au palais de l'évêché retrace 1 250 ans de christianisme en Slovénie, tandis que les six évêques du portail sud donnant sur Ciril Metodov trg décrivent l'histoire du diocèse de Ljubljana.

Pont des Dragons PONT
(Zmajski Most ; carte p. 54). Flanqué de quatre effrayants dragons, cet emblème de la ville enjambe la rivière dans le prolongement de Vodnikov trg, au nord-est de la vieille ville. L'ouvrage de béton armé a été construit entre 1900 et 1901, en puisant dans le style Sécession (Art nouveau viennois).

Église Saint-Joseph ÉGLISE
(Cerkev sv Jožefa ; carte p. 50 ; ☎01-438 39 80 ; www.svjozef.si ; Ulica Janeza Pavla II 13 ; ⏲8h-18h, dim 10h messe en anglais). GRATUIT De style néoroman, ce sanctuaire jésuite construit en 1913 par l'architecte Anzelm Werner a fait l'objet d'un vaste remaniement par Jože Plečnik, dont l'ajout, en 1941, d'un autel.

Centre-ville

Divisé en plusieurs secteurs organisés autour de places, le vaste quartier de la rive gauche de la Ljubljanica est le centre névralgique de la Ljubljana moderne. Il abrite de très nombreux magasins, bureaux, services gouvernementaux et ambassades.

Novi trg PLACE

(place Neuve ; carte p. 54). Au sud du pont des Cordonniers (p. 56) se trouvait au Moyen Âge un village de pêcheurs fortifié, indépendant de la ville. Des vestiges médiévaux ont résisté au séisme de 1895, telle l'étroite **Židovska ulica** en direction du nord, et sa ramification, **Židovska steza** (ruelle des Juifs), où s'élevait alors une synagogue.

Le **Breg** filant de là au sud recouvre ce qui fut un port à l'époque où la Ljubljanica était encore une voie navigable loin dans les terres et très commerçante. La rive est désormais entièrement piétonne.

♥ Bibliothèque nationale et universitaire ARCHITECTURE

(Narodna in Univerzitetna Knjižnica, NUK ; carte p. 54 ; ☎ 01-200 12 09 ; www.nuk.uni-lj.si ; Turjaška ulica 1 ; ⏲ 8h-20h lun-ven, 9h-14h sam). GRATUIT Achevée en 1941, cette bibliothèque est le chef-d'œuvre de l'architecte Jože Plečnik. Sa façade surprenante mêle brique et pierre. Entrez par la porte principale (notez les poignées en forme de tête de cheval) dans Turjaška ulica – vous vous retrouverez dans la pénombre, presque enseveli sous le marbre noir. En montant les marches, vous arriverez sous une colonnade baignée de lumière, symbolisant la lumière du savoir.

La **grande salle de lecture** (Velika Čitalnica), ouverte aux non-étudiants uniquement dans le cadre de visites de groupes programmées en semaine, ou bien le samedi après-midi (14h30-18h, adulte/enfant 5/3 €), est dotée d'immenses baies vitrées et de superbes lustres, également dessinées par Plečnik.

Kongresni trg PLACE

(carte p. 54). Cette ravissante place, qui abrite le Zvezda Park ("parc de l'Étoile") en son centre et dissimule un parking souterrain, tire son nom du congrès de la Sainte-Alliance qui vit se réunir l'Autriche, la Prusse, la Russie et Naples en 1821 à Ljubljana (alors appelée Laibach). Elle est aujourd'hui un lieu apprécié pour les concerts en plein air et les cérémonies nationales. Elle est bordée par plusieurs édifices importants, notamment au sud, au n°12, le bâtiment central de l'**université de Ljubljana**, construit en 1902 comme palais ducal.

La petite statue dorée coiffant une colonne à l'extrémité ouest de la place est une copie (l'original est au Musée national) du **citoyen d'Emona**, œuvre datant de l'époque romaine (IVe siècle) découverte à proximité en 1836. Juste au sud, un morceau de la **porte nord** de la ville a été mis au jour.

Musée municipal de Ljubljana MUSÉE

(Mestni Muzej Ljubljana ; carte p. 54 ; ☎ 01-241 25 00 ; www.mgml.si ; Gosposka ulica 15 ; adulte/enfant 6/4 € ; ⏲ 10h-18h mar, mer et ven-dim, 10h-21h jeu). Cet excellent musée ouvert en 1935 aborde l'histoire, la culture et la politique de Ljubljana au travers d'expositions multimédias et interactives très

UNE GALERIE DE GALERIES

Ljubljana fourmille de galeries, publiques comme privées. En voici quelques-unes pour goûter à l'art contemporain slovène.

Galerie municipale (Mestna Galerija ; carte p. 54 ; ☎ 01-241 17 70 ; mgml.si/sl/mestna-galerija ; Mestni trg 5 ; entrée libre ; ⏲ 11h-19h mar, mer, ven-sam, 11h-21h jeu, 11h-15h dim). Consacré à l'art du XXe siècle et d'aujourd'hui, un lieu d'exposition un peu dissimulé de la vieille ville où se renouvelle régulièrement la présentation de peintures, sculptures, arts graphiques et photos. Petit magasin de souvenirs au rez-de-chaussée.

Galerie Equrna (Galerija Equrna ; carte p. 54 ; ☎ 01-252 71 23 ; www.equrna.si ; Gregorčičeva ulica 3 ; entrée libre ; ⏲ 12h-19h lun-ven). Grâce au flair de son propriétaire, cette galerie demeure sans doute la plus innovante de Ljubljana.

Galerie Škuc (Galerija Škuc ; carte p. 54 ; ☎ 01-251 65 40 ; www.galerijaskuc.si ; Stari trg 21 ; entrée libre ; ⏲ 12h-19h mar-dim). Au cœur de la vieille ville, une galerie d'art contemporain avant-gardiste où règne une atmosphère estudiantine.

Galerie d'architecture DESSA (carte p. 54 ; ☎ 01-251 60 10 ; www.dessa.si ; Židovska steza 4 ; entrée libre ; ⏲ 12h-18h mar-ven). Une petite galerie vouée à l'architecture et honorant les travaux d'architectes slovènes contemporains comme du monde entier.

inventives. La voie romaine reconstituée qui reliait jadis les portes est de la colonie romaine d'Emona (actuelle Ljubljana) à la Ljubljanica et, au sous-sol, la collection archéologique justifient à elles seules une visite. Autre intérêt majeur : les maquettes de bâtiments que le célèbre architecte Jože Plečnik n'a pas eu le temps d'édifier.

Église des Ursulines de la Sainte-Trinité ÉGLISE

(Uršulinska Cerkev Sv Trojice ; carte p. 54 ; ☎01-252 48 64 ; zupnija-lj-sv-trojica.rkc.si ; Slovenska cesta 21 ; ⏲6h-7h30, 9h-11h et 16h-19h). Cette église (1726) qui donne sur Kongresni trg (place du Congrès) de l'autre côté de Slovenska cesta, est le plus bel édifice baroque de la ville. Son autel en marbre d'Afrique est l'œuvre du sculpteur italien Francesco Robba.

Trg Francoske Revolucije PLACE

(place de la Révolution française ; carte p. 54). Ce fut, des siècles durant, le siège des chevaliers teutoniques, qui dépendaient du baillage d'Autriche. Ils y construisirent une commanderie au début du XIIIe siècle, qui fut convertie pour devenir le monastère **Križanke** (☎01-241 60 00 ; Trg Francoske Revolucije 1-2) au début du XVIIIe siècle. Cet ensemble accueille désormais une salle de concert et une salle de spectacle.

Au centre de la place, la **colonne d'Illyrie** commémore les Provinces illyriennes de Napoléon Ier (1809-1813), époque durant laquelle le slovène fut enseigné pour la première fois dans les écoles.

Parc archéologique du Centre du christianisme ancien VESTIGES

(Zgodnjekrščansko Arheološki Park ; carte p. 50 ; ☎01-241 25 00 ; www.mgml.si ; Erjavčeva cesta 18 ; adulte/enfant 2/1 € ; ⏲10h-18h avr-oct). Derrière le Cankarjev Dom (p. 78) ont été conservés les vestiges du porche d'une église chrétienne primitive avec des mosaïques du IVe siècle, des fonts baptismaux et un hypocauste (système de chauffage romain). Un autre "musée de plein air" à l'ouest du Cankarjev Dom protège les restes de la **muraille romaine** (carte p. 50 ; Erjavčeva cesta) construite en l'an 14 ou 15. À quelques pas au sud de Kongresni trg se trouvait la porte nord principale de l'Emona romaine.

Parlement ÉDIFICE HISTORIQUE

(Parlament ; carte p. 54 ; ☎01-478 97 88 ; www.dz-rs.si ; Šubičeva ulica 4 ; ⏲sur rdv). GRATUIT Ce bâtiment, construit entre 1954 et 1959 par Vinko Glanz, à l'angle nord-est de la place de la République (Republike trg), n'est pas très beau de l'extérieur, mais son portail colossal orné de sculptures en bronze est remarquable. Cela vaut la peine de réserver en ligne une visite guidée pour en voir l'intérieur, notamment la peinture murale de Slavko Pengov.

Trg Republike PLACE

(place de la République ; carte p. 50). La place de la République est la place principale du centre-ville, dominée par deux tours grises sinistres – TR3, qui abritent des bureaux et des ambassades, et le siège de la Nova Ljubljanska Banka – et quelques monuments révolutionnaires criards. Le parking qui gâchait la vue a désormais disparu, et la place a été pavée d'un granit bleu de Slovénie.

Quartier des musées

Quatre des plus importants musées de Ljubljana se trouvent dans le quartier au nord-ouest de trg Republike (carte p. 50).

Musée national de Slovénie MUSÉE

(Narodni Muzej Slovenije ; carte p. 50 ; ☎01-241 44 00 ; www.nms.si ; Prešernova cesta 20 ; tarif plein/étudiant 6/4 €, avec annexe de Metelkova ou Muséum d'histoire naturelle de Slovénie 8,50/6 €, musée lapidaire gratuit ; ⏲10h-18h, 10h-20h jeu). Dans un bâtiment de 1888 commun au Muséum d'histoire naturelle de Slovénie (p. 64), le Musée national a pour pièces maîtresses une situle (seau rituel en bronze martelé) celte dit "de Vače" (Ve siècle av. J.-C.), au décor en registres, et ce qui est supposé être une flûte en os "néandertalienne" (encadré p. 127) découverte en 1995 dans une grotte proche de Cerkno (ouest de la Slovénie). Le musée conserve aussi nombre de verres et bijoux romains trouvés dans des tombes slaves du VIe siècle. La collection lapidaire romaine occupe un pavillon vitré au sommet du musée.

À l'intérieur de l'édifice principal, ne manquez pas la fresque au plafond du hall d'entrée, allégorie de la Carniole (ancienne province slovène) entourée de personnages historiques slovènes, et les statues des Muses et des Parques se reposant sur les rampes de l'escalier. L'entrée à ce musée et au Muséum d'histoire naturelle de Slovénie se fait par le côté est du bâtiment, face au parc.

LJUBLJANA AVEC DES ENFANTS

Pour une grande ville, Ljubljana est plutôt adaptée aux enfants. Les poussettes ont un espace réservé dans les bus et les trottoirs, lisses, sont souvent surbaissés au niveau des traversées. Petit à petit, les toilettes publiques s'équipent d'un espace pour changer les bébés, mais cela reste pour l'instant l'exception.

Les enfants trouvent largement de quoi s'amuser au **parc Tivoli** grâce à deux aires de jeux, une **piscine** (carte p. 50 ; ☎ 01-431 51 55 ; www.sport-ljubljana.si ; Celovška cesta 25 ; piscine adulte/enfant lun-ven 7,50/5,50 €, sam-dim 8,50/7,50 € ; ⌚ 6h-14h lun, 6h-14h et 18h-22h jeu-ve, 10h-20h sam-dim sept-juin) et un **zoo** (Živalski Vrt Ljubljana ; ☎ 01-244 21 82 ; www.zoo-ljubljana.si ; Večna pot 70 ; adulte/enfant 8/5,50 € ; ⌚ 9h-19h avr-août, 9h-18h sept, 9h-17h mars et oct, 9h-16h nov-fév; 🚌 18 Večna pot). Sans compter les deux parcs aquatiques : **Laguna** (☎ 01-589 01 41 ; www.laguna.si ; Dunajska cesta 270 ; forfait journée adulte/enfant lun-ven 15/10 €, sam-dim 16/12 € ; ⌚ 9h-20h mai-sept; 🚌 6, 8 ou 11 jusqu'à Ježica) ou **Atlantis** (☎ 01-585 21 00 ; www.atlantis-vodnomesto.si ; BTC City, Šmartinska cesta 152 ; forfait journée adulte/enfant lun-ven 16,10/13,60 €, sam-dim 18,50/16 € ; ⌚ 9h-20h dim-jeu, 9h-21h ven-sam ; 🚌 27 jusqu'à BTC Emporium).

Aux beaux jours, le **festival international de la marionnette "Mini poletje"** (www.mini-teater.si ; ⌚ fin juin-août) fait découvrir au jeune public des spectacles de marionnettes du monde entier. Le reste de l'année, consultez le programme du **théâtre de marionnettes de Ljubljana** (p. 78).

Les meilleurs musées pour les enfants sont le **Muséum d'histoire naturelle**, le **Musée municipal** (p. 89) et le **Musée ethnographique slovène** qui tous proposent feuillets explicatifs, expositions interactives et parcours pour jeunes visiteurs. Centre scientifique interactif, la **Maison des expériences** (Hiša Eksperimentov ; carte p. 54 ; ☎ 01-300 68 88 ; www.he.si ; Trubarjeva cesta 39 ; 6 € ; ⌚ 16h-20h mer, 11h-19h sam-dim) réjouit aussi les enfants par ses expositions inventives et son spectacle d'aventures scientifiques.

Petits et grands s'amuseront à **Mala ulica** (Petite Rue ; carte p 54 ; ☎ 01-306 27 00 ; www.malaulica.si ; Prečna ulica 7 ; famille/enfant 4/2 € ; ⌚ 10h-19h lun-ven, 10h-18h sam-dim), sorte de "salon public" pour les enfants en âge préscolaire et leurs parents : ateliers, travaux manuels, spectacles de marionnettes...

Le site Internet du centre d'information touristique de Ljubljana (p. 80) liste visites, activités et événements susceptibles de ravir les plus jeunes.

Musée d'Art moderne MUSÉE

(Moderna Galerija ou MG ; carte p. 50 ; ☎ 01-241 68 34 ; www.mg-lj.si ; Cankarjeva cesta 15 ; tarif plein/étudiant 5/2,50 €, avec musée d'Art contemporain de Metelkova 7,50 € ; ⌚ 10h-18h mar-dim, jusqu'à 20h jeu juil-août). Ce musée recèle le fin du fin en matière d'art slovène moderne. Ne manquez pas les tableaux de Tone Kralj *(Famille)*, de l'expressionniste France Mihelič (*Le Quintette*) et du surréaliste Stane Kregar (*Chasseur au matin*), de même que les œuvres de sculpteurs comme Jakob Savinšek (*Protestation*). Sont également représentés les collectifs d'artistes Neue Slowenische Kunst (NSK, très influent dans les années 1980 et 1990 ; *Valise à usage spirituel : baptême sous le Triglav*) et Irwin (*Kapital*). Fréquentes expositions temporaires.

Galerie nationale de Slovénie MUSÉE

(Narodna galerija ; carte p. 50 ; ☎ 01-241 54 18 ; www.ng-slo.si ; Prešernova cesta 24 ; adulte/enfant 7/3 €, gratuit 1er dim du mois ; ⌚ 10h-18h mar, mer et ven-dim, 10h-20h jeu). La fine fleur des beaux-arts slovènes occupe les deux étages d'un bâtiment ancien (1896) et d'une aile moderne. Y sont exposées des copies de fresques médiévales et un splendide ensemble de statues gothiques, de même que des paysages slovènes allant du XVIIe au XIXe siècle (les tableaux des romantiques Pavel Künl et Marko Pernhart sont à voir). On trouve également des œuvres des impressionnistes Jurij Šubic (*Départ pour la chasse*) et Rihard Jakopič (*Bouleaux en automne*), du pointilliste Ivan Grohar (*Mélèze*) et d'Ivana Kobilca (*Été*), la femme peintre la plus connue de Slovénie.

Ne manquez pas les superbes bronzes de Franc Berneker et d'Alojz Gangl. Dans

1

3

MATEJ KASTELIC/KASTO80/500PX ©

1. Château de Ljubljana (p. 48)
Prenez le funiculaire jusqu'au château pour admirer la vue panoramique sur la ville.

2. Pont des Dragons (p. 58)
Découvrez ce monument remarquable flanqué de quatre dragons.

3. Bibliothèque nationale et universitaire (p. 59)
Laissez-vous enchanter par le chef-d'œuvre architectural de Jože Plečnik.

MATEJ KASTELIC/KASTO80/500PX ©

le hall d'entrée trône la fontaine originale des trois rivières de Carniole dessinée par le sculpteur baroque Francesco Robba pour la Mestni trg (p. 53) où elle a été remplacée en 2008 par une copie.

Muséum d'histoire naturelle de Slovénie MUSÉE

(Prirodoslovni Muzej Slovenije ; carte p. 50 ; ☎01-241 09 40 ; www.pms-lj.si ; Prešernova cesta 20 ; tarif plein/étudiant 4/3 €, avec Musée national 8,50/6 €, gratuit 1er dim du mois ; ⏲10h-18h ven-mer, 10h-20h jeu ; P). Voisin immédiat du Musée national de Slovénie (p. 60), ce musée abrite un mammouth reconstitué, des squelettes de baleines tout comme des oiseaux, des reptiles et des mammifères empaillés. La collection de minéraux amassés par le baron philanthrope Žiga Zois au début du XIXe siècle et la présentation de la salamandre slovène *Proteus anguinus* justifient la visite. Entrée commune avec le Musée national, par le côté est du bâtiment, face au parc.

Trubarjeva cesta et Tabor

Au nord de la colline du château, sur la rive gauche de la Ljubljanica, Trubarjeva cesta est une artère jalonnée de bars et de restaurants qui débouche sur le verdoyant et résidentiel Tabor, où l'on trouve trois musées de renommée mondiale, et sur Metelkova Mesto (p. 74), centre de la culture alternative de Ljubljana.

Musée ethnographique slovène MUSÉE

(Slovenski Etnografski Muzej ; carte p. 50 ; ☎01-300 87 45 ; www.etno-muzej.si ; Metelkova ulica 2 ; adulte/enfant 4,50/2,50 €, gratuit 1er dim du mois ; ⏲10h-18h mar-dim). Logé dans la caserne des Belges (1886) à l'extrémité sud de Metelkova, cette collection d'arts et traditions populaires sise aux 2e et 3e étages couvre la totalité des métiers traditionnels slovènes, de l'apiculture au maréchal-ferrant en passant par la peinture sur verre et la poterie. Excellentes expositions à destination des enfants.

Musée d'Art contemporain de Metelkova GALERIE

(Muzej Sodobne Umetnosti Metelkova ou MSUM ; carte p. 50 ; ☎01-241 68 00 ; www.mg-lj.si ; Maistrova ulica 3 ; tarif plein/étudiant 5/2,50 €, avec musée d'Art moderne 7,50 € ; ⏲10h-18h mar-dim, 10h-20h jeu juil-août). À l'abri d'un simple immeuble relooké avec élégance, cette galerie reprend le thème de son institution sœur, le musée d'Art moderne (p. 61), avec des œuvres d'Europe de l'Est (pour la plupart de l'ex-Yougoslavie) des années 1960 jusqu'à nos jours. Une collection stimulante pour l'esprit au-delà de l'hermétisme de certaines œuvres.

Musée national de Slovénie de Metelkova MUSÉE

(Narodni Muzej Slovenije Metelkova ; carte p. 50 ; ☎01-230 70 30 ; www.nms.si ; Maistrova ulica 1 ; tarif plein/étudiant 6/4 €, avec le Musée national de Slovénie 8,50/6 €, gratuit 1er dim du mois ; ⏲10h-18h mar-dim). Ce bâtiment moderne présente sur deux très vastes étages une abondante collection, majoritairement dans le domaine des arts appliqués et des objets d'art (meubles, icônes, tableaux, matériel de sport, etc.) regroupés par grands thèmes.

Parc Tivoli et ses environs

Idéal pour se promener ou faire du vélo, cet immense parc de 510 ha ouvert en 1813 est le préféré des habitants de Ljubljana. Dans les années 1920-1930, l'architecte chéri des Slovènes, Jože Plečnik, y a créé la fameuse **Jakopičevo sprehajališče**, la monumentale "promenade de Jakopič" qu'on ne saurait manquer.

Centre international d'arts graphiques MUSÉE

(Mednarodni Grafični Likovni Center ; carte p. 50 ; ☎01-241 38 00 ; www.mglc-lj.si ; Pod Turnom 3 ; tarif plein/réduit 5/3 € ; ⏲10h-18h mar-dim). Ce lieu, à la fois musée et galerie, dédié aux arts graphiques accueille régulièrement des expositions temporaires ainsi que la Biennale internationale d'art graphique les années impaires. Il est installé dans le château de Tivoli (Grad Tivoli), un édifice du XVIIe siècle, et dispose d'un ravissant café avec terrasse donnant sur le parc.

Musée d'Histoire contemporaine de Slovénie MUSÉE

(Muzej Novejše Zgodovine Slovenije ; carte p. 50 ; ☎01-300 96 10 ; www.muzej-nz.si ; Celovška cesta 23 ; tarif plein/étudiant 4,50/2,50 €, gratuit 1er dim du mois ; ⏲10h-18h mar-sam). Au cœur du château Cekin (Grad Cekinov) du XVIIIe siècle est retracée l'histoire de la Slovénie au XXe siècle, à travers différents supports multimédias et objets. Le contraste entre la gravité sobre des salles de l'ère communiste et le mercantilisme exubérant des autres est saisissant.

Les sections consacrées à Ljubljana sous l'Occupation pendant la Seconde Guerre mondiale sont très réussies. Pour avoir une idée du décor d'origine de la demeure, fiez-vous au somptueux décor baroque de la **salle des Chevaliers** (Viteška Dvorana) au 1er étage. Expositions temporaires de qualité.

Brasserie l'Union MUSÉE ET BRASSERIE
(Union doživetje ; carte p. 50 ; ☎041 303 050 ; www.union-experience.si ; brasserie Union, Celovška cesta 22 ; adulte/enfant 14/11 € ; visites 12h, 14h, 16h et 18h lun-ven, 14h, 16h et 18h sam ; 1, 3 ou 5 jusqu'à Tivoli). Dans la brasserie Union, ce musée propose plusieurs expositions sur le brassage, un film et une dégustation (payante). Accessible à pied depuis le centre-ville.

Krakovo et Trnovo

Au sud du centre-ville, les plus anciens faubourgs de Ljubljana ont conservé nombre d'édifices intéressants et de sites historiques. La zone autour de Krakovska ulica, avec ses petites maisons, était autrefois surnommée le Montmartre de Ljubljana à cause de tous les artistes qui y vivaient.

L'**enceinte romaine** (carte p. 50 ; Mirje ulica) qui suit Mirje à partir de Barjanska cesta date de l'an 15 environ ; la voûte surmontée d'une **pyramide** (angle Murnikova ulica et Mirje ulica) est un ajout de l'architecte Jože Plečnik. Le pittoresque canal au sud, appelé Gradaščica, est enjambé par le petit **pont de Trnovo** (Trnovski most) que Plečnik dessina en 1932 avec un parapet rythmé par ses petits obélisques caractéristiques.

Maison de Plečnik MUSÉE
(Hiša Plečnik ; carte p. 50 ; ☎01-241 25 06 ; www.mgml.si ; Karunova ulica 4-6 ; adulte/enfant 6/4 € ; 10h-18h mar-dim). Enfant du pays, l'architecte Jože Plečnik vécut et travailla près de quarante ans dans cette petite maison de Trnovo. La visite guidée (toutes les heures) est une excellente introduction à la vie, aux sources d'inspiration et au travail quasi ascétique de cet homme pieux.

Žale et ses environs

Cimetière de Žale CIMETIÈRE
(Pokopališče Žale ; ☎01-420 17 00 ; www.zale.si ; Med Hmeljniki 2 ; 7h-21h avr-sept, 7h-19h oct-mars ; 2, 7 ou 22 jusqu'à Žale). GRATUIT À environ 2 km au nord-est de Tabor, ce cimetière est à Ljubljana l'équivalent du Père-Lachaise à Paris. Plusieurs éminents Slovènes, dont Jože Plečnik, y sont enterrés, mais il est plus connu pour ses portes ornementales, chapelles et colonnades à l'entrée, conçues par le maître de l'architecture slovène, en 1940. On y trouve aussi les tombes de soldats

ESCAPE GAMES À LJUBLJANA

Ces dernières années, Ljubljana s'est emparée d'une mode très populaire en Europe centrale : les jeux d'évasion grandeur nature, au cours desquels des équipes de 2 à 12 joueurs passent environ 1 heure enfermées dans une pièce, avec des énigmes à résoudre pour sortir et recouvrer la liberté.

Avec son propre thème et sa propre histoire, chaque jeu suppose de résoudre les énigmes, mais la capacité d'identifier d'emblée ces dernières est également primordiale. Quelques conseils pour les débutants : essayez toutes vos idées, cherchez partout et demandez des indices supplémentaires à vos ravisseurs !

Escape Room Enigmarium (carte p. 50 ; ☎031 334 488 ; www.escape-room.si ; Trdinova ulica 8 ; 2-5 joueurs 60 € ; 9h30-22h). Le premier – et le meilleur pour certains – jeu d'évasion grandeur nature de Ljubljana propose plusieurs thèmes. On peut y tenter l'aventure de la Classroom of Doom ("La Classe fatale") comme, en hiver, l'Escape Igloo consistant à s'échapper d'un authentique igloo installé à Kranjsla Gora. Les équipes de 2 à 5 joueurs testent leur esprit de déduction pour s'échapper en 60 minutes. Consignes en plusieurs langues.

Key Escape Room (carte p. 54 ; ☎030 232 323 ; www.thekey.si ; Obrežna steza 2 ; 2-3/4-5/10-12 joueurs 50/60/100 € ; 10h30-21h). Dans la pièce baptisée Da Vinci ou dans la Sherlock Holmes, on exerce ses talents d'enquêteur, de scientifique et d'artiste pour tenter de sortir en moins de 70 minutes. Amateurs d'énigmes, vous serez servis !

autrichiens, italiens et allemands des deux guerres mondiales, et un petit carré juif.

La modeste pierre tombale de Plečnik est située dans la partie principale du cimetière (zone A de la section 6) : passée l'église jaune à l'entrée du cimetière, prenez à gauche au bout de la section 1.

Musée de l'Architecture et du Design MUSÉE

(Muzej za arhitekturo in oblikovanje ; ☎01-548 42 80 ; www.mao.si ; château de Fužine, Pot na Fužine 2 ; adulte/enfant 3,50/2 €, gratuit 1er dim du mois ; 10h-18h mar-dim ; 20 ou 22 jusqu'à Fužine). Le château du XVIe siècle merveilleusement conservé vaut à lui seul la visite. Mais ses collections sont formidables, soit 150 000 travaux d'architectes, de designers et de photographes documentés, plus des expositions thématiques temporaires. À environ 5,5 km à l'est du centre.

Activités

Bateau et rafting

Skok Sport KAYAK, CANOË, RAFTING

(☎01-512 44 02 ; www.skok-sport.si ; Marinovševa cesta 8 ; 8h-13h et 15h-20h mai-oct ; 8 jusqu'à Brod). À Šentvid, à 9 km au nord-ouest du centre-ville, cette école de kayak organise des excursions mêlant cyclisme et rafting sur la Save (2 heures 30-3 heures, 40 €), tout comme des parcours en kayak et en canoë sur la Ljubljanica. Location de kayaks (demi-journée/journée à partir de 7/10 €).

Club d'aviron de Ljubljana CANOTAGE

(Veslaški Klub Ljubljana ; ☎01-283 87 12 ; www.vesl-klub-ljubljanica.si ; Velika Čolnarska ulica 20 ; 6-8 €/heure ; 11h-22h mi-mai à sept). Ce club situé à Trnovo loue canots et barques pour se promener sur la Ljubljanica.

Montgolfière

Le centre d'information touristique de Ljubljana organise des **sorties en montgolfière** (☎01-306 45 83 ; www.visitljubljana.com/en/visitors/tours-and-trips/balloon-adventure ; adulte/enfant 170/119 € ; 6h avr-oct). La vue sur la ville, le marais de Ljubljana et les Alpes Juliennes est superbe. Le départ se fait depuis le centre d'information touristique de Slovénie (voir la rubrique *Renseignements* p. 80) ; les horaires varient et le vol dure entre 1 heure et 1 heure 30.

Promenade et randonnée

Apprécié des promeneurs et des joggeurs, le **chemin du Souvenir** (Pot Spominov) suit sur 34 km le tracé des fils de fer barbelés posés par les Allemands tout autour de Ljubljana durant la Seconde Guerre mondiale. On le rejoint facilement depuis le siège de l'AMZS (Fédération slovène de l'automobile et du motocyclisme, p. 283 ; bus n°6, 8 ou 11 jusqu'à AMZS) ou depuis trg Komandanta Staneta, juste au nord-ouest du bureau central de la société de transports publics LPP (p. 82 ; bus n°1 jusqu'à Remiza). Vous pouvez également y accéder par le côté nord-ouest du cimetière de Žale (p. 65 ; bus n°19 jusqu'à Nove Žale) ou le sud de Trnovo (bus n°9 jusqu'à Veliki Štradon), à l'ouest.

Circuits organisés

Le centre d'information touristique de Ljubljana (p. 80) organise des visites guidées de la ville qui s'appuient sur plusieurs modes de transport (vélo, kayak, Segway ou stand-up paddle) et portent sur différents thèmes, telle la gastronomie, notamment la découverte des brasseries de bières artisanales. Liste mise à jour sur le site Internet.

LjubljanaNjam CIRCUITS GOURMANDS

(☎041 878 959 ; www.ljubljananjam.si ; circuit 3-4 heures 55-65 €). "Miam Ljubljana" se démarque parmi les différents prestataires de circuits gastronomiques. La très épicurienne Iva Gruden vous emmène savourer viennoiseries et pains tout juste sortis du four, grignoter du fromage de brebis au marché, engloutir une saucisse de Carniole... Vins et bières artisanales font également l'objet de balades dédiées.

Ljubljana Free Tour DÉCOUVERTE À PIED

(carte p. 54 ; ☎040 604 476 ; www.ljubljanafreetour.com ; Prešernov trg ; pourboire ; 11h toute l'année, 15h mai-oct). À ne pas manquer au départ de Prešernov trg (p. 52), des *free tours* à rétribuer au pourboire. En 2 heures 30 de visite guidée, vous serez passé devant chaque monument de la ville (sauf le château). Également des visites à thème payantes sur l'époque communiste et Ljubljana au Moyen Âge (10 €/visite) : consultez le site Internet. Visites en français possibles.

CurioCity CIRCUITS

(☎051 640 750 ; www.curiocity.si ; 30-50 €). Cet organisme insolite assure plusieurs circuits individuels (des meilleurs endroits où se prendre en selfie aux expéditions à la recherche de dragons). Le plus innovant,

From Ljubljana with Love, vous présente le personnel de 6 commerces responsables et leur histoire : boutiques d'occasion, cafés aux produits issus du commerce équitable, restaurants venant en aide aux personnes ayant des difficultés d'apprentissage.

Barka Ljubljanica EN BATEAU
(Bateau Ljubljanica ; carte p. 54 ; ☎041 386 945 ; www.barka-ljubljanica.si ; Breg 2 ; adulte/enfant 10 €/gratuit ; ⊙ départs toutes les heures 10h-20h mai-oct, 11h-20h nov-jan). Un nombre croissant de bateaux touristiques remontent et descendent la rivière de Ljubljana. Barka Ljubljanica est cependant le seul prestataire à le faire sur une embarcation en bois. Elle mesure 10 m de long et peut transporter jusqu'à 48 personnes plus l'équipage pour 45 minutes de navigation. Embarquement sur la berge ouest, juste au bout de Novi trg (p. 59).

Fêtes et festivals

Druga Godba MUSIQUE
(Une autre histoire ; drugagodba.si ; ⊙ mai). Ce festival de musiques du monde se déroule au Križanke (p. 60).

Gay Pride de Ljubljana LGBT
(www.ljubljanapride.org ; ⊙juin). Défilé annuel de la gay pride accompagné d'une semaine de conférences, de projections de films, de performances et de débats dans différents lieux de la ville. Dates et programme en ligne.

Ljubljanska Vinska Pot VIN
(Route des vins de Ljubljana ; www.ljubljanskavinskapot.si ; ⊙juin). Organisée un samedi en juin, cette manifestation draine des vignerons de tout le pays dans le centre de Ljubljana, où les visiteurs passent la journée en dégustations d'un stand à l'autre. Les Slovènes sont d'importants producteurs et consommateurs de vin. Vous pourrez vous laisser surprendre par des vins biologiques par exemple.

Festival international de théâtre de rue Ana Desetnica THÉÂTRE
(www.anamonro.si/ana-desetnica ; ⊙juin-juil). Organisé par le théâtre Ana Monró fin juin-début juillet, un festival incontournable.

Festival de Ljubljana MUSIQUE
(www.ljubljanafestival.si ; ⊙juil-août). L'événement n°1 du calendrier culturel de la capitale ! De début juillet à fin août, des spectacles (musique, opéra, théâtre et danse) ont lieu dans toute la ville, principalement au théâtre à ciel ouvert (p. 77) de Križanke.

Trnfest MUSIQUE
(www.kud.si ; ⊙ août). Le festival international d'art et de culture alternatifs, le préféré de nombreux *Ljubljančani* (Ljubljanais), a lieu en août au KUD France Prešeren (p. 78) à Trnovo et dans d'autres lieux.

Marathon international de Ljubljana SPORT
(www.ljubljanskimaraton.si ; ⊙ oct). Toutes les générations de *Ljubljančani* attendent avec impatience ce marathon qui se court le dernier dimanche d'octobre.

Mesto Žensk CULTURE
(City of Women ; www.cityofwomen.org ; ⊙ oct). La première quinzaine d'octobre, divers lieux de Ljubljana mettent à l'honneur toutes les formes d'expression artistique proprement féminine.

Où se loger

Le tarif des hébergements à Ljubljana excède tous ceux du pays. Pour les budgets serrés, on trouve de plus en plus d'auberges de jeunesse modernes et de qualité, dont certaines dotées de chambres individuelles. Le site Web de l'office du tourisme de Ljubljana (www.visitljubljana.com) tient à jour une liste exhaustive d'hôtels, d'appartements à louer et de chambres chez l'habitant (simple/double/triple à partir de 35/55/80 €). Malheureusement, seule une poignée d'entre elles sont situées dans le centre ; la plupart nécessitent un trajet en bus vers le nord, jusqu'à Bežigrad, voire plus loin.

Prešernov trg et ses environs

Hotel Emonec HÔTEL €€
(carte p. 54 ; ☎01-200 15 20 ; www.hotel-emonec.com ; Wolfova ulica 12 ; s/d/tr à partir de 65/75/95 € ; P❄@☎). Entièrement rénové, cet hôtel de 54 chambres a opté pour une décoration simple, moderne et fonctionnelle. Tout y est impeccable, avec un emplacement central imbattable. Les ventilateurs sont gratuits, mais la clim nécessite un petit supplément. Petit centre de bien-être avec salle de sport et sauna. Laverie sur place.

Grand Hotel Union HÔTEL €€€
(carte p. 54 ; ☎01-308 12 70 ; www.gh-union.si ; Miklošičeva cesta 1 ; s 100-150 €, d 120-200 €, ste 180-240 € ; P ❄ @ 📶). Construit en 1905, cet hôtel Art nouveau de 194 chambres, hébergées dans l'aile sud du double établissement, reste l'une des plus belles adresses de la ville. Ses espaces communs sont splendides et les clients peuvent utiliser la piscine intérieure et le centre de fitness du **Grand Union Business Hotel** dont les 133 chambres occupent l'aile moderne rénovée.

Vieille ville

Ad Hoc Hostel AUBERGE DE JEUNESSE €
(carte p. 54 ; ☎051 268 288 ; www.adhoc-hostel.com ; Cankarjevo nabrežje 27 ; dort 17,50-21 €, d 40-66 € ; ❄ @ 📶). Fort bien située au bord de la Ljubljanica et gérée avec efficacité, cette auberge de 106 lits répartis dans de spacieux dortoirs aux couleurs vives de 4 à 8 lits superposés, compte en outre 8 chambres doubles et quelques appartements. Les n^os^104 et 106 donnent sur la rivière. Superbe cuisine à disposition.

Hotel Galleria BOUTIQUE-HÔTEL €€
(carte p. 54 ; ☎01-421 35 60 ; www.hotelgalleria.eu ; Gornji trg 3 ; s 70-110 €, d 90-130 € ; ❄ @ 📶). Plusieurs demeures de la vieille ville ont été réunies pour accueillir 16 chambres spacieuses et délicieuses. Derrière se cache un jardin à terrasses. Parmi nos chambres préférées : la n°8, qui donne sur la **fontaine d'Hercule** (carte p. 54 ; Levstikov trg), et la n°13, d'où l'on aperçoit le château de Ljubljana.

♥ **Adora Hotel** HÔTEL €€€
(carte p. 54 ; ☎08 205 72 40 ; www.adorahotel.si ; Rožna ulica 7 ; s 115 €, d 125-155 €, app 135-165 € ; P ❄ @ 📶). En deçà de Gornji trg, ce petit hôtel constitue une nouvelle offre appréciable dans la vieille ville. Entièrement équipées et meublées avec goût, ses 10 chambres pas très grandes ont un ravissant parquet. La salle du petit-déjeuner donne sur un petit jardin. Mise à disposition gracieuse de vélos. Personnel aimable et serviable.

♥ **Vander Urbani Resort** BOUTIQUE-HÔTEL €€€
(carte p. 54 ; ☎01-200 90 00 ; www.vanderhotel.com ; Krojaška ulica 6-8 ; ch 130-210 € ; ❄ @ 📶 🏊). Une splendeur au cœur de la vieille ville. Réunissant 4 édifices du XVIIe siècle, cet établissement de 16 chambres distribuées sur 3 niveaux n'en offre pas moins un cadre quasi futuriste. Conçues par le cabinet d'architecture Sadar Vuga, créateur de tendances, les chambres ne sont pas immenses, mais chacune est unique, et faite à partir de matériaux naturels.

Dotée d'une vue sur la Ljubljanica et d'une grande salle de bains avec douche et baignoire, la n°36 est l'une des plus belles. Le toit-terrasse est nanti d'une piscine à débordement et d'une vue sur le château de Ljubljana et la vieille ville à couper le souffle.

Allegro Hotel BOUTIQUE-HÔTEL €€€
(carte p. 54 ; ☎059 119 620 ; www.allegrohotel.si ; Gornji trg 6 ; s 80-100 €, d 100-120 € ; P ❄ @ 📶). Cette adresse chic de 17 chambres (certaines donnant sur Gornji trg, p. 57) dans la vieille ville est très design. Les chambres n^os^2 et 3 ont un balcon, la 15 possède une petite terrasse, et la 12 au dernier étage peut loger 4 personnes.

Marché central et est de la ville

Hostel 24 Center AUBERGE DE JEUNESSE €
(carte p. 50 ; ☎040 780 036 ; hostel24.si/center ; Poljanska cesta 15 ; dort 16-20 €, d 50-58 € ; ❄ @ 📶). Juste à l'est du marché central (page ci-contre) et du pont des Dragons (p. 58), dans une rue qui semble gagner en popularité (donc en bars et restaurants), cette auberge de jeunesse appartient à une chaîne de 3 établissements. Hostel 24 propose des dortoirs de 6 à 12 lits ainsi que plusieurs appartements accueillant 2 à 4 personnes. Super cuisine et coin salon. Boulangerie dans l'établissement même.

Centre-ville

Hostel Tresor AUBERGE DE JEUNESSE €
(carte p. 54 ; ☎01-200 90 60 ; www.hostel-tresor.si ; Čopova ulica 38 ; dort 12-20 €, d 58 € ; ❄ @ 📶). Au cœur du centre-ville, 28 chambres aménagées dans une ancienne banque de style Sécession, d'où son nom. L'histoire financière habite toujours le lieu : chambres baptisées selon des devises, murs tapissés d'aphorismes financiers, et salle du petit-déjeuner dans la chambre forte. Spacieux, les dortoirs comptent 4 à 10 lits. Sensationnelles parties communes (mention spéciale à l'atrium).

MON BEAU MARCHÉ

Garde-manger de Ljubljana à une centaine de mètres au sud-est du Triple Pont, le **Marché central** (Centralna Tržnica ; carte p. 54 ; Vodnikov trg ; marché en plein air 6h-18h lun-ven, 6h-16h sam été, 6h-16h lun-sam hiver) mérite une visite pour faire ses emplettes comme pour flâner. Au sud de la grande halle, commencez par l'immense marché en plein air (Tržnica na Prostemau qui s'installe chaque jour sur Vodnikov trg. À l'exception du dimanche s'y tient un marché fermier. Sur la place un peu plus à l'ouest (Pogačarjev trg), des étals vendent de tout, des champignons des bois et baies sauvages au miel et aux fromages maison.

Tous les vendredis de mi-mars à la fin de l'automne, c'est ici "Cuisine ouverte" de 10h à 21h (22h les mois d'été) grâce aux restaurateurs en plein air de l'**Odprta Kuhna** (www.odprtakuhna.si ; Pogačarjev trg ; plats 8-15 € ; 10h-21h ven mi-mai à oct, 10h-22h en été). Cette foire gastronomique réunit cuisiniers de la ville et de ses environs pour vous faire déguster spécialités slovènes et étrangères cuisinées sur place.

À proximité, le **marché couvert** (Pokrita Tržnica ; carte p. 54 ; Pogačarjev trg 2 ; 7h-15h lun-sam) vend également viandes et fromages, et le **marché au poisson** (Ribarnica ; carte p. 54 ; Adamič-Lundrovo nabrežje 1 ; 7h-16h lun-ven, 7h-14h sam) se trouve sous la **colonnade de Plečnik** (carte p. 54) au bord de l'eau. Vous trouverez des stands de poisson en plein air vendant des calamars frits pour la modique somme de 7 €.

Slamič B&B PENSION €€

(carte p. 50 ; 01-433 82 33 ; www.slamic.si ; Kersnikova ulica 1 ; s 65-75 €, d 95-110 €, ste à partir de 135 € ; P). Légèrement excentré, ce B&B propose 17 chambres lumineuses et rénovées, avec salle de bains attenante et grand lit confortables. Parmi les meilleures, citons celles donnant sur le jardin arrière et celle toute proche de l'immense terrasse au-dessus du KavaČaj Slamič, ravissant café-salon de thé réputé au rez-de-chaussée où est servi le petit-déjeuner.

Cubo BOUTIQUE-HÔTEL €€€

(carte p. 54 ; 01-425 60 00 ; www.hotelcubo.com ; Slovenska cesta 15 ; s/d 120/140 € ; @). Ces 26 élégantes chambres sont venues étoffer l'offre de catégorie supérieure de Ljubljana. L'ambiance est au minimalisme avec une prédominance de tons neutres (gris, beige et charbon). La qualité et l'originalité des matériaux mis en œuvre, tels des cocons de ver à soie, priment dans la décoration.

City Hotel Ljubljana HÔTEL €€€

(carte p. 50 ; 01-239 00 00 ; www.cityhotel.si ; Dalmatinova ulica 15 ; s 80-110 €, d 100-140 € ; P @). Parfaitement central, ce haut bâtiment abrite 202 chambres sans fioritures mais impeccables, de l'"économique" à la "confort", plus grande et climatisée. Touches de couleurs primaires çà et là, arbres et livres dans le hall : la décoration surprend par sa diversité mais cela fonctionne bien.

Antiq Palace Hotel & Spa BOUTIQUE-HÔTEL €€€

(carte p. 54 ; 040 638 163, 083 896 700 ; www.antiqpalace.com ; Gosposka ulica 10 ; s/d 180/210 € ; @). Installé dans un hôtel particulier du XVIe siècle, à un pâté de maisons de la rivière, voici l'hébergement le plus luxueux de Ljubljana : 18 chambres et suites, à la décoration individualisée et pouvant atteindre la taille d'un grand appartement (250 m² !). Certaines disposent même de leur propre Jacuzzi. Nombre d'entre elles ont conservé le charme du parquet et des boiseries de fenêtres d'autrefois avec un mobilier éclectique aux touches rococo.

Trubarjeva cesta et Tabor

Hostel Celica AUBERGE DE JEUNESSE €

(carte p. 50 ; 01-230 97 00 ; www.hostelcelica.com ; Metelkova ulica 8 ; dort 18-26 €, cellule s/d 58/62 € ; @). Les 20 "cellules" de cette ancienne prison (1882) de Metelkova (p. 74) ont été rénovées avec élégance par différents artistes et architectes en conservant les barreaux d'origine. Il y a également 9 chambres et appartements de 3 à 7 couchages, plus un dortoir de 12 lits qui a beaucoup de succès. Café-restaurant (formule déj environ 7 €) au rez-de-chaussée et location de vélos (demi-journée/journée 3/6 €).

H2O Hostel AUBERGE DE JEUNESSE €
(carte p. 50 ; ☎041-662 266 ; www.h2ohostel.com ; Petkovškovo nabrežje 47 ; dort 17-22 €, d 36-58 €, qua 68-88 € ; @ wifi). L'une de nos auberges de jeunesse préférées à Ljubljana. Ses 7 chambres s'articulent autour d'une minuscule cour au bord de la Ljubljanica. L'une des chambres donne sur le château et les clients ont accès à une cuisine commune.

Hotel Park Urban & Green HÔTEL €€€
(carte p. 50 ; ☎01-300 25 00 ; www.hotelpark.si ; Tabor 9 ; s 110-120 €, d 130-140 € ; P ❄ @ wifi). Cet hôtel minutieusement rénové est logé dans la tour d'un quartier résidentiel boisé, juste au nord du centre. "Standard" ou "supérieure" ? La différence tient à peu : un mobilier plus moderne pour la deuxième catégorie, mais toutes les chambres présentent un bon rapport qualité/prix et une propreté impeccable. Le label vert promeut réduction des déchets comme déplacements à vélo et en véhicule électrique.

Krakovo et Trnovo

♥ **Hostel Vrba** AUBERGE DE JEUNESSE €
(carte p. 50 ; ☎064 133 555 ; www.hostelvrba.si ; Gradaška ulica 10 ; dort 22-30 €, d 65-75 € ; @ wifi). Trois doubles à lits jumeaux, des dortoirs de 4 à 8 lits (dont un dortoir féminin apprécié), du parquet et toujours un accueil chaleureux : juste en face des bars et restaurants de l'agréable Trnovo, cette auberge de jeunesse de 9 chambres donnant sur le canal de Gradiščica est sans doute l'hébergement pour petits budgets de Ljubljana que nous préférons. Vélos mis gracieusement à disposition l'été.

Žale et ses environs

Ljubljana Resort HÔTEL ET CAMPING €
(☎01-589 01 30 ; www.ljubljanaresort.si ; Dunajska cesta 270 ; adulte 10-15 €, enfant 7-9,50 €, hôtel s 60-70 €, d 75-85 € ; P ❄ @ ≋ ; 🚌6, 8 ou 11 jusqu'à Ježica). Outre un hôtel de 60 chambres (en partie climatisées) et 12 mobil-homes (100-140 €), le Ljubljana Resort comprend un beau camping de 6 ha. Accès au parc aquatique Laguna voisin (p. 61) à moitié prix pour les hôtes. À 4 km au nord du centre-ville.

Où se restaurer

Ljubljana réunit les meilleures tables du pays. Si les prix tendent à y être plus élevés qu'ailleurs, il est toujours possible d'y manger pour un coût modique. Même les restaurants les plus chers proposent souvent une formule soupe-salade-plat-dessert (*dnevno kosilo*) d'un bon rapport qualité/prix (environ 10 €).

Colline du château

Gostilna na Gradu SLOVÈNE €€
(Auberge du Château ; carte p. 54 ; ☎031 301 777 ; www.nagradu.si ; Grajska Planota 1 ; plats 12-18 € ; ⏲10h-minuit lun-sam, 12h-18h dim ; wifi). Dans l'enceinte même du château (p. 48), voici bien plus qu'une simple *gostilna* (restaurant de style auberge). Ses chefs primés utilisent des pains, fromages et viandes provenant uniquement de Slovénie, et préparent des recettes séculaires pour des repas mémorables. Pour découvrir la gastronomie slovène dans son ensemble, il est proposé un menu dégustation (5 plats, 42,20 €).

♥ **Strelec** SLOVÈNE €€€
(Archer ; carte p. 54 ; ☎031 687 648 ; www.kavalgroup.si/STRELEC,,restavracija ; Grajska Planota 1 ; plats 15-30 € ; ⏲12h-22h lun-sam ; wifi). Voici de la haute cuisine… en hauteur (dans la tour des Archers du château de Ljubljana, rien de moins). Conçue par l'ethnologue Janez Bogataj et par Igor Jagodic, considéré comme l'un des plus grands chefs slovènes, sa carte retrace l'histoire de la ville. Les menus dégustation (3 à 9 plats) coûtent de 32 à 77 €.

Vieille ville

♥ **Pop's Place** BURGERS €
(carte p. 54 ; ☎059 042 856 ; www.facebook.com/popsplaceburgerbar ; Cankarjevo nabrežje 3 ; burgers 8-10 € ; ⏲12h-minuit ; wifi). Passage obligé, le Pop's porte bien son nom. La cuisine ouverte derrière le bar et les grandes tables où l'on dîne au coude-à-coude en comparant les plats confèrent au lieu une ambiance très festive, et fort effervescente aux heures des repas. Les burgers à la viande de bœuf locale et au pain brioché sont excellents, tout comme les bières et les cocktails.

Druga Violina SLOVÈNE €
(carte p. 54 ; ☎082 052 506 ; www.facebook.com/drugaviolina ; Stari trg 21 ; plats 6-10 € ; ⏲8h-minuit ; wifi). Face à l'Académie de musique, le "Second Violon" est une adresse tout à fait agréable et abordable pour un repas dans la

vieille ville. Sa carte comporte maints plats slovènes, dont l'*ajdova kaša z jurčki* (gruau de sarrasin aux cèpes) et l'*obara* (épais ragoût de poulet et de légumes). L'établissement est une entreprise sociale venant en aide aux handicapés.

Vino & Ribe MÉDITERRANÉEN €
(carte p. 54 ; ☎082 055 283 ; www.facebook.com/vinoinribe ; Stari trg 28 ; plats 8-12 € ; ⌚12h-22h). Lieu inédit sur Stari trg à l'apparence d'un *diner*, cet établissement annonce la couleur dans son nom : on n'y consomme que du vin et du poisson. Et tout est si bon que peu importe le cadre anodin. Commandez au comptoir des portions de poisson grillé ou frit, de sardines, de patates sautées et des pichets de vin.

Repete SLOVÈNE €
(carte p. 54 ; ☎059 015 934 ; www.facebook.com/repetegt ; Gornji trg 23 ; plats 7-12 € ; ⌚8h-1h lun-ven, 10h-1h sam, 10h-17h dim ; 📶 🍃). Ce chaleureux endroit au décor épuré est surnommé "Jazz & Okrepčila" ("Jazz et en-cas"), et l'on y vient pour les deux. Les plats végétariens à base d'ingrédients locaux sont servis uniquement en milieu de semaine, et les mets carnés (dont de très bons burgers) font surface le week-end. Concerts de jazz à 20h le jeudi.

Klobasarna SLOVÈNE €
(carte p. 54 ; ☎051 605 017 ; www.klobasarna.si ; Ciril Metodov trg 15 ; plats 3,50-6 € ; ⌚10h-21h lun-sam, 10h-15h dim). Une minuscule gargotte de la vieille ville spécialiste du plat national par excellence : la saucisse de Carniole (*kranjska klobasa*), appellation protégée par l'Union européenne. Elle est vendue entière ou par moitié, accompagnée d'un peu de chou, de pain et de moutarde. Si vous êtes affamé, prenez également de la *jota*, une roborative soupe de haricots et de navets en saumure, ou du *ričet*, une épaisse bouillie d'orge.

Špajza SLOVÈNE €€
(carte p. 54 ; ☎01-425 30 94 ; www.spajza-restaurant.si ; Gornji trg 28 ; plats 18-24 € ; ⌚12h-23h lun-sam, 12h-22h dim ; 📶). L'attrait du "Garde-Manger" réside autant dans son décor douillet que dans sa cuisine slovène avec une touche moderne. Il occupe plusieurs pièces d'une vénérable demeure, avec tables et chaises rustiques, parquet et bric-à-brac d'un autre temps. La carte présente des viandes peu courantes : lapin, agneau et *žrebičkov z jurčki* (poulain aux cèpes, 24 €). Petit jardin.

TaBar TAPAS €€
(carte p. 54 ; ☎031 764 063 ; www.tabar.si ; Ribji trg 6 ; tapas 4-10 €, menus 2/4 plats 12/16 € ; ⌚12h-minuit lun-sam). Des tapas particulièrement créatives (et sans frontières) avec une excellente carte des vins, dans un cadre chic et postmoderne. Consultez le site pour obtenir la carte des mets froids et chauds, car elle change chaque semaine. Bon rapport qualité/prix pour le plat du jour servi en semaine au déjeuner.

Julija MÉDITERRANÉEN €€
(carte p. 54 ; ☎01-425 64 63 ; julijarestaurant.com ; Stari trg 9 ; plats 10-20 € ; ⌚11h30-minuit ; 📶). Sans doute le meilleur choix sur cette lignée d'établissements à touche-touche de la touristique Stari trg. La carte est essentiellement composée de risottos et de pâtes, avec un grand choix de viandes et de poissons alléchants. L'ambiance est décontractée, le cadre soigné, l'idéal pour un dîner chic ou un rendez-vous galant. Le menu entrée-plat-dessert (environ 9 €) proposé au déjeuner est une bonne affaire.

Taverna Tatjana POISSONS ET FRUITS DE MER €€
(carte p. 54 ; ☎01-421 00 87 ; www.taverna-tatjana.si ; Gornji trg 38 ; plats 10-25 € ; ⌚17h-minuit lun-sam ; 📶). Sous les solives et les voûtes anciennes d'une belle demeure de caractère, cette charmante petite taverne au bout de Gornji trg vous régale de poissons de première fraîcheur. Bœuf et poulain figurent toutefois aussi sur la carte.

Marché central et est de la ville

Gostilna Dela INTERNATIONAL €
(carte p. 50 ; ☎059 925 446 ; www.facebook.com/gostilnadela ; Poljanska cesta 7 ; plats 5-7 € ; ⌚8h-16h lun-ven ; 📶 🍃). Ce charmant bistrot sert une excellente cuisine familiale : soupes, plats carnés ou végétariens, *štruklji* (raviolis) faits sur place, copieuses omelettes... tout y est inoubliable. Dela ("Travail") contribue à l'insertion professionnelle de jeunes de la région. Petit-déjeuner et déjeuner uniquement.

Center

Gelateria Romantika GLACES €
(carte p. 54 ; ☎040 978 566 ; www.gelateria-romantika.si ; Dvorni trg 1 ; 2 boules env 2,50 € ;

⏲10h-23h lun-jeu, 10h-minuit ven-sam, 10h-21h dim avr-sept, 10h-22h lun-jeu, 12h-23h ven-sam, 10h-21h dim oct-nov et jan-mars, 16h30-23h déc). Le meilleur glacier de Ljubljana tant ses parfums inattendus (huile de pépins de courge, concombre, myrtille...) transcendent nombre de glaciers ordinaires. Hors saison estivale d'avril à septembre, quelques périodes de fermeture pour vacances.

Figovec SLOVÈNE €
(Slovenska Hiša ; carte p. 50 ; ☎01-426 44 10 ; www.facebook.com/figovec ; Gosposvetska cesta 1 ; plats 10-15 € ; ⏲8h-23h lun-sam, 9h-23h dim ; 📶). Tables de bois, murs de briques peints en blanc et carrelage traditionnel au sol : le cadre est aussi simple que les délicieuses recettes slovènes empruntées aux différentes régions. Pour accompagner de grandes assiettes de saucisses et de choucroute ou de rôti de porc au gruau de sarrasin, le personnel avisé vous guidera parmi l'excellent éventail de vins et de bières artisanales. Réservation conseillée.

Zbornica BURGERS €
(carte p. 50 ; ☎040 583 355 ; www.zbornicabar.com ; Rimska cesta 13 ; plats 6-8 € ; ⏲8h-22h lun-ven, 10h-22h sam ; 📶). Rendez-vous estudiantin apprécié pour son bon rapport qualité/prix, ce bar à burgers propose aussi d'excellentes viandes grillées à la manière balkanique, des salades et des pâtes. La rapidité du service et la simplicité du cadre se prêtent plus à un déjeuner qu'à un dîner. On y entre par l'arrière, en traversant le parc.

Hood Burger Center BURGERS €
(carte p. 54 ; ☎040 540 411 ; www.hoodburger.si ; Nazorjeva ulica 4 ; burger-frites 8 € ; ⏲11h-minuit lun-ven, 12h-minuit sam-dim ; 📶). Rien à voir avec le traditionnel fast-food de chaîne ! Si l'on indique au comptoir la cuisson désirée, c'est pour un délicieux burger à la viande slovène accompagné de frites, de salade au chou, d'un milk-shake ou d'une bière artisanale. Une alternative pratique pour déjeuner ou dîner. Pain sans gluten sur demande.

Mala Terasa INTERNATIONAL €
(carte p. 50 ; ☎031 303 777 ; www.malaterasa.com ; Ajdovščina trg 1 ; déj 7-9 € ; ⏲11h-17h lun-ven ; 📶✎). En terrasse parmi les étudiants, une adresse centrale pour déjeuner vite et pas cher. Faites la queue au comptoir pour commander parmi une sélection de sandwichs, salades, burgers, plats de poulet ou végétariens. Menu avantageux proposé au déjeuner.

Burek Olimpija FAST-FOOD €
(carte p. 50 ; ☎031 386 687 ; www.facebook.com/burekolimpija ; Slovenska cesta 58 ; bureks à partir de 2 € ; ⏲24h/24 ; ✎). La tradition culinaire de l'apéro ou de la fin de soirée consiste à grignoter des bureks (pâte phyllo garnie de viande ou de fromage). Un peu dur pour gagner la ligne mais si bon ! De surcroît Olimpija est ouvert en continu.

Paninoteka SANDWICHS €
(carte p. 54 ; ☎040 349 329 ; www.facebook.com/Paninoteka.Restaurant ; Jurčičev trg 3 ; soupes et sandwichs toastés 4-15 € ; ⏲8h-23h lun-ven, 9h-23h sam-dim ; 📶). Centrale et pratique pour un déjeuner rapide, un petit-déjeuner (5-7 €), un café ou une bière, Paninoteka est renommée pour ses sandwichs équilibrés. Toutefois, des pâtes et des plats chauds plus élaborés figurent aussi sur la carte. Terrasse avec vue sur le pont des Cordonniers (p. 56).

Le Petit Café CAFÉ €€
(carte p. 54 ; ☎01-251 25 75 ; www.lepetit.si ; Trg Francoske Revolucije 4 ; plats 8-18 € ; ⏲7h30-minuit ; 📶). Face au Križanke (p. 60), ce charmant troquet bohème sert un large choix de mets pour petit-déjeuner, déjeuner ou se revigorer. Au 1er étage, un restaurant au décor régional propose une excellente cuisine locale.

♥ **Monstera Bistro** SLOVÈNE €€€
(carte p. 54 ; ☎040 431 123 ; monsterabistro.si ; Gosposka ulica 9 ; menu déj 3 plats 19 €, menu dégustation 7 plats 55 € ; ⏲11h30-17h lun-mer, 11h-23h jeu-sam ; 📶✎). 🍃 Ingrédients locaux de saison, confection zéro déchets... le "bistrot" du chef Bine Volčič, star de la télé, garantit un plaisir sans pareil. Le menu du midi (entrée-plat-dessert) figure parmi le choix de prédilection des clients ; le menu dégustation du soir laisse un souvenir impérissable. Éclairage tamisé, murs blancs et boiseries claires invitent à une élégance simple et discrète. Sur réservation.

JB Restavracija SLOVÈNE €€€
(carte p. 50 ; ☎01-430 70 70 ; www.jb-slo.com ; Miklošičeva cesta 17 ; plats 25-35 € ; ⏲12h-22h lun-ven, 18h-23h sam ; 📶). L'alliance du charme d'autrefois, d'une carte mixant recettes slovènes, françaises et

méditerranéennes et d'une remarquable carte des vins ont scellé l'engouement des habitants pour ce restaurant chic. Régalez-vous des délicieux menus de viande/poisson/plats traditionnels slovènes (45/50/60 €) concoctés par le chef Janez Bratovž.

Trubarjeva cesta et Tabor

Ek Bistro INTERNATIONAL €
(carte p. 50 ; 041 937 534 ; www.facebook.com/bistro.si ; Petkovškovo nabrežje 65 ; petit-déj 8-10 € ; 8h-20h lun-jeu, 8h-21h ven-sam, 8h-15h dim ;). La meilleure adresse de Ljubljana pour un brunch, en l'occurrence de larges tranches d'avocat sur du pain maison toasté, des bols de muesli au yaourt ou des œufs pochés sur des muffins anglais tout droit sortis du four, avec un jus ou un café crème en accompagnement. Et des bouquets de fleurs fraîches sur les tables contrastant avec la brique brute aux murs.

Skuhna INTERNATIONAL €
(carte p. 50 ; 041 339 978 ; www.facebook.com/Skuhna ; Trubarjeva cesta 56 ; menus 6-11 € ; 11h30-18h lun-mer, 11h30-22h jeu-ven, 12h-22h sam). Cette adresse est l'œuvre d'une organisation slovène à but non lucratif aidant à l'intégration de la communauté migrante : une demi-douzaine de chefs de pays aussi différents que le Sri Lanka, la Tunisie et la Colombie se relaient quotidiennement. Le résultat ? Un authentique maelström de cuisines du monde. Les meilleures tables sont dans la cuisine.

Falafel ORIENTAL €
(carte p. 54 ; 041-640 166 ; www.falafel.si ; Trubarjeva cesta 40 ; sandwichs 5-8 € ; 9h-minuit lun-sam, 11h-22h dim ;). Idéales pour un déjeuner sur le pouce ou un en-cas en fin de soirée, des spécialités orientales authentiques telles que falafels et houmous. Quelques tables si l'on préfère savourer sur place .

Ajdovo Zrno VÉGÉTALIEN €
(carte p. 54 ; 041 832 446 ; www.ajdovozrno.si ; Trubarjeva cesta 7 ; plats 4-6 €, menu déj 7,50 € ; 8h-17h lun-ven ;). Le "Grain de sarrasin" sert des soupes, quantité de salades différentes et des plats végétariens et végétaliens cuits au four. Il fait aussi d'excellents jus fraîchement pressés. Entrée par Mali trg.

Parc Tivoli et ses environs

Hot Horse BURGERS €
(carte p. 50 ; 01-521 14 27 ; www.facebook.com/HotHorse ; Park Tivoli, Celovška cesta 25 ; petit/grand burger 3/6 € ; 9h-minuit dim-jeu, 9h-2h ven-sam). Les *Ljubljančani* adorent leur grand parc Tivoli et venir s'accorder à ce kiosque leur petit plaisir favori : la viande de cheval. Burgers, hot dogs, steaks ou wraps à la viande de cheval réconfortent les oiseaux de nuit jusque tard le soir. Au pied de la colline en venant du musée de l'Histoire récente de Slovénie (p. 64).

Gostilna Čad BALKANIQUE €€
(Pod Rožnikom ; 01-251 34 46 ; www.gostilna-cad.si ; Cesta na Rožnik 18 ; plats 7-18 € ; 11h-23h ; ; 18). Sous la colline de Rožnik et en contrebas du zoo (p. 61) dans le parc Tivoli, cet établissement populaire sert des grillades, telles que les *pljeskavice* (galettes de viande épicées) accompagnées d'*ajvar* (purée de poivrons rouges grillés, de tomates et d'aubergines), ou de *prebranac* (gratin de haricots blancs). Une institution plus que centenaire à Ljubljana.

Krakovo et Trnovo

Gostilna Jakob Franc SLOVÈNE €€
(carte p. 50 ; 051 616 000 ; www.facebook.com/gostilnaJakobFranc ; Trnovski pristan 4a ; plats 8-20 € ; 11h-23h lun-sam, 11h-16h dim ;). Ce petit restaurant du quartier de Trnovo, idéal pour déjeuner, vous fera découvrir les saveurs oubliées du porc fermier. Jeune prodige des fourneaux, Jakob Franc revisite les différentes races locales en utilisant toutes les parties de l'animal. Résultat : des plats savoureux, comme le cou de porc fumé sur son lit de gruau de sarrasin aux champignons. La carte des vins vaut le détour.

Pri Škofu SLOVÈNE €€
(carte p. 50 ; 01-426 45 08 ; Rečna ulica 8 ; plats 10-22 € ; 10h-23h mar-ven, 12h-23h sam-dim ;). Dans le paisible quartier de Krakovo, au sud du centre, une fabuleuses petite adresse tenue par des femmes. Elles excellent dans la préparation de plats locaux et salades avec une carte sans cesse renouvelée. Après la soupe du jour (4 €), goûtez les ravioles cerise-fromage en dessert. En semaine, intéressant menu (9 €) au déjeuner.

Manna SLOVÈNE €€€
(carte p. 50 ; 059 922 308 ; www.restaurant-manna.com ; Eipprova ulica 1a ; plats 18-49 € ;

LES "SQUATS" DE LJUBLJANA

Alternatives décoiffantes aux clubs branchés, les deux "squats" de Ljubljana offrent de multiples espaces pour se rencontrer, boire, écouter de la musique ou encore assister à une pièce de théâtre.

Ancienne caserne investie par les squatteurs dans les années 1990 et transformée en communauté autonome, **Metelkova Mesto** (ville de Metelkova ; carte p. 50 ; www.metelkovamesto.org ; Masarykova cesta 24) est le rendez-vous par excellence de la culture alternative. Dans ce lieu doté de deux cours, une douzaine d'espaces uniques en leur genre se cachent derrière des portes taguées de couleurs vives. Ils s'animent généralement après minuit tous les jours l'été et les vendredi et samedi le reste de l'année. La qualité des spectacles varie selon les soirs, mais on repart rarement déçu. Une fois franchie la porte principale de la "ville" quand on vient de Masarykova cesta, on trouve à droite **Gala Hala** (☎ 01-431 70 63 ; www.galahala.com ; billet 3-10 €) où ont lieu des concerts et des soirées clubbing, et **Channel Zero** (www.ch0.org ; billet à partir de 3 € ; ⊙ horaires variables ; 📶), où l'on écoute de la musique dub et hardcore. Dans le premier bâtiment à gauche (un peu difficile à repérer), le **Q Cultural Centre** (encadré p. 76), réunit le **Klub Tiffany** (p. 76) pour les gays et le **Klub Monokel** (p. 76) pour les lesbiennes. Plus au sud, d'autres espaces sont bien en faveur, notamment le **Klub Gromka** (www.klubgromka.org ; ⊙ horaires variables) à la programmation multiple : folk, théâtre, conférences. À deux pas, les expositions de la vaste **Galerija Alkatraz** (Alkatraz Gallery ; ☎ 01-434 03 45 ; galerijalkatraz.org ; ⊙ 11h-19h lun-jeu, 15h-23h ven) GRATUIT ne manquent pas d'intérêt et vous serez accueilli aux spectacles et concerts de **Menza pri Koritu** (☎ 01-434 03 45 ; www.menzaprikoritu.com ; billet à partir de 4 €) par toute une bande de sculptures façon E.T. Si vous logez à l'**Hostel Celica** (p. 69), tous ces lieux sont au coin de la rue !

Ni aussi connu ni aussi organisé que Metelkova Mesto, le deuxième "squat" de Ljubljana, **Tovarna Rog** (carte p 50 ; tovarna.org ; Trubarjeva cesta ; ⊙ horaires selon programmation) peut valoir le détour selon ce qui est programmé. Occupée par des squatteurs depuis 2006, l'ancienne fabrique de vélos Rog n'a pas vraiment de clubs établis. Franchissez la porte en direction de l'extrémité est de Trubarjeva cesta, tendez l'oreille au cas où il y aurait de la musique ou demandez autour de vous s'il s'y passe quelque chose pendant votre séjour.

⊙ 11h-minuit lun-sam, 11h-21h dim ; 📶). Le slogan "*Manna: Božanske Jedi na Zemlji*" ("Manna : des plats divins sur terre") s'étale sur la devanture de ce restaurant de Trnovo en bord de canal. Il sert effectivement de délicieux mets slovènes contemporains comme la truite fumée froide ou les traditionnels *žlikrofi* (ravioles) à la viande d'ours de Kočevje. Poissons de l'Adriatique à foison et succulent rôti d'agneau pour les plats principaux.

Où prendre un verre et faire la fête

Ljubljana déploie un large éventail d'adresses pour boire un verre. L'été, les berges de la Ljubljanica se transforment en une seule longue terrasse et constituent un endroit parfait pour siroter une boisson face au défilé des passants.

Prešernov trg et ses environs

Makalonca — BAR À COCKTAILS

(carte p. 54 ; ☎ 01-620 94 36 ; Hribarjevo nabrežje 19 ; ⊙ 8h-3h ; 📶). Sur la berge de la Ljubljanica, entre les colonnes supportant le quai Hribarjevo, ce superbe café-bar à cocktails et ses 100 m de terrasse offrent l'endroit idéal pour siroter un verre en regardant couler la Ljubljanica. Il y a même une terrasse flottante.

Cutty Sark Pub — PUB

(carte p. 54 ; ☎ 051 686 209 ; www.cuttysarkpub.si ; Knafljev prehod 1 ; ⊙ 8h-1h lun-mer, 8h-3h jeu-sam, 9h-1h dim ; 📶). Situé dans une cour derrière Wolfova ulica 6, ce pub aux fenêtres jaune vif a une longue histoire de fêtes et d'événements musicaux. Un lieu agréable pour siroter une *pivo* (bière) ou un verre de *vino* (vin). *Happy hour* de 16h à 18h.

Vieille ville

Slovenska Hiša BAR À COCKTAILS

(carte p. 54 ; 083 899 811 ; www.slovenskahisa.si ; Cankarjevo nabrežje 13 ; 8h-1h dim-jeu, 8h-3h ven-sam ;). En bord de rivière, la ravissante "Maison slovène" vous réjouit l'œil et le gosier : du café artisanal, du vin, de la limonade, des cocktails et des spiritueux, à base exclusivement d'ingrédients locaux, ainsi que des assiettes de viande et de fromage (4-7 €) pour diluer l'alcool.

Pritličje CAFÉ

(carte p. 54 ; 082 058 742 ; www.pritlicje.si ; Mestni trg 2 ; 9h-1h dim-mer, 9h-3h jeu-sam ;). Café, bar, scène musicale, centre culturel et magasin de bandes dessinées : au "Rez-de-Chaussée", tout le monde trouve son bonheur. Des événements y ont lieu presque tous les soirs. L'emplacement près de l'hôtel de ville (p. 56), avec une bonne vue sur la rivière au-delà de Mestni trg (p. 53) est imbattable.

Čajna Hiša SALON DE THÉ

(carte p. 54 ; 01-252 70 10 ; www.cha.si ; Stari trg 3 ; 8h-22h lun-ven, 8h-15h sam ;). Cet établissement élégant et central prend le thé très au sérieux. Il sert également des repas légers (déjeuner 10 €) et se double d'une boutique.

Marché central et est de la ville

Magda CAFÉ

(carte p. 54 ; 01-620 26 10 ; barmagda.si ; Pogačarjev trg 1 ; 7h-1h lun-sam, 10h-1h dim ;). Difficile de dire ce qui rend Magda si spécial. Ses divins expressos (1 € la tasse au bar) ? Son inégalable menu "tapas" au petit-déjeuner (avec le choix entre des viandes locales et des fromages) ? Son gin artisanal entre autres eaux-de-vie maison ? Pour commencer ou terminer la journée, c'est en tout cas l'endroit rêvé.

Klub Daktari BAR

(carte p. 54 ; 064 166 212 ; www.daktari.si ; Krekov trg 7 ; 7h30-1h lun-ven, 8h-1h sam, 9h-minuit dim ;). Ce terrier de lapin au pied du funiculaire grimpant au château de Ljubljana a une ambiance très décontractée. Le décor est rétro, avec des étagères pleines de vieux livres et un piano à l'angle. Davantage un centre culturel qu'un club, Daktari accueille des concerts et un éclectique mélange d'événements.

Cafe Čokl CAFÉ

(carte p. 54 ; 041 837 556 ; cafecokl.si ; Krekov trg 8 ; 7h-23h lun-ven, 9h-23h sam, 9h-20h dim ;). Cet établissement au pied de la station basse du funiculaire (p. 49) prend son café issu du commerce équitable très au sérieux : le personnel procède à sa torréfaction sur place et inscrit les spécialités caféinées du jour sur une ardoise à l'extérieur.

Centre-ville

Wine Bar Šuklje BAR À VINS

(carte p. 54 ; 040 654 575 ; www.winebar.suklje.com ; Breg 10 ; 9h-minuit lun-sam, 9h-16h dim ;). La salle de dégustation idéale pour découvrir tous les crus de Slovénie. Vigneron de profession, le propriétaire de cette élégante adresse centrale met à profit son palais affuté pour assortir plateaux de viande et de fromage aux différents cépages. À la vente : bouteilles du domaine familial sis dans la région de Bela Krajina (sud-est du pays) entre autres vignobles slovènes.

Kolibri BAR À COCKTAILS

(carte p. 54 ; 031 336 087 ; Židovska steza 2 ; 19h-1h ;). Ce confortable troquet caché dans un recoin concocte de délicieux cocktails préparés par des baristas fiers de leur établissement. Concerts de piano les vendredis et samedis.

Dvorni Bar BAR À VINS

(carte p. 54 ; 01-251 12 57 ; www.dvornibar.net ; Dvorni trg 2 ; 9h-1h). Sur la berge ouest de la Ljubljanica, légèrement en retrait de la rivière, une adresse très agréable pour un café ou des tapas en journée. Et, en soirée, sa centaine de crus en stock et ses dégustations mensuelles le classent parmi les meilleurs bars à vins de la ville.

Nebotičnik CLUB

(carte p. 54 ; 040 233 078 ; www.neboticnik.si ; 11th fl, Štefanova ulica 1 ; 9h-1h dim-mer, 9h-3h jeu-sam ;). Célèbre gratte-ciel Art déco, le Nebotičnik (1933) et son époustouflante terrasse avec vue à 360° accueillent un café élégant. Le gratin de Ljubljana vient aussi faire le soir la fête dans son club haut de gamme et bar lounge flashy à l'étage inférieur.

LA LJUBLJANA LGBT+

Ljubljana n'est peut-être pas la ville la plus *gay-friendly* d'Europe centrale, mais on y trouve tout de même quelques adresses intéressantes. Le **Centre culturel Q** (Kulturni Center Q ; carte p. 50 ; ☎01-430 35 35 ; www.kulturnicenterq.org ; Metelkova Mesto, Masarykova cesta 24) fournit informations générales et conseils. Le site de **Legebitra** (carte p. 50 ; ☎01-430 51 44 ; legebitra.si ; Trubarjeva cesta 76a ; ⌚12h-16h lun, 12h-18h mar et ven, 12h-21h mer-jeu), groupe de défense des droits LGBTQ+, vous donnera une liste de clubs et de cafés pour se rencontrer.

Klub Tiffany (carte p. 50 ; www.kulturnicenterq.org/tiffany/klub ; Metelkova Mesto, Masarykova cesta 24 ; ⌚23h-5h ven-sam). Associé au Centre culturel Q, ce club de Metelkova Mesto (p. 74) est réputé auprès de la communauté LGBTQ+. L'endroit propose aussi des ateliers, des conférences et des activités culturelles.

Klub Monokel (carte p. 50 ; www.klubmonokel.com ; Metelkova Mesto, Masarykova cesta 24 ; ⌚23h-5h ven). Un club pour lesbiennes installé dans le complexe de Metelkova Mesto.

Roza Klub (carte p. 50 ; klub-k4.si ; Kersnikova ulica 4 ; ⌚22h-6h sam-dim). Ouverte par intermittence le week-end, cette discothèqiue qui fait partie du **Klub K4** (carte p. 50 ; ☎031 424 111 ; www.klub-k4.si ; Kersnikova ulica 4 ; ⌚23h-6h ven-sam; 📶) plaît autant aux gays qu'aux lesbiennes. Pas d'audace musicale, mais l'ambiance est bonne. Dates et infos pratiques en ligne.

Žmauc — PUB

(carte p. 50 ; ☎01-251 03 24 ; www.facebook.com/barzmauc ; Rimska cesta 21 ; ⌚7h30-1h lun-ven, 10h-1h sam, 18h-1h dim ; 📶). La meilleure adresse où s'encanailler à Ljubljana recèle un bar plutôt petit, bondé jour et nuit. La jolie terrasse arborée convient pour boire un verre les soirs d'été, mais mieux vaut arriver tôt si vous voulez une table. La décoration très colorée dans le style bande dessinée n'est pas pour rien dans le succès du lieu.

STA Café — CAFÉ

(carte p. 50 ; www.facebook.com/stacafe ; 1er ét., Trg Ajdovščina 1 ; ⌚8h-minuit lun-sam ; 📶). On accède à la vaste et accueillante terrasse de ce café par un escalier qui vous éloigne du tapage sur Slovenska cesta. Une fois là-haut, le Wi-Fi est irréprochable et le personnel fort sympathique propose du bon café. L'agence de voyages étudiante (p. 80) associée à ce lieu y propose de temps à autre des conférences sur le voyage.

Trubarjeva cesta et Tabor

Kavarna Rog — CAFÉ

(carte p. 50 ; ☎070 170 282 ; www.kavarna-rog.si ; Petkovškovo nabrežje 67 ; ⌚7h-minuit ; 📶). Une adresse pour lève-tôt dans ce quartier paisible qui longe la Ljubljanica, à l'est du centre. Outre un parfait café du matin, voire un solide petit-déjeuner, on l'apprécie tout autant pour siroter un cocktail le soir dans son intérieur raffiné ou bien attablé à l'extérieur le long des berges.

Postaja Centralna — BAR À COCKTAILS

(carte p. 54 ; ☎059 190 400 ; www.facebook.com/centralnapostajaljubljana ; Trubarjeva cesta 23 ; ⌚8h-1h lun-jeu, 8h-3h ven-sam ; 📶). Bar à cocktails légèrement subversif avec street art aux murs et foule de néons éblouissants, discothèque avec DJ le week-end, café proposant ses thés maison aux fruits, restaurant avec burgers à la carte. C'est, comme son nom de "Poste centrale" l'indique, le lieu de rendez-vous censé combler tout un chacun. Pari gagné !

Kavarna SEM — CAFÉ

(carte p. 50 ; ☎041 729 619 ; www.facebook.com/kavarnaSEM ; Metelkova ulica 2 ; ⌚7h-1h dim-mar, 7h-2h mer-jeu, 7h-3h ven-sam ; 📶). Le merveilleux café du Musée ethnographique slovène (p. 64) accueille des concerts le mardi (swing) et le vendredi (salsa).

Patrick's Irish Pub — PUB IRLANDAIS

(carte p. 54 ; ☎01-230 17 68 ; www.irishpub-ljubljana.si ; Prečna ulica 6 ; ⌚17h-1h mar-sam, 17h-minuit dim-lun ; 📶). Slovènes comme "expats" aiment se retrouver dans ce pub irlandais version slovène, particulièrement pour partager un match en direct à la télé. Honnête cuisine de pub (ailes de poulet, burgers) et belle sélection de mousses locales ou d'importation.

Parc Tivoli et ses environs

Klub Cirkus CLUB

(carte p. 50 ; 041 777 747 ; www.cirkusklub.si ; Trg Mladinskih Delovnih Brigad 7 ; entrée 5 € minimum ; 22h-5h mer-sam ;). Facilement accessible à pied depuis le centre, ce club, l'un des plus réputés de Ljubljana, occupe l'ancienne salle de cinéma d'art et d'essai Kinoklub Vič. Nombreuses soirées à thème et sets de DJ, soirées spéciales et fêtes les mardis et jeudis.

Krakovo et Trnovo

Šank Pub Anika PUB

(carte p. 50 ; 040 671 483 ; Eipprova ulica 19 ; 7h-1h lun-ven, 8h-1h sam-dim ;). En plein cœur du quartier étudiant de Trnovo, ce petit pub au plafond de brique et au sol parqueté est très décontracté. Il fait partie des nombreux bars et cafés accueillants qui bordent cette partie d'Eipprova ulica. Excellent choix de bières artisanales.

Špica CAFÉ

(carte p. 50 ; 051368658 ; www.kaval-group.si/spica_caffe.asp ; Gruberjevo nabrežje ; 8h-23h lun-jeu, 8h-minuit ven-sam, 9h-22h dim ;). Sur la pointe de terre (Špica) au sud de la vieille ville, à la confluence de la Ljubljanica et du canal, voici un nouveau café-bar où s'arrêter boire un verre en soirée après avoir vogué sur l'eau. En face du jardin botanique (p. 57).

Où sortir

Le bimestriel **Ljubljana in Your Pocket** (www.inyourpocket.com/ljubljana) constitue une bonne source d'informations sur l'actualité culturelle de la capitale. Achetez vos billets pour les spectacles et les événements soit dans les salles, soit en ligne par le biais du site **Eventim** (carte p. 50 ; 090 55 77 ; www.eventim.si ; Trg Osvobodilne Fronte 6 ; 5h-22h), soit au centre d'informations touristiques de Ljubljana (p. 80). Un billet de spectacle coûte 10 à 20 €.

Concerts

Kino Šiška CONCERTS

(030 310 110 ; billetterie 01-500 30 00 ; www.kinosiska.si ; Trg Prekomorskih brigad 3 ; billetterie 15h-20h lun-ven, pub 8h-minuit, spectacles 20h-2h ; ; 1, 3, 5, 8, 22, 25). Toiletté de neuf, un ancien cinéma devenu centre culturel. La production invite groupes indé, rock et alternatifs venus de Slovénie et du reste de l'Europe. Vente sur place ou dans les kiosques Eventim en ville.

Cvetličarna CONCERTS

(040689559 ; www.cvetlicarna.info ; Kranjčeva ulica 20 ; 21h-4h ven-sam, et en fonction des concerts ; 13, 20). Des groupes et des DJse produisent presque tous les week-ends dans cette salle de concerts. Agenda à consulter en ligne.

Sax Pub JAZZ

(carte p. 50 ; 040 168 804 ; www.facebook.com/saxpublj ; Eipprova ulica 7 ; 9h-1h ;). Installé à Trnovo depuis bientôt trente ans, ce minuscule pub à la façade couverte de street art éclatant fait club de jazz, voire de blues et de folk le jeudi à 20h toute l'année. Musique enregistrée le reste du temps.

Orto Bar CONCERTS

(carte p. 50 ; 01-232 16 74 ; www.orto-bar.com ; Graboličeva ulica 1 ; 21h-5h jeu-sam sauf juil-août). Pour boire un dernier verre et danser en fin de soirée parmi les fêtards vêtus de cuir. Très apprécié, ce bar/club se trouve à 300 m au nord-est de Metelkova (entrée par Bolgarska ulica).

Opéra et musique classique

Križanke SPECTACLE VIVANT, MUSIQUE CLASSIQUE

(carte p. 54 ; 01-241 60 00, billetterie 01-241 60 26 ; www.ljubljanafestival.si ; Trg Francoske Revolucije 1-2 ; billetterie 10h-20h lun-ven, 10h-14h sam mai-sept, 12h-17h lun-ven, 10h-14h sam oct-avr et 1 heure avant spectacle). Dans un tentaculaire monastère du XVIIIe siècle refaçonné par l'architecte ljubljanais Jože Plečnik dans les années 1950, ce théâtre à ciel ouvert d'une capacité de plus de 1 200 spectateurs héberge le Festival de Ljubljana (p. 67) en été.

La plus modeste salle des Chevaliers (Viteška Dvorana) accueille des concerts de musique de chambre.

Salle de la Philharmonie slovène MUSIQUE CLASSIQUE

(Slovenska Filharmonija ; carte p. 54 ; 01-241 08 00 ; www.filharmonija.si ; Kongresni trg 10 ; billets 8-16 € ; billetterie 11h-13h et 15h-18h lun-ven). À l'angle sud-est de Kongresni trg (p. 59), cette petite salle chargée d'histoire est celle de la Philharmonie slovène, orchestre créé en 1701 dont, plus tard, Haydn, Beethoven et Brahms furent membres d'honneur. Gustav Mahler y fut chef d'orchestre pendant une saison (1881-1882). Outre les concerts du prestigieux orchestre, la salle accueille les spectacles donnés par le Chœur de chambre slovène (Slovenski Komorni Zbor) fondé en 1991.

Opera Balet Ljubljana OPÉRA, BALLET
(carte p. 54 ; ☎01-241 59 00, billetterie 01-241 59 59 ; www.opera.si ; Župančičeva ulica 1 ; ⊙billetterie 10h-13h et 14h-18h lun-ven, 10h-13h sam, et 1 heure avant spectacle). Les compagnies nationales d'opéra et de ballet ont pour scène ce théâtre néo-Renaissance qui a retrouvé son lustre d'antan. Entrée par Cankarjeva cesta.

Cankarjev Dom MUSIQUE CLASSIQUE
(carte p. 50 ; ☎01-241 71 00, billetterie 01-241 72 99 ; www.cd-cc.si ; Prešernova cesta 10 ; ⊙billetterie 11h-13h et 15h-18h lun-ven, 11h-13h sam et 1 heure avant spectacle). Le plus grand centre culturel et de conférences de Ljubljana abrite deux grands auditoriums (le Gallus Hall est réputé pour son acoustique parfaite). S'y ajoute une douzaine de salles plus petites réservées à une palette de spectacles tout à fait remarquable.

Théâtre

Théâtre national slovène de Ljubljana THÉÂTRE
(Slovensko Narodno Gledališče Drama Ljubljana ; carte p. 54 ; ☎01-252 14 62, billetterie 01-252 15 11 ; www.drama.si ; Erjavčeva cesta 1 ; ⊙billetterie 11h-20h lun-ven, 18h-20h sam et 1 heure avant spectacle). Ce superbe édifice Art nouveau fut initialement construit, en 1911, par la communauté allemande. Mais, après-guerre, le slovène a remplacé sur scène l'allemand. Le SNG Drama est aujourd'hui la salle de la compagnie de théâtre nationale.

KUD France Prešeren THÉÂTRE
(carte p. 50 ; ☎051 657 852, 01-283 22 88 ; www.kud-fp.si ; Karunova ulica 14 ; ⊙10h-1h lun-sam, 14h-1h dim). Cette "société non institutionnelle culturelle et artistique" installée à Trnovo organise des concerts, ainsi que des spectacles, soirées littéraires, spectacles de marionnettes pour enfants, expositions, ateliers, etc. presque tous les soirs. Le Trnfest (voir p. 67) s'y tient en août.

Théâtre de marionnettes de Ljubljana MARIONNETTES
(Lutkovno Gledališče Ljubljana ; carte p. 54 ; ☎réservations 01-300 09 82 ; www.lgl.si ; Krekov trg 2 ; billets 5 € ; ⊙billetterie 9h-19h lun-ven, 9h-13h sam et 1 heure avant spectacle). Ce théâtre présente ses propres spectacles toute l'année et accueille le Lutke, festival international de marionnettes (Mednarodni Lutkovni Festival), les années paires en septembre.

Cinéma

Kinodvor CINÉMA
(carte p. 50 ; ☎billetterie 01-239 22 17 ; www.kinodvor.org ; Kolodvorska ulica 13 ; tarif plein/étudiant 5,30/3,80 € ; ⊙cinéma horaires variables ; café 10h-minuit). Le "Cinéma du tribunal" projette des films d'auteur contemporains et d'autres plus grand public. Un petit café pourvu d'une terrasse est ouvert d'avril à novembre.

Kinoteka CINÉMA
(carte p. 50 ; ☎01-434 25 10 ; www.kinoteka.si ; Miklošičeva cesta 28 ; tarif plein/étudiant 4/2 € ; ⊙horaires variables). Cette cinémathèque propose films d'auteur et classiques en VO, généralement sous-titrés en slovène. Début de projection à 20h ou 21h30 (vérifier en ligne).

Achats

Ljubljana est une mine d'or pour l'artisanat, les antiquités, la musique, le vin et l'alimentation. On y trouve aussi de plus en plus de boutiques de mode. **BTC City** (☎01-585 22 22 ; www.btc-city.com ; Šmartinska cesta 152 ; ⊙9h-21h lun-sam ; 🚌2, 7, 12, 24, 27) et **City Park** (☎01-587 30 50 ; www.citypark.si ; Šmartinska cesta 152g ; ⊙9h-21h lun-sam, 9h-15h dim ; 🚌2, 7, 12, 24, 27) sont deux gigantesques centres commerciaux voisins, installés à Moste, au nord-est du centre-ville.

Château

Galerija Rustika ARTISANAT
(carte p. 54 ; ☎01-251 17 18 ; château de Ljubljana, Grajska planota 1 ; ⊙10h-18h). Dans l'enceinte du château (p. 48), une jolie galerie et boutique à l'atmosphère vraiment "rustique", où l'on trouve de l'artisanat.

Vieille ville

♥ **Vinoteka Movia** VIN
(carte p. 54 ; ☎051 304 590 ; www.movia.si ; Mestni trg 2 ; ⊙12h-minuit lun-sam). Première étape incontournable pour qui veut acheter une bouteille, ce caviste fait aussi bar à vins. Certes il y a les vins du domaine

de Movia, mais les crus d'autres vignerons sont aussi recommandés par les serveurs connaisseurs.

3 Muhe ARTISANAT
(carte p. 54 ; 01-421 07 15 ; www.pravicna-trgovina.si ; Stari trg 30 ; 10h-19h30 lun-ven, 10h-14h sam). Café d'Ouganda, épices du Sri Lanka, paniers du Ghana ou encore verres à pied du Guatemala : seuls les produits issus du commerce équitable arrivent sur les rayonnages de cette entreprise sociale appelée "3 Mouches".

Lina MODE ET ACCESSOIRES
(carte p. 54 ; 01-421 08 92 ; www.svila-lina.net ; Gornji trg 14 ; 10h-13h et 15h-19h lun-ven, 10h-13h sam). Pour les hommes, cravates à la coupe irrégulière et écharpes, et pour les femmes, des robes aux couleurs audacieuses font partie des accessoires en soie peints par Dušanka Herma.

Galerija Idrijske Čipke CADEAUX
(carte p. 54 ; 01-425 00 51 ; www.idrija-lace.com ; Mestni trg 17 ; 10h-19h lun-ven, 10h-14h sam). Faute d'aller à Idrija (région de Primorska) renommée pour sa dentelle, visitez cette "Galerie de la dentelle d'Idrija" à la vaste palette de rideaux, de nappes et de linge de lit... On y déniche aussi de plus modestes mouchoirs, napperons, voire des décorations de Noël en forme de dragon.

Trubarjev Antikvariat LIVRES
(carte p. 54 ; 01-244 26 83 ; Mestni trg 25 ; 9h-19h lun-ven, 8h30-13h30 sam). Outre livres anciens et d'occasion, un bon choix de cartes anciennes à l'étage.

Oliviers & Co HUILES
(carte p. 54 ; 083 837 816 ; www.oliviers-co.si ; Ciril Metodov trg 20 ; 10h-19h lun-ven, 9h-18h sam, 10h 16h dim). L'entreprise française des Hautes-Alpes qui s'est fait une spécialité de la distribution des meilleures huiles d'olive au monde vend ici celles de Slovénie. On citera l'huile d'olive de l'Istrie slovène, l'insolite huile d'épicéa (*smrekovo olje*) et l'huile de pépins de courge *(bučno olje)* pressés à froid, de chez Kocbek.

Marché central et est de la ville

Kraševka ÉPICERIE FINE
(carte p. 54 ; 01-232 14 45 ; www.krasevka.si ; Vodnikov trg 4 ; 9h-19h lun-ven, 9h-15h sam). Cette épicerie fine vend plus de 300 produits provenant principalement de fermes du Karst : toutes les variétés de *pršut* (jambon sec), ainsi que du fromage, du vin et des spiritueux, de l'huile et du vinaigre, du miel et de la confiture.

Trgovina IKA CADEAUX
(carte p. 54 ; 01-232 17 43 ; www.trgovina-ika.si ; Ciril-Metodov trg 13 ; 9h-19h30 lun-ven, 9h-18h sam, 10h-14h dim). À la fois galerie d'art, boutique de mode (plus de 100 créateurs de vêtements, bijoux, porcelaine...) et de souvenirs, cette boutique fait face à la cathédrale et au marché central. Des articles faits main associant une touche moderne aux formes et motifs traditionnels.

Centre-ville

Antikvariat Alef LIVRES
(carte p. 54 ; 01-320 57 54 ; www.antikvariatalef.si ; Hribarjevo nabrežje 13 ; 9h-13h et 15h30-19h lun-ven). Une librairie à l'ancienne affichant la couleur en se déclarant une boutique "pour lecteurs", On y déniche dans un délicieux désordre des livres d'occasion, quelques titres étrangers...

Vinoteka Dvor VIN
(carte p. 54 ; 01-251 36 44 ; www.kozelj.si ; Dvorni trg 2 ; 11h-20h lun-ven, 10h-14h sam). Petite mais agencée à merveille, cette boutique propose un vaste choix de vins, mais aussi d'eaux-de-vie aux fruits. Juste en haut du Dvorni Bar (p. 75).

Mladinska Knjiga LIVRES
(carte p. 54 ; 01-241 46 84 ; www.mladinska.com ; 1er ét., Slovenska cesta 29 ; 8h-20h lun-ven, 9h-14h sam). "MK" est la plus grande librairie de la ville et la mieux fournie, avec de nombreux guides, cartes, illustrés, œuvres de fiction, journaux et revues. Elle possède une **annexe** (carte p. 50 ; 01-234 27 80 ; Miklošičeva cesta 40 ; 7h-19h lun-ven) sur Miklošičeva cesta.

Trubarjeva cesta et Tabor

Carniola Antiqua ANTIQUITÉS
(carte p. 54 ; 01-231 63 97 ; www.facebook.com/CarniolaAntiqua ; Trubarjeva cesta 9 ; 16h-18h lun, 10h-13h et 16h-18h mar-jeu, 10h-13h ven-sam). Avec une vaste palette d'articles des années 1950 et 1960, cette institution figure parmi les meilleures galeries d'antiquités de Ljubljana.

Krakovo et Trnovo

Annapurna SPORTS, PLEIN AIR

(carte p. 54 ; ☎01-426 34 28 ; www.annapurna.si ; Krakovski nasip 4 ; ⏲9h-19h lun-ven, 9h-13h sam). Si vous avez oublié votre sac de couchage, vos bâtons de ski, vos chaussures de randonnée, votre matériel d'escalade ou votre sac à dos, ce magasin de Krakovo peut vous fournir tout cela et bien plus encore. Personnel très serviable et connaisseur.

Renseignements

ACCÈS INTERNET

Dans beaucoup de cafés et de restaurants, le Wi-Fi est gratuit pour les clients, et **WiFreeLjubljana** (www.wifreeljubljana.si) offre aux visiteurs 1 heure d'accès Internet gratuit par jour. La plupart des auberges de jeunesse et certains hôtels mettent à disposition de leur clientèle un ordinateur permettant de surfer sur la Toile. Le centre d'information touristique de Slovénie est équipé de postes publics connectés à Internet.

AGENCES DE VOYAGES

STA Ljubljana (☎hébergement 01-439 16 90, transports 041 612 711 ; potovanja.nomago.si ; 1er ét., Ajdovščina trg 1 ; ⏲8h-17h l un-ven). Billets d'avion à tarifs réduits pour les étudiants.

ARGENT

On trouve des DAB partout, dont plusieurs devant le principal bureau du centre d'information touristique de Ljubljana. Pour échanger des espèces, il vaut mieux se tourner vers les banques généralistes, situées un peu partout dans le centre.

Abanka (☎01-300 15 00 ; www.abanka.si ; Slovenska cesta 50 ; ⏲8h30-17h lun-ven).

Nova Ljubljanska Banka (NLB ; ☎01-477 20 00 ; www.nlb.si ; Trg Republike 2 ; ⏲8h-18h lun-ven).

CARTES DE RÉDUCTION

Le pass de 1 à 3 jours appelé **Ljubljana Card** (www.visitljubljana.com/fr/visiteurs/ljubljana-card ; pour 24/48/72 heures adulte 27,90/35,10/40,50 €, 6-14 ans 16,20/20,70/24,30 €) donne droit à un accès gratuit à 19 sites, circuits pédestres et visites en bateau, plus des trajets illimités avec les bus de la ville et l'accès à Internet. Achat aux offices de tourisme.

CONSIGNE

Gare routière (Osvobodilne Fronte trg 4 ; 3 €/jour ; ⏲5h-22h30 lun-sam, 5h30-22h30 dim). Guichet n°3.

Gare ferroviaire (Osvobodilne Fronte trg 6 ; 3 €/jour ; ⏲24h/24). Consigne à pièces sur le quai 1.

INTERNET (SITES)

Outre les sites du Centre d'information touristique de Slovénie (www.slovenia.info, en français) et du Centre d'information touristique de Ljubljana (www.visitljubljana.com, en français), d'autres sites fournissent des informations utiles sur l'agenda urbain et plus :

Ville de Ljubljana (www.ljubljana.si). Portail d'informations de la mairie, complet, sur tous les aspects du quotidien et du tourisme.

In Your Pocket (www.inyourpocket.com/ljubljana). Renseignements privilégiés sur la capitale mis à jour tous les deux mois.

Slovenia Times (www.sloveniatimes.com). Actualités en anglais.

OFFICES DU TOURISME

Centre d'information touristique de Ljubljana (carte p. 54 ; ☎01-306 12 15 ; www.visitljubljana.com, en français ; Adamič-Lundrovo nabrežje 2 ; ⏲8h-21h juin-sept, 8h-19h oct-mai). Un personnel enthousiaste et compétent donne des informations, des plans et de la documentation et aide à la recherche d'hébergement. Le centre propose des visites intéressantes de la ville et de la région et son site est très bien conçu.

Centre d'information touristique de Slovénie (carte p. 54; ☎01-306 45 76 ; www.slovenia.info, en français ; Krekov trg 10 ; ⏲8h-21h tlj juin-sept, 8h-19h lun-ven, 9h-17h sam et dim oct-mai ; Wi-Fi). Bonne source d'information pour voyager dans le reste du pays ; accès Internet et service de location de vélos.

POSTE

Poste principale (carte p. 54 ; Slovenska cesta 32 ; ⏲8h-19h lun-ven, 8h-12h sam). Poste restante pendant 30 jours et bureau de change.

Bureau de poste (carte p. 50 ; Pražakova ulica 3 ; ⏲8h-18h lun-ven, 8h-12h sam). Juste au sud-ouest des gares routière et ferroviaire.

SERVICES MÉDICAUX

Centre médical Barsos (☎01-242 07 00 ; barsos.si ; Gregorčičeva ulica 11 ; ⏲8h-20h lun-ven). Centre médical privé ; consultation à partir de 50 € environ.

Pharmacie centrale (p. 53). Adresse centrale dans un bâtiment qui était au XIXe siècle un café prisé des intellectuels.

Centre de santé de Ljubljana (Zdravstveni Dom Ljubljana ; ☎01-522 84 08, 01-472 37 00 ; www.zd-lj.si ; Metelkova ulica 9 ; ⏲7h30-19h lun-ven, 8h-16h sam). Pour les questions de santé sans urgence.

Centre médical universitaire de Ljubljana (Univerzitetni Klinični Center Ljubljana ; ☎01-522 50 50 ; www.kclj.si ; Zaloška cesta 7 ; ⏲24h/24). Service des urgences ouvert 24h/24.

Depuis/vers Ljubljana

BUS

Les bus à destinations slovènes ou étrangères partent de la **gare routière** (Avtobusna Postaja Ljubljana ; carte p. 50 ; ☎01-234 46 00 ; www.ap-ljubljana.si ; Osvobodilne Fronte trg 4 ; ⏲5h-22h30 lun-ven, 5h-22h sam, 5h30-22h30 dim), voisine de la gare ferroviaire. Horaires de départ et tarifs sont indiqués sur le site Internet. Sur place, des téléphones multilingues fournissent les renseignements et il existe deux bornes à écran tactile, l'une à proximité des guichets, la seconde à l'extérieur. En général, il est inutile de prendre son billet à l'avance et l'on paie en montant dans le bus. Néanmoins, le vendredi et les veilles de vacances scolaires et de jours fériés, il est préférable pour un long trajet d'acheter son billet la veille et de réserver, faute de trouver sinon une place assise.

Les bus mènent quasiment partout en Slovénie, de Kamnik (3,10 €, 50 minutes, 25 km, 2/heure) à Murska Sobota (16 €, 3 heures, 200 km, 1-2/jour). Voici une sélection de tarifs pour un aller simple (en général, comptez le double pour un aller-retour) depuis la capitale :

Bled 7,80 €, 1 heure 30, 57 km, 1/heure

Bohinj 9,80 €, 2 heures, 91 km, 1/heure

Koper 11,10 €, 2 heures 30, 122 km, 5/jour, plus en saison haute

Maribor 11,40 €, 2 à 3 heures, 141 km, 2-4/jour

Novo Mesto 7,20 €, 1 heure, 72 km, jusqu'à 7/jour

Piran 12 €, 3 heures, 140 km, jusqu'à 7/jour

Postojna 6 €,1 heure, 53 km, jusqu'à 24/jour

TRAIN

Des trains nationaux et internationaux desservent la **gare ferroviaire** (Železniška Postaja ; ☎01-291 33 32 ; www.slo-zeleznice.si ; Osvobodilne Fronte trg 6 ; ⏲5h-22h) de Ljubljana, située en limite nord du centre-ville. Vous y trouverez un centre d'information près des quais. Horaires de départ et tarifs sont précisés sur le site Internet. Les billets nationaux s'achètent aux guichets 1 à 8 et les internationaux au guichet 9 ou au centre d'information.

Tarifs pour un aller simple en 2e classe, temps de trajet, distance et fréquence au départ de Ljubljana (comptez le double pour un aller-retour, et supplément de 1,80 € pour les InterCity-IC) et EuroCity-EC) :

Bled 6,60 €, 55 minutes, 51 km, jusqu'à 21/jour

Koper 9,60 €, 2 heures 30, 153 km, jusqu'à 4/jour, plus en été

Maribor 9,60 €, 1 heure 45, 156 km, jusqu'à 25/jour

Murska Sobota 13 €, 3 heures 15, 216 km, jusqu'à 5/jour

Novo Mesto 6,60 €, 1 heure 30, 75 km, jusqu'à 14/jour

VOITURE ET MOTO

La plupart des grandes enseignes internationales de location de voitures sont présentes en ville et à l'aéroport. Vous pouvez louer directement sur place ou, souvent à meilleur prix, à l'avance sur le site Internet du loueur ou d'un comparateur. L'Association automobile slovène AMZS (p. 283) se charge du dépannage d'urgence.

Atet Rent a Car (☎01-320 82 30 ; www.atet.si ; Devova ulica 6a ; ⏲8h-18h lun-ven, 8h-13h sam-dim).

Avis (☎01-421 73 40 ; www.avis.si ; Miklošičeva cesta 3 ; ⏲8h-16h lun-ven, 8h-12h sam-dim).

Central Rent (☎assistance 24h/24 040 216 660, location 059 014 550 ; www.centralrent.si ; Slovenska cesta 36 ; ⏲9h-16h lun-ven, 8h-13h sam). Un des meilleurs rapports qualité/prix à Ljubljana.

Europcar (☎031 382 052 ; www.europcar.si ; City Hotel Ljubljana, Dalmatinova ulica 15 ; ⏲8h-18h lun-ven, 8h-12h sam-dim).

Hertz (☎01-434 01 47 ; www.hertz.si ; Trdinova ulica 9 ; ⏲7h-19h lun-ven, 8h-12h sam-dim).

Comment circuler

DEPUIS/VERS L'AÉROPORT

Le moyen le plus économique pour rejoindre l'**aéroport Jože Pučnik** (Aerodrom Ljubljana ; ☎04-206 19 81 ; www.lju-airport.si ; Zgornji Brnik 130a, Brnik) est de prendre le **bus public** (aller 4,10 €, 50 minutes, 27 km, 1/heure lun-ven, 1 ttes les 2 heures sam-dim) sur le **quai n°28** (carte p. 50) de la gare routière. Du lundi au vendredi, le premier part à 5h20, puis il y en a toutes les heures de 6h10 à 20h10 ; le week-end, un bus part à 6h10, puis un toutes les deux heures de 9h10 à 19h10. Les tickets s'achètent auprès du chauffeur.

GoOpti (carte p. 50 ; ☎01-320 45 30 ; www.goopti.com ; Trg Osvobodilne Fronte 4 ; aller 9 €) et **Markun Shuttle** (☎réservation 041 792 865 ; www.markun-shuttle.com ; aller 9 €) gèrent des navettes, très appréciées des visiteurs, qui vous conduiront de Brnik (site de l'aéroport) au centre de Ljubljana en une demi-heure. Réservations par téléphone ou en ligne.

Pour vous rendre en taxi de l'aéroport à Ljubljana, comptez 35 à 45 €.

TAXIS

Des taxis avec compteur peuvent être hélés dans la rue ou réservés aux stations près de la gare ferroviaire, au centre d'information touristique de Ljubljana (p. 80) dans Stritarjeva ulica, devant le Grand Hotel Union (p. 68), ou sur Mestni trg. Le tarif de base est d'environ 1 € et le prix au kilomètre varie de 0,90 € à 1,70 €, selon la compagnie. Il est moins élevé si vous réservez. Uber n'opère pas en Slovénie (au moment de nos recherches).

Laguna Taxi (☎ 01-511 23 14, 080 12 33 ; www.taxi-laguna.com). Compagnie fiable de radio-taxis ; opérateurs parlant anglais.

TRANSPORTS PUBLICS

Les bus urbains (roulant pour beaucoup au gaz) circulent toutes les 5 à 15 minutes. Ils fonctionnent de 5h (6h le dimanche) à environ 22h30. Il existe aussi une demi-douzaine de lignes de nuit. Le trajet coûte 1,20 € (90 minutes, voyages illimités correspondances comprises). Il est débité d'une carte magnétique rechargeable (1 € à 50 €) appelée **Urbana** (2 €) à se procurer dans les kiosques à journaux, les offices du tourisme ou au **Centre d'information LPP** (☎ 01-430 51 74 ; www.lpp.si/en ; Slovenska cesta 56 ; ⏲ 6h30-19h lun-ven).

Service de transports géré par la LPP (réseau de bus de Ljubljana), **Kavalir** (☎ 031 666 332, 031 666 331 ; www.ljubljana.si ; ⏲ 8h-20h) vous ramassera et vous déposera gratuitement n'importe où dans la zone piétonne de la vieille ville. Il suffit d'appeler (et d'attendre : leurs véhicules de type voiturette de golf sont seulement au nombre de 3 entre avril et octobre, et il n'y en a qu'un le reste de l'année).

VÉLO

Ljubljana est un régal pour les cyclistes : il y a des pistes cyclables et des feux spéciaux partout.

Ljubljana Bike (☎ 01-306 45 76 ; www.visitljubljana.si, en français ; Krekov trg 10 ; 2 heures/1 jour 2/8 € ; ⏲ 8h-19h lun-ven, 9h-17h sam-dim avr, mai et oct, 8h-21h juin-sept) loue des vélos d'avril à octobre au départ du centre d'information touristique slovène.

Pour les trajets courts, vous pouvez louer des vélos aux 38 bornes **Bicike(lj)** (www.bicikelj.si ; abonnement semaine/année 1/3 € plus tarif à l'heure ; ⏲ 24h/24) installées partout dans la ville (300 vélos). Il faut pour cela s'inscrire au préalable sur le site Internet et avoir une carte de paiement en cours de validité. Une fois inscrit, il suffit de présenter sa carte de paiement ou bien la carte Urbana (de l'autorité de transport public) et un code PIN. La première heure est gratuite, la deuxième coûte 1 €, la troisième 2 € et chaque heure supplémentaire 4 €. Les vélos doivent être rapportés sous 24 heures.

VOITURE ET MOTO

On peut parcourir le centre-ville à pied et de nombreuses rues sont piétonnes. Il vaut donc mieux garer sa voiture en arrivant et se déplacer à pied ou par les transports en commun. Stationner dans Ljubljana n'est pas aisé, surtout les jours ouvrables. Dans la majeure partie du centre-ville, comptez 0,70 € à 1,20 €/heure, de 8h à 19h du lundi au vendredi, de 8h à 13h le samedi. Sinon, les parkings publics présents dans toute la ville (et indiqués sur la plupart des plans) appliquent un tarif de 0,60 € à 2,40 €/heure ; comptez 25 € pour la journée.

Lac de Bled et Alpes Juliennes

Dans ce chapitre ➡

Le top des restaurants

- Hiša Franko (p. 125)
- Finefood – Penzion Berc (p. 100)
- Foksner (p. 108)
- Štrud'l (p. 108)
- Restaurant Lazar (p. 124)

Le top des hébergements

- Design Rooms Pr' Gavedarjo (p. 114)
- Dobra Vila (p. 121)
- Nebesa (p. 124)
- Vila Park (p. 107)
- Linhart Hotel (p. 90)

Pourquoi y aller

Sommets alpins, rivières turquoise et lacs dignes d'une carte postale : voici la Slovénie des affiches touristiques. Vous serez séduit par le lac de Bled (avec une île et un château !) et surpris par le lac de Bohinj, tout proche et pourtant ignoré. Quant au vertigineux mont Triglav, au milieu du parc national du même nom, il vous éblouira peut-être suffisamment pour que vous tentiez l'ascension.

De l'autre côté du magnifique col du Vršič, mais toujours à l'intérieur du parc national du Triglav, la rivière Soča (*so-tcha)* offre des paysages éblouissants. Ce cours d'eau aux teintes bleu-vert prend sa source dans les Alpes Juliennes et coule le long de la vallée de la Soča (Dolina Soče), donnant naissance à nombre de gorges, cascades et rapides d'eau vive dévalant sur de blancs rochers. De nombreuses activités vous rapprocheront de ces splendeurs de la nature, au départ des centres animés que sont Bovec et Kobarid.

Quand partir

Bled

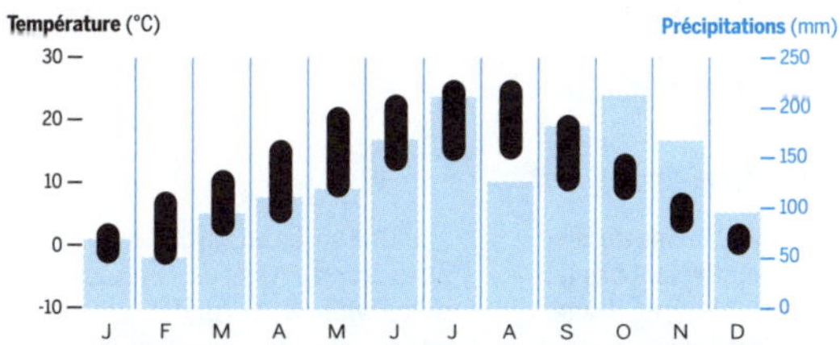

Mai-juin Rafting, cascades et fleurs sauvages.

Juillet-août Baignade dans les lacs de Bled et de Bohinj. Période brève et agréable (mais il y a foule).

Décembre-avril La saison de ski court jusqu'au printemps.

À ne pas manquer

❶ La beauté du **lac de Bled** (p. 92), à admirer lors d'une promenade le long du rivage à pied ou à vélo, une baignade, un tour en gondole, ou depuis la terrasse du château.

❷ L'ascension du **mont Triglav** (p. 109), point culminant de Slovénie.

❸ Une sortie en kayak ou en rafting sur les eaux émeraude de la **rivière Soča** (p. 117).

❹ Le passage, en voiture ou à vélo, du magnifique **col de Vršič** (p.116).

❺ La découverte du **lac de Bohinj** (p. 102), l'autre lac incontournable, en kayak, à la nage ou à pied.

❻ Le poignant **hôpital des Partisans de Franja** (p. 129) caché au fond de la gorge de Pasica.

❼ Une montée jusqu'à la plus haute station de ski slovène par le **téléphérique Kanin** (p. 118), pour skier ou simplement admirer la vue.

Škofja Loka

04 / 11 830 HABITANTS / ALTITUDE 348 M

Škofja Loka, qui signifie "la prairie des évêques" – ceux de Freising, en Allemagne, qui la fondèrent –, est une ravissante bourgade médiévale au centre historique classé. On la visite aisément dans la journée au départ de Ljubljana, distante de 26 km. Le week-end, la mise en lumière du château et d'autres édifices anciens vous plonge dans un conte de fées. Si vous souhaitez y faire de beaux rêves, il ne suffira pas d'un coup de baguette magique, car les hébergements sont rares (réservez !). La ville constitue aussi un bon point de chute pour randonner dans les collines de Škofja Loka, à l'ouest.

À voir

Musée de Škofja Loka MUSÉE

(Loški muzej ; 04-517 04 00 ; www.loski-muzej.si ; Grajska pot 13 ; adulte/enfant 5/3 € ; 10h-18h mar-dim mai-oct, jusqu'à 17h nov-avr). Principal monument de Škofja Loka, l'imposant château de Loka domine la ville du haut d'une colline herbeuse à l'ouest de Mestni trg. Il date du XIIIe siècle, mais fut amplement rénové suite à un séisme en 1511. Aujourd'hui, il accueille le **musée de Škofja Loka**, à l'excellente collection ethnographique. Des animaux empaillés aux fresques d'églises, de la passementerie à la résistance durant la Seconde Guerre mondiale, les expositions sont de tous types, mais les légendes en anglais font parfois défaut.

À cela s'ajoute un musée en plein air, où voir une **maison de paysan** (XVIe siècle). Dans la **chapelle** du château, les quatre autels dorés (XVIIe siècle) sont immanquables. Ils proviennent d'une église détruite pendant la Seconde Guerre mondiale à Dražgoše, au nord-ouest de Škofja Loka.

Depuis la vieille ville, deux sentiers montent jusqu'au château : le premier part en face de la maison Homan et le second, non loin de la maison Martin. Plus long et boisé, le **sentier des Trois Châteaux** décrit une boucle sur 5 km (comptez 2 heures) au départ du château et passe devant les ruines de la tour de Krancelj et du Stari grad (vieux château). Vous trouverez une brochure avec une carte à l'office du tourisme.

Mestni trg PLACE

(place de l'Hôtel-de-Ville). La grand-place de "Loka la multicolore" a pris au XVIe siècle cette allure incomparable avec la construction de **maisons bourgeoises** aux façades pastel. Avec son décor de sgraffites et de fresques en partie conservées (saint Christophe et le soldat), la **maison Homan** (Homanova Hiša), de 1511, est le fleuron de cet ensemble.

L'ancien **hôtel de ville** (Stari Rotovž) se distingue par sa cour gothique sur trois niveaux et les fresques XVIIe de sa façade. Plus au sud, reconnaissable à son porche gothique flamboyant et à sa galerie haute en bois, la **maison Martin** (Martinova Hiša) est adossée à l'enceinte de la vieille ville.

Pont des Capucins SITE HISTORIQUE

(Kapucinski Most). Ce petit pont (parfois désigné sous le nom de "pont de Pierre") partant du monastère des Capucins est un des symboles de la ville. Il offre un point de vue privilégié sur la vieille ville et le château, mais aussi sur la rivière. Le premier ouvrage fut construit au XIVe siècle. Le pont se révèle dans toute sa beauté depuis la passerelle qui enjambe la rivière juste à l'est.

Église paroissiale Saint-Jacques ÉGLISE

(Župnijska Cerkev Sv Jakoba ; 04-512 06 72 ; Cankarjev trg 14 ; 7h-18h). GRATUIT L'église la plus importante de la ville date du XIIIe siècle, mais des éléments essentiels comme la nef, le chœur surmonté d'une voûte en étoile (1524) et le clocher élancé (1532) furent ajoutés au cours des trois siècles suivants. Les autels, les lustres et les fonts baptismaux sont signés Jože Plečnik.

Église de l'Annonciation ÉGLISE

(Cerkev Marijinega Oznanenja ; 04-513 16 14 ; www.zupnija-staraloka.si ; Crngrob ; sur rdv). GRATUIT Cette petite église du village de Crngrob, à 4 km au nord de Škofja Loka, possède une fresque de 1460 qui est un petit trésor. Vous la découvrirez sur la façade sous un portique du XIXe siècle, près de l'entrée. Ce "Dimanche saint" (*Sveta Nedelja*) explique en images ce que font les bons chrétiens le dimanche – prier, aller à la messe, aider les malades – et ce qu'ils ne font pas – jouer, boire ou se battre.

Spodnji trg PLACE

(Place inférieure). C'est sur cette grande place à l'est de Mestni trg qu'habitait le petit peuple au Moyen Âge. À l'extrémité nord de la place, le **grenier à blé** (Kašča) du XVIe siècle servait à stocker les céréales perçues sous forme d'impôt. La place accueille désormais la **galerie France Mihelič** (Galerija Franceta Miheliča ; 04-517 04 00 ; www.loski-muzej.si ;

Škofja Loka

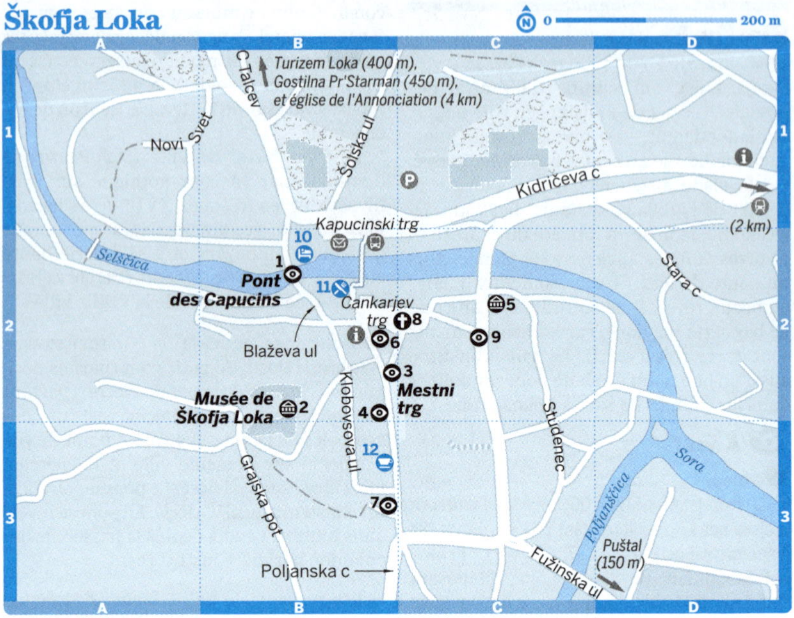

Škofja Loka

Les incontournables

1 Pont des Capucins B2
2 Musée de Škofja Loka B2
3 Mestni trg B2

À voir

4 Ancien hôtel de ville B2
Galerie France Mihelič .... (voir 5)
5 Grenier à blé C2
6 Maison Homan B2
7 Maison Martin B3
8 Église paroissiale Saint-Jacques C2
9 Spodnji Trg C2

Où se loger

10 Hotel Garni Paleta B2
Kavarna Vahtnca .... (voir 12)

Où se restaurer

Gostilna Kašča .... (voir 5)
11 Jesharna B2

Où prendre un verre et faire la fête

Kavarna Homan .... (voir 6)
12 Kavarna Vahtnca B3

2 € ; sur rdv), consacrée aux œuvres de cet éminent peintre et graveur slovène, né dans la localité voisine de Virmaše en 1907.

Activités

Škofja Loka offre de splendides randonnées et circuits à vélo ainsi qu'une aire de baignade fréquentée en bord de rivière, à une courte distance à pied de la vieille ville. De décembre à mars, on peut profiter des domaines skiables alentour.

Randonnées

Creusées de ravins et de profondes vallées, les **collines de Škofja Loka** sont un terrain idéal pour randonner, d'autant qu'il existe des refuges où dormir. Si vous souhaitez les sillonner, procurez-vous un exemplaire de la carte destinée aux cyclistes, randonneurs et automobilistes *Škofjeloško, Idrijsko in Cerkljansko Hribovje* ("Škofja Loka, Idrija et collines de Cerkno" ; 12 €) à l'office du tourisme. Sinon, la brochure *La Randonnée pédestre en Slovénie* en téléchargement sur le site de l'office du tourisme slovène (www.slovenia.info/fr) est également fort utile.

L'ascension du **mont Lubnik** (1 025 m), au nord-ouest de la vieille ville, se fait en deux heures en passant soit par Vincarje (sentier difficile), soit par les ruines du château près de Gabrovo. Un itinéraire plus court

(40 min) part du village de Breznica. Près du sommet, le refuge de montagne **Dom na Lubniku** (☎04-512 05 01, 031 655 556 ; www.pd-skofjaloka.com ; Lubnik ; 25 €/pers) possède 4 chambres (12 lits) ainsi qu'un restaurant doté d'une terrasse panoramique.

Plus exigeante, la randonnée vers le **mont Blegoš** (1 562 m), encore plus à l'ouest, requiert environ 3 heures de marche en partant de Javorje, un village accessible en bus depuis Škofja Loka. Si vous êtes motorisé, du village de Črni Kal, le trajet ne met que 1 heure. Perché à 1 391 m, le refuge de montagne **Koča na Blegošu** (☎051 614 587 ; www.pd-skofjaloka.com ; 20 €/pers ; ⏲mar-dim mai-oct) dispose de 61 lits (chambres et dortoirs), d'espaces de restauration et de bons équipements pour les familles.

Baignade

Pendant les chaleurs estivales, les habitants se baignent dans la rivière à Puštal, un joli coin à environ 10 minutes à pied au sud-est de la vieille ville (indiqué à partir de Fužinska ulica). On y trouve la "passerelle du Diable" (Hudičeva brv), en bois, ainsi qu'un café ouvert l'été.

Fêtes et festivals

Passion de Škofja Loka FÊTE RELIGIEUSE
(Škofjeloški pasijon ; www.pasijon.si ; ⏲fin mars-avr). Avec pas moins de 800 acteurs et 80 chevaux (et des centaines de bénévoles), cette mise en scène de la Passion est le spectacle de plein air le plus important de Slovénie. Elle a lieu tous les six ans (la prochaine est prévue en 2021, pour son 300e anniversaire) dans toute la vieille ville, sur les trois semaines précédant Pâques.

Pisana Loka MUSIQUE
(pisanaloka.si ; ⏲août-sept). Concerts et pièces de théâtre, projections de films et événements pour les enfants composent la programmation de ce festival d'art (son nom signifie "Loka colorée") qui se tient pendant 10 jours sur les places de la ville et au château.

Où se loger

Škofja Loka souffrant d'une pénurie d'hébergements, il est conseillé de réserver le plus tôt possible. Le centre d'information touristique (p. 88) peut vous aider à trouver une chambre et propose en ligne une liste des gîtes.

Kavarna Vahtnca PENSION €
(☎04-512 14 79 ; www.vahtnca.si ; Mestni trg 31 ; s/d 30/48 € ; 📶). Ce café de la veille ville propose deux petites chambres meublées avec simplicité à l'étage. Bon rapport qualité/prix.

Turizem Loka PENSION €€
(☎04-515 09 86 ; www.loka.si ; Stara Loka 8a, Stara Loka ; s/d/app à partir de 40/60/85 € ; P ❄ @ 📶). À 10 minutes à pied de la gare routière, dans le petit village de Stara Loka (et près du quartier Gostilna Pr' Starman), cette pension très confortable propose d'impeccables chambres lumineuses et des appartements familiaux. Bon petit-déjeuner buffet. Si vous prévenez, on viendra vous chercher à la gare.

Hotel Garni Paleta HÔTEL €€
(☎041 874 427 ; hotel-skofjaloka.si ; Kapucinski trg 17 ; d/qua 70/120 € ; P ❄ 📶). Igor et Irene vous accueillent chaleureusement dans leur hôtel attenant à une boutique de loisirs créatifs, tout à côté du pont des Capucins. L'adresse compte 6 chambres sans fioritures (avec leurs lits superposés, trois d'entre elles conviennent aux familles). Les chambres 1, 3, 5 et 6 jouissent d'une belle vue sur la rivière et le château. À partir de deux nuitées, des réductions s'appliquent.

Où se restaurer

Škofja Loka ne compte pas beaucoup de restaurants mais la qualité est au rendez-vous. Danilo (p. 88), à 6 km à l'est de Škofja Loka, figure parmi les meilleurs restaurants slovènes ; il faut toutefois réserver longtemps à l'avance pour avoir une table.

Jesharna ITALIEN €
(☎04-512 25 61 ; www.facebook.com/jesharna ; Blaževa ulica 10 ; pizza et pâtes 8-10 € ; ⏲11h-23h lun-jeu, jusqu'à minuit ven, 12h-minuit sam, 12h-22h dim ; 📶🖋). Pizzeria accueillante servant les meilleures pizzas de la ville ainsi que de bonnes salades et des plats de pâtes si copieux qu'on peut les partager. L'établissement propose aussi des plats végétariens et sans gluten. Situé immédiatement après le pont, en face de la gare routière, avec une terrasse en contrebas donnant sur la rivière.

Gostilna Starman SLOVÈNE €€
(☎04-512 64 90 ; www.gostilnastarman.si ; Stara Loka 22, Stara Loka ; plats 8-18 € ; ⏲7h-22h lun-jeu, 7h-minuit ven-sam ; 📶). Cette *gostilna* (auberge) décontractée et fréquentée, pourvue d'une

terrasse, sert une authentique cuisine slovène. Avec ses portions de steaks, côtelettes de porc et de saucisses maison, votre estomac risque de se distendre ! À environ 1,5 km (15 minutes à pied) de la gare routière, dans le charmant village de Stara Loka.

Gostilna Kašča SLOVÈNE €€
(☎ 04-512 43 00 ; www.gostilna-kasca.si ; Spodnji trg 1 ; plats 10-18 € ; 11h-23h lun-sam ;). Ce restaurant a élu domicile dans la cave du grenier à grain de la ville, datant du XVIe siècle. Il affiche une carte de plats slovènes traditionnels, complétés par un choix appétissant de pizzas.

Danilo SLOVÈNE €€€
(☎ 04-515 34 44 ; www.danilogostilna.si ; Reteče 48 ; menu dégustation 55 € ; 12h-15h30 et 19h-22h mer-ven, 12h-22h sam, 12h-16h dim ;). Adhérant aux principes du mouvement Slow Food, cette *gostilna* familiale sert l'une des meilleures cuisines de la région. Sa carte des vins est sensationnelle et son menu de 8 plats pour 55 € présente un excellent rapport qualité/prix. À Reteče, un village à environ 6 km à l'est de Škofja Loka. Pensez à réserver.

Où prendre un verre

Kavarna Vahtnca CAFÉ
(☎ 04-512 14 79 ; www.vahtnca.si ; Mestni trg 31 ; 8h-22h lun-jeu, 8h-minuit ven-sam, 9h-22h dim ;). Terrasse étagée à l'arrière avec vue sur le château et tables sur la place principale : au cœur de la vieille ville, ce joli café moderne est un endroit agréable où reprendre des forces. Location de chambres à l'étage.

Kavarna Homan CAFÉ
(☎ 04-512 30 47 ; www.kavarnahoman.si ; Mestni trg 2 ; 8h-22h dim-jeu, 8h-23h ven-sam ;). Installé au rez-de-chaussée de la maison Homan, cet établissement fait toujours le plein, surtout par beau temps, lorsqu'on s'attable sur Mestni trg, à l'ombre de l'immense tilleul. Glaces et gâteaux maison.

Renseignements

Bureau de poste (☎ 04-517 02 10 ; Kapucinski trg 14 ; 8h-18h lun-ven, jusqu'à 12h sam)

Centre d'information touristique – vieille ville (TIC ; ☎ 04-512 02 68 ; www.visitskofjaloka.si ; Mestni trg 42 ; 8h30-19h30 lun-ven, 9h-17h sam-dim juin-sept, 8h30-19h lun-ven, 8h30-12h30 sam oct-mai). Excellente source d'informations générales qui dispose de livres et de cartes sur la région. Vente de souvenirs.

Centre d'information touristique (TIC ; ☎ 04-517 06 00 ; www.visitskofjaloka.si ; Kidričeva cesta 1a ; 8h-18h mai, juin et sept, 8h-20h juil-août, 8h-16h lun-sam oct-avr). En bord de route, à l'entrée du centre-ville.

SKB Banka (Kapucinski trg 4 ; 8h30-12h et 14h-17h lun-ven)

Depuis/vers Škofja Loka

BUS

Škofja Loka est bien desservie par les bus régionaux qui s'arrêtent à la **gare routière** (Avtobusna Postaja ; ☎ 04-517 03 00 ; Kapucinski trg 13). Depuis/vers Ljubljana (3,10 €, 36 min, 25 km), comptez au moins un départ par heure en semaine. La fréquence est moindre le week-end.

Pour gagner les lacs de Bled et de Bohinj, ou Kranjska Gora, prenez un des bus fréquents à destination de Kranj (2,30 €, 24 min), où vous changerez.

TRAIN

Jusqu'à 17 trains assurent chaque jour la liaison entre Škofja Loka et Ljubljana (1,85 €, 25 min, 20 km).

Il existe 15 liaisons ferroviaires quotidiennes pour Jesenice via Kranj, Radovljica et Lesce-Bled, dont plusieurs franchissent la frontière autrichienne et rallient Villach, à 87 km au nord.

La gare ferroviaire est à 2,5 km au nord-est de la vieille ville.

Radovljica

☎ 04 / 5 922 HABITANTS / ALTITUDE 490 M

La ville de Radovljica (parfois abrégé en Radol'ca) bénéficie de magnifique vues sur les Alpes, notamment le mont Triglav. Ses rues sont parsemées de jolis édifices historiques. Née à la suite de la première vague d'invasion slave dans la région, Radovljica était devenue au XIVe siècle un carrefour commercial animé autour de sa vaste place rectangulaire, Linhartov trg, à l'abri de ses hautes murailles. Elle en a hérité un beau patrimoine architectural, préservé des tourments de l'histoire.

Si vous souhaitez séjourner à Radovljica, programmez bien à l'avance votre venue, car l'offre hôtelière est relativement limitée. Au besoin, tournez-vous vers l'office du tourisme pour trouver une chambre. Distante de seulement 7 km du lac de Bled, la ville peut aussi aisément faire l'objet d'une excursion d'une journée.

À voir

Linhartov trg PLACE

Principal site à voir en ville, la **place centrale** retient l'attention avec ses maisons colorées des XVIe et XVIIe siècles. Palais baroque reconverti en musée et en école de musique, le **manoir Thurn** est particulièrement digne d'intérêt, tout comme la **maison Koman** (Komanova Hiša), reconnaissable au saint Florian peint dans le style baroque sur sa façade. La **maison Mali** (Malijeva Hiša) laisse entrevoir une image de saint Georges terrassant le dragon. Peinte en rouge, en jaune, en vert et en bleu, la **maison Vldič** (p. 90) possède, elle, une tourelle d'angle.

Musée de l'Apiculture MUSÉE

(Čebelarski Muzej ; ☎ 04-532 05 20 ; www.mro.si ; Linhartov trg 1 ; adulte/enfant 3/2 € ; ⏲10h-18h mar-dim mai-oct, 8h-15h mar, jeu-ven, 10h-12h et 15h-17h mer, sam-dim mars-avr et nov-déc, 8h-15h mar-ven jan-fév). L'apiculture, tradition fort ancienne en Slovénie, est à l'honneur dans ce musée. On peut y admirer une riche collection de frontons de ruche illustrés (XVIIIe et XIXe siècles), un art populaire propre à la Slovénie (voir l'encadré p. 90). Vous pourrez aussi observer une ruche en activité, remplie d'une famille d'abeilles carnioliennes, endémiques à la Slovénie.

En Slovénie, bien plus que le miel et la cire, ce sont le pollen, la propolis et la gelée royale qui rapportent davantage aux apiculteurs.

Le très confidentiel **Musée municipal** (Mestni muzej ; ☎ 04-532 05 20 ; www.mro.si ; Linhartov trg 1 ; adulte/enfant 3/2 € ; ⏲10h-18h mar-dim mai-oct, 8h-15h mar, jeu-ven, 10h-12h et 15h-17h mer, sam-dim mars-avr et nov-déc, 8h-15h mar-ven jan-fév) partage le même bâtiment que le musée de l'Apiculture (ouverture aux mêmes horaires ; billet combiné adulte/enfant 5/3 €). Il raconte l'histoire de la ville, notamment la vie d'Anton Tomaž Linhart (1756-1795), premier dramaturge et historien slovène, né à Radovljica.

Église paroissiale Saint-Pierre ÉGLISE

(Župnijska Cerkev Sv Petra ; Linhartov trg ; ⏲7h-20h). Construite sur le modèle de celle de Kranj, cette église-halle s'ouvre par trois portails de style gothique flamboyant sur l'extrémité de la place Linhartov. Angelo Pozzo a réalisé les statues à l'intérieur (1713). La cour à arcades au sud du sanctuaire accueille le **presbytère** *(župnišče)*, site d'expositions temporaires.

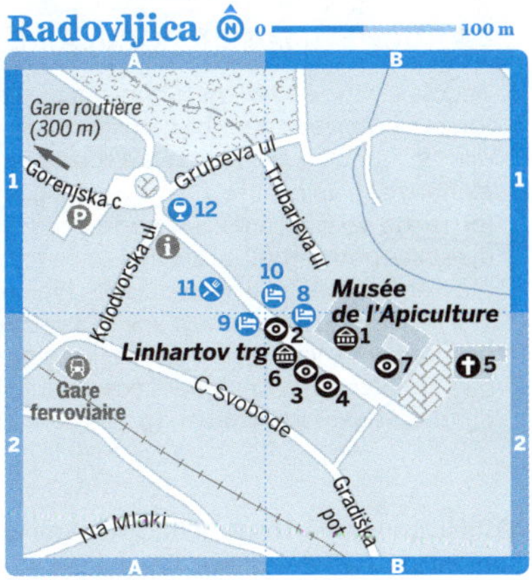

Radovljica

Les incontournables
1 Musée de l'Apiculture B2
2 Linhartov trg B2

À voir
3 Maison Koman B2
4 Maison Mali B2
Musée municipal ..... (voir 1)
5 Église paroissiale Saint-Pierre B2
6 Maison Šivec B2
7 Manoir Thurn B2

Où se loger
8 Gostilna Lectar B2
9 Linhart Hotel A2
10 Vidičeva Hiša B1

Où se restaurer
11 Gostilna Avguštin A1
Gostilna Lectar ..... (voir 8)

Où prendre un verre et faire la fête
Vidičeva Hiša ..... (voir 10)
12 Vinoteka Sodček A1

Maison Šivec MUSÉE

(Šivčeva Hiša ; ☎ 04-532 05 23 ; Linhartov trg 22 ; adulte/enfant 3/2 € ; ⏲10h-13h et 17h-20h mar-dim mai-oct, horaires réduits nov-avr). Cette maison du XVIe siècle présente un mélange intéressant : style Renaissance à l'extérieur et gothique à l'intérieur. Au rez-de-chaussée, une grande salle voûtée fait office de **galerie d'art** (expositions temporaires). Le 1er étage compte 3 pièces restaurées, dont une "**cuisine noire**" et un **salon** du gothique tardif avec lambris et poutres au plafond, servant de salle des mariages. Au 2e étage, belle collection

LA RUCHE, IMAGIER POPULAIRE

Depuis le XVIe siècle, l'apiculture fait partie intégrante de l'agriculture slovène, et Radovljica occupe dans ce domaine une place de premier plan. Avant même d'exporter dans le monde entier leur petite abeille carniolienne grise, les Slovènes ont été des pionniers en apiculture. L'assemblage des ruches plates rectangulaires en *kranjič* (ou ruche carniolienne), une sorte de commode à tiroirs, a facilité le travail, ces ruches divisibles permettant à l'apiculteur de retirer sans dommage le rayon de miel. Ainsi est né l'un des arts populaires typiques de Slovénie.

Au milieu du XVIIIe siècle apparurent sur ces ruches *kranjič* toute une série de motifs religieux, puis profanes, champêtres (chasse, pêche, travaux agricoles...) ou quotidiens. Reconstituant ces galeries d'art en pleine nature, la vaste collection du **musée de l'Apiculture** (p. 89) de Radovljica recèle de beaux spécimens.

d'illustrations de livres jeunesse signées par des artistes slovènes.

Fêtes et festivals

Festival du chocolat GASTRONOMIE
(www.festival-cokolade.si ; mi-avr). Qui peut résister à un festival du chocolat ? Démonstrations culinaires, dégustations et ateliers pour enfants : lors de ce week-end de la mi-avril, Radovljica est fidèle à son slogan *pristno sladka* ("franchement délicieux").

Festival de Radovljica MUSIQUE
(www.festival-radovljica.si ; août). Plus grande manifestation de l'année, ce festival de musique ancienne, l'un des plus importants d'Europe, se déroule sur deux semaines. Culture et musique se mêlent agréablement dans le cadre historique de la ville.

Où se loger

Vidičeva Hiša AUBERGE DE JEUNESSE €
(Maison Vidic ; 031 810 767 ; www.vidichouse.com ; Linhartov trg 3 ; 25 €/pers ;). Quatre grands appartements douillets dans un hôtel particulier vieux de 400 ans avec une vue digne d'une carte postale sur Linhartov trg. Chacun est doté d'une cuisine, et vous aurez accès à la laverie. Sympathique café au rez-de-chaussée. Petit-déjeuner à 4 €.

Kamp Šobec CAMPING €
(04-535 37 00 ; www.sobec.si ; Šobčeva cesta 25, Lesce ; emplacement 11/19 €, bungalows 2/6 pers 157/180 € ; mai-sept ; P). Le plus grand camping de Slovénie (et sans doute le mieux équipé) est à Lesce, à environ 2,5 km au nord-ouest de Radovljica, au bord d'un petit lac et près d'un méandre de la Sava Dolinka. Plage, aires de jeux, location de vélos, baignade, pêche, promenades guidées : les activités estivales et les équipements de loisirs abondent. Les bungalows (de véritables chalets en bois) sont de la meilleure qualité.

Linhart Hotel HÔTEL €€
(059 187 547 ; www.linharthotel.com ; Linhartov trg 17 ; ch 70-90 €, ste 110 € ; P). Ouvert en 2017, cet établissement occupe une maison de ville du XVIIe siècle à l'élégance discrète, située sur Linhartov trg. De nombreux éléments d'époque ont été préservés, dont l'escalier en pierre conduisant aux chambres, les plafonds voûtés et les poutres apparentes. Les chambres présentent un mobilier simple mais de qualité. La famille qui possède les lieux est très sympathique.

Gostilna Lectar PENSION €€
(04-537 48 00 ; www.lectar.com ; Linhartov trg 2 ; s/d 75/110 € ;). Avec leurs têtes de lit peintes et leur plaque de porte en *lect* (pain d'épice), les 9 chambres à la décoration personnalisée de cette charmante pension sur la place centrale donnent l'impression d'être dans une ferme rurale du XIXe siècle, sans tomber dans le kitsch, et avec tout le confort moderne. Les prix baissent en dehors du mois d'août.

Vila Podvin PENSION €€€
(083 843 470 ; www.vilapodvin.si ; Mošnje 1 ; s/d/ste 100/150/190 € ; P). Non content d'épater ses clients avec sa fabuleuse cuisine, Vila Podvin propose aussi quelques chambres et suites modernes dans les anciennes écuries du domaine Grad Podvin (à 3 km à l'est de Linhartov trg). Les prix sont élevés, mais le cadre est ravissant et l'accueil, chaleureux.

Où se restaurer

Gostilna Avguštin SLOVÈNE €€
(04-531 41 63 ; www.gostilna-avgustin.si ; Linhartov trg 15 ; plats 10-18 € ; 9h-22h). Dans

VAUT LE DÉTOUR

LES FORGES DE KROPA

Autour de Radovljica, plusieurs villages ont connu une importante prospérité dès le début de la révolution industrielle grâce à leurs forges. La tradition sidérurgique est restée vivante à Kropa (840 habitants), joli village à flanc de coteau à 13 km au sud-est de Radovljica.

Kropa connut une activité intense durant plusieurs siècles, de l'exploitation du minerai de fer à la production de clous ou de ferronneries décoratives – que l'on retrouve encore aujourd'hui dans maints endroits de Slovénie. Elle est désormais tournée vers la visserie. Mais des artisans poursuivent leur travail dans l'unique rue du village. Girouettes, volets et lampadaires en forme d'oiseaux et de dragons perpétuent le savoir-faire de leurs ancêtres. C'est ce qui fait tout l'intérêt de ce village isolé au bord du Kroparica.

Le **musée de la Forge** (Kovaški Muzej ; ☎04-533 72 00 ; www.mro.si ; Kropa 10 ; adulte/enfant 3/2 € ; ⏲10h-18h mar-dim mai oct, horaires réduits nov-avr) retrace l'histoire de l'exploitation du fer et de la forge à Kropa et à Kamna Gorica (un village voisin). Face au musée, l'**atelier des forgerons UKO Kropa** (☎04-533 73 00 ; www.uko.si ; Kropa 7a ; ⏲8h-15h lun-ven) propose un vaste choix d'articles de ferronnerie.

L'offre culinaire et hôtelière reste très limitée, mais la **Gostilna Pr' Kovač** (Chez le Forgeron ; ☎04-533 63 20 ; Kropa 30 ; plats 9-15 € ; ⏲10h-23h mar-dim) offre une bonne occasion de goûter à la cuisine slovène traditionnelle.

Faute de voiture, il faut prendre un bus à Radovljica. Jusqu'à 10 bus par jour desservent le village (2,30 €, 20 min, 13 km), sauf le week-end.

ce délicieux restaurant du centre, les énormes portions sont proportionnelles à la chaleur de l'accueil. On y sert d'excellents plats slovènes. À voir absolument : la salle à manger en sous-sol, qui faisait jadis partie d'une prison (et fut probablement une ou deux fois la scène d'une exécution), et la magnifique terrasse à l'arrière avec vue sur le mont Triglav.

Gostilna Lectar SLOVÈNE €€
(☎04-537 48 00 ; www.lectar.com ; Linhartov trg 2 ; plats 12-20 € ; ⏲11h-22h ; 📶). Prenez le temps de parcourir la longue carte multilingue de spécialités locales : si certains plats ne vous attireront pas spontanément (comme la langue de bœuf marinée ou la saucisse à la graisse de porc), d'autres vous sembleront plus familiers. C'est le cas des *štruklji* (chaussons) au fromage et des *žlikrofi* (tortellinis fromage-lard-ciboulette) maison, ou du strudel de Lectar.

♥ **Vila Podvin** SLOVÈNE €€€
(☎083 843 470 ; www.vilapodvin.si ; Mošnje 1 ; plats 22-32 € ; ⏲12h-22h mar-sam, 12h-17h dim ; 📶). Habitués et visiteurs encensent ce bel établissement qui fait partie du domaine Grad Podvin (XIVe siècle), à 3 km à l'est de Linhartov trg. Produits régionaux de qualité, techniques ancestrales et cuisine créative se combinent pour des assiettes dignes de la beauté du cadre. Déjeuner d'un très bon rapport qualité/prix (3 plats 18 €), mais le tarif du menu dégustation du chef (4/6 plats 40/60 €) est très raisonnable lui aussi.

Où prendre un verre et sortir

Vidičeva Hiša CAFÉ
(Maison Vidic ; ☎04-029 63 62 ; www.vidichouse.com ; Linhartov trg 3 ; café 2 € ; ⏲9h-22h ; 📶). Peut-être le plus charmant des cafés de Linhartov trg, il excelle dans les cafés, les gâteaux et les glaces à déguster au milieu d'une collection d'objets chinés dans une jolie salle voûtée.

Vinoteka Sodček BAR À VINS
(☎041 678 408 ; www.vinoteka-sodcek.si ; Linhartov trg 8 ; ⏲9h-21h lun-sam ; 📶). Pour 15 €, vous pourrez goûter à 5 vins slovènes, servis avec du *pršut* (jambon cru de la région du Karst), du fromage et de l'huile d'olive de la région : une bonne affaire !

Renseignements

Bureau de poste (Kranjska cesta 1 ; ⏲8h-19h lun-ven, jusqu'à 12h sam). A aussi un DAB.

SKB Banka (Gorenjska cesta 10 ; ⏲8h-12h et 14h-17h lun-ven). Banque généraliste et DAB à proximité de la vieille ville à pied.

Centre d'information touristique (TIC ; ☎04-531 51 12 ; www.radolca.si ; Linhartov

trg 9 ; ⌚9h-19h juin-sept, 9h-16h oct-mai ; 📶). Réservation de chambres, vente de bonnes cartes de randonnées et cyclistes de la région, location de vélos et ordinateurs à disposition pour surfer gratuitement sur Internet.
Cet office du tourisme central vend également des souvenirs.

Depuis/vers Radovljica

BUS

La **gare routière** (Kranjska cesta) est à 300 m au nord-ouest de Linhartov trg. Les horaires sont disponibles sur un panneau à l'extérieur de la gare ou en ligne à l'adresse www.alpetour.si.

Des bus partent approximativement toutes les demi-heures pour Bled (1,80 €, 14 min, 7 km) de 5h à 23h environ (toutes les heures le week-end). Liaisons vers Ljubljana toutes les demi-heures ou toutes les heures de 5h à 21h (5,60 €, 1 heure, 50 km). Des bus rallient aussi régulières le lac de Bohinj (4,70 €, 50 min, 36 km) et Kranjska Gora (5,20 €, 53 min, 41 km).

TRAIN

La gare est à 100 m en contrebas de la vieille ville, dans Cesta Svobode. Les trains internationaux arrivent et partent de la gare de Lesce-Bled, à proximité.

Radovljica se situe sur une ligne de chemin de fer majeure reliant Ljubljana (4,28 €, 1 heure, 48 km) à Jesenice (1,95 €, 17 min, 16 km) via Škofja Loka, Kranj et Lesce-Bled : au moins 10 trains traversent quotidiennement la ville dans les deux sens.

Lac de Bled

☎04 / 5 100 HABITANTS / ALTITUDE 481 M

Le lac aux eaux bleu lagon ponctué d'une église érigée sur un îlot, le château médiéval accroché à son rocher et les hauts sommets des Alpes Juliennes et des Karavanke en toile de fond dressent un authentique décor de carte postale. Des jeunes mariés en lune de miel aux globe-trotteurs venus faire de la randonnée, du vélo ou des sports d'eaux vives, tout le monde succombe au cadre romantique de Bled, destination vedette de Slovénie. On ne s'étonnera donc pas des prix excessifs et de la surpopulation en plein été.

Histoire

Le site du lac de Bled a été occupé dès le premier âge du fer et la civilisation de Hallstatt. Sa situation à l'écart des routes d'échanges commerciaux le priva de tout rôle clé à l'époque romaine, mais, à partir du VIIe siècle, le premier courant d'invasion slave, marqua le début d'une installation à Pristava, sur la minuscule île et sur une douzaine d'autres sites autour du lac.

Vers l'an mille, l'empereur romain germanique Henri II concéda le château de Bled et ses terres aux évêques de Brixen (Tyrol du Sud), qui conserveront une autorité séculière sur la région jusqu'à ce que les Habsbourg la récupèrent au début du XIXe siècle.

La beauté et les eaux chaudes de Bled étaient bien connues des pèlerins du Moyen Âge venus prier Notre Dame à l'église de l'Assomption sur l'île. L'endroit passa à la postérité en 1689 lorsque le baron et érudit slovène Janez Vajkard Valvasor, décrivit les sources thermales du lac dans *La Gloire du duché de Carniole*.

Entrevoyant le potentiel touristique du lieu, un médecin suisse, Arnold Rikli, ouvrit des thermes en 1855 à l'emplacement actuel du casino. L'ouverture de la ligne de chemin de fer reliant Ljubljana à Tarvisio (Trbiž), en 1870, fit affluer curistes et voyageurs à Bled, qui devint un lieu de prédilection pour les riches Européens du début du XXe siècle jusqu'à la Seconde Guerre mondiale. Dans l'entre-deux-guerres, la famille royale yougoslave y fit installer sa résidence d'été, récupérée ensuite par Tito.

À voir

♥ Lac de Bled — LAC

(Blejsko jezero ; carte p. 93). Les eaux cristallines de ce miroir alpin de 2 km sur 1,4 km dessinent un cadre fabuleux. La promenade de 6 km qui le ceint offre tout du long des points de vue magnifiques. De juin à août, vous pourrez vous baigner dans son eau réchauffée à 22°C par les sources qui l'alimentent. Également au programme : promenade en barque, stand-up paddle...

♥ Château de Bled — CHÂTEAU

(Blejski Grad ; carte p. 93 ; ☎04-572 97 82 ; www.blejski-grad.si ; Grajska cesta 25 ; adulte/enfant 11/5 € ; ⌚8h-21h juin-août, 8h-20h avr-mai et sept-oct, 8h-18h nov-mars). Perché sur une falaise abrupte à plus de 100 m au-dessus du lac, ce château correspond à l'idée que l'on se fait de la forteresse médiévale avec force tours, remparts, douves et point de vue imprenable. Construit sur deux niveaux au début du XIe siècle, l'édifice fut remanié au XVIe siècle. Il servit de siège aux évêques de Brixen durant huit siècles.

Un musée à l'abri de ses puissants murs retrace l'histoire du lac, des temps les plus reculés jusqu'à la création de la station

Lac de Bled

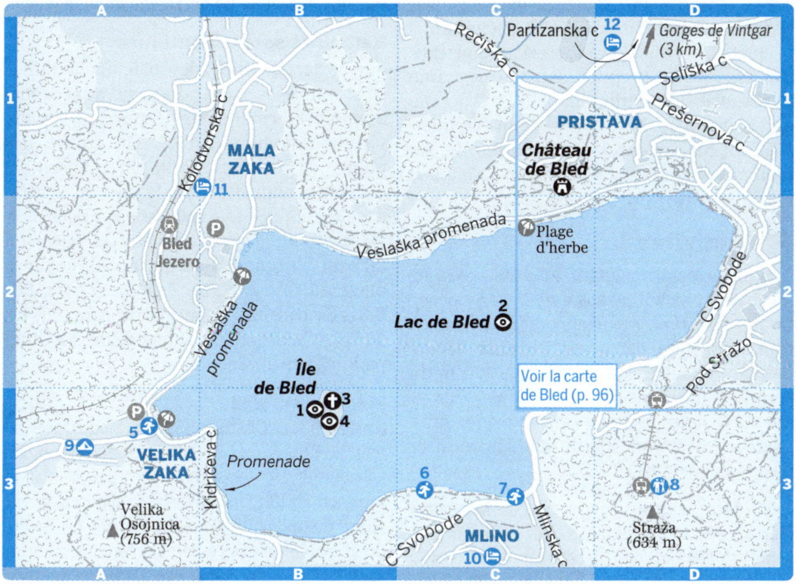

thermale au XIXe siècle. On y découvre une importante collection d'armures, d'armes et de bijoux faisant partie du mobilier funéraire des premiers Slaves de Pristava. De part et d'autre de l'autel de la petite chapelle gothique du XVIe siècle apparaissent les portraits de l'empereur Henri II et de son épouse Cunégonde.

Vous pouvez rejoindre le château à pied par l'un des trois sentiers indiqués "Grad". Le premier part du parking derrière la Bledec Hostel, le deuxième monte en lacets serrés depuis les thermes du château, et le troisième démarre juste au nord de l'église paroissiale Saint-Martin.

Lac de Bled

Les incontournables
- 1 Île de Bled ... B3
- 2 Lac de Bled ... C2

À voir
- 3 Église de l'Assomption ... B3
- 4 Maison du prévôt ... B3

Activités
- 5 Location de bateau Camping Bled ... A3
- 6 Location de bateau Vila Bled ... C3
- 7 Embarcadère des gondoles ... C3
- 8 Station de ski de Straža Bled ... D3

Où se loger
- 9 Camping Bled ... A3
- 10 Garden Village Bled ... C3
- 11 Hotel Triglav Bled ... B1
- 12 Jazz Hostel & Apartments ... D1

♥ Île de Bled — ÎLE

(Blejski Otok ; carte p. 93 ; www.blejskiotok.si ; ⏲9h-19h). Sur la minuscule île de Bled, visible depuis le rivage, vous pouvez visiter l'église de l'Assomption et le petit musée de la **maison du prévôt** (☎04-576 79 78 ; www.bled.si/fr/a-voir/sites-naturels/ile-de-bled ; adulte/enfant 6/1 €, entrée à l'église de l'Assomption comprise ; ⏲9h-19h mai-sept, jusqu'à 18h avr et oct, jusqu'à 16h nov-mars). Mais le vrai intérêt réside dans la traversée en *pletna* (gondole). On vous déposera côté sud, au niveau du monumental **escalier sud** (Južno Stopnišče) construit en 1655. Celui-ci compte 99 marches : une tradition locale veut que le mari les gravisse en portant sa jeune épouse.

La visite de l'île est gratuite, seul le moyen de transport pour y accéder est payant (trajet en gondole ou location d'une barque).

Église de l'Assomption — ÉGLISE

(Cerkev Marijinega Vnebovzetja ; carte p. 93 ; ☎04-576 79 79 ; www.blejskiotok.si ; adulte/enfant 6/1 € ; ⏲9h-19h mai-sept, 9h-18h avr et oct, 9h-16h nov-mars). La fondation de cette église remonte au IXe siècle, mais l'édifice baroque actuel date du XVIIe. Néanmoins le clocher est du XVe et l'intérieur conserve des traces du premier sanctuaire : une partie d'abside d'une chapelle préromane et des fresques du XVe siècle, qui voisinent avec un maître-autel doré à la feuille. Au moment où sonne la cloche tout là-haut, il est d'usage de faire un vœu.

Activités

Promenades en calèche PARCOURS DÉCOUVERTE
(carte p. 96 ; www.fijaker-bled.si ; Cesta Svobode). Le tour en *fijaker* (calèche) offre un moyen romantique de découvrir Bled au départ d'un stand sur Cesta Svobode, à 200 m du centre d'information touristique. Compter 50 € pour un tour du lac ou jusqu'au château (60 € avec 30 min supplémentaires dans son enceinte).

Train touristique PARCOURS DÉCOUVERTE
(carte p. 96 ; adulte/enfant 5/3 € ; 9h-21h juin-sept, 10h-17h sam-dim mai et oct). Adapté aux familles, ce petit train fait le tour du lac en 45 minutes. Il part juste au sud de l'office du tourisme et marque plusieurs arrêts stratégiques (Mlino, camping, lido du château). Jusqu'à 20 départs quotidiens en saison.

Baignade

Avec une eau à 22°C à la source, la baignade est possible tout au long de l'été. Le lac Bled s'est vu récompensé par le Pavillon bleu, pour la propreté et la qualité de son eau. Vous trouverez plusieurs plages autour du lac, dont une très fréquentée près du terrain de camping (on peut y faire nombre d'activités) et une autre, agréablement verdoyante, sur la rive nord.

Il existe également deux plages privées dont une, élégante, au **Grand Hotel Toplice** (carte p. 96 ; 04-579 16 00 ; Cesta Svobode 12 ; 15 €, gratuit pour les clients de l'hôtel ; 9h-19h juin-sept).

Lido du château BAIGNADE
(Grajsko Kopališče ; carte p. 96 ; 04-578 05 28 ; www.kopalisce-bled.si ; Veslaška promenada 11 ; forfait journée adulte/enfant 8/6 € ; 9h-20h juil-août, 9h-19h juin). Espace de baignade prisé en contrebas du château, avec une enceinte protégée ainsi que des toboggans et autres divertissements familiaux. Casiers, chaises longues et parasols peuvent être loués en sus. Le site est fermé les jours de pluie. Les billets sont un peu moins chers si vous arrivez après 17h.

Bateau et sports nautiques

Sur le lac de Bled, les bateaux à rames sont autorisés (contrairement aux canots à moteur). Les adeptes de stand-up paddle viennent nombreux l'été. On trouve des points de location (9h-19h mai-sept) à différents endroits : sur la rive en contrebas de l'hôtel **Vila Bled** (carte p. 93), au **lido du château** (carte p. 96), sur la plage en face du **Camping Bled** (carte p. 93) et sur la plage du **Grand Hotel Toplice** (carte p. 96 ; Cesta Svobode 12). Location de canots pour 20-25 €/heure et de planches de stand-up paddle pour 10 €.

Balade en pletna BATEAU
(carte p. 93 ; 041 427 155 ; www.bled.si ; aller-retour 14 €/pers ; 8h-21h lun-sam, 8h-18h dim juil-août, 8h-19h lun-sam, 11h-17h dim avr-juin et sept-oct, 8h-18h lun-sam, 8h-13h dim nov-mars). Aller jusqu'à l'île de Bled en *pletna* (sorte de gondole) est l'expérience touristique par excellence. L'embarcadère juste en dessous de l'**office du tourisme** est pratique et il en existe un autre sur la rive sud, à **Mlino**. Traversée aller-retour comprise, la sortie dure environ 1 heure 15, ce qui laisse une demi-heure sur l'île.

Golf

Royal Bled Golf GOLF
(01-200 99 01 ; www.royalbled.com/sl ; Vrba 37a, Lesce ; 9/18 trous 45/80 €). Ce parcours de golf de 18 trous pour 72 pars est le meilleur de Slovénie et l'un des plus beaux d'Europe, avec les montagnes pour spectaculaire arrière-plan. À 3 km à l'est du lac, près de Lesce. Location de clubs et de voiturettes ; réservation conseillée.

Montgolfière

Balonarski Center Barje MONTGOLFIÈRE
(carte p. 96 ; 041 664 545 ; www.ballooning-bled.com ; vol 190 €). Voyager en montgolfière offre un point de vue privilégié sur le lac de Bled et sur sa quiétude matinale (par météo clémente, bien sûr). Propriétaire et pilote de la montgolfière, Grega a volé dans le monde entier et possède une formation de météorologue . La réservation peut se faire en direct ou par 3glav Adventures. On vient généralement vous chercher à la gare routière et l'on peut aussi organiser un transfert gratuit depuis votre hébergement de Bled.

Pêche

Un permis est requis pour pêcher sur le lac. Toutes sortes de poissons fraient dans ces eaux cristallines comme dans les lacs et cours d'eau voisins.

Slovenia Fly Fishing PÊCHE

(Carte p. 96 ; 041 633 147 ; www.faunabled.com ; Cesta Svobode 12 ; 8h-12h et 15h-19h lun-ven, 8h-12h sam, 8h-10h dim). Ce spécialiste de la pêche propose à la fois des circuits organisés (à la demande), des conseils, des cartes et du matériel en location. Vente de permis de pêche à la journée pour le lac (30 €) et de permis pour les différentes rivières de la région. Entrée par le Panorama Restaurant.

Randonnée

On peut effectuer de nombreuses randonnées courtes, faciles et balisées dans les environs de Bled (les panneaux numérotés correspondent aux itinéraires sur les cartes régionales, y compris ceux de vélo, que vous trouverez en ville pour 6 € environ).

Un des meilleurs chemins de randonnée est le n°6 : au départ de l'extrémité sud-ouest du lac, un sentier boisé abrupt mène en 45 minutes à **Mala Osojnica** (685 m), et en 20 minutes de plus au sommet de **Velika Osojnica** (756 m). La vue d'en haut (sur le lac, l'île et le château, avec les sommets des Karavanke en arrière-plan) est magnifique, notamment au coucher du soleil. Ce sommet est très prisé des photographes.

Ski

Station de ski de Straža Bled SKI

(carte p. 93 ; 04-578 05 30 ; www.straza-bled.si ; forfait journée adulte/enfant 17/9 € ; mi-déc à mi-mars). Proche de la ville, cette mini-station de ski (6 ha) contentera les débutants et les familles. Un télésiège vous hissera jusqu'au sommet (634 m) en 3 minutes, et vous serez en bas de la courte piste en un éclair. Location de matériel sur place.

Hors hiver, Straža est également une destination familiale entre la luge d'été sur une piste sur 520 m, et le parcours dans les arbres du Pustolovski Park (www.pustolovski-park-bled.si), au sommet. Ces deux activités ont toutefois un certain prix : comptez 9/6 € par adulte/enfant pour le télésiège et une descente en luge, et 22/10 € par adulte/enfant pour 2 heures au Pustolovski Park.

Sports d'aventure

Des agences locales proposent tout un éventail d'activités de plein air à Bled et alentour : randonnée, alpinisme, escalade, randonnée à ski, ski de fond, VTT, rafting, kayak, canyoning, équitation, parapente, montgolfière.

Plusieurs prestataires se concentrent autour de l'arrêt de bus. Sur votre lieu d'hébergement (notamment les auberges de jeunesse), on vous proposera par ailleurs de réserver circuits et activités organisés par des partenaires ou en direct.

3glav Adventures SPORTS D'AVENTURE

(carte p. 96 ; 041 683 184 ; www.3glav.com ; Ljubljanska cesta 1 ; 9h-12h et 16h-19h mi-avr à oct). Voici le numéro un des spécialistes des activités à sensation à Bled. Sa sortie la plus appréciée ? L'Emerald River Adventure (à partir de 80 €) : une excursion de 11 heures combinant marche et nage dans le parc national du Triglav et le long de la Soča. Elle permet de voir une partie des sites touristiques de la région (de Bled jusqu'au col du Vršič, avec descente dans la vallée de la Soča, où des excursions en rafting sont possibles).

Il existe quantité d'autres excursions. Compter 245 € pour une ascension guidée de deux jours du mont Triglav ou 65 € pour une demi-journée de randonnée ou de VTT dans le parc national.

Les sorties de rafting (2 heures 30 ; 35-45 €) ont lieu sur la Sava Bohinjka ou sur la Soča (départ près de Bovec pour cette dernière). Comptez 65 € pour des sorties canyoning.

Parapente, montgolfière, plongée, canoë-kayak et équitation font également partie des activités proposées, tout comme la location de VTT de qualité (20 € la journée) et de vélos électriques (à partir de 60 € la journée).

Mamut SPORTS D'AVENTURE

(carte p. 96 ; 040 121 900 ; www.slovenija.eu.com ; Cesta Svobode 4 ; 8h-19h mai-sept). Gamme complète d'activités de plein air (rafting, canyoning, randonnée, parapente, etc.), et location de vélos et de planches de stand-up paddle. Propose aussi des excursions aux gorges de Vintgar (4 € par pers) ainsi que le transfert depuis/vers le centre de Ljubljana (9 €/pers) et l'aéroport Jože Pučnik (12 €/pers).

Life Adventures SPORTS D'AVENTURE

(carte p. 96 ; 040 508 853 ; www.lifeadventures.si ; Grajska cesta 10 ; 8h-19h mai-sept). Ce prestataire propose un large éventail

Bled

d'activités d'aventure, dont une journée de canyoning à partir de 148 € ou 3 heures de snorkeling dans les gorges de la rivière Soča (à partir de 68 €). Il peut aussi vous aider à préparer des itinéraires à faire en autonomie pour la Slovénie et la Croatie (randonnée, vélo, voiture ou autour d'activités) et offre également des prestations hivernales dans les Alpes Juliennes : ski de randonnée, raquettes, escalade sur glace etc.

Zipline Dolinka SPORTS D'AVENTURE
(carte p. 96 ; ☎031 845 900 ; www.zipline-dolinka.si ; Grajska cesta 16 ; 65 € par pers ; ⏲8h-18h mai-sept). Cette attraction inaugurée en 2018 propose une envolée à couper le souffle à travers la vallée de la Sava Dolinka, grâce à cinq tyroliennes d'une longueur totale de 2,4 km. Le tarif comprend la location de l'équipement ainsi que le trajet depuis/vers le centre. À réserver sur place ou en ligne.

Vélo

Le sentier de 6 km autour du lac convient aux vélos, mais est étroit par endroits et souvent envahi de piétons. Il faut compter 45 minutes pour en faire le tour sans se presser.

Il existe d'excellents chemins de VTT autour de Bled, dont le **sentier cyclable de Radovna** (Krnica) GRATUIT. Long de 13 km, il part du village de Krnica, à 6 km de Bled, et traverse le parc national du Triglav. Le centre d'information touristique met à disposition des cartes des circuits cyclables. Vous pouvez aussi faire appel aux prestataires de sports d'aventure.

Fêtes et festivals

Plusieurs manifestations ont lieu en été à Bled, dont des concerts à la **salle des fêtes** (Festivalna Dvorana ; carte p. 96 ; ☎04-572 97 70 ; www.kongresni-center-bled.si ; Cesta Svobode 11 ; ⏲horaires variables selon les manifestations) et dans **l'église paroissiale**

Bled

Saint-Martin (Farna Cerkev Sv Martina ; carte p. 96 ; Riklijeva cesta ; 8h-19h) GRATUIT, ou des représentations théâtrales au château de Bled. Des sites en bord de lac, comme la terrasse du Park Cafe, accueillent fréquemment des concerts. Plus d'informations sur www.bled.si/en/events.

Festival Bled MUSIQUE
(www.festivalbled.com ; juil). Deux semaines de concerts (principalement de la musique classique, mais aussi du jazz et d'autres genres). Également au programme : des master class et un concours international d'alto et de violon.

Okarina Etno Festival Bled MUSIQUE
(www.festival-okarina.si ; fin juil-août). Honneur à de grands artistes de musiques du monde et folkloriques, avec des concerts gratuits au bord du lac (et payants dans le château).

Où se loger

Bled décline une large variété d'hébergements, mais réservez bien à l'avance si vous vous y rendez en juillet-août.

De nombreux particuliers proposent des chambres privées ou des appartements. Pour en connaître la liste, adressez-vous à Kompas (p. 101) ou à l'office du tourisme.

Les prix que nous mentionnons valent pour la haute saison (juillet-août). Il peut y avoir des réductions pendant les périodes plus calmes : les sites Internet des hôtels indiquent tous les tarifs. Si vous venez en voiture, renseignez-vous concernant les possibilités de se garer sur votre lieu d'hébergement ou alentour.

Jazz hostel & apartmaji AUBERGE DE JEUNESSE, PENSION €
(carte p. 93 ; 040 634 555 ; www.jazzbled.com ; Prešernova cesta 68 ; dort 35 €, d sans sdb 60 €, app d/qua 90/100 € ; P @ wi-fi). Quoiqu'un peu excentré (une courte marche jusqu'au centre), voici un hébergement de premier ordre pour les petits budgets. Jazz est encensé par ses hôtes, en grande partie grâce à Jani, le sympathique propriétaire de cette adresse étincelante et bien équipée. Dortoirs (sans lits superposés, et avec des rangements sous les lits) et chambres colorées avec sdb attenante, mais aussi appartements familiaux avec cuisine équipée. Réservez bien à l'avance.

Camping Bled CAMPING €
(carte p. 93 ; 04-575 20 00 ; www.sava-camping.com ; Kidričeva cesta 10c ; empl à partir de 23 €, cabanes haut de gamme à partir de 90 € ; P @ wi-fi). Extrêmement prisé et fourmillant d'installations, ce camping se situe dans une vallée rurale à l'extrémité ouest du lac, à environ 4 km de la gare routière. Vaste gamme d'activités adaptées aux familles, ainsi qu'un restaurant.

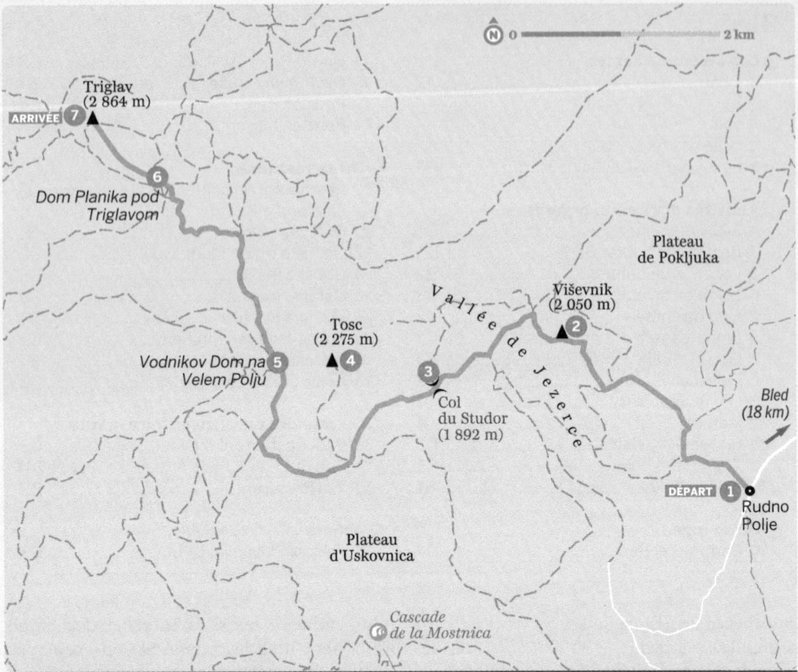

Randonnée **Ascension du mont Triglav depuis le lac de Bled**

DÉPART RUDNO POLJE
ARRIVÉE RUDNO POLJE
DISTANCE/DURÉE 26 KM/2 JOURS

Pour gravir le mont Triglav, le trajet le plus court part de 1 **Rudno Polje** (1 347 m) sur le plateau de Pokljuka, zone reculée à 18 km à l'ouest de Bled. Pour un alpiniste expérimenté, la montée et la descente peuvent s'effectuer en moins de 12 heures, mais le commun des mortels fait halte pour la nuit. Si vous êtes motorisé, sachez que le chemin d'accès est praticable en voiture et qu'il y a des places pour se garer. Sinon, il faudra trouver quelqu'un à Bled pour vous déposer et venir vous chercher, sauf si vous faites l'ascension avec un guide ou par le biais d'une agence de trekking.

L'itinéraire suit un chemin bien balisé sous le 2 **Viševnik** (2 050 m), sommet délivrant des vues magnifiques. Le chemin prend ensuite la direction nord-ouest puis marque un virage vers le sud avant de franchir le 3 **col du Studor** (1 892 m). Puis il contourne les contreforts du 4 **Tosc** (2 275 m).

Après environ 3 heures de marche depuis le col du Strudor, vous atteindrez le refuge de 5 **Vodnikov Dom na Velem Polju**, à 1 817 m, qui offre une soixantaine de lits et compte un restaurant. Vous pouvez y passer la nuit, ou poursuivre pendant 2 heures direction nord et ouest jusqu'au 6 **Dom Planika pod Triglavom**, à 2 401 m, un autre refuge où passer la nuit et manger. Réservez vos places à l'avance car ces deux refuges ne disposent pas de lits d'appoint quand ils sont complets.

Depuis ce refuge, on progresse le long de la crête pendant 1 heure 30 par fort dénivelé en s'aidant des pitons et câbles pour atteindre le 7 **sommet du mont Triglav**.

La descente suit le même itinéraire en sens inverse. Elle peut s'avérer difficile par endroits en cas de pierres détachées ou de surfaces mouillées (et donc glissantes). Si vous atteignez le sommet tôt le matin, vous serez de retour à Rudno Polje en fin d'après-midi.

Old Parish House PENSION €€
(Stari Farovž ; carte p. 96 ; ☎045 767 979 ; www.blejskiotok.si ; Riklijeva cesta 22 ; s/d à partir de 80/120 € ; P 📶). Bénéficiant d'une situation privilégiée, ce "vieux presbytère" appartenant à l'église paroissiale Saint-Martin a été converti en une chaleureuse pension toute simple au style neutre et minimaliste avec poutres et parquet en bois. Parmi les bons points : parking, vue sur le lac et réveil au son des cloches.

Penzion Mayer PENSION €€
(carte p. 96 ; ☎04-576 57 40 ; www.mayer-sp.si ; Železka cesta 7 ; s/d 65/90 €, app à partir de 130 € ; P 📶). Ornée de fleurs, cette auberge de 12 chambres jouit d'un paisible emplacement en surplomb du lac, dans le ravissant jardin d'une maison rénovée du XIXe siècle. Un grand appartement occupe un coquet chalet en bois. Excellent restaurant (les hôtes y sont prioritaires).

Garni Hotel Berc HÔTEL €€
(carte p. 96 ; ☎04-576 56 58 ; www.berc-sp.si ; Pod Stražo 13 ; s/d 70/90 € ; ⏲avr-oct ; P 📶). Cet hôtel aux allures de chalet suisse fait partie d'un ensemble d'adresses de charme au calme, au-dessus du lac. Atmosphère traditionnelle chaleureuse et florilège de bois de pin dans les 15 chambres simples et attrayantes. À ne pas confondre avec la Penzion Berc, de l'autre côté de la rue. Les vélos gratuits sont un plus.

Garden Village Bled VILLAGE ÉCOTOURISTIQUE €€€
(carte p. 93 ; ☎083 899 220 ; www.gardenvillage-bled.com ; Cesta Gorenjskega odreda 16 ; tente sur le ponton/cabane dans les arbres/tente haut de gamme 130/320/370 € ; ⏲avr-oct ; P @ 📶 🏊). Garden Village a brillamment appliqué le concept de village écotouristique, donnant au "glamping" une dimension réussie. La gamme des hébergements s'étend des petites tentes pour 2 personnes (sdb communes) sur des pontons surplombant un ruisseau à truites aux cabanes familiales dans les arbres en passant par de grandes tentes de style safari. Joli cadre, piscine naturelle et restaurant bio en prime.

Hotel Triglav Bled BOUTIQUE-HÔTEL €€€
(carte p. 93 ; ☎04-575 26 10 ; www.hoteltriglavbled.si ; Kolodvorska cesta 33 ; s/d/ste à partir de 140/160/300 € ; P ❄ @ 📶 🏊). Bel emplacement panoramique sur une colline surplombant la rive nord du lac, pour cet hôtel de 22 chambres, dans une auberge de 1906 restaurée. Parquet, tapis d'Orient et meubles anciens dans les chambres. S'y ajoutent une cave à vins et un espace bien-être.

Penzion Berc PENSION €€€
(carte p. 96 ; ☎04-574 18 38 ; www.penzion-berc.si ; Železka cesta 15 ; ch 160-190 € ; P 📶). Dans cette pension douillette, les chambres sont convoitées, et cela se comprend aisément : un emplacement au calme à quelques minutes à pied de la ville, un cachet rural très XIXe siècle, et un excellent restaurant entouré d'un jardin. Possibilité d'organiser des excursions en petits groupes.

Grand Hotel Toplice HÔTEL €€€
(carte p. 96 ; ☎04-579 10 00 ; www.hotel-toplice.com ; Cesta Svobode 12 ; d avec/sans vue 250/200 €, ste 350 € ; P ❄ @ 📶 🏊). Témoin de la grande époque du tourisme thermal au XIXe siècle, ce cinq-étoiles de 87 chambres assume clairement son rôle de témoin du "vieux monde" en villégiature, dont on devinerait presque les ombres élégantes glissant au milieu des salons ouvrant sur le lac. L'établissement comprend un espace bien-être, une piscine couverte et un espace de baignade privé au bord du lac (voir p. 94).

Où se restaurer

En dehors de quelques adresses, la plupart des établissements se contentent de proposer une cuisine basique hors de prix à la foule de visiteurs. Le château de Bled (p. 92) renferme un excellent restaurant pour lequel il faut réserver.

Pizzeria Rustika PIZZERIA €
(carte p. 96 ; ☎04-576 89 00 ; www.pizzeria-rustika.com ; Riklijeva cesta 13 ; pizzas 8-11 € ; ⏲12h-23h). La meilleure pizzeria de Bled jouit d'un emplacement pratique, sur la même colline que de nombreuses auberges de jeunesse de la ville. Agréable terrasse, grand choix de garnitures et livraison à domicile possible.

Slaščičarna Zima CAFÉ-PÂTISSERIE €
(carte p. 96 ; ☎04-574 16 16 ; www.smon.si ; Grajska cesta 3 ; kremna rezina 3 € ; ⏲7h30-21h). La spécialité culinaire de Bled ? La délicieuse *kremna rezina*, dite aussi *kremšnita* : une couche de crème pâtissière surmontée d'une couche de chantilly, le tout intercalé entre deux couches de pâte feuilletée. La pâtisserie Šmon n'est pas l'endroit qui l'a vue naître, mais elle demeure celui où la goûter, dans un décor rétro.

Public & Vegan Kitchen VÉGÉTARIEN €
(carte p. 96 ; ☎070 270 712 ; www.facebook.com/PublicBarVeganKitchen ; Ljubljanska cesta 4 ; plats 6-10 € ; 12h-21h). Adresse végétarienne proposant surtout des salades et des burgers végétaux ainsi que des plats sans gluten. On est loin du restaurant gastronomique, mais ce restaurant pallie le manque d'alternatives à la viande. Vous le trouverez au fond du dernier étage du Bled Shopping Centre.

Grajska Plaža SLOVÈNE €€
(carte p. 96 ; ☎031 813 886 ; www.grajska-plaza.com ; Veslaška promenada 11 ; plats 8-20 € ; 9h-23h mai à mi-oct). Installé sur une terrasse en surplomb du lido du château, ce restaurant fleure bon les vacances d'été, ce que confirment les gens du coin. Son agréable carte couvre tous les moments de la journée, du café du matin aux cocktails de fin de journée. Les plats comme la truite grillée ou la salade de poulpe sont copieux et savoureux. Ambiance détendue, personnel serviable.

Gostilna Murka SLOVÈNE €€
(carte p. 96 ; ☎04-574 33 40 ; www.gostilna-murka.com ; Riklijeva cesta 9 ; plats 10-20 € ; 10h-22h lun-ven, 12h-23h sam-dim). À première vue, ce restaurant traditionnel niché dans un grand jardin boisé passerait pour un attrape-touristes ; c'est pourtant l'une des adresses recommandées par les gens du coin, et la cuisine est authentique (beaucoup de plats traditionnels slovènes). À midi, le plat du jour (à demander au serveur) à 6 € offre un bon rapport qualité/prix.

Ostarija Peglez'n PRODUITS DE LA MER €
(carte p. 96 ; ☎04-574 42 18 ; Cesta Svobode 19 ; plats 9-23 € ; 11h-23h). Le poisson est la vedette de cette auberge à la jolie décoration rétro. Truites des rivières de la région, saint-pierre de la côte adriatique, mais aussi moult calamars, pâtes aux fruits de mer et soupes de poisson figurent sur l'alléchante carte. On y sert également des plats carnés et végétariens. Réservez.

Špica INTERNATIONAL €€
(carte p. 96 ; ☎04-574 30 27 ; www.restavracija-spica.si ; Cesta Svobode 9 ; plats 11-18 € ; 9h-minuit). Si vous n'avez rien contre les bus de touristes qui occasionnellement envahissent les lieux, vous apprécierez cette adresse fiable où manger viande grillée, pâtes, burgers et plats mexicains. On y trouve une grande terrasse et une terrasse plus petite retirée à l'arrière. L'endroit sert aussi des petits-déjeuners copieux de 9h à 12h (9-10 €), chose inhabituelle à Bled.

Gostilna Union Bled GRILLADES €€
(carte p. 96 ; ☎04-578 01 50 ; www.union-bled.com ; Ljubljanska cesta 9 ; plats 12-17 € ; 18h-23h). Au sein d'un complexe hôtelier peu renommé pour la qualité de sa cuisine, le grill propose de très bonnes assiettes de steak, de côtelettes et de poisson à des prix raisonnables. La terrasse ombragée à l'arrière est un plus, tout comme l'emplacement, à environ 200 m à l'est du lac, loin de l'effervescence des touristes en voyage organisé.

♥ **Restaurant Blejski grad** SLOVÈNE €€€
(carte p. 96 ; ☎réservation 04-620 34 44 ; www.jezersek.si/en/bled-castle-restaurant ; Grajska cesta 61 ; plats 20-40 €, menu dégustation à partir de 50 € ; 10h30-22h). Difficile de trouver à redire sur l'emplacement magnifique du restaurant du château, avec sa terrasse et son panorama qui en met plein la vue. Fort heureusement, les plats sont à la hauteur du lieu : truite fumée, rôti de porc, poisson poché. Notez qu'il faut réserver par téléphone pour y dîner et que seul le menu dégustation est proposé le soir.

♥ **Finefood Berc** SLOVÈNE €€€
(carte p. 96 ; ☎04-574 18 38 ; www.penzion-berc.si ; Želeška cesta 15 ; plats 18-40 € ; 17h-23h mai-oct). Dans un fabuleux cadre verdoyant, la Penzion Berc fait restaurant l'été, avec des produits locaux tout droit sortis de sa cuisine ouverte. Nous conseillons le bar au soufflé d'asperges, les pâtes maison à la truffe noire, l'entrecôte de cerf et le steak de bœuf Black Angus. Avec ses saveurs et son atmosphère distinguée, l'adresse est réputée : mieux vaut réserver.

Où prendre un verre

Pub Bled PUB
(carte p. 96 ; ☎04-574 26 22 ; Cesta Svobode 19 ; 9h-1h dim-jeu, jusqu'à 3h ven-sam). Meilleur pub de la ville, cette adresse conviviale située au-dessus du restaurant Ostarija Peglez'n propose d'excellents cocktails. Un DJ est présent certains soirs.

Vila Prešeren CAFÉ
(carte p. 96 ; ☎04-575 25 10 ; www.sportina-turizem.si ; Veslaška promenada 14 ; 7h-minuit lun-jeu, jusqu'à 1h ven-dim). Café-bar mais aussi pension et restaurant, cette adresse

À NE PAS MANQUER

LES GORGES DE VINTGAR

À 4 km au nord-ouest du lac, les **gorges de Vintgar** (Soteska Vintgar ; ☎ 031 344 053 ; www.vintgar.si ; adulte/enfant 5/2,50 € ; ⏲ 8h-19h fin avr-oct) constituent une excursion parmi les plus spectaculaires au départ de Bled.

Leur fleuron est une **passerelle en bois** qui les traverse sur 1 600 m, bâtie en 1893 et sans cesse reconstruite depuis. Elle enjambe la Radovna à 4 endroits au-dessus de rapides, de cascades et de bassins, pour atteindre la **cascade de Šum**, haute de 16 m.

Le chemin, impressionnant, peut devenir assez glissant selon la météo. On trouve un petit nombre de snack-bars au début et à la fin. Le sentier jusqu'à la cascade de Šum part derrière le dernier kiosque.

Depuis Bled, les gorges sont facilement accessibles à pied. Empruntez Prešernova cesta vers le nord-ouest puis Partizanska cesta vers le nord jusqu'à cesta Vintgar. Vous arriverez à **Podhom**, où l'entrée des gorges est fléchée. Au retour, prenez le chemin inverse ou bien filez à l'est au départ de la cascade de Šum, en passant par **Hom** (834 m) pour rallier l'ancienne **église de pèlerinage Sainte-Catherine** ("Katarina Bled"), dotée de fortifications du XVe siècle. De là, Bled se trouve au sud, via **Zasip**. Comptez environ trois heures au total.

En juillet et août, un **bus touristique** (☎ 04-532 0440 ; www.alpetour.si ; aller 2,50 €) part tous les jours à 8h30, 9h30 et 10h30 de la gare routière de Bled à destination des gorges. Il s'arrête en plusieurs endroits, dont le château de Bled, pour arriver après 40 minutes de trajet.

glamour posée sur la rive du lac est aux premières loges pour observer bateaux et badauds. L'immense terrasse est un bonheur ! On y sert aussi bien des cafés que des cocktails. Sur la carte des plats, de petits drapeaux signalent les spécialités de Bled, de la Slovénie ou de l'ex-Yougoslavie.

Park Restaurant & Cafe CAFÉ
(carte p. 96 ; ☎ 04-579 18 18 ; www.sava-hotels-resorts.com ; Cesta Svobode 10 ; ⏲ 9h-21h mar-dim ; wifi). Ce café doté d'une grande terrasse avec vue imprenable sur l'extrémité orientale du lac constitue un bon endroit pour boire un expresso accompagné d'une tranche de *kremna rezina* (3,50 €). C'est là que ce gâteau aurait été inventé : outre la recette d'origine, on peut désormais goûter à des variantes aux fruits ou au chocolat.

Achats

Zakladi Slovenije CADEAUX
(Trésors de Slovénie ; carte p. 96 ; ☎ 083 824 180 ; Cesta Svobode 15 ; ⏲ 9h-21h). Adresse idéale pour acheter un cadeau, qu'il s'agisse d'une bouteille de vin, d'un T-shirt, de fromage, de miel ou de chocolat locaux.

Renseignements

Parmi les ressources en ligne utiles, on peut citer Turizem Bled (www.bled.si) et In Your Pocket (www.inyourpocket.com/bled).

AGENCES DE VOYAGES

Kompas (☎ 04-572 75 01 ; www.kompas-bled.si ; centre commercial de Bled, Ljubljanska cesta 4 ; ⏲ 8h-19h lun-sam). Cette agence de voyages organise des excursions vers Bohinj, Radovljica et Ljubljana (entre autres destinations), mais également des transferts depuis/vers l'aéroport. Autres prestations : transports, services de guides, location de vélos et de skis, hébergements d'un bon rapport qualité/prix chez l'habitant dans la région.

ARGENT

Gorenjska Banka (☎ 04-208 46 76 ; Cesta Svobode 15 ; ⏲ 8h-19h lun-sam)

OFFICE DU TOURISME

Infocenter Triglavska Roža Bled (☎ 04-578 02 05 ; www.tnp.si ; Ljubljanska cesta 27 ; ⏲ 8h-18h mi-avr à mi-oct, 8h-16h mi-oct à mi-avr ; wifi). Un très bon centre d'information où trouver cartes, guides et présentations du parc national du Triglav. Expositions gratuites, mais aussi café et magasin de souvenirs sur place.

Office du tourisme (carte p. 96 ; ☎ 04-574 11 22 ; www.bled.si ; Cesta Svobode 10 ; ⏲ 8h-21h lun-sam, 9h-17h dim juil-août, horaires réduits sept-juin ; wifi). Dans un petit bureau derrière le casino. Cartes et souvenirs en vente, vélos en location et accès Internet. Ouvert toute l'année : hors saison, jusqu'à 18h du lundi au vendredi et 15h le dimanche.

POSTE

Bureau de poste (carte p. 96 ; Ljubljanska cesta 10 ; ⏲8h-19h lun-ven, jusqu'à 12h sam)

Depuis/vers le lac de Bled

BUS

Bled est desservie par de nombreux bus et sa **gare routière** (carte p. 96 ; Cesta Svobode 4), au nord-est du lac, bouillonne d'activité. **Alpetour** (☎04-201 32 10 ; www.alpetour.si) assure la majorité des itinéraires en bus dans les Alpes Juliennes ; consultez les horaires sur son site Internet.

Destinations fréquentes :

Kranjska Gora (4,70 €, 50 min, 40 km, jusqu'à 12 départs/jour). Attention : ces bus ne partent pas de Bled, mais de la gare ferroviaire de Lesce-Bled.

Lac de Bohinj (3,60 €, 37 min, 29 km, jusqu'à 12 départs/jour)

Gare ferroviaire de Lesce-Bled (1,30 €, 9 min, 5 km, jusqu'à 5 départs/heure)

Ljubljana (7,80 €, 1 heure 10 à 1 heure 20, 57 km, jusqu'à 15 départs/jour)

Radovljica (1,80 €, 14 min, 7 km, toutes les demi-heures minimum)

TRAIN

Des deux gares ferroviaires de Bled, aucune n'est proche du centre-ville.

Gare de Lesce-Bled À 4 km à l'est de la commune de Bled sur la route de Radovljica. Sur la ligne de chemin de fer qui relie Ljubljana à Jesenice et à l'Autriche. Les trains depuis/vers Ljubljana (5,20-7 €, 40 min à 1 heure, 51 km, jusqu'à 20 départs/jour) passent par Škofja Loka, Kranj et Radovljica. Des bus relient la gare à Bled.

Gare de Bled Jezero Dans Kolodvorska cesta, au nord-ouest du lac. Cette gare de moindre importance accueille les trains pour Bohinjska Bistrica (1,85 €, 20 min, 18 km, 7 départs/jour), d'où une correspondance est assurée en bus pour le lac de Bohinj. La ligne continue ensuite vers le sud jusqu'à Most na Soči et Nova Gorica.

Lac de Bohinj

☎04 / 5 100 HABITANTS / ALTITUDE 542 M

Nombre de voyageurs croient ne jamais avoir vu plus beau lac que celui de Bled... Et pourtant, dès le premier regard, celui de Bohinj, à 26 km au sud-ouest, les ensorcelle de ses eaux bleu-vert. Moins fréquenté que le lac de Bled, mais aussi plus authentique, il constitue une destination de choix durant la haute saison estivale. Ses eaux cristallines invitent simplement à la baignade et à la détente. On peut s'y adonner au kayak, au vélo, à la randonnée, à l'escalade ou encore à l'équitation.

Notez que Bohinj n'est pas une ville, ce nom se réfère à une région. Au bord du lac, Ribčev Laz est le principal bourg, et l'on y trouve toutes les commodités. Ukanc est un hameau plus petit à l'extrémité opposée du lac. Au nord-est se déploie une série de villages : **Stara Fužina**, **Studor** et **Srednja Vas**. La plus grande localité est **Bohinjska Bistrica**, à 6 km à l'est du lac.

À voir

♥ Église Saint-Jean-Baptiste — ÉGLISE

(Cerkev Sv Janeza Krstnika ; ☎04-574 60 10 ; Ribčev Laz 56 ; église et clocher 4 €, église seule 2,50 € ; ⏲10h-16h juin-août, réservations de groupe uniquement mai et sept). Petite, entourée de beautés naturelles et ornée de magnifiques fresques, cette église médiévale posée à la pointe du lac, juste à côté du pont en pierre, est particulièrement photogénique. Sa nef d'origine romane a été décorée de fresques successives surtout aux XVe et XVIe siècles, le chœur gothique date lui de 1440 environ.

♥ Cascade de la Savica — CASCADE

(Slap Savica ; ☎04-574 60 10 ; www.bohinj.si ; Ukanc ; adulte/enfant 3/1,50 € ; ⏲8h-20h juil-août, 9h-19h avr-juin, 9h-17h sept-nov). Cette magnifique cascade dévale une gorge abrupte de 78 m. Un sentier pédestre y conduit en 1 heure 30 depuis Ukanc, à 4 km de là. En voiture, passé Ukanc, une route goudronnée mène à un parking à côté du restaurant Savica, d'où il faut gravir plus de 500 marches et enjamber rapides et cours d'eau pour accéder en 25 minutes aux chutes. Le sentier glissant nécessite de bonnes chaussures.

Vogel — MONTAGNE

(☎04-572 97 12 ; www.vogel.si ; téléphérique aller-retour adulte/enfant 20/10 € ; ⏲téléphérique 8h-19h). Le cadre splendide et le panorama spectaculaire font de Vogel une station de ski très fréquentée l'hiver (voir rubrique "Activités" p. 104) et un lieu de randonnée à la belle saison. Le téléphérique part environ toutes les 30 minutes de sa base, près d'Ukanc, à 569 m d'altitude ; l'arrivée est à 1 535 m.

Musée des Laiteries d'alpage — MUSÉE

(Planšarski Muzej ; ☎04-577 01 56 ; www.bohinj.si ; Stara Fužina 181 ; adulte/enfant 3,50/2,50 € ;

Lac de Bohinj

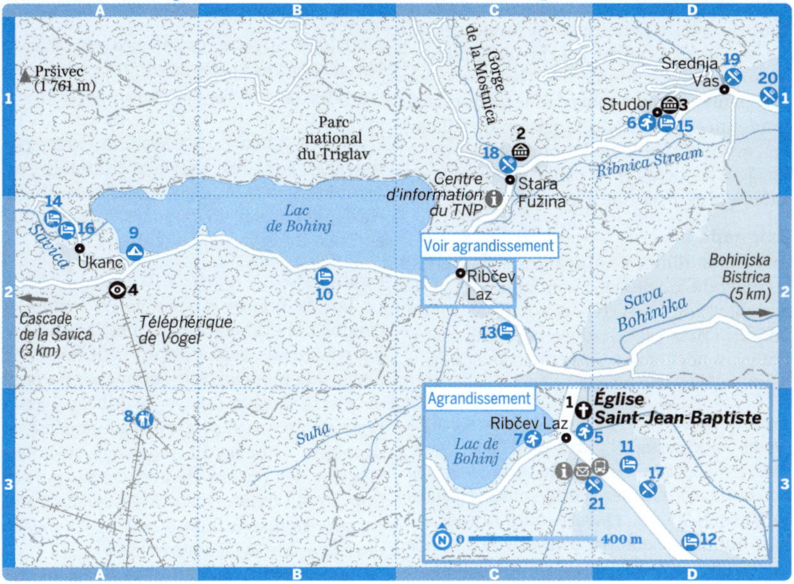

Lac de Bohinj

Les incontournables

1 Église Saint-Jean-Baptiste C3

À voir

2 Musée des Laiteries d'alpage C1
3 Maison Oplen D1
4 Vogel A2

Activities

5 Alpinsport C3
6 Mrcina Ranč D1
PAC Sports ..... (voir 10)
7 Bateau touristique - Ribčev Laz C3
8 Station de ski de Vogel A3

Où se loger

9 Camp Zlatorog A2
10 Hostel Pod Voglom B2
11 Hotel Bohinj D3
12 Hotel Gasperin D3
13 Hotel Kristal C2
14 Pension Stare A2
15 Rustic House 13 ..... D1
16 Vila Park A2

Où se restaurer

17 Foksner D3
18 Gostilna Mihovc C1
19 Gostilna Pri Hrvatu D1
20 Gostilna Rupa D1
21 Mercator D3

⏲10h-19h mar-dim juil-août, 11h-18h mar-dim mai, 10h-12h et 16h-18h mar-dim sept-oct et jan-avr). Dans une ancienne fromagerie, les quatre salles de ce musée réunissent une petite collection consacrée aux laiteries d'alpage : maquette de la maison d'un berger, vieilles photos, presses à fromage, moules à beurre en bois etc. À Stara Fužina, à 1,5 km au nord de Ribčev Laz, derrière la Gostilna Mihovc.

Maison Oplen MUSÉE

(Oplenova Hiša ; ☎04-572 35 22 ; www.bohinj.si ; Studor 16 ; adulte/enfant 3,50/2,50 € ; ⏲10h-19h mar-dim juil-août, 11h-18h mar-dim mai, 10h-12h et 16h-18h mar-dim sept, oct et jan-avr). Cette vieille maison rurale caractérisée par sa "cuisine noire" sans cheminée a été convertie en un musée consacré à la vie quotidienne des paysans de la région de Bohinj. Elle se trouve dans le hameau de Studor, à 3,5 km de Ribčev Laz.

Mais Studor est surtout connu pour ses nombreux *toplarji,* séchoirs à foin surmontés d'un grenier. Ceux à l'entrée du village datent des XVIIIe et XIXe siècles.

Activités

Toutes sortes d'activités sont proposées au lac de Bohinj, entre sports dynamiques, comme le canyoning et les vols en parapente, et loisirs plus calmes, tels que la randonnée. L'office du tourisme de Ribčev Laz propose une liste des prestataires et de services de location ; il peut également vous aider à organiser une excursion.

Baignade

Aussi cristallines et attirantes soient-elles, les eaux du lac ne dépassent guère les 22°C en juillet-août. Les rives nord et sud ont de belles petites plages, dont certaines naturistes au nord, mais on peut se jeter à l'eau depuis n'importe où.

Aquapark Bohinj PARC AQUATIQUE
(Vodni Park Bohinj ; ☎082 004 080 ; www.vodni-park-bohinj.si ; Triglavska cesta 17, Bohinjska Bistrica ; piscines adulte/enfant 3 heures 14/10 € ; ⏲9h-21h). Ouvert toute l'année, ce parc aquatique compte pléthore de piscines intérieures et extérieures, de toboggans et d'aires de jeux, mais aussi de saunas, de hammams, ainsi qu'un centre de remise en forme et de bien-être. Un vrai don du ciel si vous voyagez avec des enfants en hiver ou par une journée d'été pluvieuse. Voisin du Bohinj ECO Hotel à Bohinjska Bistrica.

Bateau

Le canotage est très pratiqué sur le lac en été. Alpinsport tout comme PAC Sports (p. 106) louent kayaks, canoës et planches de stand-up paddle (9-12 €/heure, avec des tarifs dégressifs selon le nombre d'heures).

Les deux sociétés proposent également des excursions de rafting et de canoë-kayak sur le lac de Bohinj et sur la Sava Bohinjka (les offres de PAC Sports sont plus nombreuses). Les prix commencent à 35 € par personne, matériel, transferts et guide compris. Les rapides sont relativement doux en juin et leur débit est réduit en août.

Bateau touristique de Ribčev Laz BATEAU
(Turistična Ladja ; ☎041 353 064 ; bohinj.si/dozivetja/turisticna-ladja ; Ribčev Laz ; aller simple adulte/enfant 9/6,50 €, aller-retour 10,50/7,50 € ; ⏲mai-sept). Cette sympathique croisière familiale fait l'aller-retour entre Ribčev Laz et le camping Zlatorog, à Ukanc. Les bateaux partent de Ribčev Laz à 1 heure 20 d'intervalle, de 10h50 à 17h30 : consultez les horaires en ligne

Équitation

Mrcina Ranč ÉQUITATION
(☎041 790 297 ; www.ranc-mrcina.com ; Studor ; 1 heure/4 heures à partir de 25/60 €). Ce centre équestre basé à Studor (4 km au nord-est du lac) propose une gamme de circuits de 1 heure à 7 heures à travers la campagne sauvage, sur des chevaux islandais. Au printemps et à l'automne, possibilité d'excursions sur deux jours. Adapté aux enfants. Réservation obligatoire.

Pêche

Le lac de Bohinj est peuplé de truites et d'ombles chevaliers. Quant à la Sava Bohinjka couleur de jade, c'est un haut lieu de la pêche à la mouche. Elle commence au pont de pierre devant l'église de Ribčev Laz et regorge de truites farios (saumonées) et d'ombles. Offices du tourisme et hôtels vendent des permis de pêche à la journée (lac 25 €, rivière jusqu'à Bitnje capture/capture-remise à l'eau 60/42 €). La saison dure de mars/avril à novembre.

Le **Festival international de la pêche à la mouche** (www.bohinj.si/ribolov ; ⏲sept-oct) se tient en automne et rassemble des pêcheurs du monde entier.

Randonnée

Le lac de Bohinj se prête idéalement à la randonnée. Il suffit de 3 à 4 heures pour parcourir l'itinéraire, facile, qui fait le tour du lac (12 km) en partant de Ribčev Laz. Vous pouvez aussi n'en faire qu'un tour partiel, soit en suivant la piste de chasseurs à travers la forêt en surplomb de la rive sud du lac jusqu'à Ukanc (retour en bus), soit en longeant la rive nord, plus calme, sous les falaises de Pršivec (1 761 m).

Le **sentier des fées de Zlatorog** (Zlatorogova pravljična pot) convient particulièrement aux enfants et aux familles. Ce circuit balisé de 2 km ouvert de mai à novembre commence à Ukanc. Chaque pancarte est illustrée d'un personnage de conte slovène. Plus de renseignements aux centres d'information.

Très beau également, l'itinéraire de 2 heures au nord de Stara Fužina via les gorges de la Mostnica mène jusqu'aux **cascades** du même nom (Mostniški Slapovi), qui rivalisent avec la cascade de la Savica après de fortes pluies.

Pour les randonneurs occasionnels, la carte *Bohinj Hiking Trails* fournit le tracé de 22 chemins de randonnée balisés et de

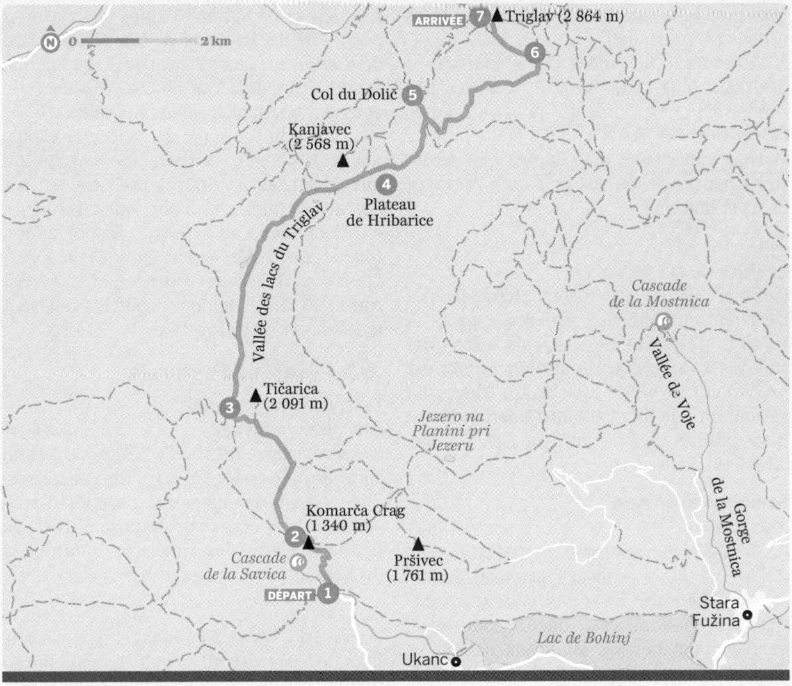

Randonnée **L'ascension du mont Triglav depuis le lac de Bohinj**

DÉPART CASCADE DE LA SAVICA
ARRIVÉE CASCADE DE LA SAVICA
DISTANCE/DURÉE 34 KM/3 JOURS

En partant de Bohinj, l'ascension du mont Triglav est plus longue et le dénivelé plus important que par les itinéraires au nord, mais la montée est plus douce. Ce chemin est plus souvent emprunté pour la descente. Il démarre près de la 1 **cascade de la Savica**, juste à l'ouest du hameau de Ukanc, à l'extrémité ouest du lac, et offre un panorama de la vallée des lacs du Triglav.

Immédiatement , le sentier monte direction nord-ouest en zigzaguant sec jusqu'au 2 **pic de Komarča** (1 340 m). Un casque est recommandé en raison d'éboulements. Après 4 heures de marche au nord de la Savica, vous dormirez au 3 **Koča pri Triglavskih Jezerih** (1 685 m), à l'extrémité sud de la vallée des lacs du Triglav. Ce refuge dispose de nombreux lits et d'une grande salle à manger. Pour une vue sur la vallée, si vous avez encore de l'énergie, prenez la direction nord-est jusqu'au Tičarica (2 091 m, 1 heure).

Le lendemain, longez la vallée vers le nord, puis le nord-est, jusqu'au plateau de 4 **Hribarice** (2 358 m). Descendez vers le col de Dolič (2 164 m) et le refuge de 5 **Koča na Doliču**, à 2 151 m. Dormez-y ou poursuivez jusqu'au 6 **Dom Planika pod Triglavom**, à 2 heures au nord-est en direction du sommet. Attention, ce refuge est souvent plein. Mieux vaut rester où vous êtes, sauf si vous avez déjà réservé une chambre. Depuis Dom Planika pod Triglavom, il faut encore gravir une pente raide pendant 1 heure 30 pour atteindre le 7 **sommet du Triglav**.

La descente suit le même itinéraire en sens inverse. Si vous atteignez le sommet tôt le matin, vous serez de retour au refuge Koča pri Triglavskih Jezerih en fin d'après-midi. Le troisième jour, la descente jusqu'à la cascade de la Savica et le lac de Bohinj est relativement rapide mais peut s'avérer difficile.

quelques parcours cyclistes (6 € dans les offices du tourisme).

Plusieurs randonnées d'une journée et des treks plus longs partent de Vogel. Les randonneurs expérimentés pourront tenter l'ascension du Vogel (1 922 m) depuis la station supérieure du téléphérique (environ 4 heures de marche au total). Prévoyez carte et boussole.

Ski

Station de ski de Vogel SKI

(☎ 04-572 97 12 ; www.vogel.si ; forfait journée adulte/enfant 32/16 € ; ⏲ mi-déc à mars). À 1 540 m d'altitude au-dessus de l'extrémité sud-ouest du lac, cette station de ski est accessible en téléphérique depuis Ukanc. La saison dure de fin novembre à avril, offrant la possibilité de skier jusqu'à 1 800 m sur 22 km de pistes.

Sports d'aventure

PAC Sports SPORTS D'AVENTURE

(☎ 04-572 34 61 ; www.pac.si ; Hostel Pod Voglom, Ribčev Laz 60 ; ⏲ 8h-22h juin-sept, 8h-20h oct-mai). Réputée pour ses activités sportives à sensations, cette agence loue vélos, canoës, planches de stand-up paddle et kayaks et assure des excursions guidées de canyoning, de rafting et de spéléologie. En hiver, elle loue des luges et propose de l'escalade sur glace et des sorties en raquettes. Basée à l'auberge de jeunesse Pod Voglom, à 2 km à l'ouest de Ribčev Laz, avec kiosque en bord de lac au camping Zlatorog (voir p. 106) l'été.

Alpinsport SPORTS D'AVENTURE

(☎ 04-572 34 86 ; www.alpinsport.si ; Ribčev Laz 53 ; ⏲ 10h-18h). Ce prestataire loue du matériel (canoës, kayaks, planches de stand-up paddle et vélos en été ; skis et snowboards en hiver) et organise des sorties rafting et canyoning. Face à l'Hotel Jezero à Ribčev Laz.

Vélo

Quel que soit leur niveau, les amateurs de petite reine trouveront leur bonheur autour du lac de Bohinj. D'ailleurs, nous ne saurions trop vous encourager à enfourcher un vélo car, par beau temps, c'est à la force du mollet qu'on explore le mieux la région et ses différents villages. Sur 9 km, une piste cyclable goudronnée bien balisée longe la Sava Bohinjka de Stara Fužina à Bohinjska Bistrica (jusqu'à Bled pour 20 km de plus). Vous trouverez le point de départ (signalé) 300 m au nord de Ribčev Laz, sur la droite juste après avoir atteint Stara Fužina. La route de campagne allant de Ribčev Laz aux villages de Stara Fužina, Studor et Srednja Vas est peu empruntée et convient particulièrement aux vélos.

L'office du tourisme de Ribčev Laz fournit gratuitement la carte *Cycling Routes* qui décrit les itinéraires cyclistes et leur niveau de difficulté. Pour louer des vélos, adressez-vous au centre d'information touristique, à Alpinsport (p. 106) ou à PAC Sports (p. 106 ; demi-journée/journée environ 12/16 €). De nombreux hôtels proposent aussi des vélos en location.

Fêtes et festivals

Festival international des fleurs sauvages BOTANIQUE

(www.bohinj.si/alpskocvetje ; ⏲ fin mai à début juin). Randonnées et circuits encadrés, observation des oiseaux, marchés d'artisanat et concerts : sur deux semaines, ce festival célèbre les richesses botaniques de Bohinj.

Bal des vaches FOLKLORE

(Kravji Bal ; www.bohinj-info.com ; ⏲ mi-sept). Lors de ce week-end, on boit et on mange au rythme des danses et musiques folkloriques pour fêter la fin de l'estive et le retour des vaches dans la vallée. Le même week-end se tient une fête du fromage et du vin.

Où se loger

De mai à septembre, nombreux sont les particuliers des villages de Stara Fužina, Studor et Srednja Vas, au nord de Ribčev Laz, qui proposent des chambres. Soyez attentif aux panneaux indiquant *"sobe"* ou *"apartma"*.

Les offices du tourisme peuvent également trouver des hébergements : chambres privées (20-30 €/pers), mais aussi appartements et maisons de vacances. En été, les appartements pour 2/6 personnes coûtent au minimum 50/120 €. Plus d'informations sur le site Internet www.bohinj.si.

Camp Zlatorog CAMPING €

(☎ 059 923 648 ; www.camp-bohinj.si ; Ukanc 5 ; 11-15,50 €/pers ; ⏲ mai-sept ; P 📶). À 5 km de Ribčev Laz, ce camping arboré peut accueillir jusqu'à 750 hôtes dans un cadre pittoresque, à l'angle sud-ouest du lac. Les prix varient selon l'emplacement, les plus chers (et les plus convoités) se situant tout au bord du lac. Les commodités (dont un restaurant, une laverie et du matériel de sports nautiques en location) sont nombreuses et le bateau touristique s'y amarre. Possibilité de louer des tentes.

Hostel Pod Voglom AUBERGE DE JEUNESSE €
(04-572 34 61 ; www.hostel-podvoglom.com ; Ribčev Laz 60 ; dort 16-19 €, ch 23-29 €/pers ; P @). À 1,5 km à l'ouest de Ribčev Laz sur la route d'Ukanc, cette auberge de jeunesse bien tenue propose moult activités. On y trouve un grand parc, et 130 lits dans 2 bâtiments : la partie "auberge de jeunesse" compte des chambres et des dortoirs (maximum 4 lits) avec équipements en commun, tandis que les chambres de l'annexe ont des sdb privatives.

Hotel Bohinj HÔTEL €€
(059 113 354 ; www.hotelbohinj.si ; Ribčev Laz 45 ; s/d 70/90 € ; P @). Cette pension alpine a sans doute connu de meilleurs jours mais ses chambres simples, spacieuses et propres, la plupart avec balcon, offrent un bon rapport/qualité prix. Vous y trouverez facilement une place. Demandez au personnel jeune et serviable une chambre à l'arrière, face aux montagnes. À l'avant, petit jardin parfait pour boire son café.

Pension Stare PENSION €€
(040 558 669 ; www.bohinj-hotel.com ; Ukanc 128 ; s/d 60/90 € ; P). Vous avez envie de vous évader sans avoir à escalader les montagnes ? Au bord de la Savica, à Ukanc, cette ravissante pension de 10 chambres ceinte d'un grand et paisible jardin est faite pour vous. Elle comporte des chambres sans fioritures et propose la demi-pension.

Hotel Gasperin HÔTEL €€
(041 540 805 ; www.gasperin-bohinj.com ; Ribčev Laz 36a ; d 80-110 € ; P @). À 350 m au sud-est de l'office du tourisme de Ribčev Laz, cet hôtel impeccable aux airs de chalet est tenu par un couple britanno-slovène qui vous fournira quantité de renseignements sur la région et de bons plans (location de vélos par exemple). Les 24 chambres et appartements ont pour la plupart un balcon, et les appartements sont équipés pour cuisiner. En été, il peut faire chaud dans les chambres du dernier étage (moins chères), mais toutes sont climatisées.

Hotel Kristal HÔTEL €€
(04-577 82 00 ; www.hotel-kristal-slovenia.com ; Ribčev Laz 4a ; demi-pension 50-80 €/pers ; P). Il se dégage une belle énergie de cet hôtel, en grande partie grâce à une direction accueillante, aux œuvres d'art originales qui ornent ses murs, à son centre de bien-être ayurvédique et à sa salle de yoga (sans oublier un pavillon de massage dans le jardin). À cela s'ajoutent des chambres d'une simplicité élégante et un bon restaurant. Le lac est à environ 800 m.

Vila Park BOUTIQUE-HÔTEL €€€
(04-572 3300 ; www.vila-park.si ; Ukanc 129 ; d 100-120 € ; P). Chaises longues installées dans un vaste parc au bord de l'eau et balcons débordant de fleurs : la première impression est très bonne. Avec ses 8 chambres élégantes ainsi que son superbe salon-salle à manger, l'intérieur ne démérite pas (attention : les enfants ne sont pas acceptés).

Rustic House 13 PENSION €€€
(Hiša 13 ; 031 466 707 ; www.studor13.si ; Studor 13 ; ste 160 € ; P). Confortable et rustique, cette maison tenue par un couple australo-slovène offre un bel aperçu de la vie rurale. Elle comprend 2 suites pouvant chacune loger jusqu'à 4 personnes ainsi qu'une cuisine commune et un salon où admirer les photos de la région prises par Andy (qui propose également des circuits photo). Baisse des tarifs en mai et septembre.

Bohinj ECO Hotel HÔTEL €€€
(Bohinj Park Hotel ; 082 004 140 ; www.bohinj-eco-hotel.si ; Triglavska cesta 17, Bohinjska Bistrica ; à partir de 88 € /pers ; P @). Situé à Bohinjska Bistrica, à 6 km du lac de Bohinj, cet établissement moderne n'entrait pas dans nos critères à première vue. L'hôtel est cependant doté d'un esprit écolo, d'un excellent restaurant (baptisé 2864 en référence à l'altitude du mont Triglav), d'un bowling et d'un petit cinéma. De plus, l'accès à l'Aquapark Bohinj (voir p. 104), tout proche, est inclus dans le prix de certaines des chambres.

Où se restaurer et prendre un verre

Nombre des meilleurs restaurants sont situés au nord et à l'est de Ribčev Laz ; vous devrez vous y rendre à pied, en voiture ou à vélo. Supermarché **Mercator** (04-572 95 32 ; Ribčev Laz 49 ; 7h-19h lun-sam, jusqu'à 12h dim) près de l'office du tourisme de Ribčev Laz.

Foksner BURGERS €

(www.facebook.com/foksner ; Ribčev Laz 49 ; burgers 7-10 € ; 16h-22h ;). Cet établissement, situé non loin du centre d'information touristique, sert d'excellents burgers à accompagner d'une bière artisanale locale ou du vin de la maison. Ouvert uniquement le soir.

Štrud'l SLOVÈNE €

(041 541 877 ; www.facebook.com/gostilnica.trgovinica.strudl ; Triglavska cesta 23, Bohinjska Bistrica ; plats 6-12 € ; 8h-22h ;). Sa cuisine campagnarde traditionnelle mais revisitée est un must pour les gourmets souhaitant découvrir la cuisine slovène. On oubliera donc l'emplacement inadéquat dans le centre de Bohinska Bistrica pour se régaler de plats comme le *ričet s klobaso* (ragoût à base de bouillie d'orge, de saucisse et de haricots).

Gostilna Mihovc SLOVÈNE €

(04-021 61 06 ; www.gostilna-mihovc.si ; Stara Fužina 118 ; plats 8-15 € ; 9h-23h). Restaurant prisé de Stara Fužina, entre autres pour son eau-de-vie faite maison. Goûtez au *pasulj* (soupe de haricots) servi avec une saucisse (7 €) ou le *golač* de bœuf (goulasch ; 7 €). Concerts le vendredi et le samedi soir. En été, mieux vaut réserver pour obtenir une place dans le jardin.

Gostilna Pri Hrvatu SLOVÈNE €€

(031 234 300 ; Srednja Vas 76 ; plats 10-18 € ; 10h-23h mer-lun). Auberge de Srednja Vas à l'ambiance décontractée, où la terrasse en bord de ruisseau vous en mettra plein les yeux, avec sa vue sur les montagnes. Parmi les goûteux plats maison : raviolis au sarrasin, polenta aux cèpes, chamois local en sauce épicée et truite grillée.

Gostilna Rupa SLOVÈNE €€

(04-572 34 01 ; www.gostilna-rupa.si ; Srednja Vas 87 ; plats 8-20 € ; 11h-21h). Si vous êtes motorisé, faites un crochet par ce restaurant champêtre à l'extrémité est de Srednja Vas. Entre autres savoureuses spécialités de la maison, notons les *ajdovi krapi* (les "carpes" au sarrasin, de gros raviolis à la farine de sarrasin fourrés au fromage), les multiples sortes de *klobasa* (saucisses) locales et la truite de Bohinj.

Renseignements

ARGENT

Il y a un distributeur à Ribčev Laz, près de l'office du tourisme. À Bohinjska Bistrica, la **Gorenjska Banka** (Trg Svobode 2b, Bohinjska Bistrica ; 8h-11h30 et 14h-17h lun-ven) se trouve près du bureau de poste.

OFFICES DU TOURISME

Il existe deux principaux centres d'information dans la région de Bohinj. Pour la majorité des visiteurs, celui de **Ribčev Laz** (TIC ; 04-574 60 10 ; www.bohinj-info.com ; Ribčev Laz 48 ; 8h-20h lun-sam, 8h-18h dim juil-août, 9h-17h lun-sam, 9h-15h dim nov-déc, 8h-19h lun-sam, 9h-15h dim jan-fév, mai-juin, sept-oct ;) est plus proche du lac et plus pratique que celui de **Bohinjska Bistrica** (LD TURIZEM ; 04-574 76 00 ; www.ld-turizem.si ; Mencingerjeva ulica 10, Bohinjska Bistrica ; 8h-19h lun-sam, 8h-13h dim juil-août, 9h-12h et 14h-18h lun-ven, 9h-13h sam, 9h-12h dim sept-juin ;). Outre une documentation gratuite, tous deux proposent souvenirs, produits locaux, réservation d'hébergements et un accès gratuit à Internet.

Les deux offices du tourisme vendent la **carte touristique de Bohinj** (www.bohinj.si ; adulte/famille 15/20 €) qui donne droit au stationnement gratuit près du lac, à des trajets en bus gratuit, ainsi qu'à des réductions dans les commerces locaux.

Le **centre d'information du parc national** (04-578 02 45 ; www.tnp.si ; Stara Fužina 38 ; 8h-18h juil-août, 9h-17h avr-juin, sept-oct) mérite amplement une halte.

POSTE

Bureau de Bohinjska Bistrica (04-572 96 41 ; Trg Svobode 2, Bohinjska Bistrica ; 8h-18h lun-ven, 8h-12h sam)

Bureau de Ribčev Laz (Ribčev Laz 46a ; 8h-18h lun, 8h-17h mar-ven, 8h-11h sam)

Depuis/vers le lac de Bohinj

BUS

Pour se rendre au lac de Bohinj le plus pratique reste le **bus** (Ribčev Laz) – départ fréquent depuis Ljubljana, via Bled et Bohinjska Bistrica. **Alpetour** (renseignements 04-201 32 10 ; www.alpetour.si) est la principale compagnie de bus locale.

Destinations depuis le lac de Bohinj (départs de Ribčev Laz, près de l'office du tourisme) :

Bled (3,60 €, 40 min, 29 km, jusqu'à 12/jour)

Bohinjska Bistrica (1,80 €, 8 min, 7 km, jusqu'à 20/jour)

Ljubljana (9,80 €, 2 heures, 86 km, jusqu'à 9/jour)

TRAIN

La gare de Bohinjska Bistrica est la plus proche du lac.

Plusieurs trains relient quotidiennement Ljubljana à Bohinjska Bistrica (7,30 €, 2 heures, 6/jour) avec une correspondance à Jesenice. Il y a aussi des liaisons entre la petite gare de Bled Jezero et Bohinjska Bistrica (1,85 €, 20 min, 18 km, 7/jour).

De Bohinjska Bistrica, les trains de passagers vers Nova Gorica (5,80 €, 1 heure 15, 61 km, jusqu'à 8 départs/jour) traversent la montagne par un tunnel centenaire de 6,3 km, seul moyen de rejoindre directement la vallée de la Soča.

Comment circuler

En juillet et en août, une ligne circulaire de bus relie Bohinjska Bistrica au lac via les villages de Stara Fužina, Studor et Srednja Vas. Une autre ligne circulaire part de Ribčev Laz pour gagner à l'ouest Ukanc, le téléphérique du Vogel et la cascade de la Savica (exemple de tarif : 1,80 € de Ribčev Laz à Savica). Les horaires sont affichés à l'arrêt de bus, et les offices du tourisme vous les fourniront.

Le stationnement est généralement payant dans les endroits fréquentés aux abords du lac (2,50 €/heure). Si vous envisagez de rester quelques jours, mieux vaut acheter la carte touristique de Bohinj (qui offre le parking et les trajets en bus local), voire mieux : laissez votre voiture sur votre lieu d'hébergement pour circuler à pied ou à vélo.

Parc national du Triglav

04, 05 / ALTITUDE 2 864 M

Avec ses 840 km² de superficie (soit plus de 4% du territoire slovène), le parc national du Triglav (Triglavski Narodni Park ; couramment abrégé en TNP) est l'une des plus grandes réserves naturelles d'Europe. Il offre un paysage vierge et spectaculaire de montagnes rocheuses – dont le fameux mont Triglav (2 864 m), le plus haut du pays et véritable emblème national –, de gorges, de ravins, de lacs, de canyons, de grottes, de rivières, de ruisseaux, de forêts et de prairies alpines.

Histoire

Bien que le pays compte trois grands parcs régionaux et 44 paysages protégés plus petits, c'est le seul parc national du pays répertorié, et il englobe presque toutes les Alpes slovènes. L'idée de créer un parc naturel remonte à 1908, mais le projet n'aboutit qu'en 1924, avec la mise sous protection de quelque 1 600 ha dans la vallée des lacs du Triglav. Baptisé "parc national du Triglav" en 1961, le parc initial incorporait une vingtaine d'années plus tard la quasi-totalité des Alpes Juliennes orientales.

Aujourd'hui, il s'étend de Kranjska Gora au nord à Tolmin au sud, et de la frontière italienne à l'ouest presque jusqu'à Bled, à l'est.

À voir et à faire

Mont Triglav — MONTAGNE

Ce sommet calcaire de 2 864 m est une source d'inspiration et un objet de dévotion pour les Slovènes depuis plus d'un millénaire : le Triglav ("trois têtes") va jusqu'à figurer sur le drapeau du pays. Les premiers Slaves croyaient que la montagne abritait une divinité à trois têtes qui régnait sur le ciel, la Terre et les enfers.

C'est en 1778 qu'un alpiniste autrichien et ses trois guides slovènes réussirent à en vaincre le sommet en partant de Bohinj. Sous le règne des Habsbourg, tout Slovène qui se respectait considérait le "pèlerinage" au Triglav comme la confirmation de son identité ethnique. Une tradition toujours d'actualité, puisqu'un Slovène se doit d'effectuer l'ascension au moins une fois dans sa vie.

Plateau de Pokljuka — RÉSERVE NATURELLE

Près de Bled, ce plateau couvert de forêts et de prairies compte maints chemins de randonnée et installations pour les sports d'hiver. Les gorges de Vintgar (p. 101) y tiennent la vedette, mais la gorge de Pokljuka (Pokljuška Soteška), avec ses 2 km de long, est elle aussi impressionnante et bien moins fréquentée.

On y accède par un bus circulant entre Bled et Krnica. Pokljuka est le point de départ privilégié pour les ascensions du mont Triglav.

Où se loger

Vous trouverez quelques hôtels, chambres chez l'habitant et terrains de camping dans l'enceinte du parc national ou à sa périphérie. Le site du parc (www.tnp.si) propose la liste des appartements et refuges de montagne à louer. Loin des villes, l'hébergement se limite surtout aux refuges au bord des sentiers de randonnée dont l'Association alpine de Slovénie (p. 272) présente la liste complète sur son site. Il faut réserver et compter environ 25 € pour un lit.

GRAVIR LE MONT TRIGLAV

Le mont Triglav (2 864 m) exerce une forte attraction sur les Slovènes (et les touristes curieux). Lors des belles journées d'été, des centaines de personnes en atteignent le sommet. Pourtant le mont Triglav requiert une bonne condition physique et du courage. Outre la difficulté du parcours, l'une des principales sources de danger tient à l'intense fréquentation par beau temps. À l'approche du sommet, des dizaines de personnes sont amenées à se croiser, et à jouer des coudes, le long de l'étroite crête rocheuse.

Vous êtes relativement en bonne forme et sûr de vous, vous n'avez pas le vertige et vous disposez de l'équipement adéquat ? Alors, foncez ! Cependant, nous vous recommandons vivement de faire appel aux services d'un guide, même si vous avez de l'expérience en alpinisme. Ce dernier connaîtra l'état des sentiers et les conditions météorologiques propices, et il sera d'une aide précieuse pour trouver une place en refuge de montagne et organiser le transport aux points de départ et d'arrivée des sentiers. On peut louer les services d'un guide auprès des agences spécialisées de Bled ou de Bohinj (voir p. 102 et p. 92), et des **centres d'information du TNP** ou l'Association alpine de Slovénie (p. 272).

La période la plus propice aux ascensions court de juin (ou à la fonte des neiges) à mi-octobre (ou avant l'arrivée de la neige) ; les meilleurs mois sont août et septembre. Il faut en général compter deux jours d'excursion : un pour la montée et un autre pour la descente. Il est bon de rappeler qu'il ne faut jamais sous-estimer les aléas du climat montagnard. La liste des effets à emporter relève du bon sens : chaussures de marche, vêtements chauds, bonnet, gants, vêtements de pluie, protection solaire, carte, boussole, sifflet, lampe frontale, trousse de premiers secours, boissons et provisions d'urgence.

Les refuges sont gérés par différents clubs alpins, dont l'Association alpine de Slovénie publie une liste exhaustive sur son site Web, avec les adresses et les informations pour s'y rendre. Prévoyez environ 25 € pour un lit. Il est judicieux de réserver son lit bien en avance.

Il existe plusieurs itinéraires pour rejoindre le sommet, les plus courants étant ceux par le sud, soit au départ de Pokljuka, près de Bled (voir p. 109), soit à proximité du lac de Bohinj (voir p. 102). On peut aussi entamer l'ascension par le nord et l'est (Mojstrana et vallée de Vrata). Chaque itinéraire a ses avantages et ses inconvénients avec des niveaux de difficulté différents (variables selon l'altitude et la durée).

Où se restaurer

Si vous partez en randonnée, il est conseillé d'apporter de quoi manger et boire même si les refuges proposent généralement des repas, quand ils sont ouverts.

Gostilna Psnak SLOVÈNE €
(☎ 04-589 11 52 ; Zgornja Radovna 18 ; plats 8-12 € ; ⏲ 11h-20h mar-dim). Un déjeuner ou un dîner dans ce restaurant traditionnel à l'intérieur du parc, à 15 km au nord-ouest de Bled, récompensera dignement une excursion à vélo le long du sentier Radovna. Saucisses, choucroutes, beignets de sarrasin au fromage *(ajdovi krapi)* accompagnés d'une bière, sont à savourer à l'intérieur, ou sous les arbres face aux montagnes.

Orientation

Les points d'où partir à la découverte du parc sont innombrables : parmi les plus importants, citons Bled, Bohinj, Kranjska Gora, Bovec et Kobarid. Dans ces localités, vous trouverez des prestataires pour organiser des excursions dans les sites naturels du parc ou pratiquer différentes activités (VTT, ski, pêche, rafting). Des chemins de randonnée balisés mènent à de multiples sommets. Des marches faciles traversent également de belles vallées, forêts et prairies. La route goudronnée du col du Vršič offre une excursion spectaculaire au cœur du parc.

Renseignements

Centres d'information Les offices du tourisme disposent de brochures et de cartes à foison, et l'on trouve des centres d'information dédiés au TNP à Bled (p. 131), Stara Fužina (Bohinj) et Trenta (col du Vršič ; p. 117). Avec de très bonnes expositions sur la faune et la flore du parc, ces derniers méritent vraiment une halte. Ils ont un bon programme d'activités l'été (dont des promenades encadrées) et peuvent vous mettre en contact avec des guides de montagne.

Sites Web et applications Les sites www.tnp.si et www.hiking-trail.net sont de bons appuis pour commencer.

Cartes Plusieurs cartes de randonnée sont disponibles dans les offices du tourisme. Deux bonnes références : *Triglavski Narodni Park* de l'Association alpine de Slovénie (Planinka Zveza Slovenije ou PZS), plastifiée et à l'échelle 1/50 000 (9,10 € ; vendue en ligne sur shop.pzs.si), et *Triglavski Narodni Park* (9,10 € ; trgovina.kartografija.si) de Kartografija, à l'échelle 1/50 000, que l'on trouve un peu partout.

Depuis/vers le parc national du Triglav

BUS

Les **bus Alpetour** (☎ 04-201 31 30 ; www.alpetour.si) relient les villes importantes du parc. Une fois sur place, vous pouvez marcher ou circuler à vélo dans le parc. De fin juin à août inclus, Alpetour propose un service dans les deux sens à travers le col du Vršič, reliant Kranskja Gora et Bovec (7 €, 1 heure 40, 46 km, au moins 2/jour) via Trenta. Consultez le site pour les horaires. Les bus marquent l'arrêt aux principaux sites et aux hébergements sur la route.

VOITURE ET MOTO

La route du col du Vršič, à haute altitude, qui relie sur 50 km Kranjska Gora et Bovec, traverse le parc national du Triglav. Elle est ouverte presque tous les ans de mai à octobre. En dehors du col, la circulation des voitures dans le parc est strictement limitée.

TRAIN

Des trains desservent plusieurs localités au sein du parc ou à sa périphérie immédiate, dont Bled, Bohinjska Bistrica, Jesenice et Most na Soči.

Kranjska Gora

☎ 04 / 1 491 HABITANTS / ALTITUDE 806 M

Nichée dans la vallée de la Sava Dolinka à 40 km au nord-ouest de Bled, Kranjska Gora (montagne de la Carniole) est la plus grande et la mieux équipée des stations de ski de Slovénie. C'est sous un manteau de neige qu'elle est la plus belle, mais explorer ses environs (proches des frontières autrichienne et italienne) est fabuleux en toute période. La proximité du parc national du Triglav, à deux pas au sud, multiplie les occasions : randonnée, cyclotourisme, alpinisme. Et peu de voyageurs restent insensibles lorsqu'ils franchissent le col du Vršič (1 611 m), porte d'entrée de la vallée de la Soča.

À voir

Musée des Alpes slovènes MUSÉE

(Slovenski Planinski Muzej ; ☎ 083 806 730 ; www.planinskimuzej.si ; Triglavska cesta 49, Mojstrana ; adulte/enfant 6/3,60 € ; ⏰ 9h-19h juin à mi-sept, 9h-17h mi-sept à mai). Point de départ vers les contreforts septentrionaux du Triglav, la ville de Mojstrana, à environ 15 km au sud de Kranjska Gora, accueille ce musée interactif dédié à l'exploration des montagnes. Idéal pour un jour de pluie, surtout avec des enfants. Il y a même une "escape room" pour s'amuser.

Maison de Liznjek MUSÉE

(Liznjekova Domačija ; ☎ 04-588 19 99 ; www.gmj.si ; Borovška cesta 63 ; adulte/enfant 2,50/1,70 € ; ⏰ 10h-18h mar-sam, 10h-17h dim). Cette grande ferme à balcon du XVIIe siècle préserve une belle collection de meubles et d'objets domestiques traditionnels. Entre autres éléments : de magnifiques coffres à trousseau peints de motifs populaires, des icônes sur verre du XIXe siècle, des nappes de lin fabriquées dans cette vallée aux tisserands réputés.

Lac Jasna LAC

(Jezero Jasna). Juste au sud de Kranjska Gora, ce petit lac glaciaire bleu bordé de sable blanc est le premier site intéressant pour qui se dirige vers le col du Vršič. La petite rivière Pišnica coule à côté, et une statue en bronze de **Zlatorog** y monte la garde. L'endroit est prisé pour les loisirs, et quelques hébergements s'étagent plus haut sur la colline.

Zelenci RÉSERVE NATURELLE

(⏰ 24h/24). GRATUIT À environ 5 km à l'ouest de Kranjska Gora, indiquée près de la route principale, cette belle réserve naturelle est idéale pour se dégourdir les jambes sur le court sentier menant à un lac aux eaux turquoise, où la Sava Dolinka prend sa source. On accède facilement à la réserve en 1 heure environ par un sentier qui part de Kranjska Gora et passe par Podkoren en suivant les indications en direction de Rateče.

Église de l'Assomption de la Vierge Marie ÉGLISE

(Župnijska cerkev marsijinega vnebovzetja ; ☎ 04-588 11 03 ; Borovška cesta 76 ; ⏰ horaires variables). Le centre de la station de ski de Kranjska Gora est curieusement doté d'une église de style gothique tardif (1510), à sa voûte sur croisée d'ogives. Elle est ouverte tous les jours de 9h à 18h, mais, en

Alpes Juliennes et parc national du Triglav

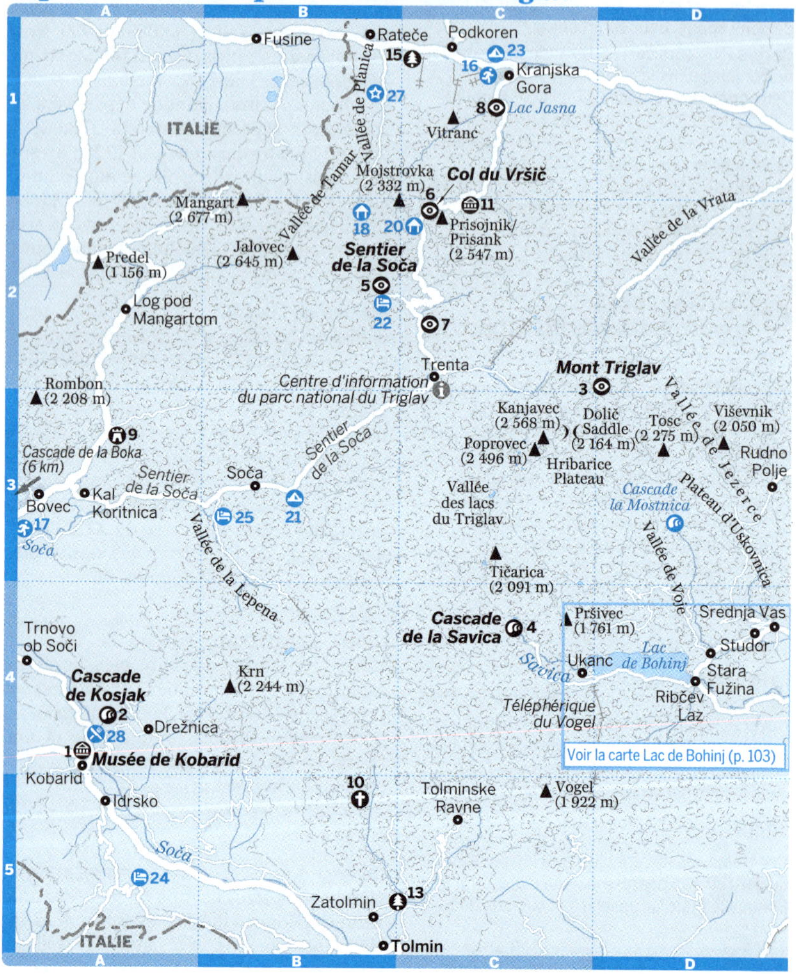

général, on ne peut y pénétrer que pendant la messe (horaires sur la porte).

Activités

Cyclisme et sports d'aventure

Ces dernières années, Kranjska Gora est devenue l'un des hauts lieux slovènes du VTT et du VTT de descente, sport de l'extrême où l'on embarque son vélo sur les télésièges pour descendre les pistes à toute allure.

Il existe également nombre de chemins plus faciles et familiaux. La carte de randonnée 1/30 000 *Kranjska Gora* (6,50 €, à l'office du tourisme) recense 15 circuits de difficultés variables. La plupart des loueurs de skis proposent des vélos en été. Comptez de 10 à 20 € pour une journée de location.

Bike Park Kranjska Gora VTT

(☎ 041 706 786 ; www.bike-park.si ; Borovška cesta 107 ; forfait journée 26 €, location vélo 55 €/jour ; ⌚ 9h-17h tlj juin-août, ven-dim mai, sept et oct). Sur les pentes centrales de Vitranc, ce parc est un eldorado pour les cyclistes : un télésiège les hisse en haut, puis ils dévalent des chemins de différents niveaux. Outre la location de vélos et de matériel

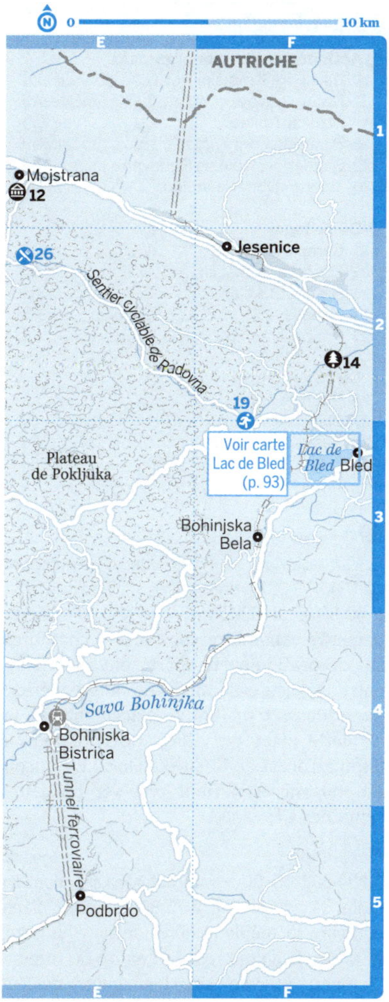

de protection, le parc propose des circuits guidés dans les montagnes environnantes avec navettes aller-retour.

Planica Zipline SPORTS D'AVENTURE
(☎041 828 151 ; www.planica-zipline.si ; Planica Nordic Centre, Rateče ; individuel/tandem 25/40 € ; ⏲uniquement sur réservation 11h -13h tous les jours juil-août, uniquement sam-dim juin et sept). Selon les dires de ce prestataire situé à 6 km à l'est de Kranjska Gora, voici la tyrolienne la plus raide du monde. Passant au-dessus du centre de saut à ski de Planica, la descente s'étend sur 566 m, avec un dénivelé de 200 m, et dure moins d'une minute. Il faut réserver sa place sur le site Internet.

Randonnée

Les hauteurs autour de Kranjska Gora et le parc national du Triglav offrent une large gamme d'itinéraires allant du très facile au difficile. Avant votre départ, procurez-vous la carte de randonnée *Kranjska Gora* (publiée par LTO Kranjska Gora) à l'échelle 1/30 000. En vente à l'office du tourisme pour 6,50 €, elle décrit 20 itinéraires de randonnée et 15 pistes cyclables.

Un chemin de randonnée bien balisé va de Planica au **Planinski dom Tamar** (Dom v Tamarju ; ☎04-587 00 55 ; www.en.pzs.si ; 10-20 €/pers), refuge de montagne de catégorie II de 50 lits, à 1 108 m d'altitude dans la vallée de Tamar (pensez à réserver). Spectaculaire, la randonnée de 1 heure depuis le centre de saut à ski de Planica s'effectue à l'ombre du Mojstrovka (2 332 m), à l'est, et du Jalovec (2 645 m), au sud. Du refuge, le col du Vršič est à environ 3 heures de marche.

Ski

La station est souvent bondée en janvier et février. La saison s'étend de mi-décembre à mars.

Vous trouverez plusieurs écoles de ski et boutiques de location de matériel. N'hésitez pas à consulter le site Internet www.kranjska-gora.si.

Station de ski de Kranjska Gora SKI
(RTC Žičnice ; ☎04-580 94 00 ; www.kr-gora.si ; Borovška cesta 103a ; forfait adulte/enfant 34/22 € ; ⏲déc-mars). Le domaine skiable principal est à 5 minutes à pied du centre-ville. Les pistes de Vitranc courent sur plusieurs kilomètres vers l'ouest jusqu'à Podkoren et Planica, constituant de fait une unique grande piste.

En tout, la station compte 18 pistes de différents niveaux, à une altitude comprise entre 800 m et 1 215 m ainsi que 40 km de pistes de ski de fond, et un parc pour les snowboarders.

École de ski ASK Kranjska Gora SKI
(☎04-588 53 02 ; www.ask-kg.com ; Borovška cesta 99a ; ⏲9h-16h lun-sam, 10h-18h dim mi-déc–mi-mars, 9h-15h lun-ven mi-mars–mi-déc). La principale école de ski de la ville propose une large sélection de cours de ski ou de snowboard, notamment des formules parfois combinées avec le forfait ski.

Alpes Juliennes et parc national du Triglav

Les incontournables
1 Musée de Kobarid A4
2 Cascade de Kozjak A4
3 Mont Triglav D2
4 Cascade de la Savica C4
5 Sentier de la Soča B2
Source de la Soča .... (voir 5)
6 Col de Vršič C2

À voir
7 Alpinum Juliana C2
8 Lac Jasna C1
9 Forteresse de Kluže A3
10 Église du Saint-Esprit B5
11 Chapelle russe C2
12 Musée des Alpes slovènes E1
13 Gorges de Tolmin C5
14 Gorges de Vintgar F2
15 Zelenci C1

Activités et circuits organisés
16 Bike Park Kranjska Gora C1
17 Nature's Ways A3
Planica Zipline .... (voir 27)
18 Planinski dom Tamar B2
19 Sentier cyclable de Radovna F3
20 Tičarjev Dom na Vršiču C2

Où se loger
21 Camp Korita B3
22 Kekčeva Domačija B2
23 Natura Eco Camp C1
24 Nebesa A5
25 Pristava Lepena B3

Où se restaurer
26 Gostilna Psnak E2
27 Planica Ski-Jump Centre B1
28 Restaurant Lazar A4

Fêtes et festivals

Coupe Vitranc SPORTS
(www.pokal-vitranc.com ; mars). La principale compétition de ski alpin de l'année pour les hommes se tient à Kranjska Gora au début du mois de mars.

Où se loger

La demande (et les prix) sont au plus haut de décembre à mars et en plein été. Les grands hôtels de chaîne s'avèrent généralement assez chers et quelconques ; mais les établissements plus petits et familiaux cachent parfois de véritables pépites.

L'office du tourisme peut réserver des chambres chez l'habitant (20-30 €/pers) et des appartements (40 -60 € pour 2 pers, 70-100 € pour 4 pers). Les prix dépendent de la taille, du confort et de la période de l'année.

Natura Eco Camp CAMPING €
(064 121 966 ; www.naturaecocamp.si ; empl adulte/enfant 15/10 €, tente safari 150 €, tente dans les arbres 80 € ; juin-sept ; P). Un site de camping paradisiaque, à 600 m à peine au nord de la route principale (il est indiqué), dans une verdoyante clairière. Plantez votre tente ou louez une tente safari ou une tente dans les arbres (une capsule en forme de larme suspendue aux branches, avec matelas à l'intérieur sur une plateforme).

Pour y arriver depuis le centre-ville, prenez direction nord le long de Koroška cesta, traversez l'autoroute et la Save, puis continuez à marcher vers le nord.

Design Rooms

Pr' Gavedarjo CHAMBRES D'HÔTES €€
(031 479 087 ; prgavedarjo.si ; Podkoren 72 ; s 60-80 €, d 80-150 € ; P). Cette demeure centenaire comporte 5 chambres à la décoration particulièrement séduisante entre l'ancien et le moderne. Elle bénéficie par ailleurs d'un bel emplacement sur la coquette place du village de Podkoren, à 3 km à l'ouest de Kranjska Gora. En raison de son succès, il faut réserver plusieurs semaines à l'avance.

Hotel Lipa PENSION €€
(04-582 00 00 ; www.hotel-lipa.si ; Koroška cesta 14 ; s 60-80 €, d 70-90 € ; P). Sans conteste le meilleur hôtel de la ville pour la taille (11 chambres), la qualité de l'ameublement, la vue sur les montagnes et l'emplacement (près du centre mais suffisamment éloigné des foules). Les restaurant est excellent, tout comme le buffet du petit-déjeuner. Il est situé juste au nord de l'office du tourisme, à côté de la petite gare routière.

Hotel Kotnik HÔTEL €€
(041 671 980 ; www.hotel-kotnik.si ; Borovška cesta 75 ; s 70-90 €, d 90-110 € ; P). Charmant hôtel jaune à la décoration florale au cœur de la ville, disposant de 15 chambres confortables, d'un excellent restaurant et d'une pizzeria en rez-de-chaussée. Le personnel est avenant. Location de vélos à la journée (17 €).

Hotel Miklič HÔTEL €€€

(☎04-588 16 35 ; www.hotelmiklic.com ; Vitranška ulica 13 ; s 80-110 €, d 120-160 € ; P 📶). Hôtel impeccable de 17 chambres, pour la plupart spacieuses et dotées un salon, qui conviendra aux familles (salle de jeu). Tenu par une famille, il offre un accueil chaleureux. Son restaurant de qualité permet d'envisager l'hébergement en demi-pension. Au sud du centre, à une distance correcte à pied du lac Jasna

Skipass Hotel BOUTIQUE-HÔTEL €€€

(☎04-582 10 00 ; www.facebook.com/HotelSkipass ; Koroška ulica 14c ; ch 140-180 € ; P ❄ 📶). Cet hôtel géré par Skipass Travel propose 10 chambres au charme scandinave, où le bois clair est omniprésent. Excellent restaurant sur place. Les chambres les plus chères disposent de balcons et d'une vue sur les montagnes. À 200 m au nord du centre-ville et à proximité de la petite gare routière.

Où se restaurer

Vous pouvez acheter de quoi faire un pique-nique au supermarché **Mercator** (☎04-583 45 78 ; Borovška cesta 92 ; ⏲8h-19h lun-sam, jusqu'à 13h dim) situé à l'ouest du centre-ville, près du bureau de poste.

Gostilna Pri Martinu SLOVÈNE €

(☎04-582 03 00 ; Borovška cesta 61 ; plats 6-15 € ; ⏲10h-23h). Lorsque l'on demande aux habitants une adresse où se restaurer, ils conseillent cette pittoresque taverne à l'atmosphère champêtre, d'où l'on est assuré de ne pas sortir affamé. Plats à l'ancienne (rôti de porc, goulasch, truite et saucisses-chou mariné figurent parmi les spécialités maison) servis en portions énormes.

♥ **Skipass Restavracija** INTERNATIONAL €€

(☎04-582 10 00 ; www.skipasshotel.si ; Borovška cesta 14c ; plats 15-21 € ; ⏲17h-22h lun-ven, 13h-22h sam-dim ; 📶). Le restaurant de l'hôtel Skipass est sans conteste le plus haut de gamme de la ville. Le plafond en bois fait bonne impression, et la carte suit l'exemple. Les proches influences italiennes et autrichiennes se marient brillamment aux plats slovènes revisités et soigneusement présentés. Menu du chef 3/5 plats à 28/45 €.

Hotel Lipa Restaurant SLOVÈNE €€

(☎04-582 00 00 ; www.hotel-lipa.si ; Koroška cesta 14 ; plats 8-20 € ; ⏲12h-23h ; 📶 ✎). D'un excellent rapport qualité/prix, le restaurant de l'hôtel Lipa propose des assiettes de pâtes et des pizzas ainsi que des plats haut de gamme à un prix raisonnable (poulpe au four, steak à la truffe noire...). Des options végétaliennes et sans gluten sont aussi disponibles, chose rare en Slovénie. Vous pouvez manger sur la terrasse.

Où prendre un verre et faire la fête

Vopa Pub PUB

(☎041 502 908 ; Borovška cesta 92 ; ⏲7h-1h dim-jeu, 7h-3h ven-sam ; 📶). Ce bar proche du bureau de poste est pratiquement le seul établissement animé après 22h. Le pub en rez-de-chaussée est ouvert toute l'année alors que le club en bas fait son chiffre pendant la saison de ski avec des DJ et une scène nocturne assez vivante le week-end.

Où sortir

Centre de saut à ski de Planica SAUT À SKI

(☎01-200 61 11 ; www.planica.si ; Centre Planica Nordic, Rateče). À 6 km à l'ouest de Kranjska Gora, la vallée de Planica est réputée pour le saut à ski. Récemment agrandies, ses installations accueillent des compétitions (ouvertes au public), dont la Coupe du monde de saut à ski, chaque année, à la mi-mars. Informations sur les billets en ligne.

Renseignements

Bureau de poste (Borovška cesta 92 ; ⏲8h-18h lun-ven, jusqu'à 12h sam)

Office du tourisme (☎04-580 94 40 ; www.kranjska-gora.si ; Kolodvorska ulica 1c ; ⏲8h-20h juin-sept, 8h-18h oct-mai ; 📶). Central, bien fourni en documentation et disposant d'un café et d'un ordinateur pour une consultation de courte durée.

Skipass Travel (☎04-582 1000 ; www.skipasstravel.si ; Skipass Hotel, Borovška cesta 14c ; ⏲7h30-17h lun-ven, 7h30-12h sam-dim ; 📶). Agence de voyages polyvalente basée à l'**hôtel Skipass** : cours de ski, location de matériel, mais aussi transferts depuis/vers l'aéroport et excursions à ski vers l'Italie et l'Autriche, à proximité.

Depuis/vers Kranjska Gora

La gare ferroviaire la plus proche est à Jesenice, à 23 km au sud-est de Kranjska Gora. Nous conseillons de prendre le bus, dont le réseau principal est géré par **Alpetour** (www.alpetour.si). Le petit **arrêt de bus** (Avtobusna postaja ; ☎04-201 32 15 ; www.alpetour.si) est à 200 m au nord de l'office du tourisme.

Destinations courantes en bus :

Bled (6 €, 64 min, 43 km). Seulement deux bus directs par jour. Toutefois, des bus desservent chaque heure la gare ferroviaire de Lesce-Bled (4,70 €, 50 min, 40 km).

Jesenice (3,10 €, 28 min, 23 km, ttes les heures).

Ljubljana (9 €, 2 heures, 91 km, jusqu'à 9/jour).

Col du Vršič Alpetour propose des bus pour Bovec (7 €, 1 heure 40, 46 km) via Trenta (5 €, 1 heure 10, 25 km) de fin juin à fin août. Il y a 2 départs chaque jour. Horaires sur le site Internet.

En juillet-août (et les week-ends en septembre), un grand **bus touristique rouge** (billet journalier environ 9 €) avec montée et descente libres effectue une boucle, desservant les villages de la haute vallée de la Save, de Mojstrana jusqu'à Podkoren et Rateče, avec de brefs arrêts photo à Planica et à Zelenc. Il ne passe pas souvent, mais peut valoir la peine quand on n'est pas motorisé. L'office du tourisme fournit les horaires et la carte.

Col du Vršič

À seulement 2 km de Kranjska Gora se trouve un chef-d'œuvre d'ingénierie du XXe siècle : la route alpine reliant Kranjska Gora à Bovec, à 50 km au sud-ouest. Pas moins de 50 virages en épingle à cheveux feront battre la chamade à votre cœur, et le passage du col du Vršič (1 611 m), avec son panorama spectaculaire, finira de l'emballer.

La construction de la route date de la Première Guerre mondiale à l'initiative de l'Allemagne et de l'Auriche-Hongrie lors de leur conflit avec l'Italie. Le gros des travaux fut réalisé par des prisonniers de guerre russes : voilà pourquoi de Kranjska Gora jusqu'en haut du col la route s'appelle maintenant la Ruska cesta ("route russe").

Généralement ouverte de mai à octobre, la route du col se parcourt en voiture, en moto, en bus (l'été, des bus entre Kranjska Gora et Bovec l'empruntent) ou, pour les plus sportifs, à vélo.

À voir

♥ Col du Vršič — COL

(Prelaz Vršič). Ce col à la vue dégagée trône à 1 611 m d'altitude, à environ 13 km au sud-ouest de Kranjska Gora. La route sinueuse qui y grimpe passe par de nombreux sites intéressants. En haut du col, la fabuleuse vue embrasse les sommets du **Mojstrovka** (2 332 m) à l'ouest et du **Prisojnik/Prisank** (2 547 m) à l'est ; vers le sud, la vallée de la **Soča** ouvre la voie vers la Slovénie occidentale.

En venant de Kranjska Gora, au moment où la route dépasse les 1 100 m, on atteint la **chapelle russe**. La route commence alors à monter sérieusement, passé deux refuges, pour grimper en colimaçon les quelques kilomètres avant le col lui-même.

De là, une descente décoiffante d'environ 10 km s'achève juste avant un **monument dédié au Dr Julius Kugy** (1858-1944), pionner de l'alpinisme et écrivain faisant l'éloge de la beauté des Alpes Juliennes.

La route poursuit vers les villages de Trenta et de Soča, à 8 km en aval. Bovec, où l'on peut pratiquer de nombreuses activités, est à 12 km à l'ouest de Soča. En chemin, l'étroite **vallée de Lepena** vaut le détour pour ses panoramas splendides, ses possibilités de randonnées et les hébergements qu'elle offre.

Alpinum Juliana — JARDINS

(☎01-241 09 40 ; www.pms-lj.si/juliana ; Trenta ; adulte/enfant 3/2 € ; ⏲8h30-18h30 mai-sept). Dans ce jardin botanique créé en 1926 prospèrent quelque 600 variétés de plantes, pour la plupart alpines. Mais, en raison de l'altitude relativement basse, on trouve aussi bon nombre d'espèces de la région du Karst.

Chapelle russe — BÂTIMENT HISTORIQUE

(Ruska kapelica ; ☎04-580 94 40 ; www.kranjska-gora.si ; Vršič Pass). Cette jolie chapelle orthodoxe en bois est située à environ 1 100 m en venant de Kranjska Gora. Elle a été érigée sur le site de l'avalanche qui ensevelit plus de 300 prisonniers de guerre russes en mars 1916. La chapelle n'est pas ouverte au public, mais si vous avez la chance de jeter un coup d'œil à l'intérieur, vous verrez qu'il est dépouillé et éclairé par des bougies. Le cadre se prête parfaitement à une pause, mais la pente jusqu'à la chapelle est raide.

Trenta — VILLAGE

Principale agglomération sur la route du col du Vršič, ce village à 620 m d'altitude s'étire tout en longueur. Dans sa partie inférieure, Spodnja Trenta (Basse Trenta), on trouve le centre d'information du parc national du Triglav (p. 109) qui partage ses locaux avec le **musée de Trenta** (☎05-388 93 30 ; www.tnp.si ; adulte/enfant 5/3,50 € ; ⏲9h-19h juil-août, 10h-18h mai, juin, sept et oct, 10h-14h lun-ven jan-avr, fermé nov-déc) consacré à la géologie et à l'histoire naturelle du parc.

Activités

Source de la Soča — BALADE

(Izvir Soče). Près du monument au Dr Julius Kugy, sur la route du col du Vršič, une route secondaire vous conduit au bout de 1,3 km à un chalet de montagne (Koča pri Izviru Soče) rudimentaire proposant le gîte et le couvert. De là, vous pourrez entreprendre une marche de 15 minutes le long de la première partie du sentier de la Soča jusqu'à la source de la Soča.

Alimenté par un lac souterrain, le fleuve jaillit d'une grotte sombre, puis chute sur 15 m jusqu'à son lit rocheux, d'où il commence son long voyage vers l'Adriatique.

Sentier de la Soča — BALADE

(Soška Pot ; www.soca-trenta.si). Ce sentier longe sur 25 km les eaux turquoise de la Soča, depuis sa source à l'ouest jusqu'au bout du parc national du Triglav, à Kršovec. Le **chemin de randonnée de Bovec** prend ensuite le relais jusqu'à Bovec. En tout, c'est une randonnée balisée facile de 5 heures. Les passerelles qui enjambent le fleuve en divers endroits font partie de ses charmes.

Où se loger et se restaurer

Les campings abondent, notamment à l'ouest de Trenta. Sur la route du col du Vršič ou à proximité, plusieurs refuges de montagne, ouverts pour la plupart de mai à septembre, proposent des lits et des repas basiques. Prévoyez de 20 à 25 € par personne pour une couchette.

Vous trouverez peu de restaurants de qualité le long de la route du col. Les hôtels et les pensions disposent généralement de restaurants. Il vaut mieux préparer un pique-nique et faire une halte en chemin en profitant d'un des nombreux points de vue.

Camp Korita — CAMPING €

(☎051 645 677 ; www.camp-korita.com ; Soča 38 ; empl adulte/enfant 12,50/9 €, glamping 16-40 €/pers ; ⏲mai-sept ; P). Très bien placé au bord du fleuve à Soča, ce camping offre des emplacements standards, mais aussi de fabuleux logements haut de gamme dans des cabanes en bois ou des tentes sous des abris en bois. Vous pouvez même opter pour un hamac suspendu entre deux arbres. L'"auberge de jeunesse" dispose de matelas plus classiques au sol, et l'on trouve deux bungalows vieillissants.

Tičarjev Dom na Vršiču — REFUGE €

(☎04-586 60 70, 051 634 571 ; www.pdjesenice-drustvo.si ; Trenta 85 ; 20-30 €/pers ; ⏲mi-mai à mi-sept ; P). Situé sur le col, à 1 620 m d'altitude, ce refuge de catégorie II pour cyclistes et randonneurs possède 60 lits. Le restaurant y sert des repas basiques.

Kekčeva Domačija — PENSION €€€

(Maison de Kekec ; ☎041 413 087 ; kekceva-domacija.si/en/home ; Trenta 76 ; 70 €/pers ; P). Près de la route principale et 700 m après la source de la Soča, cette pension dispose de chambres portant le nom des personnages des aventures de Kekec (voir p. 266 ; le film éponyme fut tourné dans les environs en 1951). L'endroit est enchanteur et on y mange fort bien (demi-pension 85 €). On peut y faire de très agréables randonnées et admirer la vue, et même se rafraîchir dans une petite piscine naturelle.

Renseignements

Centre d'information du parc national du Triglav (Dom Trenta ; ☎05-388 93 30 ; www.tnp.si ; Trenta ; ⏲9h-19h juil-août, 10h-18h mai, juin, sept et oct, 10h-14h lun-ven jan-avr, fermé nov-déc). Expositions, cartes et renseignements sur le parc et la région. Le centre abrite le **musée de Trenta** (p. 116). Hébergements à l'étage (appartements à partir de 60 €), restaurant simple tout à côté, et épicerie de l'autre côté de la route.

Depuis/vers le col du Vršič

De fin juin à fin août, des bus **Alpetour** (☎04 201 31 30 ; www.alpetour.si) parcourent le col dans les deux sens, reliant Kranskja Gora à Bovec (7 €, 1 heure 40, 46 km ; au moins 2 départs/jour) via Trenta. Les horaires figurent sur le site Internet. Les bus s'arrêtent aux principaux sites et lieux d'hébergement.

VALLÉE DE LA SOČA

La vallée de la Soča (Posočje) s'étend du parc national du Triglav à Nova Gorica et comprend les centres d'activités en plein air de Bovec et Kobarid. À travers cette vallée coule la Soča aux reflets turquoise. Les visiteurs s'y pressent pour faire du rafting, des randonnées ou du ski, mais ce territoire recèle aussi des monuments et lieux historiques, liés en particulier à la Première Guerre mondiale. À l'époque, ces montagnes transformées en champ de bataille virent s'affronter des millions de soldats. Dans l'entre-deux-guerres, la vallée de la Soča passa sous domination italienne.

La cuisine est un atout majeur de la région, Kobarid étant l'épicentre de la gastronomie régionale dont la réputation va grandissante.

Bovec

☎05 / 3 150 HABITANTS / ALTITUDE 456 M

Capitale de fait de la vallée de la Soča, Bovec enthousiasme les amateurs de sports extrêmes. Avec les Alpes Juliennes en toile de fond, la Soča en contrebas et le parc national du Triglav (p. 109) tout autour, on peut passer ici une semaine à alterner rafting, randonnée, kayak, VTT, voire ski. Vous pouvez vous baser dans cette jolie ville pour vous adonner à toutes ces activités.

À voir

Cascade de la Boka CHUTES D'EAU

(Slap Boka). Il s'agit de la plus haute chute d'eau de Slovénie, avec un premier saut de 106 m suivie d'un second de 30 m. Elle est encore plus impressionnante au printemps, lorsque la fonte des neiges vient gonfler les eaux. Les chutes sont à 5,5 km au sud-ouest de Bovec – il faut prendre une voiture ou un vélo jusqu'au parking du pont, avant de marcher 15 minutes jusqu'au point de vue.

Téléphérique de Kanin TÉLÉPHÉRIQUE

(☎05-917 93 01 ; www.kanin.si ; adulte 10-34 €, enfant 8-28 € ; horaires variables). Téléphérique qui permet de grimper jusqu'à Kanin, la station de ski de Bovec, en plusieurs étapes. Il est surtout utilisé pour l'accès au ski en hiver ou pour les activités estivales, mais recommandé rien que pour la vue magnifique qu'il offre. En été, le dernier départ pour la montagne se fait souvent à 14h, il est donc conseillé d'organiser la visite le matin.

Forteresse de Kluže CHÂTEAU

(Trdnjava Kluže ; ☎05-388 6758 ; www.kluze.net ; tarif plein/étudiant/enfant 3/2/1,50 € ; 9h-20h juil-août, 10h-17h dim-ven, 10h-18h sam juin et sept, 10h-17h sam-dim mai et oct). Les Autrichiens ont bâti en 1881-1882 la forteresse que nous voyons aujourd'hui pour remplacer le fort du XVIIe siècle. Veillant à 4 km au nord-est de Bovec, elle domine un ravin de 70 m dominant le cours de la Koritnica. Elle servit de base à une garnison austro-hongroise pendant la Première Guerre mondiale, à l'arrière du front des batailles de l'Isonzo. Des expositions y racontent ce passé mouvementé.

La forteresse haute, le **fort Hermann**, fut terminée en 1906. Construite plus à l'ouest sur les flancs du mont Rombon, elle est encore plus impressionnante.

Activités

Canyoning et nage en eau vive

Deux heures de canyoning sur la Soča reviennent à environ 50 € en passant par les agences de Bovec. Pour des sessions plus longues et plus ardues, comptez autour de 90 €.

La nage en eau vive (hydrospeed), qui consiste à surfer sur les rapides palmes aux pieds à moitié couché sur un flotteur, est de plus en plus populaire. Comptez entre 40 et 50 € pour 1 heure 30 environ.

Marche et randonnée

La carte *Bovec z Okolico* (Bovec et ses environs, 1/25 000, 7 €) répertorie toute une série de randonnées, de la balade de 2 heures à l'ascension du mont Rombon (2 208 m), qui requiert 5 bonnes heures.

Parmi d'autres belles régions de randonnée : Lepena, sur la route de Trenta ; le spectaculaire col de Mangart (2 072 m d'altitude, accessible par la plus haute route de Slovénie) ; la vallée alpine de la Loška Koritnica. Pour plus d'informations, rendez-vous à l'office du tourisme.

Plusieurs boucles commencent à Bovec même. Au centre d'information touristique, munissez-vous de la brochure gratuite *Hiking Trails in Bovec Land.*

Printemps karstique (3 km, 2-3 heures). Sentier court et joli au printemps, avec une cascade et de beaux points de vue.

Gorge de Soča (4,8 km, 2-3 heures). Boucle rapide depuis/vers le centre de Bovec passant par une gorge profonde de 15 m et des panoramas splendides.

Fleuve Soča (7,6 km, 3-4 heures). Sentier en fond de vallée qui démarre et se termine à Bovec en suivant le fleuve à l'eau cristalline à travers quelques petits villages.

Cascades de Zapotok (7,9 km, 3-4 heures). Boucle au départ de Soča passant par de superbes cascades.

Sentiers des chèvres (13,4 km, 5-6 heures). Randonnée plus difficile qui gravit des sentiers empruntés par des troupeaux de chèvres à travers des bois ; superbes panoramas et traversée de petits villages avant le retour à Bovec.

AGENCES DE SPORTS D'AVENTURE À BOVEC

À Bovec, des dizaines d'agences proposent des activités aux voyageurs en manque d'adrénaline. Certaines sont spécialisées dans une seule activité (le plus souvent le rafting) tandis que d'autres vendent des forfaits qui permettent de s'essayer à plusieurs sports d'aventure (rafting, canyoning, kayak, parapente, escalade, spéléologie, tyrolienne). Quelques agences organisent également des activités d'hiver comme des excursions en traîneau à chiens ou en raquettes.

Hôtels, pensions, auberges et campings proposent souvent des visites et activités par le biais de leur propre agence (ou une agence affiliée). Inversement, les agences de sports d'aventure incluent souvent un hébergement dans leurs forfaits.

Les centres de réservation sont généralement ouverts de 9h à 19h en été.

Nature's Ways (☎031 200 651 ; www.econaturesways.com ; Čezsoča). En bord de rivière, à 2 km de Bovec, ce prestataire propose les activités classiques de Bovec : canyoning, rafting, kayak, tyrolienne, spéléo et VTT.

Soca Rider (☎041 596 104 ; www.socarider.com ; Trg Golobarskih Žrtev 40). Activités habituelles avec des offres à destination des familles et des débutants.

Bovec Rafting Team (☎041 338 308 ; www.bovec-rafting-team.com ; Mala Vas 106). Agence spécialisée dans les sports d'eau vive (rafting, mini-rafting, kayak, nage en eau vive, canyoning). Les tarifs vont de 50/40 € par adulte/enfant pour une sortie rafting de 3 heures, à 270 € pour un stage de rafting de 3 jours. Propose également de la spéléologie, du parapente et des activités d'hiver (traîneau à chiens, raquettes).

Aktivni Planet (☎040 639 433 ; www.aktivniplanet.si ; Trg Golobarskih Žrtev 19). Professionnel proposant des forfaits sur plusieurs jours pour s'essayer à toutes les activités (rafting, canyoning, kayak, spéléo, tyrolienne, vélo, randonnée).

Rafting et kayak

Les eaux de la Soča sont un haut lieu du rafting et du kayak (dénivelé de 10 à 40%, classes I à VI). La saison dure d'avril à octobre et l'eau atteint son plus haut niveau au printemps. Presque toutes les agences proposent des excursions, généralement sur la même portion du fleuve (entre Boka et Trnovo ob Soči). Le tronçon du fleuve au sud-est de Trnovo ob Soči est réservé aux personnes expérimentées.

Pendant la haute saison, les agences organisent trois sessions de rafting par jour. Les enfants sont les bienvenus – à partir de 5 ans pour le rafting et 8 ans pour les autres activités, en fonction du niveau de l'eau et des conditions météo.

Une excursion en rafting sur la Soča d'environ 8 km (1 heure 30) coûte entre 40 et 50 € environ ; les excursions peuvent être prolongées si le niveau de l'eau le permet. Le prix inclut un guide, le transport vers et depuis le fleuve, une combinaison en Néoprène, des bottes, un gilet de sauvetage, un casque et des rames. Prenez un maillot de bain et une serviette.

On peut aussi faire du mini-raft, un bateau plus petit que l'habituel, à 2 ou 3 personnes maximum. Différence notable : le guide ne monte pas avec vous mais vous accompagne en kayak. C'est donc à vous de manier votre embarcation (en suivant les conseils du guide). Cette option, parfaite pour les rafteurs expérimentés, coûte environ 50 €.

Vous pourrez aussi prendre des cours de kayak à partir de 60 € ou faire des balades en kayak d'environ 8 km pour 50 à 60 €. On peut louer canoës et kayaks sur place.

Si vous vous y connaissez et que vous préférez vous débrouiller seul, plusieurs agences louent du matériel et peuvent assurer le transport.

Ski

Station de ski de Kanin SKI

(☎05-917 93 01 ; www.kanin.si). À Kanin, au-dessus de Bovec, on peut skier jusqu'à 2 300 m d'altitude et la neige reste souvent bonne de novembre-décembre jusqu'au début du mois de mai. La station fonctionne en partenariat avec celle de Sella Nevea côté italien. De nombreuses activités sont possibles en été : randonnées, VTT, parapente et via ferrata.

RANDONNÉES LONGUE DISTANCE

Deux superbes randonnées traversent la vallée de la Soča, des Alpes jusqu'à la mer Adriatique : l'Alpe-Adria Trail et le Sentier de la Paix. On peut en parcourir la totalité ou se contenter d'une ou deux étapes.

Alpe-Adria Trail

Le sentier transnational Alpe-Adria Trail (www.alpe-adria-trail.com) relie des sentiers de 3 pays, du pied du Grossglockner (plus haut sommet d'Autriche) à Trieste, sur le littoral italien de l'Adriatique, en passant par des paysages variés de montagnes, de lacs, de rivières et de vignobles. Les 700 km de la randonnée sont divisés en portions de 20 km (compter environ 6 heures de marche par étape). On y circule dans les deux sens. Plusieurs des étapes du sentier passent par la Slovénie :

Étape 23 de Kranjska Gora à Trenta (19,4 km, 8 heures). Cette étape difficile est extrêmement gratifiante. Pour commencer, vous traverserez des prairies alpines, puis ce sera l'ascension à travers la forêt, avant de passer devant la chapelle russe au col du Vršič (1 611m) et enfin, la descente vers Trenta.

Étape 24 de Trenta à Bovec (21 km, 6 heures 30). Une étape plus douce après les efforts physiques de la veille, qui offre de beaux panoramas. Vous suivrez le fleuve Soča dans la vallée, avec notamment la traversée d'un pont suspendu au-dessus de la gorge de Kršovec.

Étape 25 de Bovec à Drežnica (6 km au nord-est de Kobarid ; 22 km, 7 heures 15). Si vous êtes tombé amoureux du fleuve Soča au cours de l'étape 24, vous l'aimerez d'autant plus sur celle-ci. La plupart du temps, cet itinéraire longe le fleuve et passe par la cascade de la Boka (p. 118), avec une belle vue sur les montagnes tout le long.

Étape 26 de Drežnica à Tolmin (22,1 km, 8 heures). Les six premiers kilomètres sont raides, avec un dénivelé allant de 547 m à 1 236 m, mais le reste n'est que descente. Pour descendre, vous traverserez le paisible village de Krn.

Étape 27 de Tolmin à Tribil di Sopra (Italie ; 18,9 km, 7 heures 30). Cette étape de difficulté moyenne quitte la Slovénie au bout de 9 km et s'engage en Italie.

Reportez-vous au site Internet pour le détail des itinéraires, des solutions d'hébergement et les prestataires pouvant organiser la randonnée.

Sentier de la Paix

Les 320 km du Sentier de la Paix (Pot Miru ; www.potmiru.si) relient entre eux les musées en plein air, les vestiges principaux et les mémoriaux du front de l'Isonzo dans la région de la haute Soča. C'est sur ce front (p. 122) qu'eurent lieu certaines des batailles les plus dévastatrices de la Première Guerre mondiale entre 1915 et 1917. Vous passerez devant des cimetières, des chapelles et autres monuments commémorant cette guerre et honorant ses victimes.

Son segment le plus ancien et le plus connu est divisé en 5 sections entre Log pod Mangartom et son point d'arrivée, près de Tolmin au sud. L'excellent centre des visiteurs de Kobarid (p. 125) vous donnera de plus amples informations. Vous pourrez engager un guide, notamment pour les 15 musées en plein air sur votre chemin.

Vélo

Demandez la brochure *Biking Trails* à l'office du tourisme. Elle recense 16 parcours de niveaux de difficulté différents. La majorité des prestataires loue des vélos et des VTT (15/20 € pour 1 demi journée/1 jour) et propose des circuits avec guide (à partir de 30 €).

Où se loger

Vous trouverez à Bovec d'excellents hébergements pour tous les budgets. En plus des hôtels et des auberges de jeunesse, l'office du tourisme recense des dizaines de chambres chez l'habitant et d'appartements à louer (à partir de 20 €/pers). Ne négligez pas les options pittoresques qui s'offrent à vous le long de la route qui monte depuis Trenta jusqu'au col du Vršič, surtout si vous êtes en camping-car.

Adrenaline Check Eco Place CAMPING €
(041 383 662 ; www.adrenaline-check.com ; Podklopca 4 ; empl 15 €/pers, tente s/d à partir de 40/50 €, tente safari 120-150 € ; mai-sept ; P). Fabuleux camping tout confort à 3 km au sud-ouest de la ville : choisissez entre une tente sous abri avec matelas et linge de lit et une grande tente type safari tout équipée. Laissez votre voiture au parking avant de traverser à pied la grande et belle clairière (interdite aux camping-cars).

Hostel Soča Rocks AUBERGE DE JEUNESSE €
(041 317 777 ; hostelsocarocks.com ; Mala Vas 120 ; dort 13-18 €, d 35-50 € ; P @). Avec ses chambres pimpantes, sa propreté impeccable et son bar convivial, cette auberge de jeunesse moderne cumule les bons points. Les dortoirs comptent au maximum 6 lits et il y a quelques chambres doubles (salles de bains communes). On peut y manger pour pas cher (barbecues l'été) et l'auberge propose aussi un large éventail d'activités.

Hotel Sanje ob Soči HÔTEL €€
(05-389 6000 ; www.sanjeobsoci.com ; Mala Vas 105a ; s/d 80-110 € ; P). Le "Rêve sur la Soča" est un hôtel en bordure de la ville à l'architecture saisissante et à la déco minimaliste mais colorée. Les chambres du rez-de-chaussée sont les moins chères, et aux étages on trouve des studios et des appartements familiaux qui portent les noms des montagnes que l'on contemple depuis leurs fenêtres. Il y a un espace sauna et un bon buffet pour le petit-déjeuner (12 €).

Pristava Lepena VILLAGE VACANCES €€€
(041 671 981, 05-388 99 00 ; www.pristava-lepena.com ; Lepena 2 ; ch à partir de 126 € ; mi-mai à mi-oct ; P). Tenues par un charmant couple slovéno-uruguayen, ces quelques maisons et chambres rustiques forment un "village hôtelier" dans le cadre tout à fait idyllique d'un pâturage alpin en surplomb de la vallée de Lepena. Piscine, restaurant haut de gamme (ouvert à tous), sauna et court de tennis. Possibilité de pêcher et de faire de l'équitation.

Dobra Vila HÔTEL DE CHARME €€€
(05-389 64 00 ; www.dobra-vila-bovec.si ; Mala Vas 112 ; ch 140-270 € ; P @). Adresse de charme nichée dans un ancien central téléphonique de 1932, le Dobra Vila ne compte que 10 chambres. Semé d'objets d'art, il réunit une bibliothèque, une cave à vins et un fabuleux restaurant, doté d'un jardin d'hiver et d'une terrasse.

Hotel Boka HÔTEL €€€
(05-384 55 12 ; www.hotel-boka.si ; Žaga 156a ; d 85-115 €, ste 175-220 €). À environ 6 km au sud-ouest de Bovec, juste après le départ du sentier de la cascade de Boka, cet hôtel bénéficie d'un emplacement privilégié, avec une belle vue depuis certaines chambres, la terrasse du bar ainsi que d'un pont situé non loin de là. Les chambres sont spacieuses mais les peintures auraient besoin d'un petit rafraîchissement.

Où se restaurer et prendre un verre

Le centre-ville de Bovec compte plusieurs établissements de qualité, même s'il n'y a pas autant de choix qu'à Kobarid.

Gostilna Sovdat SLOVÈNE €€
(05-388 60 27 ; www.gostilna-sovdat.si ; Trg Golobarskih Žrtev 24 ; plats 7-22 € ; 10h-22h). L'esthétique n'est pas le point fort du Sovdat et sa terrasse est loin d'être la plus belle de la ville. Pourtant la foule des habitants qui s'y entasse témoigne de la popularité du lieu. Nombre de plats coûtent moins de 10 €, dont les généreuses assiettes de pâtes et les burgers. Vous pouvez aussi opter pour des gnocchis à la sauce à la truffe ou le rôti de bœuf au gorgonzola.

Martinov Hram SLOVÈNE €€
(05-38 86 214 ; www.martinov-hram.si ; Trg Golobarskih Žrtev 27 ; plats 8-19 € ; 10h-22h mar-ven, 10h-minuit sam-dim). Les avis divergent sur ce restaurant traditionnel, mais dans un bon jour vous pourrez y déguster des spécialités locales bien préparées, dont du chevreuil, de la truite pêchées dans la Soča et des poêlées de champignons. Installez-vous sous la vigne de la terrasse donnant sur la rue.

Dobra Vila SLOVÈNE €€€
(05-389 64 00 ; www.dobra-vila-bovec.si ; Mala Vas 112 ; menu 4/6 plats 45/60 €). Cet élégant restaurant, à l'intérieur de l'hôtel du même nom, est de loin le meilleur de la ville. Le menu utilise des produits de saison locaux, à apprécier dans le beau jardin en été. Les plats, le service et le décor sont exceptionnels. Réservation indispensable.

Črno Ovca PUB
(www.facebook.com/crnaovca.bovec ; Trg Golobarskih Žrtev 18 ; 16h-minuit lun-jeu, 10h-3h ven-sam, 10h-23h dim). Le "Mouton noir" n'est pas évident à trouver (indice : il n'est pas loin de l'hôtel Kanin), mais votre quête sera récompensée par une atmosphère détendue, une vue sur la montagne, des activités à la pelle (aire de jeux pour enfants, pétanque, courts de tennis à louer) et, à l'occasion, par un concert.

Renseignements

Centre d'information touristique (TIC ; 05-302 96 47 ; www.bovec.si ; Trg Golobarskih Žrtev 22 ; 8h-20h juil-août, 9h-19h juin et sept, 8h30-12h30 et 13h30-17h lun-ven, 9h-17h sam-dim mai, horaires réduits oct-avr). L'office du tourisme est ouvert toute l'année. Les horaires d'hiver sont étendus lorsque la **station de ski** (p. 119) locale est ouverte.

Poste (Trg Golobarskih Žrtev 8 ; 8h-18h lun-ven, 8h-12h sam). Juste au nord-ouest de l'office de tourisme.

Depuis/vers Bovec

Principales destinations desservies par les bus :
Kobarid (3,30 €, 30 min, 22 km, 5/jour).
Ljubljana (14 €, 3 heures 45, 151 km, 3/jour).
Les bus **Vršič Pass** d'**Alpetour** (04-532 04 45 ; www.alpetour.si) se rendent à Kranjska Gora (7 €, 1 heure 45, 46 km) via Trenta (2,90 €, 30 min, 20 km) de mai à septembre. Il y a 5 à 6 départs par jour. Consultez le site Internet pour les horaires.

Kobarid (Caporetto)

05 / 4 143 HABITANTS / ALTITUDE 231 M

Le bourg de Kobarid est plus pittoresque que Bovec. En dépit des sommets alpins alentour, l'atmosphère est méditerranéenne, presque italienne. Il est vrai que, 9 km plus à l'ouest, on passe la frontière à Robič.

Le Caporetto (le nom de Kobarid en italien) décrit par Hemingway dans *L'Adieu aux armes* (1929) n'a guère changé d'apparence. C'est toujours une "petite ville blanche avec un campanile, dans une vallée...", mais si la cloche sonne encore toutes les heures, la fontaine a hélas disparu.

Histoire

Base militaire à l'époque romaine, objet d'âpres disputes au Moyen Âge, traversée par l'armée napoléonienne et victime d'un terrible tremblement de terre en 1976, elle reste avant tout dans les mémoires comme le site de la bataille décisive de 1917 (connue sous le nom de bataille de Caporetto), durant laquelle les armées allemande et austro-hongroise réunies défirent l'armée italienne.

À voir

Trg Svobode constitue le centre de la ville dominé par l'**église de l'Assomption** (Trg Svobode ; horaires variables) et le campanile rendu célèbre par Hemingway.

LE FRONT DE L'ISONZO (OU SOČA)

La vallée de la Soča fut l'un des théâtres majeurs de la Première Guerre mondiale. Sur ce terrain montagneux s'établit le front de l'Isonzo (nom italien de la Soča), que les forces transalpines, entrées en guerre contre les Empires centraux (Allemagne et Autriche-Hongrie) à partir de 1915, tentèrent par tous les moyens de rompre pour s'emparer de Trieste. En l'espace de deux ans et demi, l'état-major italien déclencha 11 offensives aussi inutiles que sanglantes. Le statu quo entre les belligérants prit fin en octobre 1917, lorsque les Allemands positionnèrent sept divisions d'élite entre Bovec et Tolmin, prélude à une vaste offensive secondée par l'artillerie austro-hongroise. La 12e bataille du front de l'Isonzo entraîna la déroute de l'armée italienne qui recula jusqu'au fleuve Piave, en Vénétie. Dans *L'Adieu aux armes*, Hemingway livre une saisissante description de la retraite de Caporetto. Le romancier fut lui-même blessé sur le champ de bataille de Gorizia au printemps 1917, alors qu'il conduisait une ambulance italienne.

Le "miracle de Kobarid" (nom que les Allemands et les Austro-Hongrois donnèrent à la bataille de Caporetto) eut des conséquences retentissantes en Italie en provoquant la chute du gouvernement et de l'état-major militaire. Les pertes humaines sur le front de la Soča au cours de la période 1915-1917, soldats et civils confondus, avoisinèrent le million.

CHEMIN HISTORIQUE DE KOBARID

Procurez-vous à l'office du tourisme (p. 125) la brochure gratuite consacrée aux 5 km du Chemin historique de Kobarid.

Depuis le **musée de Kobarid** marchez jusqu'au nord de Trg Svobode et suivez le chemin de croix le long d'une route sinueuse jusqu'à l'**Ossuaire italien** (Italijanska Kostnica) contenant les ossements de plus de 7 000 soldats morts au combat sur le front de l'Isonzo. Il est surmonté par l'**église Saint-Antoine** (XVIIe siècle).

Marchez ensuite 1 km sur le sentier partant au nord (sur votre gauche) vers les anciennes fortifications de la colline de **Tonocov Grad** avant de redescendre à travers les vestiges de la **ligne de défense italienne** (Italijanska Obrambna Črta) et ses tranchées, ses emplacements d'artillerie et ses postes d'observation. Traversez ensuite la Soča par une passerelle de 52 m. Un chemin remonte alors une vallée latérale jusqu'au pied de la belle **chute du Kozjak**. Le chemin du retour passe par le **pont de Napoléon** (Napoleonov Most), réplique d'un pont construit par les Français au début du XIXe siècle et détruit en 1915, avant la dernière étape, un petit **musée du fromage** consacré à la fabrication artisanale de fromage dans la région, à quelques pas du point de départ du chemin.

Musée de Kobarid MUSÉE

(Kobariški Muzej ; ☎05-389 00 00 ; www.kobariski-muzej.si ; Gregorčičeva ulica 10 ; adulte/enfant 6/2,50 € ; 9h-18h avr-sept, 10h-17h oct-mars). Ce musée est presque entièrement consacré aux batailles de l'Isonzo (le nom de la Soča en italien) et à la "guerre qui devait signer la fin de toutes les guerres". Les salles thématiques racontent les 29 mois de combats ; une vidéo de 20 minutes (disponible en 10 langues) explique le contexte. Le musée renferme de nombreuses photographies illustrant les horreurs du front, des cartes militaires, des journaux de bord, et deux grands affichages en relief qui décrivent les lignes de front et les offensives dans le massif de Krn, ainsi que les positions des armées dans la vallée supérieure de la Soča.

Cascade de Kozjak CHUTE D'EAU

(Slap Kozjak). Une courte marche (environ 30 minutes) vous mènera à cette superbe chute d'eau. L'eau se déverse d'une saillie rocheuse au milieu d'une caverne aux allures d'amphithéâtre dans un bassin d'eau turquoise 15 m plus bas. On accède au sentier, qui fait partie du Chemin historique de Kobarid, soit par une passerelle piétonne depuis le camping Kamp Lazar, soit depuis le parking en face de Kamp Koren.

Activités

Kobarid n'est pas aussi animé que Bovec, mais plusieurs prestataires proposent des activités (qui ont tendance à mouiller). On peut aussi y faire de belles randonnées.

X Point SPORTS D'AVENTURE

(☎05-388 53 08 ; www.xpoint.si ; Trg Svobode 6). Prestataire basé à l'auberge de jeunesse X Point Hostel proposant des activités aquatiques (rafting, kayak, etc.), du VTT et du parapente en tandem.

Positive Sport SPORTS D'AVENTURE

(☎040 654 475 ; www.positive-sport.com ; Trg Svobode 15). Rafting, canyoning, kayak et VTT à réserver en ligne ou directement au bureau situé sur la place principale.

Fêtes et festivals

Carnaval de Drežnica CARNAVAL

Le dimanche précédant le carême, rendez-vous à Drežnica, à 6 km au nord-est de Kobarid, pour assister à la fête la plus appréciée de Slovénie. De jeunes hommes célibataires ainsi que de jeunes garçons enfilent des masques en bois, soit un Ta Lepi (joli masque) soit un Ta Grdi (masque laid). Les premiers se rendent dans chaque maison du village pour souhaiter de bonnes choses aux habitants et recevoir des cadeaux en retour.

Où se loger

X Point Hostel AUBERGE DE JEUNESSE €

(☎05-388 53 08 ; www.xpoint.si ; Trg Svobode 6 ; 16-20 €/pers ; wifi). X Point propose 6 petites chambres très propres au-dessus de son agence de sports d'aventure du centre-ville. Salle de bains, cuisine et laverie partagées.

VAUT LE DÉTOUR

LES GORGES DE TOLMIN

Tolmin (11 646 habitants) est située dans la vallée de la Soča à 16 km au sud-est de Kobarid. Réputée pour ses sites de parapente et pour ses festivals de musique estivaux – en juillet-août s'y tiennent des festivals de métal, de punk et de reggae – la ville est environnée de très beaux sites naturels et historiques.

Gorges de Tolmin (Tolminska Korita ; ☎05-380 04 80 ; www.soca-valley.com ; adulte/enfant 5/2,50 € sept-juin, 6/3 € juil-août ; ⏲8h30-19h30 juin-août, horaires réduits avr, mai, sept et oct). Ces gorges sont situées à la confluence de deux rivières au point d'entrée le plus méridional du parc national du Triglav (p. 109). Achetez les billets au kiosque à 2 km de marche au nord-est de la ville (en voiture, suivez les panneaux pour Zatolmin) avant d'emprunter la promenade piétonne circulaire à travers les gorges (comptez une heure). Un court chemin annexe vous permettra d'admirer le Medlova glava, un rocher encastré en forme de tête d'ours apprécié des photographes.

Most na Soči Le nom de ce hameau à 5 km au sud de Tolmin signifie "pont sur la Soča". En réalité, les 430 habitants résident au bord d'un magnifique lac, dont vous serez surpris d'apprendre qu'il s'agit d'un bassin artificiel créé par une centrale hydraulique à la confluence de la Soča et de l'Idrijca. Admirez le panorama depuis les bords du lac, ou sur le lac lui-même à bord d'une barque ou d'un kayak (à louer sur place).

Église du Saint-Esprit (☎05-380 04 80 ; Javorca ; adulte/enfant 4/2 € ; ⏲10h-19h mi-juin à août, ouverte moins longtemps le reste de l'année). Cette église située au nord de Tolmin offre une vue panoramique sur la vallée. Décorée par Remigius Geyling, contemporain et ami de Gustav Klimt, elle fut bâtie au début du XXe siècle en hommage aux soldats de l'Empire austro-hongrois morts sur le front de la Soča. Les 20 armoiries qui ornent l'extérieur sont un rappel des 20 provinces de l'Empire.

Hemingway House APPARTEMENT €€
(☎040 774 106 ; www.hemingwayhouseslovenia.com ; Volaričeva ulica 10 ; app 40-70 € ; 📶). Bon rapport qualité/prix dans une maison du centre-ville tenue par Marie, une Canadienne qui a souhaité rendre hommage à Hemingway. Il y a 5 appartements avec chacun une salle de bains et une cuisine, répartis sur 3 niveaux et pouvant accueillir entre 2 et 5 personnes. Le petit-déjeuner (5 €) peut être servi dans le joli jardin partagé. Tarifs réduits hors saison et pour les réservations à la semaine.

♥ **Hiša Franko** PENSION €€€
(☎05-389 41 20 ; www.hisafranko.com ; Staro Selo 1 ; ch 120-150 € ; P📶). Pension pour gastronomes dans une ancienne ferme de Staro Selo, 3 km à l'ouest de Kobarid à mi-chemin de la frontière italienne. Les 10 chambres ont du caractère : couleurs vives, décoration luxueuse et œuvres d'art intéressantes. Certaines chambres ont une immense baignoire, d'autres des terrasses. Le petit-déjeuner est somptueux (20 €/pers), et le restaurant très réputé.

♥ **Nebesa** CHALET €€€
(☎05-384 46 20 ; www.nebesa.si ; Livek 39 ; d 185-275 € ; P📶). Nebesa signifie "paradis", et on comprend pourquoi en arrivant sur les lieux par une route sinueuse de 7 km au départ du village d'Idrisko (à 2 km au sud de Kobarid) : 4 chalets de montagne occupent un site splendide à la vue inoubliable. Prévus pour 2 personnes, ils sont vastes et indépendants, avec kitchenette et terrasse. Il y a également une maison commune avec cuisine, cave à vin, et saunas.

Où se restaurer

♥ **Restaurant Lazar** SLOVÈNE €€
(☎05-388 53 33 ; lazar.si ; Trnovo ob Soči 1b ; plats 7-22 € ; ⏲8h-22h avr-oct, horaires réduits nov-mars). C'est ce restaurant en extérieur à l'atmosphère rustique, installé dans le le centre de vacances Lazar (camping et chambres confortables disponibles) que vous conseilleront les fins gourmets du coin pour un repas en toute simplicité. Son menu varié propose de consistants pancakes à un prix imbattable, des steaks de Black Angus et des grillades au

barbecue (agneau, côtes de porc). À proximité du sentier de la chute du Kozjak.

Hiša Franko SLOVÈNE €€€
(05-389 41 20 ; www.hisafranko.com ; Staro Selo 1 ; menu 6/8 plats 125/150 €, avec le vin 50/75 € ; 12h-16h lun, 17h-23h mer-ven, 12h-16h et 19h-23h sam-dim juin-sept, fermé lun oct-mai). La qualité des produits fait toute la différence dans cet excellent restaurant de Staro Selo, à l'ouest de la ville. Les menus évoluent avec les saisons et vous feront découvrir les légumes du potager de la chef Ana ainsi que des baies, de la truite, des champignons, des fromages, de la viande et du poisson de producteurs et pêcheurs locaux. Les recettes sont inventives et servies avec d'excellents crus. Service impeccable.

Topli Val POISSON, FRUITS DE MER €€€
(05-389 9300 ; www.hotelhvala.si ; Trg Svobode 1 ; plats 11-46 € ; 12h-15h et 18h-22h ;). Chez Topli Val, la cuisine s'est fait une spécialité des produits de la mer, du carpaccio de cabillaud à la truite de la Soča en passant par la langouste accompagnée de pâtes. Dans cette région où "la montagne rencontre la mer", il n'est pas surprenant que le chevreuil ait aussi sa place au menu, et il y a aussi de bons plats végétariens. Pour le dessert, essayez le *kobariški štruklji*.

Renseignements

Centre d'information touristique (TIC ; 05-380 04 90 ; www.soca-valley.com ; Trg Svobode 16 ; 9h-20h juil-août, 9h-13h et 14h-19h lun-ven, 9h-13h et 16h-19h sam-dim mai, juin et sept, 9h-16h lun-ven, 10h-16h sam oct-avr). Cartes de la région, brochures et informations sur le **parc national du Triglav** (p. 109).

Centre d'information du Sentier de la Paix
(Pot Miru ; 05-389 01 67 ; www.potmiru.si ; Gregorčičeva ulica 8 ; 9h-13h et 14h-19h tlj juil-août, horaires réduits le reste de l'année). Située en face du musée de Kobarid, cette fondation vous renseignera sur le **Sentier de la Paix** (p. 120), d'une centaine de kilomètres, et sur les différents sites du patrimoine du front de l'Isonzo. On y trouve des cartes et de la documentation ; on peut aussi y réserver des visites guidées.

Depuis/vers Kobarid

La gare ferroviaire la plus proche est à Most na Soči (22 km au sud, avec des trains depuis/vers Bohinjska Bistrica et Bled Jezero).

L'arrêt de bus est situé devant le café-bar Cinca Marinca, au 10 de trg Svobode.

Parmi les principales destinations pour les bus depuis Kobarid :

Bovec (3,30 €, 30 min, 22 km, 5/jour). En juillet et en août, 2 correspondances par jour avec des bus pour Kranjska Gora via le col de Vršič.

Ljubljana (12,20 €, 3 heures 15, 131 km, 4/jour).

Most na Soči (3,25 €, 50 min, 22 km, 5/jour).

Tolmin (2,90 €, 20-30 min, 18 km, 8/jour).

CENTRE DE LA PRIMORSKA

Si vous vous rendez dans la vallée de la Soča depuis Ljubljana (plutôt que par les Alpes Juliennes), vous traverserez le centre de la Primorska, une région vallonnée, dominée par les collines de Cerkno et d'Idrija (contreforts des Alpes Juliennes), sillonnée de profondes vallées et d'innombrables ravins où les possibilités de randonnée ne manquent pas.

Les villes du coin n'attirent que peu de visiteurs, ce qui ajoute à leur charme (en plus de quelques curiosités originales).

Idrija

05 / 5 860 HABITANTS / ALTITUDE 325 M

Le nom d'Idrija évoque immédiatement dans l'esprit slovène trois choses : les *žlikrofi*, la dentelle et le mercure. Les femmes d'Idrija maîtrisent les deux premières spécialités depuis des siècles, tandis que les hommes ont creusé la terre pour en extraire le mercure, faisant d'Idrija l'une des plus riches cités d'Europe au Moyen Âge. En 2012, la mine de mercure d'Idrija a été inscrite sur la Liste du patrimoine mondial par l'Unesco (avec une mine similaire à Almadén, en Espagne). Outre ces curiosités disparates, Idrija est une jolie ville provinciale où vous pouvez choisir de vous établir pour explorer la région.

Histoire

La première mine d'Idrija ouvrit en 1500. Trois siècles plus tard, la ville produisait 13% des ressources mondiales de mercure de qualité supérieure. Le mercure avait de nombreux usages : il était utilisé pour l'extraction d'or et d'argent dans les mines du Nouveau Monde comme pour traiter la syphilis. Malgré les nombreux risques sanitaires, des travailleurs venus de tout

Idrija

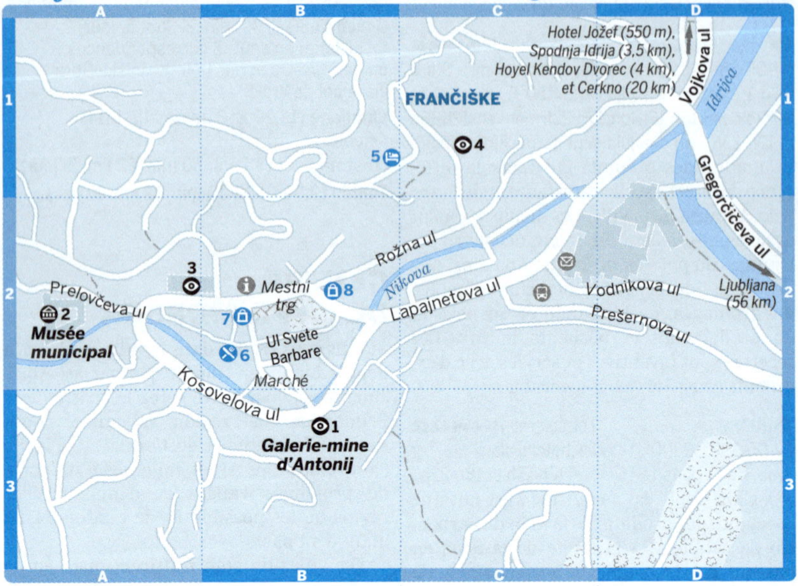

Idrija

Les incontournables

1 Galerie-mine d'Antonij B3
2 Musée municipal A2

À voir

Château de Gewerkenegg .... (voir 2)
3 École de dentelle d'Idrija A2
4 Maison de mineurs C1

Où se loger

5 Hostel Idrija B1

Où se restaurer

6 Gostilna Pri Škafarju B2

Achats

7 Studio Koder B2
8 Vanda Lapajne B2

l'empire des Habsbourg affluèrent, attirés par les salaires relativement élevés – de même que les médecins et les avocats, qui firent fortune en raison des effets toxiques du mercure.

Les mines ont fermé, mais ont marqué la ville de leur empreinte : le sous-sol d'Idrija est un labyrinthe de 700 km de galeries réparties sur 15 niveaux, et de coûteuses mesures doivent être prises régulièrement pour éviter que la ville ne s'effondre.

À voir

Musée municipal MUSÉE

(Mestni Muzej ; ☎ 05-372 66 00 ; www.muzej-idrija-cerkno.si ; Prelovčeva ulica 9 ; adulte/enfant 5/3 € ; 9h-18h). Ce musée, qui a reçu plusieurs prix internationaux, est perché à flanc de colline dans le **château de Gewerkenegg**. Les collections consacrées au mercure, à la dentelle et à l'histoire de la région (mais rien sur les *žlikrofi*) sont exposées dans trois ailes du château entourant une cour. Un livret vous guidera à travers les salles et les expositions.

Vous pourrez admirer des roches et des fossiles (et, dans la salle 3, un récipient rempli de mercure) et découvrir le quotidien des mineurs et l'expansion de la ville. Descendez les marches de la tour du mercure (salle 7) pour voir les outils utilisés dans les mines et une fascinante sculpture moderne composée de gouttes de mercure en suspension dans du plexiglas.

L'aile dédiée à la dentelle aux fuseaux *(klekljana čipka)*, autre industrie locale, vaut également le coup d'œil. La nappe de 3 m sur 1,8 conçue pour madame Tito représente 5 000 heures de travail.

Quant au château, il fut construit dans les années 1520 pour servir de siège à l'administration de la mine d'Idrija.

Galerie-mine d'Antonij MINE

(Antonijev Rov ; ☎05-377 11 42 ; www.cudhg-idrija.si ; Kosovelova ulica 3 ; adulte/enfant 10/5 € ; ⏲visite 10h, 12h, 14h, 15h et 16h tlj juil-août, 10h et 15h lun-ven, 10h, 15h et 16h sam-dim mars-mai, oct et nov, 10h et 15h sam-dim déc-fév). Ce "musée vivant" permet d'appréhender les conditions de travail des mineurs d'Idrija. L'entrée se fait par la galerie d'Antonij, bâtie en 1500, qui conduisait à la première mine, longue de 1,5 km, pour une largeur de 600 m et une profondeur de 400 m. La visite de 1 heure 30 vous fera parcourir 1 200 m depuis la "salle d'appel" d'un édifice du XVIIIe siècle où l'on choisissait les mineurs avant de leur assigner leurs tâches du jour.

Lac Sauvage RÉSERVE NATURELLE

(Divje Jezero). Un sentier de 3 km baptisé **Pot ob Rakah** longe le canal de la rivière Idrijca, de la **Kamšt** (roue à aubes du XVIIIe siècle utilisée pour pomper l'eau des mines) jusqu'au **lac Sauvage**, minuscule étendue d'eau d'un vert intense alimentée par une profonde source karstique. Après de fortes pluies, l'eau jaillit du siphon tel un geyser et le lac semble entrer en éruption. À la sortie de la ville, prenez la route vers Ljubljana puis l'embranchement vers Idrijska Bela. Le lac vous attend 600 m plus loin.

Maisons de mineurs ÉDIFICES HISTORIQUES

(Rudarska Hiša ; ☎05-372 66 00 ; www.muzej-idrijacerkno.si ; Bazoviška 4 ; adulte/enfant 3/2 € ; ⏲9h-16h sur rdv). Sur toutes les pentes de la vallée d'Idrija se dressent de hautes maisons de mineurs à toit pentu en bois, revêtues de pierre et possédant des dizaines de fenêtres. S'élevant généralement sur quatre niveaux, elles logeaient de trois à quatre familles. En compagnie d'un guide du musée, vous pouvez visiter l'une de ces maisons traditionnelles qui surplombent le centre-ville.

École de dentelle d'Idrija ARTISANAT ET MUSÉE

(Čipkarska Šola Idrija ; ☎05-373 45 70 ; cipkarskasola.si ; Prelovčeva ulica 2 ; adulte/enfant 2,50 €/gratuit ; ⏲8h-15h lun-sam juil-août, 10h-13h lun-ven sept-juin). L'École de dentelle d'Idrija a été fondée en 1876 et transmet encore aujourd'hui les techniques de la dentelle aux jeunes générations.

On peut admirer dans la salle d'exposition des pièces exceptionnelles d'élèves âgés de 6 à 15 ans. Certaines pièces réalisées sur place sont en vente.

Fêtes et festivals

Festival de la dentelle CULTURE

(Festival Idrijske Čipke ; www.festivalidrijskecipke.si ; ⏲mi-juin). Le Festival de la dentelle est un important événement qui se tient tous les ans à Idrija sur trois jours, la dernière quinzaine de juin. Après le gala d'ouverture, on peut assister à des démonstrations de confection de dentelle et à des concerts.

UNE FLÛTE DU NÉANDERTAL

Lequel de nos ancêtres préhistoriques jouait de la flûte ? L'une des principales curiosités du Musée national à Ljubljana (p. 60) est une trouvaille faite en 1995 dans la grotte de Divje Babe, située quelque 200 m en dessous de la route principale reliant Cerkno à l'autoroute Tolmin-Idrija, et qui alimente la polémique depuis lors. Il s'agit d'un fragment de fémur d'ours des cavernes de 10 cm, percé de deux trous réguliers et alignés plus deux autres incomplets. L'objet a toutes les apparences d'une flûte.

Datée d'environ 45 000 ans, la "flûte néandertalienne", comme on la surnomme en Slovénie, fait donc débat pour deux raisons : son identité comme instrument de musique et son attribution à l'homme de Néandertal ou au plus moderne Cro-Magnon. Certains pensent que les trous seraient dus aux morsures d'un animal, mais des études remettent en question cette théorie.

S'il s'agit bien d'une flûte, la Slovénie peut se vanter de posséder le plus vieil instrument de musique de la planète. L'objet – vous vous posez certainement la question – émet bien de la musique (cherchez "Neanderthal Bone Flute Music" sur Youtube pour écouter un musicien jouer d'une réplique de la flûte).

VAUT LE DÉTOUR

VOJSKO ET KMETIJA NAŠRAJ : PRAIRIES ALPINES ET SLOW FOOD

Si vous êtes motorisé et que vous avez le temps pour une excursion de plus de trois heures, vous pouvez vous rendre à **Vojsko**, le plus haut village de la région, à 14 km d'Idrija, où vous attendent de superbes prairies alpines et panoramas ainsi que l'agréable sensation de visiter un village de montagne loin des sentiers battus. L'office du tourisme d'Idrija propose une brochure sur Vojsko comprenant une carte et des indications pour trouver le cimetière des Partisans. Vojsko est indiqué à partir de la limite ouest d'Idrija, prenez Ulica Henrika Freyija et suivez les panneaux.

En continuant au nord de Vojsko, l'exploitation **Kmetija Našraj** (☎04-045 09 09 ; www.kmetijanasraj.com/en-us ; Gorenja Trebuša 91 ; ⏲ven-dim avr-nov), tournée vers l'agriculture biologique, vaut le détour pour une expérience culinaire estampillée Slow Food. Il est conseillé d'appeler pour obtenir les indications et prévenir de votre visite. Sachez qu'il est aussi possible d'y dormir. L'exploitaton est perchée à 1 000 m d'altitude, à environ 20 km d'Idrija.

Où se loger

Les hôtels d'Idrija se situent généralement dans la fourchette haut de gamme, mais on trouve quelques adresses à prix moyen. L'office du tourisme fournit la liste des chambres chez l'habitant (à partir de 20 €/pers).

Hostel Idrija AUBERGE DE JEUNESSE €
(☎05-373 40 70 ; www.youth-hostel.si ; Ulica IX Korpusa 17 ; dort/d à partir de 11/26 € ; P ᯤ). Auberge de jeunesse basique avec salles de bains partagées, à 600 m environ au nord-est de Mestni trg.

Na Kluk B&B B&B €€
(☎05-143 54 97 ; www.nakluk.si ; Govejk 14c, Spodnja Idrija ; s/d 40/70 €). Située à l'écart, le long de petites routes à l'est de Spodna Idrija, cette jolie maison champêtre et chaleureuse propose des chambres modernes meublée de bois et d'osier. Vous pouvez manger sur place. Il vous faudra être motorisé.

♥ **Na Kupčku Estate** APPARTEMENT, COTTAGE €€€
(☎03-161 64 11 ; www.nakupcku.com ; Čeokvnik 22 ; app 1/2/3/4 pers 105/115/125/135 € ; P ᯤ). Voici un merveilleux endroit propice à l'évasion conçu par Saša et Jure sur des collines boisées à 9 km d'Idrija. L'appartement, décoré avec goût, offre une belle vue, idéal pour passer une semaine ou plus. Le cottage a été bâti avec du bois de la propriété. Possibilité de se restaurer sur place.

♥ **Hotel Kendov Dvorec** HÔTEL €€€
(☎05-372 51 00 ; www.kendov-dvorec.com ; Na Griču 2, Spodnja Idrija ; s/d à partir de 130/180 € ; P ᯤ). Ce "château-hôtel" à 4 km au nord d'Idrija est sans conteste l'hébergement le plus romantique de la région. Le manoir, dont les parties les plus anciennes datent du XIVe siècle, compte 11 chambres. Mobilier d'époque, jardin magnifique et vues de rêve sur la vallée de l'Idrijca.

Où se restaurer

Il y a peu de restaurants haut de gamme à Idrija, mais vous pourrez faire le plein de *žlikrofi* n'importe où.

Gostilna Pri Škafarju SLOVÈNE €
(☎05-377 32 40 ; www.skafar.si ; Ulica Svete Barbare 9 ; plats 9-18 € ; ⏲10h-16h lun-jeu, 10h-21h ven-sam, 11h-20h dim). Ce sont avant tout les pizzas cuites dans le four à bois en briques de cette *gostilna* accueillante qui attirent le chaland, mais le menu compte bien d'autres recettes, comme des assiettes de *žlikrofi* (raviolis locaux) avec un choix de sauces (pour 2 personnes, 20 €) et les *štruklji* (roulés) aux épinards et au fromage.

♥ **Hotel Jožef** SLOVÈNE €€
(☎082 004 250 ; www.hotel-jozef.si ; Vojkova 9a ; plats 8-20 € ; ⏲12h-15h et 18h-22h). Selon les habitants, voici le meilleur endroit pour goûter des *žlikrofi* cuisinés de façon traditionnelle à la sauce au mouton. Sinon la carte propose aussi une très bonne polenta rouge en entrée, du lapin et même du carpaccio de bison.

Achats

La dentelle d'Idrija, l'une des plus raffinées au monde, fait souvent l'objet d'un cadeau apprécié, sinon d'un souvenir léger à glisser dans son bagage. Vous trouverez de nombreuses boutiques spécialisées.

Studio Koder ARTISANAT
(☎ 05-377 13 59 ; www.idrija-lace.si ; Mestni trg 16 ; ⌚10h-12h et 16h-19h lun-ven, 10h-12h sam). De toutes les boutiques de dentelle de la ville, nous apprécions particulièrement le petit et élégant Studio Koder, en face de l'office du tourisme. Pas de vente agressive et qualité irréprochable.

Vanda Lapajne ARTISANAT
(☎ 04-163 12 33 ; www.vanda-lapajne.si ; Mestni trg 13 ; ⌚16h-19h mar-mer, 9h-12h jeu-sam). Entre les mains de la même famille depuis 1875, cette excellente boutique de dentelle propose des nappes et autres pièces classiques, mais aussi des créations plus modernes dont des boucles d'oreille, des bracelets et des sacs à main.

Renseignements

Centre d'information touristique d'Idrija (TIC ; ☎ 05-374 39 16 ; www.visit-idrija.si ; Mestni trg 2 ; ⌚9h-19h lun-ven, 9h-18h sam-dim mai-sept, 9h-16h lun-ven, 10h-15h sam-dim oct-avr). Conseils et informations sur l'hébergement, en centre-ville.

Poste (Vodnikova ulica 1 ; ⌚8h-18h lun-ven, jusqu'à 12h sam)

Depuis/vers Idrija

Au départ de la **gare routière** (Lapaijnetova ulica), plusieurs lignes de bus desservent :

Bovec (10,30 €, 2 heures 30, 2/jour) via Tolmin et Kobarid.

Cerkno (3,25 €, 28 min, ttes les heures).

Ljubljana (6,90 €, 1 heure 15, ttes les heures environ).

Cerkno

Niché au creux de la vallée de la Cerknica, le paisible village de Cerkno attire ethnologues et joyeux drilles au moment du Laufarija, un carnaval haut en couleur aux racines fort anciennes. Plus récents : les vestiges des baraquements camouflés qui servirent d'hôpital aux partisans pendant la Seconde Guerre mondiale.

Évitez de visiter Cerkno un lundi : le musée et l'office du tourisme sont fermés.

À voir

♥ Hôpital des Partisans de Franja MÉMORIAL
(Partizanska Bolnica Franja ; ☎ 05-3723180 ; www.muzej-idrija-cerkno.si ; adulte/enfant 5/3 € ; ⌚9h-18h avr-sept, 9h-16h oct). Cet hôpital clandestin proche de Dolenji Novaki, à environ 5 km au nord-est de Cerkno, soigna des partisans yougoslaves et étrangers entre la fin 1943 et le terme de la Seconde Guerre mondiale. Humanité et don de soi étaient les mots d'ordre dans cet hôpital de fortune d'une douzaine de cabanons. Quelque 578 blessés y furent soignés, dont seuls 78 succombèrent à leurs blessures.

Caché au fond de la gorge de Pasica, cet hôpital disposait d'eau douce en abondance, qui alimentait aussi un générateur hydroélectrique. Les fermiers locaux et

ŽLIKROFI : LES DÉLICIEUSES PÂTES SLOVÈNES

Les *Idrijski žlikrofi* sont des pâtes qui ressemblent à de petits raviolis. La pâte à base d'œuf et de farine est farcie de pomme de terre, de gras de porc, de lard ou encore de bacon fumé, d'oignon et d'herbes. Il s'agit du premier produit slovène à bénéficier d'une appellation d'origine contrôlée (depuis 2010). Sa fabrication relève de l'art. Pour obtenir le label d'authenticité, ils doivent mesurer 3 cm de long et 2 cm de haut ; l'empreinte du dessus est celle du doigt du confectionneur et elle fait office de signature.

Un légende locale raconte que les *žlikrofi* furent inventés lors de la visite de Napoléon Bonaparte à Idrija : sa maîtresse lui aurait confectionné des beignets reproduisant la forme de son chapeau. Consommés en plat principal ou en accompagnement, ils sont généralement servis avec de la *bakalca*, une sauce à la viande de mouton, mais peuvent aussi se déguster avec du gorgonzola, des champignons ou du porc. Vous en trouverez partout en Slovénie, mais curieusement ils sont meilleurs là où ils sont nés.

Les habitants d'Idrija mangent des *žlikrofi* toute l'année, mais ils organisent une célébration de ce mets le premier samedi de septembre, avec notamment des dégustations dans les restaurants de la ville et d'autres événements.

1

ALEŠ KRIVEC/GLIVEC/500PX ©

2

1. Bouquetin, Alpes Juliennes (p. 83)
En Slovénie, montagnes et vallées verdoyantes sont le refuge de nombreuses espèces sauvages.

2. Téléphérique du Vogel (p. 102)
Ce téléphérique offre des vues à couper le souffle.

3. Gorges de Tolmin (p. 124)
Ces magnifiques gorges se situent au sud du parc national du Triglav (p. 109).

4. Lac de Bohinj (p. 102)
Entouré de villages pittoresques, ce lac est environné de nombreux sentiers de randonnée.

4

LA TRADITION DU "LAUFARIJA"

Selon les ethnologues, le traditionnel carnaval du Laufarija et ses masques caractéristiques tireraient leurs origines du Sud-Tyrol. *Lauferei* signifie "détaler" en allemand, et c'est exactement ce que font les participants aux masques délirants lorsqu'ils capturent leurs victimes.

Des associations "laufarji" (essentiellement masculines) organisent cet événement. Pour les intégrer, il faut avoir plus de 15 ans et avoir fait ses preuves d'apprenti couturier. Les costumes, passablement malmenés durant les festivités, sont refaits chaque année, avec des feuilles, des branches de sapin, de la paille ou de la mousse, cousus sur une structure en toile de jute. La fête se déroule le dimanche précédant le mercredi des Cendres et le Mardi gras. Le personnage principal en est le Pust, qui porte un masque cornu et un lourd costume moussu. Symbole de l'hiver et de l'année écoulée, il est condamné à mourir.

Le Pust est accusé de tous les maux – mauvaise récolte, météo pourrie, dégradation des routes – et le verdict ne change jamais : coupable ! Parmi les autres personnages du Laufarija, certains représentent l'artisanat – le boulanger, le chaumier, le menuisier. Il y a aussi l'ivrogne et son épouse, le mauvais garçon, l'enrhumé et l'accordéoniste malade. C'est le vieillard, vêtu d'une culotte de peau traditionnelle et d'un chapeau à bords larges, qui exécute le Pust avec un maillet en bois, avant que le corps du coupable ne soit placé dans une caisse que l'on fait dévaler d'une colline.

les groupes de partisans lui fournissaient la nourriture, acheminée par une corde le long des falaises abruptes ; les médicaments étaient détournés des hôpitaux en zone occupée ou, plus tard, largués par l'aviation alliée. Malgré deux attaques allemandes, l'hôpital ne céda jamais.

Presque entièrement détruit par une inondation en 2007, l'hôpital fut reconstruit dans les moindres détails. Il est extrêmement bien conçu, avec des panneaux d'information en anglais et en slovène dans chaque bâtiment. On y accède par un joli sentier de 500 m le long d'un ruisseau.

Activités

La brochure *Cerkno Map of Local Walks* (en anglais), disponible à l'office du tourisme et à l'Hotel Cerkno, recense 8 **randonnées** à travers les collines de Cerkno (Cerkljansko Hribovje), aisées pour la plupart et prenant 1 heure 30 à 4 heures aller-retour. L'une conduit à l'hôpital des Partisans de Franja. La brochure *Cerkno Cycling Tracks* propose 5 **randonnées à VTT** à travers les collines ; on peut louer des vélos à l'Hotel Cerkno.

Station de ski de Cerkno SKI

(05-374 34 00 ; www.ski-cerkno.com ; forfait journée adulte/enfant 30/17,50 € ; nov-mars env). Station de ski familiale à 10 km au nord de Cerkno figurant parmi les meilleurs domaines skiables de Slovénie. C'est en tout cas l'un des plus modernes, avec 8 remontées mécaniques, 18 km de pistes convenant à la fois aux débutants et confirmés ainsi que 5 km de sentiers pour ski de randonnée nordique.

Possibilité de louer skis, casques, chaussures et bâtons pour 24-20 € par jour et par adulte/enfant.

Fêtes et festivals

Laufarija CARNAVAL

(www.60let.laufarija-cerkno.si ; fév-mars). L'événement le plus important de la région se déroule sur Glavni trg un peu avant le début du carême (le dimanche et le mardi précédant le mercredi des Cendres). Lors de ce carnaval ancestral, les participants masqués poursuivent et exécutent le Pust, personnage représentant l'hiver et l'année qui se termine (voir l'encadré p. 132). C'est l'occasion idéale pour visiter la ville.

Où se loger et se restaurer

Les deux établissements de la ville sont corrects mais ternes. Il faut réserver plusieurs semaines voire mois à l'avance si vous prévoyez un séjour pendant le carnaval. Sinon, vous pouvez vous établir à Idrija, située à 20 km.

Quelques restaurants simples parsèment le centre, vous aurez vite fait de les oublier. Le meilleur endroit pour s'attabler est Gačnk v Logu, à 3,5 km de la ville.

Gačnk v Logu PENSION €
(☎05-372 40 05 ; www.cerkno.com ; Dolenji novaki 1 ; ch 22-31 €/pers ;). Cette auberge centenaire se trouve non loin de l'embranchement vers l'hôpital des Partisans de Franja. Elle propose 9 chambres agréables (dont des familiales), une aire de jeux pour enfants et un **restaurant** (plats 7-13 €) ne servant que des produits locaux – dont des spécialités de soupes, de la truite fraîchement pêchée, des *žlikrofi* et du chevreuil. Le cadre est agréable.

Hotel Cerkno HÔTEL €€
(☎05-374 34 00 ; www.hotel-cerkno.si ; Sedejev trg 8 ; d en demi-pension standard 62-66 €/pers, standard+ 69-74 € ;). La déco de ce vaste hôtel est un peu obsolète mais les installations sont correctes et le service est impeccable. Les chambres "standard+" sont décevantes au vu des tarifs, mais les chambres standards (avec quand même salle de bains, télévision et Wi-Fi) sont d'un meilleur rapport qualité/prix. Il y a une piscine intérieure, un sauna et des vélos à la disposition des clients, ainsi qu'un café-restaurant.

Renseignements

Centre d'information touristique (TIC ; ☎05-373 46 45 ; visitcerkno.si/en ; Močnikova ulica 2 ; 9h-16h mar-ven, 8h-15h sam-dim). Quasi sur Glavni trg.

Depuis/vers Cerkno

En semaine, des bus partent toutes les heures pour Idrija (3,25 €, 28 min, 21 km) ; il y a jusqu'à 8 bus par jour pour Ljubljana (7,80 €, 1 heure 45, 77 km). Le service est réduit de moitié le week-end.

Sud-ouest de la Slovénie

Dans ce chapitre ➡

Le top des restaurants

- Gostilna Pri Lojzetu (p. 154)
- Hiša Torkla (p. 171)
- Capra (p. 160)
- Pri Mari (p. 168)
- Restaurant Proteus (p. 139)
- Cantina Klet (p. 168)

Le top des hébergements

- Art Hotel Tartini (p. 167)
- Stara Šola Korte Guesthouse (p. 171)
- Majerija (p. 153)
- Lipizzaner Lodge (p. 138)
- Kempinski Palace Portorož (p. 171)

Pourquoi y aller

Cette région illustre, sur une superficie réduite, l'incroyable diversité de la Slovénie : grottes karstiques classées au Patrimoine mondial, forêts peuplées d'ours, villes de bord de mer à l'architecture marquée par leur riche passé vénitien.

On poursuivra avec bonheur la découverte des richesses culturelles et naturelles de cette région : la danse des chevaux blancs lipizzans au haras qui a créé la race à la fin du XVIe siècle ; les riches détails de la *Danse macabre*, fresque du XVe siècle, dans le village isolé de Hrastovlje et la visite des salines ancestrales de Sečovlje suivie d'un agréable gommage au sel dans l'élégant spa à proximité.

La cuisine est tout aussi variée et savoureuse. Pour parfaire votre découverte du plateau du Karst, au déjeuner, accompagnez le *pršut* (jambon cru séché) d'un vin teran couleur rubis ; le soir, sur la côte, agrémentez vos fruits de mer d'un vin local, la *malvazija*, à savourer face au coucher du soleil sur l'Adriatique.

Quand partir

Piran

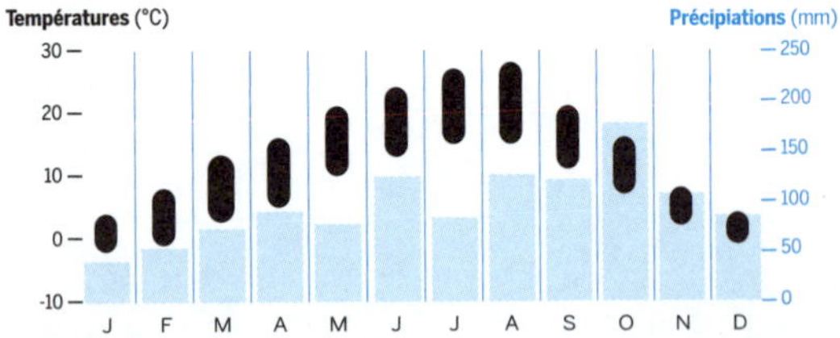

Juillet-août Météo idéale, pic touristique, activités balnéaires et observation de la faune.

Mai-juin Moins de touristes, baignades agréables dans l'Adriatique.

Septembre-octobre Bonne période pour l'œnotourisme à Goriška Brda et dans la vallée de la Vipava.

À ne pas manquer

1 Un festin de pêche dans un restaurant de **Piran** (p. 163), port à l'architecture vénitienne.

2 Les **grottes de Postojna** (p. 136), splendide "cathédrale" karstique.

3 Partir sur les traces des ours dans les profondes forêts de la **vallée de Lož** (p. 147).

4 La fresque médiévale de la *Danse macabre*, dans l'**église de la Sainte-Trinité** (p. 156) de Hrastovlje.

5 Les vallons viticoles de **Goriška Brda** (p. 154).

6 Le **château de Predjama** (p. 139), enchâssé dans la roche à flanc de montagne.

7 Une escapade dans le village de **Korte** (p. 171).

8 Un fabuleux dîner arrosé de crus locaux dans la **vallée de la Vipava** (p. 151).

9 Une plongée dans les **grottes de Škocjan** (p. 148).

10 Un moment de détente au **Thalasso Spa Lepa Vida** (p. 172) .

KARST SLOVÈNE

La région du Karst (*Kras* en slovène ; www.visitkras.info) est un plateau calcaire que délimitent au nord la ville de Nova Gorica, au sud la frontière croate, à l'ouest le golfe de Trieste et à l'est la vallée de la Vipava. Rivières, étangs et lacs disparaissent puis refont surface dans le calcaire poreux à travers gouffres et entonnoirs. Sous terre, cela se traduit par la présence de cavernes, comme les grottes de Škocjan ou de Postojna.

Le Karst recèle aussi des richesses plus terrestres : olives, fruits, vignes du teran couleur rubis, *pršut*, vieilles églises en pierre et maisons coiffées de tuiles rouges.

Postojna

05 / 9 423 HABITANTS / ALTITUDE 546 M

Le réseau karstique de Postojna compte parmi les plus grands au monde avec un ensemble de stalagmites et stalactites sans équivalent. C'est l'un des sites phares du pays. Malgré l'affluence, l'émerveillement est au rendez-vous. La visite du site n'est pas bon marché, mais chaque minute passée dans ce vaste monde souterrain est magique. Porte d'entrée des grottes, Postojna est une ville plutôt attrayante.

Histoire

Le site est connu et fréquenté au niveau local depuis des siècles, comme en témoignent les inscriptions dans la Galerie des nouvelles signatures à l'intérieur du vivarium. Cependant, les visiteurs médiévaux n'en connaissaient qu'une petite partie et ce n'est qu'en avril 1818, alors qu'on préparait la première visite officielle de la grotte par l'empereur d'Autriche François Ier que fut découvert le reste. L'année suivante, l'archiduc Ferdinand d'Autriche inaugurait la première visite guidée autorisée par le comité de la grotte. Depuis cette date, quelque 38 millions de visiteurs sont passés par là (en août, le site enregistre près de 6 000 entrées quotidiennes).

À voir

Grottes de Postojna GROTTES
(Postojnska Jama ; 05-700 01 00 ; www.postojnska-jama.eu ; Jamska cesta 30 ; adulte/16-25 ans/6-15 ans sept-juin 25,80/20,60/15,50 €, juil-août 27,90/22,30/16,70 €, avec château de Predjama sept-juin 35,70/28,60/21,40 €, juil-août 38,50/30,80/23,10 € ; visite guidée ttes les heures 9h-18h juil-août, 9h-17h mai-juin et sept, 10h, 12h et 15h nov-mars, 10h-12h et 14h-16h avr et oct). L'impressionnant réseau de Postojna, succession de grottes, de grandes salles et de galeries sur quelque 24 km, est vieux de 2 millions d'années. Il a été creusé par la rivière Pivka, qui s'engouffre dans un tunnel souterrain près de l'entrée de la grotte. Elle continue ensuite son périple sous terre et ressort sous le nom d'Unica.

En 1 heure 30, vous parcourrez 5 km de grottes, dont 3,2 km par un petit train électrique conduisant à la grotte de la **Grande Montagne** (Velika Gora). Puis un guide vous accompagne à pied à travers passages, grandes salles, galeries et cavernes. Explications en slovène, italien, anglais ou allemand mais audioguide en français.

Ces galeries sèches se parent d'une vaste gamme de stalactites en forme d'aiguilles, d'énormes glaçons ou de fragiles spaghettis. Si les stalagmites revêtent des contours familiers (pêches, choux-fleurs et châteaux de sable), certaines évoquent d'étranges colonnes, des piliers ou des rideaux translucides.

En quittant la grotte de Velika Gora, traversez le **Pont russe** construit par des prisonniers de guerre en 1916, pour atteindre les **Belles Grottes** (Lepe Jame). Sur une longueur de 500 m, elles alignent une forêt de fabuleuses stalactites et stalagmites en rubans, vieilles de 2 millions d'années (1 mm de stalactite se forme en l'espace de 30 ans). Les galeries des Belles Grottes marquent le point le plus éloigné de la visite ; de là, un tunnel mène à la **Grotte noire** (Črna Jama) et à la **grotte de Pivka** (également visibles au cours d'une visite guidée complémentaire).

Le parcours mène ensuite au sud dans la **salle d'Hiver** dont la haute stalagmite (5 m) d'un blanc virginal appelée le **Brillant** (ou le Diamant) et le **Pilier baroque** sont devenus les emblèmes. On entre ensuite dans la cavité la plus imposante du réseau, la **salle de Concert** qui peut accueillir 10 000 personnes pour des représentations musicales. Entre Noël et le Nouvel An, une crèche vivante (Jaslice) y joue la Nativité. C'est ici qu'on reprend le train pour regagner l'entrée.

La température oscille en permanence entre 8 et 10°C pour un taux d'humidité avoisinant 95% : vêtements chauds et bonnes chaussures sont donc

LE PETIT POISSON HUMAIN

Postojna est le royaume du protée anguillard (*Proteus anguinus*), un poisson aveugle aux allures d'anguille. Cette sorte de salamandre d'une couleur qui peut rappeler la chair humaine vit cachée dans les profondeurs jusqu'à près de cent ans et peut se passer de nourriture pendant une décennie.

L'historien Janez Vajkard Valvasor raconte l'effroi et la surprise des habitants lors de la découverte d'un jeune "dragon" dans une source karstique, à la fin du XVIIe siècle. S'ensuivirent diverses évocations de ce "poisson humain" (*človeška ribica* en slovène) à quatre pattes, avant qu'un médecin viennois n'en propose une description scientifique en 1786 et ne lui donne le nom du protecteur des créatures marines dans la mythologie grecque, auquel il accola le terme latin d'*anguinus* (serpent).

Long de 30 cm, doté d'une queue et de courtes pattes, le protée dispose d'un excellent odorat et détecte les champs électriques les plus faibles dans l'eau. Il peut ainsi, en dépit de ses yeux atrophiés et de sa cécité, se déplacer dans l'obscurité, localiser ses proies et communiquer. Le protée anguillard respire au moyen de branchies externes d'un rouge écarlate. Sa peau, totalement dépourvue de pigmentation, semble rosée à la lumière sous l'effet de la circulation sanguine.

La fraîcheur des grottes obscures ralentit son cycle de vie. Bizarrerie de l'évolution, ses branchies renvoient à un stade de têtard qu'il ne dépasse jamais vraiment. L'animal atteint sa maturité sexuelle à 14 ans et a une espérance de vie estimée de 58 à 100 ans ! Une bien étrange créature qui fascine les Slovènes depuis des générations.

Vous en verrez à l'intérieur des grottes de Postojna ou au Proteus Vivarium.

recommandés. À défaut, on peut louer des capes l'entrée (3,50 €). Si le site, imposant et bien organisé, n'est pas donné (le parking coûte déjà 4 €), des offres spéciales sont proposées sur le site Internet, dont plusieurs billets groupés avec le Proteus Vivarium, la nouvelle Expo et l'incontournable château de Predjama (p. 139).

Proteus Vivarium MUSÉE

(☎05-7000100 ; www.postojnska-jama.eu ; adulte/enfant 9,90/5,90 €, avec les grottes de Postojna et l'Expo grotte de Postojna adulte/16/25 ans/6-15 ans sept-juin 37,90/30,30/22,70 €, juil-août 39,20/31,40/23,50 € ; ⏲8h30-18h30 juil-août, 8h30-17h30 mai-juin et sept, 9h30-17h30 avr, 9h30-16h30 oct, 9h30-15h30 nov-mar). Tout à côté de l'entrée des grottes de Postojna se trouve le Vivarium, berceau d'une branche de la biologie : la biospéologie. Postojna héberge en effet des dizaines d'espèces animales souterraines dont on peut découvrir ici certaines des plus intéressantes, comme le "poisson humain" (encadré p. 137), le coléoptère *Leptodirus hochenwartii* (première espèce connue d'insectes cavernicoles) et autres centipèdes.

Expo Grotte de Postojna Karst MUSÉE

(☎05-7000100 ; www.postojnska-jama.eu ; adulte/enfant 9,90/5,90 €, avec les grottes de Postojna et l'Expo grotte de Postojna adulte/16/25 ans/6-15 ans sept-juin 37,90/30,30/22,70 €, juil-août 39,20/31,40/23,50 € ; ⏲9h-18h juin-août, 9h-17h mai et sept, 10h-16h avr et oct, 10h-15h nov-mars). Cet espace très bien conçu destiné aux enfants explique en détail, mais toujours de façon ludique, les phénomènes karstiques et retrace la découverte des grottes. Les souvenirs et les affiches d'époque illustrant deux siècles de tourisme à Postojna sont passionnants (par exemple, l'électrification des grottes date de 1883, soit dix ans avant la capitale Ljubljana).

Grotte de Planina GROTTE

(Planinska Jama ; ☎041 338 696 ; www.planina.si ; Planina ; adulte/enfant 10/7 € ; ⏲ visite 15h sam, 15h et 17h dim avr-sept). Située à 12 km au nord-est des grottes de Postojna, cette cavité abrite un important réseau d'eau douce dans laquelle vit une faune abondante (dont le protée anguillard). L'entrée se trouve au pied d'une paroi rocheuse de 100 m de haut. La visite d'une heure permet d'explorer environ 900 m des 6,5 km de longueur totale. Prévoyez une lampe de poche car l'endroit n'est pas éclairé.

En réservant, des visites guidées peuvent être organisées presque à tout moment en juillet-août, y compris des visites en bateau plus longues (5 heures, 30 €).

Activités

Pour l'observation des ours bruns, qui prospèrent dans les collines boisées à l'est et au sud-est de Postojna, voir p. 147.

Exploration des grottes SPÉLÉOLOGIE
(05-700 01 00 ; www.postojnska-jama.eu ; circuits adulte/enfant à partir de 40/25 €). Toute l'année, des guides spéléologues font découvrir la grotte de Pivka et la Grotte noire, ainsi que des portions habituellement inaccessibles du réseau de Postojna sous le château de Predjama (mai-septembre uniquement, voir l'encadré page ci-contre). Selon vos préférences, l'itinéraire (1 heure 30 à 6 heures) peut être relativement aisé ou, au contraire, nécessiter le port d'un casque et d'une combinaison (fournis) pour franchir des obstacles dans l'eau et faire du rappel. Circuits aventure toute l'année (sauf sous le château) à condition de réserver au moins trois jours à l'avance.

Où se loger

Que ce soit en ville, sur le site même des grottes ou dans la campagne alentour, il existe ici une offre hôtelière de qualité. L'agence Kompas Postojna (p. 144) peut vous trouver une chambre (à partir de 18 €/pers) en ville ou dans une ferme (à partir de 20 €/pers) plus loin à Narin (15 km au sud-ouest) ou encore à Razdrto (11 km à l'ouest).

Proteus Postojna AUBERGE DE JEUNESSE €
(05-850 10 20 ; proteus.sgls.si ; Tržaška cesta 36 ; dort/s/d 15/23/34 € ; P @). Ne vous fiez pas à l'extérieur assez formel, l'intérieur réserve une explosion de couleurs. Entouré d'un parc, cet endroit sympathique et décontracté réunit l'avantage de chambres à 3 lits (sdb non privatives), d'une cuisine et d'une laverie. Ouverte toute l'année, l'auberge partage ses locaux avec des locations pour étudiants. À environ 500 m au sud-ouest de Titov trg. Location de vélos.

Camping Pivka Jama CAMPING €
(05-720 39 93 ; www.camping-postojna.com ; Veliki Otok 50 ; empl adulte/enfant 11,90/8,90 €, bungalow 4 pers 74-99 € ; avr-oct ; P). Ce vaste terrain au milieu des pins est situé 4 km après les grottes de Postojna, non loin de la grotte de Pivka. Ses bungalows en bois et en pierre, familiaux et confortables, disposent pour certains de cuisines. Piscine, restaurant et activités en option. Si vous êtes en camping-car, vous préférerez peut-être vous installer sur le parking à côté des grottes (18 €/24 heures).

Lipizzaner Lodge MAISON D'HÔTES €€
(040 378 037 ; www.lipizzanerlodge.com ; Landol 17 ; s/d/qua à partir de 55/80/100 € ; P). À 9 km au nord-ouest des grottes de Postojna, cette maison d'hôtes a été ouverte par un couple finno-gallois dans un environnement rural. Au nombre des 7 chambres bien équipées et bon marché, une suite familiale et un appartement tout équipé. Fins connaisseurs de la région (le site Internet est fort complet), les hôtes servent un repas du soir à la demande d'un bon rapport qualité/prix (3 plats, 20 €). Balades en forêt (par exemple vers Predjama, 40 min) et location de vélos.

Chambres et appartements Proteus MAISON D'HÔTES €€
(081 610 300 ; www.postojnska-jama.eu ; Titov trg 1a ; d 82-114 €, qua 140-176 € ; P). Au-dessus et à l'arrière du restaurant Proteus, sur la grand-place de Postojna, cette adresse de 15 chambres et appartements avec cuisine équipée (pour 6 personnes maximum) bénéficie d'une décoration soignée et d'équipements satisfaisants (climatisation, parking gratuit, etc.). Petit-déjeuner à 8 €.

Hotel Jama HÔTEL €€€
(05-700 01 00 ; www.postojnska-jama.eu ; Jamska cesta 30 ; ch à partir de 129 €). Après

LA VIA DINARICA

Longue de 1 261 km, la Via Dinarica (trail.viadinarica.com) chemine à travers les hauts sommets et les crêtes des Alpes dinariques entre la Slovénie, la Croatie, la Bosnie-Herzégovine, le Monténégro, l'Albanie et le Kosovo. Le point de départ de cette odyssée balkanique se situe à Nanos, à l'ouest de Postojna. En Slovénie, l'itinéraire grimpe jusqu'au château de Predjama, plonge vers Cerknica et le Karst vert, puis serpente jusqu'à Babno Polje, à la frontière croate, à 137 km.

À NE PAS MANQUER

LE CHÂTEAU DE PREDJAMA

Enchâssé dans la falaise à 123 m de haut, ce **château** (Predjamski Grad ; ☎05-700 01 00 ; www.postojnska-jama.eu ; Predjama 1 ; adulte/16-25 ans/6-15 ans sept-juin 13,80/11/8,30 €, juil-août 14,90/11,90/8,90, avec les grottes de Postojna sept-juin 35,70/28,60/21,40 €, juil-août 38,50/30,80/23,10 € ; ⌚9h-19h juil-août, 9h-18h mai-juin et sept, 10h-17h avr et oct, 10h-16h nov-mar) situé à 9 km de Postojna a tout de la fortification inexpugnable. Construit sur 4 niveaux à partir de 1202, il nous apparaît aujourd'hui dans son habit du XVIe siècle.

Un audioguide (français disponible) détaille les éléments marquants et l'histoire du site. Et rien ne lui manque pour alimenter l'imagination : le pont-levis enjambant un cours d'eau impétueux, des machicoulis au niveau de la herse pour déverser de l'huile brûlante sur les intrus, un donjon bien humide, une malle aux trésors du XVIe siècle, sans oublier l'inquiétante **alcôve d'Érasme** perchée tout en haut.

Parfait Robin des Bois volant les riches pour donner aux pauvres, Érasme Lueger, baron-brigand du XVe siècle, prit le parti des Hongrois dans les guerres qui les opposèrent aux Autrichiens. Il se terrait dans le château de Predjama pour poursuivre ses audacieuses opérations en utilisant un passage secret qui débouchait derrière la paroi rocheuse. En 1484, l'armée autrichienne assiégea le château, lequel se révéla imprenable. Lueger se joua des assaillants, les humiliant d'une pluie de cerises bien mûres. Cependant, les Autrichiens finirent par avoir le dernier mot, atteignant l'insolent d'un boulet de canon alors qu'il trônait au petit coin. Une fin bien infâme pour un si flamboyant personnage.

La grotte en contrebas du château fait partie du réseau de 14 km des grottes de Predjama. Elle est accessible de mai à septembre (mais fermée l'hiver pour ne pas perturber la colonie de chauves-souris pendant leur hibernation). On peut aussi visiter, au prix d'une sérieuse escalade, l'étroit passage d'Érasme à travers lequel ce dernier resta en contact avec le monde extérieur lorsque son château était assiégé. Les visites aventure (24-80 €) doivent être réservées au moins trois jours à l'avance.

Outre l'avantage financier, les billets groupés pour le château et les grottes de Postojna donnent en juillet-août accès gratuit à la navette bien pratique reliant le château aux grottes.

une remarquable rénovation, cet immense hôtel en béton de l'époque socialiste (intégré au site des grottes) a rouvert ses portes en 2016 avec des chambres modernes et élégantes, aux belles palettes de couleurs et aux jolies sdb vitrées. Le supplément pour une chambre avec vue (10-30 €) est justifié. Bar et restaurant sur place. Excellent buffet petit-déjeuner pour 12 €.

Où se restaurer

Restaurant Proteus SLOVÈNE €€

(☎081 610 300 ; Titov trg 1 ; plats 12-22 € ; ⌚8h-22h). Table la plus chic de la ville, cette salle blanche aux alcôves isolées par des rideaux bénéficie d'une terrasse, point de vue idéal sur la grand-place. Une cuisine aboutie met en valeur des produits régionaux de qualité : le goulash de chevreuil et le steak au vin teran (rouge) comptent parmi les spécialités de la maison. Difficile d'égaler le rapport qualité/prix et les saveurs du menu slovène du chef : 4 plats pour 38 €.

Magdalena Food & Fun INTERNATIONAL €€

(www.postojnska-jama.eu ; site des grottes de Postojna ; plats 7-16 € ; ⌚11h-17h). L'un des meilleurs choix au sein du site des grottes, à la fois chic et décontracté, à côté de l'entrée de l'Hotel Jama. Le "burger des grottes" est le meilleur burger de Postojna.

Modrijan Homestead SLOVÈNE €€

(☎05-700 01 00 ; www.postojnska-jama.eu ; site des grottes de Postojna ; plats 12-22 € ; ⌚10h-18h avr-sept). Évidemment, se restaurer sur le site des grottes de Postojna a un coût, mais vous pourrez vous y rassasier de délicieuses viandes grillées. La carte multilingue inclut truite grillée, saumon et légumes, cochon de lait rôti, *klobasa* (saucisse) et *čevapčiči* (boulettes de viande épicées).

Spas et stations thermales

La Slovénie compte une vingtaine de centres thermaux : deux sur la côte, les autres à l'est du pays. Certains sont de style ancien, d'autres modernes et luxueux, d'autres encore dotés d'installations de loisirs pour les familles.

Soins traditionnels

Les centres thermaux les plus anciens, occupant pour beaucoup de beaux bâtiments du XIXe siècle, dispensent des soins thérapeutiques traditionnels. Datant du XVIe siècle, les thermes de Rogaška Slatina (p. 216) sont les plus anciens du pays.

Établissements de luxe

Le sud-ouest du pays rassemble les spas les plus modernes et les plus luxueux. À Portorož, le Terme & Wellness LifeClass (p. 170) propose des piscines grandioses, des "parcs" de saunas, des massages, un centre de thalassothérapie et une clinique ayurvédique. L'offre du Lepa Vida Thalasso Spa (p. 172), à Sečovlje, sur la côte, comprend en outre des soins à base de sel.

Loisirs pour les familles

Le pays ne manque pas de parcs aquatiques, équipés de piscines à vagues et de toboggans. Les Terme Čatež (p. 197), Terme Olimia (p. 214) et Terme Ptuj (p. 222) comptent parmi les plus populaires.

Pour plus d'informations, consultez les sites Internet de l'office du tourisme slovène (www.slovenia.info/fr) et de l'association des spas slovènes (en.slovenia-terme.si).

1

1. Vis Vita Spa, Grand Hotel Rogaška (p. 216) 2. Terme & Wellness LifeClass, Portorož (p. 170) 3. Façade du Grand Hotel Rogaška (p. 216)

3

GEROLD GROTELUESCHEN/ALAMY STOCK PHOTO ©

1

2

TJAŠA PIBERČNIK/500PX ©

.. Vignoble de la route des vins de Jeruzalem-Ljutomer (p. 226)
2. Vintner, vallée de la Vipava (p. 151) **3.** Raisins des vignes
le Črnomelj (p. 190)

Vignobles de Slovénie

Les trois grandes régions viticoles du pays – Podravje et Posavje à l'est et Primorska à l'ouest – sont relativement peu étendues. Avec un peu d'organisation, on peut facilement combiner la visite d'une région avec celle des vignobles locaux.

Route des vins de Jeruzalem-Ljutomer

Cette route des vins (p. 226), sans doute la plus connue du pays, part d'Ormož et s'étend sur 18 km pittoresques jusqu'à Ljutomer. Elle se parcourt en voiture ou, mieux encore, à vélo. Les vignobles de la région produisent d'excellents vins blancs, notamment pinots gris et sauvignons, ainsi que des mousseux.

Carniole-Blanche (Bela Krajina)

La région viticole de Metlika (p. 187) s'est rapidement fait un nom grâce à la qualité de ses cépages comme le sauvignon blanc et le *blaufränkisch*, et au caractère durable de ses vins de glace. C'est la terre du *metliška črnina* (metlika noir), rouge rubis propre à la région. Les cyclistes peuvent aussi parcourir les 17 km séparant Brežice de Bizeljsko pour découvrir le charmant terroir viticole de Bizeljsko-Sremič (p. 199).

Karst et vallée de la Vipava

La région viticole du Karst (p. 151), dans le sud-ouest du pays, produit certains des meilleurs rouges. Le teran, le vin le plus célèbre de Slovénie, doit sa teinte sombre à la terre rouge et riche du Karst. Une route des vins relie 170 vignobles, à parcourir de préférence en voiture.

Au nord du Karst, les vignobles de la vallée de la Vipava (p. 151) et de la région de Goriška Brda (p. 154), de taille modeste et ouverts aux visiteurs, sont considérés comme les plus audacieux du pays. Winestronaut (p. 152), entre autres, organise des dégustations.

Renseignements

INFORMATIONS TOURISTIQUES

Centre d'information touristique Galerija (040 122 318 ; www.visit-postojna.si, en slovène/italien/anglais ; Trg Padlih Borchev 5 ; 9h-17h lun-sam, 9h-15h dim). Office du tourisme bien fourni dans le centre-ville.

Centre d'information touristique de Postojna (TIC ; 064 179 972 ; www.visit-postojna.si, en slovène/italien/anglais ; Tržaška cesta 59 ; 8h-16h lun-ven, 10h-15h sam). L'office du tourisme s'est installé dans un nouveau bâtiment dans le quartier ouest, sur la route qui mène à la ville.

Kompas Postojna (05-721 14 80 ; www.kompas-postojna.si ; Titov trg 2a). Cette agence privée propose des chambres à louer.

Depuis/vers Postojna

BUS

La gare routière de Postojna (Titova cesta 2) se situe à 200 m au sud-ouest de Titov trg. Certaines liaisons intercités font halte aux grottes (*Postojnska jama* sur les horaires).

Parmi les destinations au départ de Postojna :

Cerknica (2,90 €, 27 min, 7/jour).
Divača (près des grottes de Škocjan, 3,90 €, 30 min, 7/jour).
Koper (7,50 €, 1 heure 15, jusqu'à 8/jour).
Ljubljana (6,80 €, 1 heure, 1/heure).
Piran (9,60 €, 1 heure 45, 4/jour).
Trieste (7,30 €, 1 heure 15, 2-3/jour).
Vipava (3,90 €, 34 min, 12/jour).

TRAIN

La gare se trouve sur Kolodvorska cesta, à 800 m à l'est de la place. Postojna est desservie par la ligne reliant Ljubljana (5,80 €, 1 heure) à Sežana et Trieste via Divača. Une vingtaine de trains par jour circulent entre Ljubljana et Postojna si bien qu'on peut aisément faire l'aller-retour en une journée depuis la capitale.

Jusqu'à 6 trains par jour desservent Koper (6,99 €, 1 heure 30), sur la côte, parfois avec changement à Divača.

Comment circuler

En juillet-août, une navette gratuite relie la gare ferroviaire aux grottes de Postojna. Renseignez-vous auprès de votre hébergeur pour connaître le loueur de vélos le plus proche ou allez à **l'auberge de jeunesse Proteus Postojna** (p. 144). Taxis 031 777 974 ou 031 413 254.

Karst vert

Postojna et Predjama se trouvent dans une région agréablement vallonnée et densément boisée, la Notranjska (ou Carniole-Intérieure), récemment rebaptisée Zeleni Kras (Karst vert, www.zelenikras.si). Avec ses châteaux, ses grottes et ses avens, cette région peu connue des voyageurs ne manque certes pas de potentiel touristique.

Son isolement géographique a donné naissance aux mythes et aux légendes les plus populaires de Slovénie, en particulier celle du tueur à la force herculéenne Martin Krpan (francisé en Kœurpane), rendu célèbre dans le roman du même nom de Fran Levstik.

Cerknica et ses environs

01 / 4 018 HABITANTS / ALTITUDE 572 M

Lacustre sans l'être, la ville de Cerknica est le lieu d'un phénomène naturel parmi les plus insolites de Slovénie : elle borde les "rives" d'un lac intermittent. Préservée des cars de touristes à la différence de sa voisine Postojna, elle offre un agréable point de chute pour partir à la découverte de la gorge de Rakov Škocjan et du parc régional de Notranjska. La semaine précédant le mercredi des Cendres, ne manquez pas le joyeux carnaval de Cerknica (p. 145).

À voir

Lac de Cerknica LAC

(Cerniško Jezero). Depuis la nuit des temps, le lac intermittent de Cerknica (voir l'encadré page ci-contre) laisse l'observateur perplexe, apparaissant puis disparaissant au gré des saisons. Cerknica est un poljé (*polje*), une plaine située au-dessus d'une grotte karstique effondrée parsemée de trous, tel un gruyère. Durant les saisons pluvieuses, soit le plus souvent à l'automne et au printemps, l'eau afflue dans le poljé. Les gouffres et les siphons ne parviennent alors plus à en assurer l'écoulement souterrain, et le poljé devient lac, parfois en moins d'une journée.

Parc régional de Notranjska RÉSERVE NATURELLE

(Notranjski Regijski Park ; www.notranjski-park.si). Véritable réserve de biodiversité, ce parc de 222 km² réunit nombre de paysages typiques de cette région karstique, dont le lac intermittent de Cerknica, mais

UN LAC INTERMITTENT

Sa taille fluctuante selon les saisons fait du lac de Cerknica une véritable curiosité géologique. En période de hautes eaux, la superficie du lac peut atteindre 38 km² (en général plutôt 28 km²), mais il ne fait jamais plus de quelques mètres de profondeur. Il s'étend alors au sud du village de Dolenje Jezero. Lorsque la Stržen (rivière intermittente) remplit le poljé de Cerknica, une importante zone humide se crée, attirant quelque 276 espèces d'oiseaux chaque année, 125 espèces de papillons et 15 espèces d'amphibiens. En période sèche (de juillet à septembre), les fermiers mènent le bétail paître dans le poljé.

Lorsque les eaux disparaissent sous terre, elles s'infiltrent dans les grottes du réseau karstique. Une partie réapparaît en tant que rivière Rak à Rakov Škocjan et atteint même les marais de Ljubljana.

C'est sur les rives nord du lac, à Dolenje Jezero, qu'a été créé le **musée du lac de Cerknica** (Muzej Jezerski Hram ; ☎01-709 40 53, 051 338 057 ; www.jezerski-hram.si ; Dolenje Jezero 1e ; adulte/enfant 7/5 € ; ⏲visite guidée 15h tlj juil-août, sam avr-juin et sept-oct, sur rendez-vous nov-mars). Une maquette du lac de Cerknica à l'échelle 1/2 500 (soit 5 m par 3 m) permet de comprendre le fonctionnement du système hydrologique souterrain au cours d'une démonstration, tandis qu'une vidéo montre l'évolution du lac au fil des saisons. La pêche locale et la construction de bateaux font aussi l'objet d'une exposition permanente.

Un bateau à fond plat permet d'explorer le lac ou de pêcher : renseignez-vous à l'office du tourisme de Cerknica.

aussi des forêts, prairies, zones humides, grottes (dont celle de Križna) et la gorge de Rakov Škocjan. Il protège aussi un riche patrimoine culturel : bâtiments agricoles, anciens séchoirs à foin et vergers, offrant un terrain idéal pour la randonnée, le vélo et l'ornithologie. Renseignements auprès de l'office du tourisme local (p. 147).

Rakov Škocjan GORGE

Rakov Škocjan est une magnifique gorge située à 6 km à l'ouest de Cerknica. Sur son chemin pour la grotte de Planina, où elle rejoint la Pivka, la rivière Rak a façonné 2,5 km de cavités, de grottes, de sources, ainsi que le **Veliki Naravni Most** (grand pont naturel) et le **Mali Naravni Most** (petit pont naturel). Intégrée dans le parc régional de Notranjska, la gorge est sillonnée de nombreux circuits de randonnée à pied ou à vélo.

Maison du patrimoine CENTRE CULTUREL

(Hiša Izročila ; ☎01-709 63 10 ; www.hisaizrocila.si ; Dolenja Vas 70c). Ouverte en 2015, cette maison du patrimoine vise à préserver le patrimoine naturel et culturel du parc régional de Notranjska. Différents événements, ateliers et activités y prennent place tels que promenades guidées, sorties ornithologiques, démonstrations de construction de bateaux, soirées de musique folklorique ou de contes. Agenda en ligne et réservation requise.

Fêtes et festivals

★ **Pust v Cerknici** CARNAVAL

(www.pust.si ; ⏲fév-mars). Cerknica est célèbre pour son Pust. Précédant le carême, ce carnaval se déroule sur quatre jours à compter du week-end précédant le mercredi des Cendres. De joyeux participants masqués et des sorcières défilent dans les rues, taquinés par des *butalci* (rustauds) armés de fourches.

Où se loger et se restaurer

Les restaurants sont assez rares par ici, mais la plupart des hébergements proposent aussi des repas.

Hotel Rakov Škocjan HÔTEL €

(☎031 391 195 ; Rakov Škocjan 1 ; d à partir de 48 € ; ❄📶). Son environnement boisé et sa situation, à 5 km à l'ouest de Cerknica, le font apprécier des voyageurs. Les chambres, moquettées, sont un peu vieillottes mais correctes. Petit-déjeuner buffet, et steaks pour le déjeuner ou le dîner.

Prenočišča Miškar MAISON D'HÔTES €

(☎081 602 284 ; www.miskar.si ; Žerovnica 66 ; s/d/tr 35/50/66 € ; P📶). Cette maison de 4 chambres est un excellent choix,

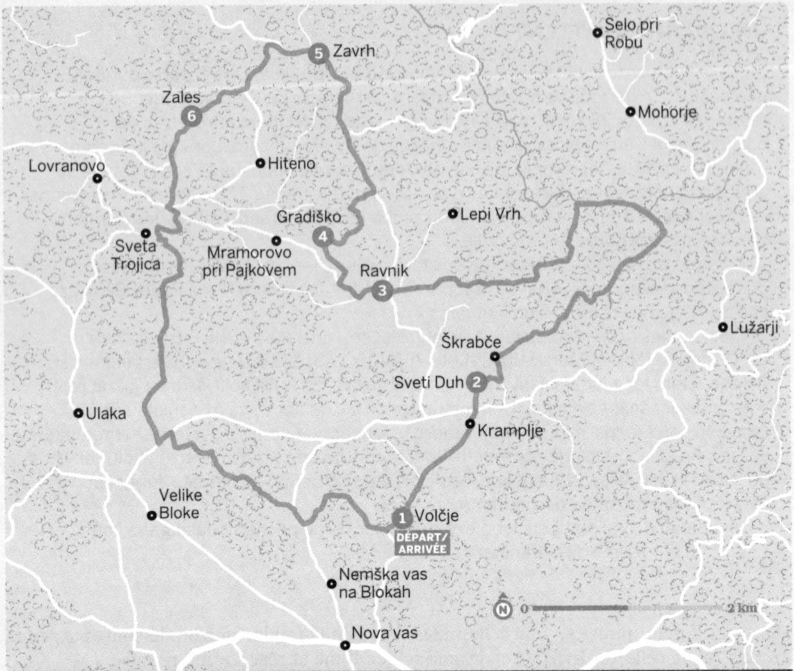

Promenade à pied **Plateau de Bloke**

DÉPART VOLČJE
ARRIVÉE VOLČJE
DISTANCE 22,5 KM
DURÉE 4 À 7 HEURES

Loin des circuits touristiques en bus, cette délicieuse échappée dégourdit les jambes parmi les plus beaux paysages du Karst vert. En dépit des nombreuses montées et descentes, cette randonnée demeure relativement facile. Selon votre niveau et votre forme, la boucle se fait entre 4 et 7 heures.

Généralement accessible de mai à septembre, l'itinéraire permet de découvrir, au fil des villages, d'anciennes scieries, des *pajštaba* (aires où l'on fait sécher les fruits), de vieux ponts sur la Bloščica et quelques jolies églises.

Au départ de 1 **Volčje**, contournez le lac de Bloke en direction du nord-est jusqu'à 2 **Sveti Duh** (1,4 km) ; 1 km plus loin, le sentier commence vraiment à monter. Passé une crête à 785 m, il redescend à 713 m, avant d'obliquer au nord-ouest près de Laze et de grimper jusqu'à 852 m, en atteignant alors le point le plus haut du sentier à quelque 12 km du départ. Vous traverserez ensuite 3 **Ravnik** et 4 **Gradiško**, une ascension assortie de points de vue magnifiques sur le parc régional de Notranjska. Arrivé le plus au nord du parcours, vous passerez par le petit village de 5 **Zavrh** où vous admirerez l'église Saint-Ulrich et les vestiges de la propriété Fajgl, où vécut Martin Krpan.

Juste après Zavrh, le sentier descend, à travers la forêt pour rejoindre 6 **Zales**. Passé Bočkovo, vous atteindrez le point le plus bas du parcours, 674 m, à environ 15 km du point de départ. Le sentier se poursuit vers le sud, puis vers le sud-est, grimpant – plus progressivement cette fois-ci – jusqu'à 807 m. Après quelques courtes descentes et montées, vous serez de retour à Volčje.

Une partie de l'itinéraire suit la **Via Dinarica** (p. 138).

au milieu des arbres à environ 7 km au sud-est de la ville (et à seulement 5 km de la grotte de Križna). Les propriétaires sont sympathiques et la vue depuis le balcon est superbe. Les bois alentour sont peuplés d'ursidés.

Valvasorjev Hram SLOVÈNE €
(☎01-709 37 88 ; Partizanska cesta 1 ; plats 8-17 € ; ⏲8h-23h lun-sam, 15h-22h dim). Ce restaurant simple sert des plats copieux : *jota* (potée slovène), *klobasa*, mais aussi des pizzas. L'établissement possède sa propre cave et une terrasse pour l'été.

Renseignements

Centre d'information touristique (TIC ; ☎01-709 36 36 ; ticerknica@cerknica.si ; Tabor 42 ; ⏲8h-16h lun-sam, 8h-12h dim). Renseignements locaux, y compris sur le parc régional de Notranjska, et location de vélos.

Depuis/vers Cerknica

Liaisons par bus au départ de Cerknica :
Ljubljana (6,50 €, 1 heure 15, jusqu'à 17/jour)
Postojna (2,90 €, 27 min, 6/jour)
Ratek (1,40 €, 9 min, 9/jour), lieu de la gare la plus proche.

Vallée de Lož

☎01 / ALTITUDE 586 M

Au sud-est de Cerknica, la vallée de Lož (Loška Dolina) offre une image verdoyante de la Slovénie rurale. L'été, repérez sa marque de fabrique : les *ostrnice* (meules de foin élancées faites autour d'une cime d'arbre coupée) dressées dans les prairies fauchées. La région

OBSERVATION DES OURS BRUNS

Les forêts du parc régional de Notranjska recèlent une importante population d'ours, que des guides expérimentés vous emmènent observer d'avril à septembre. La saison se prolonge parfois jusqu'en octobre et peut commencer en mai, selon les conditions météorologiques. Avec un peu de chance, vous pourrez aussi apercevoir des lynx et des loups.

La plupart des circuits proposent une approche en automobile jusqu'en pleine forêt avant de gagner en quelques minutes de marche un poste d'observation face à une clairière fréquentée par les ours. On patiente alors deux heures ou plus dans un silence absolu en attendant l'apparition des plantigrades.

Gostišče Mlakar (☎041 582 081 ; www.slovenianbears.com ; Markovec 15a ; 80-120 €/jour). Au départ de sa maison d'hôtes familiale dans le hameau de Markovec (voir p. 148), Miha organise des circuits dans la nature, des stages de plusieurs jours pour photographier la faune et des excursions d'observation des ours.

Excursions de l'office du tourisme (TIC ; ☎081 602 853 ; www.loskadolina.info ; Cesta 19 Oktobra 49, Lož ; 100/130/165 € pour 1/2/3 pers). L'office du tourisme de Lož propose (sur réservation) une soirée d'observation de la faune en compagnie d'un guide local (3 participants au maximum). Il faut compter 3 heures environ avec départ de l'office du tourisme et courte marche en forêt vers le poste d'observation. D'autres excursions à la journée, incluant l'observation des plantigrades, sont aussi proposées.

Forest Adventures (☎040 187 309 ; www.forest-adventures.eu ; Ulica Vilka Kledeta 6 ; à partir de 60 €/pers ; ⏲mai-oct). Cette équipe basée à Postojna propose des excursions d'observation des ours, combinant randonnée et attente dans une cachette.

Slovenia4Seasons (☎040 387 887 ; www.slovenia4seasons.com ; à partir de 195 €/pers ; ⏲mai-oct). Ce tour-opérateur haut de gamme garantit 90% de chances d'apercevoir des ours et offre un rabais de 50% sur une seconde excursion si la première est infructueuse. On peut venir vous chercher à l'hôtel ou à l'office du tourisme de Postojna.

Bears & Wildlife (KTC ; ☎041 201 232 ; www.bearsandwildlife.si ; Hrib 14, Loški Potok ; 90 €/pers ; ⏲16h-22h). Au-delà des montagnes à l'est de la vallée de Lož, dans le village de Loški Potok, ce prestataire met sur pied divers circuits dans la nature, notamment des excursions d'observation des ours, qui commencent à 16h et peuvent durer jusqu'à 22h environ. On peut aussi passer la nuit en forêt.

compte aussi de remarquables grottes et un beau château, mais on y vient surtout pour observer des ours bruns.

À voir

Vous apprécierez pleinement les magnifiques paysages de la vallée en partant de Grahovo pour Lož en prenant l'itinéraire sud passant par Žerovnica et Podcerkev.

Grotte de Križna GROTTE

(Križna Jama ; 041 632 153 ; www.krizna-jama.si ; adulte/enfant 9/6 € ; visites guidées 11h, 13h, 15h et 17h juil-août, 11h, 13h et 15h sept, 15h sam-dim avr-juin). On peut explorer la plupart des grottes slovènes à pied, mais la grotte de la Croix est l'une des rares proposant une **balade souterraine en bateau**. C'est aussi la seule grotte touristique de Slovénie non électrifiée. Munis de lampes frontales et de bottes (fournies), les visiteurs font le tour de la partie au sec de la grotte, suivi d'une courte promenade en bateau sur le premier lac, le tout en 1 heure 30. Réservez.

Château de Snežnik CHÂTEAU

(Grad Snežnik ; 01-705 78 14 ; www.nms.si ; Kozarišče 67 ; adulte/enfant 5/3 € ; visites guidées de 45 min ttes les heures 10h-18h avr-sept, 10h-16h mar-dim oct-mars). Entourée d'un beau parc, cette forteresse Renaissance dont la construction remonte au XVe siècle est l'une des plus belles de Slovénie. Certains ajouts ont été réalisés au XIXe siècle et une restauration récente a eu lieu. Héritages de la famille Schönburg-Waldenburg – qui fit du château acheté en 1853 sa résidence d'été et son pavillon de chasse jusqu'à la Seconde Guerre mondiale –, des meubles d'époque et des portraits décorent les quatre étages.

Où se loger et se restaurer

La Gostišče Mlakar peut vous préparer des repas. Sinon, prévoyez des provisions ou mangez à Cerknica ou à Postojna.

Gostišče Mlakar MAISON D'HÔTES €€

(01-705 86 86, 041 582 081 ; mlakar.markovec@gmail.com ; Markovec 15a ; à partir de 35 €/pers ; P). Dans le hameau de Markovec, Miha et sa famille dirigent cette maison d'hôtes confortable et un restaurant servant une cuisine familiale, très prisé localement. Cerise sur le gâteau : Miha propose des sorties personnalisées d'observation de la nature (voir l'encadré p. 147).

Renseignements

Centre d'information touristique (TIC ; 081 602 853 ; www.loskadolina.info ; cesta 19 Oktobra 49, Lož ; 10h-18h mai-sept, 10h-16h lun-ven oct-avr). Accueil sympathique et serviable, dans le petit village de Lož. Vous y trouverez foule d'informations (comme sur le site Internet). C'est le point de départ d'excursions d'observation des ours.

Depuis/vers la vallée de Lož

Vous aurez besoin d'un véhicule pour explorer la région. Aucun transport en commun ne circule après le coucher du soleil.

Grottes de Škocjan

05 / ALTITUDE 402 M

Inscrit sur la Liste du patrimoine mondial, l'immense réseau de grottes karstiques de Škocjan n'a rien à envier à celui de Postojna. Pour nombre de voyageurs, cette visite digne du *Voyage au centre de la Terre* de Jules Verne constitue l'un des temps forts de leur séjour en Slovénie.

À voir et à faire

Grottes de Škocjan GROTTE

(Škocjanske Jame ; 05-708 21 00 ; www.park-skocjanske-jame.si ; Škocjan 2 ; adulte/enfant 20/10 € juil-août, 18/9 € mars-juin et sept-oct, 16/7,50 € nov-fév ; ttes les heures 10h-17h juin-sept, 10h, 12h, 13h et 15h30 avr, mai et oct, 10h et 13h lun-sam, 10h, 13h et 15h dim nov-mars). Ce réseau souterrain de 6 km de long est l'œuvre de la Reka, fleuve qui pénètre dans une gorge sous le village de Škocjan pour se jeter dans le lac Mort, un réservoir où elle disparaît à l'extrémité de la grotte. Elle refait surface – sous le nom de Timavo – à Duino, en Italie, soit 34 km au nord-ouest, avant de se jeter dans le golfe de Trieste.

Deux possibilités de visite s'offrent à vous. La première et la plus populaire prend la forme d'un parcours guidé de 3 km qui dure 2 heures intitulé "À travers le canyon souterrain". Accompagné d'un guide au départ de la billetterie, on emprunte un chemin de gravier sur environ 600 m avant d'atteindre l'entrée principale dans la **vallée de Globočak** (dolines). Un tunnel de 116 m, construit en 1933, conduit rapidement au début de la **Grotte silencieuse**, une ramification sèche de la gorge souterraine qui s'étend sur 500 m. Baptisée "Paradis" dans sa première section, elle est couverte de splendides stalactites, stalagmites et de coulées semblables à des congères ; le deuxième secteur, dit "Calvaire", constituait autrefois le lit de la rivière. La Grotte silencieuse débouche sur la **grande salle**, véritable forêt de concrétions et de gisements, large de 120 m sur 30 de hauteur. Ne manquez pas les "géantes" et l'"orgue", des stalagmites impressionnantes.

Le bourdonnement de la rivière salue votre entrée dans la **Grotte bruyante** aux parois de 100 m de hauteur. Pour enjamber la Reka et rejoindre la salle de Müller, il faut traverser le **pont de Cerkevnik**. Suspendu à près de 50 m au-dessus du lit de la rivière, c'est sans conteste le temps fort de la visite.

La **salle de Schmidl** débouche dans la Velika Dolina ("grande vallée"). De là, vous passerez devant la **grotte de Tominč**, où des éléments d'un site préhistorique ont été mis au jour, puis vous emprunterez une passerelle près du pont naturel. La visite s'achève au pied d'un funiculaire qui vous ramène à l'entrée (si vous préférez marcher, comptez une demi-heure).

Ces grottes abritent une flore et une faune d'une grande richesse, dont différentes espèces de chauves-souris. Prévoyez une veste ou un pull, la température dans les grottes affichant 12°C. Une bonne paire de chaussures de marche est aussi recommandée, car les sentiers peuvent être glissants. Au total, on parcourt 3 km. Photos interdites.

D'avril à octobre, les visiteurs peuvent opter pour une autre offre, intitulée "De la Reka jusqu'au monde souterrain", une visite guidée (ou libre) de 2 km le long de la rivière. L'accès à la première partie de la grotte se fait par l'ouverture naturelle creusée par la rivière en contrebas du village de Škocjan. Si vous souhaitez combiner les deux visites, il existe un billet commun (adulte/enfant 24/12,50 €).

Sentier d'interprétation de Škocjan PROMENADE

Si vous avez du temps avant ou après la visite des grottes, suivez cet itinéraire circulaire de 2 km passant par les dolines du réseau de grottes et des hameaux voisins. Les plus pressés prendront le sentier en direction du nord après avoir descendu les marches au départ de la billetterie des grottes : 250 m plus loin se trouve un beau point de vue sur la Velika Dolina et sur la gorge où la Reka entame son périple souterrain.

Où se loger et se restaurer

Pr' Vncki Tamara MAISON D'HÔTES €€

(☎05-763 30 73, 040 697 827 ; pr.vncki.tamara@gmail.com ; Matavun 10 ; d 70 € ; P). C'est à Matavun, un peu au sud de l'entrée des grottes, que vous découvrirez cette vieille ferme ravissante aux 4 chambres de style traditionnel (10 lits au total). Belle cuisine rustique avec cheminée. Repas possibles (très appréciés) sur réservation et location de vélos.

Etna ITALIEN €€

(☎031 727 568 ; www.etna.si ; Kolodvorska ulica 3a, Divača ; plats 8-19 € ; ⏲11h-23h mar-dim). L'Etna revisite les traditionnels pizzas/pâtes/viandes avec réussite. Pâtes et pizzas sont faites maison et les desserts sont aussi beaux que bons.

Depuis/vers les grottes de Škocjan

Les grottes de Škocjan se situent à 4,5 km au sud-est de Divača. Un bus circule 2 à3 fois par jour entre les plus proches gares routière et ferroviaire, à Divača, et les grottes. Le centre d'information des grottes recommande de vérifier par téléphone les horaires car ils varient selon la saison. Un sentier balisé mène aussi aux grottes en 1 heure.

Les bus entre Ljubljana et la côte s'arrêtent à Divača. Parmi les destinations en bus au départ de Divača :

Koper (5 €, 45 min, jusqu'à 11/jour).
Ljubljana (8,50 €, 1 heure 30, 7/jour).
Postojna (3,90 €, 30 min, 7/jour).

Destinations ferroviaires au départ de Divača :

Koper (4,28 €, 50 min, 5/jour).
Ljubljana (7,70 €, 1 heure 30, jusqu'à 14/jour).
Postojna (3,44 €, 35 min, jusqu'à 14/jour).

Lipica

☎05 / 105 HABITANTS / ALTITUDE 396 M

La réputation de ce village situé à quelque 9 km au sud-ouest de Divača et à 2 km de l'Italie dépasse largement ses frontières depuis des siècles. Lipica est connue pour ses lipizzans, chevaux à la robe gris-blanc, élevés ici depuis la fin du XVIe siècle pour le compte de l'école d'équitation espagnole de Vienne.

Histoire

En 1580, l'archiduc Charles II fonda à Lipica un haras pour la cour impériale de Vienne.

Il fit venir des chevaux andalous pour les croiser avec la race locale du Karst, cheval de trait utilisé depuis l'époque romaine. Le lipizzan était né. Mais la robe que l'on connaît aujourd'hui est le fruit de croisements, deux siècles plus tard, avec des étalons arabes blancs.

En raison des guerres, les lipizzans furent ensuite disséminés – en Hongrie et en Autriche après la Grande Guerre, dans la région des Sudètes en Bohême par les Allemands durant la Seconde Guerre mondiale, puis en Italie par l'armée américaine en 1945. Seuls 11 chevaux regagnèrent Lipica lorsque le haras rouvrit en 1947.

Aujourd'hui, plus de 300 lipizzans vivent dans le haras d'origine, le reste de l'élevage étant assuré à l'étranger, notamment à Piber en Autriche, pourvoyeur de la fameuse école espagnole de Vienne. Chacun de ces centres revendique l'authenticité de ses chevaux et la Slovénie affiche même un couple de lipizzans au revers de sa pièce de 0,20 €.

À voir

Haras de Lipica HARAS

(05-739 15 80 ; www.lipica.org ; Lipica 5 ; visite guidée adulte/enfant 16/8 €, avec spectacle 23/12 € ; visites guidées 10h-17h avr-oct, 10h-15h nov-mar, représentations 15h mar, ven et dim, 11h sam juin-août, 15h mar, ven et dim mai et sept, 15h dim avr et oct). Intéressantes et détaillées, les 50 minutes de visite (réservez 3 jours à l'avance pour le français) permettent de découvrir le patrimoine exceptionnel du haras (pâturages et écuries compris) et l'élevage de ces chevaux de selle si recherchés pour le dressage que sont les lipizzans. La visite s'achève par le très intéressant musée Lipikum (entrée comprise avec la visite).

L'un des temps forts est le spectacle durant lequel les montures effectuent leurs figures, pirouettes et pas de danse compliqués sur des valses viennoises, menés par des cavaliers en costume.

Les mercredis, jeudis et samedis, on peut assister aux séances d'entraînement à 10h et 11h (adulte/enfant 14/7 €, avec visite guidée). En avril et en octobre, le nombre de représentations et de séances d'entraînement ouvertes au public est réduit et aucune ne l'est de novembre à mars.

Des balades en calèche autour du domaine sont également proposées (20/30/50 € les 15/30/60 min, 10h-14h et 16h-18h mar-dim avr-oct, 11h-15h sam-dim nov-mars).

On peut suivre une visite guidée en hiver, mais il y a moins de chevaux. Il vaut mieux consulter le site Internet ou appeler pour ne pas être déçu et éviter de venir un lundi (pas de représentations, de séances d'entraînement ni de balades en calèche).

Activités

Haras de Lipica ÉQUITATION

(05-739 1696 ; www.lipica.org ; Lipica 5 ; 90 min 61 €). Ces balades d'une heure trente, ouvertes uniquement aux cavaliers expérimentés, se réservent au moins trois jours à l'avance ; tenue d'équitation obligatoire. Disponible également, un stage de 5 jours avec cours et dressage (382 € hébergement en pension complète compris).

Où se loger et se restaurer

Hotel Maestoso HÔTEL €€

(05-739 15 80 ; www.lipica.org ; Lipica 5 ; d 60-105 € ; P @). Vous profiterez de

LES CHEVAUX IMPÉRIAUX DE LIPICA

Les lipizzans sont les chevaux de selle les plus raffinés au monde. Intelligents, sociables, robustes et gracieux, ils sont très recherchés pour le dressage de haute école.

La sélection est primordiale. Actuellement, six étalons sont reconnus comme les principaux continuateurs de la race, issus de lignées datant de la fin du XVIIIe siècle-début du XIXe siècle. En faisant le tour des écuries de Lipica, vous remarquerez des tableaux sur chaque box avec les noms compliqués et les dates de leur pedigree. Les juments mettent bas entre janvier et mai. Les poulains demeurent environ trois ans dans le troupeau, avant d'être séparés pour suivre quatre années d'entraînement.

À la naissance, les lipizzans ont une robe grise, baie voire châtain. Le célèbre "blanc impérial" n'apparaît que lorsque le pelage perd sa pigmentation entre l'âge de 5 et 10 ans. Mais ils ne sont pas à proprement parler "blancs" puisque leur robe reste grise, d'où cet aspect moucheté lorsqu'ils transpirent après avoir été montés longuement.

VAUT LE DÉTOUR

LA ROUTE DES VINS DU KARST

La pittoresque région viticole du Karst s'étend le long de la frontière italienne. Sur son sol riche en fer, la *terra rossa*, on produit un teran couleur rubis, très charpenté, fait à partir de refošk. Ce vin slovène d'origine contrôlée se marie à merveille avec une autre spécialité locale : le *pršut* (jambon cru séché à l'air libre). On cultive aussi la *vitovska grganja* (vieux cépage local qui produit un blanc sec), et le malvoisie (cépage méditerranéen qui pousse bien dans le Karst et produit un blanc moyennement sec).

La **route des vins du Karst** (www.vinskacestakras.si) relie des dizaines de petits producteurs. Procurez-vous plans et brochures dans les offices du tourisme des environs pour explorer de charmants villages au fil des petites routes. Très apprécié, le village fortifié de **Štanjel** (370 habitants ; www.stanjel.eu) est entouré de beaux jardins.

Voici quelques-uns des vignobles les plus remarquables :

Lisjak (041 652 039 ; www.lisjak.si ; Dutovlje 31 ; ven-dim sur rendez-vous). L'un des plus beaux vignobles de la région du Karst. Primés, ses vins sont à la hauteur du cadre : surtout des teran (rouges), mais aussi du *sara*, intéressant assemblage de teran, merlot et cabernet sauvignon.

Tavcar Marjan (05-764 22 55 ; www.vinarstvo-tavcar.com ; Dutovlje 50 ; sur rendez-vous). Basé à Dutovlje, au cœur de la région viticole du Karst, Tavcar Marjan produit des teran (rouges), des malvoisies (blancs) et des liqueurs, que l'on sert dans son bar du centre du village. Des visites de la cave et des dégustations peuvent être organisées si le nombre de participants est suffisant.

Širka Kodrič (041 740 560 ; www.sirca-kodric.si ; Godnje 19, Dutovlje ; sur rendez-vous). L'un des nombreux vignobles produisant du teran rouge rubis, ainsi que du cabernet sauvignon, du malvoisie et des liqueurs. Appelez pour organiser une visite et une dégustation.

l'environnement bucolique du haras sans les désagréments de la foule en séjournant dans cet hôtel de la propriété doté de 59 chambres, propres et confortables mais à la décoration parfois datée. Restaurant, terrain de golf et location de vélos.

Casa Krasna Guest House MAISON D'HÔTES €€
(040 214 226 ; www.krasna-hisa.si ; Lokev 78 ; s/d 108/125 € ; P ❄). À 3,5 km au sud-ouest de Lipica, cette charmante petite maison d'hôtes constitue une bonne base pour visiter le haras et la campagne environnante si l'on dispose d'un véhicule. Cinq chambres spacieuses et lumineuses, avec parquet et linge impeccable.

Depuis/vers Lipica

La plupart des visiteurs font l'aller-retour dans la journée depuis Sežana, à 6 km au nord, ou Divača, à 10 km au nord-est, deux villes reliées par le train à Ljubljana et Koper. Un bus aux horaires aléatoires circule entre Sežana et Lipica (2 €) ; comptez environ 10 € en taxi.

Comment circuler

À Lipica, vous pourrez louer des vélos à l'accueil du golf (5€ € les 2 heures, 10 €/jour).

OUEST VITICOLE

C'est l'un de nos coins préférés de Slovénie. Une bande de terre frontalière de l'Italie et émaillée de plusieurs vignobles – la vallée de la Vipava, la région viticole du Karst et Goriška Brda – propice à une escapade de quelques jours, entre découvertes culturelles, beauté des paysages et plaisirs de la table.

Vallée de la Vipava

05 / ALTITUDE 180 M

La fertile vallée viticole de la Vipava (*Vipavska Dolina* en slovène) s'étend au sud-est de Nova Gorica. Entre deux festins, elle s'explore en voiture ou à vélo au milieu de paysages ruraux idylliques. La douceur du climat y est propice à la culture de fruits. Les arbres en fleurs égaient le paysage au printemps et se parent d'intenses couleurs l'automne venu.

Sous l'Empire romain, elle constituait la première escale sur la route reliant Aquilée à Emona (Ljubljana). L'imposant **mont Nanos** domine la vallée. C'est sur ce plateau montagneux, haut lieu de la randonnée (à pied ou à VTT) et du parapente, que la Vipava prend sa source. Seuls 7 km séparent les deux villes de la vallée, **Ajdovsčina** (6 600 habitants) et **Vipava** (1 950 habitants). Nombre de villages et de hameaux émaillent la vallée avec leur lot de vignobles familiaux (voir l'encadré ci-dessous).

La frontière officieuse entre la vallée de la Vipava et la région viticole du Karst (p. 151) passe au sud de Branik.

Activités

Faladur VIN

(040 232 987 ; www.faladur.si ; Lokarjev Drevored 8b, Ajdovščina ; 10h-18h lun-ven, 10h-14h sam). Faladur est une cave à vin proposant également des dégustations. Vous y serez entre de bonnes mains. Matej, qui gère le lieu, vous guidera dans votre dégustation et préparera des assiettes de fromages, de jambons et d'olives de la vallée pour accompagner les vins. Il est incollable sur les cépages et les vignobles de la région. Vous pourrez aussi goûter de la **Pelicon**, bière artisanale brassée à Ajdovščina.

Vinoteka Vipava VIN

(05-368 70 41 ; Glavni trg 1, Vipava ; 9h-19h juil-sept, 9h-18h lun-ven, 9h-14h sam oct-juin). Vous trouverez dans cette *vinoteka* accueillante jouxtant l'office du tourisme de Vipava 180 crus de 45 producteurs différents. Le personnel compétent vous proposera la dégustation de 10 vins pour 5 € (remboursés si vous achetez une bouteille).

Où se loger

Les hôtels sont plutôt rares, mais ce manque est comblé par un grand nombre d'appartements, de chambres privées et de maisons d'hôtes disséminés dans la vallée. L'été, mieux vaut réserver.

LES VINS DE LA VIPAVA

Les vents constants, la proximité de la mer et le soleil illuminant les flancs des collines forment des conditions idéales pour la culture de la vigne. La vallée de la Vipava totalise 2 500 ha de vignes et 25 cépages différents, dont le zelen et le pinela qui donnent des vins blancs légers. Les domaines viticoles sont en majorité des affaires familiales et la vinification reste essentiellement naturelle.

Avant de partir sur les petites routes de campagne, faites un tour chez Faladur (p. 152), à Ajdovščina, ou à la Vinoteka Vipava (p. 152), à Vipava, pour avoir une idée des vins produits dans la région. Si vous ne voulez pas prendre le volant, **Winestronaut** (040 166 042 ; www.winestronaut.com ; Skrilje 26, Vipava ; à partir de 49 €/pers) propose un circuit œnologique en venant vous chercher n'importe où dans la vallée.

Parmi les crus à ne pas manquer, on peut mentionner :

Batič (05-308 86 76 ; www.batic-wines.com ; Šempas 130 ; sur rendez-vous). Un producteur de vins biodynamiques primés : blancs, rouges, rosés et vins doux, avec dégustation et vente sur place (appelez pour annoncer votre venue).

Burja (070 900 075, 041 363 272 ; www.burjaestate.com ; Podgrič 12, Podnanos ; sur rendez-vous). Cette exploitation a remporté plusieurs récompenses pour ses rouges comme ses blancs, dont du zelen et une version locale de malvoisie d'Istrie. Appelez pour organiser une dégustation.

Guerila (05-166 02 65, 041 616 091 ; www.guerila.si ; Planina 111, Ajdovščina ; sur rendez-vous). Zmago Petrič et sa famille gèrent ce vignoble biodynamique. Ils cultivent principalement les cépages zelen et pinela. Visites et dégustations sur demande.

Tilia Estate (031 399 748, 05-364 66 84 ; www.tiliaestate.si ; Potoče 41, Dobravlje ; 10h-17h lun-sam). Surnommée la “maison des pinots”, cette propriété de 10 ha produit non seulement pinot noir et pinot gris, mais également du merlot, du cabernet sauvignon, du sauvignon blanc, du chardonnay et du muscat jaune. Visites et dégustations pendant les heures d'ouverture, mais mieux vaut appeler au préalable.

VAUT LE DÉTOUR

NOVA GORICA

À la suite du traité de Paris, ratifié en 1947, la ville de Gorica revint aux Italiens (qui la renommèrent Gorizia). Le gouvernement yougoslave entreprit de bâtir une cité idéale à l'est de la frontière, "selon les principes de Le Corbusier". En toute logique, il la baptisa la "Nouvelle (Nova) Gorica" et érigea une haie métallique entre les deux villes. Ce mur de Berlin à taille réduite fut démantelé en fanfare lors de l'adhésion de la Slovénie à l'Union européenne en 2004 et l'on peut désormais passer facilement de la ville italienne à la ville slovène. La Trg Evrope (ou Piazza della Transalpina pour les Italiens) est aujourd'hui à cheval sur la frontière, juste derrière la gare de Nova Gorica.

Perché sur la colline, le **monastère de Kostanjevica** (Samostan Kostanjevica ; ☎05-330 77 50 ; www.samostan-kostanjevica.si, en français ; Škrabčeva ulica 1 ; tombes 2 €, bibliothèque 1 € ; ⏲9h-12h et 15h-17h dim), fondé au début du XVIIe siècle par les Capucins, possède une remarquable bibliothèque de 10 000 volumes, dont 30 incunables. C'est aussi là que reposent, dans la crypte de l'église de l'Annonciation, les derniers Bourbons de France, dont l'ultime roi de la dynastie, Charles X (1757-1836) chassé par la révolution de 1830 et emporté par le choléra à Gorizia (alors autrichienne et portant le nom de Görz).

À 3 km à l'est de la ville, le **musée Goriško** (Goriški Muzej ; ☎05-333 59 811 ; www.goriskimuzej.si ; Grajska cesta 1, Kromberk ; adulte/enfant 2,50/1,25 € ; ⏲9h-19h lun-ven, 13h-19h dim mai-oct, 9h-17h lun-ven, 13h-17h dim nov-avr) occupe l'impressionnant **château de Kromberk** construit au XVIIe siècle. La collection comprend un beau mobilier d'époque, des œuvres d'art contemporain, des sculptures religieuses et des témoignages de la vallée de la Vipava à l'époque romaine. Le château abrite aussi un agréable restaurant et accueille des événements musicaux en été.

Promoteur du "slow travel", **Slocally** (☎041 432 488 ; www.slocally.com ; Ulica Ivana Gradnika 5a, Deskle ; guide 25-35 €/heure) est installé à Plave, à 10 km au nord de Nova Gorica. On vous y propose des expériences originales et abordables (cueillette d'herbes, dégustation de vins et fromages, travail du bois, ateliers culinaires...).

Nova Gorica possède quelques bonnes adresses où séjourner, appartements et chambres d'hôtes compris, mais la plupart des visiteurs préfèrent les villages des vallées de la Soča ou de la Vipava.

♥ Mladinski Hotel Ajdovščina AUBERGE DE JEUNESSE €

(Hiša Mladih ; ☎05-368 93 83 ; www.hostel-ajdovscina.si ; Cesta IV Prekomorske 61a ; dort 18-21 €/pers ; P @ ᯤ). Une auberge de jeunesse de qualité, à la décoration lumineuse et branchée. Les chambres comptent entre 4 et 8 lits (plus un dortoir de 24 couchages pour les groupes). Salles de bains, cuisine (petit-déjeuner 3 €) et laverie partagées. L'auberge se trouve au nord d'Ajdovščina dans un agréable décor verdoyant, à côté d'un centre pour la jeunesse, d'un bar et d'une scène qui accueille des concerts l'été. Brasserie artisanale de l'autre côté de la route.

Park Lijak CAMPING €

(☎05-308 85 57 ; www.parklijak.com ; Ozeljan 6a, Šempas ; empl adulte/enfant/camping-car 10,70/8,20/5,10 € ; P ᯤ). À 6 km à l'est de Nova Gorica, ce terrain de camping, idéal pour les familles, est ouvert à l'année. Il organise l'été des randonnées à pied, à vélo ou à VTT et du parapente en toutes saisons. Des bungalows sont disponibles (pour 2/4 personnes 66/88 €), ainsi que des "trous de hobbit", cabanons en bois pour 1 à 2 personnes (16,30 €/pers).

♥ Majerija PENSION €€

(☎05-368 50 11 ; www.majerija.si ; Slap 18 ; s/d 73/98 € ; P ᯤ). Située à 4 km de Vipava, dans le hameau de Slap, cette pension propose 10 chambres souterraines simples et élégantes construites sous le jardin, éclairées par des lucarnes au plafond et meublées de bois brut. Elles portent les noms des herbes qui poussent au-dessus : basilic, lavande...).

Où se restaurer

Les fromages et le *pršut* (jambon cru) locaux accompagnent à merveille les vins qui font la réputation de la vallée de la

Vipava. On peut manger dans des restaurants ruraux, et parfois dans les vignobles.

Majerija SLOVÈNE €€
(☎05-368 50 10 ; www.majerija.si ; Slap 18 ; plats 16 €, menu 3/5 plats 28/37 € ; ⏲12h-15h et 18h-22h jeu-sam, 12h-17h dim, fermé 2e quinzaine fév et 2e quinzaine juil). Les produits de la région sont cuisinés avec talent dans cette magnifique ferme rustique : pêches salées et jambon de Vipava au miel de lavande en entrée, ça vous dit ? Les menus sont d'un excellent rapport qualité/prix. Service irréprochable.

Gostilnica Mandrija SLOVÈNE €€
(☎041 752 584 ; www.mandrija.si ; Ajshevica 81 ; plats 8-15 € ; ⏲12h-minuit jeu-lun). Halte champêtre toujours appréciée des voyageurs au sud-est de la ville, cet accueillant restaurant aux poutres apparentes prépare des plats traditionnels, notamment des côtelettes.

Gostilna Pri Lojzetu SLOVÈNE €€€
(☎05-368 70 07 ; www.zemono.si ; Dvorec Zemono ; plats 18-40 €, menu dégustation 3/4/5 plats 55/65/75 € ; ⏲17h-23h mer-jeu, 12h-23h ven-dim). Un véritable paradis pour gourmets. Réservez avant de parcourir les 2 km séparant Vipava de Dvorec Zemono, un manoir de 1680 couvert de fresques. Vous y trouverez Gostilna Pri Lojzetu, restaurant qui est, de l'avis de beaucoup, l'un des meilleurs du pays. Essayez l'épaule de porc marinée au miel, ou le canard sauvage désossé. Ou, mieux encore, optez pour le menu dégustation.

Renseignements

Les offices de tourisme vous renseignent sur la visite des vignobles locaux.

Centre d'information touristique d'Ajdovščina (TIC ; ☎05-365 91 40 ; www.vipavskadolina.si ; Cesta IV Prekomorske 61a, Ajdovščina ; ⏲10h-18h lun-ven, 8h-12h sam mai-sept, 8h-16h lun-ven, 8h-12h sam oct-avr). Office du tourisme installé dans l'auberge de jeunesse.

Centre d'information touristique de Vipava (TIC ; ☎05-368 70 41 ; www.izvirna-vipavska.si, en français ; Glavni trg 3, Vipava ; ⏲9h-19h juil-sept, 9h-18h lun-ven, 9h-14h sam sept-juin). Dans le centre-ville.

Depuis/vers la vallée de la Vipava

Une douzaine de bus relient tous les jours Ljubljana à Nova Gorica, desservant au passage Postojna, Vipava et Ajdovščina (Ljubljana-Vipava 8,60 €, 1 heure 45).

Dans la vallée de la Vipava, vous pourrez louer des vélos dans les offices du tourisme et dans de nombreux hébergements.

Goriška Brda

☎05 / ALTITUDE JUSQU'À 800 M

Goriška Brda ("Collines de Gorica") est une magnifique petite région viticole s'étendant à l'ouest de Solkan jusqu'à la frontière italienne. Ses paysages vallonnés parsemés de hameaux et d'églises et ses collines aux flancs tapissés de vignobles et de vergers ont un petit air de Toscane. Commencez par **Dobrovo**, à 18 km au nord-ouest de Nova Gorica, pour visiter le château, la *vinoteka* et l'office de tourisme.

Outre la vigne et le vin, Goriška Brda est réputée pour ses fruits, notamment ses cerises (à partir de début juin), son fromage et son huile d'olive.

À voir et à faire

Si la dégustation de vin est l'activité principale dans la région, on peut aussi randonner dans les collines, à pied ou à deux-roues, de village en village.

VAUT LE DÉTOUR

ŠMARTNO ET KANAL : UN GOÛT D'ITALIE

La région de Goriška Brda est sous l'influence du voisin italien depuis des temps immémoriaux. Vous vous demanderez si vous n'avez pas traversé la frontière par inadvertance en vous promenant dans les ruelles des petites villes ou au milieu des ruines de châteaux médiévaux. Šmartno (San Martino), pittoresque village aux fortifications de pierre agrémentées d'une tour du XVIe siècle, à 4 km à l'est de Dobrovo, est l'illustration parfaire de cette influence.

À l'extrémité nord-est de Goriška Brda, sur la route de Tolmin et Most na Soči, la charmante localité de Kanal possède un beau pont à double arche sur la Soča ; cela vaut la peine d'y faire halte pour admirer le vieux centre, le pont et la vue qu'offre celui-ci.

DÉCOUVERTE DES VINS DE GORIŠKA BRDA

À deux pas de l'Italie, les collines de Goriška Brda sont appréciées pour leurs vignobles familiaux. La plupart ont confié leurs dégustations et leurs ventes à des coopératives.

Vinoteka Brda (☎05-395 92 10 ; www.vinotekabrda.si ; Grajska cesta 10 ; dégustations à partir de 7 € ; ⏲12h-20h mer-sam). La cave du château de Dobrovo abrite la Vinoteka Brda. On peut y déguster pas moins de 300 millésimes locaux (rebula, chardonnay, pinot et merlot), accompagnés de fromages.

Vinska Klet Goriška Brda (☎05-331 01 44 ; www.klet-brda.si ; Zadružna cesta 9, Dobrovo ; ⏲10h-16h lun-sam). Au pied du château de Dobrovo, cette coopérative est la plus grande cave à vins de Slovénie. Son excellent "Sommelier Tasting" (1h30, 20 €) comprend une dégustation de six vins, une courte initiation au métier de sommelier et une visite de la cave et des en-cas. D'autres visites et dégustations sont aussi proposées. Réservation indispensable.

Si vous préférez rendre visite directement aux producteurs, consultez www.brda.si. Nous recommandons :

Bjana (☎05-395 92 30, dégustations 031 339 931 ; www.bjana.si ; Biljana 38 ; ⏲sur rendez-vous). Bjana, l'un des plus vieux vignobles de la région, a remporté nombre de prix pour ses vins mousseux. Des dégustations sont organisées sur demande préalable, et deux magnifiques chambres permettent de passer la nuit sur place.

Scurek (☎05-304 50 21 ; www.scurek.com ; Pleshivo 44 ; ⏲sur rendez-vous). À la frontière (certaines vignes se trouvent même en terre italienne), ce producteur familial est réputé pour ses assemblages de stara brajda blancs et rouges bien charpentés. Sur demande préalable, on vous reçoit pour une visite et une dégustation.

Château de Dobrovo CHÂTEAU
(Grad Dobrovo ; ☎05-395 95 86 ; Grajska cesta 10 ; adulte/enfant 3/1,50 € ; ⏲8h-16h mar-ven, 13h-18h sam-dim). Édifié en 1606, le château Renaissance de Dobrovo est rempli d'œuvres d'art et de mobilier d'époque. Bon restaurant (p. 156) et Vinoteka Brda (dégustation de vins) sur place.

Où se loger

Des appartements et des chambres privées sont à louer dans toute la région ; réservez dans un office du tourisme ou sur un site Internet. Šmartno (voir l'encadré page ci-contre), en particulier, a quelques adresses remarquables. Certains vignobles, dont Bjana, pratiquent l'*agriturismo*, proposant gîte et couvert.

♥ **Hotel San Martin** HÔTEL €€
(☎05-330 56 60 ; www.sanmartin.si ; Šmartno 11 ; ch/ste/app 90/110/140 € ; P❄📶). Le charmant village de Šmartno est le port d'attache idéal pour explorer la région. À l'entrée du village fortifié, cet établissement au service efficace offre un bon rapport qualité/prix avec des chambres lumineuses (dont plusieurs familiales) et une belle vue depuis la terrasse de l'excellent restaurant (ci-dessous).

♥ **Hiša Marica** PENSION €€
(☎05-304 1039 ; www.marica.si ; Šmartno 33 ; s/d 70/100 € ; ❄📶). À l'abri des remparts de Šmartno, cette charmante auberge aux 4 chambres spacieuses et confortables se double d'un bar à vins (tlj sauf mardi). On s'y délecte de crus de la région, en savourant jambons ou salamis fumés maison, et des fromages de la vallée de la Soča.

Où se restaurer

Les hébergements se doublent souvent d'un restaurant. Vous apercevrez plusieurs auberges sur les routes de campagne. Nova Gorica propose un peu plus de choix.

Hotel San Martin SLOVÈNE €€
(☎05-330 56 60 ; www.sanmartin.si/en/gastronomy ; Šmartno 11 ; plats 11-20 € ; ⏲12h-15h et 18h-22h mar-jeu, 12h-22h ven-sam, 12h-16h dim). À Šmartno, la table de l'Hotel San Martin affiche, outre une vue dégagée, une carte de saison soigneusement élaborée à partir de produits locaux, comme le civet de chevreuil ou la truite. Les desserts sont divins et les vins fabuleux.

VAUT LE DÉTOUR

LES FRESQUES DE HRASTOVLJE

À l'abri de sa muraille de pierre et de ses tours d'angle, la petite église du village de Hrastovlje (139 habitants), dans le Karst, recèle de merveilleuses fresques du XVe siècle, dont la fameuse *Danse macabre*, raison suffisante pour faire le déplacement jusqu'à ce lieu excentré.

Construite entre le XIIe et le XIVe siècles dans le style roman, l'**église de la Sainte-Trinité** (Cerkev Sv Trojice ; 031 432 231 ; adulte/enfant 3/1,50 € ; 9h-12h et 13h-17h mer-lun) a été fortifiée en 1581 pour résister aux Ottomans. Si ce n'était son clocher pointant vers le ciel, c'est bien une austère forteresse qui apparaît quand on arrive. On vient surtout ici pour admirer la célèbre *Danse macabre*, fresque qui représente 11 squelettes escortant autant d'individus jusqu'à une tombe fraîchement creusée. Un douzième squelette maintient le cercueil ouvert. Dans la file des condamnés, tous égaux devant Dieu, se côtoient grands et petits, roi, reine, cardinal, paysan, mendiant... et même un prêteur (qui tente de soudoyer son garde spectral au moyen d'une bourse).

Le sanctuaire est totalement couvert de fresques narratives peintes autour de 1490 par Jean de Kastav et son atelier, telle une Bible historiée destinée à ceux qui ne pouvaient la lire : épisodes de l'Ancien Testament, Passion du Christ et vie des saints. Consacrez 12 minutes à l'écoute du commentaire (en quatre langues) qui vous accompagnera au fil de votre visite.

Face à vous en entrant, derrière l'autel du XVIIe siècle, l'abside porte des scènes de la Crucifixion au plafond, encadrées de la Trinité et des apôtres. Sur l'arc figure Marie, couronnée Reine des Cieux. Sur la droite, on observe des épisodes des sept jours de la Création, avec Adam et Ève, ainsi que Caïn et Abel à droite.

Sur les voûtes des bas-côtés nord et sud, des scènes de la vie agricole se mêlent aux moments de l'année liturgique et aux devoirs pieux. La Passion du Christ est dépeinte au sommet du mur le plus au sud, notamment la descente aux enfers, où le Christ essuie le feu nourri des canons diaboliques. C'est sous les scènes de la Passion qu'a été peinte la *Danse macabre*.

La **Galerija J. Pohlen** (041 398 368 ; doris.pohlen@guest.arnes.si ; 2 € ; 10h-12h et 13h-17h mer-lun), l'une des nombreuses petites galeries qui ont ouvert leurs portes à Hrastovlje ces dernières années, présente des œuvres du sculpteur Jožeta Pohlen (1926-2005), originaire du village. Les horaires sont aléatoires, mais vous trouverez facilement quelqu'un avec la clé dans les parages ; sinon renseignez-vous à l'église.

L'accueillante petite auberge **Gostilna Svab** (05-659 05 10 ; Hrastovlje 53 ; plats 9-19 € ; 12h-22h) propose une carte variée de spécialités locales de saison (fromages locaux, soupes istriennes, viandes grillées, pâtes aux truffes, truite de montagne) et un bon choix de vins slovènes. En hiver, profitez de la cheminée.

Hrastovlje se trouve à 30 km au sud-ouest de Divača, non loin de l'autoroute qui mène à la côte, Koper étant située à 18 km au nord-ouest. Il est bien difficile de s'y rendre sans voiture ou vélo. En semaine, un train arrive de Koper l'après-midi (1,95 €, 16 min), mais aucun trajet retour n'est assuré. L'église se trouve à environ 1,5 km au nord-ouest de la gare de Hrastovlje.

Restavracija Grad Dobrovo SLOVÈNE €€
(05-395 95 06 ; Grajska cesta 10 ; plats 9-17 € ; 12h-15h et 19h-22h ven-mer). Si les avis sont partagés sur la qualité et le service du restaurant du château de Dobrovo, l'atmosphère justifie à elle seule l'expérience. La carte affiche des propositions classiques de poissons, viandes grillées et pâtes.

Renseignements

Centre d'information touristique (05-395 95 94 ; www.brda.si ; Grajska cesta ; 9h-17h lun-ven, 10h-18h sam-dim mars-oct, 9h-16h lun-ven nov-fév). Informations sur la région de Goriška Brda.

Depuis/vers Goriška Brda

Les transports en commun étant quasi inexistants, mieux vaut disposer de son propre véhicule (à deux ou quatre roues).

LITTORAL SLOVÈNE

La Slovénie ne possède que 47 km de littoral sur l'Adriatique, mais elle en tire le meilleur parti. Architecture gothique vénitienne, plages (propres), bateaux à louer et bars animés caractérisent les trois villes côtières : Koper, au centre médiéval, Izola, réputée pour ses bons restaurants, et la splendide Piran. Cela dit, le littoral est très urbanisé et noir de touristes de mai à septembre. Pour plus de tranquillité, gagnez l'arrière-pays au sud ou à l'est, où l'"Istrie slovène" (www.slovenska-istra.si) maintient un rythme de vie plus authentique.

Koper

05 / 25 500 HABITANTS

Première ville côtière de Slovénie, Koper (Capodistria en italien) a quelque chose d'un secret bien gardé. À première vue, elle semble une cité portuaire ordinaire peu soucieuse du tourisme, surtout aux abords de la ville avec ses zones industrielles et commerciales. Mais le centre médiéval de Koper est ravissant et bien moins envahi de touristes que celui de sa riche cousine, Piran. Il mérite largement d'y consacrer une journée.

La zone balnéaire de Koper, la station d'Ankaran, se trouve au nord de la baie de Koper.

Histoire

Au cours de sa longue histoire, Koper a porté plus d'un nom : l'Ægida grecque devenue Capris sous l'Empire romain s'appela Justinopolis durant le règne byzantin. Son nom italien de Capodistria dérive de Caput Histriae, nom qu'elle prit lorsqu'elle devint capitale de l'Istrie. Forte de son monopole dans le commerce du sel, elle connut son âge d'or aux XVe et XVIe siècles, sous la république de Venise. Mais, au début du XVIIIe siècle, l'accession de Trieste, à 20 km au nord-est, au statut de port franc lui fit perdre beaucoup d'influence.

Durant l'entre-deux-guerres, Koper passa sous contrôle italien. Au lendemain de la Seconde Guerre mondiale, la très convoitée zone côtière adriatique – le "territoire libre de Trieste" – fut divisée en deux secteurs, Koper rejoignant la Yougoslavie et Trieste l'Italie. Aujourd'hui, Koper reste le centre de la communauté italienne de Slovénie.

À voir et à faire

Même si la ville compte peu de sites majeurs, elle n'en demeure pas moins agréable pour flâner en admirant ses belles constructions. Le plus simple pour découvrir la vieille ville est de partir d'Ukmarjev trg, au bord de la marina, pour suivre Kidričeva ulica vers l'est jusqu'à Titov trg, avant d'obliquer au sud le long de Čevljarska ulica, en s'accordant quelques détours en chemin.

Titov trg PLACE

Cœur historique de Koper, cette magnifique place d'influence vénitienne est fort heureusement fermée à la circulation comme une grande partie de la vieille ville. Au nord, la Loggia à arcades de style gothique vénitien date de 1463. Un café idéalement situé y a ses quartiers et sa voisine, la galerie de la Loggia accueille des expositions temporaires.

Au sud se dresse le Palais prétorien, autrefois symbole du pouvoir vénitien dans la région. À l'ouest, l'Armurerie, dépôt de munitions il y a quatre siècles, héberge désormais l'administration de l'université. La cathédrale de l'Assomption se trouve en face.

Palais prétorien ÉDIFICE REMARQUABLE

(Pretorska Palača ; 05-664 64 03 ; Titov trg 3 ; adulte/enfant 4/2,50 € ; visites guidées 10h, 12h, 14h, 16h et 18h juil-sept, 11h, 13h et 15h oct-juin). Emblème de Koper, ce palais du XVe siècle mêle les styles gothique vénitien et Renaissance. Outre la mairie, il abrite les belles boiseries d'une pharmacie ancienne remontées ici, l'office du tourisme au rez-de-chaussée, des expositions sur l'histoire de la ville et la salle des mariages au premier étage. Accès lors de visites guidées.

Armoiries, bas-reliefs et médaillons ornent la façade blanche du palais où résidait le représentant du doge de Venise.

Cathédrale de l'Assomption CATHÉDRALE

(Stolnica Marijinega Vnebovzetja). La cathédrale de l'Assomption s'élève au centre de Titov trg. Son campanile (36 m de haut) surnommé la **tour de la ville** (adulte/enfant 3/2 € ; 9h-13h et 16h-20h juil-sept, 9h-17h oct-juin) révèle du haut de ses 204 marches une vue splendide. Derrière l'austère façade romano-gothique de la cathédrale se cachent un intérieur baroque vénitien dû à Massari, dernier grand architecte de la Sérénissime, et des peintures de Carpaccio.

Au nord de la cathédrale se niche la **rotonde Saint-Jean-Baptiste** (Rotunda Janeza Krstnika), un baptistère *(krstilnica)* circulaire de la seconde moitié du XIIe siècle, surmonté de fresques au plafond.

Trg Brolo PLACE

Cette vaste place arborée prolonge Titov trg à l'est. Au nord se dresse le palais Brutti, édifice baroque de la fin du XVIIIe siècle devenu la bibliothèque centrale ; à l'est, le palais Vissich-Nardi (XVIIe siècle) abrite des bureaux gouvernementaux à côté du Fontico, le grenier à blé municipal construit au tout début du XVe siècle et orné de médaillons et bas-reliefs. Sur la place voisine l'**église Saint-Jacques** (Martinčev trg) du XIVe siècle est désormais désaffectée.

Kidričeva ulica RUE

Le côté nord de Kidričeva ulica est bordé de diverses églises du XVIe siècle, dont **Saint-Nicolas** (Cerkev Sv Nikolaja ; ⏲ horaires variables), de quelques **maisons vénitiennes** restaurées et du **palais Totto** (Palača Totto). Cet édifice baroque du XVIIIe siècle à la façade ornée du lion ailé vénitien fait face à des **maisons médiévales** à encorbellement de couleur rouge, jaune et verte.

Carpacciov trg PLACE

Kidričeva ulica, l'une des rues les plus colorées de Koper, part de cette place où la **colonne Sainte-Justine** (Steber Sv Justine) rappelle que Koper contribua à repousser les Turcs lors de la bataille de Lépante, en 1571, en envoyant une galère. Au nord, le **bassin romain couvert** fait désormais office de fontaine. À l'ouest de la place, l'imposante **Taverna** à arcades du XVe siècle servait à entreposer le sel.

Prešernov trg PLACE

La famille italienne des Da Ponte fit édifier au XVIIe siècle sur cette place une étonnante fontaine en forme de pont (*ponte* en

Koper

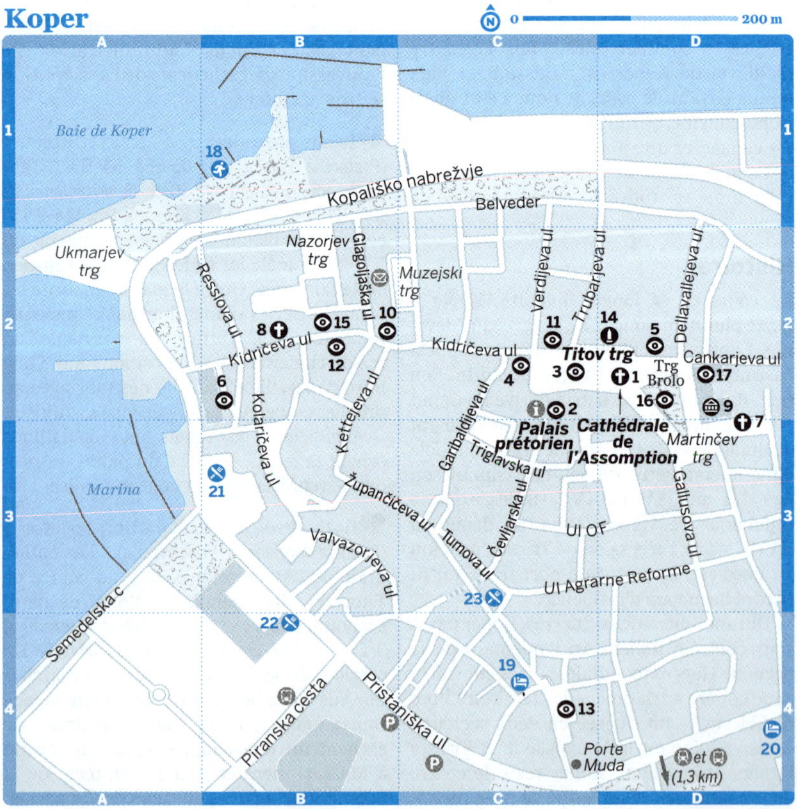

italien), d'où son nom. À l'extrémité sud de la place, la **porte Muda** (Vrata Muda) de 1516 est le seul vestige des douze entrées de la ville. Sur la façade sud de la porte voûtée, notez le symbole de Koper, un visage juvénile inscrit dans un soleil.

Plage BAIGNADE
(Mestno Kopališče ; Kopališko nabrežje ; ⏲8h-19h mai-sept). Très fréquentée en été, la minuscule plage de Koper, à la lisière nord-ouest de la vieille ville, possède de petits bains publics avec toilettes et douches, des pelouses pour prendre le soleil, ainsi qu'un bar et un café. Les chaudes soirées d'été, les gens prêtent peu attention aux heures de fermeture et nagent jusqu'à tard.

Où se loger

Hostel Histria AUBERGE DE JEUNESSE €
(☎070 133 552 ; www.hostel-histria.si ; Ulica pri Velikih Vratih 17 ; dort 15-23 € ; ❄@📶). Au cœur de la vieille ville, dans un bâtiment bicentenaire, cette auberge de jeunesse confortable et assez bien équipée (climatisation et laverie, entre autres) vous accueille en dortoirs de 6 à 8 lits à sdb communes.

Camping Adria Ankaran CAMPING €
(☎05-6637350;www.adria-ankaran.si;Jadranska cesta 25 ; empl adulte/enfant 11,50-13/5-8 € ; ⏲mi-avr à mi-oct ; P@📶🏊). Gigantesque et bien entretenu, le camping le plus proche de Koper (liaisons régulières par bus) se situe sur le littoral à Ankaran, à 10 km au nord. Il totalise 430 emplacements, sans compter les mobil-homes, appartements, et chambres d'hôtel, ainsi que quantité d'équipements (bowling, minigolf, centre de bien-être, espaces aquatiques). Le tarif comprend l'accès aux piscines d'eau de mer (non-résidents en semaine/week-end 5/7 €).

♥ **Hostel Villa Domus** AUBERGE DE JEUNESSE €€
(☎030 468 777 ; www.villa-domus.si ; Vojkovo Nabrežje 12 ; dort à partir de 17 €, ch 54-77 € ; ❄📶). D'un rapport qualité/prix imbattable, cette auberge à la lisière sud de la vieille ville éclipse la plupart des hôtels du coin avec ses dortoirs et chambres (doubles ou lits jumeaux) simples et plutôt petits mais modernes. Les étages supérieurs offrent une belle vue.

Où se restaurer

Fritolin FRITURES DE LA MER €
(Pristaniška ulica 2 ; plats 2,50-8 €). Un marché de fruits et légumes se tient non loin de la mer et il est entouré de petits restaurants et cafés bon marché très prisés de la population locale. Nous recommandons Fritolin pour ses calamars frits ou grillés, ses sardines, ses morceaux de loup de mer ou de dorade royale, ou son *fritto misto* (friture de la mer) à déguster sur les bancs à l'extérieur ou dans le parc à proximité.

Istrska Klet Slavček SLOVÈNE €
(☎05-627 67 29 ; Župančičeva ulica 39 ; plats 7-12 € ; ⏲8h-22h lun-ven). Au rez-de-chaussée du palais Carli (XVIIIe siècle), La Cave d'Istrie est l'un des restaurants les plus pittoresques de la vieille ville. On y déguste une cuisine familiale authentique (soupes et ragoûts réconfortants, rôti de porc) et du vin en vrac dans un cadre

Koper

SENTIER DE PARENZANA

Les randonneurs pourront suivre, à pied ou à vélo, une partie (ou la totalité) des 130 km du **sentier de Parenzana** (le D8) le long de l'ancienne voie ferrée étroite de Parenzana, qui reliait autrefois Trieste, en Italie, à Poreč, en Croatie. Le sentier traverse l'Istrie slovène sur une trentaine de kilomètres. Le site www.parenzana.info donne des suggestions d'itinéraires de deux, trois et cinq jours.

désuet qui n'a pas changé depuis une bonne trentaine d'années.

Capra MÉDITERRANÉEN €€
(☎041 602 030 ; www.capra.si ; Pristaniška ulica 3 ; plats 9-23 € ; ⏲12h-23h). Du petit-déjeuner aux cocktails en soirée, ce nouvel établissement glamour (intérieur comme extérieur) avec une touche scandinave ne désemplit pas. Le menu aussi créatif qu'ambitieux vise large : des excellents fruits de mer aux salades en passant par les pâtes (testez les pâtes fraîches maison aux langoustines et aux truffes !). Présentation soignée et desserts savoureux.

Renseignements

AGENCE DE VOYAGES

Kompas (☎05-663 05 84 ; www.kompas.si ; Pristaniška ulica 17 ; ⏲8h-19h lun-ven, 8h-13h sam). Propose des circuits et des appartements dans la région.

ARGENT

Banka Koper (Kidričeva ulica 14 ; ⏲8h30-12h30 et 14h-17h lun-ven)

POSTE

Bureau de poste (☎05-666 66 90 ; Muzejski trg 3 ; ⏲8h-18h lun-ven, 8h-12h sam)

OFFICE DU TOURISME

Centre d'information touristique de Koper (TIC ; ☎05-664 64 03 ; www.koper.si ; Titov trg 3 ; ⏲9h-20h juil-sept, 9h-17h oct-juin). Office accueillant au rez-de-chaussée du Palais prétorien.

Depuis/vers Koper

Les gares routière et ferroviaire sont à 1,5 km au sud-est de la vieille ville, sur Kolodvorska cesta.

Il y a un arrêt de bus bien pratique dans le centre pour les dessertes locales (dont certaines villes de la côte) sur Piranška ulica (au sud du marché).

BUS

Arriva (☎090 74 11 ; www.arriva.si) gère les bus sur la côte (horaires en ligne). La compagnie dessert Izola (2 €, 15 min), Portorož (3 €, 40 min) et Piran (3 €, 45 min) jusqu'à trois fois par heure en semaine (toutes les heures le week-end). Cinq bus quotidiens rallient Ljubljana (11,50 €, 1 heure 45).

Arriva et son équivalent croate Črnja Tours (www.crnja-tours.hr) assurent des liaisons régulières avec l'Italie et la Croatie. Pour Trieste (3,60 €, 45 min), comptez jusqu'à 9 bus/jour (tlj sauf dim). Črnja Tours dessert Venise (19,50 €, 3 heures, 1/jour). En Croatie, on peut rallier Rovinj (12 €, 3 heures) via Umag, Novi Grad et Poreč.

TRAIN

Cinq trains relient quotidiennement Koper à Ljubljana (11,36 €, 2 heures 30) via Postojna (8,79 €, 1 heure 30) et Divača (6,08 €, 45 min).

Pour rejoindre les villes croates de Buzet et Pula, gagnez d'abord Hrpelje-Kozina pour prendre l'une des deux ou trois correspondances quotidiennes.

Comment circuler

Dans une grande partie de la vieille ville, le stationnement est sévèrement limité, voire complètement interdit, de 6h à 15h. Demandez conseil sur votre lieu d'hébergement ou laissez votre véhicule dans l'un des parkings payants de Pristaniška ulica.

BUS

Les bus rouges municipaux relient les gares routière et ferroviaire aux autres quartiers ; les lignes L2 et 2A vous emmèneront jusqu'à l'arrêt Tržnica dans Piranška ulica, à côté du marché. La ligne 7 fait le tour de la vieille ville. Le tarif est de 1,50 € à bord, 0,80 € aux distributeurs ou en kiosque.

Izola

☎05 / 11 162 HABITANTS

Ce port de pêche à 7 km au sud-ouest de Koper est traditionnellement considéré comme le parent pauvre des villes historiques de la minuscule côte slovène toujours bondée. Pourtant, Izola possède un certain charme vénitien ainsi qu'une grande marina, de vieilles ruelles tortueuses et d'excellents bars et restaurants qui pourraient bien vous retenir plus longtemps que

Izola

prévu. Si Piran affiche complet (ou que les prix y sont trop élevés), Izola constitue une bonne solution de repli.

Histoire

Au sud-ouest de la vieille ville, des fouilles ont mis au jour les vestiges romains d'un port, Haliaetum, dans la baie de Simon (Simonov Zaliv), dont on aperçoit encore des fragments de quai à marée basse. Izola était alors une île (*isola* en italien) et le resta jusqu'à ce qu'un pont de pierre la relie à la terre.

Placée sous la protection de Venise, elle prospéra au Moyen Âge grâce au commerce de denrées telles que les olives, le poisson et le vin. Hélas, une terrible épidémie de peste au XVIe siècle et l'ascension de Trieste comme premier port de l'Adriatique du Nord sapèrent les bases de cette prospérité économique.

Durant la parenthèse napoléonienne des Provinces illyriennes au début du XIXe siècle, les Français démantelèrent les murailles de la cité pour combler le canal entre l'île et le continent. Aujourd'hui, Izola est le principal port de pêche du pays.

Izola

À voir

1 Palais Besenghi degli Ughi A2
2 Maison Manzioli A2
3 Église Saint-Maurus A1

Où se loger

4 Hostel Alieti A2
5 Hotel Marina A2
6 Laguna Izola A2

Où se restaurer

7 Gostilna Bujol A2
8 Gostilna Sidro A2
Marina Restaurant .... (voir 5)

Où prendre un verre et faire la fête

Manzioli Wine Bar .... (voir 2)

À voir et à faire

Si l'on trouve des **plages** de galets au nord et au sud-est de la vieille ville, la plus belle donne sur la **baie de Simon**, à 1,5 km au sud-ouest. On peut y bronzer sur l'herbe.

Palais Besenghi degli Ughi ÉDIFICE REMARQUABLE
(Besenghijeva Palača ; Gregorčičeva ulica 76). Plus bel édifice d'Izola (quoique méritant une rénovation), cette belle demeure de style baroque tardif a été bâtie entre 1775 et 1781 en contrebas de l'église Saint-Maur. Derrière ses fenêtres et des balcons ornés de stucs, et ses grilles bleu clair en fer forgé a pris place une école de musique.

Église Saint-Maurus ÉGLISE
(Župnijska Cerkev Sv Mavra ; Garibaldijeva ulica ; horaires variables). Sur la colline au-dessus de la ville, ce sanctuaire du XVIe siècle se détache par sa façade saumon et son campanile voisin. On monte surtout là-haut pour la vue, mais, si l'église (restaurée) est ouverte, jetez un coup d'œil à l'intérieur.

Parc naturel de Strunjan RÉSERVE NATURELLE
(Krajinski Park Strunjan ; www.parkstrunjan.si ; Strunjan 152). Les habitants de Strunjan, péninsule à mi-chemin entre Izola et Piran, ont durant des siècles récolté le sel. Aujourd'hui, les anciennes salines sont protégées tout comme d'autres sites naturels et culturels dans l'enceinte du parc.

Malgré le développement touristique au sud-ouest de la baie de Strunjan, parsemée d'hôtels et de plages publiques, une grande partie du littoral nord de la péninsule reste remarquablement préservée.

Où se loger

Hostel Alieti AUBERGE DE JEUNESSE €
(☎051 670 680 ; www.hostel-alieti.si ; Dvoriščna ulica 24 ; dort 18-23 € ;). Voilà peut-être la meilleure auberge de jeunesse de la côte. Nichés au fond d'une ruelle sinueuse, ses dortoirs de 4 à 6 personnes (sdb non privatives) bénéficient d'une cuisine, de la climatisation et le petit-déjeuner (basique) est compris, le tout dans un petit espace moderne. Le propriétaire, Uroš, est sympathique et accueillant.

Laguna Izola AGENCE DE LOCATION €€
(☎05-640 0278 ; www.lagunaizola.com ; Istrska Vrata 7 ; app pour 2 48-129 €). Cette agence en centre-ville dispose d'une offre d'hébergements (chambres, appartements) dans et autour d'Izola. Informations (emplacement, photos et prix) sur le site Internet.

Hotel Marina HÔTEL €€€
(☎05-660 41 00 ; www.hotelmarina.si ; Veliki trg 11 ; s 65-140 €, d 80-210 € ;). Derrière une façade couleur chocolat atypique, cet hôtel on ne peut plus central réserve un service accueillant. Outre ses 52 chambres, il héberge un restaurant de poisson apprécié et propose des prestations bienvenues (location de vélos, balades en bateau, centre de bien-être). Tarifs variables selon la saison et le type de chambre : supérieures avec vue sur la mer et terrasse, standard sans vue ni balcon, mais toutes sont confortables et bien équipées.

Où se restaurer et prendre un verre

Izola est le meilleur endroit de la côte pour se régaler de poissons et de fruits de mer. Ce sont les prises du jour que vous savourerez mais n'omettez pas à la commande de préciser la portion souhaitée, à savoir le nombre de décagrammes (*dag* comme indiqué sur le menu), le prix du plat variant en fonction du poids du produit choisi.

Restaurant Marina POISSONS ET FRUITS DE MER €€
(☎05-660 41 00 ; www.hotelmarina.si ; Veliki trg 11 ; plats 9-21 € ; ⏲12h-22h). Excellents poissons et fruits de mer sont servis à prix abordable au sein de l'hôtel : soupe de poisson, bar en croûte de sel ou pâtes au homard. Les viandes ne sont pas en reste, tel le filet mignon accompagné de polenta aux olives et truffe fraîche. Variété de menus d'un bon rapport qualité/prix, en particulier le menu du jour entrée-plat-dessert (18 €).

Gostilna Sidro POISSONS ET FRUITS DE MER €€
(☎05-641 47 11 ; Soncno Nabrezje 24 ; plats 9-22 € ; ⏲11h-22h ven-mer). Poissons et fruits de mer de toutes sortes sont ici d'autant plus délicieux qu'on les savoure face au port. Service sympathique et un rapport qualité/prix que les autres restaurants de la côte feraient bien d'imiter.

Gostilna Bujol POISSONS ET FRUITS DE MER €€
(☎041 799 490 ; Verdijeva ulica 10 ; plats 9-19 € ; ⏲11h-22h mer-dim). Recommandé par les habitués (surtout pour le *bakala na belo*, sorte de brandade de morue), cet établissement rustique sert toute une gamme de poissons frais grillés ou frits (menu en slovène, mais le personnel vous viendra en aide). Moules, calamars et pâtes aux fruits de mer ne vous décevront pas.

SPÉCIALITÉS D'ISTRIE SLOVÈNE

La pêche locale règne sur les tables du littoral, mais influence aussi celles de l'arrière-pays. Dans les terres priment néanmoins gibier et truffes. Les racines italiennes et la proximité de la frontière expliquent la primauté des pâtes qui accompagnent sans surprendre poissons et fruits de mer. Au nombre des spécialités à goûter :

Bar de Piran au sel – cuit au four sur un lit de sel de Sečovlje et, dans les meilleurs établissements de Piran, présenté entier avant que ne soient levés les filets à votre table.

Anchois façon *Šavor* – anchois blancs servis avec de l'huile d'olive, du *malvazija* (malvoisie) local et du vinaigre ; généralement en entrée.

Fuži aux truffes – pâtes aux truffes, au parmesan et à la crème.

Bobiči – ragoût mijoté à base de porc fumé, de pommes de terre, de haricots et de maïs doux.

Riži-biži – pois, bacon et riz agrémentés d'huile d'olive et de parmesan.

Hangar BAR
(☎05-640 05 05 ; www.facebook.com/izolahangarbar ; Tomažičeva ulica 10a ; ⏲12h-minuit dim-jeu, 12h-2h ven-sam). Ambiance de café le jour, cocktails et bonne musique d'ambiance le soir : le Hanger, fier de ses bières en bouteille du monde entier, est un superbe endroit où prendre un verre.

Manzioli Wine Bar BAR À VINS
(☎041 738 947 ; Manziolijev trg 5 ; ⏲12h-minuit dim-jeu, 12h-1h ven-sam). Occupant une **maison gothique vénitienne**, cet agréable bar aux pierres apparentes sert de fabuleux vins régionaux, accompagnés d'appétissantes planches de fromage et de charcuterie. Les tables débordent sur la rue en été.

Renseignements

Centre d'information touristique (☎05-640 10 50 ; www.izola.eu ; Ljubljanska ulica 17 ; ⏲9h-20h juin-août, horaires réduits reste de l'année). Indiqué sur le front de mer, l'office du tourisme fournit des infos utiles sur Izola et le littoral slovène.

Depuis/vers Izola

Les bus **Arriva** (☎090 74 11 ; www.arriva.si) desservent la côte, à l'est vers Koper (2 €, 15 min) et à l'ouest vers Portorož (2,25 €, 25 min) et Piran (2,50 €, 30 min). La fréquence peut atteindre 3 bus/heure en semaine mais se réduit à 1/heure le week-end.

Pour rallier Ljubljana (11,80 €, 2 heures 30), vous trouverez jusqu'à 7 liaisons/jour via Koper.

Comptez sur 2 bus/jour pour la ville italienne de Trieste (4,80 €, 1 heure) et une fréquence identique pour les cités croates d'Umag (5,60 €, 40 min), de Pula (7,80 €, 1 heure 30) et de Rovinj (11 €, 2 heures 30).

Comment circuler

Des vélos peuvent être loués auprès de **Koloset** (☎059 977 886 ; www.koloset.si ; Gorkijeva ulica 8 ; à partir de 12 €/jour ; ⏲9h-13h et 16h-19h lun-ven, 9h-13h sam) ou à l'**Hotel Marina** (3 heures/journée 5/12 €).

Les bus ont leur terminus à **Cankarjev drevored**. De là il faut longer le front de mer vers le nord pour rejoindre la vieille ville et sa grand-place, Veliki trg. De juin à août, un train touristique fait toutes les heures le tour de la ville au départ de trg Republike, avec arrêts aux plages et au complexe hôtelier Belvedere (adulte/enfant 4/2,50 €).

Réservation de taxis au ☎040 602 602 ou au ☎041 706 777.

Piran

☎05 / 3 804 HABITANTS

À la pointe d'une étroite péninsule éclairée par un feu (*pyros* en grec, d'où son nom), la pittoresque Piran (Pirano en italien) est l'une des plus belles villes de la côte adriatique. Bijou d'architecture gothique vénitienne, sa vieille ville, l'une des mieux préservées de Méditerranée, ne désemplit pas l'été. C'est quand il y a moins de monde que le charme opère le plus sûrement, au fil de ses ruelles sinueuses, devant ses couchers de soleil et à la terrasse de ses restaurants de poisson.

À voir

♥ Tartinijev trg PLACE
Aujourd'hui pavée de marbre, cette place ovale aux tons pastel recouvre le port intérieur comblé en 1894. La statue d'un élégant gentilhomme au centre est un hommage au compositeur et violoniste Giuseppe Tartini (1692-1770) né à Piran.

À l'est se dressent l'**église Saint-Pierre** (Cerkev Sv Petra) de 1818 et, en face, la **maison natale de Tartini** (Tartinijeva Hiša ; ☎05-671 00 40 ; www.pomorskimuzej.si ; Kajuhova ulica 12 ; adulte/enfant 2/1 € ; ⏲9h-12h et 18h-21h juil-août, horaires réduits sept-juin).

Leur font face côté ouest le **tribunal** (Sodniška Palača) et l'**hôtel de ville** (Občinska Palača) à arcades construit au XIXe siècle, où se tient l'office du tourisme.

Maison vénitienne ÉDIFICE HISTORIQUE
(Benečanka ; Tartinijev trg 4). Au nord-est de la grand-place, on repère sans peine l'un des plus beaux édifices de Piran. Sa loggia, son balcon et ses fenêtres gothiques désignent cette demeure vénitienne de type gothique (milieu du XVe siècle) à la façade rouge. Entre les deux fenêtres du 2e étage, un lion de pierre, une bannière dans la gueule, proclame *Lassa pur dir* ("Laisse-les dire" en latin). Une adresse aux commérages locaux sur la belle Piranaise qu'un riche marchand vénitien aurait dotée de cette belle maison.

♥ Cathédrale Saint-Georges CATHÉDRALE
(Župnijska Cerkev Sv Jurija ; www.zupnija-piran.si ; Adamičeva ulica 2). Une rue pavée mène de la Maison vénitienne à la cathédrale de Piran juchée sur la colline. Flanquée d'un campanile et d'un baptistère, elle succède à un premier sanctuaire de 1344. Ce monument baroque du début du XVIIe siècle a fait

Piran

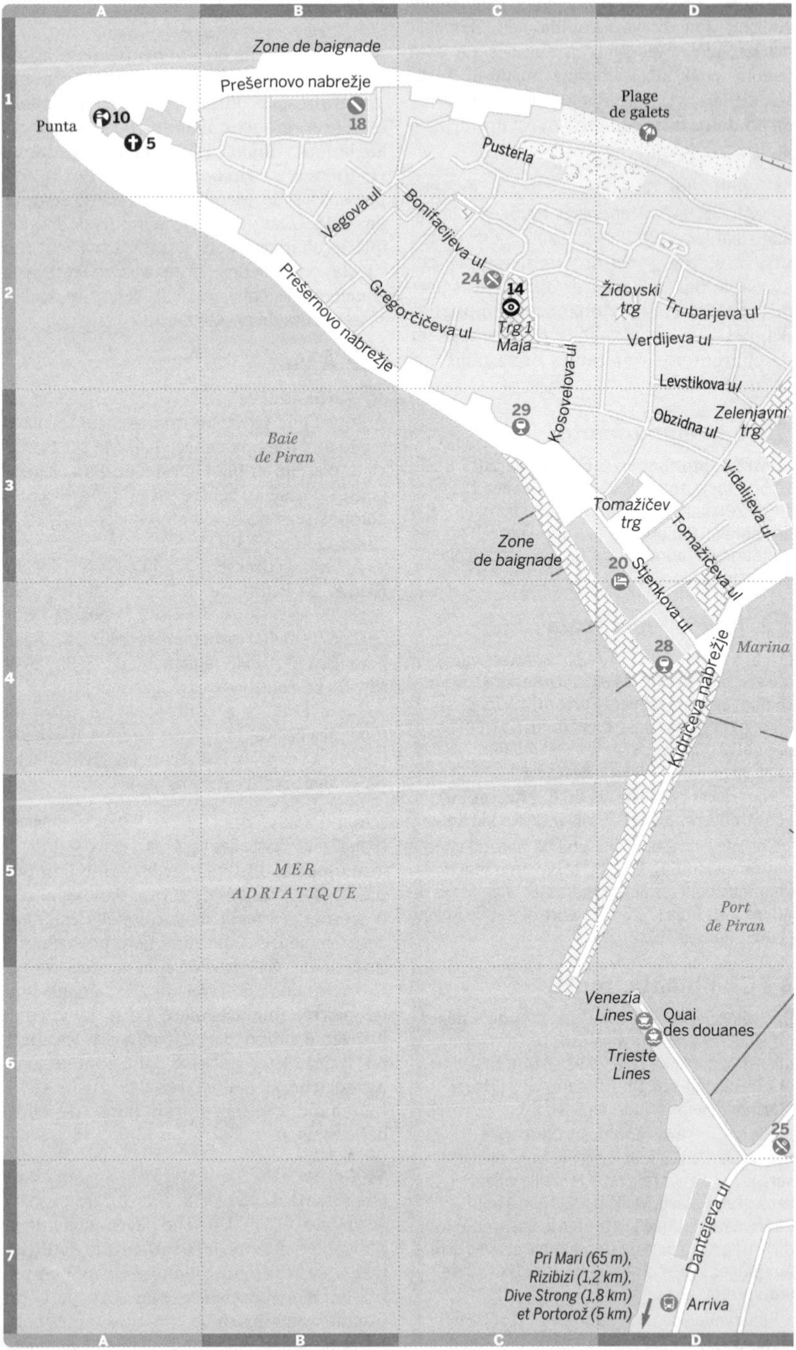
Zone de baignade
Prešernovo nabrežje
18
Punta
10
5
Plage
de galets
Pusterla
Vegova ul
Bonifacijeva ul
24
14
Trg 1
Maja
Prešernovo nabrežje
Gregorčičeva ul
Židovski
trg
Trubarjeva ul
Verdijeva ul
Kosovelova ul
Levstikova ul
29
Obzidna ul
Zelenjavni
trg
Baie
de Piran
Vidalijeva ul
Tomažičev
trg
Tomažičeva ul
Zone
de baignade
20
Stjenkova ul
28
Marina
Kidričeva nabrežje
MER
ADRIATIQUE
Port
de Piran
Venezia
Lines
Quai
des douanes
Trieste
Lines
25
Dantejeva ul
Pri Mari (65 m),
Rizibizi (1,2 km),
Dive Strong (1,8 km)
et Portorož (5 km)
Arriva

l'objet d'une belle restauration intérieure souvent visible à travers la grande grille intérieure passé le grand portail.

L'accès, notamment au trésor et aux catacombes, se fait par le **musée paroissial Saint-Georges** (05-673 34 40 ; Adamičeva ulica 2 ; adulte/enfant 2/1 € ; 9h-13h et 17h-19h30 lun-ven, 9h-14h et 17h-20h sam, à partir de 11h dim). Vous y verrez entre autres un saint Georges terrassant le dragon plaqué d'argent, ainsi qu'une maquette en bois de l'église datant de 1595.

La grande richesse de la cathédrale est néanmoins un christ en croix gothique (non visible depuis la grille), le crucifix de Piran (XIVe siècle).

Campanile CLOCHER

(Zvonik ; Adamičeva ulica ; 1 € ; été 10h-20h, horaires réduits reste de l'année). Clairement inspiré du campanile de Saint-Marc à Venise, ce clocher séparé (1609) pointe à 46,5 m de haut. En 147 marches, vous gagnez une vue plongeante sublime sur Piran et son port. Le baptistère (XVIIe siècle) octogonal voisin renferme autels et tableaux, servant parfois d'espace d'exposition. Sur son flanc est, on remarquera une portion (200 m) de l'enceinte urbaine au XVe siècle.

Mediadom Pyrhani MUSÉE

(08-205 52 72 ; www.mediadom-piran.si ; Kumarjeva 3 ; adulte/enfant 5/2 € ; 9h-12h et 18h-22h juil-août, 9h-12h et 16h-19h mai-juin, 10h-17h avr et sept, 10h-16h oct-mars). La “machine à remonter le temps” et les nombreuses autres installations interactives de ce musée innovant vous emmènent à travers l'histoire de Piran. Les découvertes archéologiques conservées en place (sous les plaques de verre à vos pieds) et les intérieurs restaurés ajoutent à l'atmosphère.

Monastère des Frères mineurs MONASTÈRE

(Minoritski Samostan Sveti Frančiška v Piranu ; Bolniška ulica 20). Ce monastère possède un charmant cloître à l'ombre de l'église abbatiale Saint-François-d'Assise fondée au début du XIVe siècle, puis agrandie et rénovée au fil des siècles. Ses portes ordinairement ouvertes vous autoriseront à admirer ses fresques au plafond et le caveau de la famille Tartini.

Musée maritime Sergej Mašera MUSÉE

(Pomorski Muzej Sergej Mašera ; 05-671 00 40 ; www.pomorskimuzej.si ; Cankarjevo nabrežje 3 ; adulte/enfant 3,50/2,10 € ; 9h-12h et 17h-21h mar-dim juil-août, 9h-17h mar-dim sept-juin).

Piran

Les incontournables

1 Campanile ... E2
2 Cathédrale Saint-Georges ... E2
3 Mediadom Pyrhani ... F3
4 Tartinijev trg ... E3

À voir

5 Église Saint-Clément ... A1
6 Église Saint-Pierre ... E3
7 Tribunal ... E3
8 Monastère des Frères mineurs ... F3
9 Hôtel de ville ... E3
Musée paroissial Saint-Georges ... (voir 2)
10 Phare de la Punta ... A1
11 Musée maritime Sergej Mašera ... E4
12 Statue de Giuseppe Tartini ... E3
13 Maison Tartini ... E3
14 Trg 1 Maja ... C2
15 Maison vénitienne ... E2

Activités

16 Sailing Piran ... E4
17 Subaquatic ... E4
18 Sub-Net ... B1

Où se loger

19 Art Hotel Tartini ... E4
20 Hotel Piran ... D4
21 Max Piran ... F2
22 Miracolo di Mare ... E6
23 PachaMama ... E2

Où se restaurer

24 Cantina Klet ... C2
25 Casa Nostromo ... D6
26 Gostilna Park ... E6
27 Pirat ... E6

Où prendre un verre et faire la fête

28 Café Teater ... D4
29 Cafinho ... C3

Achats

30 Čokoladnica Olimje ... E3
31 Nika's Tiny House ... E2
Piranske Soline ... (voir 15)

Animé par les histoires de vieux loups de mer slovènes, ce musée occupe le **palais Gabrielli** (XIXe siècle) sur le front de mer. Dans la section archéologique, on marche sur un sol en verre protégeant des débris d'amphores romaines tels qu'on les trouve au fond de la mer. À l'étage, les vieux gréements sont présentés à travers de fort beaux modèles réduits, tandis qu'anciennes figures de proue, armes et tromblons redonnent l'ambiance des mers du passé. De touchants ex-voto (offrandes) placés par les marins sur l'autel de l'église de Strunjan pour être protégés des naufrages sont également exposés.

Trg 1 Maja PLACE

(place du 1er-Mai). Le nom de cette place a beau évoquer un défilé de l'époque communiste, elle n'en était pas moins le centre de Piran jusqu'au Moyen Âge, sous le nom de Stari trg ("vieille place"). Les rues environnantes forment un vrai labyrinthe de maisons aux couleurs pastel, de passages voûtés et de cours à arcades.

La place elle-même est jalonnée de beaux bâtiments baroques, notamment, au nord, l'ancienne **pharmacie** (Lekarna ; Trg 1 Maja 2), occupée aujourd'hui par le restaurant Fontana. Au centre, la vaste **citerne** *(vodnjak)* baroque (fin XVIIIe) récoltait les eaux de pluie des toits avoisinants par de longues gouttières reposant sur des colonnes à chérubins en pierre disposés de chaque côté.

Phare de la Punta PHARE

(Punta Rt Madona) La Punta, la "pointe" historique de Piran, a conservé son phare, même si le modèle actuel est plus petit et moderne. La tour ronde et crénelée de l'**église Saint-Clément** (Cerkev Sveti Klementa ; Prešernovo nabrežje), construite au XIIIe siècle puis remodelée cinq siècles plus tard, évoque néanmoins cet ancien flambeau qui donna son nom à la ville. Elle renferme un plafond charmant (quoique décrépit) orné de stucs.

Activités

Croisières et excursions

Plusieurs compagnies de Piran et de Portorož proposent des croisières en bateau et des excursions en bus, du simple tour des villes de la côte aux sorties d'une journée vers les incontournables du pays (comme Bled ou Postojna), voire jusqu'à Venise et Trieste en Italie.

Subaquatic CROISIÈRES

(041 602 783 ; www.subaquatic.si ; marina de Piran ; adulte/enfant 15/10 € ; croisières 10h, 14h, 16h15 et 18h30 avr-sept). Une courte navigation côtière (1 heure 30 aller-retour) au départ de Piran vous mènera vers Fiesa et Strunjan. Le paysage s'apprécie à la surface comme sous l'eau grâce au fond transparent du pont. Vérifiez les horaires

en ligne : hors saison, il n'y a parfois que deux excursions par jour.

Sailing Piran CROISIÈRES
(040 669 961 ; sailingpiran@gmail.com ; croisières 4/8 heures 55/75 € par pers, location de bateau 4/8 heures 240/320 € ; 9h-13h et 14h-18h). Une belle journée ou demi-journée d'excursion à bord d'un voilier, avec vue superbe sur Piran.

Baignade et plongée

Il y a plusieurs "plages" – des zones de gros rochers le long du Prešernovo nabrežje – où se rafraîchir le bout des pieds, même si l'on ne vient pas à Piran pour faire trempette. Au nord près de la Punta, ces zones sont plus plaisantes (location de parasols et de chaises longues), mais autant suivre sur 1 km vers l'est le sentier goudronné menant à Fiesa et à sa petite plage.

Sub-Net PLONGÉE
(05-673 22 18, 041 746 153 ; www.sub-net.si ; Prešernovo nabrežje 24 ; plongée rivage/large 35/50 €). Plongées au départ du rivage ou avec convoi par bateau, cours pour le brevet PADI et location d'équipement.

Fêtes et festivals

Festival d'été de Piran DANSE, MUSIQUE
(www.piranfestival.si ; juil ou août). Pendant la dernière quinzaine de juillet ou la première quinzaine d'août, des danseurs et des musiciens montent sur la scène dressée sur Tartinijev trg. Spectacles gratuits à 21h.

Festival Tartini MUSIQUE CLASSIQUE
(www.tartinifestival.org ; août-sept). Des concerts de musique classique ont lieu pendant un mois dans plusieurs lieux de Piran, notamment le cloître voûté du monastère des Frères mineurs. Quelques spectacles sont donnés à Koper.

Où se loger

L'offre est exceptionnelle solide à Piran, avec bon nombre d'adresses tout à fait charmantes. Les prix sont ici plus élevés qu'ailleurs sur la côte. Venir en été sans avoir réservé est une folie. Si vous cherchez une chambre chez l'habitant, commencez par vous adresser aux agences de voyages Maona (p. 169) ou Turist Biro (p. 169).

Kamp Fiesa CAMPING €
(05-674 62 30 ; www.facebook.com/kamp.fiesa ; Fiesa 57b ; adulte/enfant 12 €/gratuit ; mai-sept ; P). Le terrain le plus proche se trouve à Fiesa, à 4 km de Piran par la route, mais à 1 km seulement par le chemin côtier vers l'est. Très petit et vite plein l'été, il se situe dans une vallée en bord de plage à côté de deux étangs protégés.

♥ **Max Piran** CHAMBRES D'HÔTES €€
(041 692 928 ; www.maxpiran.com ; Ulica IX Korpusa 26 ; d 70-88 € ;). Cette délicieuse demeure couleur corail du XVIIIe siècle, un peu plus bas que la cathédrale Saint-Georges, abrite 6 jolies petites chambres baptisées d'un nom de femme. Romantique et excellent rapport qualité/prix.

Miracolo di Mare CHAMBRES D'HÔTES €€
(051 445 511, 05-921 76 60 ; www.miracolodimare.si ; Tomšičeva ulica 23 ; ch 60-80 € ;). Le "miracle de la mer" invite ses hôtes au repos dans une douzaine de chambres charmantes (quoique assez exiguës), dont certaines (comme la n°3, ou encore la salle de petit-déjeuner) ouvrent sur un jardin. Parquet et escaliers en bois.

♥ **PachaMama** MAISON D'HÔTES, APPARTEMENTS €€€
(PachaMama Pleasant Stay ; 05-918 34 95 ; www.pachamama.si ; Trubarjeva 8 ; ch 80-175 € ;). Conçue par des voyageurs pour des voyageurs, cette agréable maison d'hôtes à proximité de Tartinijev trg loue 12 chambres pimpantes décorées de bois et de photos de voyage. Des salles de bains privatives très agréables et un "jardin secret" agrémentent le tout. Quelques studios et appartements familiaux de standing équivalent sont éparpillés en ville.

♥ **Art Hotel Tartini** HÔTEL €€€
(05-671 10 00 ; www.hotel-tartini-piran.com ; Tartinijev trg 15 ; s 130 €, d 150-220 € ;). Donnant sur Tartinijev trg, cet agréable établissement au personnel fort sympathique et serviable compte 45 chambres rénovées en 2018. Blanchies à la chaux, élégantes et confortables, elles se classent parmi les meilleures de Piran. Quelques-unes, dans les étages supérieurs, ont une vue plongeante sur la mer ou sur la place. L'atout numéro 1 de l'hôtel ? La terrasse sur le toit en été.

Si vous en avez les moyens, offrez-vous la suite présidentielle (300 €) ; les pièces circulaires et leur vue sublime sont irrésistibles.

♥ **Hotel Piran** HÔTEL €€€
(05-666 71 00 ; www.hotel-piran.si ; Stjenkova ulica 1 ; d 120-180 € ;). Trônant en front de mer, l'établissement vedette de Piran peut

se vanter à la fois d'un service impeccable et d'un siècle d'existence. Des 74 chambres modernes et 15 suites, préférez si possible celles avec vue sur la mer. Un centre de bien-être ainsi qu'un café-restaurant doté d'une spacieuse terrasse prennent place au rez-de-chaussée. L'été, fabuleux bar à champagne sur le toit, réservé aux clients de l'hôtel.

Où se restaurer

Sur le front de mer, le long de Prešernovo nabrežje, les restaurants de poisson jouent à touche-touche. Touristiques en diable avec tarifs (surestimés) à la clé, il se trouve tout de même quelques joyaux dans le lot. Les fruits de mer s'accordent parfaitement avec le vin blanc local, le *malvazija* (malvoisie).

Cantina Klet POISSONS ET FRUITS DE MER €
(trg 1 Maja 10 ; plats 5-10 € ; 10h-23h). Dans ce petit bar à vins joliment installé sous une tonnelle, les boissons se commandent au comptoir (vins locaux tirés au tonneau et bières bon marché), mais nous avons surtout aimé l'option de restauration "Fritolin pri Cantini" : on choisit sur une ardoise parmi une liste de plats à base de poisson (filet de poisson et polenta, calamars frits, tortilla au poisson) avant de passer commande à une petite fenêtre et de venir chercher son assiette.

Pirat POISSONS ET FRUITS DE MER €€
(041 327 654 ; www.facebook.com/PiratPiran ; Župančičeva ulica 26 ; plats 9-21 € ; 11h-22h). Certes, ce n'est pas l'endroit le plus chic de la ville, mais dans une atmosphère fort sympathique, Rok et son personnel sauront rendre agréable votre repas. Ici, les produits de la mer sont rois : carpaccio de poisson frais, pâtes au homard, bar grillé découpé à table. À arroser de *malvazija*.

Pri Mari MÉDITERRANÉEN €€
(041 616 488, 05-673 47 35 ; www.primari-piran.com ; Dantejeva ulica 17 ; plats 8-24 € ; 12h-16h et 18h-22h mar-dim avr-oct, 12h-16h et 18h-22h mar-sam, 12h-18h dim nov-mars). À la tête de ce chaleureux établissement à l'élégance rustique, un couple italo-slovène concocte la cuisine méditerranéenne et slovène la plus créative de Piran : beaucoup de poissons et un bon choix de vins locaux. L'espace étant limité, mieux vaut réserver.

Gostilna Park SLOVÈNE €€
(05-992 17 51 ; Župančičeva 21 ; plats 9-19 € ; 12h-23h). Un joli petit restaurant un peu à l'écart de la rue touristique principale. Fruits de mer frais, grillés ou légèrement sautés, *čevapčiči*, excellentes assiettes de viande et salades légères... le tout est bien préparé et servi avec le sourire.

Casa Nostromo POISSONS ET FRUITS DE MER €€
(030 200 000 ; www.piranisin.com ; Tomšičeva ulica 24 ; plats 9-24 € ; 18h-1h). Le nouveau restaurant de poisson et de spécialités istriennes du chef Gradimir Dimitrić a fait une entrée remarquée sur la scène culinaire de Piran. La salade de poulpe et le bar entier (filets levés à table) comptent parmi les incontournables. Excellente carte des vins.

Où prendre un verre et faire la fête

Café Teater BAR
(041 638 933 ; Stjenkova ulica 1 ; 9h-minuit). Le Tout-Piran se retrouve ici, au milieu des copies de mobilier ancien ou sur la terrasse en front de mer. L'endroit est idéal pour un verre au coucher du soleil et si, la journée, le café tient tête aux cocktails, ces derniers l'emportent en fin d'après-midi.

Cafinho BAR
(040 554 410 ; www.facebook.com/Cafinho ; Prvomajski trg 3 ; 8h-3h). Le nom de l'établissement et sa consonance portugaise donnent une idée de ce qu'on y sert : du bon café le matin, et des caïpirinhas (entre autres bons cocktails) plus tard dans la journée. Bon choix de bières aussi. Juste au bord de l'eau.

Achats

Nika's Tiny House ARTISANAT
(040 156 945 ; www.facebook.com/nikastinyhouse ; Ulica IX Korpusa 9 ; 10h-13h et 16h-20h). Ramasseuse de bois flottés sur les plages, Nika Domnik œuvre le reste du temps dans ce petit atelier où elle réalise, entre autres objets inspirés de Piran, de toutes petites maisons colorées. Vous la trouverez là où la rue commence à grimper vers la cathédrale Saint-Georges. Ateliers pour enfants à l'occasion.

Čokoladnica Olimje CHOCOLAT
(03-777 41 03 ; www.cokoladnica-olimje.si ; Tartinijev trg 5 ; 9h-19h lun-ven, 9h-20h sam-dim). Le chocolat le plus renommé de

Slovénie provient d'une chocolaterie située dans le village d'Olimje dans l'est du pays. Cette boutique de la fabrique nous plonge dans un univers de délices.

Piranske Soline SOUVENIRS
(☎05-673 31 10 ; www.soline.si ; Tartinijev trg 4 ; ⏲9h-21h). Au sein de la Maison vénitienne, tous les produits tirés des salines de Sečovlje : sels de cuisine ou de bains, et autres produits salins préparés avec amour.

Renseignements

AGENCES DE VOYAGES

Maona (☎05-674 03 63 ; www.maona.si ; Cankarjevo nabrežje 7 ; ⏲9h-20h lun-sam, 10h-13h et 17h-19h dim). Cette précieuse agence pourvoit à tout le nécessaire : hébergement, activités et croisières.

Turist Biro (☎05-673 25 09 ; www.turistbiro-ag.si ; Tomažičeva ulica 3 ; ⏲9h-13h et 16h-19h lun-sam, 10h-13h dim). Face à l'hôtel Piran. Réservation de chambres et d'appartements partout sur la côte.

ARGENT

Banka Koper (Tartinijev trg 12 ; ⏲8h30-12h30 et 14h-17h lun-ven)

OFFICE DU TOURISME

Office du tourisme de Piran (☎05-673 44 40 ; www.portoroz.si ; Tartinijev trg 2 ; ⏲9h-22h juil-août, 9h-19h mai, 9h-17h sept-avr et juin). Votre premier arrêt pour des informations sur Piran et Portorož. Dans l'hôtel de ville.

POSTE

Poste (Cankarjevo nabrežje 5 ; ⏲8h-18h lun-ven, 8h-12h sam)

Depuis/vers Piran

BUS

Les bus **Arriva** (☎090 74 11 ; www.arriva.si) desservent la côte ; horaires et tarifs sur le site Internet.

De la **gare routière** (Dantejeva ulica), au sud du centre-ville, bus fréquents vers Portorož (1,40 €, 8 min), et jusqu'à 4/heure pour Izola (2,50 €, 30 min) et Koper (3 €, 45 min).

Pour Ljubljana, il existe 3 bus/jour (13 €, 3 heures), passant par Divača et Postojna.

Pour l'étranger, comptez sur 1 bus/jour à destination de la cité italienne de Trieste (6,40 €, 1 heure 30) et l'été 1 bus/jour pour rejoindre, au sud, l'Istrie croate, avec des arrêts à Umag, Poreč et Rovinj (9,75 €, 2 heures 45). Liaisons plus fréquentes au départ d'Izola et de Koper.

FERRY

De fin juin à fin août, **Trieste Lines** (☎040 200 620 ; www.triestelines.it) assure une liaison quotidienne (sauf le mercredi) en catamaran au départ de Piran vers Trieste en Italie (9,60 €, 30 min), et une autre vers Rovinj en Croatie (23 €, 1 heure 10). Billets à l'office du tourisme.

Venezia Lines (☎05-242 28 96 ; www.venezialines.com) propose les samedis d'été (généralement de mi-juin à mi-septembre) des traversées en catamaran entre Piran et Venise (adulte/enfant 67/42 €, 3 heures 45).

Comment circuler

Des navettes fréquentes et gratuites partent à l'angle sud-ouest de la place Tartinijev trg pour desservir la gare routière de Piran et le parking Fornače, proche de l'entrée de la ville. Les horaires sont affichés : en pleine saison estivale, comptez une navette toutes les 15 minutes d'environ 5h25 à 1h46.

Portorož

☎05 / 2 928 HABITANTS

La station balnéaire chic de Slovénie, c'est Portorož (Portorose en italien). Rien ne la distingue de ses comparses du nord de la Méditerranée et surtout elle n'a pas le charme des autres cités slovènes du littoral.

Si ses plages sont noires de monde l'été, elles sont relativement propres, et des spas et centres de bien-être permettent de prendre les eaux et de s'adonner à la pratique des bains de boue. Le grand choix d'hébergements fait de Portorož une bonne solution de repli lorsque Piran affiche complet, seuls 4 km de route séparant les deux villes.

À voir

Forma Viva JARDIN DE SCULPTURES
GRATUIT Perché sur la péninsule de Seča au sud de la ville (après la marina), ce jardin aux 130 œuvres taillées dans la pierre offre une formidable vue sur les baies de Portorož et de Piran dans un havre on ne peut plus paisible. Au sud s'étendent les salines de Sečovlje aisément accessibles à pied.

Activités

Tout ce qui a trait à l'eau de mer fait la renommée de la station : croisières, thalasso... mais aussi plongée au large et exploration des fonds, ou snorkeling avec guide.

Baignade et plongée

Plage centrale de Portorož PLAGE

(Centralna Plaza Portorož). Sur la grand-plage, centrale, de Portorož, 3 300 corps huilés peuvent bronzer au soleil. Nombre de toboggans aquatiques et jeux plaisent aux enfants et l'on peut y louer transats (5 €) et parasols (5 €). Des maîtres-nageurs surveillent en journée la plage inaccessible de 23h à 6h du matin (interdiction formelle de dormir sur le sable).

Dive Strong PLONGÉE

(☎040 792 651 ; www.divestrong.si ; Obala 2, Hotel Resort Bernardin ; plongée guidée matériel inclus à partir de 30 €). Ce centre et magasin de plongée organise un bon cours d'initiation (Discover Scuba Diving, 3 heures, 60 €), des sorties pour plongeurs plus expérimentés, ainsi que d'excellentes excursions de snorkeling guidées (à partir de 25 €/pers).

Croisières et excursions

L'été, deux à trois bateaux partent du quai principal de Portorož pour explorer les abords de la côte : Piran, Izola et Koper, éventuellement avec Strunjan ou les salines de Sečovlje.

En haute saison, des excursions à la journée vers Venise (en bateau ou car) sont commercialisées (environ 70 €) ainsi que vers les principaux sites touristiques slovènes (Ljubljana, Bled, Postojna).

Promenez-vous sur le port pour comparer les offres ou renseignez-vous auprès d'agences de voyages comme Go Portorož (☎040 461 000 ; www.goportoroz.si ; Obala 14).

Thalassothérapie

Tous les grands hôtels ont leur centre de bien-être, dont l'incontournable centre de thalasso Lepa Vida (p. 172) aux portes du parc naturel des salines de Sečovlje.

Terme & Wellness LifeClass SPA

(☎05-692 90 01, 05-692 80 60 ; www.lifeclass.net ; Obala 43). Le groupe hôtelier LifeClass, qui compte 6 hôtels en ville (au premier rang desquels figure le quatre-étoiles Grand Hotel Portorož), possède ce centre de thalassothérapie offrant "cures de bien-être", massages thaï, relaxation, un spa et des installations de loisirs – des grandioses piscines intérieures aux saunas, salle de sport, centre de thalassothérapie et clinique ayurvédique. Activités, horaires et tarifs très changeants, vérifiez sur le site Internet.

Vélo

All Year Biking VÉLO

(☎041 395 396 ; allyearebiking.com ; Šentjane 25 ; circuits 21-79 €/pers). Sillonner les collines dominant Piran et Portorož à vélo électrique, voici un des circuits proposés par ce spécialiste, tout comme une visite à bicyclette de Piran (2 heures), une excursion aux marais salants (3 heures) et un tour des villages (6 heures).

Fêtes et festivals

Festival du film slovène CINÉMA

(www.fsf.si ; sept). Événement majeur du cinéma slovène, ce festival de 3 jours avec projections et remises de prix a lieu fin septembre à Portorož.

Où se loger

Portorož compte des dizaines d'hôtels, mais les tarifs sont rarement bon marché et flambent l'été. Beaucoup ferment d'octobre (ou novembre) à avril.

Les agences de voyages proposent à la location chambres et appartements. Plus on s'éloigne de la plage, moins la chambre est coûteuse, ce qui est le cas sur la colline. Séjourner moins de 3 nuits ou trouver une chambre simple peut relever du défi.

♥ **Kaki Plac** CAMPING €

(☎041 359 801 ; www.adrenaline-check.com/sea ; Liminjan 8, Lucija ; empl 13 €/pers, tente comprise 15 €, sous abri 22-35 € ; mai-nov ; P). En retrait de Lucija, ce camping à taille humaine et respectueux de l'environnement, s'inscrit dans un environnement boisé. Les tentes à louer possèdent matelas gonflables et draps, certaines se trouvant en outre à l'abri d'un toit de chaume. Aire de restauration commune conviviale et prêt de vélos. Les chaleureux propriétaires du camping prodiguent de précieux conseils sur la région et peuvent vous aider à organiser vos activités.

Europa Hostel AUBERGE DE JEUNESSE €

(☎059 032 574 ; www.ehp.si ; Senčna pot 2 ; 23-29 €/pers ; P). À proximité de la gare routière et de l'Auditorium, une adresse centrale et raisonnable. Les chambres avec lits superposés portent le nom de destinations en Europe. Il existe aussi des chambres privatives, avec ou sans sdb. Parking, climatisation, terrasse et jardin font partie des atouts des lieux, néanmoins dépourvus de cuisine.

VAUT LE DÉTOUR

AU CALME À KORTE

Si la côte est trop fréquentée à votre goût, battez en retraite vers l'intérieur des terres. Korte est un joli village au sommet d'une colline à environ 9 km d'Izola. Le principal attrait du lieu tient dans sa gracieuse simplicité ; il n'y a pas grand-chose à y faire si ce n'est se balader dans ses ruelles étroites bordées de maisons aux murs de pierre ou aux tons pastel et admirer la vue panoramique depuis ses hauteurs.

Des bus relient Korte à Izola plusieurs fois par jour (2,50 €, 15 minutes).

Stara Šola Korte Guesthouse (05-642 11 14, 031 375 889 ; www.stara-sola.com ; Korte 74 ; ch 45-105 €, app 69-119 € ; P). Une ancienne école entièrement rénovée accueille 17 chambres modernes baignées de lumière, pour 2 à 4 personnes (sdb privative ou à partager), ainsi que 2 appartements de 2 chambres (où l'on peut cuisiner contrairement aux chambres). L'ensemble ne manque pas de charme entre la vue idyllique et l'agrément offert par les parties communes. Petit-déjeuner pour 5 €. Korte possède par ailleurs deux très bonnes tables.

Hiša Torkla (05-620 96 57 ; www.hisa-torkla.si ; Korte 44b ; plats 16-29 € ; 12h-22h mer-dim). Outre leur accueil chaleureux dans un cadre soigné, Andreja et Sebastijan valorisent à merveille les saveurs locales dans une cuisine raffinée, mais sans excès (citons le bœuf Black Angus cuit au gril à la perfection). Le menu du chef est d'un rapport qualité/prix exceptionnel (3/4/5 plats 30/43/55 €). Laissez-vous guider par le personnel pour le choix des vins locaux et n'oubliez pas de réserver.

Kempinski Palace Portorož HÔTEL €€€
(05-692 70 00 ; www.kempinski.com/portoroz ; Obala 45 ; s/d à partir de 140/175 € ; P @). Fleuron du groupe Kempinski, ce palace du XIXe siècle distribue ses 181 chambres entre aile ancienne et aile nouvelle. De quoi combiner à merveille tradition et design contemporain avec tous les équipements attendus.

Où se restaurer et prendre un verre

Oštarija SLOVÈNE €€
(05-674 40 04 ; www.facebook.com/Ostarija-Portoroz ; Obala 16 ; plats 7-25 € ; 10h-minuit). Face à la mer, cette table animée sert des plats de qualité à prix raisonnables. Carte de spécialités typiques de l'Istrie : *pršut* aux truffes, soupe de poissons, calamars sous diverses formes, et poisson frais vendu au poids.

Montagu INTERNATIONAL €€€
(05-990 04 77 ; www.montagu.si ; Obala 14b ; plats 7-49 € ; 12h-minuit, 12h-2h sam-dim). Ultrachic, ce nouveau restaurant-bar à cocktails installé dans la rue principale sort du lot. Le menu restreint repose sur des viandes d'exception (par exemple, du bœuf Black Angus d'Argentine) avec des prix en rapport, mais les plats de riz, salades et hamburgers permettent de se restaurer à moindre coût. On peut aussi siroter tout simplement un cocktail ou du vin sur la belle terrasse face aux flots.

Rizibizi SLOVÈNE €€€
(059 935 320 ; www.rizibizi.si ; Vilfanova 10 ; plats 18-30 € ; 12h-23h). Situé à l'écart, sur les hauteurs (indiqué sur la route entre Portorož et Piran) avec vue sur la mer, Rizibizi est encensé pour sa cuisine locavore et ses préparations parmi les plus raffinées de la côte. Le meilleur rapport qualité/prix revient aux menus dégustation (40 à 60 €). Amoureux des truffes, voici votre rêve devenu réalité : 6 plats, tous aux saveurs de truffe, pour 60 €. Réservation recommandée.

Kavarna Cacao BAR
(05-674 10 35 ; www.cacao.si ; Obala 14 ; 8h-1h dim-mar, 8h-3h ven-sam). Cet établissement remporte la palme du café-bar le plus élégant du littoral avec une fabuleuse terrasse face à la mer, et les vacanciers ne s'y trompent pas. Large choix de cafés, jus de fruits, smoothies, cocktails, crèmes glacées et gâteaux, servis jusque tard dans la nuit.

Kanela Bar BAR
(068 139 765 ; Obala 14 ; 10h-3h). Niché entre la plage et le Cacao, le bar rock'and'roll "Cannelle" divertit la clientèle enthousiaste jusque tard dans la nuit. Concerts fréquents.

Renseignements

Office du tourisme (05-674 22 20 ; www.portoroz.si ; Obala 16 ; 9h-22h juil-août, 9h-17h sept-juin). Bureau efficace en face de l'hôtel Kempinski ; location de vélos.

Depuis/vers Portorož

Les bus **Arriva** (090 74 11 ; www.arriva.si) qui desservent la côte s'arrêtent devant la plage principale sur Postajališka pot. Horaires et tarifs sur le site Internet. Les bus

Pour Piran (1,40 €, 8 min), les dessertes sont fréquentes et pour Izola (2 €, 30 min) et Koper (3 €, 40 min), comptez 4 bus/heure, tous faisant halte à Lucija, Bernardin et Strunjan.

Vers la capitale (12,80 €, 2 heures 45), on trouve 3 bus/jour passant par Divača et Postojna.

En direction de Trieste (6,40 €, 1 heure 30), il existe un bus quotidien et un autre gagne, en été, l'Istrie croate vers le sud, desservant au passage Umag, Poreč et Rovinj (9,75 €, 2 heures 45). Liaisons plus fréquentes depuis Izola et Koper.

Sečovlje

05 / 625 HABITANTS / ALTITUDE 2,5 M

Sur la côte slovène, la production de sel est une tradition séculaire, que l'on peut découvrir plus particulièrement aux salines du parc naturel de Sečovlje, à la frontière croate.

À voir et à faire

Parc naturel des salines de Sečovlje RÉSERVE NATURELLE
(Krajinski Park Sečoveljske Soline ; 05-672 13 30 ; www.kpss.si ; adulte/enfant 7/5 € ; 7h-21h juin-sept, 8h-17h oct-mai). Cette zone de marais salants couvre 750 ha. Sillonnée de canaux et de digues, elle héberge une grande variété d'oiseaux, 290 espèces y ayant été répertoriées.

Le parc est divisé en deux parties : au nord, celle de Lera s'étend juste au sud de Seča, près de la route principale venant de Portorož ; celle de Fontanigge, au sud, rejoint la frontière avec la Croatie ; il faut passer par la douane slovène pour y accéder – n'oubliez pas vos papiers d'identité !

Lera et Fontanigge n'étant pas reliées (le canal Drnica les sépare), il faudra utiliser une entrée différente pour accéder à l'une ou à l'autre. On peut les parcourir à vélo ou à pied. La zone, important centre de production saline par le passé, a fait la fortune de la côte au Moyen Âge.

Lera, où l'on récolte toujours le sel selon des méthodes traditionnelles, possède un **centre d'information multimédia** et un café. Un magasin vend également des produits en provenance des salines de Piran (sel de cuisine et cosmétiques ; www.soline.si). Au nord de Lera, se trouve aussi le spa Lepa Vida, en retrait et très au calme.

Thalasso Spa Lepa Vida SPA
(05-672 13 60 ; www.thalasso-lepavida.si ; Lepa ; 2/4 heures parking compris 18/30 € ; 9h-21h mi-mai à sept). Ce magnifique spa à ciel ouvert se situe à l'extrémité nord des marais salants. Il bénéficie d'équipements de qualité : piscine d'eau salée, bains d'eau saumâtre, salles de massages et café (pas de restauration). Ce havre de paix n'accueille pas plus de 50 clients (pas d'enfants de moins de 12 ans). Réservation requise. Une navette assure la liaison depuis l'entrée du parc.

Depuis/vers Sečovlje

Si vous êtes motorisé, suivez les panneaux jusqu'à l'entrée du parc à Lera. Le moyen le plus agréable d'y accéder reste le vélo, par la piste cyclable qui longe la côte depuis Lucija. Quelques compagnies proposent des croisières qui s'arrêtent à Lera.

Sud-est de la Slovénie et vallée de la Krka

Dans ce chapitre ➡

Le top des restaurants

- Oštarija Debeluh (p. 199)
- Oštarija (p. 181)
- Grad (p. 187)
- Don Bobi (p. 184)

Le top des hébergements

- Hotel Balnea (p. 181)
- Ferme Šeruga (p. 186)
- Madronič (p. 193)
- Domačija Novak (p. 177)
- Vila Castanea (p. 196)

Pourquoi y aller

Le sud-est de la Slovénie revêt un charme plus discret que les régions dotées de sites-phares. La Dolenjska (Basse-Carniole) et la Bela Krajina (Carniole-Blanche) ont un rythme de vie nettement plus paisible, qui laisse tout loisir d'apprécier ses rivières aux larges méandres et ses collines couvertes de forêts, de vergers et de vignes. Des villages sagement blottis autour de leur église et des *toplarji* (séchoirs à foin) caractéristiques émaillent le paysage.

Vénérables monastères et châteaux restaurés dévoilent au visiteur une histoire fortement enracinée, tout autant que ces ceps de vigne qui tapissent la campagne. On peut ainsi déguster les crus locaux tout comme pédaler ou cheminer le long de ses multiples sentiers. À moins de préférer le kayak, le canoë ou le rafting sur les eaux bleu-vert de la Kolpa ou de la Krka. Avec un peu de temps et de curiosité, vous découvrirez ici une autre facette du pays où le *slow travel* prend tout son sens.

Quand partir

Novo Mesto

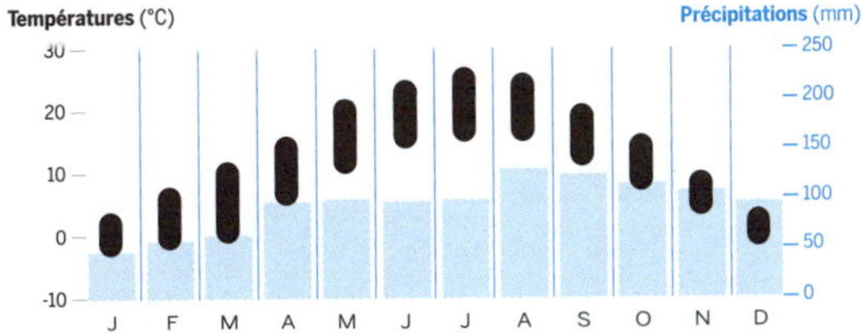

Mars-mai La chaleur revenant avec le printemps invite à la balade.

Juin-septembre Le soleil est un bon allié pour pagayer sur la Kolpa ou la Krka.

Septembre-octobre Vendanges et balades à vélo dans la fraîcheur automnale.

À ne pas manquer

1 La dégustation de crus de la région viticole de **Bizeljsko-Sremič** (p. 199), dans les caves et les chais taillés dans le silex.

2 Les fresques baroques de la salle des Chevaliers du château de Brežice devenu le musée du **Posavje** (p. 193).

3 L'arrivée en canoë au creux d'un méandre de la Krka, sur l'îlot de **Kostanjevica na Krki** (p. 194), où se nichent les trésors artistiques provenant du monastère de Pleterje.

4 La descente en rafting des eaux vives de la **Kolpa** (p. 193) entre Stari trg et Vinica.

5 Les petites rues du vieux **Novo Mesto** (p. 182) enserré par un profond méandre de la Krka.

6 La détente et les soins prodigués au **Balnea Wellness Centre** (p. 180) de Dolenjske Toplice.

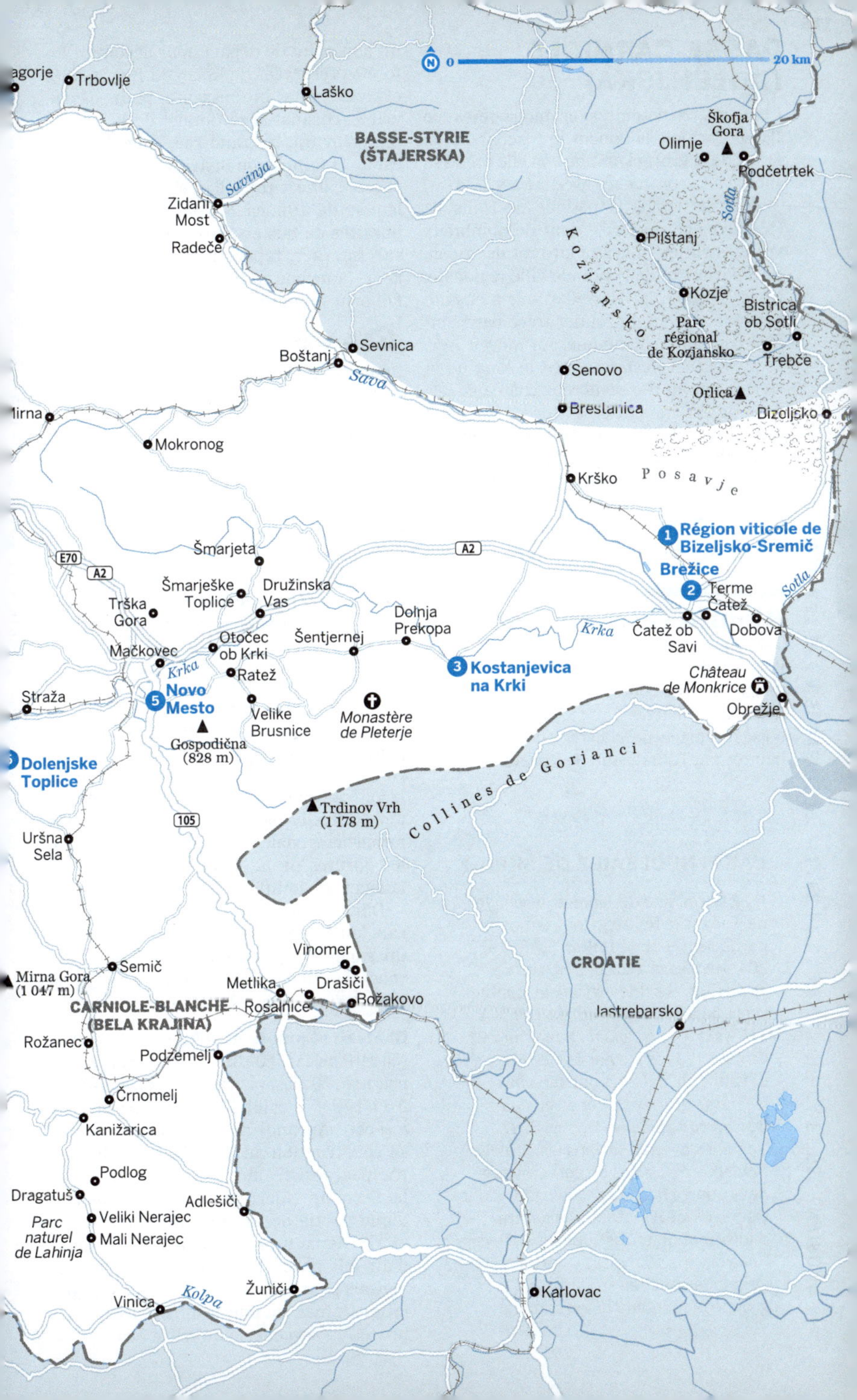

0
20 km
Zagorje
Trbovlje
Laško
BASSE-STYRIE
(ŠTAJERSKA)
Škofja
Gora
Olimje
Podčetrtek
Savinja
Zidani
Most
Radeče
Sotla
Kozjansko
Pilštanj
Kozje
Parc
régional
de Kozjansko
Bistrica
ob Sotli
Trebče
Sevnica
Boštanj
Sava
Senovo
Orlica
Brestanica
Dizoljcko
Mirna
Mokronog
Krško
Posavje
1 Région viticole de
Bizeljsko-Sremič
Brežice
2 Terme
Čatež
Šmarjeta
E70
A2
A2
Šmarješke
Toplice
Družinska
Vas
Trška
Gora
Dolnja
Prekopa
Krka
Čatež ob
Savi
Dobova
Mačkovec
Otočec
ob Krki
Šentjernej
Krka
3 Kostanjevica
na Krki
Ratež
Château
de Monkrice
Straža
5 Novo
Mesto
Velike
Brusnice
Monastère
de Pleterje
Obrežje
Gospodična
(828 m)
6 Dolenjske
Toplice
Collines de Gorjanci
Trdinov Vrh
(1 178 m)
105
Uršna
Sela
Vinomer
CROATIE
Semič
Mirna Gora
(1 047 m)
Metlika
Drašiči
CARNIOLE-BLANCHE
(BELA KRAJINA)
Rosalnice
Rožakovo
Jastrebarsko
Rožanec
Podzemelj
Črnomelj
Kanižarica
Podlog
Dragatuš
Adlešiči
Veliki Nerajec
Parc
naturel
de Lahinja
Mali Nerajec
Žuniči
Vinica
Kolpa
Karlovac

BASSE-CARNIOLE (DOLENJSKA)

Châteaux, sanctuaires et monastères de Basse-Carniole jalonnent le parcours de la Krka, de la grotte karstique où elle prend sa source à sa confluence avec la Save.

Peuplée depuis la période de Hallstatt (premier âge du fer) – dont de nombreux vestiges ont été mis au jour près de Stična, de Šmarjeta et de la grande ville régionale, Novo Mesto –, la Basse-Carniole a ensuite bénéficié du réseau routier tracé par l'Empire romain en Pannonie. Au Moyen Âge, la population s'est resserrée le long de la rivière, autour des nombreux châteaux, tels ceux de Žužemberk et d'Otočec, alors que des monastères se sont établis à Stična, à Kostanjevica na Krki et vers Šentjernej. Le déclin post-médiéval de la Basse-Carniole ne prendra fin qu'avec le chemin de fer à la fin du XIXe siècle et la mode des villes d'eaux, telle Dolenjske Toplice.

Ribnica et ses environs

01 / 3 550 HABITANTS / ALTITUDE 493 M

Plus ancien et plus important site de peuplement de l'ouest de la Basse-Carniole, Ribnica fait partie d'une région tapissée de bois, incrustée de rivières souterraines et habitée par l'ours brun : le Kočevsko. C'est un bon point de départ pour découvrir les forêts préservées de Kočevski Rog (p. 180) et une halte intéressante pour découvrir l'artisanat traditionnel de la région. Škrabčev trg, la grand-rue, longe la berge est de la minuscule Bistrica.

NB : plusieurs villes slovènes portent le nom de Ribnica. Si vous recherchez des horaires de bus et autres renseignements sur Internet, tapez "Ribnica na Dolenjskem" (à ne pas confondre avec Ribnica na Pohorju, au nord-est).

> HORS DES SENTIERS BATTUS
>
> **L'ABRI NUCLÉAIRE DE ŠKRILJ**
>
> À 22 km au sud de Ribnica, le village de Kočevska Rekale a longtemps gardé secret son **bunker** (059 959 204 ; www.kocevsko.com/en/visits-and-excursions/the-mysterious-bunker-skrilj ; bunker.skrilj@kocevsko.com ; Kočevska Reka 5 ; adulte/enfant 16/7 €). Construit dans les années 1950, cet abri nucléaire devait accueillir les hauts gradés slovènes en cas de guerre nucléaire. Depuis 2017, on peut s'aventurer dans les couloirs faiblement éclairés de cette relique de la guerre froide dans le cadre d'une visite guidée. Contactez le centre d'information touristique de Kočevska Reka si vous souhaitez y participer. Les visites ont lieu sur la base d'un groupe d'au moins 15 personnes.

À voir

Centre d'artisanat de Ribnica ARTISANAT

(Rokodelski center Ribnica ; 01-836 11 04 ; www.rokodelskicenter-ribnica.si ; Cesta na Ugar 6 ; 9h-17h lun-ven, 9h-13h sam). GRATUIT Ce centre vise à préserver et à promouvoir la longue tradition artisanale de la poterie, mais aussi des *suha roba* ("articles secs"), à savoir des objets en bois et en osier. Outre la boutique, l'intérêt du lieu est de montrer les techniques de fabrication. Des ateliers sont parfois organisés pour des démonstrations par les artisans.

Église de l'Assomption ÉGLISE

(Cerkev Marijinega Vnebovzetja ; 01-836 99 43 ; Nova Štifta 3 ; 10h-12h et 14h-18h). Lieu de pèlerinage majeur en Slovénie, l'église de Nova Štifta se dresse sur les contreforts de la Velika Gora, à 7 km à l'ouest de Ribnica. Cet édifice baroque achevé en 1671 a une forme octogonale inhabituelle. À l'intérieur, les dorures de la chaire et des autels ne laissent pas indifférent.

Dans la cour, face au monastère franciscain (où est gardée la clé de l'église), trônent un superbe *toplar* (séchoir à foin) et un vénérable tilleul planté au XVIIe siècle, où se niche une cabane centenaire.

Château et musée de Ribnica CHÂTEAU

(Muzej Ribnica ; 01-835 03 76 ; www.muzej-ribnica.si ; Gallusovo nabrežje ; adulte/enfant 2,50/1,70 € ; 10h-13h et 16h-19h mar-dim mai-oct). Agrandi au fil du temps depuis sa construction au XIe siècle, ce château n'a pas résisté aux bombardements de la Seconde Guerre mondiale en dehors d'une partie de sa muraille Renaissance et de deux tours. Aujourd'hui entouré d'un joli parc, il abrite un petit musée consacré aux arts et traditions populaires, ainsi qu'une exposition sur les procès en sorcellerie du XVe siècle.

Église paroissiale Saint-Étienne — ÉGLISE

(Župnijska Cerkev Sv Štefana ; Škrabčev trg). L'intérêt de cette église de 1868 reposant sur un sanctuaire beaucoup plus ancien tient essentiellement à ses deux hauts clochers dressés en 1960 sur des plans de feu Jože Plečnik pour remplacer ceux détruits durant la Seconde Guerre mondiale.

Activités

Ribnica est le point de départ de nombreuses randonnées ; renseignez-vous à l'office du tourisme (ci-dessous).

Stene SV Ana — RANDONNÉE

Un sentier balisé de 4,5 km conduit au nord-est jusqu'au "mur Sainte-Anne" (963 m), d'où l'on bénéficie d'une vue somptueuse sur la vallée de Ribnica. Ce sommet fait partie des 17 étapes du **sentier de Ribnica** à travers la vallée et les montagnes environnantes. Le mont Turn (1 254 m), au sud-ouest de la ville, marque le point culminant du parcours.

Où se loger et se restaurer

Harlekin — PENSION €€

(01-836 15 32 ; www.harlekin.si ; Gorenjska cesta 21 ; s/d 50/80 € ; wi-fi). Le meilleur hébergement de la ville : 6 grandes chambres modernes avec parquet. À l'étage de la *gostilna* du même nom.

Gostišče-Penzion Makšar — PENSION €€

(01-837 31 60 ; penzion-maksar.si ; Breže 18a ; s/d 50/80 €). Dans un hameau à 5 km au nord-ouest de Ribnica, cette pension aux chambres simples et agréables se double d'un restaurant traditionnel aux tarifs raisonnables. On y goûtera la bière Makšar produite dans la microbrasserie sur place.

Gostilna in picerija Harlekin — SLOVÈNE €

(01-836 15 32 ; www.harlekin.si ; Gorenjska cesta 21 ; plats 7-15 € ; 10h-22h ; wi-fi). Outre sa riche carte de pizzas cuites au four à bois, cette auberge concocte de bons plats de pâtes faites maison (gnocchis, tagliatelles aux truffes) comme des préparations locales tels la soupe aux champignons des bois et le goulasch au sanglier. On y sert aussi des assiettes végétariennes.

Renseignements

Centre d'information touristique de Ribnica
(TIC ; 01-836 11 04 ; Cesta na Ugar 6 ; 9h-17h lun-ven, 9h-13h sam)

Depuis/vers Ribnica et ses environs

On trouve 1 bus/heure, voire 1 toutes les 2 heures pour Ljubljana (5,60 €, 65 min) à 47 km au nord. Kočevje (2,70 €, 25 min) à 17 km au sud est desservie douze fois par jour. L'arrêt de bus se trouve sur Škrabčev trg, devant l'église paroissiale.

Žužemberk

07 / 1 000 HABITANTS / ALTITUDE 220 M

Dominé par un imposant château, cet agréable bourg bordé par la Krka offre un cadre campagnard propice à la détente.

À voir

Château de Žužemberk — CHÂTEAU

(www.zuzemberk.si ; Grajski trg 1 ; 9h-18h lun-ven, 7h-20h sam-dim).. GRATUIT Ce château du XIIIe siècle trône sur une terrasse surplombant la Krka. Il fut renforcé au XVIe siècle, puis détruit par les raids aériens de la Seconde Guerre mondiale. Ses tours ont été en partie reconstruites, les remparts Renaissance, la toiture, la cour et la cave à vins restaurés.

Où se loger et se restaurer

Il est conseillé de sortir de la ville pour atteindre les pensions des villages alentour ou, pour plus de choix, de gagner Dolenjske Toplice ou Novo Mesto.

Koren — PENSION €

(07-308 72 60 ; www.turizem-koren.com ; Dolga vas 5 ; 30 €/pers ; P wi-fi). Au sud de Žužemberk, un panneau vous indiquera la direction d'un hameau sur l'autre rive de la Krka, où cette pension est installée. Nettes et confortables, ses petites chambres n'ont rien d'exceptionnel, mais l'endroit offre une vue superbe sur le château et le restaurant (plats 6-12 €) au bord de l'eau est un bonheur, par exemple en savourant des *štruklji* (raviolis typiques aux champignons). Location de kayaks.

Domačija Novak — PENSION €€

(041 343 000 ; www.novakdoma.eu ; Sadinja vas pri Dvoru 7 ; s/d 30/60 € ; P wi-fi). Cette ferme suscite des commentaires élogieux pour son confort simple, sa cuisine de qualité (essentiellement à base d'ingrédients produits sur place), ses vins du cru et le choix d'activités qu'elle propose (vélos gratuits, pêche, kayak, cours de cuisine).

À environ 3 km au sud de Žužemberk (suivre les indications). Pour vous sentir authentiquement à la ferme, il vous est proposé de faire votre nid d'une nuit dans le grenier à foin (25 €/pers, sac de couchage, oreiller et lampe de poche compris).

Restaurant ouvert aux non-résidents (déjeuner/dîner 3 plats 20/25 €), sur réservation.

Gostilna Pri Gradu SLOVÈNE €
(☎07-308 72 90 ; www.gostilna-prigradu.si ; Grajski trg 4 ; plats 7-18 € ; ⏲6h-23h). Côté restauration, Žužemberk manque de choix mais ce restaurant à l'ancienne sous un tilleul face au château propose des repas copieux. La jolie terrasse est ouverte les mois les plus chauds.

Depuis/vers Žužemberk

Les bus font halte devant le bureau de poste, sur Grajski trg. Principales destinations desservies :
Dolenjske Toplice (2,70 €, 24 min, 18 km, 1-4/jour)
Ljubljana (6 €, 1 heure, 53 km, 3-8/jour)
Novo Mesto (2,30 €, 20 min, 19 km, 1-2/jour)

Stična

☎01 / 850 HABITANTS / ALTITUDE 363 M

Comptant parmi les principaux monuments religieux de Slovénie, l'abbaye cistercienne de Stična peut facilement faire l'objet d'une excursion d'une journée depuis la capitale, dont elle est distante de 35 km.

À voir

Abbaye cistercienne de Stična ABBAYE
(Cistercijanska Opatija Stična ; ☎01-787 78 63 ; www.mks-sticna.si ; Stična 17 ; tarif plein/réduit 7/2 € ; ⏲visites 8h30, 10h, 14h et 16h mar-sam, 14h et 16h dim). Établie en 1132 par les Cisterciens, cette abbaye tint pendant des siècles le rôle de centre religieux, économique et culturel de la région. L'ensemble fortifié présente une architecture composite mêlant les styles roman, gothique, Renaissance et baroque. Quatorze prêtres et moines y vivent encore actuellement.

La porterie du monastère, à l'est, donne sur un petit ruisseau. Au nord de la cour baroque se dresse l'**ancienne prélature**, un bâtiment Renaissance du XVIIe siècle, devenue le **musée de la Chrétienté en Slovénie** (Muzej Krščanstva na Slovenskem). Deux expositions permanentes y retracent l'histoire du christianisme slovène et la vie quotidienne dans le monastère à travers une riche collection d'objets sacrés et de mobilier liturgique, de peintures et de manuscrits.

Du côté ouest de la cour, l'**abbatiale** (1156) romane à contreforts fut bâtie sur un plan à trois nefs puis remise au goût baroque aux XVIIe et XVIIIe siècles. À l'intérieur, remarquez, dans le transept nord, la pierre tombale Renaissance en marbre rouge de l'abbé Jakob Reinprecht et, dans le chœur, l'orgue bleu orné de 8 anges (1747). Trésor de l'abbatiale, les peintures des 14 stations du chemin de croix (1766) sont l'œuvre du Carnolien Fortunat Bergant.

Au sud de l'église, le **cloître** de conception romane marque la transition vers le gothique avec ses voûtes d'arêtes ornées de fresques représentant les prophètes, des scènes de l'Ancien Testament et des sujets allégoriques. Les visages en pierre sculptés du côté ouest devaient refléter les émotions et les vices des humains.

Au sud du cloître, le **réfectoire** à plafond rose orné de stucs blancs (XVIIIe siècle) est baroque. Au milieu du XVIe siècle, l'abbé Volbenk Neff fit prolonger le monastère roman vers l'ouest. Dans cette aile, dite **abbaye de Neff**, un rafraîchissant décor végétal semé de fleurs, de baies et d'oiseaux orne les arches du vestibule.

Les cisterciens vendent leur production (miel, vin, tisanes, liqueurs) dans une petite boutique à l'entrée de l'abbaye.

Depuis/vers Stična

Une douzaine de bus en semaine – un peu moins le week-end – relient chaque jour Ljubljana à Stična (4,10 €, 50 min, 35 km).

Autrement, des trains fréquents de la ligne Ljubljana-Novo Mesto marquent l'arrêt à Ivančna Gorica, une ville plus importante à 2,5 km au sud de l'abbaye (3,44 €, 50 min).

Château de Bogenšperk

☎01 / ALTITUDE 413 M

Le château de Bogenšperk célèbre la vie et l'œuvre de son résident le plus illustre, l'érudit Janez Vajkard Valvasor (1641-1693), qui s'intéressa à de nombreux domaines scientifiques.

Château de Bogenšperk CHÂTEAU ET MUSÉE
(Grad Bogenšperk ; ☎01-898 76 64 ; www.bogensperk.si ; Bogenšperk 5 ; adulte/enfant

4,50/3,50 € ; ⌚10h-18h mar-sam, 10h-19h dim juil-août, 9h-17h mar-ven, 10h-17h sam, 10h-18h dim avr-juin, sept-oct, 10h-17h jeu-dim nov et mars). Dans ce château Renaissance du XVIe siècle acheté en 1672, Valvasor passa les deux décennies les plus prolifiques de sa vie. Un musée consacré au grand homme, à son œuvre et à la culture slovène prend place dans la forteresse à cour centrale rectangulaire encadrée de quatre tours (la quatrième brûla au XIXe siècle).

Valvasor installa sa presse à imprimer, son atelier de gravure et son importante bibliothèque dans ces murs. Mais, vingt ans plus tard, il dut revendre son bien en raison des dettes colossales qu'il avait contractées pour publier son œuvre.

Si la bibliothèque de Valvasor accueille aujourd'hui les mariages civils, son bureau à colonnes noires avec fresques au plafond et parquet ciré où il s'adonnait à l'alchimie est resté presque tel quel. Dans les autres salles, on peut voir des cartes et des gravures originales de l'érudit, un coffret en quatre volumes de sa célèbre œuvre, une presse à imprimer en état de marche et des trophées de chasse, dont un ours brun de 360 kg. Des expositions temporaires d'artistes slovènes sont fréquemment organisées dans le château.

ℹ Depuis/vers le château de Bogenšperk

Difficile de rejoindre Bogenšperk sans voiture. De Ljubljana, des trains partent toutes les demi-heures pour Litija (3,44 €, 30 min, 31 km), d'où il faut encore parcourir 6 km vers le sud jusqu'au château, essentiellement en montée.

Dolenjske Toplice

☎07 / 810 HABITANTS / ALTITUDE 176 M

À quelques kilomètres de Novo Mesto, cette petite station thermale compte parmi les plus anciennes villes d'eaux de Slovénie. Les visiteurs sont en majorité des curistes venus bénéficier des vertus des eaux pour des raisons médicales. Toutefois, le très chic hôtel Balnea (p. 181) et son centre de bien-être visent une clientèle en quête d'un séjour spa.

Autour, la vallée karstique de la Sušica (affluent de la rivière Krka) et les pentes boisées de Kočevski Rog invitent à la randonnée et au vélo.

Histoire

Le premier bain médical couvert construit ici remonte à 1658. La Kopališki Dom (Maison des baigneurs) et ses trois bassins datent pour leur part du XVIIIe siècle. Le tourisme ne décolla réellement qu'à partir de 1899, avec l'ouverture de la Zdraviliški

VALVASOR, L'HOMME DE LA RENAISSANCE SLOVÈNE

La plupart de nos connaissances sur l'histoire, la géographie, la culture et le folklore slovènes avant le XVIIe siècle proviennent des écrits de Janez Vajkard Valvasor, plus particulièrement de son ouvrage en allemand *La Gloire du duché de Carniole*.

Issu d'une famille noble de Bergame, Valvasor naquit en 1641 à Ljubljana. Après une éducation jésuite à Ljubljana et en Allemagne, il se joignit à la vingtaine de volontaires partis rejoindre le comte hongrois Miklós Zrínyi dans la guerre contre les Turcs et voyagea à travers l'Allemagne, l'Italie, l'Afrique du Nord, la France et la Suisse. Autant d'années où il recueillit des données sur les phénomènes naturels (tels que ceux de la géologie karstique) et les coutumes locales, ainsi que des livres, des dessins, des minéraux et des monnaies.

En 1672, Valvasor s'installa avec ses livres et ses précieuses collections au château de Bogenšperk, où il se consacra à l'écriture et à des expériences scientifiques (voire alchimiques pour certaines). C'est là qu'il acheva en 1689 la rédaction de son ouvrage majeur, *La Gloire du duché de Carniole*. Avec ses 4 volumes, ses 3 500 pages et ses 535 cartes et gravures sur cuivre, c'est l'une des œuvres les plus complètes publiées en Europe avant les Lumières. Cette mine d'informations sur le patrimoine slovène fait d'ailleurs toujours l'objet d'études et de recherches.

Mais ces travaux et cette œuvre magistrale publiée à compte d'auteur ruinèrent Valvasor qui dut vendre Bogenšperk en 1692. Un an plus tard, il mourait sur les rives de la Save, à Krško.

HORS DES SENTIERS BATTUS

LA FORÊT DE KOČEVSKI ROG

À 9 km au sud-ouest de Dolenjske Toplice, la forêt de Kočevski Rog est classée réserve naturelle depuis plus d'un siècle. Quelque 250 ours bruns y vivraient, de même que des lynx. Dix itinéraires de randonnée suivant principalement des sentiers forestiers serpentent entre sapins et hêtres au-devant de petites grottes, de dolines et de pics (le plus haut, le Veliki Rog, culminant à 1 099 m). Vous trouverez aussi sur votre chemin les ruines du château de Rožek datant du XIIIe siècle et des sites liés à la Seconde Guerre mondiale.

La forêt de Kočevski Rog est également connue pour avoir été, durant la Seconde Guerre mondiale, le quartier général des partisans, menés par le maréchal Tito. Constituée de 26 baraques, la **Base 20** (Baza 20 ; ☎ 041 315 165 ; www.dolenjskimuzej.si/en/locations/kocevski-rog ; ⌚ cabanes d'exposition 9h-16h) GRATUIT en fut le centre névralgique de 1943 à 1944. Deux cabanes (n[os]16 et 22) abritent désormais des expositions sur le rôle de la Base 20 et de Kočevski Rog pendant la guerre. Cinquante ans après le massacre en 1945 de milliers de Domobranci (membres de la Garde nationale slovène au service des forces de l'Axe pendant l'occupation allemande) par les partisans, le pays a voulu, dans le cadre de la réconciliation nationale, rendre un hommage formel (une plaque commémorative) à tous ceux qui avaient participé à la "guerre nationale de libération".

Au départ de la Base 20, le sentier de la Résistance (itinéraire en boucle qui est le plus court de Kočevski Rog) conduit devant plusieurs cimetières commémoratifs et jusqu'au baraquement Jelendol, l'hôpital des Partisans, où étaient soignés les blessés à partir de 1943.

Pour plus de renseignements sur les randonnées, demandez au centre d'information touristique de Dolenjske Toplice la carte *Kočevski Rog Excursion Map* qui recense tous les sentiers, ainsi que les sites historiques et naturels de la forêt.

Dom (Maison des cures thermales). Strascha Töplitz, comme elle se nommait alors, remporta un grand succès auprès des Autrichiens à la Belle Époque.

Activités

Cures thermales

Balnea Wellness Center THERMES
(☎07-391 97 50 ; www.terme-krka.com ; Zdraviliški trg ; forfait journalier piscines adulte/enfant/famille lun-jeu 10/8/32 €, ven-dim 14/12/42 € ; ⌚Laguna 9h-21h dim-jeu, 9h-23h ven-sam). Attraction-phare de la ville, ce centre de bien-être se déploie sur trois zones. Le complexe **Laguna** dispose de bassins extérieurs (de mai à sept) et couverts (toute l'année) avec une eau thermale entre 27 et 32°C. La partie **Oasis** rassemble des saunas, un bain de vapeur japonais et une terrasse pour se détendre. La dernière partie, **Treatment**, est consacrée aux soins et massages.

Les clients de l'hôtel Balnea (page ci-contre) et les visiteurs peuvent bénéficier de forfaits à la journée combinant l'accès à la partie Laguna, au sauna, aux massages et aux soins.

En arrivant en ville, le centre thermal se situe dans un joli parc au nord des hôtels – une allée couverte le relie à l'Hotel Balnea.

Hotel Vital THERMES
(☎07-391 97 50 ; Zdraviliški trg 11 ; adulte/enfant lun-jeu 7/5 €, ven-dim 9/7 € ; ⌚7h-20h). L'eau minérale à 36°C qui jaillit à 1 000 m sous les 3 bassins de l'hôtel Vital a des vertus thérapeutiques et médicales, pleinement utilisées ici à la différence du centre Balnea qui s'adresse plus à une clientèle de touristes que de curistes.

Randonnée à pied et à vélo

La brochure gratuite (en anglais) *Dolenjske Toplice Municipal Tourist Trails* répertorie une douzaine de sentiers, mais ne donne aucun détail. Pour en savoir plus, adressez-vous à l'office du tourisme (page ci-contre), qui dispose d'une vingtaine de documents distincts sur des randonnées à thème, des balades à pied et des itinéraires cyclables.

Une **promenade archéologique** de 2,5 km mène à l'ouest jusqu'à l'habitat fortifié de Cvinger (263 m) où une nécropole de la période de Hallstatt et des fours de fusion du fer ont été mis au jour. Les amoureux de la nature apprécieront le **sentier naturaliste** qui fait une boucle de 8 km au sud jusqu'à Sela et Podturn puis revient par la forêt, via une ferme spécialisée dans la culture du bleuet et l'église de la Sainte-Trinité de Cerovec (XVe siècle).

Plus loin, le **sentier du Loir**, boucle de 2 km au départ de Kočevske Poljan (à 4,5 km au sud-ouest de Dolenjske Toplice), peut être combiné avec la randonnée menant à la Base 20 (p. 180).

Ski

Station de ski Gače SKI

(Smučarski Center Gače ; 041 182 513 ; scgacc.si ; Komarna vas 155 ; forfait journalier adulte/enfant 24/19 € ; 8h-16h environ fin nov-fév). À 16 km au sud de Dolenjske Toplice sur la route de Črnomelj, cette station en lisière de la forêt de Kočevje vous offre 6 km de pistes de ski alpin et 7 km de parcours de fond sur le mont Gače, entre 700 et 965 m d'altitude.

Où se loger

Tout tourne autour du centre de bien-être. Quelques bonnes pensions logent néanmoins les voyageurs au budget plus limité.

Hotel Pri Mostu PENSION €

(041 755 363 ; Pionirska cesta 2 ; ch 1/2 pers 40/50 €, studio s/d 43/59 € ; P). Les 7 chambres à l'étage du bar Pri Mostu sont correctes et bien situées, mais certaines ont tout du mouchoir de poche. Pour plusieurs jours, les studios (avec petite cuisine) conviennent mieux. Le petit-déjeuner coûte 5 €.

Kamp Dolenjske Toplice CAMPING €

(040 466 589 ; www.camping-potocar.si/kamp-dolenjske-toplice ; adulte/enfant haute saison 12/6 € ; toute l'année ; P). À l'extrémité nord de Zdraviliški trg, presque en face du centre thermal Balnea, ce petit terrain en bord de rivière est bien ombragé par les arbres en été et reste ouvert l'hiver aux camping-cars. Location de vélos.

Hotel Oštarija PENSION €€

(031 413 588 ; www.ostarija.si ; Sokolski trg 2 ; s/d 40/60 €, appt d/qua 65/72 € ; P). Cette agréable adresse offre une bonne alternative au séjour en grand établissement thermal. Sans compter que le meilleur restaurant de la ville se trouve au rez-de-chaussée. Les chambres au design modernes sont lumineuses et bien équipées.

★**Hotel Balnea** HÔTEL THERMAL €€€

(07-391 94 00 ; www.terme-krka.com ; Zdraviliški trg 11 ; s/d 126/182 €, ste 1/2 pers 141/232 € ; P). En termes de décoration et d'équipements, peu d'hôtels slovènes peuvent rivaliser avec cet impeccable établissement 4 étoiles. Mettant l'accent sur le bois, les matériaux purs et les couleurs inspirées par la nature, ses 63 chambres spacieuses et modernes (disposant toutes de balcons et de chaises longues) garantissent un séjour sous le signe de la détente. Réservez une des chambres à l'arrière ayant vue sur le parc.

Où se restaurer et prendre un verre

★**Oštarija** SLOVÈNE €€

(051 262 990 ; www.ostarija.si ; Sokolski trg 2 ; plats 9-25 € ; 12h-23h mar-sam, 12h-16h dim ;). Vu le petit nombre de tables en ville, cet établissement de qualité à prix honnêtes constitue une véritable aubaine. Les produits de saison y sont la règle. Avantageux menus de 3 plats au déjeuner (10 € lun-ven, 12 € sam, 14 € dim) et de 5/8 plats au dîner (27/38 €).

Kolesar EUROPÉEN €€

(07-306 50 03 ; www.gostisce-kolesar.com ; Dolenje Sušice 22 ; plats 8-25 € ; 10h-23h lun-sam). Truite locale, steaks et pizzas cuites au feu de bois figurent à la carte de cet établissement prisé des familles slovènes, en raison du jardin et de son aire de jeux. À 2,5 km au sud-est de la ville.

Pri Mostu BAR

(Pionirska cesta 2 ; 7h-23h). Très central, ce lieu animé, dont la terrasse borde l'étroite Sušica, sert café, boissons alcoolisées et en-cas toute la journée.

Renseignements

Terme Krka Dolenjske Toplice (08-205 03 00 ; www.terme-krka.si). Point de contact central pour les réservations dans les 3 principaux hôtels de la ville, notamment pour les forfaits soins et traitements médicaux des centres de bien-être.

Centre d'information touristique de Dolenjske Toplice (TIC ; 07-384 51 88 ; www.dolenjske-toplice.si ; Sokolski trg 4 ; 9h-12h et 14h-18h lun-ven, 10h-12h et 14h-16h sam-dim). Bureau au personnel bien informé et avenant où vous trouverez cartes et renseignements sur les monuments et les activités dans la région.

Depuis/vers Dolenjske Toplice

L'arrêt de bus principal est situé dans le centre-ville. Voici quelques destinations desservies :

Črnomelj (4,10 €, 50 min, 33 km, 1/jour)
Ljubljana (7,20 €, 1 heure 30, 73 km, 2/jour)
Novo Mesto (2,30 €, 20 min, 13 km, 1/heure jusqu'à 19h)
Žužemberk (2,70 €, 25 min, 18 km, 2/jour)

Novo Mesto

07 / 23 300 HABITANTS / ALTITUDE 169 M

Enserrée par un profond méandre de la Krka, la capitale de la Basse-Carniole reste souvent négligée des visiteurs en dépit de sa position stratégique tant pour visiter les cités historiques et les châteaux du cours inférieur de la Krka, que pour gagner la Croatie (Zagreb n'est qu'à 75 km).

Perchée au-dessus de la rive gauche de la Krka, la vieille ville et sa grand-place, Glavni trg, comme les petites maisons pastel sur les berges, s'apprécient loin des foules.

Histoire

La première occupation du site remonte vers l'an mille avant J.-C. Aux populations de l'âge du bronze succéda une société plus hiérarchisée, celle du premier âge du fer (VIIIe-IVe siècle avant J.-C.) dont les sépultures princières (casques, urnes funéraires, situles...) mises au jour alentour laissent penser que la colline Marof, au nord-ouest de la vieille ville, fut un site clé pour les princes hallstattiens. Illyriens et Celtes prirent la relève avant la création d'une colonie romaine qui perdura jusqu'au IVe siècle.

Partie intégrante des terres de l'abbaye de Stična (p. 178) dès le XIIe siècle, Novo Mesto prospéra à la croisée des voies d'échange, mais, au XVIe siècle, la peste, les incendies et les raids des Turcs en chemin pour Vienne laissèrent la ville exsangue.

La ville renoua avec la prospérité aux XVIIIe et XIXe siècles : les Franciscains y fondèrent un lycée en 1746, la première Maison du peuple (Narodni Dom) de Slovénie y fut créée en 1875, et une ligne de chemin de fer la relia à Ljubljana vers 1890. Mais Novo Mesto fut lourdement bombardée pendant la Seconde Guerre mondiale. Reconstruite puis reliée à l'autoroute Ljubljana-Zagreb, elle a vu depuis son développement économique s'accélérer.

À voir

Musée de la Basse-Carniole MUSÉE

(Dolenjski Muzej ; 07-373 11 30 ; www.dolenjskimuzej.si ; Muzejska ulica 7 ; adulte/enfant 5/3 €, maison Jakac comprise ; 9h-19h mar-sam juil-août, 9h-17h avr-juin et sept-oct, 9h-16h nov-mars). Plusieurs bâtiments composent ce riche musée. Le plus ancien, qui appartenait aux chevaliers Teutoniques, héberge un riche ensemble d'objets archéologiques découverts dans les faubourgs sud de Kandija à la fin des années 1960. Mentionnons les fameux seaux rituels en bronze des IIIe et IVe siècles av. J.-C. appelés situles, décorés de scènes de chasse et de bataille, ou les poteries et bijoux celtes comme ces bracelets en verre bleu foncé et turquoise.

Maison Jakac MUSÉE

(Jakčev Dom ; 07-373 11 31 ; www.dolenjskimuzej.si ; Sokolska ulica 1 ; adulte/enfant 3/2 €, gratuit pour visiteurs du musée de Basse-Carniole ; 9h-19h mar-sam juil-août, 9h-17h avr-juin et sept-oct, 9h-16h nov-mars). Rattachée au musée de la Basse-Carniole, cette maison conserve quelque 830 œuvres de Božidar Jakac (1899-1989), artiste prolifique né à Novo Mesto, qui a beaucoup voyagé dans les années 1920-1930, croquant une infinie variété de sujets : salles de bal parisiennes, ports scandinaves, villages africains, cités modernes américaines. Mais c'est sa ville natale, avec ses marchés, ses habitants, ses églises et ses maisons de bois sur les berges, qui a lui inspiré ses plus belles œuvres.

Glavni trg PLACE

La grand-place de la vieille ville s'enorgueillit d'un **hôtel de ville** (Rotovž) de style néo-Renaissance restauré en 2018.

Cathédrale Saint-Nicolas CATHÉDRALE

(Stolna Cerkev Sv Nikolaja ; zupnija-stolna-nm.rkc.si ; Kapiteljska ulica ; 9h-14h). Principal monument de Novo Mesto, la cathédrale gothique surplombe la vieille ville du sommet d'une colline. Le chœur du XVe siècle coiffé d'une voûte à motifs floraux recouvre une crypte. Outre les fresques, on remarquera au-dessus de l'autel une représentation de saint Nicolas supposément due au Vénitien Tintoret (1518-1594). Le clocher du XIXe siècle a été élevé sur une tour défensive du Moyen Âge.

Novo Mesto

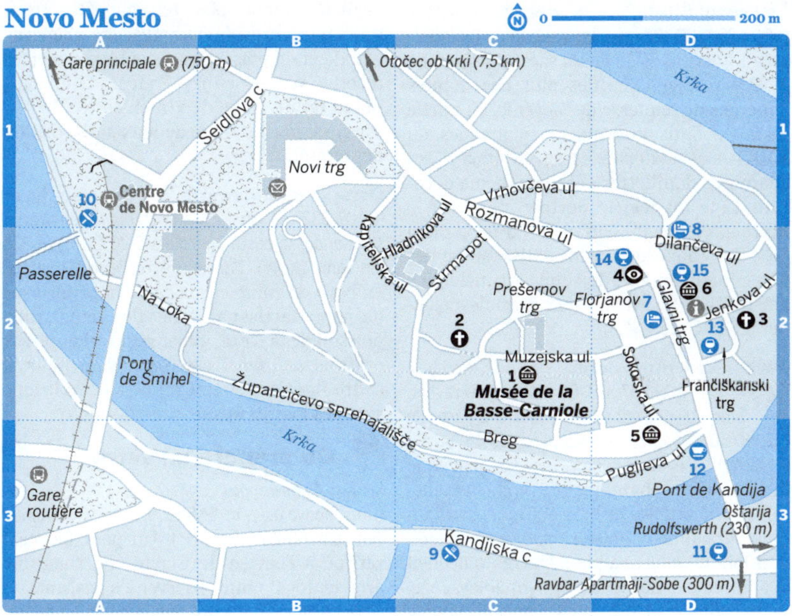

Novo Mesto

Les incontournables
1 Musée de la Basse-Carniole C2

À voir
2 Cathédrale Saint-Nicolas C2
3 Église franciscaine Saint-Léonard D2
4 Glavni trg D2
5 Maison Jakac D3
6 Hôtel de ville D2

Où se loger
7 Center Hotel D2
8 Hostel Situla D2

Où se restaurer
9 Don Bobi C3
10 Gostišče Loka A1

Où prendre un verre et faire la fête
11 Bar Boter D3
12 Čajarna Stari Most D3
13 Lokal Patriot D2
14 Vovko Arkade Bar D2
15 Knjigarna-Kavarna Goga D2

Église franciscaine Saint-Léonard ÉGLISE
(Frančiškanska Cerkev Sv Lenarta ; Frančiškanski trg). Au sud-est de Glavni trg, les reflets jaune d'or de Saint-Léonard (1472) attirent le regard. Le monastère attaché à l'église franciscaine possède une riche bibliothèque de quelque 12 000 ouvrages, dont des incunables du XIIe siècle.

Activités

Centre équestre sportif Češča Vas ÉQUITATION
(KŠŠC Češča Vas ; ☎07-337 30 40, 041 554 265 ; www.konji-cescavas.si ; 10-20 €/heure ; sur rdv). Environ 5 km à l'ouest de Novo Mesto, au sud de Prečna, ce manège dispense des cours d'équitation et organise des promenades à cheval dans la campagne.

Où se loger

Novo Mesto ne dispose pas d'un grand choix d'établissements, mais les adresses pour petits et moyens budgets sont correctes, centrales et d'un bon rapport qualité/prix. L'office du tourisme (p. 185) dispose d'une liste de chambres d'hôtes (à partir de 25 €/pers). Les campings les plus proches se trouvent à Otočec ob Krki (p. 185), soit à 10 km au nord-est, et à Dolenjske Toplice (p. 179), à 13 km au sud-ouest.

Hostel Situla AUBERGE DE JEUNESSE €
(07-394 20 00 ; www.situla.si ; Dilančeva ulica 1 ; dort 13,50-19 €, s/d sans sdb 25/44 € ; P @). Voici l'une des plus charmantes auberges de jeunesse de Slovénie, en partie installée dans une maison à arcades du XVIIIe siècle. Réparties sur 5 étages, ses chambres douillettes ont pour thème décoratif l'âge du fer (le dortoir mansardé a notre préférence, sauf peut-être en plein été). Il n'y a pas de cuisine à disposition des hôtes, mais le petit-déjeuner est inclus. Le bar-restaurant affiche une formule déjeuner à partir de 4 €.

Ravbar Apartmaji-Sobe PENSION €
(041 738 309, 07-373 06 80 ; www.ravbar.net ; Smrečnikova ulica 15-17 ; s/d/tr à partir de 28/38/60 €, app 2/4 pers à partir de 48/80 € ; P). Cette pension tenue par une famille loue chambres et appartements nets, confortables et bien équipés, dans un quartier calme et boisé au sud de la rivière, non loin du centre à pied. Outre un accueil chaleureux et des tarifs raisonnables, Jože, votre hôte cycliste, vous conseillera des circuits à vélo.

Center Hotel HÔTEL €€
(07-302 18 00 ; www.hotel-center.si ; Glavni trg 23 ; s/d 60/90 €, sans sdb 45/70 € ; P). Il n'est pas plus central que ce nouvel établissement de la grand-place. Les chambres standards à la décoration coquette et moderne sont de taille correcte et disposent d'une grande douche ainsi que d'un immense téléviseur au mur. Le dernier étage, sous les combles, offre des chambres moins chères avec une jolie sdb partagée.

Où se restaurer

Don Bobi ITALIEN €
(07-338 24 00 ; www.don-bobi.si ; Kandijska cesta 14 ; plats 7-15 € ; 10h-23h lun-ven, 12h-23h sam ;). Plus chic que son nom ne le laisserait penser, cette table à la carte résolument italienne vous régale de gnocchis, pâtes, steaks, poissons et... pizzas acclamées par les habitués.

Gostišče Loka INTERNATIONAL €
(07-332 11 08 ; www.gostisce-loka.si ; Župančičevo sprehajališče 2 ; plats 6,50-19 € ; 7h-22h lun-jeu, 7h-23h ven, 9h-23h sam, 9h-21h dim ;). Sur les berges de la Krka, juste après la petite passerelle reliant les deux rives, voici l'adresse la plus dynamique de Nove Mesto. Prenez place en terrasse pour déguster l'un des plats tels que pâtes, risottos et burgers ou des assiettes plus chères de viande et de poisson, sans oublier quelques recettes végétariennes. Pour un café gourmand ou un verre de vin en soirée, le lieu est aussi parfait. Aire de jeux à disposition des enfants.

Oštarija Rudolfswerth SLOVÈNE €€
(07-332 33 35 ; www.ostarija-rudolfswerth.si ; Kandijska cesta 35 ; plats 5-20 € ; 7h-22h lun-sam ;). Passez outre l'emplacement en bord de route car la carte imprimée sur du papier artisanal – filet de bœuf, truite, poisson de la Krka, gibier régional et pizzas originales – ne déçoit pas. Idem pour le cadre intérieur soigné en bois et en brique avec ses lustres façon seaux de cuivre.

Où prendre un verre

Vovko Arkade Bar BAR
(Rozmanova ulica 1 ; 6h-22h lun-jeu, 6h-minuit ven-sam, 6h-20h dim ;). Un petit bar-café raffiné à l'entrée de Glavni trg, sous une arcade. Idéal pour observer les passants en sirotant du vin ou un café.

Bar Boter BAR
(040 799 990 ; Kandijska cesta 9 ; 7h-minuit). La terrasse en bordure de rivière de ce bar au sud de la vieille ville est très agréable pour prendre un verre lorsque le soleil se cache derrière les collines au loin, parant d'or les maisons sur la rive opposée. Location sur place de barques et canoës.

Čajarna Stari Most CAFÉ
(07-337 01 60 ; www.starimost.si ; Glavni trg 17 ; 7h-22h lun-jeu, 7h-minuit ven, 9h-minuit sam, 9h-22h dim). Juste à côté du pont qui mène à la vieille ville, ce petit café tout en couleurs invite à faire une pause. Large choix de thés, cafés, bières, glaces et gâteaux.

Lokal Patriot BAR-CLUB
(07-337 45 10 ; www.lokalpatriot.si ; Glavni trg 11 ; 9h-23h lun-mer, 9h-minuit jeu, 9h-2h ven, 17h-2h sam). Le repaire des étudiants de Novo Mesto programme des événements toute la semaine et invite des DJ, quelquefois des groupes, le week-end.

Knjigarna-Kavarna Goga LIBRAIRIE-CAFÉ
(07-393 08 01 ; www.goga.si ; Glavni trg 6 ; 9h-19h lun-ven, 9h-13h sam). Cette jolie librairie à arcades, doublée d'un petit espace d'exposition et d'un café, vend une sélection choisie de littérature slovène tout en proposant des animations.

Renseignements

Bureau de poste (Novi trg 7 ; 8h-18h lun-ven, 8h-12h sam).

Centre d'information touristique de Novo Mesto (TIC ; 07-393 92 63 ; www.visitnovomesto.si ; Glavni trg 6 ; 9h-18h lun-ven, 9h-14h sam). Attenant à l'hôtel de ville (p. 182), l'office du tourisme peut vous mettre en contact avec des guides. Location de vélos (7 €/jour).

Kompas Novo Mesto (07-393 15 20 ; www.kompas-nm.si ; Novi trg 10 ; 8h-18h lun-jeu, 8h-17h ven, 9h-12h sam). Excursions et sports d'aventure en Basse-Carniole et en Carniole-Blanche.

Depuis/vers Novo Mesto

BUS

La gare routière (Topliška cesta) se trouve au sud-ouest de la vieille ville, de l'autre côté de la Krka, dans Topliška cesta.

Parmi les lignes utiles :

Brežice (5,60 €, 1 heure 15, 45 km, 2-4/jour)

Črnomelj (5,60 €, 1 heure 15, 46 km, 2/jour)

Dolenjske Toplice (2,30 €, 20 min, 13 km, 1/heure jusqu'à 19h)

Kostanjevica na Krki (3,60 €, 45 min, 30 km, 4-6/jour)

Ljubljana (7,20 €, 1 heure 05, 72 km, 4-8/jour)

Otočec ob Krki (pour le château, 1,80 €, 17 min, 8 km, jusqu'à 10/jour)

TRAIN

Novo Mesto possède deux gares distantes de 1 km : la principale donne sur Kolodvorska ulica, celle de Novo Mesto Center (plus petite) se situe dans Ljubljanska cesta, à l'extrémité ouest de la vieille ville.

Črnomelj (3,45 €, 40 minutes, 31 km, 11/jour lun-ven, 2-5/jour sam-dim)

Ljubljana (6,60 €, 1 heure 30-2 heures, 76 km, 14/jour lun-ven, 4-7/jour sam-dim)

Metlika (4,30 €, 1 heure, 46 km, 10/jour lun-ven, 2-5/jour sam-dim). Plus correspondances pour Karlovac (Croatie).

Comment circuler

Réservation de taxis au 041 625 108 ou 040 550 785. Location de vélos à l'office du tourisme (7 €/jour).

Otočec et ses environs

07 / 790 HABITANTS / ALTITUDE 167 M

Dans un cadre enchanteur, sur un îlot au milieu de la Krka, le château d'Otočec figure parmi les plus belles forteresses de Slovénie. L'édifice actuel accueille un hôtel de luxe, mais les voyageurs de passage profiteront du site en prenant un verre dans le café installé dans la cour (p. 187).

Tout à fait artificielle, sa situation insulaire résulte d'une opération stratégique lors d'un assaut mongol au milieu du XIIIe siècle : le creusement d'un canal au sud pour isoler l'ouvrage défensif.

À voir

Château d'Otočec CHÂTEAU
(Grad Otočec ; www.grad-otocec.com ; Grajska cesta 2). À 1,5 km à l'est du village d'Otočec, la forteresse qui trône au milieu de la Krka est accessible par un pont en bois. Mêlant des éléments gothiques tardifs et Renaissance, le château actuel date du XVIe siècle et se compose de deux ailes et d'une entrée reliées par une enceinte pentagonale. Arrondies et trapues, ses quatre tours présentent des toits coniques. Transformé en hôtel-restaurant (p. 186), il reste néanmoins visible de la cour.

Trška Gora POINT DE VUE
Accessible par la route depuis Mačkovec, à 5 km au sud-ouest d'Otočec, cette colline (428 m) tapissée de vignes domine les alentours. De Mačkovec, filez au nord sur 1 km jusqu'à Sevno d'où un sentier sinueux de 2 km grimpe au sommet et à l'église Sainte-Marie, d'où un beau panorama s'ouvre sur le massif de Gorjanci, Kočevski Rog (p. 180) et la vallée de la Krka.

Pour gagner Trška Gora depuis Otočec, un autre itinéraire très emprunté à vélo prend la direction nord sur 3,5 km, via Črešnjice.

Activités

Otočec et ses environs, porte d'entrée du cours inférieur de la Krka et du Posavje, se révèlent propices aux loisirs, avec notamment un centre de sport et un parcours de golf.

Kamp Otočec CANOË
(040 466 589 ; www.camping-potocar.si/kamp-otocec ; avr-oct). Location de canoës (3 heures/jour 9/20 €) et de vélos (3 heures/jour 5/10 €).

Športni center Otočec PISCINE, CENTRE SPORTIF
(centre sportif d'Otočec ; 07-384 86 56 ; www.terme-krka.com ; Hotel Šport, Grajska cesta 2 ; piscine adulte/enfant/famille 11/8/30 €, piscine et parc d'aventure adulte/enfant 23/12 € ; 8h-21h). Les installations sportives de

LOGER AU MILIEU DES VIGNES

Si les séjours à la ferme ont depuis longtemps du succès en Slovénie, ce sont les séjours dans les vignes qui ont le vent en poupe depuis quelques années. Typiques de la Basse-Carniole, de la Carniole-Blanche et du secteur de Bizeljsko-Sremič, les maisons traditionnelles de vignerons, en lisière de vignes, sur des coteaux ensoleillés, dominent de beaux paysages de collines, ponctués de villages et de clochers d'église. Les viticulteurs ont généralement construit et entretenu pour eux-mêmes ces habitations appelées *zidanice* (*zidanica* au singulier) qu'ils occupaient lors des travaux agricoles. Beaucoup d'entre elles ont été rénovées depuis pour les touristes. Souvent adaptées aux séjours en famille et d'un prix raisonnable (à partir de 60 €/nuit pour 4), elles comportent une cuisine équipée où une ou deux bouteilles de vin attendent parfois les hôtes.

Si vous recherchez le charme rural authentique et la tranquillité, voyez les adresses figurant sur le site local www.zidanice.si (multilingue dont l'italien et l'allemand).

l'**Hotel Šport** (☎ 07-384 86 00 ; www.terme-krka.com ; s/d 80/120 € ; @ 📶 🏊) – salle de gym, courts de tennis et terrains de basket – sont mises à disposition du public, mais c'est la piscine qui présente le plus d'intérêt. Les petits comme les grands apprécieront aussi beaucoup le parcours d'Accrobranche avec tyroliennes et ponts de corde.

Šmarješke Toplice THERMES
(☎ 08-205 03 20 ; www.terme-krka.com ; Šmarješke Toplice 100 ; adulte/enfant 10/8 € ; ⌚ bassins intérieurs 10h-21h dim-jeu, 10h-23h ven-sam toute l'année, bassins extérieurs 10h-18h juin et sept, 10h-20h juil-août). Les vertus des eaux de Šmarješke Toplice attirent depuis des siècles curistes et amateurs de bains sur ces vertes collines à 5 km au nord de Otočec. Au total, vous pouvez profiter de 5 piscines, 2 couvertes et 3 en plein air. Nous apprécions particulièrement la piscine ceinte de bois datant de la fin du XVIIIe siècle, construite au-dessus d'une source thermale (d'où une eau délicieusement chaude à 32°C).

Golf Grad Otočec GOLF
(☎ 07-307 56 27, 041 304 444 ; www.golf-otocec.si ; Grajska cesta 2 ; 18/9 trous 60/30 € ; ⌚ mars-nov). S'étirant le long de la Krka, à environ 800 m du château, ce parcours de golf de 18 trous (par 72) bénéficie d'un cadre splendide Comptez 10 € pour louer un set de clubs et 25 € pour une voiturette électrique. Réservation recommandée.

Où se loger

Si vous faites le choix de dormir à Otočec même, ce sera en grand seigneur, au château, ou en campeur, face à lui. Mais à l'extérieur ou dans la toute proche Novo Mesto, plus d'options s'offrent à vous.

Kamp Otočec CAMPING €
(☎ 040 466 589 ; www.camping-potocar.si/kamp-otocec ; adulte/enfant 11/5,50 € ; ⌚ avr à mi-oct ; 📶). Avec sa situation le long de la rive sud de la Krka et sa vue sur le château, ce terrain de 2 ha est idyllique. Il loue même des vélos et des canoës. Du château, traversez le pont, tournez à gauche (est) et parcourez 300 m.

♥ **Kmetija Šeruga** PENSION €€
(☎ 07-334 69 00 ; www.seruga.si ; Sela pri Ratežu 15 ; s/d 40/70 €, grange 2 pers 70 € ; 📶). Nichée au creux d'une petite vallée, à 4 km au sud d'Otočec, cette ferme incarne la quintessence du charme rural. Lambris, mobilier rustique et balcons dessinent un cadre charmant dans les chambres, mais le must reste la grange bâtie en 1831 pour profiter pleinement de la sérénité du lieu. Optez pour la demi-pension (s/d plus 12/7,5 € par personne) pour savourer recettes traditionnelles et produits bio.

Hotel Grad Otočec HÔTEL €€€
(☎ 07-384 89 00 ; www.grad-otocec.com ; Grajska cesta 2 ; ch/ste à partir de 108/170 € ; P ❄ 📶). Somptueux et raffiné, ce cinq-étoiles estampillé Relais & Châteaux compte parmi les hôtels les plus pittoresques de Slovénie. Pas plus de 10 chambres décorées de tons neutres et apaisants, plus quelques suites, immenses ! Parquet ciré, tables en marbre et baignoire de seigneur ajoutent au plaisir de se faire choyer. Formules week-end, lune de miel, golf et/ou gastronomie.

Où se restaurer

Gostilna Vovko SLOVÈNE €

(07-308 56 03 ; www.gostilna-vovko.si ; Ratež 48 ; plats 8-16 € ; 12h-22h mar-sam, 12h-16h dim ;). Pour réjouir vos papilles de saveurs authentiques, faites quelques kilomètres au sud d'Otočec pour rallier cette jolie *gostilna* de Ratež. Le cadre campagnard a de l'allure, la carte des vins est fournie et les assiettes de saison font honneur aux produits locaux, du sanglier aux escargots. Une mention d'exception pour les poires pochées au cviček.

Grad SLOVÈNE €€

(07-384 89 01 ; www.grad-otocec.com ; Grajska cesta 2 ; plats 13-28 € ; 7h-22h ;). Vieux murs de pierre, vitraux et meubles d'artisans locaux dessinent un cadre d'un chic indéniable. Le service est de premier ordre sans pour autant être guindé. La carte comprend des plats à tous les prix, du filet de truite au steak truffé, avec un fort avantageux menu dégustation de 6 plats (55 €). Réservation conseillée le soir.

Depuis/vers Otočec

Les bus reliant Novo Mesto à Otočec (1,80 €, 17 min, 8 km, jusqu'à 10/jour) s'arrêtent à hauteur du pont menant au château.

CARNIOLE-BLANCHE (BELA KRAJINA)

Séparée de la Basse-Carniole (Dolenjska) par le pittoresque massif de Gorjanci, la Carniole-Blanche couvre 600 km² plantés d'innombrables bouleaux à l'emblématique écorce blanc argenté (d'où son nom). Loin du flot touristique, cette extrémité sud-est de la Slovénie est un berceau du folklore slovène.

Les méandres de la rivière Kolpa attirent principalement les amateurs de sports d'eaux vives, tandis que les vignobles au nord de Metlika se prêtent à des dégustations de vin et des visites de caves. Les prestations touristiques, rares et rudimentaires, à la différence de ce que l'on trouve dans les Alpes Juliennes ou la vallée de la Soča, participent aussi, pour certains, à son attrait plus brut.

Metlika

07 / 3 200 HABITANTS / ALTITUDE 156 M

Blottie au pied du massif de Gorjanci, cette petite ville de fond de vallée constitue un camp de base idéal pour partir randonner à pied ou à vélo dans la région. La Kolpa et ses plages fluviales s'étendent à 1 km au sud, marquant la frontière avec la Croatie.

À l'époque du premier âge du fer, il y avait ici un important village hallstattien, puis les Romains établirent un avant-poste à Metlika sur la route menant à l'important port fluvial de Sisak, en Croatie. Lors des assauts turcs des XVe et XVIe siècles, Metlika fut attaquée 17 fois et finit par être occupée en 1578.

À voir

Mestni trg PLACE

La grand-place de Metlika est ceinte de remarquables bâtiments datant des XVIIIe et XIXe siècles, dont l'**hôtel de ville** (Mestni trg 24) de style néogothique. À l'extrémité sud de la place se dresse l'ancienne **commanderie** (Komenda, Mestni trg 14) des chevaliers Teutoniques. Au nord-ouest, l'**église paroissiale Saint-Nicolas** (Farna Cerkev Sv Nikolaja, Mestni trg) surprend par son plafond orné de fresques contemporaines sur le thème du Jugement dernier.

Musée de la Carniole-Blanche MUSÉE

(Belokranjski Muzej ; 07-306 33 70 ; www.belokranjski-muzej.si ; Trg Svobode 4 ; adulte/enfant 4/3 € ; 9h-17h lun-sam, 10h-14h dim). Le **château de Metlika** accueille ce musée réunissant une section archéologique regroupant les objets de l'âge du fer et de l'époque exhumés dans la région et une section dédiée aux arts et traditions populaires. Une salle est également consacrée au rôle joué par la Carniole-Blanche pendant la Seconde Guerre mondiale. Divers enregistrements sonores à détection de présence agrémentent les collections.

Musée des Pompiers de Slovénie MUSÉE

(Slovenski Gasilski Muzej ; 07-305 86 97 ; Trg Svobode 5 ; 2 € ; 9h-14h mar-sam). Metlika fut la première ville de Slovénie à disposer de sa propre brigade de pompiers (1869), mise à l'honneur dans ce musée qui jouxte le château. On peut y voir des camions anciens avec roues énormes, échelles et seaux.

Activités

Rendez-vous sur les berges du camping de Podzemelj (p. 189) pour vous baigner. D'une douce chaleur (jusqu'à 28-30°C en été), les eaux de la Kolpa sont propres.

Metlika

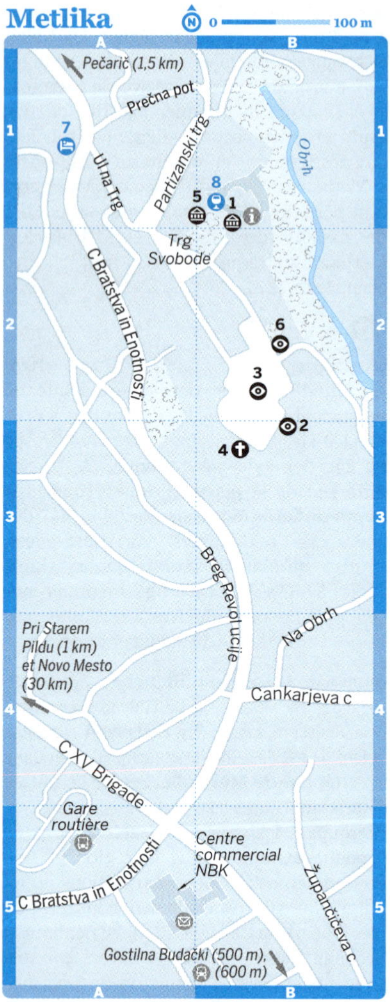

Metlika

À voir

1 Musée de la Carniole-Blanche B1
2 Commanderie B3
3 Mestni trg B2
4 Église paroissiale Saint-Nicolas B3
5 Musée des Pompiers de Slovénie B1
6 Hôtel de ville B2

Où se loger

7 Hotel Bela Krajina A1

Où se restaurer

Hotel Bela Krajina .... (voir 7)

Où prendre un verre

8 Grajska Klet B1

Randonnée et promenade

Les itinéraires pour se balader comme pour **randonner** ne manquent pas dans les environs de Metlika, et la carte *Hiking Trails through Bela Krajina*, disponible à l'office du tourisme (p. 190), en détaille quelques-uns. L'itinéraire n°19 (8 km) fait le tour de Metlika et de son centre historique. Le n°13, ou **sentier de Saint-Urbain** (Urbanova Pot), décrit une boucle de 6,3 km à travers les vignobles jusqu'à Grabrovec avant de revenir par la colline de Veselica (233 m) à moins de 1 km au nord de Metlika offrant un superbe panorama sur la ville. Le n°12, le **sentier pédagogique Zdenc-Vidovec** (2 km), part du village de Božakovo pour rejoindre les grottes karstiques de Zdenc et de Vidovec.

Visite de caves et dégustation

Les collines au nord et au nord-est de Metlika forment l'un des vignobles les plus importants de Carniole-Blanche. On y produit des vins typiques comme le *metliška črnina* (le "metlika noir" couleur rubis) et le *kolednik ledeno vino*, un "vin de glace" (à maturation tardive) doux. Ces vignobles sur les hauteurs sont aussi le cadre de belles promenades.

En chemin pour **Drašiči**, un important bourg viticole à 6 km de Metlika, vous traverserez des *steljniki*, ces bosquets des bouleaux de Carniole-Blanche poussant parmi les fougères en sol argileux. Connue pour son architecture traditionnelle, Drašiči possède plusieurs caves où déguster les crus du lieu sur réservation par téléphone. Voici nos préférées :

Pečarič (07-305 90 16, 041 753 263 ; www.pecaric.com ; Čurile 7 ; visite dégustation 10-25 € ; sur rdv). Un guide vous fait découvrir cette cave située à Čurile et déguster différents crus : vins de dessert, vins pétillants, rouges de caractère, blancs fruités.

Vinska Klet Prus (07-305 90 98 ; www.vinaprus.si ; Krmačina 6 ; visite dégustation 10 €/pers ; sur rdv). Située à Krmačina, cette charmante cave des environs de Metlika sort du lot. Les visites d'une à 2 heures vous mènent à travers anciennes et nouvelles caves avant de déguster du bon vin accompagné de douceurs locales.

Šuklje (041 554 120 ; suklje.com ; Trnovec 22 ; visite dégustation 4-12 € ; sur rdv). Après avoir déambulé entre les murs de brique tapissés de bouteilles, asseyez-vous pour goûter ce qu'on produit ici à Trnovec : du *modra frankinja* (Blaufränkisch), du sauvignon et du Laški Riesling. Il faut réserver pour obtenir une table dans l'excellent restaurant de spécialités locales après la dégustation.

Fêtes et festivals

Vinska Vigred VIN

(Printemps des vignobles ; www.metlika-turizem.si/en/portfolio_page/vinska_vigredvinska-en ; mai). Pas moins de 20 000 fins gourmets se rassemblent le week-end qui suit la mi-mai pour l'événement numéro un de Metlika. Au programme : vins locaux, bonne chère, danses et musique folkloriques.

Où se loger

Certes il y a à Metlika quelques points de chute pour explorer la Carniole-Blanche mais le mieux reste de s'installer sur l'un des terrains de camping des environs qui proposent des chalets et des mobil-homes pour ceux qui n'ont ni tente ni camping-car.

Kamp Podzemelj CAMPING €

(040 753 188 ; www.kamp-podzemelj.si ; Škrilje 11 ; empl adulte/enfant 5/10,50/7,50 €, mobil-homes d/tr/qua à partir de 65/90/100 €, "chalet celtique" 2 pers 79 € petit-déj compris ; mi-avr à sept ; P). Ce vaste camping verdoyant borde la Kolpa à Podzemelj, à 7 km au sud-ouest de Metlika. Bien équipé et idéal pour les familles, il comprend restaurant, espace de baignade dans la rivière, terrain de jeux et parcours d'aventure dans les arbres. Il délivre même des permis de pêche et loue des vélos, des canoës et des rafts. Les mobil-homes sont parfaits en famille et si l'on est deux pourquoi ne pas s'offrir la formule chic de glamping en "chalet celtique". Utile espace de change bébé sur le site.

Hotel Bela Krajina HÔTEL €€

(07-305 81 23 ; www.hotel-belakrajina.si ; Cesta Bratstva in Enotnosti 28 ; d/tr à partir de 65/90 € ; P). Derrière sa façade orange, ce vestige de la République socialiste arrivé jusqu'au XXIe siècle cache des chambres simples mais douillettes et impeccables avec clim et mobilier moderne. Bon restaurant et personnel avenant. Une chambre est accessible aux fauteuils roulants.

Où se restaurer et prendre un verre

Pri Starem Pildu INTERNATIONAL €

(07-305 87 21 ; Cesta XV Brigade 39 ; plats 4-13 € ; 8h-23h lun-jeu, 8h-minuit ven-sam, 13h-23h dim). L'emplacement quasi périphérique n'est pas idéal mais le rapport qualité/prix de cet établissement est imbattable. Pizzas, burgers, pâtes, salades et quelques plats façon mexicaine vous rassasieront. De surcroît c'est le rendez-vous incontournable de Metlika pour boire à un verre en soirée.

Hotel Bela Krajina SLOVÈNE €

(07-305 81 23 ; Cesta Bratstva in Enotnosti 28 ; plats 6-14 € ; 7h-22h ;). Conviviale, la meilleure table de Metlika vous propose une part de *belokranjska pogača* (sorte de *focaccia* locale plate) le temps de passer commande. Au nombre des spécialités maison : l'agneau aux herbes, le médaillon de chevreuil, les *žlikrofi* (tortellinis) sauce champignons ou la truite au vin blanc Belokranjec, sans oublier quelques bonnes assiettes végétariennes .

Gostilna Budački SLOVÈNE €

(07-363 52 00 ; Ulica Belokranjskega Odreda 14 ; plats 7-16 € ; 8h-22h lun-sam, 12h-17h dim). Plats slovènes ou pizzas composent l'essentiel de l'offre. Si ce n'est pas un temple des saveurs, cette *gostilna* jaune vif n'en nourrit pas moins très honnêtement ses hôtes. À 1 km au sud du centre, près de la gare ferroviaire.

Grajska Klet BAR À VINS

(031 632 470 ; Trg Svobode 4 ; 7h-23h lun-jeu, 7h-1h ven-sam, 8h-12h dim). Pour goûter aux vins de Carniole-Blanche, direction cette *vinoteka* installée dans la cour du château. Il s'agit de la cave de la marque Šturm, où vous pourrez déguster pinot blanc, chardonnay, riesling et *rumeni muškat* (muscat jaune), sans oublier le *metliška črnina* typique de la région.

Renseignements

Bureau de poste (NBK 2, en retrait de cesta XV Brigade ; 8h-18h lun-ven, 8h-12h sam).

Centre d'information touristique (TIC ; 07-363 54 70 ; www.metlika-turizem.si ; Trg Svobode 4 ; 8h-17h lun-ven, 9h-13h sam juin-août, 8h-16h lun-ven, 9h-12h sam sept-mai). L'office du tourisme se trouve dans la cour du château et peut fournir une carte des environs.

Depuis/vers Metlika

BUS

La gare routière (cesta XV Brigade) est située à 650 m au sud de la vieille ville, en face d'un centre commercial. Si vous souhaitez quitter Metlika par le bus, il vous faudra vous lever dès potron-minet. Mieux vaut opter pour le train.

Voici les destinations desservies par bus :

Črnomelj (2,30 €, 30 min, 15 km), 6/jour lun-ven, 1/jour sam-dim)

Novo Mesto (3,60 €, 1 heure, 30 km, 6/jour lun-ven, 2/jour sam-dim)

Vinica (3,10 €, 1 heure, 34 km, 1/jour)

TRAIN

La gare donne sur Kolodvorska ulica, à 1 km au sud-est du centre.

Chaque jour de la semaine, 9 trains desservent **Ljubljana** (8,49 €, 2 heures 30-3 heures, 122 km), mais seulement 2 à 5 le week-end. Ils passent tous par Novo Mesto (4,28 €, 1 heure, 47 km) et Črnomelj (1,85 €, 18 min, 15 km).

Il y a 2 trains par jour pour Karlovac, en Croatie.

Črnomelj

07 / 5 580 HABITANTS / ALTITUDE 145 M

Plus grande ville de la Carniole-Blanche, Črnomelj occupe un promontoire enserré par deux rivières qui viennent mêler leurs eaux à ses pieds, la Lahinja et la Dobličica. Cette ville symbolise l'âme populaire de la Carniole-Blanche que l'on retrouve dans son célèbre festival folklorique, le Jurjevanje (p. 191), réunissant des centaines de danseurs et de chanteurs. Le reste de l'année, Črnomelj se rendort. Il n'y a pas grand-chose à voir sur place, mais les sites pittoresques foisonnent alentour.

La légende veut que le nom Črnomelj (une altération des mots signifiant "meunier noir") provienne du sort jeté par une mendiante à un meunier qui lui avait fait l'aumône d'une farine de piètre qualité. Reste que la ville a pour emblème un boulanger rieur portant un bretzel.

Histoire

À 4 km au nord-ouest, le sanctuaire de Mithra (page ci-contre) découvert à Rožanec atteste de la présence romaine dans le secteur. Sans cesse en butte aux attaques turques aux XVe et XVIe siècles, elle ne fut jamais prise, grâce à ses fortifications et à ses postes de guet sur la colline. Après la reddition de l'Italie fasciste en 1943, laquelle occupait Ljubljana et le sud-est de la Slovénie depuis 1941, elle joua un temps le rôle de capitale de la Slovénie.

À voir

Trg Svobode PLACE

(place de la Liberté). Trois des principaux édifices anciens de la ville entourent la grand-place : le **château** (Črnomeljski Grad), la **commanderie** (Komenda) des chevaliers Teutoniques qui date du XVIIe siècle, et une banque du début du XXe siècle.

Église paroissiale Saint-Pierre ÉGLISE

(Cerkev Sv Petra ; Ulica Staneta Rozmana). Cette fondation du XIIIe siècle est devenue un édifice baroque à une seule flèche. On remarquera les pierres tombales romaines en réemploi dans les murs, et la fresque représentant saint Christophe sur le grand portail ouest.

Musée municipal MUSÉE

(Mestna Muzejska Zbirka ; 07-620 08 97 ; www.muzej-crnomelj.si ; Ulica Mirana Jarca 3 ; adulte/enfant 4/1,50 € ; 12h-16h mar, mer et ven, 12h-18h jeu, 11h-15h sam). Une intéressante collection sur l'histoire de la ville et de la Carniole-Blanche.

LE CULTE DE MITHRA

Le mithraïsme, ou culte du dieu Mithra, a vu le jour en Perse. Au fur et à mesure que l'Empire romain se déployait à l'est, ce culte oriental attira les marchands, les esclaves et les soldats de l'armée romaine, gagnant rapidement tout l'Empire aux Ier et IIe siècles. Le mithraïsme cohabita avec les divinités du panthéon gréco-romain et avec le christianisme jusqu'à son interdiction à la fin du IVe siècle par l'empereur Théodose.

Culte à mystères, le mithraïsme reste peu connu. Les textes anciens n'en disent rien et le peu que l'on sait provient de découvertes faites lors de fouilles archéologiques, comme à Rožanec (p. 191), près de Črnomelj, ou à Ptuj, dans l'est de la Slovénie.

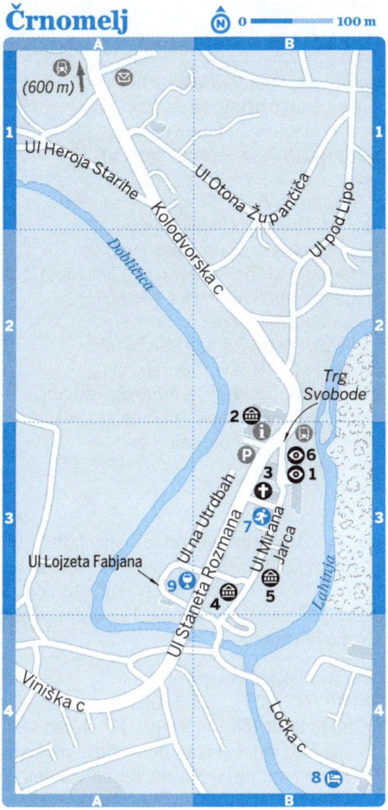

Maison Primožič

GALERIE

(Primožičeva Hiša ; Ulica Mirana Jarca 18 ; ⊙sur rdv). Cette ravissante maison verte accueille des expositions d'art et d'artisanat local, notamment des broderies, des sculptures sur bois et les fameux œufs de Pâques (*pisanice*) de Carniole-Blanche, au décor peint de mille et un entrelacs. Un employé de l'office du tourisme vous ouvrira.

Mithraeum

SANCTUAIRE ROMAIN

(Mitrej, Rožanec). À 4 km au nord-ouest de Črnomelj (bifurquez vers l'ouest juste après Lokve), se trouve le village de Rožanec. De là, un sentier de 400 m mène à un sanctuaire romain troglodytique du IIe siècle dédié à Mithra (voir l'encadré p. 189). Vous y verrez un bas-relief de 1,5 m de haut figurant le dieu sacrifiant un taureau sacré, sous le regard de représentations humaines du Soleil et de la Lune, un chien, un serpent et un scorpion à ses pieds.

Črnomelj

À voir

1 Commanderie ... B3
2 Château de Črnomelj ... B2
3 Église paroissiale Saint-Pierre ... B3
4 Maison Primožič ... B3
5 Musée municipal ... B3
6 Trg Svobode ... B3

Activités

7 Cave à vins de Črnomelj ... B3

Où se loger

8 Gostilna Müller ... B4

Où se restaurer

Gostilna Müller ... (voir 8)

Où prendre un verre et sortir

9 Črnomaljska Kavarna ... A3

Activités

Randonnée

La carte *Hiking Trails through Bela Krajina*, disponible à l'office du tourisme, répertorie plusieurs belles randonnées et balades dans les environs. Certaines relient des petites localités au sud de Črnomelj. L'itinéraire n°1 (13 km), dédié à un poète local, va de Dragatuš à Vinica. Le n°2, une boucle de 6 km, au départ d'Obrh (au sud de Dragatuš), passe par des zones boisées, des vignobles, les ruines d'un château et des églises villageoises.

Visite de caves et dégustation

Črnomajska Klet

CAVE À VINS

(✆07-305 65 30 ; Ulica Mirana Jarca 2 ; ⊙sur rdv). C'est au sous-sol d'une école de musique joliment rénovée que l'on vient goûter les crus de Carniole-Blanche accompagnés d'une *belokranjska pogača* (*focaccia* locale) et de fromage. La formule s'adresse généralement aux groupes à partir de 10 personnes et implique de passer par l'office du tourisme pour les dégustations.

Fêtes et festivals

Jurjevanje

FOLKLORE

(www.jurjevanje.si ; ⊙fin juin). C'est le plus ancien festival folklorique slovène. Pendant 5 jours, musique, danse et feux de joie animent l'esplanade près de la gare ferroviaire et d'autres lieux de la ville pour fêter Zeleni Jurij ("Georges le Vert"), la version "nature" de saint Georges, divinité

HORS DES SENTIERS BATTUS

FORÊTS, MARAIS ET "GLAMPING" AU SUD DE ČRNOMELJ

À 9 km au sud de Črnomelj, le **parc naturel de la Lahinja** (Krajinski Park Lahinja) couvre quelque 200 ha de zone karstique, là où la Lahinja prend sa source. Des sentiers sillonnent ses champs, forêts et marais riches en faune aviaire. Les itinéraires n^os^1 et 24 de la carte *Hiking Trails through Bela Krajina* couvrent des parties du parc.

Deux villages donnent accès au parc : Pusti Gradec et Veliki Nerajec. Le second s'avère plus commode et l'on y trouve un point d'information (Veliki Nerajec 18a) où récupérer une carte et des renseignements sommaires sur les randonnées. Vera, la propriétaire de la maison du 18a Veliki Nerajec, expose et vend de l'artisanat, dont des sifflets en céramique imitant le cri du martin-pêcheur et des *gudalo* (contrebasses traditionnelles avec caisse de résonance en terre cuite).

Non loin de là, au petit hameau de Podlog, vous pouvez vivre une confortable expérience de camping futuriste. **Glamping Malerič** (☎07-305 71 20; glamping.turizemmaleric.si/en ; Podlog 3c ; app 4 pers à partir de 105 € ; ❄ 📶 🏊) a aménagé au bord d'une piscine naturelle 4 cabanes (*pods*) aux lignes cubiques face à un beau paysage champêtre. Pourvue de 2 chambres, d'une kitchenette, d'un coin salon et d'un solarium, chaque unité compacte peut loger 4 personnes.

païenne slave de la végétation, de la fertilité et du printemps.

Où se loger

Le choix est limité en matière de chambres d'hôtel et l'auberge de jeunesse est plutôt triste. Mieux vaut donc se munir de cartes et de provisions pour loger hors de la ville. On peut en effet camper confortablement (voir l'encadré ci-dessus), s'installer au bord de la rivière à Podzemelj (p. 189), à 10 km au nord-est de Črnomelj, ou à Adlešiči (page ci-contre), à 12 km au sud-est. Quelques pensions de campagne pourront aussi faire votre bonheur.

Gostilna Müller PENSION €
(☎07-356 72 00 ; www.gostilna-muller.si ; Ločka cesta 6 ; s/d 30/50 € ; P ❄ 📶). Le meilleur restaurant de Črnomelj loue également 4 chambres lumineuses de style chalet chaudement recommandées pour passer la nuit dans cette ville. Proche du centre à pied.

Où se restaurer et prendre un verre

Gostilna Müller SLOVÈNE €
(☎07-356 72 00 ; www.gostilna-muller.si ; Ločka cesta 6 ; plats 5-14 € ; ⏲9h-22h mar-jeu, 9h-23h ven, 11h-23h sam, 11h-21h dim avr-nov, 11h-18h dim nov-mars ; 📶). Les habitants aiment se retrouver ici, appréciant l'intérieur en bois, la profusion de plantes et la jolie terrasse. La carte se compose de plats slovènes traditionnels et de spécialités de la Carniole-Blanche, comme le ragoût de chèvre. Vous pourrez aussi déguster de la truite grillée et des steaks. Les enfants ont droit à leur menu.

Črnomaljska Kavarna BAR
(☎040 741 006 ; Ulica Lojzeta Fabjana 7 ; ⏲9h-14h tlj, et 18h-23h lun-jeu, 18h-1h ven-sam, 17h-22h dim ; 📶). Un coin de verdure plaisant pour prendre un verre ou un café, sous le pont qui enjambe la Lahinja. Large choix de burgers pour les petits creux.

Renseignements

Bureau de poste (Kolodvorska cesta 30 ; ⏲8h-18h lun-ven, 8h-12h sam).

Centre d'information touristique de Črnomelj (TIC ; ☎07-305 65 30 ; www.belakrajina.si ; Trg Svobode 3 ; ⏲8h-16h lun-ven, 9h-12h sam, plus 15h-19h juil-août). Cette antenne efficace de l'office du tourisme occupe le rez-de-chaussée du château de Črnomel.

Depuis/vers Črnomelj

BUS

Les bus s'arrêtent sur la grand-place (trg Svobode), mais leurs horaires et fréquences correspondent plus aux besoins des étudiants et travailleurs, qu'à ceux des visiteurs, les départs se faisant pour la plupart tôt le matin. Ils desservent une poignée de villages environnants et des destinations dans la vallée de la Kolpa. Quelques liaisons :

Ljubljana (9,20 €, 2 heures, 100 km), 2/jour)

Metlika (2,30 €, 30 min, 15 km, 7/jour lun-ven, 2/jour sam-dim)

Novo Mesto (5,20 €, 70 min, 44 km, 2/jour)

TRAIN

La gare se situe à 1,5 km au nord de la vieille ville, sur Železničarska cesta.

Ljubljana (7,70 €, 2 heures-2 heures 30, 107 km, 10/jour lun-ven, 2-5/jour sam-dim). Tous les trains desservent Novo Mesto (3,45 €, 40-50 minutes, 32 km).

Metlika (1,85 €, 18 minutes, 15 km). Dans l'autre sens : 9/jour en semaine et 2-5/jour le week-end.

Comment circuler

Location de vélos à **L Šport** (07-305 24 81 ; Kolodvorska cesta 13 ; à partir de 10 €/jour ; 8h-19h lun-ven, 8h-12h sam).

Vallée de la Kolpa

07 / ALTITUDE JUSQU'À 370 M

Tout en méandres, la Kolpa s'écoule sur 118 km, marquant la frontière avec la Croatie. C'est le cours d'eau le plus chaud de Slovénie et l'un des plus purs, d'où son succès auprès des baigneurs, des pêcheurs et des explorateurs de rivière en tous genres. La destination est donc fort touristique, surtout autour des villages d'Adlešiči et, à l'ouest, de Stari trg ob Kolpi.

Le plus grand village est Vinica. On y trouve une épicerie entre autres commodités.

À voir et à faire

Parc naturel de la Kolpa — PARC

(Kolpa Krajinski Park ; www.kp-kolpa.si). Cet espace au patrimoine environnemental et culturel protégé englobe la majeure partie de la rive slovène entre Fučkovci (*fuch*-kowtse), au nord d'Adlešiči, et Stari trg ob Kolpi, au sud-ouest. Baignade, pêche et bateau attirent les vacanciers autour de Vinica, Adlešiči et Stari trg ob Kolpi.

Grand Kolpa — RAFTING

(041 740 798 ; www.grandkolpa.si ; Stari trg ob Kolpi 15 ; rafting 1/2 jours à partir de 20/36 € par pers ; avr-sept). Basé dans le village de Stari trg ob Kolpi, ce prestataire organise des descentes en rafting de 8 à 25 km.

Cyclotourisme

Les pistes le long des berges sont idéales. Pour rayonner à vélo, procurez-vous la carte *Cycling Trails through Bela Krajina*, dont les itinéraires n[os]1 et 5 permettent de découvrir pleinement la zone.

Randonnée

Les marcheurs ont le choix entre les parcours n[os]3, 4, 5 et 18 de la carte *Hiking Trails through Bela Krajina*. Le n°18 ("Sentier des châteaux le long de la Kolpa") couvre 26 km en terrain plat, traversant la plus belle portion du parc de la Kolpa entre le charmant hameau de Žuniči et Dragoši.

Où se loger et se restaurer

Si vous cherchez surtout à profiter de la rivière, vous trouverez sur les berges quelques-uns des meilleurs établissements de Carniole-Blanche.

Madronič — PENSION €

(031 627 952 ; www.gostinstvo-madronic.si ; Prelesje 10 ; empl/grange/ch 9/9/29 € par pers). À 4 km en aval de Stari trg ob Kolpi, le hameau de Prelesje abrite cette coquette pension au bord de l'eau qui se double d'un restaurant. Les hôtes peuvent camper ou loger dans d'élégantes chambres rénovées, tout comme dans la grange à foin. Nombreuses activités possibles : pêche, rafting, baignade...

Kamp Jankovič — CAMPING €

(041 622 877 ; www.kolpas.si ; Adlešiči 24a ; empl adulte/enfant 10/7 €, chalet 42 € ; mi-avr à sept ; P). À l'extrémité sud d'Adlešiči, un embranchement (repérez le panneau) débouche 1 km plus loin sur ce sympathique camping en bord de rivière. Il comprend une plateforme de baignade, trois petits bungalows en bois et un bon bar-restaurant, le Stari Pod, dans une grange. Location de canoës et de planches de stand-up paddle.

Depuis/vers la vallée de la Kolpa

Peu fréquents, les bus pour la vallée de la Kolpa (horaires sur www.mpov.si) répondent surtout aux besoins des travailleurs et des étudiants. Ils relient Vinica à Črnomelj via Dragatuš ou Adlešiči à Črnomelj.

POSAVJE

Le Posavje (www.posavje.com) correspond à la basse vallée de la Save en direction de la Croatie. Largement ignorée des touristes fonçant de Ljubljana à Zagreb, cette région

VAUT LE DÉTOUR

LA CHARTREUSE DE PLETERJE

À 10 km au sud-ouest de Kostanjevica na Krki, le vaste **monastère de Pleterje** (Samostan Pleterje ; ☎308 12 29 ; www.kartuzija-pleterje.si ; Drča 1 ; entrée libre ; ⏲église 7h30-18h) appartient aux Chartreux, le plus strict des ordres monastiques. En haut d'un sentier bordé de tilleuls, à 250 m du parking, l'**église de la Sainte-Trinité** (ou "vieille église gothique", Stara Gotska Cerkev) est le seul bâtiment ouvert au public. Mais à lui seul, l'emplacement du monastère niché au fond d'une vallée étroite encadrée par le massif de Gorjanci vaut le coup d'œil.

Fondé par les comtes de Celje, le monastère (dont la construction se termina en 1407) a été fortifié par des remparts, des tours et des douves pendant les invasions turques, puis quasi abandonné à l'époque de la Réforme (XVIe siècle). Joseph II supprima tous les ordres monastiques, et donc celui des Chartreux, en 1784. Ce n'est qu'en 1899 qu'une nouvelle chartreuse sera reconstruite par des moines, en partie venus de la chartreuse française de Bosserville, près de Nancy, dont ils reprirent les plans.

Vous apercevrez peut-être les habits blancs à capuchon de moines vaquant à leurs occupations selon leur strict vœu de silence et pourrez écouter les offices chantés dans l'église gothique. Respectez les fréquents panneaux indiquant *Klavzura – Ni Vstopa* ("clôture" – ne pas entrer) et *Območnje Tišine* (zone de silence).

Au-dessus du grand portail de l'église (1420), le tympan est décoré du couronnement de la Vierge et de la Trinité. La nef à croisée d'ogives a conservé armoiries et niches en pierre, tout comme le jubé médiéval, qui séparait les moines de l'ordre et les laïcs.

Les frères ont une **boutique** (⏲7h30-17h30 lun-sam) où ils proposent leur production. À l'ouest du parking du monastère, l'**écomusée de Pleterje** (Muzej na Prostem Pleterje ; ☎ 041 639 191, 07-308 10 50 ; www.skansen.si ; Drča 1 ; adulte/enfant/famille 4/3/8 € ; ⏲10h-17h avr-oct, sur rdv) conserve chaumières, séchoirs à foin, une porcherie... entre autres témoignages du monde agricole entre lesquels gambadent quelques animaux de ferme.

mérite pourtant qu'on s'y attarde un jour ou deux, ses coteaux couverts de vignes et ses forêts illustrant parfaitement la Slovénie rurale. La région viticole de Bizeljsko-Sremič vous prendra bien une après-midi à vélo ou en auto, le temps de découvrir ses caves.

Vestiges archéologiques des périodes de Hallstatt, celte et surtout romaine, châteaux fortifiés construits pour se prémunir des invasions turques du XVe siècle et monastères montrent combien la région a joué un rôle historique important qui s'est prolongé au XVIIe siècle avec les révoltes paysannes et la Réforme protestante.

Kostanjevica na Krki

☎ 07 / 720 HABITANTS / ALTITUDE 149 M

Blotti au creux d'un méandre de la Krka, sur un îlot de 500 m de long sur 200 m de large, ce village assoupi est le plus petit bourg de Slovénie et, avec sa charte de 1252, l'un des plus anciens. Vous pouvez visiter l'excellent musée d'art ou simplement vous promener sur l'île à la découverte de ses édifices historiques tout en profitant du calme des lieux.

Kostanjevica offre une pause délicieuse et un authentique havre de paix si l'on décide d'y passer la nuit.

À voir

♥ **Musée d'art Božidar Jakac** MUSÉE

(Galerija Božidar Jakac ; ☎ 07-498 81 40 ; www.galerija-bj.si ; Grajska cesta 45 ; adulte/étudiant et seniors/famille 6/4/10 € ; ⏲10h-18h mar-dim). Voici un trésor tout à fait inattendu : dans un cadre magnifique, dont un jardin peuplé de statues, de superbes collections d'œuvres d'art ancien que viennent compléter des œuvres d'artistes slovènes.

Ce musée situé à 1,5 km au sud-ouest du bourg occupe un ancien monastère cistercien, prospère au Moyen Âge puis déserté en 1786 suite à la dissolution des ordres religieux par Joseph II. Aux peintures et sculptures du XXe siècle est venue s'ajouter en dépôt la collection de la chartreuse de Pleterje (p. 194), dont les tableaux de maîtres italiens, flamands, français et allemands des XVIIe et XVIIIe siècles proviennent vraisemblablement de la chartreuse de Bosserville, maison mère des fondateurs de Pleterje.

L'entrée principale joliment peinte et encadrée par deux tours mène à un immense cloître à trois niveaux d'arcades. À l'ouest, l'**église de la Vierge Marie** (XIIIe-XVIIIe siècle) accueille un espace d'exposition. À l'étage, on découvrira l'histoire du monastère et celle de sa restauration magistrale.

Les **salles** du musée proprement dit rassemblent les peintures, dessins, sculptures et œuvres graphiques de huit artistes slovènes : l'expressionniste Božidar Jakac (1899-1989), et les frères France Kralj (1895-1960) et Tone Kralj (1900-1975), inspirés par l'expressionisme et le réalisme socialiste. Particulièrement prolifique, France Kralj a laissé des sculptures saisissantes.

Dans le jardin de sculptures, une centaine d'œuvres sur bois témoignent du mouvement **Forma Viva**, une manifestation artistique organisée en divers endroits du pays de 1961 à 1988 et relancée ces dernières années. Les sculpteurs travaillent les matériaux de la région : le chêne à Kostanjevica, la pierre à Portorož, le fer à Ravne (Carinthie) et le béton à Maribor.

Vieille ville QUARTIER

La visite de la charmante vieille ville insulaire de Kostanjevica se résume à remonter Oražnova ulica sur 400 m et à descendre ulica Talcev sur la même distance.

Traversez le pont au sud pour rejoindre Kambičev trg et la petite **église Saint-Nicolas** (Cerkev Sv Miklavža ; visite de l'intérieur sur rdv au 07-498 70 26) de style gothique flamboyant. À 200 m au nord-ouest, sur Oražnova ulica, un manoir du XVe siècle abrite la **galerie Lamut** (10h-18h mar-dim avr-oct, 10h-16h nov-mars) GRATUIT. Plus loin dans la même rue, vous remarquerez au n°24 une maison fin-de-siècle avant d'atteindre l'église paroissiale Saint-Jacques.

Regagnez alors Ulica Talcev, l'autre rue sur l'île, bordée de belles maisons de style "baroque populaire", avant de rejoindre Saint-Nicolas.

Église paroissiale Saint-Jacques ÉGLISE

(Župnijska Cerkev Sv Jakoba ; Oražnova ulica ; visite sur rdv en appelant le 07-498 70 26). L'intérieur principalement baroque de Saint-Jacques contraste avec l'édifice même construit au XIIIe siècle dans le style roman. Au-dessus du portail ouest, remarquez les motifs géométriques comme les plantes et arbres sculptés dans les voussures de pierre. Côté sud, Jésus est représenté sortant du tombeau (XVe siècle) et d'anciennes stèles funéraires (années 1800) ont été incorporées au mur.

Grotte de Kostanjevica GROTTE

(Kostanjeviška Jama ; 07-498 70 88, 041 297 001 ; www.kostanjeviska-jama.com ; Dolšce 24 ; adulte/étudiant/enfant 10/7/5 € ; visites guidées 10h, 12h, 14h, 16h et 18h sam-dim mi-avr à oct, tlj juil août). À 1,5 km au sud-est du bourg, cette petite grotte se visite en un circuit de 40 minutes et de 250 m dans la grotte. Le guide vous mènera à un petit lac et à des galeries de stalactites et de stalagmites. La température, constante, est de 12°C.

Activités

Čolnarna SPORTS NAUTIQUES

(040 883 007 ; www.facebook.com/mestnacolnarna ; Oražnova 14). Dans une maison du village, un habitant loue des canoës, des barques et des planches de stand-up paddle. Si vous ne le trouvez pas, adressez-vous au Bar Štraus sur les berges.

Cave de Cviček VIN

(Vinska Klet Cviček ; 07-498 81 40 ; info@galerija-bj.si ; Grajska cesta 45 ; 8 €/pers, groupe de 10 ou plus uniquement ; sur rdv mar-dim). Au sein de l'ancien monastère qui héberge le musée d'art Božidar Jakac (page ci-contre), cette cave voûtée où s'alignent de vieux tonneaux sert de cadre à des dégustations de vin. La séance de 40 minutes propose à vos papilles trois crus locaux.

Haras Hosta ÉQUITATION

(Kobilarna Hosta ; 041 690 066, 031 220 059 ; www.hosta-lipizzans.eu ; Sela pri Šentjerneju 6 ; 15-22 €/heure ; 11-19h sam-dim). À 9 km au sud-ouest de Kostanjevica, ce haras de 50 chevaux fait partie des principaux élevages de lipizzans de Slovénie. Promenades de 2 heures comme randonnées de 2 jours dans la belle campagne vallonnée sont proposées, ainsi que des leçons d'équitation. Sur réservation.

Où se loger

L'offre hôtelière est plus que limitée, mais les deux principales adresses répondent sans souci au besoin de trouver un lit pour la nuit.

Gostilna Žolnir AUBERGE €

(07-498 71 33 ; www.zolnir.eu ; Krška cesta 4 ; s/d 30/50 € ; P wifi). À 500 m au nord-est de l'île, une sympathique *gostlina* (auberge) de 12 chambres sommaires mais confortables, qui valent surtout pour le restaurant sur place.

Vila Castanea PENSION €€

(031 662 011 ; www.vilacastanea.si ; ulica Talcev 9 ; d 69-83 €, f 110 € ; P clim wifi). Des travaux de rénovation réussis ont donné une nouvelle jeunesse à cette gracieuse demeure de la vieille ville. Ses 9 chambres affichent désormais une décoration élégante aux tonalités douces. Celles de catégorie supérieure (dont 2 avec balcon) ont du charme et de l'espace, et il existe des unités plus vastes pour les familles.

Où se restaurer et prendre un verre

Gostilna Žolnir SLOVÈNE €

(07-498 71 33 ; www.zolnir.eu ; Krška cesta 4 ; plats 8-18 € ; 7h-22h ; wifi). À une courte distance au nord-est de l'île, ce restaurant est prisé pour ses plats traditionnels : grande variété de *štruklji*, calamars grillés, gnocchis sauce au gibier ou filet de chevreuil, la spécialité de la maison. Le décor mêle l'ancien et le moderne, et un joli espace a été aménagé dans la cour.

Kitcher Brewery MICROBRASSERIE

(Pivovarna Kitcher ; 041 639 193 ; www.pivovarnakitcher.si ; Oražnova ulica 19 ; 10h-19h). Cette petite brasserie locale produit des bières artisanales, dont une IPA, Kitcher Ribič, et une stout, Kitcher Jamar. Visite et dégustation possibles.

Bar Štraus BAR

(07-498 75 30 ; Ulica Talcev 31 ; 5h15-minuit). Ce petit café face à la Krka, à proximité du pont au nord, est l'endroit rêvé pour siroter un verre sur sa petite terrasse en laissant ses pensées vagabonder au fil de l'eau.

Renseignements

Centre d'information touristique de Kostanjevica (TIC ; 07-498 81 50 ; tic-gbj@galerija-bj.si ; Grajska cesta 45 ; 9h-18h mar-dim avr-oct, 9h-16h mar-dim nov-mars). Installé dans un vieux moulin à l'entrée du musée d'art Božidar Jakac (p. 194), l'office du tourisme est fermé le lundi, comme le musée.

Depuis/vers Kostanjevica

Les **bus** (Ljubljanska cesta) partent du parking de Ljubljanska cesta qui relie le pont piéton à la ville.

Voici quelques liaisons utiles :

Brežice (2,70 €, 30 min, 20 km, 3-6/jour)

Ljubljana (9,20 €, 1 heure 45, 97 km, 4-5/jour)

Novo Mesto (3,60 €, 40 min, 30 km, 4-7/jour)

Brežice

07 / 6 800 HABITANTS / ALTITUDE 163 M

Cette paisible ville provinciale est un point de chute radieux pour qui souhaite explorer le sud-est du pays. Le château offre aux amateurs de baroque comme d'archéologie et d'ethnologie de quoi se réjouir l'œil. Façades Renaissance et baroque tardif soigneusement entretenues bordent la grand-rue. Et les cafés où observer le va-et-vient des passants ne manquent guère. Mais Brežice a aussi un atout de choix à ses portes, surtout si vous voyagez avec de jeunes visiteurs, ce sont les Terme Čatež, un immense complexe thermal dédié aux loisirs.

Histoire

À proximité de la confluence de la Krka et de la Save, cette cité marchande s'est organisée au Moyen Âge autour de son château, ce dernier étant mentionné dans des documents dès 1249. Au XVIe siècle, l'édifice d'origine fit place à une forteresse Renaissance destinée à protéger la ville des assauts extérieurs turcs, comme des révoltes paysannes dont une avait laissé un sinistre souvenir, les têtes des seigneurs décapités ayant été exposées sur des piques. Le château abrite aujourd'hui le musée du Posavje.

À voir

Musée du Posavje CHÂTEAU MUSÉE

(Posavski muzej Brežice ; 07-466 05 17 ; www.pmb.si, en français ; Cesta Prvih Borcev 1 ; tarif plein/réduit/famille 4/2,50/7 € ; 10h-20h lun-sam, 14h-20h dim juin-août, 10h-18h mar-sam, 14h-18h dim avr-mai et sept-oct, 8h-16h mar-sam, 13h-16h dim nov-mars). Installé dans le château de Brežice, ce musée se distingue par la richesse de ses collections archéologiques et ethnographiques, ainsi que par sa salle des Chevaliers aux superbes fresques baroques.

Brežice

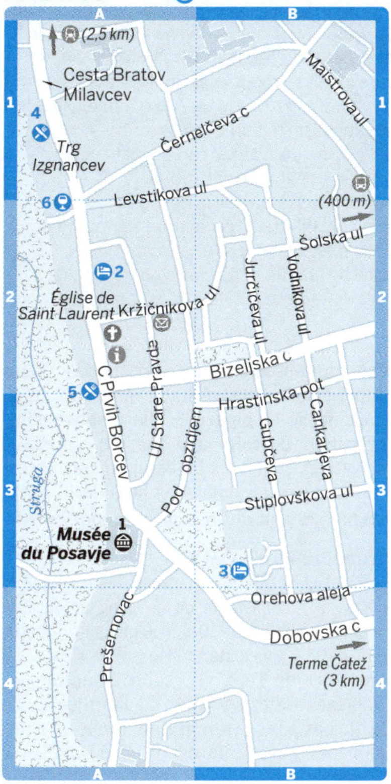

Brežice

Les incontournables

1 Musée du Posavje A3

Où se loger

2 Hotel Splavar A2
3 MC Hostel Brežice B3

Où se restaurer

Gostilna Splavar .... (voir 2)
4 Oštarija Debeluh A1
5 Santa Lucija A2

Où prendre un verre et sortir

6 Jazz Pub A2

Après avoir traversé la grande cour à arcades, on emprunte un escalier dont les murs et le plafond sont décorés de différentes scènes de la mythologie grecque, des quatre évangélistes et des armoiries de la famille Attems, qui a occupé le château durant deux siècles et demi. Au 2e étage est présentée la collection archéologique : mors de cheval en bronze (VIIe siècle av. J.-C.), bijoux celtes et romains... Suit la section ethnographique : à côté d'objets liés à la viticulture, au tissage du lin et à la poterie, vous remarquerez une curieuse ruche en forme de soldat datant du début du XIXe siècle.

Les salles du 1er niveau décrivent la vie dans le Posavje au XIXe siècle et pendant les deux guerres mondiales, abordant notamment la déportation des Slovènes par l'occupant allemand. Des galeries dédiées à l'art religieux et à des œuvres plus contemporaines complètent la collection.

Mais la vedette du musée reste la **salle des Chevaliers** (Viteška Dvorana), chef-d'œuvre du baroque italien, entièrement décorée de fresques figurant des scènes de la mythologie. Des concerts s'y déroulent à l'occasion.

Activités

L'office du tourisme loue des vélos (heure/jour 3/15 €) et fournit, sur demande, une brochure gratuite en anglais, *Cycling Booklet,* qui répertorie quatre itinéraires thématiques dans la région.

Terme Čatež THERMES

(☎ 07-493 67 00 ; www.terme-catez.si ; Topliška cesta 35). Depuis la fin du XVIIIe siècle, les rhumatisants fréquentent la source thermale juste à l'est de Čatež ob Savi (à 3 km au sud-est de Brežice). Aujourd'hui, les immenses Thermes Čatež tiennent autant du lieu de loisirs que de l'établissement de cure, attirant une clientèle fervente toute l'année avec ses bassins intérieurs et extérieurs, ses saunas, ses trois hôtels, un vaste camping et un centre de bien-être. Y sont également proposées diverses activités à pratiquer en famille.

L'immense **Riviera thermale estivale** (Poletna Termalna Riviera ; ☎ 07-493 67 00 ; www.terme-catez.si ; Topliška cesta 35 ; forfait journée adulte/enfant 13/10,50 € lun-ven, 17/13 € sam-dim ; ⏲ fin avr à début oct) réjouit petits et grands à travers toboggans, bassins multiples, vagues, fontaines, jets d'eau... Tout cela explique son intense fréquentation les week-ends d'été.

Ouverts toute l'année, les bassins intérieurs de la **Riviera thermale hivernale** (Zimska Termalna Riviera ; ☎ 07-493 67 00 ; www.terme-catez.si ; Topliška cesta 35 ; forfait

HORS DES SENTIERS BATTUS

LE CHÂTEAU HANTÉ DE MOKRICE

À 10 km au sud-est de Brežice, se dresse la plus belle **forteresse** (Grad Mokrice ; Rajec 4 ; 8h-22h) du Posavje. L'édifice remonte au XVIe siècle, mais intègre des éléments architecturaux remontant aux Romains. Un **grand hôtel** (www.terme-catez.si ; d à partir de 90 €) occupe désormais le château, assorti d'un golf 18 trous. Le domaine qui l'entoure – jardin à l'anglaise de 20 ha de plantes rares, vaste verger de poiriers et petite chapelle gothique désaffectée – reste ouvert à tous.

Le château serait hanté par le fantôme de la comtesse Barbara, qui s'y suicida au XVIIe siècle après avoir perdu son amant en mer. On dit que la revenante se manifeste davantage le 4 décembre, jour de sa fête, où elle passe la nuit à faire rouler des boulets de canon. Une excursion depuis Brežice se justifie largement, en particulier à vélo (de Čatež ob Savi, empruntez la route secondaire parallèle à la nationale).

journée adulte/enfant 13/10,50 € lun-ven, 17/13 € sam-dim ; toute l'année) forment un immense complexe de 2 300 m² avec bateau pirate et piscine à vagues, où l'eau avoisine les 33°C.

Un bus circule deux fois par heure entre Brežice et les thermes Čatež (1,30 €, 5 minutes, 3 km).

SUP Čatež SPORTS NAUTIQUES
(040 649 265 ; www.supcatez.com ; Velike Malence, Terme Čatež ; 10 €/heure ; mai-oct). Excursion guidée en stand-up paddle sur la rivière Krka au départ du bar Tochka (page ci-contre) sur la rive.

Festival

Seviqc Brežice MUSIQUE
(www.seviqc-brezice.si ; fin juin à mi-août). L'été, des concerts de musique ancienne sur instruments d'époque sont donnés dans les hauts lieux du patrimoine de Posavje, tels la salle des Chevaliers du château de Brežice ou le château de Mokrice (Grad Mokrice ; Rajec 4 ; 8h-22h). Programme complet de ce festival largement plébiscité sur le site Internet.

Où se loger

Son excellente auberge de jeunesse et une offre assez large d'hébergements de milieu gamme font de Brežice une base idéale pour explorer la région. À proximité des Terme Čatež se sont établis nombre d'établissements de séjour plutôt haut de gamme, mais aussi un camping.

MC Hostel Brežice AUBERGE DE JEUNESSE €
(05-908 37 97 ; www.mc-hostel.si ; Gubčeva ulica 10a ; dort 15 €, d avec/sans sdb 48/36 € ; P). À une courte distance à pied du château-musée en traversant un parc, cette auberge offre un véritable bol d'air frais. Lumineuse et bigarrée, elle dispose d'impeccables dortoirs à 6 lits, de chambres privatives et de tous les équipements nécessaires : terrasse, cuisine et buanderie, outre un bar servant des bières du monde entier.

Camping Terme Čatež CAMPING €
(07-493 67 00 ; www.terme-catez.si ; Topliška cesta 35 ; empl tente ou camping-car adulte/enfant à partir de 20/10 €, tipi/bungalow à partir de 73/102 € ; toute l'année ; P). Au plus fort de l'été, ce grand camping des Thermes Čatež grouille de familles et ne brille pas par sa tranquillité. Riche en équipements pour enfants, il dispose d'aires de jeux, de terrains de sport et même d'un programme d'animation. Vous n'avez pas de tente ? Vous pourrez alors louer un tipi familial ou un des bungalows de la "Baie des pirates" construits au milieu du lac.

Les tarifs comprennent l'entrée aux piscines thermales. En dehors des vacances, vous aurez un peu plus de place pour respirer.

Hotel Splavar HÔTEL €€
(07-499 06 30 ; www.splavar.si ; Cesta Prvih Borcev 40a ; s/d/tr 55/80/100 € ; P). La situation centrale sur la grand-rue et le personnel chaleureux de cet hôtel à l'étage de la Gostilna Splavar recommandent cette option aux 16 chambres spacieuses et confortables, mais étouffantes par grosses chaleurs. Mais il vous suffira alors de descendre savourer une glace à l'étage en dessous !

Hotel Terme HÔTEL €€€
(07-493 67 00 ; www.terme-catez.si ; Topliška cesta 35 ; s/d 132-220 €/pers ; P). Le

plus agréable des 3 établissements sans grand attrait des Thermes Čatež se situe un peu à l'écart de la cohue. Toutes avec balcon, les chambres aux tons beiges assez rétro et à la déco plutôt insignifiante sont assez chères, mais l'accès au parc aquatique est inclus.

Où se restaurer et prendre un verre

Gostilna Splavar SLOVÈNE €
(☎07-499 06 30 ; www.splavar.si ; Cesta Prvih Borcev 40a ; plats 6-16 € ; ⏲7h-22h ; wifi). Cette *gostilna* (auberge) accueillante dispose d'une salle à manger confortable à l'esprit pub, et d'une terrasse côté rue. La carte décline des plats de viande présentés avec panache. Quand c'est la saison, la soupe à l'ortie est délicieuse. L'endroit est aussi réputé pour ses glaces maison aux parfums originaux tels que basilic-orange.

Santa Lucija PIZZAS €
(☎07-499 25 00 ; santa-lucija.si ; Cesta Prvih Borcev 15 ; plats 6,50-12 € ; ⏲11h-23h). Prenez place en terrasse côté cour en été ou dînez sous de rutilantes fresques à l'italienne en hiver. On vient là pour manger une pizza à prix décent dans le centre, sans plus.

♥ Oštarija Debeluh EUROPÉEN €€
(☎07-496 10 70 ; www.debeluh.si ; Trg Izgnancev 7 ; plats 12-25 € ; ⏲12h-22h lun-sam ; clim, wifi). Ce restaurant haut de gamme, à l'intérieur d'inspiration champêtre, concocte une cuisine inventive à la couleur locale : tartare de bœuf du chef au foie gras ou encore truite sur lit de poires rôties et sauce au raifort figurent sur la carte. Le menu dégustation de 4/6 plats coûte 38/50 €. Vaste carte des vins et conseils avisés. Réservation recommandée.

Tochka Beach Bar BAR
(www.facebook.com/beachbartochka ; Velike Malence, Terme Čatež ; ⏲14h-minuit lun-ven, 10h-minuit sam-dim mai-sept). Cette cahute jaune dressée sur une berge de la rivière Krka (du côté des Terme Čatež) a du succès en été. Sa terrasse ombragée et ses fauteuils en bois sur la pelouse invitent à la détente autour d'une bière ou d'un cocktail

Jazz Pub PUB
(☎031 412 797 ; www.jazzpub.si ; Trg Izgnancev 2 ; ⏲7h-minuit). Allez siroter un bon café dans la belle salle lambrissée vintage ou sur la terrasse fréquentée. Pas de concerts de jazz en revanche.

Renseignements

Bureau de poste (ulica Stare Pravde 34 ; ⏲8h-18h lun-ven, 8h-12h sam). Dans le nouveau bâtiment derrière l'**église Saint-Laurent** (Župnijska Cerkev Sv Lovrenca ; Cesta Prvih Borcev).

Centre d'information touristique de Brežice (TIC ; ☎064 130 082 ; www.discoverbrezice.com ; Cesta Prvih Borcev 22 ; ⏲10h-18h lun-sam). Un office du tourisme aux informations assez limitées (par rapport à d'autres) en dehors de quelques brochures. Le lieu se démultiplie aussi en boutique souvenirs, cave à vins et à dégustations.

Centre d'information des Terme Čatež (☎07-620 70 35 ; www.discoverbrezice.com ; Topliška cesta 35 ; ⏲10h-12h et 18h-22h juin-août, 10h-18h sept-nov et mars-mai, 10h-14h déc-fév). Antenne pratique dans le centre thermal (p. 197).

Depuis/vers Brežice

BUS

La gare routière (cesta Svobode 11) se situe à 1 km au nord-est du château.

Parmi les principales destinations desservies :

Kostanjevica na Krki (2,70 €, 30 min, 20 km, 3-5/jour)

Ljubljana (10,70 €, 2 heures 15, 117 km, 3-5/jour)

Novo Mesto (5,20 €, 1 heure 10, 45 km, 3-5/jour)

Terme Čatež (1,30 €, 5 min, 3 km, minimum 2/heure)

TRAIN

La liaison ferroviaire avec Ljubljana (7,70 €, 1 heure 30 à 2 heures, 107 km) est excellente à raison de 17 trains par jour en semaine et 10 le week-end . Malheureusement, la gare (trg Vstaje 3) est difficile d'accès, à 3 km au nord du château.

Comment circuler

Les offices du tourisme louent des vélos (heure/jour 3 €/15 €).

Région viticole de Bizeljsko-Sremič

☎07 / 175 M D'ALTITUDE

Parcourir à vélo les 18 km séparant Brežice de Bizeljsko est un excellent moyen de découvrir la région viticole de Bizeljsko-Sremič en s'arrêtant dans les *vinske kleti* (caves à vins). Cette région présente une particularité : ses *repnice*, des grottes de stockage en silex qui servaient à conserver les *repa* (navets) mais qui sont désormais utilisées pour faire vieillir le vin. Sur la route principale en direction de Bizeljsko, suivez les panneaux "Repnice/Bresovica" pour atteindre les quelques caves à vins disposant de leur propre *repnica*. Vous pourrez les visiter avant de déguster du vin.

Activités

Repnica Vino Graben DOMAINE VITICOLE
(07-495 10 59 ; www.vino-graben.com ; Kumrovška 6, Bizeljsko ; visite et dégustation 6 €/pers ; 9h-19h ven-dim, sur rdv lun-jeu). Ce domaine a une vaste sélection de breuvages à faire goûter, car on y produit des vins de fruits et d'herbes ainsi que des rouges et des blancs. La visite est organisée dans les caves de stockage et de vieillissement et se clôt par une dégustation.

Penine Istenič DOMAINE VITICOLE
(07-495 15 59 ; www.istenic.si ; Stara Vas 7 ; dégustation 1,50 €/cru). Ce fabricant renommé de mousseux slovène propose des dégustations dans sa *vinska klet* du hameau de Stara Vas. Vous pourrez y goûter plusieurs vins pétillants accompagnés de charcuterie (4-7 €). Le Prestige extrabrut représente le haut de gamme, mais c'est le Desiree qui se vend le mieux.

Sur réservation et par groupe de 10 personnes ou plus, il est possible de visiter les caves pour un tarif calculé en fonction du nombre de vins goûtés (3-14 €/pers).

Vous pouvez loger sur place dans les chambres chics de la Villa Istenič (à partir de 75 €).

Repnice Najger DOMAINE VITICOLE
(07-495 11 15 ; repnicanajger@siol.net ; Brezovica 32 ; visite et dégustation 4 € ; 9h-21h). Ce domaine familial organise de sympathiques visites de l'immense cave datant du XIXe siècle, avec dégustation des vins de la maison, dont un Laški Riesling.

Où se restaurer et prendre un verre

La plupart des caves à vins proposent des plateaux de charcuterie et autres en-cas. Vous trouverez aussi de simples *gostilne* le long des routes de cette région viticole.

Gostilna Kocjan SLOVÈNE €€
(07-495 10 90 ; www.gostilnakocjan.si ; Stara Vas 63 ; plats 9-27 € ; 7h-22h). L'une des meilleures adresses du secteur pour se régaler de copieux plats slovènes ou picorer des assiettes de charcuterie.

Pivoteka Bizeljsko PUB
(041 662 848 ; Stara Vas 58 ; 10h-minuit lun-jeu et dim, 10h-3h ven-sam). Une agréable surprise au milieu des vignobles que ce grand pub au large choix de bières et aux généreux en-cas, à savourer simplement en terrasse. Si vous avez faim, commandez un mètre d'ailes de poulet ou de *čevapčiči* (boulettes de viande épicées), assez copieux pour quatre.

Depuis/vers la région viticole de Bizeljsko-Sremič

Il faut être motorisé pour explorer cette région. Vous pouvez aussi louer des vélos au Centre d'information touristique de Brežice.

Est de la Slovénie

Dans ce chapitre ➡

Le top des restaurants

- Hiša Denk (p. 233)
- Gostilna Grabar (p. 225)
- Restavracija Mak (p. 231)
- Gostilna Ribič (p. 225)
- Gostilna Rajh (p. 240)
- Gostilna Kmetec (p. 212)

Le top des hébergements

- DomKulture MuziKafe (p. 224)
- Ferme Lenar (p. 207)
- Hotel Mitra (p. 225)
- Hotel Maribor (p. 230)
- Herbal Glamping Resort Ljubno (p. 230)
- MCC Hostel (p. 212)

Pourquoi y aller

L'est de la Slovénie, le cœur du pays, est souvent ignoré par les visiteurs en faveur de l'ouest et ses grands sites touristiques. La région offre pourtant de multiples possibilités d'activités de plein air et trois villes historiques, que l'on peut visiter paisiblement, sans jouer des coudes entre les groupes de touristes.

Admirez de fabuleux paysages de montagne lors d'une randonnée à pied ou à VTT dans les alpages de Velika Planina, dans la vallée glaciaire appelée Logarska Dolina ou vers les sommets boisés du massif du Pohorje. Faites ensuite place à la culture dans la quiétude pavée de Ptuj, dans les cafés animés de Maribor ou au cœur de l'héritage romain de Celje. Vous pouvez aussi parcourir les collines ondulantes de la route des vins de Jeruzalem-Ljutomer, ou vous immerger dans des bains thermaux. Si vous préférez les balades pittoresques aux circuits classiques de site fameux en monument célèbre, cette partie du pays saura vous combler.

Quand partir

Maribor

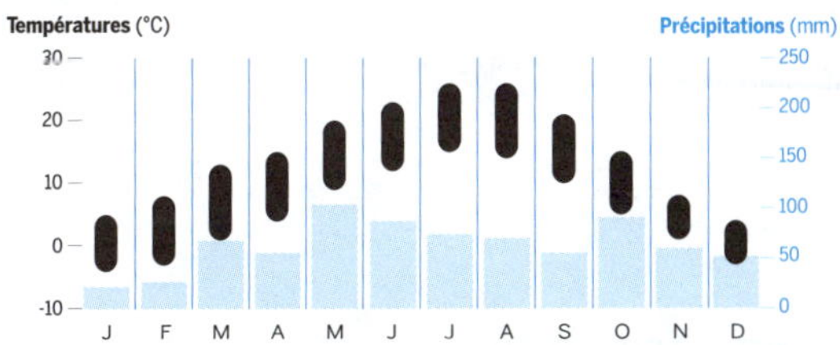

Fév À Ptuj se déroule le carnaval du Kurentovanje.

Juin-sept C'est la meilleure saison pour randonner dans la Logarska Dolina et Velika Planina.

Déc-fév Les férus de poudreuse gagnent le Pohorje de Maribor, la plus grande station de ski de Slovénie.

À ne pas manquer

1. Une balade dans les ruelles pavées de la ville médiévale de **Ptuj** (p. 219), joyau de l'est de la Slovénie.

2. Les panoramas alpins préservés de la vallée glaciaire de **Logarska Dolina** (p. 206).

3. Une descente de la Drave sur une planche de paddle dans le superbe décor de la ville ville de **Maribor** (p. 227).

4. Une randonnée dans les pâturages de **Velika Planina** (p. 205), entre deux sommets enneigés.

5 Une immersion historique dans les musées de **Celje** (p. 208), ancien centre romain.

6 Les douces collines verdoyantes de la **route des vins de Jeruzalem-Ljutomer** (p. 226) et une dégustation dans les vignobles.

7 Les brillantes associations de saveurs du **Hiša Denk** (p. 233), haut lieu de la gastronomie.

8 Les pistes de ski peu fréquentées de **Rogla** (p. 234), au cœur des merveilleux paysages hivernaux du massif du Pohorje.

ALPES KAMNIQUES

Cette région proche de Ljubljana est une destination de choix pour les habitants de la capitale en manque de nature. Les citadins gagnent Krvavec pour skier en hiver et faire du VTT en été, et les pâturages verdoyants de Velika Planina, encadrés de sommets enneigés, invitent à la randonnée.

Kamnik

☎ 01 / 13 700 HABITANTS / ALTITUDE 375 M

Les voyageurs se rendant au lac de Bled ou au lac de Bohinj s'arrêtent rarement à Kamnik. Pourtant, le joli centre médiéval de cette ville chargée d'histoire, à seulement 23 km au nord-est de Ljubljana, vaut le détour. Ses alentours réservent par ailleurs de belles excursions, notamment jusqu'aux ravissants alpages de Velika Planina.

À voir et à faire

Šutna RUE

L'artère principale de Kamnik est bordée de beaux bâtiments pastel, qui arborent pour beaucoup des enseignes de guildes et de métiers remontant au temps où la rue était un centre artisanal. Les façades portent de nombreuses plaques affichant des explications (également en anglais) sur d'anciens résidents importants. À mi-chemin s'élève l'**église de l'Immaculée-Conception** (milieu du XVIIIe siècle), dont le campanile gothique se tient à quelques pas.

Mali Grad POINT DE VUE

(accès en retrait de Šutna). De Glavni trg ("grand-place"), non loin du centre, des marches mènent à la colline de Mali Grad ("petit château"). Surnommée le "balcon de Kamnik", elle offre un superbe panorama sur les toits rouges de la ville avec les Alpes Kamniques en arrière-plan.

En été, on peut visiter l'exceptionnelle **chapelle romane** (adulte/enfant 2,50/1,50 € ; 9h-19h mi-juin à mi-sept), sur 3 niveaux (en comptant la crypte), ornée de fresques du XVe siècle et de bas-reliefs gothiques.

Arboretum Volčji Potok JARDINS

(☎ 01-831 23 45 ; www.arboretum-vp.si ; Volčji Potok 3 ; adulte/enfant/famille 8,50/6/21 € ; 8h-20h avr-août, horaires réduits sept-mars). Avec plus de 2 500 espèces d'arbres, d'arbustes et de fleurs du monde entier, cet arboretum de 80 ha à environ 6 km au sud de Kamnik est le plus grand et le plus beau jardin de Slovénie. Le printemps donne lieu à un festival de couleurs (en avril, les tulipes sont magnifiques).

Monastère franciscain MONASTÈRE

(Frančiškanski Samostan ; ☎ 01-831 80 37 ; franciskani-kamnik.rkc.si ; Frančiškanski trg 2 ; sur rdv). À l'ouest de Glavni trg, ce monastère franciscain abrite une bibliothèque riche de 10 000 manuscrits et incunables (dont un exemplaire original de la Bible traduite pour la première fois en slovène par Jurij Dalmatin en 1584). Le bâtiment voisine avec l'**église Saint-Jacques** (1695) dont la **chapelle du Saint-Sépulcre**, proche du maître-autel et évoquant la forme d'une tente, a été conçue par Jože Plečnik en 1952. Normalement, l'église et la chapelle ouvrent tous les jours.

Terme Snovik CENTRE THERMAL

(☎ 01-834 41 00 ; www.terme-snovik.si/en ; Snovik 7, Laze v Tuhinju ; forfait journalier adulte/enfant lun-ven 14/11 €, sam-dim et jours fériés 16/13 € ; piscines intérieures 9h-20h tte l'année, piscines extérieures juin-sept). Parc aquatique thermal ouvert toute l'année, avec piscines couvertes et découvertes au cœur de la verdoyante vallée de Tuhinj, à 10 km à l'est de Kamnik. La température de l'eau oscille entre 26°C à l'extérieur et 36°C à l'intérieur. Les toboggans réjouissent les enfants ; divers soins sont proposées.

Où se loger et se restaurer

Bien que limitée, l'offre d'hébergement comprend deux bonnes adresses : une auberge de jeunesse et Gostilna Repnik (p. 205).

Hostel Pod Skalo AUBERGE DE JEUNESSE €

(☎ 01-839 12 33 ; www.hostel-kamnik.si ; Maistrova ulica 32 ; dort/s/d/tr 19/36/60/84 € ; P). Le confortable dortoir, dont le plafond en bois abrite 10 lits, est d'un excellent rapport qualité/prix, et les 10 chambres avec salle de bains privative sont modernes et lumineuses. Le pub attenant propose une agréable terrasse, des concerts de temps à autre et la bière locale Mali Grad. À environ 500 m à l'est du centre, en face d'une piscine publique.

Picerija Napoli PIZZERIA €

(☎ 01-839 27 44 ; www.picerijanapoli.com ; Sadnikarjeva ulica 5 ; pizzas 7-9 € ; 11h-22h). Au sud de Mali Grad, cette accueillante pizzeria est une des rares tables du centre de Kamnik. Terrasse ombragée et service à emporter.

KRVAVEC – SKI ET DÎNER EN ALTITUDE

À 25 km au nord de Ljubljana, la **station de ski de Krvavec** (☎04-25 25 911 ; www.rtc-krvavec.si ; Cerklje ; forfait journalier adulte/enfant 33/18 € ; ⊙9h-19h) est l'un des domaines skiables les plus prisés du pays. Elle compte 30 km de pistes entre 1 450 et 1 971 m, et tout ce qui va avec : location de skis, écoles de ski et activités après-ski. On y accède par un téléphérique près du village de Cerklje na Gorenjskem.

En été, le téléphérique donne accès à quantité de sentiers pédestres et cyclables, et se transforme en restaurant une ou deux fois par mois : un menu de 3 plats est servi aux clients, qui montent et descendent la montagne dans leur propre cabine (2 à 4 convives par cabine ; 50 €/pers) durant 3 heures. Informations sur www.jezersek.si/en/events.

Gostilna Repnik SLOVÈNE €€
(☎01-839 12 93 ; www.gostilna-repnik.si ; Vrhpolje 186 ; plats 12-18 € ; ⊙10h-22h mar-ven, 12h-22h sam, 12h-15h dim ; P ❄ 📶). Avec pour marque de fabrique un service excellent et des produits frais régionaux, cette institution locale se double d'un hébergement haut de gamme (simples/doubles à partir de 55/90 €) : une raison de plus pour s'y attarder. Il n'y a généralement pas de carte, mais truite, jarret de veau ou encore délicieux desserts composent une offre à prix raisonnable et qui valorise la gastronomie slovène mais sait aussi la moderniser. À 1,5 km à l'est du centre-ville.

Les 9 chambres présentent une décoration à l'élégance rustique, et Peter, le maître de maison, vous fera part de ses excellents conseils d'initié pour voyager. Vélos à disposition gratuitement.

Renseignements

Centre d'information touristique (TIC ; ☎01-831 82 50 ; www.kamnik-tourism.si ; Glavni trg 2 ; ⊙9h-21h juil-août, 10h-18h lun-sam, 10h-14h dim sept-juin). Topoguides, location de vélos et un personnel serviable capable de vous aider à organiser le transport vers Velika Planina.

Depuis/vers Kamnik

La **gare routière** de Kamnik (en retrait de Maistrova ulica) est en plein centre.

Des bus (3,10 €, 50 min) partent de et pour Ljubljana 2 à 4 fois par heure (moins souvent le week-end).

En juillet et août, 4 bus quotidiens (3 le reste de l'année) gagnent Kamniška Bistrica en direction du nord en passant par la station de téléphérique pour Velika Planina (2,30 €, 20 min).

Kamnik est aussi reliée par train direct à Ljubljana (2,58 €, 40 min, jusqu'à 15 trains/jour).

Kamniška Bistrica et Velika Planina

☎01 / ALTITUDE 1 666 M

Velika Planina, que l'on pourrait traduire par "grand alpage", allie sublimes paysages de montagnes et tradition ; l'élevage et l'économie laitière n'ont guère changé dans ces pâturages depuis des centaines d'années. Le lieu attire aussi bien les promeneurs que les randonneurs chevronnés.

De Kamnik, prenez la route qui longe la rivière Kamniška Bistrica vers le nord sur 9,5 km pour atteindre la station inférieure du téléphérique pour Velika Planina.

En suivant la route sur 3 km de plus, on rejoint le hameau de Kamniška Bistrica, point de départ des sentiers de randonnée bien moins fréquentés des Alpes Kamniques.

À voir

Velika Planina MONTAGNE
(www.velikaplanina.si). Pour gagner le sommet, prenez d'abord le téléphérique, avec vue sur un panorama spectaculaire, puis le télésiège (15 minutes) ou continuez à pied. Une fois en haut, il n'y a pas grand-chose à faire hormis marcher dans les prairies et contempler les sommets enneigés alentour.

C'est à Velika Planina que les producteurs laitiers traditionnels font paître leurs troupeaux entre juin et septembre Les pâturages sont parsemés de quelque 60 **cabanes de bergers traditionnelles** (sans oublier la petite **église Notre-Dame-des-Neiges**), spécifiques à la région. Les cabanes d'origine du début du XXe siècle ayant été réduites en cendres par les Allemands lors de la Seconde Guerre mondiale, toutes celles que vous verrez sont des répliques, hormis la **cabane Preskar**

(Preskarjeva Bajta ; Velika Planina ; 2 € ; ⏲10h-16h), transformée en petit musée.

Petit restaurant à quelques pas de l'arrêt intermédiaire du télésiège, le **Zeleni Rob** (Velika Planina ; plats 5,50-8,50 € ; ⏲8h-16h lun-jeu, 8h-17h ven-dim) sert selon certains les meilleurs *štruklji* (chaussons au fromage) de Slovénie. En été, les bergers coiffés de grands chapeaux noirs vendent caillé et fromage blanc.

Kamniška Bistrica VALLÉE

À 12 km au nord de Kamnik, près de la source de la Kamniška Bistrica, la vallée éponyme mérite un crochet pour son cadre magnifique : sources cristallines, reliefs alpins, une chapelle, et un refuge où se loger et se restaurer. Kamniška Bistrica est le point de départ de randonnées prisées dans les Alpes Kamniques.

Parmi les marches les plus exigeantes figure l'ascension du **Grintovec** (2 558 m ; 9 heures aller-retour), point culminant du massif et destination réputée. Des randonnées plus courtes vont vers le nord-ouest jusqu'au **col Kokrsko** (Kokrsko Sedlo ; 1 793 m), et vers le nord jusqu'au **col Kamnique** (Kamniško Sedlo ; 1 876 m). Ces deux cols comportent des refuges ouverts en été. Renseignez-vous à l'office du tourisme, ou sur www.hiking-trail.net.

Où se loger

Kamp Alpe CAMPING €

(☎041 816 477 ; www.kamp-alpe.com ; Kamniška Bistrica 2 ; empl pers/tente/camping-car 9/6/8 €, cabane 40 € ; ⏲mai-sept ; P 📶). Ce camping ombragé des environs du téléphérique pour Velika Planina (à 9,5 km de Kamnik) dispose d'un petit café sur place et, pour ceux qui aspirent à un peu plus de confort que celui d'une tente, de jolies cabanes en bois pour deux.

Depuis/vers Kamniška Bistrica et Velika Planina

Trois bus quotidiens (quatre en été) relient Kamnik à Kamniška Bistrica via la station de téléphérique pour Velika Planina (2,30 €, 20 min) ; horaires sur www.kam-bus.si et à l'office du tourisme de Kamnik.

Un taxi entre la station de téléphérique et Kamnik coûte 10 €.

Le **téléphérique** pour Velika Planina (☎031 680 862 ; www.velikaplanina.si ; aller-retour adulte/enfant télésiège compris 15/11 €, téléphérique seul 13/9 € ; ⏲2/heure 8h30-18h juin-sept, 9h, 10h, 12h, 14h et 16h lun-jeu, ttes les heures 9h-17h ven-dim oct-mai) est plus fréquent en haute saison, de juin à septembre. D'octobre à mai, le télésiège est en service uniquement du vendredi au dimanche.

Vallée de la Haute Savinja

La magnifique vallée de la Haute Savinja (Zgornja Savinjska Dolina) est délimitée par des forêts et des hauts sommets alpins, et parsemée de vieilles églises et de fermes traditionnelles. On y trouve des activités pour tous les goûts – randonnée, VTT, escalade, pêche, kayak et baignades dans la Savinja.

Le bois de la vallée est exploité depuis le Moyen Âge. Des barges transportaient les rondins de Ljubno à Mozirje et Celje, et parfois jusqu'en Roumanie. Ce commerce fit la fortune de la vallée, comme le prouvent les nombreux bâtiments qui ont subsisté.

Logarska Dolina

☎03 / 110 HABITANTS / ALTITUDE JUSQU'À 1 250 M

Coincée entre des sommets escarpés enneigés, cette étroite vallée glaciaire (longue de 7,5 km pour seulement 500 m de large) est l'archétype du paysage alpin slovène. Prairies verdoyantes, collines boisées et majestueux panoramas de montagnes y drainent les randonneurs, les cyclistes et autres amateurs de plein air pendant les mois les plus chauds.

Cette "perle de la région alpine", déclarée parc naturel en 1987, est l'un des plus beaux coins du pays. Ses 2 400 ha abritent grottes, sources, sommets, pics rocheux, cascades, ainsi qu'une flore endémique (le sabot-de-Vénus, une orchidée) et une faune rare (aigles montagnards, faucons pèlerins...). Y passer la nuit pour se réveiller devant des panoramas à couper le souffle est une des grandes expériences d'un séjour en Slovénie.

À voir et à faire

L'office du tourisme (p. 208) organise des activités telles qu'alpinisme et escalade avec guide (25 €/heure), parapente (75 €) et canyoning (110 €). Il loue aussi des VTT (3/12 € par heure/jour), tout comme l'Hotel Plesnik (page ci-contre). La vallée abrite un **domaine skiable** (☎03-838 90 04 ; www.logarska-dolina.si ; forfait journalier adulte/enfant 10/7 €) très sommaire, avec 1 km de piste de descente et 13 km de parcours de fond, desservis par deux remonte-pentes.

Parc naturel de la Logarska Dolina PARC NATIONAL

(Krajinski Park Logarska Dolina ; www.logarska-dolina.si ; voiture/moto 7/5 € avr-oct, accès libre pour les piétons et cyclistes ; toute l'année). Cette vallée glaciaire, cachée entre les sommets grandioses des Alpes Kamniques, est un paradis pour amoureux de la nature et amateurs de randonnée et de vélo. Outre la route qui passe devant une chapelle et mène à travers bois jusqu'à la **cascade Rinka** (Slap Rinka), haute de 90 m et perchée à 1 100 m d'altitude, on dénombre quantité de sentiers et jusqu'à 20 autres cascades dans le secteur.

Le pied de la cascade Rinka est à 10 minutes de marche de l'endroit où la route de la vallée s'achève. L'ascension, sans grande difficulté mais parfois glissante, prend environ 20 minutes. Du sommet, on aperçoit trois pics à l'ouest qui dépassent les 2 250 m – Kranjska Rinka, Koroška Rinka et Štajerska Rinka. Jusqu'en 1918, ils formaient la triple frontière de la Carniole (Kranjska), de la Carinthie (Koroška) et de la Basse-Styrie (Štajerska). À l'office du tourisme, demandez la brochure *Trail around the Logar Valley*, qui propose une traversée de la vallée de 14 km en cinq heures environ.

En face du Dom Planincev, un sentier mène à la cascade de Sušica et à la grotte de Klemenča, qui culminent toutes deux à quelque 1 200 m.

Pravljični Gozd PARC DE LOISIRS

("Forêt des contes de fées" ; 031 249 441 ; Logarska Dolina 14 ; adulte/enfant 3,50/2,50 €, gratuit pour les hôtes de la Pension Na Razpotju ; 9h-18h). Dans une forêt de 2 ha, à côté de la Pension Na Razpotju, une série de sentiers emmène les enfants de tous âges à la découverte d'une trentaine de contes, slovènes et internationaux.

Matkov Kot RÉGION

Bien moins fréquentée que sa voisine, cette superbe vallée s'étend sur 6 km entre la Logarska Dolina et la frontière autrichienne. Pour y accéder, prenez la route vers l'ouest en quittant la Logarska Dolina.

Où se loger et se restaurer

Planšarija Logarski Kot CHALET €

(041 210 017 ; www.logarski-kot.si ; Logarska Dolina 15 ; dort/d sans sdb 20/44 € ; mai-oct ; P). Un refuge paisible près de la cascade Rinka, avec chambres basiques et bonne cuisine locale. Petit-déjeuner en supplément (adulte/enfant 7/4 €).

Ferme Lenar GÎTE RURAL €€

(03-838 90 06, 041 851 829 ; www.lenar.si ; Logarska Dolina 11 ; d/tr/qua 80/114/127 €, app 80-120 €, grenier à foin 12 €/pers ; P). Pour un séjour en pleine nature, quoi de mieux que cette ferme aux propriétaires serviables et aux douillettes chambres avec balcon. Le petit-déjeuner, riche en produits locaux, vous donne des forces pour la journée et, de retour de randonnée, vous pourrez vous détendre dans le jardin (avec aire de jeux pour enfants) en admirant les montagnes.

Pension Na Razpotju PENSION €€

(03-839 16 50, 031 249 441 ; www.logarska-na-razpotju.si ; Logarska Dolina 14 ; s/d 59/88 € ; P). Cette chaleureuse pension propose de vastes chambres colorées, toutes avec balcon, et un bar-restaurant. Les familles profitent d'une salle de jeu et d'une aire de jeux extrêmement bien équipées, ainsi que de l'exquise "Forêt des contes de fées" (Pravljični Gozd) – gratuite pour les pensionnaires –, juste à côté.

Hotel Plesnik HÔTEL €€

(03-839 23 00 ; www.plesnik.si ; Logarska Dolina 10 ; ch 81-91 € ; P @). Cet hôtel de 29 chambres à l'ambiance conviviale profite d'une magnifique situation au cœur de la vallée. Parmi ses nombreux atouts : piscine, sauna, soins ayurvédiques et un bon restaurant (8h-22h). Son annexe, le **Vila Palenk** (www.plesnik.si/en/vila-palenk ; s/d/f 50/90/150 €), compte 11 chambres confortables au décor alpin.

Herbal Glamping Resort Ljubno COMPLEXE HÔTELIER €€€

(051 611 777 ; www.charmingslovenia.com ; Tor 42, Ljubno ob Savinji ; tente 4 pers 320 € ; P). Luxe et intimité vont de pair dans ce complexe déclinant le concept du glamping (contraction de "glamour" et de "camping"), à 23 km au sud-est de la Logarska Dolina. Les 10 tentes-chalets, avec salle de bains, 2 lits doubles et Jacuzzi privatif à l'extérieur, sont disséminées autour de la jolie piscine et de sa terrasse en bois. Le jardin de plantes sert aux soins de beauté et de bien-être prodigués sur place.

Orlovo Gnezdo CAFÉ-PUB €

(Eyrie ; 070 847 639 ; Logarska Dolina ; plats 4-6 € ; 10h-18h). Dans la vallée même, le

"Nid d'aigle" est logé dans une haute tour en bois donnant sur les cascades ; on y accède par un escalier raide. Choix d'en-cas.

Renseignements

Center Rinka (☎ 03-839 07 10 ; www.solcavsko.info ; Solčava 29 ; ⏲ 8h-17h juil-août, 8h-15h sept-juin). À Solčava, à 4 km avant l'entrée de la vallée, ce centre polyvalent comprend un café, un espace d'exposition, une boutique de produits locaux et un comptoir d'information touristique.

Centre d'information touristique (TIC ; ☎ 051 626 380, 03-838 90 04 ; www.logarska-dolina.si ; Logarska Dolina 9 ; ⏲ 9h-17h juil-août, 9h-14h juin). Dans un petit kiosque en bois en face du parking de l'Hotel Plesnik.

Depuis/vers la Logarska Dolina

La Logarska Dolina n'est pas bien desservie par les transports publics.

Du premier week-end de juin au premier week-end de septembre, un bus circule entre Celje et la Logarska Dolina (7,20 €, 2 heures) tous les samedis et dimanches. Il quitte Celje à 7h10 et à 13h10 et repart de la Logarska Dolina à 10h et à 18h.

Certains hébergements de la vallée, comme la ferme Lenar, peuvent organiser le transport pour leurs clients depuis Gornji Grad, commune desservie par 5 bus quotidiens au départ de Ljubljana en semaine et un seul le week-end (6 €, 1 heure 45).

Comment circuler

L'office du tourisme et l'**Hotel Plesnik** louent des **vélos** (4/12 € par heure/jour). Le second propose également des **vélos électriques** (4/16 € par heure/jour).

Celje

☎ 03 / 38 000 HABITANTS / ALTITUDE 238 M

Avec son centre historique immémorial, sa fabuleuse architecture, ses formidables musées et son énorme château dominant le cours de la pittoresque Savinja, Celje (longtemps appelée Cilley en français) réunit tous les attraits d'une ville touristique. Elle reste pourtant souvent ignorée au profit de Maribor et de Ptuj.

La vieille ville compacte se situe au nord de la Savinja, bordée à l'ouest par le palais des Princes, à l'est par la voie ferrée. Celje compte deux places principales : Glavni trg, à l'extrémité sud de la piétonne Stanetova ulica, et Krekov trg, face à la gare ferroviaire.

Histoire

Entre le Ier et le Ve siècle, Celeia était la capitale administrative de la province romaine de Noricum. Elle prospéra au point de gagner le surnom de "Troia secunda" – la "deuxième Troie".

Elle connut son deuxième âge d'or à la moitié du XIVe siècle, lorsque les comtes de Celje prirent le contrôle de la région et la transformèrent en véritable État autonome. Ces comtes (qui devinrent ensuite ducs), représentant l'une des dynasties féodales les plus riches et puissantes d'Europe centrale, furent les derniers à contester le règne absolu des Habsbourg en territoire slovène, unissant une grande portion du pays derrière eux pendant un temps. Une partie de leur emblème – trois étoiles dorées formant un triangle renversé – figure sur le drapeau et le sceau slovènes.

Celje était plus allemande que slovène jusqu'à la fin de la Première Guerre mondiale, moment où le gouvernement passa pour la première fois aux mains locales.

À voir

Vieux château de Celje CHÂTEAU
(Stari Grad Celje ; ☎ 03-428 79 36, 03-544 36 90 ; www.grad-celje.com ; Cesta na Grad 78 ; adulte/enfant 4/1 € ; ⏲ 9h-21h juin-août, 9h-20h mai et sept, 9h-19h avr, 9h-18h mars et oct, 9h-17h fév-nov, 10h-16h déc-jan). Plus grande forteresse de Slovénie, ce château est perché sur un escarpement culminant à 407 m, à quelque 2 km au sud-est de la vieille ville. Pour le rallier depuis Cesta na Grad, il faut marcher environ une demi-heure le long d'un sentier. Le château fut construit au XIIIe siècle, avant de connaître nombre de transformations, notamment sous le règne des fameux comtes aux XIVe et XVe siècles. Une portion importante du château a subsisté et a fait l'objet de restaurations, en particulier la tour Frédéric (Friderikov Stolp), d'une hauteur de 23 m.

À partir du déclin de son importance stratégique au XVe siècle, la forteresse fut laissée à l'abandon, les propriétaires suivants utilisant ses blocs de pierre pour construire d'autres édifices, notamment le palais des Princes et l'ancien manoir des comtes. De ce fait, il n'y a pas grand-chose à voir à l'intérieur, mais des concerts et des événements sur le thème du Moyen Âge s'y tiennent à la belle saison.

Celje

Celje

À voir

- **1** Église abbatiale Saint-Daniel C4
- **2** Breg C5
- **3** Église Sainte-Cécile C5
- **4** Foyer de Celje D3
- **5** Musée régional de Celje B4
- **6** Tour de défense D3
- **7** Galerie d'art contemporain B3
- **8** Krekov trg D3
- **9** Palais des Princes B3
- **10** Celeia romaine C3
- **11** Temple d'Hercule C5
- **12** Château d'eau D4

Où se loger

- **13** Hotel Celeia D1
- **14** Hotel Evropa D3
- **15** MCC Hostel D2

Où se restaurer

- **16** Gostilna Oštirka C2
- **17** Stari Pisker C3

Où prendre un verre et faire la fête

- Kavarna Evropa .... (voir 14)
- **18** Kavarna Oaza C4
- **19** Miško Knjižko B3

Musée régional de Celje MUSÉE
(Pokrajinski Muzej Celje ; ☎03-428 09 50 ; www.pokmuz-ce.si/en ; Muzejski trg 1 ; adulte/enfant/famille avec palais des Princes 5/3/10 € ; ⏲10h-18h mar-dim mars-oct, 10h-16h mar-ven, 9h-13h sam nov-fév). L'"ancien manoir des comtes", magnifique bâtiment Renaissance, conserve une partie de la collection du musée régional. Au 1er niveau, une douzaine de salles montrent des intérieurs des périodes baroque à Sécession. Le plafond de Celje (Celjski Strop), dans la grande salle centrale, est la pièce maîtresse. Ce trompe-l'œil monumental présentant des colonnes et des tours, parmi lesquelles évoluent anges, gentilshommes et gentes dames est l'œuvre d'un peintre italien inconnu du XVIIe siècle.

Au rez-de-chaussée, on découvre une petite mais intéressante exposition sur Alma Karlin (1889-1950), voyageuse audacieuse du début du XXe siècle originaire de Celje. De 1919 à 1927, elle parcourut le monde en solitaire, visitant des lieux aussi variés que le Japon, la Nouvelle-Calédonie, la Nouvelle-Zélande et le Pérou, et apprenant neuf langues. Divers objets ethnographiques qu'elle rapporta de ses voyages sont exposés, accompagnés de photos et d'informations (en slovène ; le personnel vous remettra une brochure en anglais) sur sa vie extraordinaire.

De récentes fouilles dans la cave ont mis au jour les vestiges d'une villa romaine du Ier siècle, ornée de fresques aux couleurs vives – les seules fresques romaines parfaitement conservées découvertes en Slovénie. Les travaux de conservation, toujours en cours lors de notre dernière visite, devaient se terminer en 2019. Lorsqu'elles seront montrées au public, les fresques deviendront sans doute l'attraction phare du musée.

Palais des Princes MUSÉE
(Spodnji grad ; www.pokmuz-ce.si/en ; Trg Celjskih Knezov 8 ; adulte/enfant/famille avec Musée régional de Celje 5/3/10 € ; ⏲10h-18h mar-dim mars-oct, 10h-16h mar-ven, 9h-13h sam nov-fév). Cet ouvrage du XIVe siècle recèle dans ses caves une partie importante du Musée régional de Celje (p. 210). La "cité souterraine" comprend des vestiges du *decumanus maximus* (voie est-ouest principale) de la Celeia romaine, du IIIe siècle, de villas romaines, de remparts et de bâtiments médiévaux érigés au-dessus, ainsi que des statues exhumées, le tout complété de panneaux explicatifs détaillés. Au 1er niveau, des pièces du néolithique, de l'âge du bronze et de l'âge du fer sont magnifiquement présentées.

La moitié du premier niveau et tout le deuxième retracent (laconiquement) l'histoire des comtes de Celje. Dans une salle, 18 de leurs nobles crânes trônent dans des vitrines rétroéclairées.

Dans l'aile sud du bâtiment, la **Galerie d'art contemporain** (Galarija Sodobnih Umetnosti ; ☎03-426 51 60 ; ⏲11h-18h mar-sam, 14h-18h dim) GRATUIT accueille des expositions thématiques d'œuvres d'artistes locaux et étrangers.

Krekov trg PLACE
La place est dominée par la façade néogothique du **foyer de Celje** (Celjski Dom), édifice à tourelles bâti en 1907 comme centre communautaire des habitants germanophones. Au milieu de la place se dresse une statue de bronze de l'écrivaine-voyageuse Alma Karlin. Au sud, on aperçoit la **tour de défense** (Obrambni Stolp ; Razlagova ulica), du XVIe siècle, reliée à l'Hotel Evropa. Quelque 150 m plus loin se dresse le **château d'eau** (Vodni Stolp ; Razlagova ulica 19). Construit entre 1451 et 1473, il faisait jadis partie des murs de la ville et des remparts.

Celeia romaine RUINES
(Rimska Celeja ; Glavni trg 17 ; ⏲10h-19h lun-ven, 10h-17h sam-dim). En 2013, des archéologues ont mis au jour les vestiges de deux villas romaines de la fin du IIIe siècle, au sol en mosaïque, le long de la place principale. Les ruines sont aujourd'hui joliment présentées dans un bâtiment vitré, aux nombreux panneaux explicatifs, avec à l'arrière l'office du tourisme de Celje (p. 212).

Église abbatiale Saint-Daniel ÉGLISE
(Opatijska Cerkev Sv Danijela ; Slomškov trg). Cette église du début du XIVe siècle donne à voir de magnifiques fresques et pierres tombales. Sa **chapelle Notre-Dame-des-Douleurs** aux murs ouvragés, à gauche du chœur, dissimule un véritable trésor : une pietà en bois sculpté de 1415. Au même endroit, des caveaux contiennent des vestiges de fresques du début du XVe siècle et des sculptures des apôtres.

Breg QUARTIER
Sur la rive sud de la Savinja (au n°2, Breg), un escalier mène à l'**église Sainte-Cécile** (Kapucinska Cerkev Sv Cecilije). Les Allemands utilisèrent le monastère voisin (transformé

VAUT LE DÉTOUR

ŽALEK ET ŠEMPETER

À l'ouest de Celje, le paysage est constitué de vastes champs de houblons, jalonnés de perches où se développent ces plantes grimpantes et de treillis. Si vous aimez la bière, la petite ville de Žalec, à 10 km à l'ouest, mérite une excursion pour ses deux sites dédiés à la tradition houblonnière. En continuant sur 2 km vers l'ouest jusqu'à la ville de Šempeter, quelconque, on peut découvrir un site romain et une grotte à proximité.

Ecomusée de la Culture houblonnière (Eko Muzej Hmeljarstva ; ☎03-710 04 34 ; www.ekomuzej-hmelj.si ; Cesta Žalskega tabora 2, Žalec ; adulte/enfant 4/3 € ; ⏲9h-18h mar-dim). Ce musée dédié à l'histoire de la culture houblonnière locale occupe un ancien séchoir à houblon de Žalec. Avant que la technologie n'allège quelque peu la charge agricole, quelque 30 000 cueilleurs affluaient en ville pendant la saison des récoltes, et la dureté de leur travail est ici mise en avant. L'aimable personnel vous guidera à travers le musée, vous expliquant l'histoire et les processus de la culture du houblon. Un remarquable documentaire en noir et blanc montre Žalec au milieu du XXᵉ siècle.

Fontaine de l'or vert (Fontana Piv Zeleno Zlato ; www.beerfountain.eu ; Savinjska cesta 11, Žalec ; dégustations 8 € ; ⏲10h-23h lun-sam, 10h-22h dim juin-août, 10h-21h lun-sam, 10h-20h dim avr-mai et sept-oct). Si la plupart des villes ont une fontaine à eau, Žalec a mieux que ça : la première fontaine à bière du monde. Son nectar ambre n'est néanmoins pas gratuit. Achetez un verre à puce au kiosque à côté de la fontaine ou au **centre d'information touristique de Žalec** (☎03-710 04 34 ; www.turizem-zalec.si ; Šlandrov trg 25, Žalec ; ⏲9h-18h lun-ven, 9h-12h sam-dim) et vous pourrez faire 6 dégustations. L'offre comprend la ale maltée Svarun de la microbrasserie Lobik, la lager Šlagerica de Mali Grad et la bière légèrement amère Loko Loko.

Nécropole romaine de Šempeter (Rimska Nekropola ; ☎031 645 937, 03-700 20 56 ; www.td-sempeter.si ; Ob Rimski Nekropoli 2, Šempeter ; adulte/enfant 5/4 € ; ⏲10h-17h mai-sept, 10h-15h avr, 10h-16h sam-dim oct). Cette nécropole romaines est constituée de quatre tombes de romains et de dizaines de colonnes, de stèles et de fragments sculptés figurant des portraits, des créatures mythologiques et des scènes de la vie quotidienne. Si le site est d'une valeur archéologique indéniable, il n'intéressera probablement que les véritables passionnés d'histoire.

Grotte Pekel (Pekel Jama ; ☎03-570 21 38, 035 702 138 ; adulte/enfant 8/5 € ; ⏲parcours ttes les heures 10h-18h juin-sept, 10h, 12h et 16h avr et mai). La "grotte de l'Enfer" se trouve à 4 km au nord de la nécropole. Des parcours de 1 heure conduisent sur 1 200 m de la partie humide à la partie sèche du site, via une cascade de 4 m de haut, la salle du Silence à l'acoustique parfaite, et la salle des Rêves, hérissée de stalactites et de stalagmites en forme de serpents, pigeons, choux-fleurs et grenouilles. Prévoyez une petite laine et de bonnes chaussures car il ne fait que 10°C et le sol est très glissant.

aujourd'hui en appartements) comme prison durant la Seconde Guerre mondiale. Entre l'église et le parc municipal se dresse le peu qui reste du **temple d'Hercule** (Heraklejev Tempelj ; Maistrova ulica), un édifice romain du IIᵉ siècle. Plus au sud, gravissez la **colline de Nicolas** (Miklavški Hrib), haute de 396 m et dominée par l'**église Saint-Nicolas** (Cerkev Sv Miklavža), les vues sur la vieille ville et le château.

Activités

L'office du tourisme de Celje (p. 212) distribue des brochures recensant des **marches** et **randonnées** d'un à plusieurs jours dans la campagne environnante. Un parcours facile conduit vers le sud-est au **mont Tovst** (834 m) et au pittoresque village de Svetina via le **Celjska Koča** (☎059 070 400, 041 718 274 ; www.celjska-koca.si ; Pečovnik 31 ; d/q/f 80/110/120 € ;), un refuge (650 m) transformé en agréable trois-étoiles moderne jouxtant une piste de ski. Demandez à l'office du tourisme le *Dežela Celjska: Vodnik za Pohodnike* (Terre de Celje : guide pour randonneurs) ou *Dežela Celjska: Turistična Karta za Kolesarje in Pohodnike* (Terre de Celje : carte touristique pour cyclistes et randonneurs), qui détaille une quarantaine d'itinéraires dans le secteur.

Où se loger

MCC Hostel AUBERGE DE JEUNESSE €
(03-490 87 42, 040 756 009 ; www.hostel-celje.com ; Mariborksa cesta 2 ; dort/s/d 16/22/44 € ;). Une vraie merveille, avec son personnel dynamique, son grand café-bar avec bière artisanale et bon café, et ses événements réguliers. À travers leur déco signée d'artistes locaux, les impeccables dortoirs et petites chambres avec douche (toilettes communes) racontent chacun et chacune un épisode de l'histoire de Celje.

Hotel Celeia HÔTEL €€
(03-426 97 00 ; www.hotel-celeia.si ; Mariborska cesta 3 ; s 46-67 €, d 68-90 €, ste 98-120 € ;). Le thème "pop art" du Celeia se décline dans les parties communes avec des portraits d'Elvis, de Marilyn et d'Obama dans le style Warhol, mais ne passe pas le seuil des chambres, plutôt fades. Les simples en particulier auraient besoin d'une rénovation. Si vous avez le sommeil léger, évitez les chambres donnant sur la rue, très passante.

Hotel Evropa HÔTEL HISTORIQUE €€€
(03-426 90 00 ; www.hotel-evropa.si ; Krekov trg 4 ; s 87-129 €, d 99-149 € ;). L'un des plus anciens hôtels de Slovénie, en activité depuis 1873. Il a gardé un certain cachet, sauf dans les chambres, modernes et confortables mais dépourvues de caractère. Entrée par Razlagova ulica.

Où se restaurer

Stari Pisker HAMBURGERS €
(03-544 24 80 ; Savinova ulica 9 ; plats 7-13 € ; 10h-22h lun-jeu, 10h-minuit ven-sam ;). Ce pub-restaurant accompagne ses burgers gastronomiques de beignets d'oignon, mais aussi de bonnes frites. Nous apprécions le "umami", avec tomates séchées et tuiles de parmesan. Côté boissons, bière artisanale et vaste carte des vins.

Gostilna Kmetec SLOVÈNE €€
(03-544 25 55, 041 333 831 ; www.tlacan.si ; Zagrad 140a ; plats 8,50-25 € ; 12h-22h mer-ven, 10h-22h sam, 10h-18h dim). Cette *gostilna* (auberge) perchée dans les collines en face du vieux château figure parmi nos préférées en Slovénie. La carte met la viande à l'honneur (chevreuil, sanglier, bœuf cuits au foin), mais le soufflé crémeux au potiron (4,60 €) est aussi un régal.

Gostilna Oštirka BISTRO €€
(Linhartiova ulica 6 ; plats 7,50-19,50 € ; 6h-22h lun-jeu, 6h-23h ven-sam ;). Ce restaurant vitré, en face du marché, allie cadre chic décontracté et service charmant. Sur la carte, les petites assiettes prennent le pas sur les plats principaux : les soupes sont exquises (nous avons pris une soupe avec ail sauvage, micro-végétaux, mousse de lait et raviolis aux crevettes), et le risotto et les gnocchis maison sont riches en herbes aromatiques.

Où prendre un verre et faire la fête

Kavarna Oaza CAFÉ
(Glavni trg 13 ; 7h-22h lun-jeu et dim, 7h-minuit ven-sam ;). Une excellente situation, un personnel aux petits soins et une longue carte des boissons. La salle est élégante et contemporaine, mais, en été, préférez une table sur Glavni trg.

Miško Knjižko CAFÉ
(031 377 480, 03-426 17 52 ; www.ce.sik.si ; Muzejski trg 1a ; 7h-22h30 lun-sam, 8h-21h dim). À hauteur de la passerelle sur la Savinja, le joli café moderne de la bibliothèque centrale de Celje invite à une pause-café, à accompagner d'une douceur (gâteau 2-3,50 €), au bord de l'eau.

Kavarna Evropa CAFÉ
(03-426 96 07 ; Krekov trg 4 ; 7h-23h lun-jeu, 11h-minuit ven-sam, 8h-22h dim). Dans l'Hotel Evropa, ce bistrot "vieille Europe" tout en lustres, boiseries sombres et moulures dorées offre aux habitants de Celje un lieu de choix où se rencontrer autour de bons gâteaux et de boissons. Les tables débordent sur la place pendant les mois les plus chauds.

Renseignements

ARGENT

Abanka (Aškičeva ulica 10 ; 8h-17h lun-ven, 8h-11h sam). Banque.

Banka Celje (Vodnikova ulica 2 ; 8h30-11h30 et 14h-17h lun-ven). Banque logée dans un bâtiment conçu par Jože Plečnik en 1930.

INFORMATIONS TOURISTIQUES

Centre d'information touristique de Celje (TIC ; 03-428 79 36 ; www.celje.si ; Glavni trg 17 ; 10h-19h lun-ven, 10h-17h sam-dim). Le personnel de l'office du tourisme à l'emplacement le plus original de Slovénie selon nous – dans un bureau vitré à l'arrière et au-dessus des ruines de la villa romaine de Glavni trg – est une mine d'informations et distribue gratuitement des plans de la ville. Une antenne de l'office du tourisme à l'entrée du **vieux château** (p. 208) suit les mêmes horaires que celui-ci et loue des vélos (3/5 € pour 3/6 heures, 10 €/jour).

POSTE

Poste (Krekov trg 9 ; ⌚8h-18h lun-ven, 8h-12h sam)

Depuis/vers Celje

BUS

La gare routière principale (dans Aškičeva ulica) se situe à 300 m au nord de la gare ferroviaire, en face de l'immense centre commercial Celeia. Les **bus locaux** (Ulica XIV Divizije) pour Šempeter et Žalec s'arrêtent aussi au sud de la gare ferroviaire.

Horaires de bus à jour sur www.izletnik.si.

Bus au départ de Celje

Ljubljana (7,50 €, 1 heure 45, 8 lun-ven, 2-5 sam-dim)

Maribor (6,30 €, 1 heure 45, 6 lun-ven)

Mozirje (4,10 €, 45 min au moins ttes les heures lun-ven, 3 sam-dim)

Podčetrtek (4,70 €, 1 heure, 4-6 lun-sam, 1 dim)

Rogaška Slatina (4,10 €, 1 heure, 13 lun-ven, 3-4 sam-dim)

Rogatec (5,20 €, 1 heure 15, 13 lun-ven, 3-4 sam-dim)

Šempeter (2,60 €, 15 min, fréquents lun-ven, 3-6 sam-dim)

Žalec (1,80 €, 15 min, fréquents lun-sam, 8 dim)

TRAIN

En plus d'avoir de bonnes liaisons ferroviaires avec Ljubljana, Celje se trouve sur la ligne qui relie Zidani Most (correspondances depuis/vers Ljubljana et Zagreb) à Maribor et aux villes autrichiennes de Graz et Vienne. Une troisième ligne relie Celje à Zabok, en Croatie, via Rogaška Slatina et Rogatec.

Trains au départ de Celje

Ljubljana (7-12,30 €, 1 heure 30, 12 directs/jour)

Maribor (5,80-10,50 €, 1 heure, au moins ttes les heures lun-ven, services réduits sam-dim)

Podčetrtek (3,45 €, 45 min, 3 directs lun-sam, 1 dim)

Ptuj (7,60-10,50 €, 1 heure, 3 directs lun-ven, 2 sam-dim)

Rogaška Slatina (3,45 €, 45 min, 7 directs lun-ven, 2 sam-dim)

Rogatec (4,30 €, 1 heure, 7 directs lun-ven, 2 sam-dim)

Šempeter (1,85 €, 15 min, 12 lun-ven, 4 sam)

Žalec (1,30 €, 15 min, 12 lun-ven, 4 sam)

RÉGION DU KOZJANSKO

Le Kozjansko est une région isolée qui borde la façade est des montagnes du Posavje et le cours de la Sotla, longue de 90 km, qui dessine en partie la frontière orientale slovène avec la Croatie. Cette zone de forêts, de collines vallonnées, de vignes et de fermes éparses abrite également l'un des trois parcs régionaux de Slovénie. Importante région thermale, elle compte aussi des châteaux. On peut y faire du vélo et de la randonnée et y déguster un excellent vin.

Podčetrtek

☎03 / 530 HABITANTS / ALTITUDE 212 M

On vient majoritairement à Podčetrtek pour profiter des eaux des Terme Olimia. Le village, perché sur une petite butte de terre qui s'étend jusqu'en Croatie, est dominé par les vestiges d'un château du XIe siècle et des fortifications qui ont joué un rôle important durant les guerres contre les Hongrois 300 ans plus tard.

Le nom du bourg, à première vue imprononçable (prononcé pod-*che*-ter-tek), vient du mot slovène "četrtek" (jeudi) – jour du marché et de la session du tribunal régional.

À voir

Château de Podčetrtek CHÂTEAU

(Grad Podčetrtek ; Cesta na Grad). Perché à 355 m au nord-ouest de la ville, l'énorme château de Podčetrtek date du XIIIe siècle. Il fut complété par une annexe de style Renaissance vers 1550, puis rénové dans le style baroque au XVIIIe siècle. Il fut sévèrement endommagé par un tremblement de terre en 1974.

La forteresse est fermée au public mais offre une belle vue. Pour y accéder, remontez Trška cesta à pied en direction du nord puis prenez Cesta na Grad vers l'ouest sur environ 1,5 km.

Monastère franciscain d'Olimje MONASTÈRE

(Minoritski Samostan Olimje ; ☎03-582 91 61 ; www.olimje.net ; Olimje 82 ; pharmacie adulte/enfant 1/0,50 € ; ⌚8h-19h). Le monastère des frères mineurs (franciscains) d'Olimje, à 3 km au sud-ouest de Podčetrtek, occupe un château du XIe siècle, qui fut agrandi et adopta un style Renaissance en 1550, avant de devenir un couvent paulinien en 1663. Le plafond du presbytère de l'**église de l'Assomption** est orné de peintures du

Podčetrtek

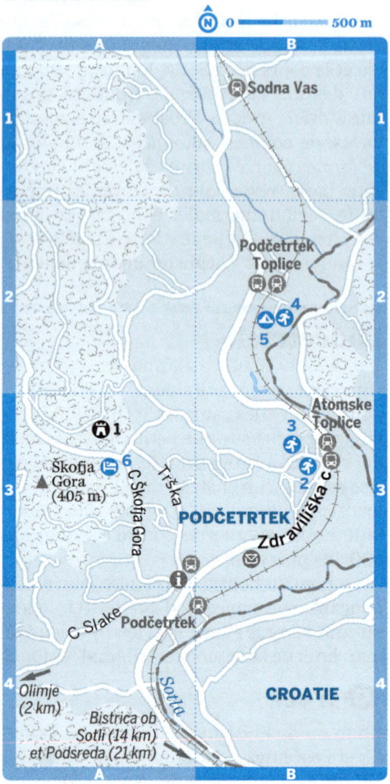

Podčetrtek

À voir

1 Château de Podčetrtek A3

Activités

2 Termalija B3
3 Terme Olimia B3
4 Thermal Park Aqualuna B2

Où se loger

5 Kamp Natura B2
6 Ortenia Apartments in Nature A3

XVIIe siècle et l'on y trouve l'un des plus grands autels baroques du pays, ainsi que la **chapelle Saint-François-Xavier**, incroyablement ouvragée.

Le rez-de-chaussée de la tour d'angle à gauche de l'entrée principale renferme le joyau du lieu : une **pharmacie** du XVIIe siècle, décorée de peintures à caractère religieux ou médical.

Terre des contes de fées et d'imagination PARC

(Koča Pri Čarovnici ; ☎031 309 103 ; www.carovnica.si ; Olimje 104 ; adulte/enfant 3/2 € ; ⏲10h-18h ; 👪). À 1,5 km en amont du monastère, un ancien directeur d'école a créé ce petit train qui traverse la forêt en passant devant des dizaines de personnages de contes en matériaux recyclés. Il y a aussi un petit musée sur la vie locale au début du XXe siècle et une salle remplie de souvenirs du monde entier. Une charmante distraction pour les familles.

Activités

La région offre certaines des plus belles balades à pied et à vélo du pays. La carte gratuite *Občina Podčetrtek Sprehajalne Poti* (sentiers pédestres de la municipalité de Podčetrtek) recense plusieurs randonnées pédestres le long de sentiers balisés. Pour les cyclistes sur route et les vététistes, la carte *Obsotelje in Kozjansko* (1/50 000 ; p. 216) décrit 10 itinéraires de difficulté variable.

Terme Olimia CENTRE THERMAL

(☎03-829 70 00 ; www.terme-olimia.com ; Zdraviliška cesta 24 ; 👪). À 1,2 km au nord-est du centre de Podčetrtek, ce vaste établissement thermal a des eaux entre 28 et 35°C, riches en magnésium et en calcium. L'accent est cependant plutôt mis sur l'aspect récréatif.

Le **complexe Termalija** (☎03-829 78 05 ; forfait journalier adulte/enfant lun-ven 13/8,50 €, sam-dim 15/10 € ; ⏲8h-22h dim-jeu, 8h-minuit ven-sam ; 👪), de 2 000 m², comprend plusieurs saunas et des piscines intérieures et extérieures avec geysers, jets d'eau et toboggan.

En été, le parc aquatique en extérieur **Thermal Park Aqualuna** (Zdraviliška cesta 9 ; forfait journalier adulte/enfant lun-ven 12/9,50 €, sam-dim 15/11,50 € ; ⏲10h-19h lun-ven, 9h-19h sam-dim juin-sept ; 👪), près de Kamp Natura, comble les familles avec ses 3 000 m² de piscines d'eau thermale. Les enfants profitent d'innombrables toboggans, d'une piscine à vagues et d'un parcours aventure, et les tout-petits de leur propre piscine peu profonde avec toboggan.

Le centre thermal compte deux hôtels, un ensemble d'appartements et un village touristique. Deux centres de bien être, le **Spa Armonia** de l'Hotel Sotelia et le luxueux **Orchidelia**, complètent les installations.

HORS DES SENTIERS BATTUS

PARC RÉGIONAL DE KOZJANSKO

Réserve de biosphère de l'Unesco, le **parc de Kozjanski** (Kozjanski Park ; ☎03-800 71 00 ; www.kozjanski-park.si ; Podsreda 45 ; ⏲ centre d'accueil des visiteurs 8h-16h lun-ven), d'une superficie de 206,5 km², s'étend le long du cours de la Sotla, depuis Bizeljsko, au sud, jusqu'à Podčetrtek, au nord. Ses forêts et prairies recèlent une flore et une faune abondantes, en particulier des papillons, des reptiles et des oiseaux tels que râles des genêts et cigognes.

Il existe plusieurs sentiers, dont le **chemin de Podsreda** (Pešpot Podsreda), une boucle de 32 km, qui mène au **château** du même nom (Grad Podsreda ; ☎03-580 61 18 ; www.kozjanski-park.si ; Podsreda ; tarif plein/enfant/famille 4/2,50/10 € ; ⏲10h-18h mar-dim avr-oct), très bien conservé. Sise au milieu des collines, cette forteresse de style roman est parmi les mieux préservées du pays. Restaurée en 2015, elle n'a quasi pas changé depuis sa construction au milieu du XIIe siècle.

Les ailes du château, rehaussées de poutres apparentes et de lustres anciens, donnent à voir une collection de verrerie (cristal de Rogaška Slatina, fioles de la pharmacie d'Olimje, verre du Pohorje). Une superbe salle lambrissée accueille £des concerts de musique classique et des mariages. Juste à côté, on peut admirer un ensemble de gravures des châteaux et monastères de Basse-Styrie, extrait du *Topographii Ducatus Stiria* (1681) de Georg Mattäus Vischer (1628-1696).

Où se loger

En dehors du camping, la région est surtout orientée haut de gamme. Le complexe Terme Olimia offre le plus grand choix d'hôtels. Pour les petits et moyens budgets, l'office du tourisme (p. 216) a une liste de familles qui louent des chambres (à partir de 20 €/pers) à Podčetrtek et dans ses environs.

Kamp Natura CAMPING €
(☎03-829 78 33 ; www.terme-olimia.com ; Zdraviliška cesta ; empl avec accès aux bassins 16,50-21 €/pers ; ⏲ mi-avr à mi-oct ; P 📶). Géré par les Terme Olimia, ce camping à 1 km au nord de l'ensemble thermal, au bord de la Sotla, comporte 200 emplacements et des maisons de vacances répartis sur 1 ha. Il n'a cependant rien d'exceptionnel, hormis sa situation près de la frontière croate.

♥ **Jelenov Greben** GÎTE RURAL €€
(☎03-582 90 46 ; www.jelenov-greben.si ; Olimje 90 ; s/d 59-108 €, app pour 4 pers 100 € ; P 📶 🏊). Une centaine de cerfs errent librement sur les 6 ha de cette ferme en activité, sur une crête à 500 m au sud d'Olimje, à Ježovnik. Sont proposés 15 chambres et appartements confortables (certains avec balcon), un restaurant prisé, une superbe cave à vins, un spa avec sauna et une boutique de produits de la ferme.

Ortenia Apartments in Nature HÔTEL DESIGN €€€
(Ortenia Apartmajo v Naravi ; ☎040 373 331 ; www.ortenia.com ; Škofja Gora 36 ; app 198 € ; P ❄ 📶 🏊). 🍃 Cet hôtel comprend 6 appartements de luxe avec cuisine dans 3 unités ultramodernes dont les immenses baies vitrées regardent le château. Construit entièrement en matériaux naturels, il fait la part belle à la pierre et au bois. Sauna, piscine et petit-déjeuner livré dans un panier.

Où se restaurer

Gotišče Jelenov Greben SLOVÈNE €
(☎03-582 90 46 ; Olimje 90 ; plats 8-16 € ; ⏲7h-22h lun-ven, 7h-23h sam-dim ; 📶). Le restaurant rustique de la ferme "Le Bois du Cerf" est réputé pour son gibier, mais aussi pour ses plats à base de champignons sauvages et ses desserts préparés dans sa propre pâtisserie. Le menu déjeuner coûte la modique somme de 12 € (20 € avec du chevreuil).

Achats

Olimje Chocolatier CHOCOLAT
(Čokoladnica Olimje ; ☎03-810 90 36 ; www.cokoladnica-olimje.si ; Olimje 61 ; ⏲9h-19h lun-ven, 10h-19h sam-dim). Cette fabrique indépendante produit les chocolats les plus célèbres de Slovénie et sa boutique en propose toute l'alléchante gamme. À côté du monastère des frères mineurs d'Olimje.

Renseignements

Banka Celje (Zdraviliška cesta 27c ; 8h30-11h30 et 14h-17h lun-ven). Banque, dans la galerie commerciale, entre le centre-ville et le complexe thermal.

Centre d'information touristique de Podčetrtek (TIC ; 03-810 90 13 ; www.turizem-podcetrtek.si ; Cesta Škofja Gora 1 ; 8h-15h lun-ven, 8h-12h sam, 9h-12h dim avr-sept, fermé dim oct-mars). Sur le carrefour central.

Poste (Zdraviliška cesta 27c ; 8h-9h30 et 10h-17h lun-ven, 8h-12h sam). À 200 m environ au nord du centre-ville et à côté de la Banka Celje.

Depuis/vers Podčetrtek

BUS

Le centre de Podčetrtek se situe au croisement de quatre routes. Tous les bus s'arrêtent à ce carrefour ainsi qu'au complexe thermal et au camping. Du lundi au samedi, quatre à six bus quotidiens font halte à Podčetrtek et aux Terme Olimia sur le trajet entre Celje (4,70 €, 1 heure) et Bistrica ob Sotli (2,30 €, 20 minutes), et vice versa. Le dimanche, il n'y a généralement qu'un seul bus.

TRAIN

Sur la ligne ferroviaire reliant Celje (via Stranje) à Imeno, le village possède trois gares : Podčetrtek (centre et château), Atomske Toplice (Terme Olimia et hôtels-spa) et Podčetrtek Toplice (camping). Quatre à six trains quotidiens à destination de Celje partent de la gare principale de Podčetrtek (3,45 €, 50 minutes) du lundi au samedi.

Le samedi en mai, juin et septembre, un train historique circule entre Celje et Podčetrtek (10 €, 1 heure, 2 services aller et retour).

Rogaška Slatina

03 / 4 950 HABITANTS / ALTITUDE 227 M

Rogaška Slatina est la plus grande et la plus ancienne ville thermale de Slovénie, passant parfois pour une véritable "usine à cures". La plupart des visiteurs y suivent les soins médicaux et thérapies du renommé centre médical de Rogaška. D'autres, souvent plus âgés, viennent dans cette région nichée au milieu de forêts au pied des monts de Macelj pour randonner, à pied ou à vélo.

Déjà connue au temps des Romains, la source thermale locale se fit un nom en 1572, lorsque le gouverneur de Styrie vint profiter de ses eaux sur les conseils de son médecin. Un siècle plus tard, les visiteurs se mirent à affluer et, vers le début du XIXe siècle, la réputation de station thermale de Rogaška Slatina était bien établie.

Les thermes, des bâtiments de style néoclassique et Sécession, ainsi que d'autres conçus par Plečnik, constituent le cœur de la ville. Ils entourent un long jardin paysager baptisé Zdraviliški trg (place de la Santé).

À voir

Anin Dvor MUSÉE

(Manoir d'Ana ; 03-620 26 51 ; www.rogaska-tourism.com ; Cvetlična hrib 1a ; adulte/enfant/famille 5/3,50/10 € ; 9h-17h mar-dim). Ce musée aussi ambitieux qu'étrange comporte plusieurs parties distinctes, dont une installation d'art aquatique, une collection d'écorces d'arbre, une petite exposition sur l'importante industrie du verre de Rogaška (avec peu d'explications), une collection de belles gravures de Rogaşka Slatina, offerte à la ville par le collectionneur suisse Kurt Müller, et une exposition plutôt excentrique de lettres et de souvenirs du royaume de Yougoslavie, complétée d'autographes, le tout rassemblé par un seul homme.

Verrerie de Rogaška USINE

(Steklarska Rogaška ; 03-818 20 27 ; www.rogaska-crystal.com ; Ulica Talcev 1 ; 9h-13h lun-ven). Rogaška Slatina est aussi réputée pour son cristal que pour son eau minérale. Une visite guidée de la verrerie de la ville permet d'assister à sa production, du soufflage à la décoration. Son magasin commercialise un vaste choix d'objets en cristal au plomb. À 2 km au sud-est du centre-ville.

Activités

Sources chaudes et établissement thermaux

Vis Vita Spa SPA

(03-811 24 70 ; www.rogaska-resort.com ; Zdraviliški trg 11 ; forfait journalier piscine et sauna 20 € ; 8h-21h). Le spa du Grand Rogaška Hotel est spécialisé en bains minéraux (25 €), massages thérapeutiques et relaxants, et enveloppements corporels (à partir de 39 €). Sont aussi disponibles divers soins de beauté (soins du visage, des pieds, etc.), une piscine intérieure de 15 m de long à 31°C et quatre saunas.

Pivnica SANTÉ ET BIEN-ÊTRE

(Zdraviliški trg ; un verre 3 €, forfait 3/5 jours 20/30 € ; 7h-13h et 15h-19h lun-sam, 7h-13h

Rogaška Slatina

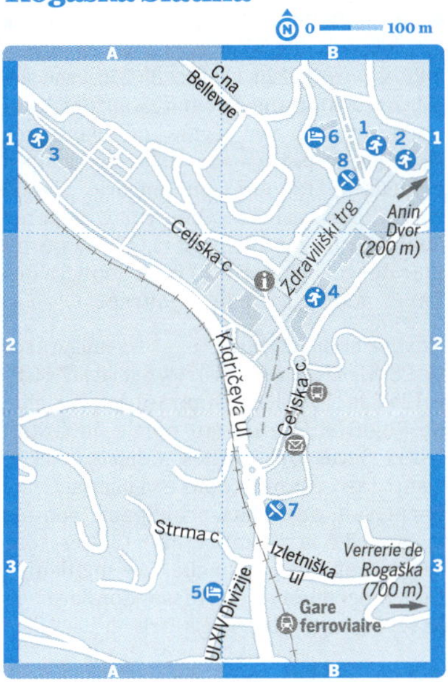

Rogaška Slatina

Activités
1 Pivnica B1
2 Centre médical de Rogaška B1
3 Rogaška Riviera A1
4 Vis Vita Spa B2

Où se loger
5 Apartman Ina A3
6 Grand Hotel Sava B1

Où se restaurer
7 Gostilna Bohor B3
8 Restavracija Kaiser B1

et 16h-19h dim). Rogaška Slatina est surtout connue pour son eau minérale (appelée Donat Mg) et dans ce bâtiment rond et vitré, on peut directement la boire à la source. L'eau Donat Mg est la plus riche en magnésium du monde. On dit qu'une cure à base de cette eau au goût salé et légèrement métallique facilite la digestion, soulage la constipation et réduit la tension artérielle et la glycémie.

Entrez par le centre médical de Rogaška.

Centre médical de Rogaška SANTÉ ET BIEN-ÊTRE
(☎ 03-811 70 15 ; www.rogaska-medical.com ; Zdraviliški trg 9 ; ⏲7h-20h lun-ven, 8h-12h et 16h-20h sam-dim). On vient surtout à Rogaška Slatina pour suivre les traitements et thérapies de ce centre médical, avec unités spécialisées en physiothérapie, gastro-entérologie et cardiologie, mais aussi pour des soins de spa. Sont proposés soins du visage (à partir de 35 €), enveloppements corporels aux algues (48 €), bains minéraux (25 €) et divers massages, notamment thérapeutique (41 €) et ayurvédique (67 €).

Rogaška Riviera CENTRE THERMAL
(☎ 03-818 19 50 ; Celjska cesta 5 ; forfait journalier adulte/enfant lun-ven 11/7 €, sam-dim 13/9 € ; ⏲9h-20h avr-oct, piscines extérieures mi-juin à mi-sept). Le complexe thermal principal de Rogaşka Slatina comprend une piscine intérieure de 34 m de long reliée à une piscine extérieure de 26 m de long, avec une température de l'eau atteignant 31°C, et deux bains à remous à 35°C. Deux autres piscines extérieures sont ouvertes au milieu de l'été. Notez qu'il n'y a ni café, ni installation aquatique pour les enfants.

Randonnée

Les sentiers qui sillonnent les collines et prairies environnantes figurent dans la brochure gratuite *Rogaška Slatina & the Surrounding Area*, disponible à l'office du tourisme. L'un des sentiers, long de 15 km, monte à l'**église Saint-Florian** et rejoint Ložno, d'où l'on peut encore parcourir 4 km jusqu'à **Donačka Gora**, une colline de 1 374 m à l'est de Rogatec. Au retour, descendez jusqu'à Rogatec (2 heures) pour prendre un bus ou un train.

Pour rejoindre à pied **Boč** (979 m), au nord-ouest de Rogaška Slatina et au cœur du **parc de Boč** (Krajinski Park Boč ; www.boc.si), d'une superficie de 886 ha, comptez cinq heures environ. On peut néanmoins rallier **Dom na Boču** en voiture. À 2 km au sud du sommet et à 658 m d'altitude, ce refuge offre 47 couchages répartis dans 15 chambres.

Où se loger

L'offre est dominée par les grands hôtels-spas, mais les appartements de vacances, moins chers, connaissent un succès croissant. L'office du tourisme tient une liste de chambres chez l'habitant (16-20 €/pers) et d'appartements (à partir de 80 €).

Apartman Ina APPARTEMENTS €
(☎ 041 604 522 ; www.apartman-ina.com ; Ulica XIV Divizije 6 ; app s/d/tr/qua à partir de 28/37/

46/55 € ; P ❄ 📶). Des appartements de très bon rapport qualité/prix à proximité des centres thermaux, gérés par une famille du coin. Ils comprennent tous une cuisine bien équipée, un salon confortable avec immense TV sat et une chambre séparée. Le plus grand, pour six personnes, possède un lit en mezzanine.

Eco Vila Mila PENSION €€
(☎03-166 18 00 ; www.ecovila-mila.si ; Kamence 19 ; s/d/tr 37/52/72 € ; 📶). Cette villa moderne, à 5 km au sud de Rogaška Slatina, possède à l'étage 6 chambres claires et épurées avec mobilier en pin et balcon. Toutes peuvent être aménagées pour une famille de 4 personnes et une chambre est adaptée aux fauteuils roulants. Le restaurant est apprécié pour sa cuisine simple et ses prix raisonnables.

Grand Hotel Sava HÔTEL-SPA €€€
(☎03-811 40 00 ; www.rogaska.si ; Zdraviliški trg 6 ; demi-pension Sana s 120-185 €, d 180-250 €, Zagreb s/d 110/180 € ; P ❄ 📶 🏊). Les chambres "supérieures" occupent l'aile Sava, les plus anciennes l'aile Zagreb. Si les premières, dans les tons beige-pêche et avec vue verdoyante du balcon, comptent parmi les chambres les plus belles et les plus confortables de la ville, les secondes auraient bien besoin d'être rafraîchies.

Où se restaurer

Gostilna Bohor SLOVÈNE €
(☎03-581 41 00 ; Kidričeva ulica 23 ; plats 6-20 € ; ⏲8h-22h lun-jeu, 8h-23h ven-sam, 10h-22h dim). Dans ce bar-restaurant local populaire, on se régale de classiques slovènes à petits prix, tels que soupes copieuses, ragoûts ou encore viande et poisson grillés. Une carte séparée énumère pizzas et burgers. Le menu du jour de trois plats (10 €) vous donnera des forces pour le reste de la journée.

Restavracija Kaiser EUROPÉEN €€€
(☎03-811 47 10 ; Zdraviliški trg 6 ; plats 12-55 € ; ⏲12h-23h ; 📶). Le restaurant le plus chic de Rogaška Slatina fait partie du Grand Hotel Sava. Des petites assiettes, tel le risotto aux champignons et à la mousse de parmesan, aux plats principaux, comme le canard à la polenta et aux truffes, tout est préparé avec panache. Les meilleures tables occupent la terrasse, donnant sur la verdoyante Zdraviliški trg.

Renseignements

Centre d'information touristique de Rogaška Slatina (TIC ; ☎03-581 44 14 ; www.rogaska-slatina.si ; Zdraviliški trg 1 ; ⏲8h-19h lun-ven, 8h-12h sam-dim juil-août, 8h-16h lun-ven, 8h-12h sam sept-juin). Personnel serviable et bien renseigné, nombreuses cartes et brochures.

Poste (Kidričeva ulica 3 ; ⏲8h-18h lun-ven, 8h-12h sam). Juste au sud de la gare routière.

VAUT LE DÉTOUR

ROGATEC

Cette bourgade à 7 km à l'est de Rogaška Slatina (liaison en bus et en train) abrite deux sites justifiant le détour.

Manoir de Strmol (Dvorec Strmol ; ☎03-810 72 22 ; www.rogatec.si ; Pot k Ribniku 6, Rogatec ; adulte/enfant/famille 3/2,60/6 € ; ⏲10h-18h mar-dim avr-oct, sam seulement nov-mars). Ce château du XVe siècle restauré présente 15 salles d'exposition sur 5 étages. Il possède une chapelle du XVIIe siècle ornée de fresques Renaissance et baroques, un salon baroque rehaussé de stucs roses et une "cuisine noire" (*črna kuhinja*). Dans le grenier, une cuisine de ferme du milieu du XIXe siècle a été créée avec mobilier et ustensiles d'époque. Des œuvres de la communauté artistique locale figurent au 2e étage.

Musée en plein air de Rogatec (Muzej na Prostem Rogatec ; ☎03-818 62 00 ; www.rogatec.si ; Ptujska cesta 23 ; mêmes tarifs que le manoir de Strmol ; ⏲10h-18h mar-dim avr-nov). Le plus grand *skanzen* (écomusée en plein air) de Slovénie réunit plus d'une douzaine d'édifices originaux pour la plupart, installés ici au début des années 1980. La ferme construite par la famille Šmit, une grange, un *toplar* (double séchoir à foin), une forge, une épicerie et une maison de vigneron recréent un hameau styrien typique de la fin du XIXe siècle et du début du XXe siècle. Des démonstrations d'activités traditionnelles (tissage, fabrication du pain, taille de pierre) sont régulièrement proposées.

LE SÉCHOIR À FOIN, EMBLÈME NATIONAL

Peu de choses sont plus authentiquement slovènes que le *kozolec*, ce séchoir à foin presque omniprésent dans tout le pays. Le terrain alpin pouvant se révéler humide, le blé et le foin sont entreposés dans ces séchoirs couverts et surélevés, permettant d'assurer un séchage plus rapide et plus efficace.

Jusqu'à la fin du XIXe siècle, le *kozolec* n'était qu'un outil parmi d'autres visant à faciliter le travail des fermiers et à améliorer le rendement des terres. Toutefois, lorsque le peintre Ivan Grohar (1867-1911) en fit le sujet de nombre de ses toiles impressionnistes, le kozolec devint un élément aussi incontournable du paysage culturel que des campagnes slovènes. Aujourd'hui, c'est quasi un emblème national.

On distingue deux types de séchoirs à foin : le modèle simple, des poteaux verticaux alignés et reliés par des barres horizontales, le tout recouvert d'une toiture, et le *toplar* (fenil double), coiffé d'un toit plus étendu et d'un espace de stockage intermédiaire. Si le premier existe aussi dans d'autres contrées alpines d'Europe centrale, le second, décoré ou non, est typiquement slovène.

De nos jours, le ciment remplace le bois dur (généralement en chêne) qui était utilisé traditionnellement.

SKB Banka (Kidričeva ulica 11 ; 8h-17h lun-ven). À côté de la poste.

Depuis/vers Rogaška Slatina

BUS

La **gare routière** se trouve dans Celjska cesta, juste au sud de Zdraviliški trg. Il y a un bus pour Celje (4,10 €, 1 heure) et Rogatec (1,80 €, 10 min) toutes les heures ou toutes les deux heures en semaine, service réduit le week-end.

Horaires de bus à jour sur www.izletnik.si.

TRAIN

La gare ferroviaire de Rogaška Slatina se situe dans Kidričeva ulica, à 300 m au sud de la gare routière. Elle se trouve sur la ligne reliant Celje (3,45 €, 50 min) et Rogatec (1,30 €, 10 min, 7/jour en semaine et 1-2/jour le week-end). Certains continuent jusqu'à Zabok, en Croatie (correspondances pour Zagreb).

Ptuj

02 / 17 800 HABITANTS / ALTITUDE 225 M

Pour admirer Ptuj et ses merveilleux toits de tuiles rouges, il faut aller de l'autre côté de la Drave. Surplombant une large vallée, cette ville, l'une des plus anciennes de Slovénie, rivalise avec Ljubljana sur le plan historique. Une journée suffit cependant pour en explorer le centre médiéval, avec son château, ses musées, ses monastères et ses églises. Mais les excursions et les activités dans la région sont si nombreuses et intéressantes que vous aurez peut-être envie de vous y fixer pour quelques jours.

Histoire

Initialement campement militaire romain sur la rive sud de la Drave, Ptuj se transforma ensuite en village, sur la rive opposée. Vers le Ier siècle, Poetovio (son nom romain) était la plus grande commune romaine de l'actuelle Slovénie et la capitale du culte de Mithra. Plusieurs temples ont d'ailleurs été mis au jour dans la région.

Ptuj obtint le statut de cité en 977 et s'enrichit grâce au commerce fluvial. Au XIIIe siècle, elle rivalisait en matière d'artisanat et de commerce avec Maribor "l'arriviste", en amont de la Drave. Deux ordres monastiques – les Dominicains et les frères mineurs (Franciscains) – s'y établirent et bâtirent d'importants couvents. Les Magyars attaquèrent Ptuj et l'occupèrent durant la majeure partie du XVe siècle.

Lorsque le chemin de fer, qui devait relier Vienne à la côte, atteignit l'est de la Slovénie vers 1850, la rivalité qui opposait Maribor à Ptuj prit fin – la première se retrouva sur la ligne, la seconde fut totalement oubliée. Ptuj demeura un centre au rayonnement provincial, avec une population majoritairement allemande, jusqu'à la Première Guerre mondiale.

À voir

C'est un plaisir de se balader dans le centre gothique de Ptuj, enrichi de constructions Renaissance et baroques. L'office du tourisme (p. 225) organise des visites privées (50 €) sur l'histoire qui se cache derrière les façades.

Ptuj

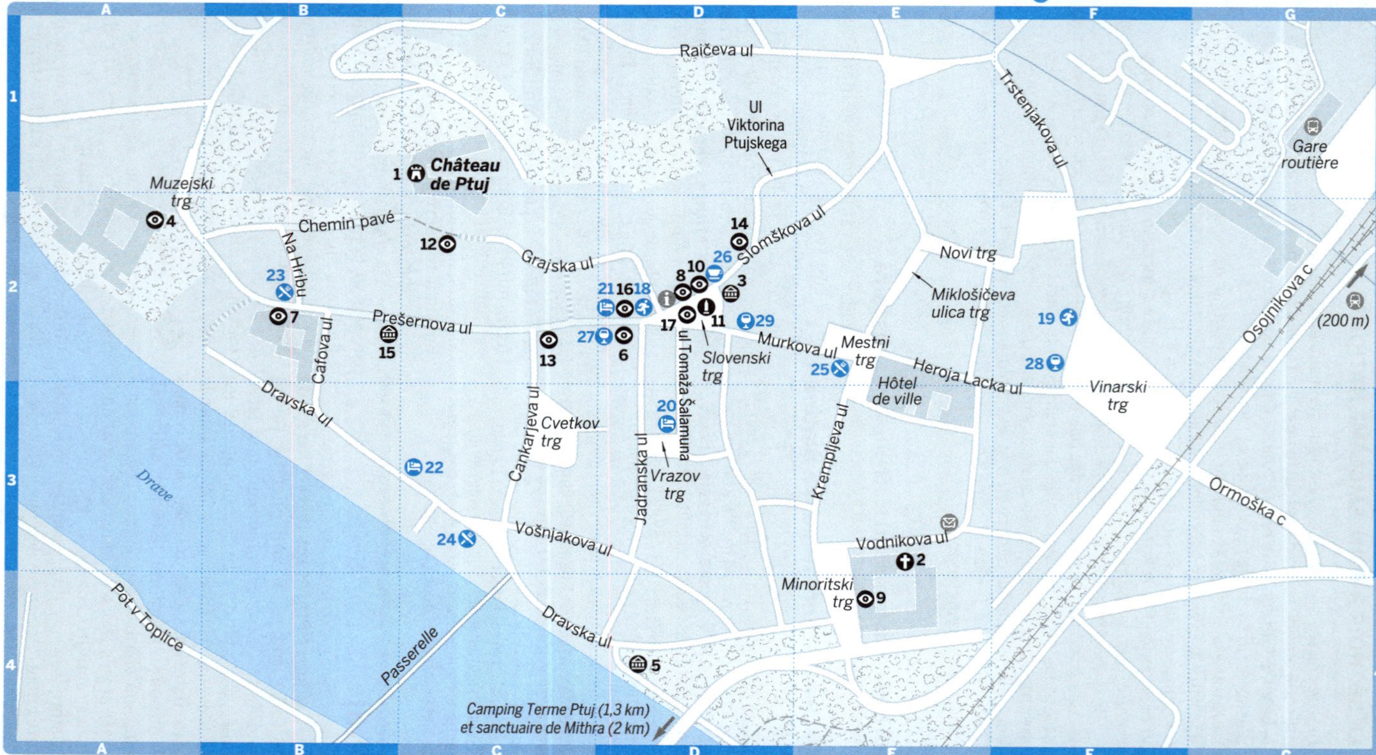
0
200 m
A
B
C
D
E
F
G
1
2
3
4
Raičeva ul
Ul Viktorina Ptujskega
Trstenjakova ul
Gare routière
1 Château de Ptuj
Muzejski trg
4
Chemin pavé
12
14
Slomškova ul
Novi trg
Grajska ul
10
26
3
8
Miklošičeva ulica trg
19
Osojnikova c
(200 m)
23
Na Hribu
21 16 18
7
11
29
17
Prešernova ul
15
Cafova ul
27
6
13
Murkova ul
Mestni trg
ul Tomaža Šalamuna
Slovenski trg
25
Heroja Lacka ul
Hôtel de ville
28
Vinarski trg
Dravska ul
20
Cankarjeva ul
Cvetkov trg
Krempljeva ul
22
Jadranska ul
Vrazov trg
Ormoška c
Drave
24
Vošnjakova ul
Vodnikova ul
2
Minoritski trg
9
Pot v Toplice
Dravska ul
Passerelle
5
Camping Terme Ptuj (1,3 km) et sanctuaire de Mithra (2 km)

Ptuj

Les incontournables
1 Château de Ptuj C1

À voir
2 Église Saints-Pierre-et-Paul E3
3 Tour de la ville D2
4 Monastère dominicain A2
5 Tour de la Drave D4
6 Maison de style gothique D2
7 Petit château B2
8 Maison Ljutomer D2
9 Monastère des Frères mineurs E4
10 Ancien hôtel de ville D2
11 Monument d'Orphée D2
12 Portail Peruzzi C2
13 Prešernova Ulica C2
14 Maison du prévôt D2
15 Galerie de Ptuj B2
16 Maison romane D2
17 Slovenski trg D2

Activités
18 Magasin de vins Kobal D2
19 Cave à vins de Ptuj F2

Où se loger
20 DomKulture MuziKafe D3
21 Hotel Mitra D2
22 Šilak B&B C3

Où se restaurer
23 Gostilna Amadeus B2
24 Gostilna Ribič C3
25 Teta Frida E2

Où prendre un verre et faire la fête
26 Bo Kava D2
27 Kavabar Orfej D2
28 Pullus Vinoteka F2
29 The Legend Pub D2

Lors de notre dernier passage, l'office du tourisme prévoyait aussi de mettre en place des circuits quotidiens centrés sur le patrimoine romain de Ptuj, en juillet et en août.

Château de Ptuj — CHÂTEAU

(Grad Ptuj ; château 02-748 03 60, musée 02-787 92 30 ; pmpo.si ; Na Gradu 1 ; adulte/enfant 5/3 € ; 9h-18h lun-ven, 9h-20h sam-dim juil-août, 9h-18h mai-juin et sept à mi-oct, 9h-17h mi-oct à juin). Perché majestueusement au-dessus des toits rouges des demeures bourgeoises et de la Drave, le château de Ptuj présente une combinaison de styles s'échelonnant du XIe au XVIIIe siècle. S'il abrite le **musée régional de Ptuj-Ormož**, il vaut tout autant pour le panorama qu'il offre sur la ville et la rivière. L'itinéraire le plus court pour le rejoindre part de l'étroite Grajska ulica, à l'est de l'Hotel Mitra, qui conduit jusqu'à un escalier couvert en bois puis au **portail Peruzzi** (1570), de style Renaissance.

En entrant dans la cour, à gauche, remarquez la pierre tombale en marbre rouge de Frédéric IX, le dernier seigneur de Ptuj, mort en 1438. On peut voir dans les anciennes écuries, juste après la billetterie, une importante collection de masques et de costumes du Kurent (voir p. 224).

Le rez-de-chaussée de l'une des ailes rassemble une **collection d'armes** de quelque 500 pièces, dont des armures remarquables. Vous y découvrirez également des instruments de musique datant essentiellement des XVIIe, XVIIIe et XIXe siècles (exception faite d'une flûte romaine du IIe ou IIIe siècle).

Le 1er étage est rempli de tapisseries, peintures murales, portraits, armes et meubles, légués pour la plupart par les Herberstein (1873-1945), derniers propriétaires des lieux. En pénétrant dans la chapelle, repérez le blason portant trois boucles de ceinture, héritage des Leslie, la famille austro-écossaise qui posséda le château de 1656 à 1802. Le charmant salon chinois et la chambre rococo de la comtesse méritent le coup d'œil.

La salle de réception recèle 45 portraits "à la turque", soit la plus grande collection européenne du genre, d'un intérêt plus historique qu'artistique cependant.

La galerie de peintures au 2e étage expose des œuvres du XVIe au XVIIIe siècle.

Renseignez-vous auprès du bureau du musée si vous souhaitez visiter les sanctuaires romains dédiés au culte de Mithra. Ils se situent au sud de la Drave dans les banlieues de Spodnja Hajdina et Zgornji Breg, à quelques kilomètres l'ouest de la ville.

Monastère dominicain — MONASTÈRE

(Dominikanski Samostan ; Muzejski trg 1 ; adulte/enfant/famille 4/2/9 € ; 10h-18h mar-dim avr-sept). Rouvert au public après une restauration soignée, le monastère dominicain de Ptuj fut fondé en 1230, mais il a perdu de son caractère médiéval lorsque des éléments baroques ont remplacé ceux d'origine, au XVIIIe siècle. La visite donne accès au cloître gothique, dont les murs conservent des traces de fresques, et au réfectoire de facture baroque. L'audioguide, inclus dans le prix, donne de bonnes informations historiques sur le bâtiment.

Slovenski Trg PLACE

Cette place en forme d'entonnoir constitue le cœur du vieux Ptuj. La **tour de la ville** (Mestni Stolp), du XVIe siècle, en domine le côté est. Des tombeaux et des autels sacrificiels romains de Poetovio furent incorporés aux murs dans les années 1830 – notez les bas-reliefs représentant une tête de Méduse, des dauphins, un lion et un cavalier.

Devant la tour se dresse le **monument d'Orphée** (Orfejev Spomenik ; Slovenski trg), une stèle funéraire romaine (IIe siècle) de 5 m de haut arborant des scènes du fameux mythe. Il fut utilisé comme pilori au Moyen Âge.

Au nord de la place, se trouvent plusieurs bâtiments notables, notamment la **prévôté** (Slovenski trg 10), du XVIe siècle, l'**ancien hôtel de ville** (Mestna Hiša ; Slovenski trg 6), de style baroque, et la **maison Ljutomer** (Slovenski trg 5), bâtie en 1565. Elle abrite aujourd'hui l'office du tourisme (p. 225).

Prešernova Ulica RUE

Cette voie piétonne accueillait le marché de la ville au Moyen Âge. Les travées voûtées qui enjambent certaines étroites ruelles adjacentes soutiennent des bâtiments très anciens. Au n°1, une **maison de style gothique tardif** construite autour de 1400, arbore une saillie peu commune, reposant sur une tête de Maure. En face se dresse la sombre **maison romane** (Prešernova ulica 4), le plus vieil édifice de Ptuj. Le bâtiment jaune rénové, baptisé le **petit château** (Mali Grad ; Prešernova ulica 33-35), appartenait aux évêques de Salzbourg et accueillit diverses familles d'aristocrates au fil des siècles.

Monastère des Frères mineurs MONASTÈRE

(Minoritski Samostan ; ☎059 073 000 ; Minoritski trg 1 ; ⏲sur rdv). Cet imposant monastère du XIIIe siècle borde Minoritski trg, où s'élève une **colonne de la Peste** (XVIIe siècle). L'entrée de la cour principale est souvent ouverte, mais le reste du monastère se visite dans le cadre d'un circuit ; adressez-vous à l'office du tourisme (p. 225).

La vocation pédagogique des frères mineurs évita à cet ordre religieux d'être dissous lorsque l'empereur Joseph II de Habsbourg décida de supprimer les congrégations religieuses à la fin du XVIIIe siècle.

L'édifice baroque à arcades, qui date de la seconde moitié du XVIIe siècle, renferme, au 1er étage, un réfectoire paré de stucs splendides et d'une douzaine de peintures au plafond représentant saint Pierre (côté nord) et saint Paul (côté sud). Il contient aussi une bibliothèque de 5 000 volumes, dont de précieux manuscrits.

Sur le flanc nord de la cour intérieure s'élève l'**église Saints-Pierre-et-Paul** (Cerkev Sv Petra in Pavla ; Minoritski trg 1 ; ⏲8h-18h), de style gothique. Réduite à l'état de ruines par des bombardements alliés en janvier 1945, elle a été minutieusement rebâtie au fil de plusieurs décennies. Des fragments du bâtiment originel subsistent dans la chapelle latérale.

Galerie municipale de Ptuj GALERIE

(Mestna Galerija Ptuj ; Prešernova ulica 29 ; ⏲10h-18h mar-ven, 10h-13h sam-dim). GRATUIT Cette galerie récemment inaugurée, axée sur l'art contemporain, accorde une place particulière aux artistes locaux.

Activités

Établissements thermaux

Terme Ptuj CENTRE THERMAL

(www.sava-hotels-resorts.com ; Pot v Toplice 9 ; adulte/enfant lun-ven 15/9,90 €, sam-dim 16/10,50 € ; ⏲complexe intérieur 8h-22h lun-ven, 7h-22h sam-dim, complexe extérieur 9h-20h mai-sept). Les enfants ont besoin de se rafraîchir après avoir arpenté les pavés ? Amenez-les ici. Le complexe extérieur comprend divers toboggans, une piscine à vagues et une "rivière" à faible courant, où on se laisser flotter sur une chambre à air. En dehors de l'été, profitez des sept piscines avec toboggan du complexe intérieur.

Dégustation de vin

Magasin de vins Kobal VIN

(Vinoteka Kobal ; ☎041 348 596 ; www.kobalwines.si ; Prešernova ulica 4 ; dégustation 9 € ; ⏲sur rdv 10h-18h lun-sam). Kobal, l'un des vignobles indépendants les plus remarquables de la région de Haloze, produit un délicieux sauvignon et un *šipon* qui a du corps. Son magasin, dans la maison romane (le plus ancien bâtiment de Ptuj), offre un cadre pittoresque pour une dégustation. Appelez avant pour vous assurer que c'est ouvert.

Cave à vins de Ptuj VIN

(Ptujska Klet ; ☎02-787 98 27, 041 486 258 ; www.pullus.si ; Vinarski trg 1 ; visites 7-12 € ;

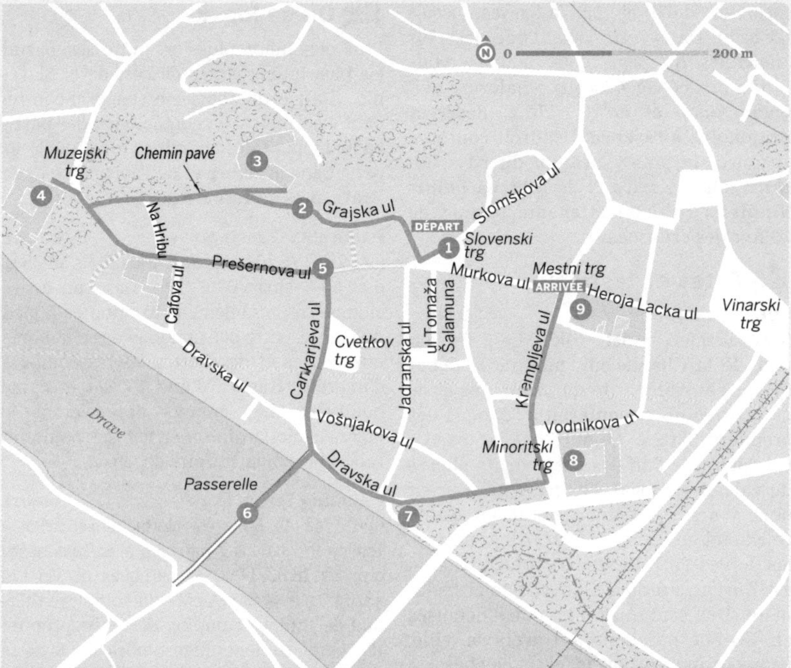

Promenade à pied
Vieille ville de Ptuj

DÉPART SLOVENSKI TRG
ARRIVÉE MESTNI TRG
DISTANCE 1,8 KM
DURÉE 1 HEURE 30

Commencez devant le 1 **monument d'Orphée** (p. 222), l'un des rares vestiges romains de Ptuj. Notez les trous sur la moitié inférieure de la pierre tombale : les criminels de Ptuj y étaient enchaînés à l'époque médiévale. Empruntez ensuite 2 **Grajska ulica**, une rue pavée et surmontée d'arches qui monte à flanc de colline et contourne les fortifications du château.

Entrez dans le parc du 3 **château de Ptuj** (p. 221) et admirez le panorama dominé par le dôme de la tour de l'horloge. On remarque que la face côté château de la tour n'a pas d'horloge : les seigneurs n'ayant pas participé aux frais de construction, les citoyens de Ptuj leur refusèrent ce moyen pratique de connaître l'heure.

Après avoir visité les expositions du château, descendez le chemin pavé jusqu'à la façade en stuc rose du 4 **monastère dominicain** (p. 221) ; son intérieur gothique et baroque est ouvert en été. Descendez ensuite 5 **Prešernova ulica** (p. 222), qui a connu son âge d'or entre les XIe et XIVe siècles.

Prenez Cankarjeva ulica jusqu'au 6 **pont** sur la Drave pour embrasser du regard les toits rouges de la vieille ville. Toute la ville était autrefois entourée de murs défensifs, qui, au XVIe siècle, ont contribué à repousser l'armée ottomane. Revenez sur vos pas et longez la rive pour contempler la 7 **tour de la Drave**, seul vestige restauré de ces fortifications.

De là, montez vers Minoritski trg, dominée par la façade de stuc du 8 **monastère des Frères mineurs** (p. 222), toujours habité par des moines de l'ordre. Continuez jusqu'à Mestni trg, où se dresse l' 9 **hôtel de ville** (p. 222), dessiné par l'architecte viennois Max Ferstl. Pour admirer à loisir cet édifice jaune moutarde, installez-vous sur l'une des terrasses de café de la place.

sur rdv 9h-12h et 13h-17h lun-ven, jusqu'à 12h sam). Dans cette cave, l'une des plus anciennes du pays, vous pourrez vous initier aux cépages locaux – haloze sauvignon, *šipon* et *laški rizling*. Réservez néanmoins à l'avance. L'endroit conserve en outre le plus vieux vin du pays, un *zlata trta* ("vin d'or") de 1917. La **Pullus Vinoteka** (p. 225) attenante permet de goûter des crus locaux.

Fêtes et festivals

Kurentovanje CARNAVAL

(www.kurentovanje.net ; fév). Le 2 février, jour de la Chandeleur, marque le début du Kurentovanje, rite du printemps et de la fertilité qui remonterait à l'époque des premiers Slaves. Aujourd'hui, ce carnaval constitue l'un des événements phares du calendrier local. Les festivités durent onze jours. Le point d'orgue en est le week-end qui précède le Mardi gras, avec les défilés du Kurent. Le protagoniste en est Kurent, un dieu dionysiaque et hédoniste. Des centaines d'hommes déguisés en Kurent paradent à travers la ville, peaux de mouton sur le dos et cloches à la ceinture. Ils sont coiffés d'énormes toques poilues décorées de plumes, de bâtons ou bien de cornes et de serpentins multicolores. Leurs masques en cuir arborent des yeux rouges, un nez en forme de trompe et une énorme langue qui leur tombe sur le poitrail.

Les Kurent vont de maison en maison, chassant les mauvais esprits au moyen de leurs cloches et de leurs *ježevke* (bâtons en bois) coiffés de piquants de hérisson. Des jeunes filles leur offrent des mouchoirs, qu'ils nouent à leur ceinture. On brise de petits pots en terre à leurs pieds pour leur apporter chance et santé. Un *hudič* (diable), armé d'un filet pour capturer les âmes, emmène chaque groupe.

Des dizaines de milliers de personnes visitent Ptuj à cette occasion (réservez votre hébergement bien à l'avance).

Journées de la poésie et du vin FESTIVAL CULTUREL

(Dnevi Poezije in Vina ; www.versoteque.com ; août). Chaque année en août, ce festival rassemble poètes, écrivains, conteurs et musiciens slovènes et étrangers autour de lectures, de concerts et de dégustations de vin.

Où se loger

Ptuj dénombre plusieurs adresses parmi les plus intéressantes de l'est de la Slovénie. L'office du tourisme (page ci-contre) peut vous mettre en contact avec des particuliers louant des chambres (de 20 à 25 €/pers) dans le centre et de l'autre côté de la Drave, près de Terme Ptuj.

Panorama Guesthouse PENSION €

(02-787 75 70 ; Maistrova ulica 19 ; s 30-35 €, d 45-50 €, studio 60 € ;). Dans un cadre champêtre, à seulement 10 minutes à pied du centre, cette pension loue des chambres lumineuses et douillettes, toutes équipées d'un réfrigérateur, d'une TV sat et d'une bouilloire. Les enfants apprécieront le gigantesque jardin où errent des poules et l'adorable chien, et l'aire de jeux.

Camping Terme Ptuj CAMPING €

(02-749 45 80 ; www.terme-ptuj.si ; Pot v Toplice 9 ; camping par pers avec/sans accès piscines 18,50/14,50 €, barriques de vin s/d 43/64 € ; P @). À côté du complexe thermal de Ptuj, ce camping de 1,8 ha propose 120 emplacements bien ombragés. Si vous n'avez ni tente, ni camping-car, vous pouvez passer la nuit dans l'une des 8 gigantesques barriques de vin.

DomKulture MuziKafe HÔTEL DE CHARME €€

(02-787 88 60 ; www.muzikafe.si ; Vrazov trg 1 ; s 42-67 €, d 57-81 €, f 115 €, studio 90 € ;). Un lieu atypique niché près de Jadranska ulica. La déco très rétro chic de chaque chambre a été pensée par les propriétaires, décorateurs ; les chambres n°1 et 7 ont notre préférence. Petite cuisine à disposition, café (le meilleur de Ptuj) avec terrasse et cave voûtée en brique accueillant des événements musicaux et artistiques.

Šilak B&B PENSION €€

(031 597 361, 02-787 74 47 ; www.rooms-silak.com ; Dravska ulica 13 ; s/d/tr/qua 48/63/85/98 €, app 74-110 € ; P). Pour sa transformation en pension de bon rapport qualité/prix, cette ancienne tannerie a fait l'objet d'une longue et rigoureuse restauration. Chambres spacieuses et meublées simplement, avec lits hauts et très confortables, et appartements pour grands groupes. Le petit-déjeuner est servi dans l'ancien entrepôt de teinture ; la paisible cour intérieure est à la disposition des pensionnaires.

♥ Hotel Mitra BOUTIQUE-HÔTEL €€€
(☎051 603 069, 02-787 74 55 ; www.hotel-mitra.si ; Prešernova ulica 6 ; s 62-69 €, d 106 € ; P ❄). L'un des plus intéressants petits hôtels de la Slovénie provinciale, avec des tapis turcs sur les parquets, des peintures faites sur commande sur les murs et un centre de bien-être en retrait d'une cour intérieure tranquille. Les 25 grandes chambres (mansardées au dernier étage) ont chacune un nom et un thème propres.

Où se restaurer

Teta Frida CAFÉ €
(☎02-771 02 35 ; Mestni trg 2 ; gâteaux 3,10-4,40 € ; 7h-22h lun-jeu, 7h-minuit ven, 8h-minuit sam, 10h-22h dim ;). Les *torte* au chocolat et les *kremšnita* (sorte de millefeuille) aux notes fruitées de Teta Frida, dans la Maison d'angle (XVIIIe siècle) valent bien le risque d'un contrôle chez le dentiste à votre retour. Bon choix aussi de gâteaux sans gluten et sans laitage.

♥ Gostilna Grabar EUROPÉEN €€
(☎02-778 21 40 ; Rabelčja vas 15 ; plats 14-24 € ; 10h-22h lun-sam, 10h-19h dim). Ce restaurant sans prétention de la banlieue de Ptuj propose la cuisine européenne moderne la plus créative de la région. La carte change tous les jours, en fonction de la saison et de ce qui pousse dans le jardin. Les assiettes, pleines de saveurs, se parent de mousses et autres produits, mais jamais juste pour faire joli.

À 2 km au nord du centre, indiqué à l'angle de Volkmerjeva cesta et de Peršonova ulica.

♥ Gostilna Ribič SLOVÈNE €€
(☎02-749 06 35 ; Dravska ulica 9 ; plats 12-30 € ; 10h-23h dim-jeu, 10h-minuit ven-sam ;). Le restaurant le plus chic de Ptuj occupe une position privilégiée, sa terrasse ombragée donnant sur la rivière. Si les spécialités sont ici le poisson – la truite et le sandre en particulier – et les plats de poulet locaux, l'offre végétarienne, limitée mais inventive (le risotto noir au tofu est divin), et le menu enfant méritent une mention spéciale. Service exceptionnel.

Gostilna Amadeus SLOVÈNE €€
(☎02-771 70 51 ; Prešernova ulica 36 ; plats 7-19 € ; 12h-22h lun et mer-sam, 12h-16h dim ;). Cette *gostilna* fort plaisante est à l'étage d'un pub, au pied de la route qui mène au château. Nombreuses spécialités slovènes telles que les *štruklji* (chaussons) et l'*ajdova kaša z jurčki* (gruau aux champignons), grillades et assiettes de poisson.

Où prendre un verre et faire la fête

Bo Kava CAFÉ
(Slovenski trg 7 ; 9h-23h). On ne peut imaginer meilleur endroit où se détendre en sirotant un verre de vin ou une bière par un après-midi d'été ensoleillé que la terrasse de ce café, juste derrière le monument d'Orphée.

Legend Pub PUB
(☎02 749 32 50 ; Murkova ulica 6 ; 7h-23h lun-jeu, 7h-1h30 ven-sam, 8h-23h30 dim). Le Legend Pub, qui attire une jeune clientèle, est une adresse prisée pour un verre en soirée. Petit choix de bières artisanales.

Kavabar Orfej BAR
(☎02-772 97 61 ; Prešernova ulica 5 ; 6h30-23h lun-jeu, 6h30-1h ven-sam, 10h-23h dim). Lieu incontournable de la Prešernova ulica, l'Orfej est l'endroit où l'on commence (ou termine) généralement la soirée. Il ferme environ 1 heure plus tard en été.

Pullus Vinoteka BAR À VINS
(☎02-787 98 10 ; Vinarski trg 1 ; 9h-17h lun-ven, 9h-13h sam). Si vous n'avez pas réservé une visite de la cave Ptujska Klet, goûtez des crus locaux dans la *vinoteka* attenante.

Renseignements

Centre d'information touristique de Ptuj
(☎02-779 60 11 ; www.ptuj.info ; Slovenski trg 5 ; 9h-20h mai à mi-oct, 9h-18h mi-oct à avr). L'office du tourisme de Ptuj, dans la maison Ljutomer (p. 226), du XVIe siècle, fournit de nombreuses cartes et brochures. Une vidéo sur le Kurentovanje (p. 224) est projetée dans une pièce.

Nova Ljubljanska Banka (Prešernova ulica 6 ; 8h-17h lun-ven). DAB, juste à côté de l'Hotel Mitra.

Poste (Vodnikova ulica 2 ; 8h-18h lun-ven, 8h-12h sam)

Depuis/vers Ptuj

BUS

La **gare routière de Ptuj** (Osojnikova cesta) assure de bonnes liaisons avec les localités voisines en semaine.

Maribor (3,60 €, 1 heure). 1-2 bus/heure en semaine, 5-6 bus/jour le week-end.

VAUT LE DÉTOUR

ROUTE DES VINS DE JERUZALEM-LJUTOMER

La **route des vins de Jeruzalem-Ljutomer** part d'Ormož, à 23 km à l'est de Ptuj, et se poursuit au nord sur 18 km jusqu'à Ljutomer, la bourgade la plus animée de la région, via le charmant village perché de Jeruzalem. Les collines striées de vignes et parsemées d'établissements vinicoles produisant principalement des vins blancs offrent un magnifique cadre pour une balade à vélo ou en voiture.

Des caves et des petits restaurants où l'on peut goûter les vins locaux jalonnent l'itinéraire.

Jeruzalem Ormož Winery (02-741 57 25 ; www.visitjeruzalem.com ; Kolodvorska 11, Ormož ; visite-dégustation 15 €/pers ; sur rdv 8h-16h lun-ven, 8h-12h sam). La cave et boutique des vignobles de la famille Puklavec, qui produit du vin dans la région depuis les années 1930. La production comprend un pinot gris poivré et un *traminec* doux et épicé. La visite permet de goûter quatre vins, accompagnés de pain et de fromage. Réservez 2 jours à l'avance.

Malek Vineyard Cottage (Zidanica Malek ; www.visitjeruzalem.com ; Svetinje 22 ; visite-dégustation 3/4/5 vins 6/7/8 €/pers ; 11h-18h mai à début nov). Cette propriété se situe sur la route entre Svetinje et Jeruzalem. Sa boutique et salle de dégustation est gérée par la famille Puklavec. Les dégustations sont disponibles sans réservation.

Vino Kupljen (02-719 41 28 ; www.vino-kupljen.com ; Svetinje 21 ; dégustations 5/10 vins 10/25 €, min 4 pers ; 10h-16h). Cette entreprise vinicole indépendante produit les vins Stars of Stiria, comprenant un pinot noir intense et un sauvignon blanc qui a du corps. La visite de la cave comprend une dégustation de 10 vins. Restez pour déjeuner ou dîner au restaurant (de 10h à minuit) donnant sur les collines couvertes de vignes.

Enoteka Ljutomer (031 229 778 ; www.enoteka.si ; Prešernova ulica 1, Ljutomer ; 10h-18h lun-ven, 10h-13h sam). Rassemblant la production d'environ 25 viticulteurs locaux, cette boutique offre une bonne vue d'ensemble de la production vinicole locale.

Ormož (3,60 €, 40 min). Au moins 1 bus/heure en semaine, aucun le week-end.

Stuttgart (Allemagne ; 40 €, 11 heures 30). 1-2 bus directs/jour, via Munich.

TRAIN

La gare de Ptuj est sur Osojnikova cesta, à 1 km à l'est du centre.

Ljubljana (10-14,80 €, 1 heure 45 à 2 heures 30). 2-4 trains directs/jour. D'autres trains avec changement à Zidani Most ou Pragersko.

Maribor (3,45-5,25 €, 50 min). 9 trains directs/jour en semaine, 5 le week-end. D'autres trains avec changement à Pragersko.

Murska Sobota (5,80-7,60 €, 1 heure 15). 10 trains/jour en semaine, 8 le week-end.

Comment circuler

Un bus public gratuit relie la gare routière de Ptuj au centre-ville (avec un détour par la banlieue), puis continue jusqu'à Terme Ptuj (ttes les 30 minutes de 6h à 21h en semaine, de 6h à 15h le week-end).

Environs de Ptuj

À voir

Basilique de la Vierge protectrice BASILIQUE (Bazilika Marije Zavetnice ; 02-794 42 31 ; www.ptujska-gora.si ; Ptujska Gora 40 ; 6h-19h). Dans le village de Ptujska Gora, à 14 km au sud-ouest de Ptuj, ce lieu de pèlerinage renferme l'un des trésors du pays : une Vierge de miséricorde sculptée du XVe siècle protégeant sous son manteau une multitude de personnages. Datant du début du XVe siècle, l'édifice proprement dit, de style gothique, comporte trois nefs. Il a été érigé au rang de basilique en 2010, à l'occasion de son 600e anniversaire.

On peut également admirer, sur un pilier du bas-côté sud, une petite statue en bois de saint Jacques et, sous le porche à droite en entrant, des fresques du XVe siècle illustrant la vie du Christ et de plusieurs saints, dont saint Nicolas et sainte Dorothée en compagnie de l'Enfant Jésus. Derrière le tabernacle moderne de la chapelle à droite du maître-autel subsistent des fresques fanées figurant saint Pierre et l'Archange saint Michel. Les vitraux modernes sont splendides.

Trônant au sommet de la Colline noire (Črna Gora), la basilique se situe à 10 minutes de marche de l'endroit où le bus pour Majšperk (jusqu'à 6/jour) dépose ses passagers. Le petit bar Dragica juste en face de l'église propose des en-cas.

Activités

Sentier de montagne de Haloze RANDONNÉE
(Haloška Planinska Pot). Les collines de Haloze s'étendent de Makole, à 18 km au sud-ouest de Ptuj, jusqu'à Goričak, à la frontière croate. Le **sentier de montagne de Haloze** traverse ce paysage de douces collines, de vignes et de tournesols sur environ 12 km. Il débute près du **Statenberg** (Dvorec Štatenberg ; 040 870 835 ; www.dvorecstatenberg.si ; Štatenberg 89 ; adulte/enfant 2/1 € ; visites sur rdv, restaurant 12h-19h sam-dim juin-août, 12h-18h mai, sept et oct), une résidence du XVIIIe siècle aux pièces majestueuses, à 5 km de Makole. Il est possible de se procurer des cartes de la région à l'office du tourisme de Ptuj.

Maribor

02 / 94 650 HABITANTS / ALTITUDE 266 M

Malgré son statut de deuxième ville du pays, Maribor ne compte qu'environ un tiers de la population de Ljubljana et ressemble à une ville de province qui aurait grandi trop vite. Si elle ne possède pas de sites incontournables, elle est pleine de charme avec sa vieille ville bâtie le long de la Drave. Les rues piétonnes du centre abondent en cafés et bourdonnent d'animation et de vie estudiantine, tandis que le quartier de Lent, en bordure de fleuve, accueille un important festival artistique en été. Maribor est la porte d'entrée de la région du Pohorje de Maribor, poumon vert et zone de loisirs au sud-ouest de la ville, réputé pour sa station de ski. La ville donne aussi accès aux régions viticoles de Mariborske et de Slovenske Gorice, au nord et à l'est.

Histoire

Au Moyen Âge, Maribor s'enrichit grâce au commerce du bois et du vin, largement financé par la communauté juive de la ville. Le débarcadère (Pristan) de Lent, était l'un des ports fluviaux les plus actifs du pays. La ville fut fortifiée au XIVe siècle.

Si Maribor déclina durant les siècles suivants, la tendance s'inversa en 1846 lorsqu'elle devint la première ville de Slovénie reliée à Vienne par le rail. La cité connut alors un nouvel essor et entama son industrialisation.

Durant la Seconde Guerre mondiale, des bombardements aériens dévastèrent Maribor, la laissant détruite aux deux tiers en 1945. Après la guerre, elle devint une importante ville industrielle de Yougoslavie. Mais, à l'indépendance de la Slovénie, en 1991, Maribor perdit l'accès au marché yougoslave et le chômage augmenta fortement. De nombreuses PME furent ensuite créées et le tourisme lui permit de retrouver en partie son importance économique.

À voir

Glavni trg PLACE
Ancienne place du marché de Maribor au Moyen Âge, Glavni trg s'étale juste au nord du fleuve et du pont principal. En son centre se dresse la plus extravagante **colonne de la Peste** du pays, érigée en 1743. Derrière elle se trouve l'**hôtel de ville**, bâti en 1565 par des artisans vénitiens.

Musée de la Libération nationale MUSÉE
(Muzej Narodne Osvoboditve ; 02-235 26 00 ; www.muzejno-mb.si ; Ulica Heroja Tomšiča 5 ; adulte/enfant 3/2 € ; 8h-17h lun-ven, 9h-12h sam). Logées dans une étonnante demeure du XIXe siècle, ces collections illustrent le combat de la Slovénie pour la liberté au long du XXe siècle, soulignant notamment la lutte des partisans du Pohorje durant l'occupation nazie. Captivant.

Musée régional de Maribor MUSÉE
(Pokrajinski muzej Maribor ; 02-228 35 51 ; museum-mb.si ; Grajska ulica 2 ; adulte/enfant 5/3,50 € ; 10h-18h mar-sam). Ce musée installé dans le **château de Maribor** (XVe siècle) réunit une des collections les plus riches de Slovénie, quoique la majeure partie ne soit pas exposée. Le rez-de-chaussée est la partie la plus intéressante avec des collections archéologiques et ethnographiques. Les frontons de ruches du XIXe siècle décorés de scènes bibliques des vallées de la Mislinja et de la Drave, les maquettes de séchoirs à foin typiques de Basse-Styrie et les ex-voto en cire de la région de Ptuj retiennent particulièrement l'attention.

Maribor

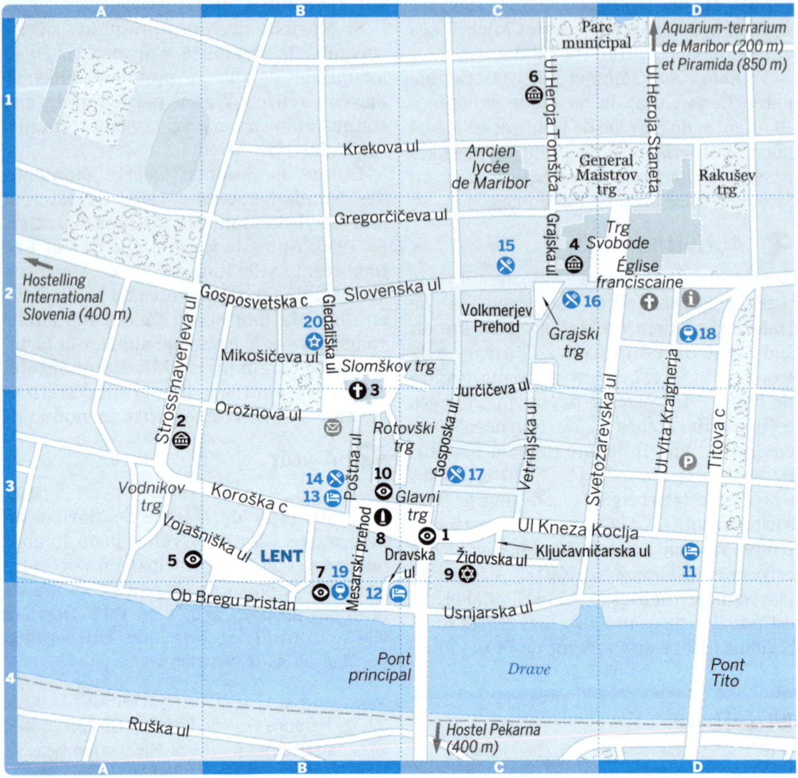

Maribor

À voir

1 Glavni trg C3
2 Musée des Beaux-Arts de Maribor A3
3 Cathédrale de Maribor B3
4 Musée régional de Maribor C2
5 Monastère des frères mineurs A3
6 Musée de la Libération nationale C1
7 Vieille vigne B4
Maison de la vieille vigne .... (voir 7)
8 Colonne de la Peste B3
9 Synagogue C3
10 Hôtel de ville B3

Où se loger

11 Hotel City Maribor D3
12 Hotel Lent B4
13 Hotel Maribor B3

Où se restaurer

Gostilna Maribor .... (voir 13)
14 Isabella Food & Wine B3
15 Malca C2
16 Pri Florjanu C2
17 Rožmarin C3

Où prendre un verre et faire la fête

Čajek Cafe .... (voir 15)
18 Luft Bar D2
19 Mačka B4

Où sortir

Jazz Klub Satchmo .... (voir 2)
20 Théâtre national slovène de Maribor B2

À l'étage, des salles sont dédiées à l'histoire de Maribor, de ses confréries et de son artisanat. On y trouve également une reconstitution d'une pharmacie du XIXe siècle, ainsi que des retables et sculptures du XVe au XVIIIe siècle. De jolies statues signées Jožef Straub (1712-1756), provenant de l'église Saint-Joseph

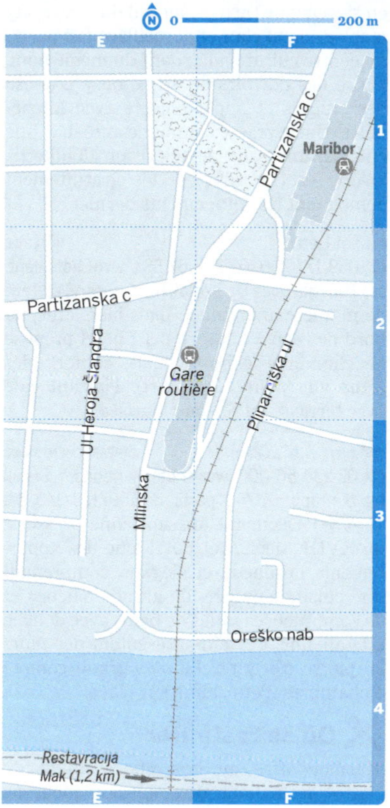

de Studenci, occupent la place d'honneur. Le magnifique escalier rococo près de la sortie est agrémenté d'ornementations en stuc et d'une rampe rehaussée de figures sculptées. Il demeure visible depuis la rue quand le musée est fermé.

Cathédrale de Maribor CATHÉDRALE
(Stolna Cerkev Maribor ; www.stolnicamaribor.si ; Slomškov trg ; 8h-18h). L'édifice fait face à la place qui porte le nom de l'évêque et homme politique Anton Martin Slomšek (1800-1862), le premier Slovène à avoir été béatifié (en 1999). Datant en partie du XIIIe siècle, la cathédrale décline presque tous les styles architecturaux, du roman au moderne. À noter le sanctuaire gothique flamboyant et les stalles dorées du chœur, ainsi que les vitraux contemporains et l'orgue imposant.

Parc municipal PARC
(Mestni Park). Ce bel arboretum planté de 150 essences d'arbres compte trois étangs et le petit **aquarium-terrarium de Maribor** (Akvarij-Terarij Maribor ; 02-234 26 80 ; maribor-pohorje.si/aquarium-terrarium ; Ulica Heroja Staneta 19 ; adulte/enfant 4/3,20 € ; 8h-19h lun-ven, 9h-12h et 14h-19h sam-dim) abritant poissons de mer et d'eau douce, reptiles et autres créatures exotiques. Au nord-est s'élève la colline de **Piramida** (386 m), fief des seigneurs de Marburg, où un site archéologique voisine avec une chapelle.

Musée des Beaux-Arts de Maribor MUSÉE
(Umetnostna Galerija Maribor ou UGM ; 02-229 58 60 ; www.ugm.si ; Strossmayerjeva ulica 6 ; adulte/enfant 3/2 € ; 10h-18h mar-dim). Au sud-ouest de Slomškov trg, ce musée possède une collection permanente d'œuvres modernes d'artistes slovènes et organise des expositions temporaires de qualité.

Lent

Le quartier de Lent, au bord de la Drave, concentre certains des sites historiques majeurs de Maribor.

Vieille vigne SYMBOLE
(Stara Trta ; Vojašniška ulica 8). À environ 150 m à l'est de l'embarcadère, la "vieille vigne" constitue l'attraction phare de Maribor. Du haut de ses 400 ans, elle produit toujours entre 35 et 55 kg de raisin par an, soit quelque 25 l de vin rouge, sous la supervision d'un viticulteur nommé par la municipalité. Des bouteilles de 0,25 l de *Žametna Črnina* ("velours noir") sont offertes aux dignitaires en visite en guise de "clés" de la ville.

Pour plus de détails sur ce vin et la viticulture slovène, rendez-vous à la **Maison de la vieille vigne** (Hiša Stare Trte ; 02-251 51 00 ; maribor-pohorje.si ; Vojašniška ulica 8 ; dégustation 4 € ; 9h-20h mai-sept, 9h-18h oct-avr) GRATUIT attenante, qui propose des dégustations de sa vaste collection de crus. À l'intérieur, un joli pavement en mosaïque illustre l'histoire de Maribor.

Synagogue SYNAGOGUE
(02-252 78 36 ; Židovska ulica 4 ; 1 € ; 8h-16h lun-ven). Au bord du fleuve, juste au nord du château d'eau – une tour pentagonale du XVIe siècle –, une volée de marches conduit à la Židovska ulica ("rue juive"), le cœur du quartier juif au Moyen Âge. La synagogue du XVe siècle aux clés de voûte gothiques conserve des fragments de tombes. Expositions explicatives et vidéo de 15 minutes.

Monastère des Frères mineurs MONASTÈRE
(Vojašniški ulica 2a). À l'extrémité ouest du Pristan (débarcadère), ce monastère du XIIIe siècle fut fermé par l'empereur Joseph II en 1784, puis servit de caserne militaire jusqu'en 1927. C'est aujourd'hui le théâtre de marionnettes de Maribor.

Activités

Bananaway SUP Tours SPORTS D'AVENTURE
(040 238 756 ; www.bananaway.si ; 39 €/pers ; 10h-17h avr-juin et sept, 9h-18h juil-août). Ces excursions de deux heures en paddle sur la Drave (adaptées aux débutants) sont une excellente façon de découvrir Maribor sous un angle différent. Réservation obligatoire.

Big Guys Wine Tours VIN
(041 949 635 ; www.bigguyswinetours.com ; circuit demi-journée 57-67 €/pers). Découvrez la scène viticole du Podravje avec le sommelier Jernej Lubej. Le circuit d'une demi-journée comprend la visite de deux petits vignobles et une quinzaine de dégustations.

Fêtes et festivals

Festival Lent FESTIVAL CULTUREL
(www.festival-lent.si ; juin-juil). Événement phare de l'année, ce festival célèbre le folklore, la culture et la musique deux semaines durant, de la fin juin au mois de juillet. Des scènes fleurissent alors à travers la vieille ville.

Festival Maribor MUSIQUE
(www.festivalmaribor.si ; sept). Dix jours de concerts classiques dans différents lieux de la ville, en septembre.

Festival de la vieille vigne VIN
(oct). Les vendanges de la vieille vigne, début octobre, font partie des événements les plus pittoresques organisés par la ville.

Où se loger

Une grande partie de l'offre de Maribor s'adresse aux voyageurs d'affaires. Les options de catégories inférieure et moyenne sont limitées ; mieux vaut réserver. L'office du tourisme dispose d'une liste de chambres à louer chez l'habitant (à partir de 25/40 € pour une simple/double), ainsi que d'appartements.

Hostel Pekarna AUBERGE DE JEUNESSE €€
(059 180 880 ; www.mkc-hostelpekarna.si ; Ob Železnici 16 ; dort/s/d 21/30/54 € ; P @ wifi). Dans une ancienne boulangerie (*pekarna* en slovène) de l'armée, au sud du fleuve, cet établissement clair et accueillant fait partie du centre culturel alternatif du même nom. Outre des dortoirs de 4 lits, on y propose des studios et appartements avec kitchenette. Une terrasse commune agréable, une cuisine, une salle de télévision douillette, laverie et des vélos prêtés gratuitement complètent les équipements dernier cri.

Hotel Lent HÔTEL €€
(059 177 700, 02-250 67 69 ; www.hotel-lent.si ; Dravska ulica 9 ; s/d 49/69 € ; clim wifi). Géré de manière anarchique mais bien situé, au bord de l'eau à Lent, ce petit hôtel propose 17 chambres exiguës mais confortables (sans vue pour la plupart). Plaisant café avec terrasse au rez-de-chaussée.

★ Hotel Maribor APPARTEMENTS €€€
(02-234 56 00 ; www.hotelmaribor.si ; Glavni trg 8 ; app s/d/f à partir de 109/139/149 € ; P clim wifi). Occupant une ancienne brasserie du XVIIIe siècle, cet hôtel loue des appartements lumineux et élégant, comprenant une cuisine équipée, de grands balcons et de somptueuses salles de bains avec douche à l'italienne. Certains présentent des murs en pierre d'origine. Le plus grand compte 4 chambres. Petit sauna sur place.

Où se restaurer

Maribor offre un bon choix, allant du bistrot accueillant au restaurant moderne et raffiné.

Malca BISTROT €
(059 100 397 ; www.malcamimogrede.si ; Slovenska ulica 4 ; plats 4,90-6,60 € ; 10h-16h lun-ven ; végétarien). Ce bistrot ouvert pour le déjeuner base sa cuisine sur des produits de saison de première fraîcheur. La carte, renouvelée chaque jour, s'inspire de toute l'Europe (paella et moussaka étaient inscrites au tableau lors de notre dernier passage), mais comprend aussi des classiques slovènes tels que soupe d'orties et *žlikrofi* (sorte de tortellinis de patate, bacon et ciboulette).

Isabella Food & Wine CAFÉ €
(059 959 450 ; Poštna ulica 3 ; plats 2,80-6,50 € ; 8h-minuit lun-jeu, 9h-2h ven-sam, 9h-minuit dim ; wifi). Ce tout petit café de la rue la plus animée de Maribor est une très bonne adresse pour un panini, une salade ou le petit-déjeuner. Aussi excellent café, parmi les meilleurs de la ville, et bon choix de bières artisanales, dont Bevog et Pelicon.

♥ Restavracija Mak — GASTRONOMIQUE €€

(☎02-620 00 53 ; www.restavracija-mak.si ; Osojnikova ulica 20 ; menu déj/dîner à partir de 25/45 € ; ⏱12h-15h et 18h-21h30 mar-sam). À Obrežje, de l'autre côté de la Drave, cet établissement réserve une expérience culinaire sans rapport avec son apparence modeste. Le chef et patron David Vračko vous guidera à travers le menu moderne et créatif de plusieurs plats (il n'y a pas de carte). La réservation est fortement recommandée. Ne soyez pas pressé : l'expérience dure trois à quatre heures.

Gostilna Maribor — SLOVÈNE €€

(Glavni trg 8 ; plats 6-26 € ; ⏱7h30-23h lun-jeu, 7h30-2h ven-sam, 9h-16h dim). Cette nouvelle adresse de Maribor ajoute une pincée de modernité aux spécialités styriennes traditionnelles, comme le sanglier avec *štruklji* (chaussons) aux carottes et *spaetzle* (petites pâtes) au fromage blanc fumé. Au déjeuner, le lieu est prisé pour ses sandwichs (6-7 €), des *žemljica* (petits pains traditionnels) garnis par exemple de bœuf, de raifort et de choucroute.

Rožmarin — RESTAURANT/CAFÉ €€

(☎02-234 31 80 ; www.rozmarin.si ; Gosposka ulica 8 ; plats 15-25 €, menus 2/3 plats 23/30 € ; ⏱7h-minuit lun-sam ; 📶✎). À la fois restaurant, café, *vinoteka* et boutique, le Rožmarin touche à tout, mais c'est en cuisine qu'il excelle. Sa carte comprend des plats carnés ou végétariens (nous avons adoré la soupe d'asperges au stilton et les raviolis farcis aux morilles et aux petits oignons). Jetez un coup d'œil aux formules, intéressantes.

Pri Florjanu — MÉDITERRANÉEN €€

(☎059 084 850 ; www.facebook.com/priflorjanu ; Grajski trg 6 ; plats 10-22 € ; ⏱11h-22h lun-jeu, 11h-23h ven, 12h-23h sam ; 📶✎). Cette adresse prisée face à la colonne de Saint-Florian, patron des pompiers, s'agrémente d'une terrasse ouverte à l'avant, d'une autre fermée derrière et d'une grande salle à la déco minimaliste entre les deux. La carte aux accents méditerranéens inclut un bon choix de plats végétariens.

Où prendre un verre et faire la fête

♥ Luft 360° — BAR

(☎040 413 514 ; www.luftbar.si ; Ulica Vita Kraigherja 3 ; ⏱8h-minuit lun-ven, 9h-4h ven-sam, 10h-22h dim ; 📶). L'ex-Slavija Hotel a été converti en immeuble de bureaux, mais ses deux derniers étages abritent le Luft 360° : au 11e se trouve le bar élégant et, au-dessus, une terrasse offrant une vue panoramique époustouflante sur la ville et les montagnes. Cocktails divins et service avenant.

Mačka — BAR

(www.macka-bar.com ; Vojašniška ulica 6 ; ⏱9h-minuit lun-jeu et dim, 9h-2h ven-sam ; 📶). La terrasse avant du Mačka, face à la Drave, est un lieu agréable où se détendre le soir un verre de vin à la main en observant les promeneurs le long des rives. Bon choix de bières artisanales locales et internationales.

Čajek Cafe — CAFÉ

(www.cajek.com ; Slovenska ulica 4 ; ⏱7h30-22h lun-ven, 9h-22h sam, 15h-21h dim ; 📶). Notre café préféré à Maribor présente un chaleureux intérieur à l'ancienne aux boiseries foncées et à la déco éclectique. Le thé domine la carte (des dizaines de variétés disponibles), qui comprend aussi bon café, boissons fraîches, bières et gâteaux maison.

☆ Où sortir

Théâtre national slovène de Maribor — THÉÂTRE

(Slovensko Narodno Gledališče Maribor ; ☎02-250 61 00, billetterie 02-250 61 15 ; www.sng-mb.si ; Slovenska ulica 27 ; billets 10-30 € ; ⏱10h-13h et 17h-19h30 lun-ven, 10h-13h sam et 1 heure avant le spectacle). Affilié au SNG de Ljubljana, ce théâtre est l'un des plus réputés du pays. Les compagnies de danse et d'opéra s'y produisent également. Accès par Slomškov trg.

Jazz Klub Satchmo — JAZZ

(☎070 878 387 ; www.jazz-klub.si ; Strossmayerjeva ulic 6 ; ⏱19h-3h mar-jeu, 19h-4h ven, 20h-4h sam). Le fameux club de jazz de Maribor vous accueille dans une superbe cave, dans le musée des Beaux-Arts.

ⓘ Renseignements

Abanka (Glavni trg 18 ; ⏱8h-17h lun-ven, 8h-11h sam). Dans la galerie commerçante, sur le côté est de Glavni Trg.

Centre d'information touristique de Maribor (TIC ; ☎02-234 66 11 ; www.maribor-pohorje.si ; Partinzanska cesta 6a ; ⏱9h-18h lun-ven, 10h-15h sam-dim et jours fériés nov-mars, 9h-19h lun-ven, 9h-17h sam-dim et jours fériés avr-oct). Précieux office du tourisme, face à l'église franciscaine. Le personnel organise des visites de la ville avec des guides locaux ;

entre juin et octobre, les circuits de groupe (8 €, 1 heure 30) démarrent le vendredi à 16h et le samedi à 11h.

Poste (Slomškov trg 10 ; ⌚ 8h-18h lun-ven, 8h-12h sam)

Depuis/vers Maribor

BUS

On peut rallier presque n'importe quelle ville de Slovénie (ainsi que certaines destinations internationales) depuis l'énorme **gare routière** (Minska ulica) de Maribor.

Bus au départ de Maribor

Celje 6,70 €, 1 heure 30, 5/jour en semaine, 1/jour le week-end

Ljubljana 12,40 €, 2-3 heures, 7/jour en semaine, 2-3/jour le week-end

Munich (Allemagne) 48 €, 6 heures, 21h50 et 23h45 tlj

Murska Sobota 6,30 €, 1 heure 15, 8/jour en semaine, 3-5/jour le week-end

Ptuj 3,60 €, 45 minutes, au moins 1/heure en semaine, 5-7/jour le week-end

Sarajevo (Bosnie) 45 €, 9 heures, 18h40 tlj et 21h15 lun-jeu et sam-dim

Slovenj Gradec 7,20 €, 2 heures, 3/jour

Vienne (Autriche) 23 €, 3 heures 30, 8h25 et 20h tlj

TRAIN

En plus des liaisons directes, il est possible de gagner Ljubljana et Ptuj en changeant à Pragersko.

Pour Belgrade (29 €, 8 heures 30), en Serbie, et Zagreb (12 €, 3 heures), en Croatie, prenez une correspondance à Zidani Most.

Trains au départ de Maribor

Celje 5,80-7,60 €, 45 minutes, au moins ttes les heures en semaine, ttes les 1-2 heures le week-end

Ljubljana 14,85-24,21 €, 2 heures, 2 express ICS et 7 trains ordinaires/jour

Murska Sobota 7,17 €, 2 heures, 6/jour en semaine, 5/jour le week-end

Ptuj 3,44 €, 30 minutes, 10/jour en semaine, 6/jour le week-end

Vienne (Autriche) 29 €, 3 heures 30, 2/jour

Comment circuler

Maribor et ses environs sont bien desservis par les bus locaux. Les départs se font depuis l'arrêt au sud de la gare ferroviaire, près de Meljska cesta. Horaires de bus consultables sur www.marprom.si. Les tickets (aller simple) achetés dans le bus coûtent 2/1 € adulte/enfant.

L'office du tourisme (p. 231) loue des vélos (5/10 € pour 3 heures/1 jour). Le **Maribor City Hotel** (☎ 02-292 70 00 ; www.hotelcitymb.si ; Ulica Kneza Koclja 22 ; s/d à partir de 120/180 € ; P ⊜ ❄ ☕) dispose de vélos électriques.

Les taxis **Cammeo** (☎ 02-707 12 12 ; www.cammeo.si ; 0,85 €/km) circulent à Maribor. Appelez ou téléchargez l'application.

MASSIF DU POHORJE

Cerné par Slovenj Gradec à l'ouest, Maribor à l'est et Celje au sud, ce massif aux versants boisés, aux pâturages verdoyants et aux sommets déchiquetés est une destination phare de la Slovénie pour les activités de plein air (vélo ou randonnée en été et ski en hiver). À la différence des sommets des Alpes Juliennes, la région reste méconnue en dehors du pays. Pour une journée de randonnée ou un après-midi de VTT, on accède facilement à l'extrémité est de la chaîne depuis Maribor. Avec plus de temps, gagnez le cœur de la région depuis Zreče pour parcourir les chemins de campagne menant à de petits villages blottis entre les prairies alpines et les rangées de vignes à flanc de colline.

Pohorje de Maribor

☎ 02 / ALTITUDE 1 347 M

La façade est du massif du Pohorje, poumon vert et zone de loisirs principale de Maribor, est connue ici sous le nom de Pohorje de Maribor (Mariborsko Pohorje). Facilement accessible depuis la ville, elle offre d'innombrables activités – du ski à la randonnée, en passant par l'équitation et le VTT.

Activités

Balades et randonnées

De nombreux itinéraires pédestres de difficulté variable partent de la station de ski au sommet du Žigartov Vrh (1 347 m). En suivant sur 5 km le sentier alpin slovène – un parcours balisé entre Maribor et Ankaran, sur la côte – d'abord vers l'ouest puis vers le sud-ouest, vous arriverez aux deux **cascades de Šumik** et à la **forêt de Pragozd**.

En allant vers le sud-ouest, vous trouverez le **lac Noir** (Črno Jezero), source de l'impétueuse Lobnica, et le site d'**Osankarica**, où le bataillon des partisans du Pohorje fut anéanti par les Allemands en janvier 1943. PZS édite une carte *Pojorje* au 1/50 000 (8,10 €), Kartografija une autre au 1/40 000 (12 €).

À NE PAS MANQUER

HIŠA DENK

L'élégante simplicité du **Hiša Denk** (02-656 35 51 ; www.hisadenk.si ; Zgornja Kungota 11A ; menu dégustation 40-50 € ; 11h-22h jeu-lun ;), tout de bois et de verre, contraste avec l'extravagance des assiettes, sublimant les produits styriens. Il n'y a pas de menu ; remettez-vous-en au chef Gregor Vračko, qui vous réservera un véritable festin.

La réservation est indispensable. Le restaurant se trouve dans le village de Zgornja Kungota, à 15 km au nord de Maribor. Pour ne pas avoir à prendre le volant après le dîner (la carte des vins est exceptionnelle), de nombreux gastronomes choisissent de passer la nuit dans l'une des chambres à l'étage du Hiša Denk (65-75 €), aménagées dans le même style moderne et simple que le restaurant.

Ski

Station de ski du Pohorje de Maribor SKI

(02-603 65 53 ; www.mariborskopohorje.si ; Pohorska ulica 60 ; forfait journée tarif plein/enfant 24/13 € ; 7h-19h). Le domaine du Pohorje de Maribor s'étend de l'Hotel Habakuk (336 m), près de la station de téléphérique inférieure, jusqu'à Žigartov Vrh. Avec ses 42 km de pistes, ses 27 km de parcours de fond et ses 22 remontées mécaniques/remonte-pentes (plus télécabines), c'est le plus grand domaine skiable de Slovénie. Location de matériel à la station de téléphérique supérieure, plus cours de ski et de snowboard.

Vélo

Le vélo est un moyen idéal de découvrir les petites routes et sentiers du Pohorje de Maribor. L'office du tourisme (p. 231) propose les cartes *Pohorje Cycling Map* (carte cyclotouristique du Pohorje, échelle 1/100 000), englobant l'ensemble du Pohorje, et *Kolesarske Poti na Mariborskem Pohorju* (Pistes cyclables dans le Pohorje de Maribor), sommaire mais fort utile. Le centre sportif (8h-19h) loue des VTT GT DHI à la station de téléphérique inférieure (40/50 € pour 4 heures/1 jour).

Fêtes et festivals

Épreuves de Coupe du monde de slalom et de slalom géant féminins SPORTS

(www.goldenfox.org ; jan-fév). Les épreuves annuelles de slalom et de slalom géant féminins – le trophée convoité Zlata Lisica ("renard d'or") – se déroulent sur la piste principale du domaine skiable du Pohorje de Maribor pendant 4 jours fin janvier ou début février.

Où se loger et se restaurer

La région offre quantité d'hébergements, dont plus d'une douzaine de chalets de montagne et de nombreux appartements à louer. L'office du tourisme de Maribor (p. 231) fournit une liste et une carte sommaire.

Presque tous les visiteurs du Pohorje de Maribor prennent leur repas à l'hôtel – il n'y a pas de restaurants indépendants, à l'exception des snack-bars. Ne manquez pas les mets et boissons typiques de la région, comme le *pohorski pisker* (pot-au-feu du Pohorje), et la *pohorska omleta,* une crêpe fourrée aux canneberges et recouverte de crème.

Ruška Koča REFUGE €

(041 666 552, 02-603 50 46 ; www.ruskakoca.si ; Frajham 64 ; 10-18 €/pers ;). Rénové pour répondre aux besoins des randonneurs et skieurs d'aujourd'hui, ce charmant chalet ancien, à 1 246 m d'altitude, est extrêmement prisé (réservez). Chambres (simples et doubles) basiques mais confortables, et agréable terrasse.

Camping Centre Kekec CAMPING €

(040 225 386 ; www.cck.si ; Pohorska ulica 35 ; adulte/enfant 9,50/6 €). Un camping accueillant et bien géré d'une trentaine d'emplacements sur les contreforts du Pohorje de Maribor, près de la station de téléphérique inférieure.

Hotel Bellevue HÔTEL €€€

(031 691 554, 02-607 51 00 ; www.terme-maribor.si ; Na Slemenu 35 ; s/d 90/105 € ; P). Cette institution du Pohorje est l'adresse la plus confortable de la région, près de la station de téléphérique supérieure. Les chambres ne sont pas aussi élégantes que les parties communes, mais elles sont

spacieuses, bien entretenues et dotées de balcons. Accès à l'excellent centre de bien-être de l'hôtel inclus.

Depuis/vers le Pohorje de Maribor

BUS

Pour gagner la station de téléphérique inférieure depuis la gare ferroviaire de Maribor, prenez le bus n°6 (1,10 €, 20 min, 2/heure) et descendez au terminus – le téléphérique est juste derrière l'arrêt.

TÉLÉPHÉRIQUE

Une façon simple – et plus excitante – de rejoindre l'Hotel Bellevue et le cœur du Pohorje de Maribor consiste à prendre le **téléphérique** (Vzpenjača ; ☎041 959 795 ; www.visitpohorje.si ; aller-retour adulte/enfant/famille 6/3/12 € ; 7h-22h) à la station de Zgornje Radvanje, 6 km au sud-ouest de la vieille ville de Maribor. Les cabines disposent de fixations extérieures pour les VTT et les skis.

Le téléphérique circule toutes les heures de 7h à 22h tous les jours. Le week-end, il fonctionne en continu entre 10h et 18h.

VOITURE ET MOTO

Depuis la vieille ville de Maribor, comptez 20 km pour atteindre la station de ski (les courageux iront à vélo). Piquez au sud et passez devant le château Betnava, de style Renaissance, puis prenez vers l'ouest à Spodnje Hoče jusqu'à une fourche, près d'une petite cascade. En tournant à droite, il vous faudra moins de 4 km pour rallier la station de téléphérique supérieure. Tournez à gauche et vous l'atteindrez au bout d'environ 5 km.

Rogla et Pohorje de Zreče

☎03 / ALTITUDE JUSQU'À 1 517 M

Zreče, à quelque 40 km au sud-ouest de Maribor, est la porte d'entrée du Pohorje de Zreče (Zreško Pohorje) et de la station de montagne de Rogla. La zone centrale du massif en forme de poire présente les plus hauts et les plus beaux sommets du Pohorje, qui, s'ils ne peuvent rivaliser avec ceux des Alpes Juliennes et kamniques – la majorité dépassant à peine la barre des 1 500 m –, offrent de belles occasions de randonnée toute l'année.

Zreče n'est certes pas la plus belle ville de Slovénie – elle est dominée par le fabricant d'outils Unior – mais elle possède un modeste centre thermal. À 16 km au nord, on atteint les pistes de ski de Rogla (1 517 m), où s'entraîne notamment la sélection olympique slovène. Les prairies alpines environnantes, parsemées de petits hameaux, offrent un cadre de choix pour les randonneurs et ceux qui veulent simplement profiter des paysages de campagne.

Activités

Randonnée et VTT

La carte *Pohorje* de Kartografija (1/40 000, 12 €) recense plusieurs boucles de 2 km (30 min) à 32 km (8 heures), tandis que la carte gratuite *Rogla-Zreče Karta Pohodnih Poti* dénombre 14 marches et randonnées entre 3 et 33,5 km. Un autre tracé intéressant, signalé sur les deux cartes et long de 12 km (3 heures), conduit au nord-ouest jusqu'aux **lacs de Laurent** (Lovrenska Jezera), un marais tourbeux comportant 20 petits plans d'eau.

Les vététistes se procureront l'excellente *Pohorje Cycling Map*, une carte gratuite à l'échelle 1/100 000, avec une douzaine de circuits vers l'ouest jusqu'à Slovenj Gradec et Dravograd, et vers l'est jusqu'à Maribor. Bien plus sommaire, la carte/brochure du centre thermal *Rogla Terme Radfahrwege/Cycling Paths* (1/50 000) se concentre sur la zone, avec neuf parcours reliant Zreče, Rogla et Areh.

Centre de VTT et de marche de Rogla RANDONNÉE

(Kolesarsko in Pohodriško Center ; ☎03-757 74 68 ; www.rogla.eu ; Rogla ; location de vélos 1 heure/jour à partir de 10/20 € ; 9h-19h jeu-dim mai-juil, tlj août à mi-sept). Location de vélos et renseignements sur les itinéraires pédestres dans la région. Guides et location d'autres équipements de plein air.

Ski

Consultez le site Internet de la station de ski Rogla Unitur (www.rogla.eu).

Station de ski de Rogla SKI

(☎03-757 61 55, 03-757 64 40 ; www.rogla.eu ; Rogla ; forfait journée tarif plein/enfant 33/18 € ; 9h-16h lun-mer, 9h-16h et 17h-21h jeu-dim déc-avr). Ce domaine skiable offre 13 km de pistes (de niveaux débutant et intermédiaire pour l'essentiel) et 21 km de parcours de fond, desservis par deux remontées mécaniques et 11 remonte-pentes. La saison est relativement longue – de début décembre jusqu'en avril au plus tard.

École des sports de neige

Intersport Rogla SKI
(Šola Snežnih Športov Intersport Rogla ; ☎ 03-757 74 68 ; www.solasmucanja.eu ; Rogla ; cours de ski débutants 2 jours adulte/enfant 80/55 € ; ⏲ 8h15-16h15 hiver). Cours de ski et de snowboard niveaux débutants à confirmés, et cours de ski de fond et de freestyle. L'école occupe un petit chalet en bois au pied des remontées mécaniques.

Intersport Rent & Ski Servis LOCATION DE MATÉRIEL
(☎ 03-757 74 89 ; Planja Hotel, Rogla ; location skis adulte/enfant 22/18 € par jour ; ⏲ 8h30-16h45, 8h30-21h en hiver). Possibilité de louer tout le matériel de sport d'hiver dont vous pouvez avoir besoin auprès de ce prestataire, au Planja Hotel.

Établissement thermal

Terme Zreče CENTRE THERMAL
(☎ 03-757 61 56 ; www.terme-zrece.eu ; Cesta na Roglo 15 ; forfait journalier adulte/enfant lun-ven 13/10 €, sam-dim 15/11,50 € ; ⏲ 9h-21h lun-jeu et dim, 9h-22h ven-sam). Ce centre qui dispense des soins postopératoires et traite les problèmes locomoteurs (en particulier ceux provoqués par des blessures sportives) est aussi entièrement aménagé pour les loisirs, avec son ensemble de piscines thermales intérieures et extérieures (autour de 35°C). La période entre juin et septembre est la plus propice aux familles qui peuvent profiter du parc aquatique Forest Water, avec toboggans et pataugeoire.

Où se loger et se restaurer

Petites pensions, appartements et fermes accueillant les visiteurs émaillent la région du Pohorje de Zreče, en particulier autour de Resnik, à 7 km au sud-ouest de Rogla, et de Skomarje, plus au sud. Seules Zreče et Rogla proposent de plus grands établissements.

Ferme Ramšak PENSION €€
(☎ 04-189 16 29 ; www.kmetija-ramsak.si ; Padeški Vrh 2 ; s/d 30/60 € ; wifi). Cette paisible ferme bio familiale propose 5 chambres basiques avec murs chaulés, plafond en bois et balcon, et de bons repas (demi-pension pour quelques euros de plus). À mi-chemin entre Zreče et Rogla, dans le village de Padeški Vrh.

Ferme Pačnik PENSION €€
(☎ 03-576 22 02 ; www.kmetija-pacnik.net ; Resnik 21 ; d/tr 70/105 € ; P wifi). Les 4 chambres confortables et 2 appartements profitent d'une jolie vue sur la montagne. Délicieux repas à base de produits de l'exploitation, complétés par de la viande et des laitages de provenance locale. À Resnik (à 7 km au sud-ouest de Rogla).

Garni Hotel Zvon PENSION €€
(☎ 03-757 36 00 ; www.garnihotelzvon.si ; Slomškova ulica 2, Zreče ; s/d/app à partir de 47/74/90 € ; P ❄ @). Cet établissement accueillant propose 15 chambres (avec balcon) et appartements (jusqu'à 6 pers) à deux pas de Terme Zreče.

Atrij Hotel HÔTEL €€€
(☎ 03-757 60 00 ; www.terme-zrece.eu ; Cesta na Roglo 15, Zreče ; s/d 108/156 € ; P ❄ @ wifi piscine). Ce quatre-étoiles situé à l'entrée de Terme Zreče constitue le fleuron des trois hôtels du complexe, avec un centre de bien-être et 45 chambres spacieuses et bien conçues (demandez-en une avec balcon). Certaines sont adaptées à la clientèle handicapée. Forfaits ski et bien-être sur le site Internet.

Koča na Pesku SLOVÈNE €
(☎ 03-757 71 67 ; www.en.pzs.si ; Rogla ; plats 4,50-12,50 € ; ⏲ 7h-21h avr-oct, 8h-17h nov-mars). Ce chalet de montagne (28 €/pers en demi-pension), à 3 km au nord de Rogla, sur la route non bitumée qui mène à Koroša, est prisé pour ses plats du cru roboratifs, notamment sa fameuse soupe aux champignons et à la kacha de sarrasin (*gobova kremna juha z ajdovimi žganci* ; 5 €) et son *pohorski lonec* (ragoût de Pohorje ; 5,50 €).

Renseignements

Centre d'information touristique de Rogla-Zreče (TIC ; ☎ 03-759 04 70 ; www.destinacija-rogla.si ; Cesta na Roglo 11j, Zreče ; ⏲ 8h-16h lun-ven, 9h-12h sam, 9h-11h dim). Dans le centre commercial, l'office du tourisme fournit la liste complète des chambres d'hôtes du secteur.

Poste (Cesta na Roglo 11, Zreče ; ⏲ 8h-18h lun-ven, 8h-12h sam). Au sud-est de la banque.

Depuis/vers Rogla et le Pohorje de Zreče

En semaine, des liaisons sont assurées entre Zreče et Celje (3,60 €, 45 min) via Slovenske Konjice toutes les heures environ. Les samedis et dimanches, un seul service est proposé, en soirée.

Des bus locaux relient la gare routière de Zreče à Rogla. En hiver, deux bus quotidiens desservent Zreče depuis Celje et quelques-uns depuis Slovenske Konjice, avant de poursuivre vers Rogla.

En hiver, des bus "spécial ski" partent de Zreče (3 €, 30 min, 5 dans les deux sens), ainsi que de Celje et Slovenske Konjice. Toujours durant la saison de ski, les bus du **Terme Zreče** transportent gratuitement les hôtes du complexe jusqu'à Rogla toutes les heures de 6h à 20h30 ou 21h. Le reste de l'année, un seul bus monte à la station à 6h et en redescend à 22h.

CARINTHIE (KOROŠKA)

Pour l'essentiel, la province de Carinthie se compose de trois vallées délimitées par le massif du Pohorje à l'est, le dernier sommet des Karavanke, le mont Peca, à l'ouest, et les collines de Kobansko au nord. La vallée de la Drave, qui s'étend d'est en ouest, comprend les villes de Dravograd, Muta et Vuzenica. Les vallées de la Mežica et de la Mislinja se déploient à partir de la Drave. La première, une région industrielle, compte des villes telles que Ravne na Koroškem, Prevalje et Črna na Koroškem. Slovenj Gradec constitue le centre névralgique de la seconde.

Si la Carinthie est si peu étendue, c'est que, lors du référendum réclamé par les Alliés au lendemain de la Première Guerre mondiale, les Slovènes résidant de l'autre côté des Karavanke, le massif montagneux entre la Slovénie et l'Autriche, décidèrent de remettre leur avenir entre les mains de Vienne, tandis que la région minière de la vallée de la Mežica rejoignait la Slovénie. Le pays perdit ainsi 90 000 de ses citoyens ainsi que les villes de Klagenfurt (Celovec) et de Villach (Beljak) au profit de l'Autriche.

La Carinthie continue d'occuper une place particulière dans le cœur et l'esprit de la majorité des Slovènes. C'est ici que se trouvait l'épicentre du duché de Carantanie (Karantanija), le premier État slave datant du VIIe siècle et ayant duré 300 ans, dont le mot "Carinthie" est dérivé.

Slovenj Gradec et ses environs

02 / 7 240 HABITANTS / ALTITUDE 405 M

Si Slovenj Gradec n'est pas la "capitale" de la Carinthie – ce titre revient au centre industriel de Ravne na Koroškem, au nord-ouest –, elle constitue assurément le cœur de la province en matière de culture et de loisirs. Plusieurs musées, galeries et églises historiques bordent sa place principale, tandis que le massif du Pohorje, à l'est, offre quantité d'activités sportives.

L'axe principal de Slovenj Gradec est Glavni trg, une longue "place" colorée bordée de vieilles maisons et de magasins.

Histoire

L'histoire de Slovenj Gradec est intimement liée à celle de Stari Trg, un faubourg au sud-ouest de la vieille ville. Du Ier au IIIe siècle, il abrita un village romain appelé Colatio, traversé par une importante voie reliant Celeia (Celje) à Virunum (près de Klagenfurt, en Autriche). Au Moyen Âge, Slovenj Gradec était un carrefour commercial important, battant même sa propre monnaie. Plus tard, elle devint un pôle culturel et artistique, abritant nombre d'artisans et de corporations. Parmi les représentants éminents des Habsbourg installés à Slovenj Gradec au fil des siècles, on compte des membres de la famille Windisch-Grätz, qui ont inspiré le nom allemand de la ville (Windisch Graz).

À voir

Musée des Beaux-Arts de Carinthie MUSÉE

(Koroška Galerija Likovnih Umetnosti ; 02-882 21 31 ; www.glu-sg.si ; 1er ét., Glavni trg 24 ; tarif plein/enfant/famille 2,50/1,50/5 € ; 9h-18h mar-ven, 10h-13h et 14h-17h sam-dim). La collection permanente de ce musée, au 1er étage de l'ancien hôtel de ville, recèle des bronzes de Franc Berneker (1874-1932) et des tableaux naïfs signés Jože Tisnikar (1928-1998), l'un des artistes slovènes les plus intéressants et originaux. Son obsession pour les cadavres, les personnages difformes et les insectes démesurés perturbe autant qu'elle amuse. Jetez un coup d'œil aux œuvres intitulées *Birth and Death*, *Crows under the Cross* et *Bare Feet*.

Musée régional de Carinthie MUSÉE

(Koroški Pokrajinski Muzej ; 02-884 20 55 ; www.kpm.si ; rez-de-chaussée et 2e ét., Glavni trg 24 ; adulte/enfant 2,50/1,70 € ; 10h-18h mar-ven, 10h-13h et 14h-17h sam-dim). Occupant deux étages de l'ancien hôtel de ville, ce musée renferme plusieurs collections permanentes. Parmi elles un vaste ensemble de pièces ethnologiques relatives à l'histoire de la ville et de la région : panneaux de ruche peints, maquettes d'hôpital de guerre et d'écoles gérés par les partisans, etc. À noter aussi des objets d'art populaire africain

Slovenj Gradec

0 — 100 m

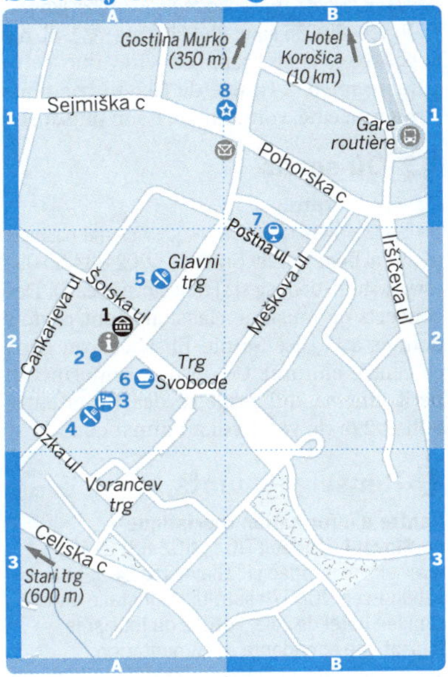

Slovenj Gradec

À voir
1 Musée des Beaux-Arts de Carinthie ..A2
Musée régional de Carinthie .... (voir 1)

Activités
2 Koroški Splavarij A2

Où se loger
3 Hotel Slovenj Gradec............................A2

Où se restaurer
4 Restavracija Paradiso A2
5 Šlaščičarna Šrimpf A2

Où prendre un verre et faire la fête
6 Mestna Kavarna A2
7 Pisarna Cafe Lounge Bar B2

Où sortir
8 Centre culturel de Slovenj Gradec B1

rapportés par le médecin slovène Franc Tretjak (1914-2009) durant les années 1950 et 1960 et toutes sortes d'objets amassés par le prêtre Jakob Soklič (1893-1972).

La très hétéroclite collection Soklič, au 2e étage, inclut de médiocres aquarelles et peintures à l'huile de scènes paysannes, moult portraits d'Hugo Wolf (né en 1860 au n°38 Glavni trg), de la verrerie de Glažuta du XIXe siècle, des broderies de Carinthie, des objets religieux et des meubles du XVIIIe siècle. Enfin, des photos d'Afrique prises par Tretjak sont exposées au rez-de-chaussée dans cinq cellules de l'ancienne prison.

Activités

Sentier alpin slovène RANDONNÉE

Le sentier alpin slovène traverse Stari Trg et le centre de Slovenj Gradec avant de se poursuivre jusqu'au Mala Kopa (1 524 m), où il croise le sentier européen E6. L'**E6** remonte vers le nord et l'Autriche via Vuhred et Radlje ob Dravi, tandis que le sentier alpin slovène continue vers l'est en direction de Rogla et Maribor. À Velika Kopa, perchée à 1 377 m, on peut loger au **Grmovškov Dom pod Veliko Kopo** (☎02-883 98 60, 031 816 754 ; www.pdsg.si/grmovskov-dom ; 22 €/pers), qui dispose de 60 lits.

Station de ski de Kope SKI

(☎02-882 27 40 ; www.ribnisko-pohorje.si ; forfait journée tarif plein/enfant/étudiant et senior 27/17/24 € ; 9h-18h). Si l'on trouve trois stations à distance raisonnable de Slovenj Gradec, la plus proche est Kope, dont les pentes dominent la vallée de la Mislinja, à l'extrémité ouest du massif du Pohorje. Son domaine skiable offre 8 km de descentes, 15 km de parcours de fond et huit remontées mécaniques et remonte-pentes, au Mala Kopa et au Velika Kopa.

Koroški Splavarij RAFTING

(Koroška Rafters ; ☎02-872 33 33 ; www.splavarjenje.com). L'office du tourisme (p. 238) peut vous aider à organiser une descente en rafting de 3 heures sur la Drave moyennant quelque 25 € par personne, nourriture et boisson comprises, mais cette activité ne s'adresse généralement qu'aux groupes. Départ de Vrata, à 8 km à l'est de Dravograd.

Où se loger

Slovenj Gradec est la base naturelle de la région, mais, si vous êtes motorisé, vous pouvez aussi séjourner dans l'un des hôtels d'Otiški Vrh ou de Vič, vers le nord.

Hotel Korošica HÔTEL €€

(☎02-878 69 12 ; www.korosica.si ; Otiški Vrh 25d ; s/d 59/85 € ; P ❄ @ 🛜). Loger dans ce quatre-étoiles nécessite de rallier le village d'Otiški Vrh, sur les berges de la Mislinja, à 10 km au nord-ouest de Slovenj Gradec en direction de Dravograd. Si le bâtiment – un grand parallélépipède jaune et gris dans un champ – ne paie pas de mine, il recèle 30 chambres tout confort et un restaurant apprécié.

Hotel Slovenj Gradec HÔTEL €€
(☎02-883 98 50, 051 310 333 ; www.vabo.si ; Glavni trg 43 ; s/d 40/65 € ; P ❄ 📶). Le seul hôtel central de la ville, au personnel sympathique. Rafraîchies, les 68 chambres comprennent du mobilier en bois et d'étincelantes salles de bains modernes.

Où se restaurer et prendre un verre

Si vous explorez la Carinthie en voiture, Slovenj Gradec est le meilleur endroit où faire une pause et déjeuner. Si vous êtes en route pour l'Autriche, vous pouvez continuer jusqu'à Vič (juste avant la frontière) et casser la croûte au restaurant accueillant et moderne de la **Fabrika Guest House** (☎041 619 073 ; www.fabrika-guest-house.slovenia-hotel.com ; 22A Vič ; s/d 40/60 € ; 📶).

Restavracija Paradiso INTERNATIONAL €
(☎02-883 98 50 ; www.vabo.si ; Hotel Slovenj Gradec, Glavni trg 43 ; plats 6,50-16 € ; 📶). Ce qui se rapproche le plus d'un restaurant gastronomique à Slovenj Gradec, dans l'Hotel Slovenj Gradec. La carte ressemble à une mini-leçon d'histoire de la ville. Assiettes à partager (*plošče*, 20-24 €) et menus du jour (8-9 €) d'un très bon rapport qualité/prix.

Šlaščičarna Šrimpf CAFÉ €
(☎02-884 14 82 ; Glavni trg 14 ; gâteaux 1-3 € ; ⌚8h30-19h lun-sam, 10h-19h dim). Cette institution locale draine les foules avec ses gâteaux. Testez la *zagrebska* (2 €), généreux cocktail de crème anglaise, crème fraîche, chocolat et pâte feuilletée.

Gostilna Murko SLOVÈNE €€
(☎02-883 81 03 ; Francetova cesta 24 ; plats 12-18 € ; ⌚8h-22h lun-ven, 10h-22h sam, 10h-17h dim). À 400 m au nord du centre, au bord de la Mislinja cette auberge quatre-étoiles prisée des touristes autrichiens sert depuis des décennies de généreuses portions de spécialités slovènes.

Pisarna Cafe Lounge Bar BAR
(☎041 727 984 ; Poštna ulica 3 ; ⌚6h-23h lun-jeu, 6h 2h ven, 8h-2h sam, 9h-20h dim). Les soirs de week-end, les étudiants animent ce bar au décor noir et blanc.

Mestna Kavarna CAFÉ
(☎041 324 774 ; Trg Svobode 7 ; ⌚7h-22h lun-jeu, 7h-1h ven, 8h-23h sam, 8h-22h dim ; 📶). Il n'y a pas plus chaleureux en ville que cette adresse rétro, à l'angle de Glavni trg, pour siroter un café, voire une boisson plus forte.

Où sortir

Centre culturel de Slovenj Gradec CENTRE CULTUREL
(Kulturni Dom Slovenj Gradec ; ☎02-884 50 05 ; www.kulturni-dom-sg.si ; Francetova ulica 5). Des concerts de musique classique sont parfois donnés à l'église Sainte-Élisabeth ou dans ce centre culturel. Ce dernier renferme un petit cinéma qui projette des films entre 20h et 22h du vendredi au dimanche.

Renseignements

Centre d'information touristique de Slovenj Gradec (TIC ; ☎02-881 21 16 ; www.slovenjgradec.si ; Glavni trg 24 ; ⌚8h-18h lun-ven, 10h-17h sam-dim). Installé dans l'ancien hôtel de ville, l'office du tourisme fournit une abondante documentation sur les activités et lieux d'intérêt.

Nova Ljubljanska Banka (Glavni Trg 30 ; ⌚8h30-12h30 et 14h30-17h lun-ven)

Poste (Francetova cesta 1 ; ⌚8h-18h lun-ven, 8h-12h sam). À l'extrémité nord de Glavni Trg.

Depuis/vers Slovenj Gradec

Aucune ligne ferroviaire ne passe par Slovenj Gradec. Les bus partant de la gare routière (Pohorska cesta 15), 500 m au nord-est de l'office du tourisme, desservent notamment :

Celje (7,20 €, 1 heure 30). 2/jour lun-ven.

Ljubljana (9,90 €, 2 heures). 5/jour lun-ven, 1/jour sam, 7/jour dim.

Maribor (7,20 €, 2 heures) 3/jour.

PREKMURJE

Le Prekmurje, ou Pomurje, est la région oubliée de la Slovénie – c'est une vaste plaine agricole "au-delà de la rivière Mur", comme son nom l'indique. Du fait de son isolement relatif jusque dans les années 1920, cette partie de la plaine de Pannonie a conservé sa musique traditionnelle, son folklore, son architecture et son dialecte.

Avant la fin de la Première Guerre mondiale, le territoire appartenait à l'Empire austro-hongrois. En témoigne la présence d'une petite minorité magyare, surtout implantée autour de Lendava.

LES CIGOGNES BLANCHES

La cigogne blanche (*Ciconia ciconia*), ou *beli štrk* en slovène, est l'emblème du Prekmurje. Le fait qu'un couple de cigognes vienne nicher sur un toit est considéré comme un honneur et un porte-bonheur. Arrivées au printemps, les cigognes séjournent en Slovénie durant les chauds mois d'été. Mi-août, elles repartent pour un voyage de 12 000 km vers le sud, jusqu'en Afrique subsaharienne, où elles passent l'hiver.

Elles élisent domicile sur les clochers, le sommet des toits ou des poteaux téléphoniques, édifiant des nids restaurés une année après l'autre et pouvant peser jusqu'à 500 kg. Leur régime alimentaire se compose de vers, de sauterelles, de grenouilles et de petits rongeurs, rapportés au nid pour les petits. Mais si la nourriture vient à manquer, il n'est pas rare que les jeunes soient contraints à "aller voir ailleurs".

Ces vingt dernières années, la population de cigognes (environ 350 couples reproducteurs) a augmenté en Slovénie. La cigogne blanche n'en reste pas moins une espèce vulnérable, du fait de la destruction, de l'assèchement ou de la régulation des prairies humides, ses terrains de chasse et de reproduction.

Par de nombreux aspects, le Prekmurje se rapproche plus de la Hongrie que de la Slovénie : cigognes blanches, grandes fermes en chaume, importante population rom et *golaž* (goulasch) au paprika.

Passage naturel vers la Hongrie, le Prekmurje est aussi, si l'on dispose de temps, une belle région où se balader en voiture de village en village, et se régaler de *gibanica*, riche pâtisserie locale.

Murska Sobota et ses environs

☎ 02 / 11 130 HABITANTS / ALTITUDE 189 M

La ville la plus septentrionale de Slovénie, Murska Sobota, occupe une plaine plus plate qu'une *palačinka* – crêpe fourrée à la confiture ou aux noix et nappée de chocolat, très célèbre ici.

En dehors d'un patrimoine architectural assez éclectique, mélange de néoclassicisme, de style Sécession et de réalisme socialiste, la ville ne présente pas grand attrait si ce n'est pour rayonner dans la plaine pannonienne alentour et ses villages de potiers.

Histoire

Jusqu'à l'arrivée du chemin de fer en 1907, qui relia Murska Sobota à Šalovci, en Hongrie, Murska Sobota ne fut guère qu'une cité marchande hongroise. Avec la formation du royaume des Serbes, des Croates et des Slovènes en 1918 et le transfert de territoire, Murska Sobota se retrouva au centre du Prekmurje et commença réellement à se développer.

À voir

Musée régional de Murska Sobota MUSÉE
(Pomurski Muzej Murska Sobota ; ☎ 02-527 17 06 ; www.pomurski-muzej.si ; Trubarjev drevored 4 ; adulte/enfant 3/2 € ; ⏲ 9h-17h mar-ven, 9h-13h sam, 14h-18h dim). Ce musée consacré à la vie le long de la Mur, de la préhistoire à la fin du XXe siècle, se déploie dans 14 salles du château de la ville, un vaste manoir Renaissance du milieu du XVIe siècle. La fosse à déchets médiévale (salle 4), le salon baroque orné de fresques (salle 9), les vieux intérieurs paysans (salle 11) et l'ancienne chapelle (à côté de la salle 14) sont les plus intéressants.

Musée de Murska Sobota MUSÉE
(Galerija Murska Sobota ; ☎ 02-522 38 34 ; www.galerija-ms.si ; Kocljeva ulica 7 ; adulte/enfant 2/1 € ; ⏲ 8h-17h mar-ven, 9h-12h lun et sam sept-juin, 9h-12h sam juil-août). Sa collection permanente de plus de 500 œuvres, essentiellement des sculptures, et ses bonnes expositions temporaires (tarifs variables), méritent une visite.

Église évangélique ÉGLISE
(Evangeličanska Cerkev ; Slovenska ulica ; ⏲ 8h-18h). Cet édifice néogothique (1910), principal siège luthérien de Slovénie (la majorité des protestants slovènes vivent dans le Prekmurje), affiche un intérieur peint de motifs géométriques et floraux dans des tons doux qui tranchent avec les ors et les marbres baroques de la plupart des églises catholiques slovènes.

Murska Sobota

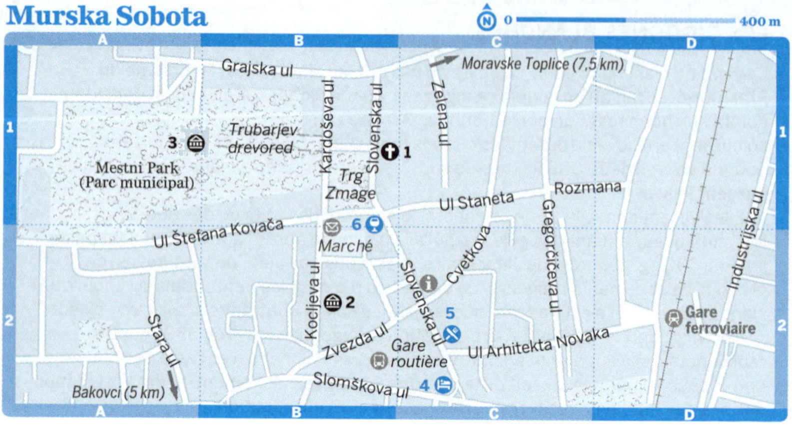

Murska Sobota

À voir

1 Église évangélique B1
2 Musée de Murska Sobota B2
3 Musée régional de Murska Sobota A1

Où se loger

4 Hotel Diana C2

Où se restaurer

5 Bunker C2

Où prendre un verre et faire la fête

6 Zvezda Pivnica B1

Où se loger

Hotel Štrk PENSION €€

(☎02-525 21 58 ; www.lovenjakov-dvor.si ; Polana 40 ; s/d 41/82 € ; P ❄ @ 📶 🏊). La "Cigogne", dans le complexe Lovenjakov Dvor (la cour de Lovenjak), est le meilleur endroit où passer la nuit dans la région, avec ses 25 chambres de style classique, son bassin clos d'eau thermale de Moravske Toplice, ses vélos à louer pour 10 €/jour et sa vue sur des nids de cigognes. À 4 km au nord-ouest de Murska Sobota.

Hotel Diana HÔTEL D'AFFAIRES €€

(☎02-514 12 00 ; www.hotel-diana.si ; Slovenska ulica 52 ; s/d 55/90 € ; P ❄ 📶 🏊). Les chambres, certes fades, sont parfaitement fonctionnelles et bien entretenues, et le personnel d'une bonne humeur communicative. L'hôtel possède une piscine vitrée, un sauna et une salle de fitness au 2e étage ainsi qu'un restaurant correct.

Où se restaurer et prendre un verre

Bunker HAMBURGERS €

(☎031 670 444 ; Slovenska ulica 47 ; burgers 4,50-7 € ; ⏲8h-23h lun-jeu, 8h-1h ven, 9h-1h sam, 9h-22h dim ; 📶). En arrivant à Murska Sobota, on ne s'attend pas à tomber sur ce bar-restaurant au style post apocalyptique qui sert de bons burgers et des bières du monde entier.

♥ **Gostilna Rajh** SLOVÈNE €€

(☎02-543 90 98 ; www.rajh.si ; Soboška ulica 32, Bakovci ; plats 9,50-22 € ; ⏲10h30-22h mar-ven, 11h-22h sam, 11h30-16h dim). Dans le village de Bakovci, à 5 km au sud-ouest, cette *gostilna* (auberge) sert des spécialités locales revisitées : truite à la purée de pois et à l'huile de persil ou nourrissant *bograč golaž* (goulasch à la hongroise). Commandez une délicieuse *gibanica* glacée pour conclure.

Menu dégustation saisonnier de 5 plats à 38 €.

Gostilna Lovenjak SLOVÈNE €€

(☎02-525 21 53 ; Hotel Štrk, Polana 40 ; plats 7,50-20 € ; ⏲11h-22h lun-jeu, 11h-minuit ven-sam, 11h-20h dim). Le restaurant de l'Hotel Štrk sert des spécialités du Prekmurje comme le cochon de lait rôti accompagné de nouilles, et la diabolique *prekmurska gibanica* (adaptation sucrée d'une spécialité serbe). Menus de midi avantageux (10-18 €), buffet dominical et concerts le week-end.

Zvezda Pivnica PUB

(Star Pub ; ☎02-5391573 ; www.hotel-zvezda.si ; Trg Zmage 8 ; ⏲9h30-22h dim-jeu, 9h30-1h

VAUT LE DÉTOUR

À LA DÉCOUVERTE DU CŒUR RURAL DU PREKMURJE

Passer une journée dans les petits villages du Prekmurje est la meilleure façon de découvrir le patrimoine de cette région rurale méconnue, allant des derniers moulins flottants en activité sur la Mur à une cave ultramoderne.

Martjanci

L'**église paroissiale Saint-Martin** (Župnijska Cerkev Sv Martina ; Martjanci) présente des fresques du XIVe siècle sur les voûtes et les murs de son sanctuaire.

Filovci

Ce village est célèbre pour sa *črna keramika* (céramique noire) oxydée par la fumée du four à bois. Le **Keramika Bojnec** (☎ 041 330 987 ; www.bojnec.com ; Filovci 20 ; 4 €), à 200 m au sud-ouest de la route principale, montre les artisans à l'œuvre dans l'ancien four à céramique installé dans le *skanzen* (écomusée d'architecture rurale en plein air), de l'autre côté de la route.

Bogojina

Faites un arrêt pour découvrir l'**église paroissiale de l'Ascension**. Remodelée vers 1926 par Jože Plečnik, elle possède un surprenant décor intérieur, mélange de marbre noir, de cuivre, de bois et de terre cuite. Le plafond à poutres de chêne est orné de pichets et d'assiettes en céramique locale, tout comme l'autel.

Mačkovci

Marof (Vinska Klet Marof ; ☎ 02-556 18 10 ; www.marof.eu ; Mačkovci 35 ; ⌚10h-16h mar-ven, 13h-18h sam), l'une des grandes entreprises vinicoles du Prekmurje, est installé à Mačkovci. Visitez la cave avant la dégustation. Marof est réputé pour son *modra frankinja* très fruité, mais produit aussi un exquis chardonnay.

Les moulins flottants, qui datent de l'époque romaine, étaient jadis communs sur les rivières au cours ou au niveau changeant. Le moulin pouvait ainsi continuer à fonctionner malgré les variations de niveau et au besoin on le déplaçait vers les sites plus propices à l'activité meunière. En Slovénie, la plupart se tenait sur la Mur, où des dizaines d'entre eux fonctionnèrent jusqu'à la Seconde Guerre mondiale. Aujourd'hui, deux seuls subsistent.

Moulin Babič (Babičev Mlin ; ☎ 041 694 087 ; Prvomajska ulica 24, Veržej ; ⌚8h-16h30 lun-ven, 8h-14h sam). Ce moulin est en activité depuis 1925. On ne peut pas le visiter, mais généralement les photos sont autorisées (parfois 1 € est demandé).

Moulin de l'île de l'Amour (Otok Ljubezni Mlin ; ☎ 02-541 35 80 ; Mladinska ulica 2, Beltinci ; ferry et entrée 3,50 € ; ⌚9h-18h avr-juin et sept-oct, 9h-20h juil-août). À Ižakovci, au sud-ouest de Beltinci, ce moulin fut spécialement construit au milieu des années 1990 pour préserver le patrimoine des moulins de la région. On peut visiter le petit musée et faire un tour sur la Mur sur un *kumpi* (bac traditionnel à poulie).

ven-sam ; 📶). Le bar principal de Murska Sobota, dans le centre-ville, avec vaste terrasse et nourriture correcte.

Renseignements

Centre d'information touristique de Murska Sobota (TIC ; ☎ 02-534 11 30 ; Slovenska ulica ; ⌚9h-18h lun-sam mai-oct, 9h-16h nov-avr). L'excellent office du tourisme de Murska Sobota réunit dans l'édifice bancaire centenaire restauré de la ville un café, une boutique de vins du Prekmurje et de produits alimentaires locaux, et un personnel bien informé sur tout ce qu'il y a à faire dans la région. Ne manquez pas de prendre un verre de délicieux jus de poire locale.

Un centre touristique était en construction au bord du lac Soboška Kamešnica lors de notre dernière visite. Il comprendra des présentations interactives sur le Prekmurje, ainsi qu'un magasin de produits locaux et un café-restaurant.

Nova Ljubljanska Banka (Trg Zmage 7 ; ⌚8h30-17h lun-ven)

Poste (Trg Zmage 6 ; ⌚8h-18h lun-ven, 8h-12h sam)

Depuis/vers Murska Sobota

BUS

Des bus au départ de la **gare routière de Murska Sobota** (Zvezda ulica) desservent tout le Prekmurje et des villes au-delà. Consultez les horaires à jour sur www.apms.si.

Dobrovnik (2,70 €, 30 min). 8 bus/jour en semaine, 9 le week-end.

Maribor (6 €, 1 heure 15). 8 bus/jour en semaine, 3-4 le week-end.

Moravske Toplice (1,80 €, 15 min). Bus ttes les 30 minutes le matin et ttes les heures l'après-midi en semaine. Pas de service le week-end.

Radenci (2,30 €, 15 min). Au moins ttes les heures en semaine, 3-4 le week-end.

Ljubljana (16 €, 3 heures). 2-5 bus/jour.

TRAIN

Murska Sobota est bien desservie par le train.

Ljubljana (13-21 €, 2 heures 30 à 3 heures 30). 2-4 trains directs/jour.

Maribor (7,20-10,75 €, 1 heure 30 à 2 heures). 3-6 trains directs/jour.

Plus de possibilités en changeant à Pragersko. Tous les trains vers l'ouest passent par Ptuj. De Murska Sobota, le train continue vers l'est jusqu'à Budapest (Hongrie).

Comment circuler

L'Hotel Štrk loue des vélos pour 10 €/jour.

Lors de notre dernière visite, la ville mettait en place un système de vélos en libre-service (à partir de 10 €). Renseignez-vous à l'office du tourisme.

Moravske Toplice

02 / 790 HABITANTS / ALTITUDE 185 M

Les thermes de Moravske Toplice, à 7 km au nord-est de Murska Sobota, offrent les eaux les plus chaudes de Slovénie : 72°C à la source, rafraîchies à une température corporelle de 38°C dans les nombreux bassins. C'est en cherchant de l'or noir qu'est apparue en 1960, lors d'un forage exploratoire, l'"eau noire", une eau opaque aux puissantes vertus antirhumatismales.

Les jeunes Slovènes considèrent souvent la clientèle trop âgée pour eux et préfèrent le petit spa partiellement nudiste de Banovci, au sud-ouest. Mais Moravske Toplice est aussi un lieu de loisirs à part entière, et le complexe Terme 3000, avec ses installations de type parc aquatique, est une bonne halte pour les familles.

Activités

Terme 3000 CENTRE THERMAL

(02-512 22 00 ; www.sava-hotels-resorts.com ; Kranjčeva ulica 12 ; forfait journalier adulte/enfant 15,90/11,90 € ; 8h-21h mai-sept, 9h-21 oct-avr). La partie intérieure récemment rénovée (ouverte toute l'année) comprend quatre piscines sur deux niveaux, ainsi qu'un sauna, un café et une pataugeoire. La partie extérieure (ouverte de juin à septembre) est axée sur les loisirs en famille, avec sept piscines et huit toboggans, dont le quatrième plus rapide d'Europe.

L'eau thermale du complexe est recommandée pour soulager les rhumatismes et certaines affections mineures de la peau.

Où se loger

Le complexe Terme 3000 domine l'offre en la matière, mais quelques pensions familiales proposent aussi des chambres de catégories inférieure et moyenne. L'office du tourisme pourra également vous trouver des chambres chez l'habitant à partir de 20 €/personne et des appartements (double 30-50 €).

Maj Inn PENSION €

(070 137 635 ; Kranjčeva ulica 5 ; s/d/tr 35/40/55 € ; P). Une famille tient cette pension centrale d'un excellent rapport qualité/prix. Chambres basiques mais nettes et grandes (demandez-en une avec un balcon). Le café-bar dispose d'une agréable terrasse au rez-de-chaussée.

Hotel Livada Prestige HÔTEL €€€

(02-512 22 00 ; www.sava-hotels-resorts.com ; Kranjčeva ulica 12 ; ch à partir de 128 € ; P @). Le fleuron hôtelier de Moravske Toplice comprend 122 chambres, une piscine et un spa. Plutôt désuètes pour le prix, les chambres sont néanmoins spacieuses et pourvues d'un balcon, et la plupart offrent la possibilité d'alimenter la douche ou la baignoire en eau thermale. Consultez les offres sur le site Internet.

Où se restaurer

Gostilna Kuhar SLOVÈNE €€

(02-548 12 15 ; Kranjčeva ulica 13 ; plats 8-19,50 € ; 9h-23h mar-dim). En retrait de la route, en face de l'entrée principale de Terme 3000, ce restaurant sert des plats traditionnels du Prekmurje dans un intérieur simple et confortable et sur une terrasse ornée de géraniums.

Oaza Grill STEAKS €€

(☎051 383 141 ; www.oazagrill.com ; Mljatinci 39 ; plats à partir de 11 € ; ⏲12h-21h mar-jeu, 12h-22h ven-sam, 12h-15h dim ; P wifi). Au bord d'un petit lac à Mlajtinci, juste au sud du village de potiers de Tešanovci et à environ 3 km au sud-est de Moravske Toplice, ce restaurant chic contemporain qui sert des steaks à la cuisson parfaite vaut le petit trajet depuis la ville.

Renseignements

Centre d'information touristique de Moravske Toplice (TIC ; ☎02-538 15 20 ; www.moravske-toplice.com ; Kranjčeva ulica 3 ; ⏲8h-20h lun-ven, 7h-15h sam, 8h-14h dim juil-août, horaires réduits sept-juin). L'office du tourisme est situé sur la route principale au nord-ouest de l'entrée de Terme 3000.

Nova Ljubljanska Banka (Kranjčeva ulica ; ⏲8h-17h lun-ven). Près de l'entrée de Terme 3000.

Poste (Kranjčeva ulica 5 ; ⏲8h-18h lun-ven, 8h-12h sam). Sur la route principale.

Depuis/vers Moravske Toplice

Les bus partent de Kranjčeva ulica. Destinations à proximité :

Dobrovnik (2,30 €, 15 min, ttes les heures environ)

Murska Sobota (1,80 €, 15 min, ttes les 30 minutes environ le matin et ttes les heures l'après-midi en semaine)

Comprendre la Slovénie

La Slovénie aujourd'hui

Après avoir connu des années fastes au début du XXIe siècle, marqué par son intégration dans l'Union européenne et l'adoption de l'euro, la Slovénie a subi de plein fouet la crise économique de 2008 et ses répliques dans la zone euro. Sorti d'années de récession et d'austérité, l'économie slovène a retrouvé le chemin de la croissance. En dépit de la montée de l'euroscepticisme, souvent lié à la question migratoire, la Slovénie aborde son second quart de siècle avec un optimisme prudent.

À voir

Pain et lait (Kruh in Mleko) (Jan Cvitkovic ; 2001). Une famille dans une petite ville de Slovénie.
Petelinji Zajtrk (Marko Nabersnik ; 2007). Cette comédie douce-amère fut l'un des plus grands succès au box-office slovène.
Ekspres, Ekspres (Igor Šterk ; 1997). Un "rail movie" complètement déraillé.
L'Ennemi de la Classe (Rok Bicek ; 2013). Une tragédie conduit des élèves à se révolter contre leur professeur. Un des rares films slovènes a être sorti sur des écrans français

À lire

Cette nuit, je l'ai vue (Drago Jancar, Phébus, 2014). Un roman haletant par l'un des plus grands écrivains slovènes de son temps.
Slovénie, l'Europe en miniature (Sophie Massalovitch et Jean-Marie Boëlle, Thalia Édition, 2008). Belles photos et textes très clairs.
La Slovénie et l'Europe (Antonia Bernard, L'Harmattan, 2005). Une analyse complète de la situation de la Slovénie au sein de l'Union européenne.

Une période politique incertaine

La scène politique slovène traverse une période de turbulences. En mars 2018, le Premier ministre Miro Cerar a démissionné après que la Haute Cour du pays a statué contre un projet ferroviaire qu'il avait soutenu. Cette démission a donné lieu à des élections législatives anticipées, en juin 2018, qui ont révélé d'importantes divisions sociales. Le Parti démocratique slovène (SDS), parti de droite dirigé par l'ancien Premier ministre Janez Janša, a remporté le plus grand nombre de voix. Il s'était présenté sur un programme largement anti-migrants, promettant à ses partisans qu'il ne permettrait plus qu'un demi-million de réfugiés traversent le pays en direction du nord comme ce fut le cas en 2015 et 2016.

Le SDS n'a cependant obtenu que 25% des voix, ce qui l'a privé de la majorité nécessaire pour former un gouvernement à l'Assemblée nationale, qui compte 90 sièges, et a laissé présager la possibilité d'un gouvernement de coalition ou d'une nouvelle élection. Huit autres partis ont remporté des sièges parlementaires, mais aucun n'a reçu plus de 13 % des suffrages.

La reprise économique

Avec une croissance de plus de 4% en 2018, l'économie slovène s'affiche comme l'une des plus dynamiques de la zone euro. L'activité bénéficie à plein du dynamisme des exportations dans le contexte de l'essor du commerce mondiale, de la faiblesse relative de l'euro et de la reprise des investissements publics et privés. Les banques ont renoué avec une certaine stabilité depuis leur recapitalisation par l'État en 2013. Bien qu'il ait nettement diminué depuis la crise, le chômage reste une préocupation majeure dans la population (et notamment parmi les jeunes), qui déplore aussi le manque de dynamisme et de volonté aux plus hauts niveaux de l'État et – nouveauté dans ce pays résolument égalitariste – l'essor d'une élite qui se préoccupe avant tout de ses propres intérêts.

Essor du tourisme

Les attraits de la Slovénie ne sont plus un secret et le tourisme y est en plein essor. Le pays a accueilli 4,7 millions de visiteurs en 2017, soit une hausse de 13% par rapport à l'année précédente (contre 12% pour la Croatie et 8% environ pour l'Europe dans son ensemble), et l'année 2018 était bien partie pour établir un nouveau record. Mais, il faut le reconnaître, la Slovénie partait de loin.

La plupart des visiteurs gagnent le lac de Bled, les stations balnéaires et Ljubljana, des régions noires de monde en août. La Slovénie se situe cependant encore en dessous des niveaux de sur-tourisme observés dans d'autres parties de l'Europe. L'Office du tourisme slovène, conscient des risques du tourisme de masse, souhaite promouvoir un tourisme à plus petite échelle. Les visiteurs peuvent éviter la foule en privilégiant des régions du pays moins connues.

Développement durable

La Slovénie est réputée pour son environnement préservé. La forêt couvre environ 58% du territoire, la pollution de l'air est faible et l'eau compte parmi les plus pures du monde. D'ailleurs, en 2016, le Parlement a ajouté à la constitution du pays le droit à l'eau potable pour ses citoyens.

En 2016, la Commission européenne a décerné à Ljubljana le titre de Capitale verte de l'Europe, saluant la piétonisation d'une grande partie de son centre-ville, sa promotion de moyens de transport respectueux de l'environnement comme le vélo et son installation de fontaines gratuites pour dissuader les gens d'acheter de l'eau en bouteille.

Ljubljana est aussi la première capitale de l'UE à avoir adopté une stratégie "zéro déchet", encourageant le recyclage et visant à réduire à zéro la quantité de déchets envoyés dans les décharges et les incinérateurs. Dans le cadre de ce plan, la capitale promet de porter le pourcentage de déchets triés de 60% à plus de 75% d'ici à 2025. Parmi les autres initiatives figurent la promotion du compostage et cele d'emballages plus écologiques.

POPULATION : **2 MILLIONS D'HABITANTS**

SUPERFICIE : **20 273 KM²**

PIB : **42,6 MILLIARDS D'EUROS**

CROISSANCE : **+5%**

INFLATION : **-0,1%**

CHÔMAGE : **6,2%**

Population au km²

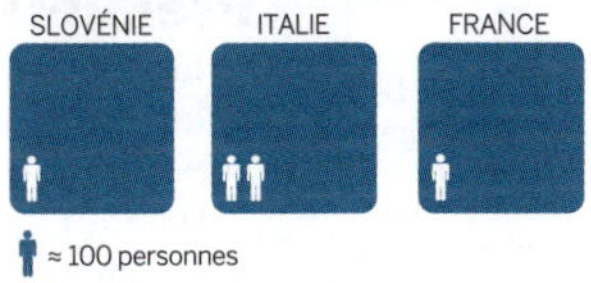

Groupes ethniques

(% de la population)

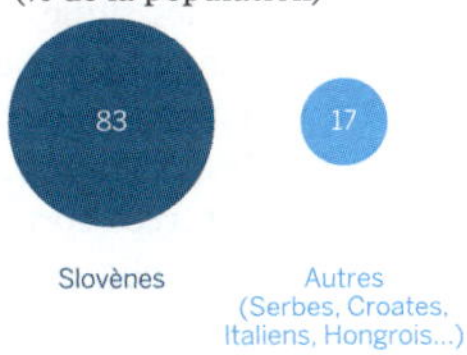

Population au km²

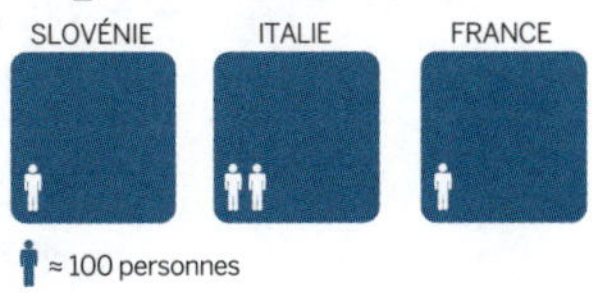

Histoire

La Slovénie est à la fois très ancienne et très jeune. En tant que nation d'un peuple, ses origines remontent au moins à un millénaire et demi, mais en tant qu'État-nation, il s'agit d'une entité bien plus récente : c'est une république indépendante depuis juin 1991. Son histoire débute avec la migration massive des Celtes et fut marquée à partir de la fin du XIIIe siècle par la domination des Habsbourg pendant plus de 600 ans.

La fouille d'une grotte de Divje Babe, près de Cerknica, a permis d'exhumer en 1995 ce qui serait l'un des plus vieux instruments de musique au monde : un morceau d'os percé daté d'environ 45 000 ans qui pourrait être une flûte (voir aussi p. 127). Il occupe la place d'honneur au musée national de Slovénie, à Ljubljana.

Premiers habitants

La Slovénie fut peuplée dès le paléolithique ancien, comme en témoignent les outils en pierre découverts dans une grotte près d'Orehek, au sud-ouest de Postojna, et datant de 250 000 av. J.-C..

Durant l'âge du bronze (entre 2 600 et 800 av. J.-C.), une population d'agriculteurs et d'éleveurs aurait colonisé les marais de Ljubljansko Barje, au sud de Ljubljana, et les abords du lac Cerknica. Ils vivaient dans des huttes rondes sur pilotis et commerçaient avec d'autres peuples le long de la "route de l'ambre" reliant les Balkans à l'Italie et à l'Europe du Nord. Vers 700 av. J.-C., ils furent écrasés par des tribus illyriennes qui s'implantèrent dans le Sud-Est où elles bâtirent des citadelles sur des hauteurs. Cette civilisation atteignit son apogée entre 650 et 550 av. J.-C., durant la période dite de Hallstatt. Des casques en fer, des bijoux en or et des situles (seaux de bronze repoussé) ont été mis au jour dans des tombes proches de Stična et à Vače. Le musée national de Slovénie à Ljubljana et le musée de Basse-Carniole à Novo Mesto en exposent de beaux exemplaires. Autour de 400 av. J.-C., des tribus celtes venues de contrées correspondant aujourd'hui à la France, à l'Allemagne et à la République tchèque gagnèrent les Balkans et instaurèrent le royaume du Norique, premier "État" sur le territoire slovène.

Les Romains

En 181 av. J.-C., les Romains fondèrent la colonie d'Aquilée (Oglej en slovène) dans le golfe de Trieste afin de protéger la République des

CHRONOLOGIE

2000-900 av. J.-C.

Des populations de l'âge du bronze s'établissent dans le bassin de Ljubljana. Elles occupent des palafittes en bordure de lac, pratiquent agriculture et élevage, et fabriquent une poterie rudimentaire.

400 av. J.-C.

Des tribus celtes continentales établissent un royaume appelé Norique sur le sol slovène, près de la ville actuelle de Celje, dans l'est de la Slovénie.

Ier siècle

Les Romains pénètrent en Slovénie et le royaume de Norique devient une province de l'Empire. L'occupation romaine durera presque un demi-millénaire.

L'ART DES SITULES, BANDE DESSINÉE DU HALLSTATT

Hallstatt est le nom d'un village de la région autrichienne du Salzkammergut qui a donné son nom à la civilisation du premier âge du fer suite aux importantes trouvailles archéologiques qui y furent effectuées au XIXe siècle. Ce terme couvre en fait les cultures du bronze final et du premier âge du fer qui se sont développées en Europe centrale et occidentale d'environ 1 200 à 450 av. J.-C.

Une partie de la Slovénie, en particulier la vallée de Krka, a alors été colonisée. La fouille de tumulus – plus d'une vingtaine rien qu'à Novo Mesto – a mis au jour des épées, des casques, des bijoux et des situles (du latin *situla*, seau). Destinés au transport du vin dans les banquets, ces récipients de bronze sont richement décorés de scènes de bataille, de chasse, de lutte ou de libation. Aux motifs géométriques, aux oiseaux et aux silhouettes arrangés par paires typiques du Hallstatt, le décor estampé des situles ajoute une organisation de l'espace déroulé en bandes superposées. La situle en bronze de Vače, exposée au musée national de Slovénie à Ljubljana, en est un exemple particulièrement raffiné.

invasions. Deux siècles plus tard, ils annexèrent le Norique et avancèrent dans le reste de la Slovénie et de l'Istrie.

La région fut divisée en plusieurs provinces : Norique (Noricum), Pannonie (Pannonia) supérieure et inférieure et Istrie (Histria), appelée plus tard Illyrie (Illyrium). Autour des anciens camps militaires, reliés par un réseau routier, se développèrent des cités importantes – Emona (Ljubljana), Celeia (Celje) et Poetovio (Ptuj) – qui ont conservé des vestiges de cette période.

Vestiges romains

- *Citoyen d'Emona (Ljubljana)*
- *Nécropole romaine (Šempeter, près de Celje)*
- *Sanctuaires mithriaques (à l'extérieur de Ptuj et Črnomelj)*
- *Villa romaine et fresques préservées (Celje)*

Les premiers Slaves

Au milieu du Ve siècle, les Huns menés par Attila déferlèrent sur l'Italie via la Slovénie, attaquant au passage Poetovio, Celeia et Emona. Ils furent suivis par les Ostrogoths, puis par les Lombards, qui occupèrent une grande partie du territoire slovène. La dernière de ces "grandes invasions" fut celle des Slaves.

Venus du nord des Carpates, les ancêtres des Slovènes actuels quittèrent la plaine de Pannonie au VIe siècle et s'installèrent dans les vallées de la Save, de la Drave et de la Mur ainsi que dans les Alpes orientales. Sur leurs terres d'origine, les Slaves étaient un peuple élevant du bétail et pratiquant la culture sur brûlis.

Du duché au royaume

Au début du VIIe siècle, les Slaves s'unirent sous la direction du duc Valuk et s'allièrent avec le royaume des Francs. Cette union devint le

Ve siècle

Vers 450, les Huns menés par Attila envahissent l'Italie via la Slovénie, assaillant en chemin les colonies romaines de Poetovio (Ptuj), Celeia (Celje) et Emona (Ljubljana).

VIe siècle

Les premières tribus slaves, les Sklavènes et les Antes, s'établissent dans les vallées de la Save, de la Drave et de la Mur, ainsi que dans les Alpes orientales.

VIIe siècle

Une confédération informelle de tribus slaves établit le duché de Carantanie, première entité politique slave au monde. Sa capitale est quelque part près de Celovec (Klagenfurt, en Autriche).

748

L'Empire carolingien des Francs incorpore la Carantanie en tant qu'État vassal nommé Carinthieet impose l'Église. La christianisation des Slovènes est en marche.

LE PATRIARCAT D'AQUILÉE

La petite bourgade d'Aquilée (3 370 habitants), située dans la province italienne du Frioul-Vénétie Julienne, joua un rôle crucial dans l'histoire slovène, ses évêques régnant durant plusieurs siècles sur une grande partie de la Carniole.

Fondée en 181 av. J.-C., Aquilée fut une cité romaine florissante durant l'Empire avant de décliner sous le coup des invasions barbares. Un siège épiscopal y avait néanmoins été implanté, qui couvrait une large juridiction comprenant la Vénétie, l'Istrie et la Carniole. Au milieu du VIe siècle, les évêques d'Aquilée rompirent avec l'Église de Rome en refusant de condamner les thèses nestoriennes (portant sur la double nature divine et humaine de Jésus Christ) désignées comme hérétiques. Le schisme dura un siècle, et lorsqu'il cessa, Aquilée fut reconnue comme patriarcat séparé.

La campagne d'évangélisation des Avars et des Slovènes conduite par l'évêque Paulin d'Aquilée à la fin du VIIIe siècle accrut l'aura spirituelle de la cité. Celle-ci se vit accorder des domaines féodaux et des privilèges étendus, dont le droit de battre monnaie, par les rois francs, puis les souverains germaniques. Elle demeura principauté féodale jusqu'en 1420, quand la république de Venise s'empara du Frioul et prit le statut de patriarcat pour la première fois de son histoire. La Slovénie et d'autres territoires restèrent néanmoins sous sa férule durant les trois siècles suivants. En 1751, le pape Benoît XIV créa les archevêchés d'Udine et de Gorizia, donnant le coup de grâce au patriarcat d'Aquilée qui fut dissous.

duché de Carantanie (Karantanija), premier État slave, dont le siège était le château de Krn (actuel Karnburg) près de Klagenfurt, dans l'actuelle Autriche.

En l'espace d'un siècle apparut une nouvelle classe de roturiers anoblis, les *kosezi*, qui élirent et couronnèrent le nouveau *knez* (grand-duc) sur le *knežni kamen* ("rocher du duc"), dans la cour du château de Krn. Ce fut là une institution unique dans l'Europe féodale du haut Moyen Âge.

En 748, l'intégration de la Carantanie au royaume carolingien en tant que duché vassal de Carinthie favorisa la christianisation. Au début du IXe siècle, l'autorité religieuse sur le territoire slovène était partagée entre les missions de Salzbourg et du patriarcat (ou évêché) d'Aquilée, aujourd'hui en Italie. Quand les Slaves se révoltèrent contre ce nouvel ordre, les Francs ripostèrent en imposant à la Carantanie le statut de marche de l'Empire carolingien et en plaçant à sa tête un margrave allemand. Dès lors le système féodal qui avait déjà commencé à s'implanter permit une véritable colonisation franque : les nobles slovènes furent dessaisis de leurs fiefs en faveur de comtes allemands, qui réduisirent les paysans locaux à la servitude. La noblesse allemande atteint ainsi le sommet de la hiérarchie féodale pour la première fois en

Châteaux les mieux conservés de Slovénie

- *Château de Ljubljana*
- *Château de Bled*
- *Château de Ptuj*
- *Château de Celje*
- *Château de Predjama*

869-874

Le prince carinthien Kocelj fonde un éphémère premier État slovène en Basse-Pannonie, région qui s'étend au sud-est de l'actuelle Autriche jusqu'à la Mur, la Drave et au Danube.

955

Les envahisseurs magyars (Hongrois) installés en Pannonie slovène sont défaits par le futur empereur germanique Othon Ier le Grand à la bataille du Lechfeld.

970

Parution des *Feuillets de Freising*, plus ancien texte écrit en slovène (et même dans une langue slave), qui contient un sermon sur le péché et la pénitence, ainsi que des instructions pour la confession.

XIIIe siècle

Les Habsbourg prennent le contrôle d'une grande partie du territoire slovène. Ces possessions resteront entre leurs mains jusqu'à la Première Guerre mondiale.

terre slovène. Un élément qui deviendra plus tard l'un des principaux obstacles au développement de la nation et de la culture slovènes.

À la faveur de l'effondrement de l'État franc pendant la seconde moitié du IXe siècle, un prince carinthien, Kocelj, établit un éphémère “royaume” slovène indépendant (869-874) en Basse-Pannonie, région qui s'étendait au sud-est de la Basse-Styrie jusqu'à la Mur, la Drave et au Danube. L'expérience tourna court et le territoire fut un temps occupé par les Magyars avant de tomber dans l'escarcelle du Saint Empire romain germanique. Vainqueur des Magyars a la bataille de Lechfeld en 955, Othon Ier partagea la Slovénie entre les différentes marches du Saint Empire, dont le duché de Carantanie, la plus importante.

La férocité des guerriers magyars se mesure à une invocation fréquente au Moyen Âge : “Sauvez-nous, ô Seigneur, des flèches des Hongrois.”

L'ascendant allemand

Le Saint Empire restaura ainsi la Carinthie, en la divisant en une demi-douzaine de régions frontalières, les *krajina*, ou marches. Celles-ci deviendront les provinces slovènes qui resteront presque inchangées jusqu'à 1918 : Carniole (Kranjska), Carinthie (Koroška), Basse-Styrie (Štajerska), Goriška et Carniole-Blanche (Bela Krajina).

Une campagne de germanisation des territoires slovènes commença au Xe siècle. Les terres furent réparties entre la noblesse et les divers diocèses de l'Église, et l'aristocratie allemande y fut implantée.

Entre le Xe et le XIIIe siècle furent édifiés un grand nombre de châteaux et plusieurs monastères et couvents importants, tels Stična et Kostanjevica. Les villes commencèrent également à se développer en tant que centres commerciaux à partir du XIe siècle.

Prémices de la domination habsbourgeoise

Au XIIe siècle, les Habsbourg n'étaient qu'une des nombreuses familles nobles allemandes se disputant l'hégémonie sur le sol slovène, au même titre que les Andech, les Spanheim et les Žonek (futurs comtes de Celje). Grâce à des mariages contractés avec des dynasties rivales, et l'extinction de certaines d'entre elles, les Habsbourg consolidèrent leur pouvoir. Entre la fin du XIIIe siècle et le début du XVIe siècle, presque toutes les terres de Slovénie passèrent entre leurs mains.

À cette époque, le territoire slovène couvrait près de 24 000 km², soit environ 15% de plus qu'actuellement. Au bas Moyen Âge, le développement économique fut amorçé par l'ouverture de fonderies et de forges à Kropa et de mines à Idrija. Villes et bourgs reçurent des chartes et obtinrent des droits.

L'intronisation populaire du grand-duc de Carantanie élu par les chefs de famille au château de Krn a perduré jusqu'au XIVe siècle. Ce procédé démocratique a retenu l'attention de bien des voyageurs de l'époque et a été décrit par l'historien et théoricien politique français Jean Bodin, un contemporain de Montaigne, dans ses *Six Livres de la République* (1576).

Incursions, révoltes et Réforme

Sous la pression des premières attaques ottomanes dans le sud-est de l'Europe au début du XVe siècle, le mécontentement commença à gronder

1408

Les Turcs ottomans commencent à assaillir le sud-est de l'Europe. Des attaques récurrentes deux siècles durant, qui les conduiront plusieurs fois aux portes de Vienne.

1478-1573

Les jacqueries se multiplient. Elles marquent, avec la Réforme protestante du milieu du XVIe siècle, un tournant dans l'éveil du sentiment national slovène.

1540-1585

Au nombre des premiers livres imprimés en slovène : le catéchisme publié par Primož Trubar, une traduction complète de la Bible par Jurij Dalmatin et une grammaire du slovène en latin.

XVIe siècle

La Contre-Réforme menée par les catholiques bat son plein en Slovénie. La germanisation systématique de la culture, de l'éducation et de l'administration slovènes commence sous les Habsbourg.

chez les paysans sans terre comme chez les laboureurs émancipés, contraints de se défendre eux-mêmes alors qu'ils continuaient à payer le tribut et à travailler pour leurs seigneurs. Plus d'une centaine de révoltes paysannes éclatèrent en territoire slovène entre le XIVe et le XIXe siècle, les troubles atteignant leur apogée entre 1478 à 1573. Ces jacqueries sont considérées comme un moment décisif de l'éveil du sentiment national slovène.

La Réforme protestante se répandit en Slovénie à partir de 1540 dans la noblesse. Largement ignoré de la population rurale, ce mouvement permit d'affirmer la culture slovène à travers la publication des premiers livres en langue vernaculaire par le réformateur Primož Trubar (1508-1586). Auteur de 25 livres en slovène, ce dernier est aujourd'hui considéré comme l'unificateur de la langue slovène.

Les réformes des Lumières et Napoléon Ier

Héritière du trône des Habsbourg, l'impératrice Marie-Thérèse (r. 1740-1780) est associée à plusieurs réformes parmi lesquelles la mise en place d'une nouvelle administration provinciale, l'introduction de l'école élémentaire obligatoire en allemand et d'établissements secondaires contrôlés par l'État. Acquis aux idées des Lumières, son fils, Joseph II (r. 1765-1790), poussa plus loin la politique réformatrice, en abolissant le servage en 1782, en ouvrant la voie au développement de la bourgeoisie slovène, et en octroyant la liberté religieuse totale aux calvinistes, aux luthériens et aux juifs. Il rendit également l'éducation primaire en slovène obligatoire. À la suite de ces réformes, la production agricole augmenta, l'industrie manufacturière s'intensifia et les arts et lettres fleurirent en Slovénie.

Cependant, la Révolution française de 1789 convainquit les Autrichiens de la dangerosité des idées libérales. Commença alors une période réactionnaire qui dura jusqu'au printemps des Peuples de 1848, néanmoins entrecoupée d'un bref interlude français qui eut de profondes conséquences sur la Slovénie. Après sa victoire à Wagram sur les Autrichiens, Napoléon Ier priva l'Empire habsbourgeois d'un accès à l'Adriatique par le traité de Vienne signé en 1809. Il créa pour cela six "Provinces illyriennes" à partir de régions slovènes et croates et fit de Ljubljana leur capitale.

En quatre années à peine, de 1809 à 1813, la France institua un certain nombre de réformes, notamment l'égalité devant la loi et l'usage du slovène dans les écoles primaires et secondaires ainsi que dans les administrations. Mais surtout, l'influence progressiste de la Révolution française permis au sentiment national naissant de pénétrer pour la première fois dans l'arène politique slovène.

L'ouvrage *Hlapec Jernej in Njegova Pravica (Le Valet Barthélémy et son droit*, 1907) du poète slovène Ivan Cankar (1876-1918), qui raconte la relation inégale entre un domestique et son maître, est considéré comme une métaphore de la Slovénie sous les Habsbourg. Le site de la Bibliothèque russe et slave (bibliotheque-russe-et-slave.com) le propose en téléchargement gratuit en traduction française.

1782

L'empereur germanique Joseph II abolit le servage, ouvrant la voie au développement de la classe moyenne slovène, et octroie une liberté religieuse totale aux calvinistes, aux luthériens et aux juifs.

1809

Ljubljana devient la capitale des Provinces illyriennes (1809-1813), régions slovènes et croates annexées par Napoléon Ier pour couper l'empire des Habsbourg de tout accès à la mer Adriatique.

1821

Les membres de la Sainte-Alliance (Russie, Autriche-Hongrie, Prusse et France) se réunissent au congrès de Laybach (Ljubljana), pour contrer les mouvements nationalistes en Italie.

1848

Le premier programme politique slovène, "Slovénie unifiée", réclame l'unification de toutes les régions slovènes historiques au sein d'une entité autonome à l'intérieur de l'empire d'Autriche.

Le nationalisme romantique et la Révolution de 1848

Une grande activité littéraire et culturelle caractérise la période du nationalisme romantique (1814-1848), que l'on désigne aussi sous le nom de *Vormärz* (pré-mars) en référence aux révolutions qui éclatèrent dans de nombreux pays d'Europe centrale en mars 1848. La diffusion du premier programme politique slovène en fut le fruit majeur. Moult écrivains influents prirent alors la parole, mais c'est le poète France Prešeren (1800-1849) qui dominait la scène. Sa poésie douce-amère, ses idées progressistes, ses demandes de liberté politique et son aspiration à l'unité de tous les Slovènes frappèrent l'imagination de la nation.

En avril 1848, le premier programme politique slovène fut rendu public sous la bannière *Zedinjena Slovenija* (Slovénie unifiée). Les intellectuels slovènes qui l'avaient rédigé y revendiquaient l'unification de toutes les régions slovènes historiques au sein d'une entité autonome à l'intérieur de l'empire d'Autriche, l'usage du slovène dans toutes les écoles et les administrations, ainsi que la création d'une université locale. Tout cela aurait nécessité une réorganisation totale de l'Empire en fonction des nationalités. Leurs revendications, qui n'allaient pas jusqu'à l'indépendantisme, restèrent lettre morte en dépit de leur loyauté envers l'Empire habsbourgeois, que la plupart des Slovènes considéraient comme le meilleur protecteur des petites nations, face aux visées territoriales des plus grandes, telles que l'Italie, l'Allemagne et la Serbie.

Seuls résultats tangibles pour les Slovènes dans la Constitution autrichienne de 1848 : les lois furent désormais publiées en slovène et le drapeau de la Carniole (donc de la Slovénie) fut composé de trois bandes horizontales blanche, bleue et rouge. Le programme Slovénie unifiée resta tout de même la base de toutes les revendications politiques slovènes jusqu'en 1918. Dès lors, clubs et cercles politico-culturels se créèrent sur tout le territoire. Des partis naquirent vers la fin du XIXe siècle et l'idée d'une union avec les autres Slaves jusqu'au sud fut avancée à partir des années 1860.

Peu d'ouvrages en français sont consacrés à la Slovénie et à son histoire. Vous pouvez néanmoins vous procurer *Petite histoire de la Slovénie* d'Antonia Bernard (Institut d'études slaves, 1996) et le *Que sais-je Slovénie* co-écrit par Georges Castellan et Antonia Bernard (PUF, 1998).

Le royaume des Serbes, des Croates et des Slovènes

À la suite de la défaite de l'Autriche-Hongrie lors de la Première Guerre mondiale et de la dissolution en 1918 de la double monarchie formée en 1867, les Slovènes, les Croates et les Serbes s'unirent et proclamèrent le royaume indépendant des Serbes, Croates et Slovènes, qui avait pour souverain un Serbe, Pierre Ier. Les traités d'après-guerre ayant attribué de vastes territoires slovènes et croates à l'Italie, à l'Autriche et à la

1849

Le 8 février meurt à Kranj le grand poète romantique France Prešeren. Aujourd'hui associé à la fête de la Culture slovène, le 8 février est un jour férié en Slovénie.

1867

Une partie de la Slovénie est intégrée au royaume de Hongrie aux termes du compromis de 1867 instituant la double monarchie d'Autriche-Hongrie.

1915

L'Italie déclare la guerre aux Empires centraux. Le front de l'Isonzo (nom italien de la Soča) est le théâtre de douze batailles qui coûteront la vie à près de 1 million de personnes.

1917

La bataille de Caporetto (Kobarid) est marquée par une percée décisive des troupes allemandes et austro-hongroises. Les Italiens refluent jusqu'au fleuve Piave, en territoire transalpin.

Hongrie, près d'un demi-million de Slovènes vivaient alors en dehors des frontières du pays.

Ce royaume était marqué par la domination serbe, l'irrédentisme italien et le courant en faveur de l'unité yougoslave. La Slovénie n'était plus guère qu'une province dans ce royaume centralisé, mais elle jouissait d'une autonomie culturelle et linguistique et son économie enregistra des progrès rapides.

En 1929, le fils de Pierre Ier, Alexandre, régent puis roi à la mort de son père en 1921, abolit la Constitution et proclama le royaume de Yougoslavie, niant la diversité nationale. Assassiné cinq ans plus tard lors d'une visite officielle à Marseille dans un attentat fomenté par des oustachis croates et exécuté par un macédonien, Alexandre Ier laissa pour héritier Pierre, un enfant de 11 ans. Le prince Paul, son cousin, fut alors nommé régent. Le climat politique changea en Slovénie lorsque le Parti clérical (conservateur) rejoignit le nouveau gouvernement central en 1935, rendant vides de sens ses revendications d'autonomie pour la Slovénie. Des groupes dissidents commencèrent à se rapprocher des mouvements ouvriers. En 1937, le Parti communiste de Slovénie (KPS) fut formé sous la tutelle de Josip Broz Tito et du Parti communiste de Yougoslavie (KPJ).

La Seconde Guerre mondiale et le combat des Partisans

Le film *La Vallée de la paix* de France Štiglic (1955) raconte l'histoire douce-amère de deux enfants, un garçon slovène et une fillette d'origine allemande, essayant de trouver un refuge dans le tumulte de la Seconde Guerre mondiale.

Début avril 1941, l'armée allemande envahit et occupa la Yougoslavie, qui capitula 15 jours après. Le pays fut alors partagé entre l'Allemagne, l'Italie et la Hongrie. En réaction, les communistes slovènes et d'autres groupes de gauche formèrent un Front de libération (*Osvobodilne Fronte*, OF) et le peuple prit les armes pour la première fois depuis les révoltes paysannes. L'OF, attaché aux principes d'une Slovénie unifiée au sein d'une République yougoslave, rejoignit l'armée partisane du KPJ, qui reçut l'aide des Alliés et fit montre d'une efficacité sans faille tout au long du conflit.

Après la capitulation de l'Italie en 1943, la partie de la Slovénie qu'elle s'était arrogée passa sous contrôle allemand. Opposées à l'OF, les milices de *domobranci* (défenseurs de la patrie) étaient actives dans la région ouest du pays et, pour empêcher les communistes de gagner du terrain dans les zones libérées, commencèrent à soutenir les Allemands. Malgré l'assistance de cette garde nationale slovène et le soutien des groupes fascistes en Croatie et en Serbie, les Allemands furent contraints de quitter Belgrade en 1944. La Slovénie ne fut pas totalement libérée avant mai 1945.

1918	1929	1937	1945
L'armistice du 11 novembre entérine l'effondrement de l'Autriche-Hongrie. Le royaume des Serbes, des Croates et des Slovènes naît sous domination serbe.	Le roi Alexandre II de Serbie abolit la Constitution et proclame le royaume de Yougoslavie. Il sera assassiné 5 ans plus tard à Marseille lors d'une visite officielle.	Le Parti communiste de Slovénie (KPS) est formé sous la tutelle de Josip Broz Tito et du Parti communiste de Yougoslavie (KPJ).	Les Partisans libèrent la Slovénie occupée par les Allemands. Quelque 12 000 *domobranci* et civils anti-communistes sont exécutés. Le pays intègre la république fédérative socialiste de Yougoslavie.

Au cours des mois suivants, quelque 12 000 *domobranci* et civils anticommunistes furent renvoyés en Slovénie des camps de réfugiés autrichiens par les Britanniques. La plupart ne tardèrent pas à être exécutés par les Partisans, qui jetèrent leurs corps dans les grottes de Kočevski Rog.

La division d'après-guerre et la Yougoslavie socialiste

Le statut des zones libérées bordant l'Adriatique, notamment de Trieste, fut la principale préoccupation pour la Slovénie après 1945. En 1947, le traité de Paris plaça Trieste et ses environs sous contrôle anglo-américain (la zone A) et les régions de Koper et de Buje (Istrie) dans la zone B rattachée à la Yougoslavie, fondée en novembre 1945. En 1954, la zone A (population italienne et slovène) devint la province italienne de Trieste. Koper et 47 km de côte revinrent à la Slovénie, tandis que la majeure partie de l'Istrie fut attribuée à la Croatie. En 1955, le traité du Belvédère rendit à l'Autriche ses frontières de 1938, y compris la majorité de la Carinthie.

Josip Broz Tito (1892-1980) est né à Kumrovec, en Croatie, juste au-delà de la frontière sud-est de la Slovénie, d'une mère slovène et d'un père croate.

En novembre 1943, après l'armistice italien de septembre, l'OF avait organisé une "assemblée populaire", sorte de Parlement provisoire – vite dominé par Tito – qui annonçait sa volonté de former une république fédérale. Peu après la guerre, le maréchal Tito prit des mesures pour consolider son pouvoir sous la bannière communiste. La domination serbe depuis Belgrade se poursuivit toutefois et, à certains égards, la nouvelle république fut même plus centraliste que le Royaume yougoslave.

Désapprouvé par le Komintern qui dénonçait ses réformes comme une déviation nationaliste, le maréchal prit ses distances avec l'URSS dès 1948. C'est le début du "titisme". La Yougoslavie étant exclue des marchés du bloc soviétique, elle dut se tourner vers l'Ouest. La Yougoslavie adopta certaines mesures originales, notamment l'autogestion des travailleurs. Des réformes économiques au milieu des années 1960 et un relâchement de l'autorité policière et du contrôle aux frontières permirent une plus grande prospérité et plus de liberté de mouvement. Le Parti communiste yougoslave ressentit cette démocratisation comme une menace pour son pouvoir et les années 1970 furent à l'opposé des "années de plomb", jusqu'à la mort de Tito en 1980.

Crise, renouveau et rupture

En 1987, le magazine *Nova Revija (La Nouvelle Revue)* basé à Ljubljana, publia un article exposant un nouveau programme national pour la Slovénie : pluralisme politique, démocratie, économie de

1948

La Yougoslavie, créée en novembre 1945, prend ses distances avec l'URSS, puis rompt tout lien. Exclu des marchés du bloc soviétique, Tito doit se tourner vers l'Ouest.

1956

Tito fonde avec le Premier ministre indien Jawaharlal Nehru, le président égyptien Gamal Abdel Nasser et le président indonésien Sukarno le mouvement des pays non alignés.

1980

Tito, qui jouait déjà un rôle moins direct dans la gestion des affaires yougoslaves, meurt à l'âge 87 ans. La République fédérale va se dissoudre au cours de la décennie suivante.

1988

L'arrestation de trois journalistes et d'un sous-officier pour divulgation de "secrets militaires" provoque des manifestations massives. Des partis politiques se créent.

Tito (CNRS Éditions, 2017), de Joze Pirjevec, est une biographie de référence sur l'ancien homme fort de la Yougoslavie.

marché et indépendance, éventuellement au sein d'une confédération yougoslave. Le secrétaire général de la Ligue des communistes de Slovénie, Milan Kučan, ne s'opposait pas à ces revendications et des partis d'opposition commencèrent à apparaître. Cependant, le chef *de facto* du gouvernement central de Belgrade, le dirigeant communiste serbe Slobodan Milošević, décida d'étouffer ce mouvement par la force.

En juin 1988, trois journalistes slovènes travaillant pour l'hebdomadaire *Mladina (La Jeunesse)* – dont l'ancien Premier ministre Janez Janša – et un officier subalterne de l'armée furent accusés par un tribunal militaire d'avoir pris connaissance de documents couverts par le secret militaire et condamnés à la prison. L'opinion publique se mobilisa dans tout le pays lors de manifestations massives.

À l'automne, le Parlement serbe supprima unilatéralement l'autonomie du Kosovo (où 80% de la population était d'origine albanaise) accordée par la Constitution de 1974. Les Slovènes furent choqués et craignirent de subir le même sort. Un rassemblement organisé conjointement par le gouvernement slovène et l'opposition à Ljubljana au début de la nouvelle année condamna cette action.

Au printemps 1989, les nouveaux partis d'opposition publièrent la Déclaration de mai, qui demandait un État souverain fondé sur la démocratie et le respect des droits de l'homme pour les Slovènes. En septembre, le Parlement slovène modifia la Constitution pour légaliser la gestion par la Slovénie de ses propres ressources et le commandement des forces armées en temps de paix. La Serbie annonça le projet d'organiser une “réunion de la vérité” à Ljubljana pour faire part de ses intentions. Lorsque la Slovénie l'interdit, la Serbie et toutes les autres républiques,

UN DRAPEAU SLOVÈNE RÉNOVÉ

La Slovénie a dû proposer un drapeau et un blason assez rapidement après l'indépendance et le résultat n'a pas plu à tout le monde. Certains citoyens trouvaient que le drapeau ressemblait à une bannière de football, d'autres se plaignaient que le blason était trop proche de ceux de pays voisins, tels que la Croatie.

Les couleurs du drapeau – blanc, bleu, rouge – ont été adoptées par les mouvements panslaves en 1848 et proviennent du drapeau de l'Empire russe. Le blason national en revanche est nouveau. Il représente une montagne à trois sommets : l'un d'entre eux est le Triglav, emblématique du pays. En dessous, deux lignes ondulées symbolisent la mer Adriatique et des rivières du pays, composantes essentielles de la Slovénie. Les trois étoiles à six branches sont celles des comtes de Celje, qui dominèrent la Slovénie au XIIe siècle et tinrent tête aux Habsbourg.

1989

Déclaration de Mai pour un État souverain fondé sur la démocratie et les droits de l'homme. La gestion des ressources et le commandement des forces armées par le parlement slovène sont inscrits dans la Constitution.

1990

Les Slovènes votent majoritairement pour l'indépendance. En représailles, Belgrade vide les coffres de l'État de l'équivalent de 2 milliards de dollars.

Juin 1991

La Slovénie quitte la Fédération yougoslave. L'armée yougoslave tente d'intervenir, mais se heurte à une résistance. La guerre dure 10 jours, faisant 66 morts.

Octobre 1991

Belgrade retire ses troupes du territoire slovène.

L'HYMNE NATIONAL SLOVÈNE

La septième strophe du poème *Zdravljica* (*Toast*) de France Prešeren (1800-1849) forme les paroles de l'hymne national slovène :

Vive tous les peuples du monde
Qui aspirent à voir le jour,
Où le soleil dansant sa ronde,
N'éclairera que de l'amour,
Où tout citoyen sera libre enfin,
En paix avec tous ses voisins !

à l'exception de la Croatie, annoncèrent un boycott économique du pays, qui vit ses exportations chuter de 25%. En janvier 1990, les délégués slovènes quittèrent le congrès du Parti communiste yougoslave.

Pour en savoir plus sur la Yougoslavie, de sa libération en 1945 par les Partisans à sa disparition en 1991, lisez l'ouvrage de Catherine Lutard-Tavard, *La Yougoslavie de Tito écartelée : 1945-1991* (L'Harmattan, 2005).

L'indépendance

En avril 1990, la Slovénie devint la première République yougoslave à organiser des élections libres. Demos, une coalition de sept partis d'opposition, remporta 55% des voix, et Kučan, chef du Parti du renouveau social-démocrate, fut élu président. Le Parlement adopta une "déclaration de souveraineté de l'État de Slovénie". Les systèmes politique, économique et judiciaire du pays seraient régis par sa propre Constitution ; les lois fédérales ne s'appliqueraient que si elles n'entraient pas en contradiction avec celle-ci.

Le 23 décembre 1990, 88,5% de l'électorat slovène vota en faveur d'une république indépendante, qui devait entrer en vigueur six mois après. La présidence de la Fédération yougoslave, à Belgrade, qualifia cette action de sécessionniste et d'anticonstitutionnelle. La Serbie prit le contrôle du système monétaire yougoslave et détourna presque toute la monnaie émise pour la Yougoslavie en 1991, soit l'équivalent de 2 milliards de dollars. Y voyant un signe avant-coureur, le gouvernement slovène se mit à stocker des armes et, le 25 juin 1991, la Slovénie se retira définitivement de la Fédération yougoslave. "Ces rêves d'un soir sont permis. Demain est un nouveau jour" déclara le président Kučan à une foule qui jubilait sur la place du Congrès à Ljubljana le lendemain soir.

Il ne croyait pas si bien dire. Le 27 juin, l'armée yougoslave entama sa marche sur la Slovénie, mais elle se heurta à la résistance de la Défense territoriale, de la police et de la population. En quelques jours, les unités de l'armée fédérale commencèrent à se désintégrer. Belgrade brandit la menace d'un bombardement aérien et la Slovénie fit face à la perspective d'une guerre totale.

1992
Reconnue par la Communauté européenne, la Slovénie devient le 176e État membre de l'ONU. La candidature de la Serbie et du Monténégro est rejetée.

2004
La Slovénie intègre l'UE en même temps que neuf autres pays. Elle devient le premier pays en transition à passer du statut d'emprunteur à celui de partenaire donateur au sein de la Banque mondiale.

2007
La Slovénie est le premier des 10 nouveaux États de l'UE à adopter l'euro, sa troisième monnaie, (après le dinar yougoslave et le tolar), depuis l'indépendance.

2010
Le Parlement slovène ratifie un accord d'arbitrage frontalier avec la Croatie, crucial pour la candidature de Zagreb à l'adhésion à l'UE. La Croatie devient membre trois ans plus tard.

Mais cette intervention militaire ne contrariait pas vraiment les plans slovènes. Pour dramatiser la situation et obtenir le soutien des pays occidentaux, qui jusque-là préférait voir la Yougoslavie continuer d'exister sous une forme ou une autre, les dirigeants slovènes avaient eux-mêmes d'abord organisé la prise de contrôle des frontières. Belgrade, de son côté, ne s'était apparemment pas attendu à ce que la Slovénie résiste, croyant qu'une démonstration de force suffirait à la faire reculer.

Étant donné qu'aucune revendication territoriale et aucune question liée aux minorités n'étaient en jeu, le gouvernement yougoslave accepta le 7 juillet une trêve négociée sous l'égide de la Communauté européenne. Aux termes de l'accord de Brioni, la Slovénie suspendit son processus d'indépendance pendant trois mois, à condition d'obtenir la reconnaissance de la Communauté européenne à l'issue de cette période. La guerre avait duré dix jours et coûta la vie à 66 personnes.

Le chemin de l'Europe

Belgrade retira ses troupes le 25 octobre 1991, moins d'un mois après l'introduction par la Slovénie de sa propre monnaie, le tolar. Fin décembre, le pays se dota d'une nouvelle Constitution qui prévoyait un régime parlementaire bicaméral. Le chef de l'État, le président, est élu au suffrage universel direct pour une durée maximale de deux mandats de cinq ans. Le pouvoir exécutif est exercé par le Premier ministre et son gouvernement.

La Communauté européenne reconnut officiellement la Slovénie en janvier 1992, et celle-ci intégra les Nations unies quatre mois plus tard, devenant le 176e État membre. En mai 2004, la Slovénie rejoignit l'UE en tant que membre à part entière et, moins de trois années après, adopta l'euro comme monnaie nationale.

2012

Janez Janša redevient Premier ministre après avoir été trois ans et demi dans l'opposition. Son opposant, Borut Pahor, remporte une victoire écrasante aux élections présidentielles.

2013

La coalition se disloque à cause des mesures d'austérité et des accusations de corruption. Condamné à deux ans de prison ferme, Janez Janša voit sa peine annulée deux ans plus tard.

2018

Le Premier ministre Miro Cerar démissionne, provoquant des élections anticipées en juin. Le parti de Janez Janša remporte le vote, mais n'obtient pas la majorité nécessaire pour former un gouvernement.

La société slovène

Raffinés, instruits, sûrs d'eux, ouverts d'esprit et légèrement conservateurs, les Slovènes ont aussi la réputation d'être réfléchis, travailleurs, fiables et honnêtes ; peut-être le résultat de toutes ces années passées sous le joug des Habsbourg d'Autriche. Ils conservent néanmoins tout leur caractère slave, même si leur spontanéité et leur passion peuvent être plus retenues par rapport à leurs voisins balkaniques.

Mode de vie

Si la population slovène se divise presque à parts égales entre citadins et ruraux, l'agriculture n'occupe plus que 2% des actifs. Cependant, dans ce pays où la plupart des résidents urbains gardent un contact avec la campagne (qu'il s'agisse d'une maison dans un village ou d'une *zidanica,* maison de vigneron dans l'une des régions viticoles), la distinction n'est pas si claire. Et, avec l'apparition de vastes centres commerciaux en périphérie des grandes villes et un supermarché Mercator dans quasi chaque village, on peut dire que la ville s'installe de plus en plus à la campagne.

La plupart des Slovènes pensent que c'est dans la nature que réside l'âme du pays. Ils ne peuvent concevoir une vie qui ne lui serait pas liée d'une manière ou d'une autre. Le week-end, nombreux sont ceux qui prennent le large pour aller faire de la randonnée dans les collines, du ski de fond ou pour jardiner (l'un des loisirs favoris des Slovènes).

En Slovénie, la rase campagne n'est jamais bien loin. La forêt, parfois vierge, et les bois couvrent plus de 58% du territoire national, ce qui fait de la Slovénie le troisième pays le plus boisé de l'Union européenne après la Finlande et la Suède. Et ce chiffre grimpe à 66% si l'on y inclut les terres en friche et les surfaces agricoles en jachère depuis plus de vingt ans. Les terres agricoles représentent désormais moins d'un quart de la superficie totale du pays. Les séjours à la ferme étant une forme d'hébergement très prisée en Slovénie, il est relativement facile de voir à quoi ressemble une habitation rurale.

Cleveland (Ohio), aux États-Unis, est la première ville "slovène" hors de Slovénie. On trouve aussi d'importantes communautés slovènes à Pittsburgh (Pennsylvanie) et à Chicago (Illinois).

Vous serez peut être surpris par le faible nombre d'enfants. Bien qu'en augmentation depuis l'an 2000, la natalité reste assez faible et les femmes ont tendance à avoir leur premier enfant tardivement (l'âge moyen atteignant quasiment 29 ans). La plupart des familles n'ont qu'un seul enfant, et, si elles en ont un deuxième, c'est généralement près de dix ans plus tard.

Population et multiculturalisme

Selon le recensement, un peu plus de 83% des 2 millions d'habitants que compte le pays affirment descendre des Slaves du Sud, qui s'installèrent dans la Slovénie actuelle à partir du VIe siècle.

Les 17% restants, d'origine "autre" ou "inconnue", signalés dans le recensement sont serbes, croates, bosniaques, ceux qui s'identifient uniquement comme "musulmans" et tous ceux qui n'ont pas demandé la citoyenneté slovène après l'indépendance, de peur de se la voir refuser.

Les Italiens (0,1% de la population) et les Hongrois (0,3%) étant considérés comme des minorités nationales, leurs droits sont protégés par la Constitution et chacune de ces minorités a un député pour défendre ses intérêts au Parlement. D'après le recensement, le nombre de Roms, vivant surtout dans le Prekmurje et en Basse-Carniole, s'élèverait à 3 300 environ, mais, selon des estimations officieuses, ce chiffre serait deux ou trois fois supérieur.

Près de 400 000 Slovènes vivent en dehors du pays, principalement aux États-Unis et au Canada. En outre, 50 000 Slovènes vivent en Italie, dans la région autonome du Frioul-Vénétie Julienne, près de 15 000 en Carinthie autrichienne et 5 000 dans le sud-ouest de la Hongrie.

Les Slovènes sont doués pour les langues et tout le monde ou presque parle au moins un peu anglais, allemand et/ou italien. Cela ne doit pas vous empêcher d'apprendre quelques phrases de cette langue merveilleusement riche, qui compte pas moins d'une trentaine de dialectes et qui, outre le singulier et le pluriel, possède aussi le "duel" pour compter les choses par paires. Tout effort de votre part pour parler la langue locale sera vivement récompensé. *Srečno!* (Bonne chance !)

Sports

Pour les dernières nouvelles de l'Union Olimpija et du basket en Slovénie, consultez le site internet de l'Eurobasket (www.eurobasket.com/Slovenia/basketball.asp).

Le ski (*smučanje*) reste le sport numéro 1 en Slovénie, avec ses héros comme Primož Peterka, champion du monde de saut à ski à la fin des années 1990, et Davo Karničar, skieur de l'extrême qui a dévalé les plus grands sommets sur les 7 continents, y compris les pentes de l'Everest, une première mondiale (en 2000).

Plus récemment, Tina Maze s'est affirmée comme la plus grande skieuse de l'histoire de la Slovénie après avoir remporté deux médailles d'argent aux Jeux olympiques de Vancouver en 2010 et deux médailles d'or à Sotchi en 2014. Le sauteur à ski Peter Prevc a également décroché deux médailles, d'argent et de bronze, à Sotchi, les JO vedettes de l'histoire olympique slovène.

En 2006, la skieuse Petra Majdič a été la première Slovène à gagner une course de ski de fond comptant pour la Coupe du monde (elle en a ensuite remporté une vingtaine d'autres).

Il n'y a pas si longtemps, la Slovénie faisait partie des rares pays d'Europe où le football n'était pas une passion nationale. Toutefois, l'intérêt pour ce sport s'est accru suite à la qualification de l'équipe nationale pour l'Euro 2000 et la Coupe du monde 2002, puis, après un passage à vide, à nouveau pour la Coupe du monde de 2010. La Slovénie n'a cependant pas réussi à se qualifier pour les Coupes du monde de 2014 et de 2018.

LA SLOVÉNIE AUX JEUX OLYMPIQUES

La Slovénie affiche un palmarès olympique étonnant pour un si petit pays, aux Jeux d'été comme d'hiver. C'est à Sotchi, en 2014, que la Slovénie a atteint son apogée olympique. Outre les deux médailles d'or décrochées par Tina Maze, la Slovénie a remporté un total de huit médailles, se classant au 16e rang des pays les plus médaillés. Cinq fois moins médaillée aux JO d'hiver suivants, à Pyeongchang, la Slovénie est cependant retombée à la 24e place du classement, avec deux médailles. La seule bonne surprise fut la qualification aux play-off de l'équipe nationale de hockey, qui n'a néanmoins pas gagné de médaille.

Aux JO d'été, la Slovénie s'illustre généralement dans des épreuves de moindre importance. Après une victoire par équipe aux JO de Londres en 2012, Tina Trstenjak a remporté l'or en judo à Rio de Janeiro, en 2016. La Slovénie obtient aussi souvent de bons résultats en aviron.

UNE "FIRST LADY" NÉE SLOVÈNE

Melania Trump, la Première Dame des États-Unis, est sans doute la personnalité slovène la plus en vue aujourd'hui. Née le 26 avril 1970 à Novo Mesto, dans le sud-est de la Slovénie, Melanija Knavs a passé une partie de son adolescence à Sevnica, à environ 50 km au nord, avant d'entrer à l'université de Ljubljana, puis de faire carrière dans le mannequinat à l'étranger.

L'Office du tourisme slovène a constaté un "effet Melania" : son image publique a contribué à faire connaître la Slovénie aux États-Unis et a même incité plus d'un Américain à venir visiter le pays natal de l'actuelle First Lady. Pourtant il est rare de trouver ici, même à Novo Mesto ou à Sevnica, des références explicites à ses racines slovènes.

Parmi les dix équipes de première division (Prva Liga), le Maribor, l'Olimpija Ljubljana et le NK Domžale caracolent régulièrement en tête du classement.

Le basket (*košarka*) est le sport d'équipe le plus populaire et l'équipe de l'Union Olimpija règne en maître. Le volley-ball (*odbojka*) et le hockey sur glace (*hokej na ledu*) sont également prisés, surtout depuis qu'Anže Kopitar a aidé les Los Angeles Kings de la ligue nationale de hockey américaine à remporter 2 Stanley Cups (titre de champion de la LNH) en 2012 et 2014.

Religion

Si le protestantisme s'est fortement implanté en Slovénie au XVIe siècle, la majorité des Slovènes (un peu moins de 58%) se considèrent comme catholiques d'après le dernier recensement. L'archevêque de Ljubljana, également primat de Slovénie, est Mgr Stane Zore.

Les autres principales communautés religieuses sont les musulmans (2,4%), les orthodoxes (2,3%) et les protestants (moins de 1%). La plupart des protestants appartiennent à l'Église évangélique (luthérienne) établie à Murska Sobota, en Slovénie orientale.

Depuis leur expulsion du territoire au XVe siècle, les juifs n'ont joué qu'un rôle mineur en Slovénie. En 2003, la petite communauté juive de Slovénie a reçu une Torah pour la synagogue nouvellement équipée de Ljubljana – une salle dans un immeuble de bureaux –, la première ouverte depuis la Seconde Guerre mondiale. Le grand rabbin de Slovénie est actuellement basé à Trieste.

Un Slovène sur trois pratique régulièrement une activité physique. Près de 400 000 slovènes, soit 20% de la population sont affiliés à une association ou un club sportif.

La Slovénie et les femmes

La loi slovène garantit l'égalité de statut entre hommes et femmes, mais malgré des améliorations notables la discrimination envers les femmes persiste. Si la proportion de femmes dans les instances politiques progresse – elles représentent plus d'un tiers du Parlement –, seuls quelques ministères sont dirigés par des femmes. Dans les entreprises, bien moins de la moitié des postes de direction sont occupés par des femmes.

Arts et culture

La culture et l'éducation sont primordiales pour les Slovènes, comme en témoigne un taux d'alphabétisation proche de 100% chez les plus de 15 ans. L'importance de savoir lire et écrire est tellement enracinée dans la culture du pays qu'en slovène, "Comment t'appelles-tu ?" se dit "Kako se pišete", qui signifie "Comment t'écris-tu ?" Si très peu d'étrangers sont capables d'apprécier la littérature slovène dans le texte, la musique, les beaux-arts et le cinéma du pays sont plus largement accessibles.

Littérature

Le plus vieux document écrit en slovène, *Brižinski Spomeniki* (*Les Feuillets de Freising*), date de la fin du Xe siècle. Il contient un sermon sur le péché et la pénitence, ainsi que des instructions pour la confession générale. La poésie orale, comme la célèbre légende *Lepa Vida* (*La Belle Vida*), fut florissante pendant tout le Moyen Âge. Mais c'est à l'époque de la Réforme qu'apparut le premier livre en slovène, un catéchisme publié par Primož Trubar en 1550. Vint ensuite la traduction intégrale de la Bible par Jurij Dalmatin en 1584. Presque toutes les autres publications jusqu'à la fin du XVIIIe siècle étaient en latin ou en allemand, y compris *La Gloire du duché de Carniole* (1689), une encyclopédie ambitieuse de la Slovénie rédigée par Janez Vajkard Valvasor (1641-1693 ; voir l'encadré p. 179), d'où proviennent la

FRANCE PREŠEREN : UN POÈTE POUR LA NATION

Considéré comme le plus grand poète de Slovénie, France Prešeren naquit en 1800 à Vrba, près de Bled. Il passa la majeure partie de sa vie active à travailler comme clerc dans un cabinet juridique à Ljubljana. Lorsqu'il ouvrit enfin son propre cabinet d'avocat à Kranj, en 1846, c'était déjà un homme malade et abattu. Il mourut trois ans plus tard.

Bien que Prešeren n'ait publié qu'un seul recueil de poésie de son vivant (*Poezije*, 1848), il laisse derrière lui une vaste œuvre parue dans des revues littéraires. Ses vers établirent de nouveaux critères pour la poésie slovène à une époque où l'allemand était la *lingua franca* littéraire, et ses poèmes lyriques tels que le chef-d'œuvre *Sonetni Venec* (*Couronne des sonnets*, 1834) figurent parmi les œuvres en slovène les plus sensibles et originales. Dans ses poèmes plus tardifs, comme l'épique *Krst pri Savici* (*Baptême au bord de la Savica*, 1836), il exprime une conscience nationale, qu'il tente d'insuffler à ses compatriotes.

La vie de Prešeren fut faite de douleur et de déception. La mort soudaine en 1835 de son meilleur ami et mentor, le spécialiste d'histoire littéraire Matija Čop, et son amour non réciproque pour l'héritière Julija Primic le conduisirent au bord du suicide, mais c'est à cette époque qu'il produisit ses meilleurs poèmes.

Prešeren fut le premier à montrer tout le potentiel littéraire de la langue slovène, et son œuvre – poèmes lyriques, épopées, satire, poésie narrative – inspire les Slovènes chez eux et à l'étranger depuis des générations.

L'ensemble de ses œuvres a été publiée en français sous le titre *Les Poésies*, dans une traduction de Kolja Micevic (Ésopie, 2013).

plupart des connaissances sur l'histoire, la géographie, la culture et les traditions slovènes avant le XVIIe siècle.

L'époque des Lumières donna à la Slovénie ses premiers dramaturge (Anton Tomaž Linhart), poète (Valentin Vodnik) et grammairien moderne (Jernej Kopitar). Durant la période du "nationalisme romantique", la littérature slovène gagna son plus grand poète de tous les temps : France Prešeren. Puis, dans la seconde moitié du XIXe siècle, Fran Levstik (1831-1887) hissa l'écriture et l'interprétation des contes populaires oraux à de nouveaux sommets avec ses légendes racontant les exploits du truculent héros Martin Kœurpane. Mais c'est Josip Jurčič (1844-1881) qui publia le premier roman slovène, *Deseti Brat* (*Le Dixième Frère*), en 1866.

L'écrivain français Charles Nodier (1780-1844), qui vécut et travailla à Ljubljana de 1811 à 1813 durant l'occupation napoléonienne, décrivit la Slovénie comme "une académie des arts et des sciences", en raison du don de la population pour les langues étrangères.

Littérature contemporaine

La première moitié du XXe siècle est dominée par deux hommes, qui ont introduit à eux seuls le modernisme dans la littérature slovène : le poète Oton Župančič (1878-1949) et le romancier et dramaturge Ivan Cankar (1876-1918), surnommé "le maître de la prose slovène". Toute une génération de jeunes écrivains ont trouvé leur inspirations dans ses œuvres, tel son *Hlapec Jernej in Njegova Pravica* (*Le Valet Barthélémy et son droit*, 1907).

La littérature slovène précédant et suivant la Seconde Guerre mondiale est influencée par le réalisme socialiste et la lutte des Partisans, à l'image des romans de Lovro Kuhar alias Prežihov Voranc (1893-1950). Depuis, la Slovénie tend à suivre les courants européens occidentaux : expressionnisme tardif, symbolisme (poèmes d'Edvard Kocbek, 1904-1981) et existentialisme (romans de Vitomil Zupan, 1914-1987, pièces de théâtre de Gregor Strniša, 1930-1987).

Mémoire vivante de la communauté slovène de Trieste, Boris Pahor (né en 1913) raconte dans *Nekropola* (*Pèlerin parmi les ombres* ; La Table Ronde, 1996) sa déportation dans un camp de concentration à la fin de la Seconde Guerre mondiale. De cet écrivain majeur, tardivement redécouvert en France, on peut également lire *Quand Ulysse revient à Trieste* (Pierre-Guillaume de Roux, 2013), récit relatant l'histoire d'un jeune Slovène prenant le maquis pour échapper au joug nazi et fasciste, ou le recueil de nouvelles *Place Oberdan à Trieste* (Pierre-Guillaume de Roux, 2018).

Dans *Visages slovènes* (Gallimard, 2013), Brina Svit retrace l'histoire de la communauté slovène émigrée en Argentine.

Le romancier Drago Jančar (né en 1948) et le poète Tomaž Šalamun (1941-2014), dont une rue de Putj porte le nom, sont les figures de proue du postmodernisme slovène depuis les années 1980. Le premier a reçu en France le prix du meilleur roman étranger pour *Cette nuit, je l'ai vue* (Phébus, 2010). Le scénariste et dramaturge Feri Lainšček (né en 1959) s'attache à décrire les conditions de vie des Roms de Slovénie dans son roman *Halgato* (Phébus, 2017), porté au cinéma en 1995.

Parmi les jeunes talents actuels figurent des auteurs traitant de questions sensibles comme le racisme et les relations avec les anciennes républiques yougoslaves. L'action du premier roman d'Andrej E. Skubic (né en 1967), *Fužinski Bluz* (non traduit, 2004) se déroule le jour du premier match de football entre la Slovénie indépendante et la Yougoslavie. Goran Vojnovič (né en 1980) a écrit une satire intitulée *Čefurji Raus!* (*Dehors, les culs-terreux !*, non traduit, 2009), qui fait référence aux immigrés issus des autres anciennes républiques yougoslaves vivant en Slovénie. Katja Perat (née en 1988) fait partie des grandes poétesses de la nouvelle génération ; avec *Najboljši So Padli* (*Les meilleurs sont tombés*, 2011, non traduit), elle a obtenu le prix du meilleur premier recueil de poésie dans son pays.

MUSIQUE FOLKLORIQUE

La ljudska glasba (musique folklorique) s'est développée indépendamment des autres formes de musique au fil des siècles. Les instruments traditionnels comprennent la *frajtonarica* (accordéon à boutons), le *cymbalum* (instrument à cordes frappées), la *bisernica* (luth), la *zvegla* (flûte en bois), l'*okarina* (flûte en terre cuite), la *šurle* (double flûte istrienne), le *trstenke* (pipeau), la guimbarde, la *lončeni bajs* (basse en terre cuite), le *berdo* (contrebasse) et le *brač* (guitare à huit cordes).

Les concerts de musique folklorique sont très populaires, surtout en Basse-Carniole et en Carniole-Blanche. Le genre a connu un renouveau ces dernières années. Écoutez les groupes Katice et Katalena, qui revisitent la musique slovène traditionnelle. Nejc Pačnik est l'un des plus grands accordéonistes de musique folklorique.

Musique

Les compositeurs romantiques du XIXe siècle comme Benjamin Ipavec, Fran Gerbič et Anton Foerster incorporaient des éléments traditionnels slovènes dans leurs œuvres pour exprimer leurs penchants nationalistes. Mais le plus grand compositeur de l'époque est Hugo Wolf (1860-1903), né à Slovenj Gradec et célèbre pour ses lieder. Parmi les compositeurs du XXe siècle dont la renommée dépasse les frontières slovènes figurent Primož Ramovš (1921-1999), Marjan Kozina (1907-1966), Lojze Lebič (né en 1934) et le tromboniste Vinko Globokar, né en France en 1934. Aldo Kumar (né en 1954) a été récompensé pour ses musiques de théâtre et de films. Quant à Milko Lazar (né en 1965), il apparaît comme l'un des plus intéressants compositeurs-interprètes de ces dernières années. Les férus d'opéra ont peut-être déjà eu le plaisir d'entendre Marjana Lipovšek (née en 1946) et Bernarda Fink (née en Argentine de parents slovènes en 1955), les plus grandes mezzo-sopranos du pays.

La musique populaire revêt de multiples formes, de la chanson slovène (représentée entre autres par Vita Mavrič) au jazz, en passant par la musique folklorique et la polka dont les représentants les plus emblématiques sont sans doute l'ensemble des frères Avsenik, dont le fondateur Slavko a tiré sa révérence en 2015. Cependant, c'est la musique punk qui, entre la fin des années 1970 et le début des années 1980, a propulsé la Slovénie sur la scène mondiale. Les groupes les plus célèbres sont Pankrti, Borghesia et surtout Laibach ; ils ont été imités dans ce qui était alors l'Europe de l'Est. Le groupe de rock alternatif le plus connu de Slovénie reste Siddharta, très en vogue depuis deux décennies.

Les travaux de Janez Vajkard Valvasor sur l'hydrographie du lac de Cerknica lui valurent d'être admis en 1687 à la Royal Society de Londres, à l'époque la plus prestigieuse institution scientifique au monde.

Architecture

En Slovénie, vous pourrez contempler toutes sortes de styles architecturaux (du roman au postmodernisme), mais le baroque prédomine, avec, ici et là, de petites touches de gothique et d'Art nouveau pour pimenter le paysage. L'abbaye de Stična (Basse-Carniole) et le château de Podsreda (Basse-Styrie) font partie des nombreux exemples d'architecture romane.

La majeure partie de l'architecture gothique slovène est tardive, le séisme de 1511 ayant détruit beaucoup d'édifices (même si la loggia et le palais prétorien de style gothique vénitien à Koper datent du siècle d'avant). L'architecture Renaissance se limite principalement à des bâtiments publics (hôtels de ville à Škofja Loka et Kranj, château de Brdo près de Kranj).

Les édifices baroques d'inspiration italienne des XVIIe et XVIIIe siècles sont omniprésents, en particulier à Ljubljana, où se dressent l'église de la Sainte-Trinité du couvent des Ursulines et la cathédrale Saint-Nicolas. La ville se convertit à l'architecture classique dans la première moitié du XIXe siècle : le palais Kazina (sur Kongresni trg) et le pavillon Tempel à Rogaška Slatina en sont deux beaux exemples.

Au début du XXe siècle, l'architecte de la Sécession viennoise (ou Art nouveau) Max Fabiani (1865-1962) contribue à donner un nouvel aspect à Ljubljana après le séisme dévastateur de 1895. Ivan Vurnik (1884-1971) prolongera son travail avant de s'orienter vers le style fonctionnaliste. On leur doit l'agencement symétrique du parc Miklošič, le monument à Prešeren et le superbe bâtiment de la Banque coopérative sur Miklošičeva cesta. Procurez-vous le dépliant (en anglais) sur la Ljubljana de Fabiani à l'office du tourisme de la capitale.

Aucun architecte n'a cependant eu autant d'impact sur la ville et le pays que Jože Plečnik (1872-1957), dont l'œuvre n'est pas aisément définissable (encadré p. 58). La plus grande partie de ses créations se trouvent à Ljubljana, mais ouvrez l'œil dans le reste du pays pour ne pas passer à côté de merveilles comme l'église paroissiale de l'Ascension du village reculé de Bogojina.

Pour avoir un aperçu des idées qui ont guidé l'aménagement urbain des nouveaux quartiers de la capitale, procurez-vous un exemplaire du dépliant gratuit *Modernist Neighbourhoods of Ljubljana.*

C'est à OFIS, le studio d'architectes de Rok Oman et Špela Videčnik plusieurs fois récompensé, que l'on doit certaines des réalisations contemporaines les plus intéressantes : le réaménagement du musée de la Ville de Ljubljana (2004) et le stade de Maribor (2009). OFIS a également participé à la construction, en 2012, du révolutionnaire Centre culturel des technologies spatiales européennes (KSEVT) à Vitanje. À Ljubljana, l'Atelier Arhitekti a conçu le pont des Bouchers (2010) aussi beau qu'utile, et le pont Fabiani (2012) sur la Ljublanica, tandis que Vesna et Matej Vozlič ont donné un nouveau souffle aux berges (Breg).

Exposition organisée au Petit Palais de Paris en collaboration avec la Narodna Galerija (Galerie nationale de Slovénie, Ljubljana), *Les Impressionnistes slovènes et leur temps (1890-1920)* ont fait l'objet d'un intéressant catalogue (Paris-Musées, 2013).

Peinture et sculpture

La Slovénie compte plus d'une trentaine de musées d'art et des centaines de salles d'expositions, des chiffres qui donnent une idée de la place importante des arts visuels pour de nombreux Slovènes.

Si l'art roman reste le parent pauvre (il n'en subsiste des traces que sous la forme d'enluminures), la peinture et la sculpture gothiques sont bien représentées : autel sculpté de la basilique de la Vierge protectrice de Ptujska Gora, fresques de l'église Saint-Jean-Baptiste de Bohinj, fresques de la *Danse macabre* dans l'église de la Sainte-Trinité de Hrastovlje, etc.

Les amateurs de sculpture baroque apprécieront la *Colonne de la peste* de Jožef Straub à Maribor ou le travail de Francesco Robba à Ljubljana (fontaine des rivières de Carniole à la Galerie nationale). Fortunat Bergant, qui a peint le chemin de croix de l'abbaye de Stična, était un maître de la peinture baroque.

Parmi les principaux peintres du XIXe siècle, on compte l'impressionniste Rihard Jakopič, dont la *Colline au soleil* (1903) n'est pas sans rappeler l'œuvre de Van Gogh, et Ivan Grohar, dont le tableau pointilliste *Le Semeur* (1907) figure sur les pièces de 5 centimes d'euro en Slovénie. Au XXe siècle,

SLAVOJ ŽIZEK

Figure de la contre-culture, le philosophe et psychanalyste Slavoj Žižek (né à Ljubljana en 1949), est l'un des Slovènes les plus connus à l'étranger. Forte de dizaines d'ouvrages, son œuvre brasse un grand nombre de thèmes de réflexion. Son dernier essai publié, *L'Actualité du manifeste du parti communiste* (Fayard, 2018), est une relecture du célèbre texte de Marx et Engels à la lumière de notre temps. On peut également voir Žižek donner la réplique dans plusieurs documentaires, comme dans *Le Guide pervers du cinéma* (2006), où il explicite les rapports entre psychanalyse et 7e art, et *Le Guide pervers de l'idéologie* (2012).

Božidar Jakac et les frères France et Tone Kralj ajoutent une sensibilité slovène à l'école expressionniste allemande qui prévalait jusqu'alors.

Après la Seconde Guerre mondiale, l'art devint un instrument de propagande majeur, exercice dans lequel se distinguèrent les sculpteurs Jakob Savinšek (1922-1961) et Lojze Dolinar (1893-1970), qui parvinrent à créer sous Tito des "chefs-d'œuvre" du réalisme socialiste sans sacrifier pour autant ni leur crédibilité ni leur sensibilité artistique. C'est toutefois en dehors de la Yougoslavie communiste, et des courants dominant la scène artistique dans l'après-guerre, que se détache l'œuvre de Zoran Mušič (1909-2005), artiste slovène le plus renommé à l'étranger, notamment en France où il passa une partie de sa vie et où son œuvre a fait l'objet de nombreuses expositions. Né à Gorizia et formé à l'École des beaux-arts de Zagreb, Mušič fut déporté à Dachau en 1944, après avoir été accusé d'appartenir à un réseau antinazi. Les dizaines de dessins qu'il parvint à réaliser sur le vif témoignent avec force de l'horreur concentrationnaire. Réchappé des camps, l'artiste se fit connaître avec des aquarelles de paysages dalmatiens et italiens, avant de revenir à son expérience traumatisante dans la série *Nous ne sommes pas les derniers* (1970-1976).

À partir des années 1980, la peinture et la sculpture postmodernes sont dominées par le collectif d'artistes Irwin, qui fait partie du collectif artistique multimédia Neue Slowenische Kunst (NSK). Enfin, quelques personnalités notables d'aujourd'hui : l'artiste Tadej Pogačar, la sculptrice Marjetica Potrč et les vidéastes Marko Peljhan et Marina Gržinič.

Squats et art urbain

L'art urbain compte parmi les domaines émergents les plus exaltants des arts visuels, et il orne les ruelles et les bâtiments des villes de tout le pays. C'est dans les squats Metelkova Mesto et Tovarna Rog, à Ljubljana, qu'on en voit les plus belles œuvres. L'anarchie visuelle, les couleurs et les motifs contrastent fortement avec le minimalisme maîtrisé de Jože Plečnik, si représenté dans le reste de la capitale.

Cinéma

À la différence de certains de ses voisins de l'ex-Yougoslavie (la Croatie notamment), la Slovénie n'a jamais été à la pointe du 7e art et ne produit que cinq à sept longs-métrages par an. Néanmoins, certains films slovènes ont été primés, comme *Kekec* (1951) de Jože Gale, l'histoire d'un jeune héros au grand cœur dans un village de montagne paradisiaque, et *Dolina Miru* (*La Vallée de la paix*, 1955) de France Štiglic, conte racontant la cavale de deux orphelins dans une Yougoslavie déchirée par la guerre.

À la fin des années 1990, deux films ont initié le "Printemps du cinéma slovène" : la farce ferroviaire *Ekspres, Ekspres* (*Express, express*, 1997) d'Igor Šterk et *Autsajder* (*Outsider*, 1997) d'Andrej Košak, histoire d'amour entre une fille slovène et un garçon bosnien.

D'autres succès suivirent : *Kruh in Mleko* (*Pain et Lait*, 2001) de Jan Cvitkovič, récit tragique d'une famille à problèmes dans une petite ville, et *Rezerni Deli* (*Pièces détachées*, 2003) de Damjan Kozole, qui raconte comment un couple de marginaux aigris devient passeurs d'immigrés clandestins entre les frontières croate et italienne.

Sur un ton plus léger, Cvitkovič a également réalisé *Odgrobadogroba* (*Gravehopping*, 2006), tragi-comédie sur la vie d'un professionnel de l'éloge funèbre, qui a été nominée aux Oscars. Marko Naberšnik a pour sa part livré la comédie romantique *Petelinji Zajtrk* (*Le Petit-Déjeuner du coq*, 2007), qui a pour décor Gornja Radgona, à la frontière autrichienne.

Parmi les productions plus récentes, on retiendra *Izlet* (*A Trip*, 2011), road-movie de Nejc Gazvoda et *Razredni Sovražnik* (*L'Ennemi de la classe*, 2013) de Rok Biček sur la rébellion d'une classe de lycéens contre leur professeur.

Dans *L'Été slovène* (Flammarion, 2013), Clément Benech narre l'histoire d'un jeune couple qui se défait lors de vacances en Slovénie. Un roman vif et subtil qui a pour théâtre les principaux sites touristiques du pays.

Carnet pratique

Carnet pratique

Ambassades et consulats

Ambassades et consulats slovènes à l'étranger

Belgique (☎2-213 63 27 ; www.bruselj.veleposlanistvo.si ; rue du Commerce, 44, 1000 Bruxelles). Consulat à Liège (☎4-340 46 09 ; square des Conduites d'eau 11-12)

Canada (☎613 565 57 81 ; ottawa.embassy.si ; 150 Metcalfe Street, Suite 2200, Ottawa, Ontario K2P 1P1). Consulat Toronto (☎416 201 8307 ; 747 Browns Line, 2e ét., Ontario, M8W 3V7)

France (☎01 44 96 50 60 ; pariz.veleposlanistvo.si ; 23 rue Bois-le-Vent, 75116 Paris). Consulats à Paris (☎01 44 96 50 67/66 à l'ambassade ; ⏲10h-12h lun-ven, mar 10h-13h), Saint-Étienne (☎04 77 22 26 54 ; 4 arcades de l'Hôtel-de-Ville), Strasbourg (☎03 88 36 60 25 ; 40 allée de la Robertsau) et Toulouse (☎05 82 75 74 66 ; 38 rue Alsace-Lorraine, Cedex 6)

Suisse (☎031 310 90 00 ; bern.embassy.si ; Schwanengasse 9/II, 3011 Berne). Consulat à Zurich (☎031 312 44 14 ; Dufourstrasse 179, 8008 Zurich) et Sion (☎031 306 56 10 ; rue de Scex 18).

Ambassades et consulats en Slovénie

Les ambassades et consulats étrangers sont établis à Ljubljana.

Ambassade d'Autriche (☎01-479 07 00 ; Prešernova cesta 23 ; ⏲8h30-12h lun-jeu, 8h-11h30 ven). Entrée par Veselova ulica.

Ambassade de Croatie (☎01-425 62 20 ; Gruberjevo nabrežje 6 ; ⏲9h-13h lun-ven)

Ambassade de France (☎01-479 04 00 ; Barjanska cesta 1 ; ⏲8h30-12h30 lun-ven)

Ambassade de Hongrie (☎01-583 04 00; Ulica Konrada Babnika 5 ; ⏲8h-17h lun-ven)

Ambassade d'Italie (☎01-426 21 94 ; Snežniška ulica 8 ; ⏲9h-11h lun-ven).

Ambassade de Suisse (☎1 200 86 40 ; www.eda.admin.ch/ljubljana ; Trg republike 3, 6e ét. ; ⏲8h-15-12h30 et 13h30-16h30 lun-jeu, 8h15-14h ven)

Consulat de Belgique (☎59 086 600 ; consulate.be@odilaw.com ; c/o ODI LPP, Davčna ulica 1 ; ⏲9h-12h et 14h-16h). L'ambassade est représentée par celle d'Autriche.

Consulat du Canada (☎01-252 44 44 ; ; Linhartova cesta 49a ; ⏲8h-12h lun, mer et ven). L'ambassade est représentée par celle de Hongrie.

Argent

➡ La Slovénie est membre de la zone euro.

CONSEILS AUX VOYAGEURS

La plupart des gouvernements possèdent des sites Internet qui recensent les dangers possibles et les régions à éviter. Consultez notamment les sites suivants :

Ministère des Affaires étrangères français (www.diplomatie.gouv.fr)

Ministère des Affaires étrangères de Belgique (diplomatie.belgium.be/fr)

Département fédéral des Affaires étrangères suisse (www.eda.admin.ch/eda/fr/dfae.html)

Ministère des Affaires étrangères du Canada (www.international.gc.ca/gac-amc/index.aspx?lang=fra)

➡ La pièce de 1 € slovène représente l'auteur du premier livre en slovène Primož Trubar et porte l'inscription latine *Stati Inu Obstati* ("Exister et persévérer"). Le verso de la pièce de 2 € présente le poète France Prešeren et un vers de son poème *Zdravljica'* ("Je lève mon verre"), qui fait partie de l'hymne national slovène.

➡ Sur les trois plus petites pièces (1, 2 et 5 centimes d'euro) sont représentés une cigogne, la pierre des princes, symbole des princes de Carinthie, et *Le Semeur* du peintre Ivan Grohar. Sur la pièce de 10 centimes est gravé un projet de Parlement de l'architecte Jože Plečnik qui ne vit jamais le jour, avec les mots "*Katedrala Svobode*" (cathédrale de la Liberté). La pièce de 20 centimes figure quant à elle deux chevaux lipizzans. Enfin, la pièce de 50 centimes représente le mont Triglav, la constellation du Cancer (sous laquelle est née la Slovénie indépendante) et les mots "*Oj Triglav moj dom*" ("Ô Triglav, ma demeure").

Cartes bancaires

Les hôtels, restaurants, magasins, agences de location, stations-service et agences de voyages acceptent les cartes bancaires Visa, MasterCard et American Express.

Change

Vous pourrez facilement changer du liquide et des chèques de voyage dans les banques, les bureaux de poste, les agences de voyages et les bureaux de change privés. Cherchez les mots *menjalnica* ou *devizna blagajna* pour trouver le bon guichet. La plupart des banques prélèvent une *provizija* (commission) de 1%. Dans les offices du tourisme, les agences de voyages et les bureaux de change, comptez généralement 3%.

Distributeurs automatiques

Baptisés *bančni avtomat*, les distributeurs automatiques de billets (DAB) sont omniprésents en Slovénie. Pour les possesseurs de cartes émises dans l'Union européenne, il n'est pas facturé de frais autres que ceux de leur banque (comptez 1 à 5 €) et les plafonds sont les mêmes que dans leur pays.

Pourboire

Hôtels À votre entière discrétion, pour l'équipe de nettoyage.

Pubs Pas de pourboire sauf en cas de service à la table.

Restaurants 10% de l'addition si le service est correct.

Taxis Arrondir la somme à l'euro supérieur.

Taxes et remboursements

La TVA (*davek na dodano vrednost* ou DDV en slovène) s'applique aux achats de la plupart des biens et services au taux standard de 22% ou au taux réduit de 9,5% (hébergement, alimentation, livres, entrées de musés, etc.). Elle est généralement incluse dans le prix.

Assurance

➡ Si vous êtes citoyen de l'Union européenne, la Carte européenne d'assurance maladie (CEAM) couvre la plupart des frais médicaux, sauf le rapatriement d'urgence ou les soins non urgents et privés. En France, la carte se demande auprès de sa caisse d'assurance maladie, via son compte ameli (www.ameli.fr) ou par téléphone depuis la France (3646) ou depuis l'étranger (+33 811 70 3646).

➡ Certaines assurances personnelles ne couvrent pas les "activités dangereuses", au nombre desquelles figure quelquefois la moto, voire la randonnée. Vérifiez bien les détails de votre contrat.

➡ Les voyageurs, en particulier les citoyens n'étant pas résidents de l'Union européenne, contracteront une assurance qui réglera directement les hôpitaux et les médecins, afin d'éviter d'avancer des sommes qui ne seront remboursées qu'au retour. Sinon, conservez tous les documents attestant des dépenses engagées. Certaines polices demandent à leurs assurés d'appeler (en PCV) un centre situé dans leur pays d'origine afin d'évaluer immédiatement la situation. Vérifiez que votre assurance couvre bien les ambulances et le rapatriement d'urgence.

➡ Payer son billet d'avion par carte bancaire donne parfois droit à une assurance voyage limitée, vous permettant au moins de réclamer le remboursement du voyage si la compagnie ne fournit pas la prestation demandée.

Cartes de réduction

La **Ljubljana Card** (www.visitljubljana.com/en/ljubljana-card ; 24/48/72 heures adulte 27,90/35,10/40,50 €, 6-14 ans 16,20/20,70/24,30 €) proposée au centre d'information touristique pour une durée de 1 à 3 jours donne accès à 19 sites de la ville, aux circuits pédestres et en bateau, plus des trajets illimités par les bus urbains et l'accès à Internet.

Camping Card International

➡ La Camping Card International (www.campingcardinternational.com) est disponible gratuitement pour les membres de la FICC auprès des automobile-clubs locaux, des fédérations de camping et parfois sur place, au camping choisi.

➡ Elle inclut une assurance responsabilité civile

et propose des réductions de 5 à 10% à ses détenteurs dans nombre de campings.

Carte HI

➡ Aucune auberge de jeunesse slovène n'impose à ses clients d'être détenteur d'une carte HI, mais elles offrent néanmoins parfois des réductions à ces derniers.

Hostelling International Slovenia (Popotniško Združenje Slovenije ; ☎02-234 21 37 ; www.youth-hostel.si, en français ; Gosposvetska cesta 84, Maribor). Basée à Maribor, cette organisation qui représente la Slovénie auprès de la Fédération internationale des auberges de jeunesse met en ligne une liste des auberges de jeunesse slovènes membres.

Étudiants, jeunes et enseignants

➡ La **carte d'étudiant internationale** (13 € ; www.isic.fr) permet aux étudiants de profiter de nombreuses réductions sur certains transports ainsi que sur l'entrée à certains musées et à d'autres sites.

➡ Si vous avez moins de 31 ans, mais que vous n'êtes pas étudiant, vous pouvez demander une carte IYTC (International Youth Travel Card ; 13 €) ou la Carte Jeune européenne (19 €) émise par l'European Youth Card Association (EYCA ; www.eyca.org), qui offrent toutes deux les mêmes réductions que la carte d'étudiant.

Cours de langues

Centre d'apprentissage du slovène deuxième langue/langue étrangère (Center za Slovenščino kot Drugi/Tuji Jezik ; carte p. 54 ; ☎01-241 86 47 ; www.centerslo.net ; Kongresni trg 12, Ljubljana ; ⏲9h-11h et 14h-15h lun-ven). Cours de slovène pour visiteurs de courte durée ou pour une étude approfondie de la langue. Un cours d'initiation de 1 heure 30 a lieu chaque mercredi de 17h à 18h30, au centre d'information touristique de Slovénie.

Mint International House Ljubljana (☎01-300 43 00 ; www.mint.si ; Vilharjeva cesta 21, Ljubljana). Cette école privée dispense des cours de slovène.

Désagréments et dangers

La Slovénie est un pays sûr. La majorité des délits concernent des vols. Prenez les précautions de base :

➡ Faites attention à votre sac à main et à votre portefeuille dans les zones très fréquentées, et ne laissez pas vos affaires sans surveillance dans un refuge de montagne.

➡ Verrouillez votre véhicule, garez-vous à des emplacements bien éclairés et ne laissez pas d'objets de valeur visibles à l'intérieur.

➡ Pensez à toujours bien attacher votre vélo.

Douane

Vous pouvez entrer dans un pays de l'UE ou en sortir avec des produits achetés dans tout pays de l'UE pour votre usage personnel sans devoir vous acquitter de taxes supplémentaires. La vente de produits détaxés n'est possible que si vous quittez l'UE.

En ce qui concerne les produits détaxés achetés dans des pays extérieurs à l'UE, les voyageurs (de plus de 17 ans) sont autorisés à entrer dans l'UE avec :

➡ 200 cigarettes, 50 cigares, 100 cigarillos, 250 g de tabac ou une combinaison proportionnelle de ces produits.

➡ 1 litre de liqueur forte ou 2 litres d'alcool à moins de 22%, 4 litres de vin et 16 litres de bière.

➡ D'autres marchandises jusqu'à une valeur totale de 300 € pour une arrivée par voie terrestre ou 430 € par mer ou par avion.

Électricité

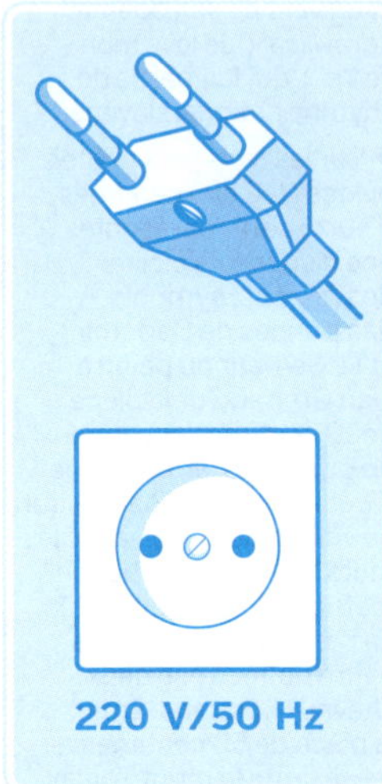

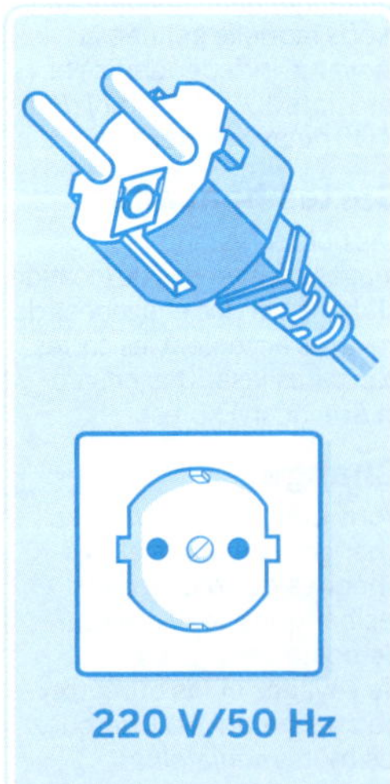

Formalités et visas

➡ Les ressortissants de l'Union européenne, du Canada et de la Suisse n'ont pas besoin de visa pour entrer en Slovénie et doivent simplement présenter leur carte d'identité ou leur passeport lors de leur arrivée. Il est conseillé de porter en permanence une pièce d'identité sur vous.

➡ Si vous résidez chez des amis, il est obligatoire de signaler votre présence au poste de police le plus proche dans un délai de 3 jours à compter de votre arrivéeen Slovénie (amende de 400 € pour les contrevenants).

➡ Si vous restez plus de 90 jours en Slovénie, vous devrez demander un certificat de résidence (voir le site du ministère des Affaires étrangères slovène www.mzz.gov.si, pour plus d'informations).

Handicapés

Vous trouverez des téléphones publics avec amplificateur, des passages pour piétons avec avertisseur sonore, des indications en braille sur les plans de bus, des trottoirs accessibles aux fauteuils roulants, des rampes d'accès aux bâtiments publics et des espaces réservés dans de nombreux parkings. Les grands hôtels possèdent au moins une chambre conçue spécialement pour leurs clients handicapés (salle de bains assez grande pour un fauteuil roulant, baignoire avec porte d'accès, etc.). Voici la liste des associations utiles :

Association des paraplégiques de Slovénie (Zveza Paraplegikov Republike Slovenije ; ☎01-432 71 38 ; www.zveza-paraplegikov.si/eng ; Štihova ulica 14, Ljubljana ; ⌚7h-15h lun-ven) Guide en slovène pour ses membres, mais aussi une version anglaise.

Association slovène des étudiants handicapés (Društvo Študentov Invalidov Slovenije ; ☎01-565 33 51 ; www.dsis-drustvo.si ; Kardeljeva ploščad 5, Ljubljana ; ⌚9h-16h lun-ven). Organisation très active.

APF (Association des paralysés de France ; ☎01 40 78 69 00 ; www.apf.asso.fr ; 17 bd Auguste-Blanqui, 75013 Paris). Informations sur les voyages accessibles.

Hébergement

La Slovénie dispose d'un large éventail d'hébergements. Il faut réserver bien à l'avance si vous voyagez en haute saison (juillet-août sur la côte et sur les lacs de Bled ou de Bohinj, printemps et l'automne à Ljubljana). Le reste du temps, vous n'aurez pas de difficulté à trouver un établissement en accord avec votre budget.

De nombreux centres d'information touristique inscrivent sur leur site la liste des adresses à louer. Le cas échéant, ils pourront vous aider à dénicher une chambre.

Hôtels Le choix offert est large, du petit hôtel de famille au boutique-hôtel 5 étoiles.

Auberges de jeunesse Indépendantes ou affiliées à la fédération internationale, elles ne manquent pas.

Pensions et maisons d'hôtes Le plus souvent tenues par des familles, elles offrent un bon rapport qualité/prix.

Chambres chez l'habitant Simples chambres ou appartements tout équipés sont répertoriés par les centres d'information touristique.

Refuges de montagne Lits simples, avec ou sans commodités, à proximité des sentiers de randonnée.

Camping

Il existe des *kampi* (camping) pratiquement partout. Certains louent également des bungalows bon marché. L'office du tourisme slovène édite la brochure *Campings, glampings et aires de services pour camping-cars* (téléchargeable en français sur www.slovenia.info). La plupart des sites ferment de mi-octobre à mi-avril. Le camping sauvage est illégal en Slovénie.

Les tarifs des campings s'entendent généralement par personne. Le prix varie en fonction de l'emplacement et de la saison, mais vous pouvez compter de 10 à 20 €/pers (comptez 20 à 50% du tarif plein pour un enfant). Une nuit dans un complexe de luxe ("glamping") revient cependant beaucoup plus cher. La plupart des campings officiels proposent des réductions de 5 à 10% aux détenteurs de la **Camping Card International** (CCI ; www.campingcardinternational.com).

Séjours à la ferme

Des centaines de fermes en activité proposent un hébergement payant, que ce soit en chambre d'hôte dans la ferme même ou dans des bâtiments indépendants de type chalets. Nombre de fermes offrent également des activités sportives en extérieur et vous proposent de participer aux travaux de la ferme.

Comptez un minimum de 20 € par personne pour une chambre avec salle de bains commune et petit-déjeuner (30 € minimum en demi-pension) en basse saison (de septembre à mi-décembre et de mi-janvier à juin), mais en haute saison (juillet et août), le premier prix s'établit à 25 € par personne (40 € en demi-pension).

Contactez l'**Association des fermes touristiques de Slovénie** (Združenje Turističnih Kmetij Slovenije ; ☎03-491 64 80 ; www.farmtourism.si, en français ; Trnoveljska cesta 1, Celje) ou consultez la brochure *Fermes touristiques de Slovénie* de l'office

TARIFS DES HÉBERGEMENTS

Les prix suivants correspondent à une chambre double avec toilettes et salle de bains/douche attenante (taxe de séjour et petit-déjeuner inclus).

€ < 50 €

€€ 50-100 €

€€€ > 100 €

du tourisme slovène (téléchargeable en français sur www.slovenia.info), qui recense 185 hébergements dans des fermes.

Auberges de jeunesse et dortoirs étudiants

La Slovénie abrite un nombre croissant d'auberges de jeunesse d'excellente qualité, notamment à Ljubljana et à Bled. Certaines disposent de cuisines partagées pour préparer vos repas. Sauf mention contraire, les salles de bains sont communes dans les auberges de jeunesse.

Une nuit en auberge de jeunesse coûte généralement de 16 à 25 € ; les prix sont au plus haut en juillet-août et à Noël.

Dans tout le pays, vous trouverez des *dijaški dom* (dortoirs de lycée) ou des *študentski dom* (résidences universitaires) qui accueillent les visiteurs en juillet et en août. Ces établissements sont généralement moins chers que les auberges de jeunesse.

Hôtels

L'offre hôtelière slovène couvre la totalité des catégories, de la moyenne au grand luxe. Quel que soit le prix de la chambre, les hôtels sont propres et bien entretenus. Les tarifs dépendent de l'emplacement et des commodités. Les chambres à petit prix ne donnent parfois droit qu'à une salle de bains partagée. Le petit-déjeuner est généralement compris dans le tarif affiché, mais mieux vaut vérifier le faire préciser à la réservation.

Les mois de juillet et août constituent la haute saison, ceux de septembre-octobre et mai-juin correspondant à la mi-saison. Pour les stations de ski telles que Kranjska Gora et le Pohorje de Maribor, la saison haute court de décembre à mars. À Ljubljana, les prix sont généralement constants tout au long de l'année, mais les week-ends sont souvent moins chers dans les hôtels de catégorie supérieure.

Refuges de montagne

L'**Association alpine de Slovénie** (PZS ; ☎01-434 56 80 ; www.pzs.si, en anglais ; Ob železnici 30a, Ljubljana ; ⌚9h-15h lun et jeu, 9h-17h mer, 9h-13h ven) gère environ 180 refuges classés selon 3 catégories. La catégorie I correspond aux refuges installés à plus de 1 000 m et à plus d'une heure des transports motorisés. Un refuge de catégorie II est à moins d'une heure des transports motorisés. La catégorie III correspond aux refuges accessibles directement en voiture ou en téléphérique. Il faut réserver, surtout entre juin et septembre.

Un lit pour la nuit coûte de 21 à 27 € dans un refuge de catégorie I, en fonction du nombre de lits dans la pièce, et de 16 à 22 € dans un refuge de catégorie II. Les refuges de catégorie III sont autorisés à fixer leurs propres prix, souvent moins élevés que ceux de catégorie I.

Pensions et auberges

En Slovénie, les pensions peuvent porter plusieurs

EN PRATIQUE

Poids et mesures Système métrique.

Fumer Interdiction dans les espaces publics fermés. Les bars ont en général une zone fumeurs à l'extérieur. La cigarette électronique est interdite à l'intérieur des lieux publics.

Presse en ligne *Slovenia Times* (www.sloveniatimes.com) est un journal exhaustif en ligne, en anglais. En français, connectez-vous au site du *Courrier des Balkans* (www.courrierdesbalkans.fr) qui possède une rubrique très riche sur l'actualité slovène (www.courrierdesbalkans.fr/+-Slovenie-+). Le gouvernement slovène publie par ailleurs un e-magazine mensuel traitant de politique, d'environnement, de culture, d'affaires et de sport en Slovénie, *Sinfo* (www.ukom.gov.si, bilingue slovène/anglais).

Radio La radio Slovenija diffuse les informations et le bulletin météo en anglais pendant la journée, sur différentes fréquences. Consultez le site RTV Slovenija (www.rtvslo.si/si).

TV La télévision publique slovène RTV Slovenija comprend 3 chaînes principales. Il existe aussi une douzaine de chaînes privées. Les chaînes en anglais telles que CNN International et la BBC sont largement répandues.

noms. La *gostišča* (auberge) est un restaurant rustique avec *prenočišča* (hébergement). En règle générale, une *gostilna* sert uniquement à boire et à manger, mais certaines proposent également des chambres. La différence entre *gostilna* et *gostišča* n'est pas toujours très claire, même pour les Slovènes.

Les pensions offrent un bon rapport qualité/prix. Ces établissements seront parfois votre seule option dans les petites villes et les villages.

Chambres chez l'habitant et appartements

Vous pourrez trouver des chambres chez l'habitant et des appartements en passant par les offices du tourisme. L'**office du tourisme slovène** (www.slovenia.info) fournit une liste avec photos, localisation et tarifs (à télécharger sur le site).

Sinon, toute habitation portant un panneau "Sobe" ou, en allemand, "'Zimmer frei" indique la disponibilité d'une chambre à louer. Selon la saison, vous pourrez économiser un peu d'argent en vous adressant directement au propriétaire.

En Slovénie, les chambres et appartements affiliés sont classés d'une à quatre étoiles.

Les prix varient énormément selon la ville et la saison, mais il faut généralement compter 20-40 € pour une simple et 40-60 € pour une double. Le prix indiqué correspond fréquemment à un séjour minimum de 3 nuits. Si vous restez moins longtemps, il vous faudra payer un supplément de 30 à 50% la première nuit et de 20 à 30% la seconde. Le prix n'inclut en général pas le petit-déjeuner (à partir de 5 à 8 € lorsqu'il y en a) ni la taxe de séjour.

Appartements de vacances

Certains offices du tourisme proposent aussi des appartements pouvant accueillir jusqu'à 6 personnes. Un appartement pour 2/4 personnes peut ainsi revenir à seulement 50/70 €.

Heure locale

- La Slovénie se trouve dans le même fuseau horaire que la France, la Belgique, la Suisse et la plupart des autres pays européens.
- L'heure d'hiver est à GMT plus 1 heure et l'heure d'été à GMT plus 2 heures. Les horloges sont avancées d'une heure le dernier dimanche de mars et reculées de la même durée le dernier dimanche d'octobre.

Heures d'ouverture

Les horaires peuvent varier pendant l'année. Voici les horaires appliqués en haute saison :

Banques 8h30-12h30 et 14h-17h lun-ven

Bar 11h-24h dim-jeu, 11h-1h ou 2h ven-sam

Magasins 8h-19h lun-ven, 8h-13h sam

Restaurants 11h-22h tlj

Internet (accès)

Dans la quasi-totalité des hôtels et auberges de jeunesse slovènes, l'accès au Wi-Fi est gratuit et certains mettent un ordinateur à la disposition des hôtes dans les parties communes. En majorité, les offices du tourisme offrent également un accès gratuit (ou bon marché) ; nombre de bibliothèques disposent de terminaux en libre accès et le Wi-Fi est gratuit en centre-ville dans la capitale et les cités les plus importantes.

Jours fériés

L'année slovène est rythmée par 14 *prazniki* (jours fériés). Si l'un d'eux tombe un dimanche, le lundi suivant est férié.

- **Nouvel An** 1er et 2 janvier
- **Prešeren Day** (fête de la Culture slovène) 8 février
- **Pâques et lundi de Pâques** mars/avril
- **Fête de la Libération** 27 avril
- **Fête du Travail** 1er et 2 mai
- **Fête nationale** 25 juin
- **Assomption** 15 août
- **Fête de la Réformation** 31 octobre
- **Toussaint** 1er novembre
- **Noël** 25 décembre
- **Fête de l'Indépendance** 26 décembre

Offices du tourisme

Office du tourisme slovène (www.slovenia.info, en français). Une mine d'informations tant sur les sites que les coutumes... Nombreuses brochures et livrets téléchargeables en français, entre autres langues.

Centre d'information touristique de Slovénie (STIC ; carte p. 54 ; ☎01-306 45 76 ; www.slovenia.info, en français ; Krekov trg 10 ; ⏲8h-21h tlj juin-sept, 8h-19h lun-ven, 9h-17h sam-dim oct-mai ; Wi-Fi). Situé au centre de Ljubljana.

Centre d'information touristique de Slovénie (STIC ; www.slovenia.info, en français ; aéroport Jože Pučnik ; ⏲8h-19h lun-ven, 9h-17h sam-dim oct-mai, 8h-21h juin-sept). Petit bureau de l'aéroport de Ljubljana.

Centre d'information touristique de Ljubljana (TIC ; carte p. 54 ; ☎01-306 12

15 ; www.visitljubljana.si, en français ; Adamič-Lundrovo nabrežje 2 ; ⏲8h-21h juin-sept, 8h-19h oct-mai). Au centre de Ljubljana.

Problèmes juridiques

Les personnes qui enfreignent les lois slovènes s'exposent à une expulsion, une arrestation ou une incarcération. Les peines infligées pour possession, utilisation ou trafic de drogues illégales en Slovénie sont strictes et les contrevenants s'exposent à de lourdes amendes, voire à des peines de prison. L'alcoolémie au volant, limitée à 0,05%, est sévèrement contrôlée, en particulier sur l'autoroute, et passible de contraventions d'un minimum de 300 €.

Entre 21h et 7h, il est interdit d'acheter de l'alcool à emporter dans un magasin ou un débit de boissons.

Poste

➡ La poste slovène (Pošta Slovenije) offre un vaste choix de services, de la vente de timbres et de cartes téléphoniques aux photocopies et au change de devises. Les *znamke* (timbres) sont également vendus dans les kiosques à journaux.

➡ Le samedi, la plupart des bureaux de poste ont des horaires d'ouverture restreints.

➡ Pour connaître les derniers tarifs d'affranchissement, consultez le site www.posta.si

Santé

Voyager en Slovénie ne présente pas de difficultés particulières sur le plan de la santé.

Coûts et accès aux soins

Les soins médicaux en Slovénie correspondent aux standards européens. Les soins en clinique ambulatoire présentent un tarif raisonnable ; une consultation chez un médecin coûte 50 €

Services médicaux

Toute ville de quelque importance dispose d'un centre médical (*zdravstveni dom*) ou d'un dispensaire (*klinični center*) fonctionnant au moins de 7h à 19h.

Les pharmacies (*lekarna*) ouvrent habituellement de 7h30 à 19h30 ou 20h, du lundi au vendredi. Elles affichent sur leur porte d'entrée l'adresse de l'officine la plus proche ouverte 24h/24.

Assurance santé

Pour les ressortissants de l'Union européenne, la Carte européenne d'assurance maladie (CEAM) couvre la plupart des frais médicaux. Les autres nationalités ont accès aux soins d'urgence mais doivent s'en acquitter.

L'Institut slovène de l'assurance santé (www.zzzs.si) fournit des informations détaillées sur les prestataires de santé et les options en matière d'assurance, en cas de maladie au cours de votre voyage.

Maladies liées à l'environnement

Encéphalite à tiques Cette grave maladie virale transmise par la tique affecte le cerveau. Les campeurs et randonneurs qui prévoient des activités de plein air prolongées entre mai et septembre ont tout intérêt à se faire vacciner. Renseignements à jour sur le site de l'Institut Pasteur (www.pasteur.fr).

Maladie de Lyme Cette autre infection inoculée par la tique existe dans la région. Elle se manifeste d'abord par une éruption cutanée qui s'étend

ADRESSES ET NOMS DE LIEUX

Les rues des villes slovènes sont bien indiquées, mais la numérotation peut déconcerter car les numéros pairs et impairs se trouvent parfois du même côté de la rue.

Dans les petites villes et localités, les rues n'ont souvent pas de nom et les maisons portent juste un numéro. Ainsi "Ribčev Laz 13" correspond à la maison n°13 du village de Ribčev Laz, sur le lac de Bohinj. Les villages se résumant souvent à une seule artère, on ne risque guère de se tromper.

Les Slovènes utilisent fréquemment le possessif (génitif) dans les noms de rues. Ainsi, une rue baptisée en l'honneur du poète Ivan Cankar s'appellera Cankarjeva ulica et une place honorant France Prešeren se nommera Prešernov trg. De même, lorsque les noms sont transformés en adjectifs, ils sont parfois difficiles à reconnaître. Une ville se nomme "Bled", par exemple, mais le "lac de Bled" s'appelle "Blejsko Jezero". Une rue menant à un château (grad) s'appelle généralement Grajska ulica. Une rue allant dans la direction de Trieste (Trst) s'appelle Tržaška cesta. Si elle va vers Klagenfurt (Celovec), ce sera Celovska cesta et vers Vienne (Dunaj), ce sera Dunajska cesta. Les mots "pri"', "pod" et "'na" dans les noms de lieux signifient respectivement "au", "sous" et "sur".

USAGES ET SAVOIR-VIVRE

Se présenter Lors d'une première rencontre, on se serre la main en se disant bonjour les yeux dans les yeux. Dans un cadre formel, n'appelez jamais quelqu'un par son prénom sans avoir sollicité son accord.

Être invité Si quelqu'un vous invite à manger chez lui, apportez des fleurs ou une bonne bouteille.

Se déchausser Les Slovènes ne gardent pas leurs chaussures à l'intérieur. Si vous entrez chez quelqu'un, proposez de laisser vos chaussures à la porte.

Trinquer La formule slovène est "*Na zdravje!*" ("à votre santé !")

Numéros utiles

Indicatif du pays	☎386
Renseignements nationaux	☎1188
Aide médicale d'urgence et pompiers	☎112
Police	☎113 (en cas d'urgence)
Assistance sur les routes et remorquage	☎1987

autour de la morsure, puis s'accompagne de fièvre, maux de tête, fatigue extrême, douleurs articulaires et musculaires et légère raideur du cou. Non traités, ces symptômes disparaissent au bout de quelques semaines, mais s'ensuivent parfois des troubles du système nerveux, du cœur et des articulations qui durent des mois.

Moustiques Ils peuvent être pénibles, notamment autour des lacs et des étangs. À défaut de transmettre le paludisme, les moustiques agacent. Munissez-vous d'un produit répulsif efficace et portez des manches longues et un pantalon vers le crépuscule.

Eau

L'eau du robinet est sûre. Si vous randonnez ou campez en montagne, la meilleure façon de purifier l'eau consiste à la faire bouillir pendant 10 minutes.

Téléphone

L'indicatif de la Slovénie est le ☎386. Il y a 6 indicatifs régionaux en Slovénie : ☎01 à ☎05, plus ☎07). Celui de Ljubljana est le ☎01.

➡ Pour appeler sur un fixe slovène depuis la Slovénie, composez le numéro de téléphone. Ajoutez l'indicatif régional si le numéro appartient à une autre région slovène.

➡ Pour appeler l'étranger depuis la Slovénie, composez le ☎00 suivi de l'indicatif du pays appelé – ☎33 pour la France, ☎32 pour la Belgique, ☎41 pour la Suisse et ☎1 pour le Canada –, puis l'indicatif régional (en retirant le 0 le cas échéant) et le numéro de votre correspondant.

➡ Pour appeler la Slovénie depuis l'étranger, composez le code d'accès international ☎00 suivi de ☎386 (l'indicatif de la Slovénie), de l'indicatif régional (en enlevant le premier 0) puis du numéro.

Téléphones portables

Les cartes SIM slovènes peuvent être utilisées sur des téléphones européens. Pour les autres téléphones, il faut activer le mode roaming pour qu'elles fonctionnent (mais attention aux frais d'itinérance).

Il existe en Slovénie plusieurs opérateurs de téléphonie mobile. Tous proposent des cartes SIM prépayées pas chères. Voici les trois principaux opérateurs :

Simobil (☎040 929 301 ; www.simobil.si ; Prešernov trg 2, Ljubljana ; ⏲8h-19h lun-ven, 9h-13h sam).

Telekom Slovenija (☎01-472 24 60 ; www.telekom.si/en ; Trg Ajdovščina 1, Ljubljana ; ⏲8h-19h lun-ven, 8h-13h sam).

Telemach (☎080 22 88 ; telemach.si ; Mestni trg 23, Ljubljana ; ⏲9h-19h lun-ven, 8h-13h sam).

➡ Les numéros de portable commencent par des indicatifs à trois chiffres (030, 031, 040, 041, 051, 070, 071 et 080) qui sont propres, dans la plupart des cas, à un opérateur.

Toilettes

Les toilettes publiques sont rares et il faut parfois payer 1 € pour les utiliser.

Toutes les gares ferroviaires ont des toilettes, de même que les centres commerciaux et les grands magasins. Bon niveau d'hygiène.

Voyager en solo

Pour les femmes seules, la Slovénie ne diffère pas de la plupart des autres pays d'Europe occidentale. Si vous savez gérer les rares situations inconfortables qui peuvent éventuellement se présenter, il ne devrait pas y avoir de problème.

En cas d'urgence, vous pouvez appeler la police (☎113) à tout moment ou la **ligne SOS** (☎080 11 55 ; www.drustvo-sos.si, en anglais ; ⏲12h-22h lun-ven, 6h-22h sam et dim).

Voyageurs LGBT+

La loi slovène protège les droits des homosexuels dans le domaine de l'emploi entre autres, en interdisant la discrimination à l'embauche sur un critère de préférence sexuelle, y compris pour le recrutement dans l'armée.

Ville relativement tolérante, Ljubljana est le centre de la communauté gay en Slovénie. En dehors de la capitale, les homosexuels sont très discrets et il n'existe pas de communauté à proprement parler.

Plusieurs associations défendent activement les droits homosexuels. Citons la **ŠKUC** (Študentski Kulturni Center, Centre culturel étudiant ; www.skuc.org) et **Legebitra** (☎01-430 51 44 ; legebitra.si ; Trubarjeva cesta 76a, Ljubljana ; ⏲12h-16h lun, 12h-18h mar et ven, 12h-21h mer-jeu). Parmi les autres sources disponibles :

- Out in Slovenia (www.outinslovenija.com), premier groupe de sport et de loisirs slovène pour les homosexuels, recense sorties et activités.

Transports

DEPUIS/VERS LA SLOVÉNIE

Entrer en Slovénie

Il n'y a pas de formalités frontalières entre la Slovénie et ses voisins de l'Union européenne (UE), à savoir l'Italie, l'Autriche et la Hongrie. Quelle que soit votre nationalité, vous n'avez pas besoin de montrer votre passeport ou de passer par la douane. En revanche, si vous arrivez d'un pays n'appartenant pas à l'espace Schengen, comme la Croatie, un contrôle à la frontière est mis en place.

Passeport

Les ressortissants de l'Union européenne doivent simplement présenter leur carte d'identité lors de leur arrivée, pour un séjour de trois mois maximum. Les autres nationalités nécessitent un passeport en cours de validité.

Voie aérienne

Aéroports et compagnies

Le petit aéroport **Jože Pučnik** (Aerodrom Ljubljana ; ☎04-206 19 81 ; www.lju-airport.si ; Zgornji Brnik 130a, Brnik), à 27 km au nord de la capitale, est le seul aéroport international du pays.

La zone des arrivées abrite un comptoir de l'**office du tourisme de Slovénie** (STIC ; www.visitljubljana.si ; Jože Pučnik Airport ; ⏲8h-19h lun-ven, 9h-17h sam-dim oct-mai, 8h-21h juin-sept), des agences de voyages et un DAB (juste à l'extérieur du terminal). Plusieurs loueurs de voitures, dont Avis, Budget, Europcar et Hertz, opèrent en face du terminal.

Adria Airways (☎renseignements sur les vols 04-259 45 82, réservations 01-369 10 10 ; www.adria.si). Depuis sa base à Brnik, la compagnie nationale slovène Adria Airways dessert plus de 30 destinations européennes, parmi lesquelles Munich, Francfort et Bruxelles, mais aussi les capitales des pays de l'ex-Yougoslavie.

Air France (☎01-244 34 47 ; www.airfrance.com). Vols quotidiens et directs depuis/vers Paris CDG (1 heure 55).

Air Serbia (☎en Serbie 386-1 777 43 90 ; www.airserbia.com). Vols directs depuis/vers Belgrade.

easyJet (www.easyjet.com). Vols directs depuis/vers Londres (STN).

Lufthansa (☎04-074 77 37 ; www.lufthansa.com ; ⏲8h30-17h lun-ven). Vols depuis/vers Francfort et Munich.

VOYAGES ET CHANGEMENTS CLIMATIQUES

Tous les moyens de transport fonctionnant à l'énergie fossile génèrent du CO_2 – la principale cause du changement climatique induit par l'homme. L'industrie du voyage est aujourd'hui dépendante des avions. Si ceux-ci ne consomment pas nécessairement plus de carburant par kilomètre et par personne que la plupart des voitures, ils parcourent en revanche des distances bien plus grandes et relâchent quantité de particules et de gaz à effet de serre dans les couches supérieures de l'atmosphère. De nombreux sites Internet utilisent des "compteurs de carbone" permettant aux voyageurs de compenser le niveau des gaz à effet de serre dont ils sont responsables par une contribution financière à des projets respectueux de l'environnement. Lonely Planet "compense" les émissions de tout son personnel et de ses auteurs.

Wizz Air (☎centre d'appel pour la Slovénie 090 100 206 ; www.wizzair.com). Vols pour Londres (LTN) et Bruxelles.

Dans le cas où les vols en direction de la Slovénie seraient bondés ou trop chers, sachez que vous pouvez aussi atterrir à Venise (Italie) ou à Zagreb (Croatie), dont les aéroports internationaux sont desservis par des compagnies low cost, avant de monter dans un bus vers la Slovénie. Parfois moins onéreuse, cette solution demande plus de temps : comptez environ 3 heures 30 pour rejoindre la capitale slovène depuis Venise et 2 heures 30 depuis Zagreb.

DEPUIS LA FRANCE

Air France relie Paris à Ljubljana par vol direct au moins une fois par jour, de même qu'**Adria Airways**. Les deux compagnies proposent d'autres vols quotidiens mais avec au moins une escale. Comptez de 160 à 350 € environ pour un aller-retour et 1 heure 55 de vol. Air France ne propose pas de liaison directe depuis la province, mais vous trouverez facilement des vols au départ de Lyon, Bordeaux ou Marseille avec une seule escale.

Air France (☎36 54 ; www.airfrance.fr)

Adria Airways (☎depuis la Slovénie 01-369 10 10, 080 13 00 ; www.adria.si)

DEPUIS LA BELGIQUE

Ljubljana est desservie par vols directs depuis Bruxelles, plusieurs fois par jour, par la compagnie nationale slovène, **Adria** et par **Brussels Airlines** (environ 1 heure 45 de vol et de 200 à 300 € pour un aller-retour en saison estivale).

Adria Airways (☎2 720 79 55 ; www.adria.si)

SN Brussels Airlines (☎0902 51 600 ; www.brusselsairlines.com)

> **AVERTISSEMENT**
>
> Les informations contenues dans ce chapitre sont particulièrement susceptibles de changements. Vérifiez directement auprès de la compagnie aérienne ou de l'agence de voyages les modalités d'utilisation de votre billet d'avion. N'hésitez pas à comparer les prestations. Les détails fournis ici doivent être considérés à titre indicatif et ne remplacent en rien une recherche personnelle attentive.

DEPUIS LA SUISSE

Adria et **Swiss International Air Lines** assurent plusieurs fois par jour des vols directs pour Ljubljana au départ de Zurich. Les tarifs démarrent à 250 € et le vol dure 1 heure 10. Il n'y a pas de vol direct pour Ljubljana au départ de Genève.

Adria Airways (☎44 212 63 93 ; www.adria.si)

Swiss International Air Lines (☎0848 700 700 ; www.swiss.com)

DEPUIS LE CANADA

Les vols les moins chers au départ de Montréal ou de Toronto comportent obligatoirement une ou deux escales (en Amérique du Nord et en Europe). Renseignez-vous auprès des principales compagnies aériennes européennes. Comptez 850 € au moins et, dans le meilleur des cas, une dizaine d'heures de trajet.

Air Canada (☎1 888 247 2262 ; www.aircanada.ca)

Air France (☎1 800 667 2747 ; www.airfrance.com)

British Airways (☎1 800-AIRWAYS ; www.ba.com)

KLM (☎1 866 434 0321 ; www.klm.com)

Finnair (☎358 600 140 140 ; www.finnair.com)

Voie terrestre

Les infrastructures routières et ferroviaires ne manquent pas entre la Slovénie et ses quatre voisins – Italie, Autriche, Hongrie et Croatie. Les villes des pays frontaliers sont parfois désignées en slovène dans les horaires de bus et de trains.

Frontières

- Il existe une douzaine de points de passage frontalier reliant la Slovénie à ses voisins. Les frontières avec les pays de l'espace Schengen (Italie, Autriche et Hongrie) sont ouvertes et le contrôle des pièces d'identité est très rare.
- La Croatie ne faisant pas partie de l'espace Schengen, la vérification des passeports est plus poussée depuis/vers ce pays, avec parfois de longues files d'attente à la frontière de juin à septembre.
- Il y a près de 50 points de franchissement de frontière entre la Slovénie et la Croatie, certains ne sont ouverts que la journée (de 8h à 20h) ou uniquement accessibles aux ressortissants de l'UE. Voici les postes frontaliers ouverts aux ressortissants de l'UE et aux autres nationalités : Bregana, Macelj (Gruškovje), Rupa, Kaštel (Dragonja) et Pasjak (Starod).

Bus

De nombreuses compagnies d'autocars longue distance opèrent en Slovénie, reliant le pays à des villes européennes. Ce service est souvent moins cher et plus rapide que les trains, mais moins confortable.

Les départs et arrivées de la plupart des bus internationaux se font à la **gare routière de Ljubljana** (Avtobusna Postaja Ljubljana ;

☎01-234 46 00 ; www.ap-ljubljana.si, en anglais ; Trg Osvobodilne Fronte 4 ; ⊙5h-22h30 lun-ven, 5h-22h sam, 5h30-22h30 dim). Maribor est un point de départ important pour Vienne au nord ou pour Zagreb et Belgrade au sud. Entre juin et septembre, les villes côtières Piran, Koper et Izola sont régulièrement reliées à des villes de la côte croate et à Trieste en Italie.

DEPUIS LA FRANCE, LA BELGIQUE ET LA SUISSE

Eurolines (depuis la France, ☎0 892 89 90 91 ; www.eurolines.com) assure une liaison au moins vers Ljubljana et Postojna au départ de Paris (à partir de 90 €, 24 heures de trajet) mais également Marseille et Strasbourg (80 €, environ 18 heures) ainsi que d'autres villes françaises. Comptez entre 4 à 5 départs par semaine de Paris et de 2 à 3 départs pour les autres villes françaises.

Flixbus (www.flixbus.fr). Cette compagnie propose des liaisons directes vers Ljubljana depuis plusieurs villes françaises, dont Paris (à partir de 48 €, 18 heures) ainsi que Genève. Depuis Bruxelles, vous aurez une correspondance à Munich ou à Francfort.

Avtobusna Postaja Ljubljana (www.ap-ljubljana.si). Cette compagnie slovène dessert un grand nombre de villes européennes, notamment en France, depuis/vers la gare routière principale de Ljubljana.

CROATIE, BOSNIE-HERZÉGOVINE ET SERBIE

Koper, Piran et Portorož sont les points d'entrée en bus depuis l'Istrie croate et des localités plus au sud. Un bus part de Koper tous les jours à 9h30 pour Rijeka (14,50 €, 2 heures, 84 km) et il y a des bus à 9h30 et 18h30 tous les jours pour Pula (11,60 €, 2 heures 30, 101 km) via Poreč, Umag et Rovinj.

Depuis Ljubljana, comptez au moins deux départs par jour pour Belgrade, en Serbie (de 38,70 à 40,70 €, 8 heures, 532 km). Des bus partent quotidiennement de Ljubljana pour Rijeka (14,20 €, 2 heures 30, 136 km), Split (32,70 €, 8 heures, 528 km), Zadar (28,70 €, 6 heures 30, 344 km) et Dubrovnik (42,70 €, 13 heures, 658 km), en Croatie. Il y a également des bus quotidiens pour Sarajevo (de 44,70 à 48,70 €, de 9 heures 30 à 12 heures, 554 km) en Bosnie-Herzégovine et Banja Luka (27,20 €, 5 heures 30, 336 km), capitale de la République serbe de Bosnie.

En bus depuis/vers Ljubljana

Ville	Tarif (€)	Durée (heure)	Km
Belgrade	40	8	532
Bratislava	40	6	450
Budapest	30	6	460
Francfort	80	11½	777
Genève	50	13	800
Munich	25	6	405
Paris	48	24	1250
Rijeka	10	2½	136
Sarajevo	40	11	554
Split	40	8	528
Trieste	7	1½	105
Venise	30	3	250
Vienne	40	5	380
Zagreb	12	2½	150

Train

Les **chemins de fer slovènes** (Slovenske Železnice, SŽ ; ☎ renseignements 1999; www.slo-zeleznice.si) assurent la liaison avec le réseau ferroviaire européen via l'Autriche (Villach, Salzbourg, Graz, Vienne), l'Italie (Trieste, Venise), l'Allemagne (Munich, Francfort), la République tchèque (Prague), la Croatie (Zagreb, Rijeka), la Hongrie (Budapest), la Suisse (Zurich) et la Serbie (Belgrade). Le site des chemins de fer slovènes fournit des renseignements en anglais sur les liaisons internationales.

RÉDUCTIONS ET FORFAITS

Les billets internationaux sur les chemins de fer slovènes en tarif plein sont valables 2 mois. Certains billets achetés en tarif réduit sont valables 1 mois, alors que d'autres ne sont valables que pour le jour et le train indiqués. Les enfants de 6 et 12 ans bénéficient de billets à moitié prix.

InterRail (fr.interrail.eu) couvre 30 pays européens et s'adresse aux citoyens européens (ou résidents dans l'UE depuis au moins 6 mois). Le pass "One Country" (59/74/104/132 € pour un voyage de 3/4/6/8 jours) peut s'avérer intéressant pour sillonner la Slovénie.

DEPUIS LA FRANCE

Plusieurs possibilités s'offrent à vous pour rallier la Slovénie en train. Il est par exemple possible de transiter par l'Allemagne, via Stuttgart ou Munich, qui offrent des liaisons directes vers Ljubljana.

Vous pouvez également rejoindre Zurich au départ de Paris-Est, puis passer la nuit dans l' EuroNight qui asure une liaison vers Ljubljana. Comptez 240 €

environ et 20 heures de voyage.

Le train de nuit Paris-Venise (à partir de 85 €) est une autre option envisageable. Depuis la cité des Doges, vous gagnerez Trieste avant de prendre une correspondance pour Ljubljana.

SNCF (☎3635 ; www.oui-sncf)

Thello (www.thello.com)

Deutsche Bahn (www.bahn.com/)

CFF (www.sbb.ch)

Trainline (www.trainline.fr)

BELGIQUE

De Bruxelles, il vous faudra changer deux fois (à Francfort et Munich ou Paris et Zurich) pour gagner Ljubljana. Comptez de 15 heures à 24 heures de trajet.

SNCB (☎+32 (0) 70 79 79 79 ; www.b-europe.com)

SUISSE

Le train de nuit EuroNight "Nightjet" assure une liaison directe entre Ljubljana et Zurich (à partir de 29 €, 14 heures 30, 730 km) via Villach, en Autriche.

AUTRICHE, ALLEMAGNE ET RÉPUBLIQUE TCHÈQUE

Ljubljana et Maribor sont bien reliées à l'Autriche, l'Allemagne et la République tchèque. Vous trouverez ci-dessous les tarifs pleins, notez cependant que certaines compagnies proposent des réductions.

Autriche Pour aller à Vienne (80 €, 6 heures, 441 km) depuis Ljubljana, vous avez le choix entre le train direct EC Emona (EC 150/151) et d'autres trains nécessitant un changement à Maribor ou Villach, en Autriche. Le train EC Emona dessert aussi Graz (40 €, 3 heures, 221 km). Un autre train pour Graz nécessite de changer à Maribor. Deux trains directs opèrent tous les jours une liaison entre Ljubljana et Salzbourg (55 €, 4 heures, 280 km) ; deux autres liaisons pour Salzbourg nécessitent de changer à Villach, en Autriche. Plusieurs trains relient tous les jours Ljubljana et Villach (20 €, 2 heures, 102 km).

Allemagne Deux trains directs, dont un train de nuit, relient tous les jours Ljubljana et Munich (à partir de 70 €, 7 heures, 441 km) via Villach et Salzbourg ; l'un d'eux continue jusqu'à Francfort (180 €, 10 heures, 859 km).

République tchèque Il est possible de rejoindre Prague en train (140 €, 11 heures, 700 km), mais il y a généralement un changement à Villach ou Maribor, puis à Vienne à effectuer.

CROATIE ET SERBIE

Un voyage en train vers le sud de la Croatie et la Serbie s'effectue principalement au départ de Ljubljana. A l'heure où nous rédigeons ce guide, il n'existe pas de liaisons directes pour la Bosnie-Herzégovine.

Croatie Tous les jours, de nombreux trains relient Ljubljana à Zagreb (20 €, 2 heures, 141 km) via Zidani Most. Deux trains desservent Rijeka (22 €, 2 heures, 135 km) en passant par Postojna, et trois trains se rendent jusqu'à Split (63 €, 8 à 12 heures, 456 km) avec un changement à Zagreb.

Serbie Deux trains par jour à destination/au départ de Belgrade (à partir de 30 €, 9 à 10 heures, 569 km) via Zagreb.

HONGRIE

Un train par jour relie Ljubljana à la gare Deli de Budapest (à partir de 30 €, 9 heures, 507 km).

ITALIE

Deux trains par jour relient Ljubljana à Trieste (8 €, 2 heures 45, 100 km), en passant par Postojna, Divača et Sežana.

Voiture et moto

La Slovénie dispose d'un bon réseau d'autoroutes la reliant avec ses quatre voisins. Bien que les frontières avec l'Italie, l'Autriche et la Hongrie soient ouvertes, les automobilistes doivent être munis d'un permis de conduire, des papiers du véhicule et d'une assurance responsabilité civile. Ces documents sont généralement demandés aux postes frontaliers des autoroutes pour la Croatie.

Dès que votre véhicule se trouve sur le sol slovène, vous êtes obligé d'afficher un autocollant donnant accès au réseau routier (p. 283) que vous pouvez acheter à une station essence avant la frontière slovène ou à la première aire d'autoroute une fois en Slovénie.

DEPUIS LA FRANCE

Ljubljana est à 1 248 km de distance de Paris, soit 12 heures de voiture sans compter les arrêts. De la moitié nord de la France, il faut suivre l'itinéraire qui passe par Strasbourg, l'Allemagne et l'Autriche. De la moitié sud de la France, il faut traverser tout le nord de l'Italie.

DEPUIS LA BELGIQUE

Bruxelles est à 1 192 km de Ljubljana. Le plus rapide (environ 11 heures 30 sans les arrêts) consiste à transiter par l'Allemagne (Cologne/Francfort/Munich) et l'Autriche.

VOYAGER AVEC VOTRE VÉLO

Certains trains internationaux acceptent les vélos pour un supplément allant de 5 à 12 € (selon le pays). Sur les horaires affichés en ligne, les trains accueillant les vélos sont indiqués par le symbole d'une bicyclette, tout comme les wagons où vous pourrez laisser votre vélo à bord.

DISTANCES KILOMÉTRIQUES (KM)

	Bled	Bovec	Celje	Črnomelj	Koper	Kranj	Kranjska Gora	Ljubljana	Maribor	Murska Sobota	Nova Gorica	Novo Mesto	Postojna	Ptuj
Bovec	83													
Celje	131	207												
Črnomelj	147	223	130											
Koper	156	161	185	193										
Kranj	27	102	105	123	131									
Kranjska Gora	39	45	161	178	186	58								
Ljubljana	59	134	76	93	107	33	89							
Maribor	181	257	54	198	234	156	212	126						
Murska Sobota	245	320	118	266	298	219	275	189	64					
Nova Gorica	156	72	185	193	90	131	168	107	236	299				
Novo Mesto	127	202	95	32	171	101	157	69	151	246	173			
Postojna	102	131	131	139	59	77	133	53	182	245	60	118		
Ptuj	184	260	58	179	237	159	215	129	29	64	238	148	183	
Slovenj Gradec	164	188	50	191	217	138	185	108	71	135	218	146	163	75

DEPUIS LA SUISSE

Depuis Genève ou Lausanne, il ne vous faudra que 7 heures 30 environ pour parcourir les 808 km qui vous séparent de la capitale slovène, en passant cette fois par la France, le tunnel du Mont-Blanc et le nord de l'Italie.

Voie maritime

Pendant l'été, la traversée en bateau entre Piran et les ports italiens de Venise et Trieste est possible. Vous pouvez acheter votre billet et obtenir des renseignements au **Centre d'information touristique de Piran** (TIC ; carte p. 164 ; ✆05-673 44 40 ; www.portoroz.si ; Tartinijev trg 2 ; ⏲9h-22h juil-août, jusqu'à 19h mai, jusqu'à 17h sept-avr et juin).

Venezia Lines (carte p. 164 ; ✆05-242 28 96 ; www.venezialines.com). Liaisons en catamaran le samedi en été (généralement de la mi-juin à la mi-sept) entre Piran et Venise (adulte/enfant 67/42 €, 3 heures 45).

Trieste Lines (carte p. 164 ; ✆040 200 620 ; www.triestelines.it). Catamaran reliant le port de Piran à Trieste (9,60 €, 30 minutes) et à Rovinj, en Croatie (23 €, 70 minutes), tous les jours (sauf le mercredi) de fin juin à fin août.

VOYAGES ORGANISÉS

Même s'il est facile de s'organiser seul en Slovénie, le recours à un voyagiste pourra vous faciliter la vie, notamment si vous envisagez un séjour thématique – autour de la randonnée par exemple.

Les agences de voyages suivantes programment notamment des randonnées dans les Alpes slovènes, la découverte du patrimoine architectural et des curiosités géologiques souterraines de la Slovénie. Certains séjours combinent plusieurs pays des Balkans ou la Slovénie et le nord-est de l'Italie.

Adeo Voyages (www.adeo-voyages.com).

Allibert Trekking (www.allibert-trekking.com)

Bemex Tours (www.bemextours.com).

Chamina Voyages (www.chamina-voyages.com)

Grand Angle (www.grandangle.fr)

Intermèdes (www.intermedes.com).

Terres d'Aventure (www.terdav.com)

Voyageurs du Monde (www.voyageursdumonde.fr).

COMMENT CIRCULER

Bus

➡ Le réseau de bus slovène est vaste, les véhicules sont modernes et confortables. Vous pouvez rejoindre en bus toutes les grandes villes et villes moyennes du pays, ainsi que des petites localités.

➡ Plusieurs compagnies desservent le pays, à des tarifs similaires :

4/6/10/17 € pour 25/50/100/200 km de trajet.

➡ Vous pouvez acheter votre billet à l'*avtobusna postaja* (gare routière) ou auprès du chauffeur en montant. Normalement, il y a toujours de la place, sauf le vendredi ou le week-end, où il est conseillé de réserver sa place (1,5 €) un jour avant. Il y a beaucoup moins de bus le dimanche et les jours fériés.

➡ Tous les horaires et destinations sont affichés dans les gares routières ou à l'extérieur. Si vous ne trouvez pas votre destination ou ne comprenez pas les horaires, demandez de l'aide aux guichets d'information ou de vente de billets (*blagajna vozovnice*).

➡ *Odhodi* signifie "départs" et *prihodi* signifie "arrivées".

DÉCHIFFRER LES HORAIRES DE BUS

Voici les lettres et abréviations qui apparaissent sur les tableaux des horaires pour indiquer les jours de circulation :

D Du lundi au samedi

D+ Du lundi au vendredi

N Dimanche

NP Dimanches et jours fériés

So Samedi

SoNe Samedi et dimanche

SoNP Samedi, dimanche et jours fériés

Š Du lundi au vendredi en période scolaire

ŠP Du lundi au vendredi pendant les vacances scolaires

V Tous les jours

En stop

Le stop est une pratique courante chez les jeunes Slovènes et fonctionne généralement bien – sauf le vendredi après-midi, au début des vacances scolaires et le dimanche, quand les familles remplissent les voitures. Les auto-stoppeurs se postent souvent aux arrêts de bus ; sinon, utilisez les voies d'accès aux autoroutes ou tout autre espace ne gênant pas la circulation.

N'oubliez pas que vous prenez toujours un risque en faisant du stop, quel que soit le pays. Si vous optez pour le stop, essayez de voyager à deux et d'informer quelqu'un de votre itinéraire. Le stop est particulièrement déconseillé pour les femmes seules (mieux vaut être accompagnée d'un homme).

Train

➡ Les **chemins de fer slovènes** (www.slo-zeleznice.si) couvrent un vaste réseau reliant les principales villes de Slovénie. Les trains sont généralement plus spacieux et confortables que les bus et sont parfois moins chers. Ils conviennent particulièrement aux longues distances. Le site des chemins de fer fournit les horaires et des informations détaillées en anglais.

➡ Vous pouvez acheter vos billets à la gare *(železniška postaja)* ou auprès du conducteur (2,50 € de frais supplémentaire).

➡ Les trains dont le numéro est accompagné d'un "R" sont ouverts à la réservation. Si le "R" est encadré, la réservation est obligatoire.

➡ Un billet aller-retour (*povratna vozovnica*) coûte le double d'un aller simple (*enosmerna vozovnica*). La 1re classe coûte 50% plus cher que la 2e classe.

➡ Les grandes gares disposent de casiers (2/3 € par jour selon la taille).

Types de trains

Les trains circulant en Slovénie présentent de grandes différences en termes de vitesse, de confort, et de prix. Les abréviations sont celles utilisées pour les horaires :

ICS – InterCity Slovenia, train à grande vitesse reliant Ljubljana et Maribor tout au long de l'année ainsi que Koper, de juin à août. Clim à bord et voiture restaurant. Réservation des places exigée.

IC – InterCity, train à grande vitesse similaire au ICS, couvrant de grandes distances. Restauration à bord.

EC – EuroCity, train à grande vitesse similaire au ICS et au IC reliant les grandes villes slovènes et européennes. Restauration à bord de la plupart des trains.

MV – Désigne les trains internationaux..

EN –EuroNight, train de nuit international et longue-distance. Disposant de wagons-lits et de couchettes, ces trains sont aussi utilisés pour des trajets ordinaires à travers la Slovénie. Réservation obligatoire.

RG, LP – Désigne les trains régionaux et locaux, plus rudimentaires et moins rapides. Vous n'aurez pas besoin de réserver votre place.

Horaires de trains

Les départs et arrivées sont annoncés par haut-parleur ainsi que sur un tableau électronique et sont toujours disponibles sur un support imprimé quelque part dans la gare.

➡ Les termes *Odhod* ou *Odhodi Vlakov* désignent les trains au départs et *Prihod*

ou *Prihodi Vlakov* ceux à l'arrivée.
Autres mots utiles : *čas* (heure), *peron* (quai), *sedež* (siège), *smer* (direction) et *tir* (rail).

Les horaires et les tarifs des chemins de fer slovènes sont consultables et téléchargeables sur www.slo-zeleznice.si (en anglais).

Réductions et forfaits

➡ Le billet à prix unique "IZLETka" (adulte/enfant 15/7,50 €) permet des déplacements illimités sur 5 jours le week-end ou les jours fériés.

➡ Les voyageurs de moins de 26 ans ont droit à une réduction de 30% sur les déplacements nationaux.

➡ La carte Family RailCard offre une réduction de 40% pour les adultes et permet aux enfants de moins de 12 ans de voyager gratuitement.

Vélo

Le vélo est un moyen de locomotion populaire en Slovénie. Il est possible de transporter des vélos dans les compartiments à bagages des trains IC et régionaux (3,50 €), ainsi que dans les grands bus. La circulation à vélo est autorisée sur toutes les routes, sauf les autoroutes. Les grandes villes sont équipées de pistes cyclables et de feux de signalisation dédiés. Une carte des itinéraires touristiques et une brochure détaillée (en anglais ou en italien) sur le cyclotourisme sont téléchargeables sur le site www.slovenia.info. Et 28 itinéraires sont consultables sur le site.

Les loueurs de vélos se concentrent généralement dans les secteurs les plus touristiques comme Ljubljana, Bled, Bovec et Piran, mais plusieurs magasins et réparateurs de cycles font aussi de la location. Comptez à partir de 3/17 € par heure/jour ; on vous demandera en général des espèces ou une pièce d'identité en caution. Un label "vélo" classe les hébergements selon leur niveau de services pour les cyclistes (information, location, réparation...).

Voiture et moto

Association automobile

L'Automobile-Club national est l'**AMZS** (Avto-Moto Zveza Slovenije ; association automobile slovène ; ☎assistance routière d'urgence 1987 ; www.amzs.si ; Dunajska cesta 128, Ljubljana). Appelez le ☎19 87 pour bénéficier d'une assistance routière d'urgence n'importe où dans le pays. Tout accident doit être immédiatement déclaré à la police au ☎113.

Permis de conduire

Les permis de conduire étrangers sont valables un an à partir de la date d'entrée en Slovénie. Si vous n'avez pas de permis de conduire européen, procurez-vous un permis de conduire international (PCI) auprès de l'association automobile de votre pays avant de partir.

Carburant

Les stations-service sont généralement ouvertes de 7h à 20h du lundi au samedi ; il y a également des stations ouvertes 24h/24 en périphérie des grandes villes.

Le prix du *bencin* (essence) correspond aux tarifs pratiqués dans le reste de l'Europe continentale : 1,25 €/litre de carburant sans plomb 95.

Location de voiture

➡ Les prix sont similaires dans les différentes chaînes internationales comme Avis, Budget, Europcar et Hertz ; comptez à partir de 40/200 € la journée/la semaine avec kilométrage illimité, assurance-collision sans franchise, protection contre le vol, assurance individuelle contre les accidents, et taxes. Certaines agences plus petites ont des tarifs plus compétitifs ; il est souvent plus intéressant de réserver par Internet.

➡ Les voitures de location disposent normalement de la *vinjeta*, l'autocollant donnant accès au réseau routier.

PÉAGES ET VINJETA

Les péages sur les autoroutes ont été remplacés par une *vinjeta* payante obligatoire, à coller sur le pare-brise. En vente dans les stations-service slovènes (également dans les pays frontaliers de la Slovénie), les postes et les offices du tourisme, la vignette valable une semaine/un mois/un an coûte 15/30/110 € pour une voiture, 7,50/30/55 € pour un véhicule 2 roues à moteur. Les véhicules de location en sont normalement déjà pourvus. Ne tentez pas de prendre l'autoroute sans cette vignette, en cas de manquement, l'amende varie de 300 à 800 €. La date de validité de la vignette est celle que vous indiquerez au moment de son achat. Seule l'autororoute en provenance d'Autriche jusqu'à l'échangeur de Hrušica ne nécessite pas d'avoir la vignette. Plus d'infos sur www.dars.si (en anglais).

Réseau ferré

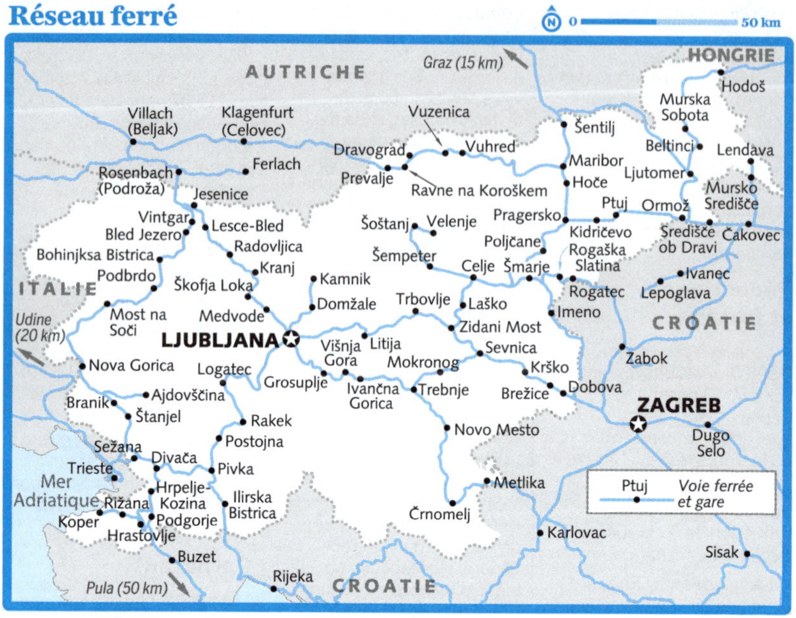

Assurance

L'assurance responsabilité civile est obligatoire en Slovénie. Elle est comprise dans le prix d'une location de voiture. Si vous voyagez avec votre propre véhicule et qu'il est immatriculé dans un pays de l'UE, vous êtes normalement couvert. Les autres conducteurs devront acheter une carte verte (www.cobx.org, en anglais) qui garantit une assurance minimum, nécessaire pour voyager en toute légalité en Slovénie.

Stationnement

- Le stationnement est payant dans la plupart des centres-villes slovènes.
- À Ljubljana et dans les autres grandes villes, les parkings souterrains coûtent de 1,20 à 2,40 € la première heure et de 0,60 à 1,80 € par heure supplémentaire, selon le moment de la journée. Parkopedia (www.parkopedia.com) est un site pratique permettant de trouver des places de parking à Ljubljana.

État des routes

Les routes sont généralement en excellent état. Les grandes villes sont reliées par des autoroutes ou des quatre-voies.

- Certaines routes de montagne, dont la route du col du Vršič dans les Alpes Juliennes, sont fermées en hiver (de novembre à avril).
- Munissez-vous d'une bonne carte routière ou d'un navigateur GPS (les routes Slovènes figurent dans les cartes d'Europe centrale). Apportez votre propre GPS ou louez-en un dans une agence de location de voiture.
- Entre juillet et août, il y a beaucoup de circulation le week-end, surtout le long de la côte ou près de la frontière avec la Croatie.

Code de la route

- Les Slovènes roulent à droite.
- Pour les voitures et les motos, la vitesse est limitée à 50 km/heure dans les villes et les villages, 90 km/heure sur les routes secondaires et tertiaires, 100 km/heure sur les nationales et 130 km/heure sur les autoroutes.
- La ceinture de sécurité est obligatoire en voiture, ainsi que le casque à moto. Les automobilistes doivent allumer leurs phares en permanence – et non uniquement la nuit. Le taux d'alcoolémie autorisé pour les conducteurs est de 0,05%.

Langue

Le slovène appartient à la famille des langues slaves du Sud, comme le croate et le serbe (même s'il est plus proche des dialectes du nord-ouest et du littoral de la Croatie), tout en partageant quelques similitudes avec les langues slaves de l'Ouest plus éloignées grâce au contact avec un dialecte slovaque. C'est la langue officielle de la Slovénie et de deux importantes minorités en Italie et en Autriche. La plupart des adultes parlent au moins une langue étrangère (le plus souvent l'anglais, l'allemand ou l'italien).

Le slovène possède trois genres (masculin, féminin, neutre), trois nombres (singulier, duel, pluriel) et six cas (nominatif, génitif, datif, accusatif, locatif et instrumental). Le duel est une forme grammaticale spécifique qui indique que des éléments vont par deux.

Le slovène s'écrit en alphabet latin et utilise les signes diacritiques š, ž et č. En revanche, les lettres q, w, x et y n'existent pas dans l'alphabet slovène.

Si vous utilisez notre guide de prononciation, vous devriez vous faire comprendre sans problème. Notez que les r sont roulés, que le h en fin de mot est aspiré, comme en espagnol (nous l'avons indiqué par "kh") et que l'apostrophe (') indique que le son est légèrement "mouillé". Les syllabes accentuées sont indiquées en italique.

Les marqueurs (m/f) et (pol/inf) indiquent respectivement les formes masculine et féminine, polie et informelle.

CONVERSATION

Bonjour.	*Dober dan.*	do·ber dane
Au revoir.	*Na svidenje.*	na *svi*·den·yé
Salut.	*Zdravo.*	*zdra*·vo
Excusez-moi.	*Dovolite.*	do·vo·*li*·tè
Pardon.	*Oprostite.*	op·ros·*ti*·tè
S'il vous plaît.	*Prosim.*	*pro*·sim
Merci.	*Hvala.*	*hva*·la
De rien.	*Ni za kaj.*	ni za kaille
Oui.	*Da.*	da
Non.	*Ne.*	nè

Comment vous appelez-vous/t'appelles-tu ?
Kako vam/ti je ime? (pol/inf) — ka·*ko* vam/ti yè i·*mè*

Je m'appelle...
Ime mi je ... — i·*mè* mi yè ...

Parlez-vous français ?
Ali govorite francosko? — a·li go·vo·*ri*·tè fran·*cos*·ko

Je ne comprends pas.
Ne razumem. — nè ra·*zou*·mèm

HÉBERGEMENT

auberge de jeunesse	*mladinski hotel*	mla·*din*·ski ho·*tèl*
camping	*kamp*	kamp
chambre d'hôtes	*gostišče*	gos·*tish*·tchè
hôtel	*hotel*	ho·*tèl*
Avez-vous une chambre... ?	*Ali imate ... sobo?*	*a*·li i·*ma*·tè ... *so*·bo
bon marché	*poceni*	po·*tsè*·ni
double	*dvoposteljno*	dvo·*pos*·tèl'·no
simple	*enoposteljno*	è·no·*pos*·tèl'·no
Quel est le prix par... ?	*Koliko stane na ...?*	*ko*·li·ko *sta*·nè na ...
nuit	*noč*	notch
personne	*osebo*	o·sè·bo

Je voudrais une place en dortoir.
Rad/Rada bi delil/delila spalnico. (m/f) — rad/ra·da bi dè·lil/dè·*li*·la *spal*·ni·tso

Le petit-déjeuner est-il inclus ?
Ali je zajtrk vključen? — *a*·li yè *zaï*·teuhrk *vklyou*·tchèn

Puis-je voir la chambre ?
Lahko vidim sobo? — lah·*ko vi*·dim *so*·bo

DIRECTIONS

Où se trouve le... ?		
Kje je ...?	kyè yè ...	
C'est à quelle adresse ?		
Na katerem naslovu je?	na ka·tè·rèm nas·*lo*·vou yè	
Pouvez-vous me montrer (sur la carte) ?		
Mi lahko pokažete (na zemljevidu)?	mi lah·*ko* po·*ka*·jè·tè (na zèm·lyè·*vi*·dou)	
Comment puis-je me rendre à... ?		
Kako pridem do ...?	ka·*ko* *pri*·dèm do ...	
C'est près/loin ?		
Ali je blizu/daleč?	*a*·li yè *bli*·zou/*da*·lètch	
(Allez) tout droit.		
(Pojdite) Naravnost naprej.	(poï·*di*·tè) na·*rav*·nost na·*prèuil*	
Tournez à gauche/droite au ...	*Obrnite levo/desno pri ...*	*o*·*beuhr*·ni·tè *lè*·vo/*dès*·no pri ...
coin de la rue	*vogalu*	vo·*ga*·lou
feu	*semaforju*	sè·ma·*for*·you
derrière	*za/zadaj*	za/*za*·daï
devant	*spredaj*	*sprè*·daï
en face	*nasproti*	nas·*pro*·ti
ici	*tu*	tou
là-bas	*tam*	tam
loin (de)	*daleč (od)*	*da*·lètch (od)
près (de)	*blizu (do)*	*bli*·zou (do)

ALIMENTATION ET BOISSONS

Quelle est la spécialité de la maison ?		
Kaj je domača specialiteta?	kai yè do·*ma*·tcha spè·tsi·a·li·*tè*·ta	
Que recommandez-vous ?		
Kaj priporočate?	kaï pri·po·*ro*·tcha·tè	
Avez-vous des plats végétariens ?		
Ali imate vegetarijansko hrano?	*a*·li i·*ma*·tè vè·guè·ta·ri·*yan*·sko *hra*·no	
Je prendrai...	*Jaz bom ...*	yaz bom ...
Santé !	*Na zdravje!*	na *zdrav*·yè
J'aimerais...,	*Želim ...,*	jè·*lim* ...
s'il vous plaît.	*prosim.*	*pro*·sim
l'addition	*račun*	ra·*tchoun*
la carte	*jedilni list*	yè·*dil*·ni list
petit-déjeuner	*zajtrk*	*zaï*·teuhrk
déjeuner	*kosilo*	ko·*si*·lo
dîner	*večerja*	vè·*tchèr*·ya

Mots interrogatifs

Comment ?	*Kako?*	ka·*ko*
Combien ?	*Koliko?*	ko·*li*·ko
Quoi ?	*Kaj?*	kaï
Quand ?	*Kdaj?*	gdaï
Où ?	*Kje?*	kyè
Lequel laquelle ?	*Kateri/ Katera?* (m/f)	ka·tè·ri/ ka·tè·ra
Qui ?	*Kdo?*	gdo
Pourquoi ?	*Zakaj?*	za·*kaï*

Mots utiles

assiette	*krožnik*	*kroj*·nik
avec	*z*	zeuh
bouteille	*steklenica*	stèk·lè·*ni*·tsa
carte	*jedilni list*	yè·*dil*·ni list
carte des vins	*vinska karta*	*vin*·ska *kar*·ta
chaud	*topel*	*to*·pèl
couteau	*nož*	noj
cuillère	*žlica*	*jli*·tsa
déjeuner	*kosilo*	ko·*si*·lo
dîner	*večerja*	vè·*tchèr*·ya
épicerie-traiteur	*delikatesa*	dè·li·ka·*tè*·sa
fourchette	*vilica*	*vi*·li·tsa
froid	*hladen*	*hla*·dèn
marché	*tržnica*	*teuhrj*·ni·tsa
nourriture	*hrana*	*hra*·na
petit-déjeuner	*zajtrk*	*zaï*·teuhrk
restaurant	*restavracija*	rès·tav·*ra*·tsi·ya
sans	*brez*	brèss
verre	*kozarec*	ko·*za*·rèts

Viandes et poissons

agneau	*jagnjetina*	yag·*nyè*·ti·na
bœuf	*govedina*	go·*vè*·di·na
calmar	*lignji*	*lig*·nyi
crevettes	*škampi*	*shkam*·pi
jambon	*šunka/ pršut*	*shoun*·ka/ peuhr·*shout*
morue	*oslič*	*os*·litch
palourdes	*školjke*	*shkol'*·kè
poisson	*riba*	*ri*·ba
porc	*svinjina*	svi·*nyi*·na
poulet	*piščanec*	pish·*tcha*·nèts

Panneaux

Informacije	Information
Izhod	Sortie
Moški	Hommes
Odprto	Ouvert
Prepovedano	Interdit
Stranišče	Toilettes
Vhod	Entrée
Zaprto	Fermé
Ženske	Femmes

truite	*postrv*	pos·*teuhrv*
veau	*teletina*	tè·*lè*·tı·na
volaille	*perutnina*	pè·rout·*ni*·na

Fruits et légumes

abricot	*marelica*	ma·rè·li·tsa
ananas	*ananas*	*a*·na·nas
carottes	*korenje*	ko·rè·nyè
cerises	*češnje/ višnje*	*tchèsh*·nyè/ *vish*·nyè
chou-fleur	*cvetača/ karfijola*	tsvè·*ta*·cha/ kar·fi·*yo*·la
épinards	*špinača*	shpi·*na*·tcha
fraises	*jagode*	*ya*·go·dè
framboises	*maline*	ma·*li*·nè
haricots	*fižol*	fi·*joh*
noisettes	*lešniki*	*lèsh*·ni·ki
noix	*orehi*	o·rè·hi
orange	*pomaranča*	po·ma·*ran*·tcha
pêche	*breskev*	*brès*·kèv
poire	*hruška*	*hroush*·ka
pois	*grah*	grakh
pomme	*jabolko*	*ya*·bol·ko
pomme de terre	*krompir*	krom·*pir*
potiron	*bučke*	*boutch*·kè
prune	*češplja*	*tchèsh*·plya
raisin	*grozdje*	*groz*·dyè

Autres

beurre	*maslo*	*mas*·lo
fromage	*sir*	sir
œuf	*jajca*	*yaï*·tsa
pain	*kruh*	kroukh
pâtes	*testenine*	tès·tè·*ni*·nè
poivre	*poper*	*po*·pèr
riz	*riž*	rij
salade	*solata*	so·*la*·ta
sel	*sol*	sol
soupe	*juha*	*you*·ha
sucre	*sladkor*	*slad*·kor

Boissons

alcool de prune	*slivovka*	*sli*·vov·ka
bière (blonde)	*svetlo pivo*	*svèt*·lo *pi*·vo
bière (brune)	*temno pivo*	*tèm*·no *pi*·vo
café	*kava*	*ka*·va
eau	*voda*	*vo*·da
jus	*sok*	sok
lait	*mleko*	*mlè*·ko
limonade	*limonada*	li·mo·*na*·da
thé	*čaj*	tchaï
vin blanc	*belo vino*	*bè*·lo *vi*·no
vin pétillant	*peneče vino*	pè·*nè*·tchè *vi*·no
vin rouge	*črno vino*	*tcheur*·no *vi*·no

URGENCES

Au secours !	*Na pomoč!*	na po·*motch*
Allez-vous-en !	*Pojdite stran!*	poï·*di*·tè stran
Appelez... !	*Pokličite ...!*	pok·*li*·tchi·tè ...
un médecin	*zdravnika*	zdrav·*ni*·ka
la police	*policijo*	po·li·*tsi*·yo

Je suis perdu(e).
Izgubil/ Izgubila sem se. (m/f) — iz·*gou*·bil/ iz·*gou*·bi·la sèm sè

Je suis malade.
Bolan/Bolna sem. (m/f) — bo·*lan*/*bol*·na sèm

J'ai mal là.
Tukaj boli. — *tou*·kaï bo·*li*

Je suis allergique à...
Alergičen/ Alergična sem na ... (m/f) — a·*lèr*·gui·tchèn/ a·*lèr*·guitch·na sèm na ...

Où sont les toilettes ?
Kje je stranišče? — kyè yè stra·*nish*·tchè

ACHATS ET SERVICES

Où se trouve la/le/l'... ?	*Kje je ...?*	kyè yè ...
banque	*banka*	*ban*·ka
marché	*tržnica*	*teuhrj*·ni·tsa
office du tourisme	*turistični urad*	tou·*ris*·titchni·*ou*·rad
poste	*pošta*	*posh*·ta

Chiffres et nombres

1	*en*	èn
2	*dva*	dva
3	*trije*	tri·yè
4	*štirje*	shti·ryè
5	*pet*	pèt
6	*šest*	shèst
7	*sedem*	sè·dèm
8	*osem*	o·sèm
9	*devet*	dè·vèt
10	*deset*	dè·sèt
20	*dvajset*	dvaï·sèt
30	*trideset*	tri·dè·sèt
40	*štirideset*	shti·ri·dè·sèt
50	*petdeset*	pèt·dè·sèt
60	*šestdeset*	shèst·dè·sèt
70	*sedemdeset*	sè·dèm·dè·sèt
80	*osemdeset*	o·sèm·dè·sèt
90	*devetdeset*	dè·vèt·dè·sèt
100	*sto*	sto

Je voudrais passer un appel.
Rad/Rada bi telefoniral/ telefonirala. (m/f) — rad/ra·da bi tè·lè·fon·ni·ral/ tè·lè·fon·ni·ra·la

Où puis-je avoir accès à Internet ?
Kje lahko dobim internet povezavo? — kyè lah·ko do·bim in·tèr·nèt po·vè·za·vo

Je voudrais acheter...
Rad/Rada bi kupil/ kupila ... (m/f) — rad/ra·da bi kou·pil/ kou·pi·la ...

Je regarde seulement.
Samo gledam. — sa·mo glè·dam

Je peux le regarder ?
Ali lahko pogledam? — a·li lah·ko po·glè·dam

Combien cela coûte-t-il ?
Koliko stane? — ko·li·ko sta·nè

C'est trop cher.
Predrago je. — prè·dra·go yè

HEURE ET DATE

Quelle heure est-il ?
Koliko je ura? — ko·li·ko yè ou·ra

Il est (une) heure.
Ura je (ena). — ou·ra yè (è·na)

sept heures et demie
pol osem (littéralement "la moitié de huit heures") — pol o·sèm

le matin	*zjutraj*	zyout·raï
le soir	*zvečer*	zvè·tchèr
hier	*včeraj*	vtchè·raï
aujourd'hui	*danes*	da·nès
demain	*jutri*	you·tri
lundi	*ponedeljek*	po·nè·dè·lyèk
mardi	*torek*	to·rèk
mercredi	*sreda*	srè·da
jeudi	*četrtek*	tchè·teuhrt·tèk
vendredi	*petek*	pè·tèk
samedi	*sobota*	so·bo·ta
dimanche	*nedelja*	nè·dè·lya
janvier	*januar*	ya·nou·ar
février	*februar*	fè·brou·ar
mars	*marec*	ma·rèts
avril	*april*	a·pril
mai	*maj*	maï
juin	*junij*	you·niy
juillet	*julij*	you·liy
août	*avgust*	av·goust
septembre	*september*	sèp·tèm·bèr
octobre	*oktober*	ok·to·bèr
novembre	*november*	no·vèm·bèr
décembre	*december*	dè·tsèm·bèr

TRANSPORTS

Quand part le/l'... ?	*Kdaj odpelje ...?*	gdaï od·pè·lyè ...
avion	*avion*	lè·ta·la
bateau	*ladja*	la·dya
bus	*avtobus*	av·to·bous
ferry	*trajekt*	tra·yèkt
train	*vlak*	vlak

Un billet... pour (Koper), s'il vous plaît.	*... vozovnico do (Kopra), prosim.*	... vo·zov·ni·tso do (ko·pra) pro·sim
aller simple	*Enosmerno*	è·no·smèr·no
aller-retour	*Povratno*	pov·rat·no

1re/2e classe	*prvi/ drugi razred*	peuhr·vi/ drou·gi raz·rèd
gare routière	*avtobusno postajališče*	av·to·bous·no po·sta·ya·lish·tchè
premier/dernier	*prvi/zadnji*	peuhr·vi/zad·nyi

CORRESPONDANCES DES TOPONYMES

Dans cette région d'Europe, les villes ont changé plusieurs fois d'empire et donc de nom. Voici une petite liste pour vous aider à vous y retrouver. Le nom slovène est indiqué en gras et la langue de sa variante est indiquée entre parenthèses : (C) croate, (T) tchèque, (F) français, (A) allemand, (H) hongrois, (I) italien, (P) polonais.

Beljak – Villach (A)
Benetke – Venise (F), Venezia (I)
Bizeljsko – Wisell (A)
Bohinj – Wochain (A)
Brežice – Rhain (A)
Budimpešta – Budapest (H, F)
Čedad – Cividale (I)
Celovec – Klagenfurt (A)
Celje – Cilli (A)
Cerknica – Cirkniz (A)
Črnomelj – Tschernembl (A)
Dolenjska – Basse-Carniole (F)
Dunaj – Vienne (F), Wien (A)
Gorenjska – Haute-Carniole (F)
Gorica – Gorizia (I)
Gradec – Graz (A)
Gradež – Grado (I)
Idrija – Ydria (A)
Istra – Istrie (F)
Izola – Isola (I)
Jadran, Jadransko Morje – mer Adriatique (F)
Kamnik – Stein (A)
Kobarid – Caporetto (I)
Koper – Capodistria (I)
Koroška – Carinthie (F), Kärnten (A)
Kostanjevica – Landstrass (A)
Kranj – Krainburg (A)
Kranjska – Carniole (F), Krain (A)
Kras – Karst (F)
Krnski Grad – Karnburg (A)
Kropa – Cropp (A)
Lendava – Lendva (H)
Lipnica – Leibnitz (A)
Ljubljana – Laibach (A), Liubliana (I)
Metlika – Möttling (A)
Milje – Muggia (I)
Murska Sobota – Muraszombat (H)
Notranjska – Carniole-Intérieure (F)
Nova Gorica – Gorizia (I), Görz (A)
Oglej – Aquileia (I)
Otočec – Wördl (A)
Piran – Pirano (I)
Pleterje – Pletariach (A)
Pliberk – Bleiburg (A)
Portorož – Portorose (I)
Postojna – Adelsberg (A)
Praga – Prague (F), Praha (T)
Ptuj – Pettau (A)
Radgona – Bad Radkersburg (A)
Radovljica – Ratmansdorf (A)
Reka – Rijeka (C), Fiume (I)
Ribnica – Reiffniz (A)
Rim – Rome (F), Roma (I)
Rogaška Slatina – Rohitsch-Sauerbrunn (A)
Rosalnice – Rosendorf (A)
Seča – Sezza (I)
Sečovlje – Sicciole (I)
Škocjan – San Canziano (I)
Sredozemsko Morje – mer Méditerranée (F)
Štajerska – Styrie (F), Steiermark (A)
Soča – Isonzo (I)
Stična – Sittich (A)
Strunjan – Strugnano (I)
Trbiž – Tarvisio (I)
Trst – Trieste (I, F)
Tržaški Zaliv – golfe de Trieste (F), Golfo di Trieste (I)
Tržič – Monfalcone (I)
Varšava – Varsovie (F), Warszawa (P)
Videm – Udine (I)
Vinica – Weinitz (A)
Železna Kapla – Eisenkappel (A)

guichet	*prodaja vozovnic*	pro·*da*·ya vo·*zov*·nits
gare ferroviaire	*železniška postaja*	jè·*lèz*·nish·ka pos·*ta*·ya
Je veux aller à...	*Želim iti*	jè·*lim i*·ti ...

Combien de temps dure le trajet ?
Koliko traja potovanje? — ko·*li*·ko *tra*·ya po·to·*va*·nyè

Y a-t-il un changement ?
Ali moram presesti? — a·li *mo*·ram prè·*sès*·ti

Pouvez-vous me dire quand nous arrivons à ...?
Mi lahko poveste kdaj pridemo ...? — mi lah·*ko* po·*vès*·tè gdaï *pri*·dè·mo ...

Arrêtez-vous là, s'il vous plaît.
Ustavite tukaj, prosim. — ous·*ta*·vi·tè *tou*·kaï *pro*·sim

Je voudrais louer un/une...	*Rad/Rada bi najel/ najela ...* (m/f)	rad/*ra*·da bi na·*yèl*/ na·*yè*·la ...
moto	*motorno kolo*	mo·*tor*·no ko·*lo*

vélo	*kolo*	ko·*lo*
voiture	*avto*	*av*·to

Où puis-je trouver une station-service ?
Kje je bencinska črpalka?
kyè yè bèn·*tsin*·ska *tcheuhr*·pal·ka

J'ai besoin d'un mécanicien.
Potrebujem mehanika.
po·trè·*bou*·yèm *mè*·ha·*ni*·*ka*

GLOSSAIRE

m) indique le genre masculin, (f) le genre féminin et (n) le neutre

AMZS – Avto-Moto Zveza Slovenije (Automobile-club de Slovénie)

bife – snack ou snack-bar
breg – berge
burja – bora (vent froid de nord-est venant de l'Adriatique)

c – abréviation de cesta
čaj – thé
cerkev – église
cesta – route

DDV – davek na dodano vrednost (taxe sur la valeur ajoutée, ou TVA)
delovni čas – heures d'ouverture
dijaški dom – résidence universitaire, auberge de jeunesse
dolina – vallée
dom – maison ; refuge de montagne
Domobranci – milice anticommuniste durant la Seconde Guerre mondiale
drevored – avenue
dvorana – salle

fijaker – calèche

gaj – bosquet
gledališče – théâtre
gora – montagne
gostilna – restaurant de type auberge
gostišča – auberge proposant des chambres
gozd – forêt, bois
grad – château
greben – crête
GZS – Geodetski Zavod Slovenije (Institut géodésique de Slovénie)

Hallstatt – civilisation celte du premier âge du fer (800-500 av. J.-C.)
hiša – maison
hrib – colline

izvir – source (d'un cours d'eau)
jama – grotte
jezero – lac

Karst – région calcaire de rivières souterraines et de grottes au sud-ouest du pays
kavarna – café
klet – cave, cellier
knjigarna – librairie
knjižnica – bibliothèque
koča – refuge ou maison de montagne
kosilo – déjeuner
kot – vallée glaciaire ; coin, angle
kotlina – bassin
kozolec – séchoir à foin typiquement slovène
kras – karst
krčma – bar ou parfoissnack-bar

lekarna – pharmacie
LPP – Ljubljanski Potniški Promet (réseau des bus de Ljubljana)

mali (m) **mala** (f) **malo** (n) – petit/petite
malica – collation du matin
menjalnica – bureau de change privé
mesto – ville
morje – mer
moški – hommes (toilettes)
most – pont
muzej – musée

na – allumé
nabrežje – berge, quai
narod – peuple, nation
naselje – colonie, construction
nasip – digue
novi (m) **nova** (f) **novo** (n) – nouveau

občina – division administrative ; ville ou municipalité
odprto – ouvert
okrepčevalnica – snack-bar
Osvobodilne Fronte (OF) – Front de libération antifasciste durant la Seconde Guerre mondiale
otok – île

pivnica – bar, brasserie
pivo – bière
planina – montagne
planota – plateau
pletna – sorte de gondole
pod – sous, dessous
polje – dépression calcaire devenue zone cultivable
pot – sentier
potok – ruisseau
potrditev – entrer/confirmer (sur les distributeurs automatiques de billets)
prazniki – fêtes, par extension jours fériés
prehod – passage, traversée
prekop – canal
prenočišče – hébergement
pri – près de, à proximité de
PZS – Planinska Zveza Slovenije (Association alpine de Slovénie)

reka – cours d'eau
restavracija – restaurant
rob – escarpement, arête

samopostrežna restavracija – self-service
samostan – monastère
sécessionnisme – courant artistique et architectural proche de l'Art nouveau
skanzen – écomusée à ciel ouvert

slaščičarna – confiserie (magasin)

smučanje – ski

STO – Slovenska Turistična Organizacija (Office du tourisme slovène)

sobe – chambres

soteska – ravin, gorge

sprehajališče – promenade

stari (m) **stara** (f) **staro** (n) – vieux/vieille

stena – mur, falaise

steza – sentier

stolp – tour

štruklji – raviolis

Sv – St (abréviation de "saint")

SŽ – Slovenske Železnice (Chemins de fer slovènes)

terme – signifie "thermes" en italien ; fréquemment utilisé en Slovénie

TIC – Centre d'information touristique

TNP – Triglavski Narodni Park (parc national du Triglav)

toplarji – grenier à foin double, emblématique de la Slovénie

toplice – spa

trg – place

ul – abréviation de ulica

ulica – rue

vas – village

večerja – dîner, souper

veliki (m) **velika** (f) **veliko** (n) – grand/grande

vila – villa

vinoteka – bar à vins

vinska cesta – route des vins

vinska klet – cave à vins

vrata – porte, portail

vrh – sommet, pic

vrt – jardin, parc

zaprto – fermé

zdravilišče – spa, centre thermal

zdravstveni dom – centre médical, clinique

žegnanje – fête patronale dans une église ou une chapelle

ženske – femmes (toilettes)

žičnica – téléphérique

zidanica – maison typique des régions viticoles

En coulisses

VOS RÉACTIONS ?

Vos commentaires nous sont très précieux et nous permettent d'améliorer constamment nos guides. Notre équipe lit toutes vos lettres avec la plus grande attention. Nous ne pouvons pas répondre individuellement à tous ceux qui nous écrivent, mais vos commentaires sont transmis aux auteurs concernés. Tous les lecteurs qui prennent la peine de nous communiquer des informations sont remerciés dans l'édition suivante, et ceux qui nous fournissent les renseignements les plus utiles se voient offrir un guide.

Pour nous faire part de vos réactions, prendre connaissance de notre catalogue et vous abonner à notre newsletter, consultez notre site Internet : **www.lonelyplanet.fr**

Nous reprenons parfois des extraits de notre courrier pour les publier dans nos produits, guides ou sites web. Si vous ne souhaitez pas que vos commentaires soient repris ou que votre nom apparaisse, merci de nous le préciser. Notre politique en matière de confidentialité est disponible sur notre site Internet.

UN MOT DES AUTEURS

Mark Baker

Tout d'abord, je tiens à remercier les personnes qui m'ont aidé sur place : Najda Đorđević, Yuri Barron, John Bills, Jana Kuhar, Domen Kalajzic et sa famille, Aleksandra Jezeršek Matjašič et Ana Vugrin. Un grand merci à mes amis slovènes de Prague, Tjaša Čebulj, Zeljka Sok et Anjuša Belehar pour leurs conseils utiles. Enfin, j'adresse mes remerciements aux autres auteurs de ce guide, Anthony Ham et Jess Lee ainsi qu'à mon éditrice basée à Londres, Anna Tyler.

Anthony Ham

Un immense merci à Romana Nared, Ana Petrič et Franc Mlakar de la vallée de la Lož Valley, et à Saša et Jure de Idrija, ainsi qu'au personnel des offices du tourisme slovènes. Du côté de Lonely Planet, je renouvelle mon infinie reconnaissance à mon éditrice Anna Tyler pour m'envoyer dans des endroits aussi merveilleux et à Mark et Jess, auteurs de ce guide, pour leurs sages conseils. Je remercie ma famille, Marina, Jan, Carlota et Valentina : con todo mi amor.

Jessica Lee

Un grand merci au personnel des offices du tourisme slovènes pour leurs conseils et leur connaissance du terrain. J'adresse un remerciement tout particulier aux sympathiques personnes des bureaux de Celje, Dolenjske Toplice, Murska Sobata et Ptuj qui ont pris soin de répondre à mes questions sans fin. Je remercie aussi chaleureusement Skanka et Igor, Petra, Daniel et Lea.

REMERCIEMENTS

Photo de couverture : église de l'Assomption, île de Bled (p. 92), Alan Copson/AWL ©

À PROPOS DE CET OUVRAGE

Ce guide est l'adaptation française de la 9e édition en anglais du guide Lonely Planet *Slovenia* coécrit Mark Baker, Antony Ham et Jessica Lee. Les éditions précédentes avaient été écrites par Carolyn Bain, Mark Baker, Paul Clammer et Steve Fallon. Ce guide est une commande du bureau londonien de Lonely Planet.

Traduction Giuseppe Ardiri et Lucie Marcusse

Direction éditoriale Didier Férat

Coordination éditoriale Nicolas Guérin

Responsable prépresse Jean-Noël Doan

Maquette Valérie Police

Cartographie Nicolas Chauveau

Couverture Laure Wilmot

Remerciements à Angélique Adagio et Agnès Poujol pour leur précieuse contribution au texte. Merci à Christiane Mouttet pour sa relecture, à Basile Mariton pour sa préparation du texte, ainsi qu'à Antoine Duval pour son travail de référencement. Un grand merci à Dominique Spaety, ainsi qu'à Clare Mercer et Imogen Harrison du bureau LP Londres, et à Glenn van der Knijff, Jacqui Saunders et Brad Smith du bureau LP Australie.

Index

Référence des cartes
Référence des photos

Référence des cartes
Référence des photos

Légende des cartes

À voir

- Château
- Monument
- Musée/galerie/édifice historique
- Ruines
- Église
- Mosquée
- Synagogue
- Temple bouddhiste
- Temple confucéen
- Temple hindou
- Temple jaïn
- Temple shintoïste
- Temple sikh
- Temple taoïste
- Sentō (bain public)
- Cave/vignoble
- Plage
- Réserve ornithologique
- Zoo
- Autre site

Activités, cours et circuits organisés

- Bodysurfing
- Plongée/snorkeling
- Canoë/kayak
- Cours/circuits organisés
- Ski
- Snorkeling
- Surf
- Piscine/baignade
- Randonnée
- Planche à voile
- Autres activités

Où se loger

- Hébergement
- Camping

Où se restaurer

- Restauration

Où prendre un verre

- Bar
- Café

Où sortir

- Salle de spectacle

Achats

- Magasin

Renseignements

- Banque
- Ambassade/consulat
- Hôpital/centre médical
- Accès Internet
- Police
- Bureau de poste
- Centre téléphonique
- Toilettes
- Office du tourisme
- Autre adresse pratique

Géographie

- Plage
- Refuge/gîte
- Phare
- Point de vue
- Montagne/volcan
- Oasis
- Parc
- Col
- Aire de pique-nique
- Cascade

Agglomérations

- Capitale (pays)
- Capitale (région/État/province)
- Grande ville
- Petite ville/village

Transports

- Aéroport
- Poste frontière
- Bus
- Téléphérique/funiculaire
- Piste cyclable
- Ferry
- Métro
- Monorail
- Parking
- Station-service
- Station de métro
- Taxi
- Gare/chemin de fer
- Tramway
- U-Bahn
- Autre moyen de transport

Les symboles recensés ci-dessus ne sont pas tous utilisés dans ce guide

Routes

- Autoroute à péage
- Voie rapide
- Nationale
- Route secondaire
- Petite route
- Chemin
- Route non goudronnée
- Route en construction
- Place/rue piétonne
- Escalier
- Tunnel
- Passerelle
- Promenade à pied
- Promenade à pied (variante)
- Sentier

Limites et frontières

- Pays
- État/province
- Frontière contestée
- Région/banlieue
- Parc maritime
- Falaise
- Rempart

Hydrographie

- Fleuve/rivière
- Rivière intermittente
- Canal
- Étendue d'eau
- Lac asséché/salé/intermittent
- Récif

Topographie

- Aéroport/aérodrome
- Plage/désert
- Cimetière (chrétien)
- Cimetière (autre)
- Glacier
- Marais/mangrove
- Parc/forêt
- Site (édifice)
- Terrain de sport

LES GUIDES LONELY PLANET

Une vieille voiture déglinguée, quelques dollars en poche et le goût de l'aventure, c'est tout ce dont Tony et Maureen Wheeler eurent besoin pour réaliser, en 1972, le voyage d'une vie : rallier l'Australie par voie terrestre via l'Europe et l'Asie. De retour après un périple harassant de plusieurs mois, et forts de cette expérience formatrice, ils rédigèrent sur un coin de table leur premier guide, *Across Asia on the Cheap*, qui se vendit à 1 500 exemplaires en l'espace d'une semaine. Ainsi naquit Lonely Planet, dont les guides sont aujourd'hui traduits en 13 langues.

Nos auteurs

Mark Baker

Mark Baker est auteur de voyage freelance. Originaire des États-Unis, il a élu résidence à Prague, où il écrit pour Lonely Planet et d'autres éditeurs de voyage, principalement sur l'Europe centrale et orientale. Dans les guides, il se plait à mettre au jour des histoires sur des endroits bizarres ou reculés. Avant de devenir auteur, il a été journaliste pour *The Economist*, Bloomberg News et Radio Free Europe, entre autres. Retrouvez Mark sur Instagram et Twitter @markbakerprague.

Anthony Ham

Anthony est auteur et photographe freelance, spécialiste de l'Espagne, de l'Afrique orientale et australe, de l'Arctique et du Moyen-Orient. Quand il n'écrit pas pour le Lonely Planet, Anthony photographie et rédige des articles sur l'Espagne, l'Afrique et le Moyen-Orient pour des journaux et des magazines australiens, anglais et américains. En 2001, après avoir passé des années à parcourir le monde, Anthony pose ses valises à Madrid et tombe immédiatement sous le charme de la ville. Moins d'un an plus tard, il s'y rend à nouveau sans billet de retour, sans parler un mot d'espagnol et sans connaître personne. Dix ans plus tard, quand il quitte la capitale, Anthony parle espagnol avec un accent madrilène, il est marié à une Espagnole et la ville est devenue sa seconde patrie. Depuis, il vit en Australie et continue à explorer le monde en quête d'histoires à raconter.

Jessica Lee

Installée au Moyen-Orient depuis 2007, Jessica a troqué en 2011 une carrière de guide d'aventure pour l'écriture. Depuis, elle sillonne l'Afrique, le Moyen-Orient et l'Asie pour Lonely Planet. Elle a contribué aux guides Lonely Planet sur l'Égypte, la Turquie, Chypre, le Maroc, Marrakech, le Moyen-Orient, l'Afrique, le Cambodge et le Vietnam. Elle publie également des articles pour le magazine *Wanderlust*, *The Daily Telegraph*, *The Independent*, *BBC Travel* et Lonelyplanet.com. Retrouvez-la sur Twitter @jessofarabia.

Slovénie
3e édition
Traduit et adapté de l'ouvrage *Slovenia, 9th edition, May 2019*

92 avenue de France, 75013 Paris
Photographes © comme indiqué 2019
Dépôt légal Juillet 2019
ISBN 978-2-81617-945-3
Imprimé par Pollina, Luçon, France - 93062
Réimpression 02, mars 2020

En Voyage Éditions | un département édi8